普通高等院校公共体育课程精品教材系列
湖北省高等学校体育教学指导委员会公体组推荐教材
课程思政+互联网+新理念一体化实用教材

U0956748

新时代大学体育与健康

XINSHIDAI DAXUE TIYU YU JIANKANG

主　编　阳艺武
副主编　周　凰　刘　杨　熊米娜

武汉理工大学出版社
WUTP　Wuhan University of Technology Press

内容简介

《新时代大学体育与健康》一书，以习近平新时代中国特色社会主义思想为指导，积极响应教育强国、体育强国和健康中国发展战略，全面贯彻党的教育方针，坚持社会主义办学方向，以立德树人为根本任务，深化体教融合，践行“五育并举、健康第一”的教育理念，以高质量的体育工作守护学生身体健康为主要目标，以全面提升新时代学校体育工作水平。

本书分为健身知识篇、健身技能篇、健身实践篇三个部分，其中健身知识篇突出传授体育促进健康的理论知识；健身技能篇按照项目大类分为6个项目类别，覆盖30个教学项目；健身实践篇以传授操作性知识为重点，让学生全方位了解新时代大学体育，树立“健康第一”的指导思想，真正养成终身锻炼的习惯。全书以教学实践为基础，采用文字与视频相结合的立体化方式呈现各类体育项目，同时将课程思政融入课程教学内容，突出体现“健身知识＋课程思政＋互联网”新理念，注重传统与新兴项目、大众项目与民族项目的融合；切实推进“教会、勤练、常赛”理念的落地见效，提升体育教学质量，凸显课外锻炼效果；切实帮助学生在体育锻炼中享受乐趣、增强体质、健全人格、锤炼意志，培养新时代德智体美劳全面发展的社会主义建设者和接班人。

本书健身知识丰富、健身技能多样、健身实践针对性强，适合作为普通高等学校公共体育课通用教材。

图书在版编目(CIP)数据

新时代大学体育与健康 / 阳艺武主编. --武汉：武汉理工大学出版社，2024.7（2025.7重印）

ISBN 978-7-5629-7103-0

Ⅰ. G807.4；G647.9

中国国家版本馆CIP数据核字第2024DA7576号

XINSHIDAI DAXUE TIYU YU JIANKANG

新时代大学体育与健康（武汉理工大学本科教材建设专项基金项目）

项目负责人：王利永(027-87290908)　　**责任编辑：**王　思

责任校对：王　旭　　**版式设计：**正风图文

出版发行：武汉理工大学出版社

地　　址：武汉市洪山区珞狮路122号

邮　　编：430070

网　　址：http：//www.wutp.com.cn

经　　销：各地新华书店

印　　刷：湖北金港彩印有限公司

开　　本：787 mm×1092 mm　1/16

印　　张：29

字　　数：742千字

版　　次：2024年7月第1版

印　　次：2025年7月第2次印刷

定　　价：65.00元

凡购本书，如有缺页、倒页、脱页等印装质量问题，请向出版社发行部调换。

本社购书热线电话：027-87391631　027-87523148　027-87165708(传真)

·版权所有，盗版必究·

《新时代大学体育与健康》

编委会

顾　问

杨　桦　吕万刚　毛丽娟　刘　波

主　编

阳艺武

副主编

周　凰　刘　杨　熊米娜

参编人员（按姓氏笔画排序）

于鸿贤	马　松	王　林	方　维	邓士琳	邓成虎
朱雄灏	刘　侠	刘诗洁	江　娟	李韦羽	杨　明
杨继美	肖　亮	吴　青	吴　冀	邱　芬	余　果
邹　伟	陈　东	陈奥娜	易　鹏	金成平	胡启林
段飞星	夏杉杉	徐子童	郭敏刚	郭翠兰	唐苏娜
陶　勇	黄宏远	黄彩虹	黄静娴	曹鹏程	樊晓东

前言 PREFACE

学校体育是落实立德树人根本任务，提升学生综合素质，实现五育并举的基础性工作。开齐开足上好体育课，组织好课外体育活动，传授好体育健康知识，培养好运动能力和习惯，是帮助学生在体育锻炼中实现"享受乐趣、增强体质、健全人格、锤炼意志"四位一体学校体育目标的根本保障。一本好的教材，不仅能带来教学环境和教学形态的改变，而且能引领学生重新认识整个学校体育的教育观念、价值和目标，是提升体育教学质量，凸显课外锻炼效果，实现以体育人成效的有效载体和重要媒介。

学校体育事业是我国教育事业的重要组成部分，学校体育高质量发展是建设教育强国的应有之义。进入新时代，大学体育教材建设要全面贯彻新发展理念，进一步转变观念，从以往以教学为中心，更多强调技能学习、体质增强转变为以学生全面素质提高为中心；在知识传授和能力培养的基础上，强调价值塑造的功能，实现从只关注技术教学的一维向关注技术、知识和动机的多维转变。通过教材引领，提高学生体育认知水平，形成终身锻炼兴趣，掌握终身锻炼方法，培养终身体育意识。

为此，我们在以往教材编著的基础上，坚持与时俱进，扎实落实党的二十大关于推动各项事业高质量发展的精神实质，牢固树立"健康第一"指导思想，尊重学校体育发展规律，依据《学校体育工作条例》《高等学校体育工作基本标准》《关于全面加强和改进新时代学校体育工作的意见》等文件精神，以终身体育、健康教育为宗旨，"四位一体"学校体育目标为指导，不断推进体育教育教学改革，创新教学理念和教学方法，汲取国内外体育教学的先进经验，结合各高等学校开展体育教学实践和大学生实际需求，编写了本书。作为新时代大学生体育课程教学和课外体育锻炼的指导教材，本书具有以下特色：

一是融入课程思政。在健身技能篇和健身实践篇各章节中设置教学目标和教学相长版块，突出以价值塑造为引领，融入课程思政元素，帮助教师和学生更深入地理解以体育人的价值和作用。

二是创新篇章结构。以技术教学的一维向技术、知识和动机的多维转变，创新性地设置了健身知识、健身技能、健身实践三个篇章，项目教学贯彻"教会、勤练、常赛"理念，设置认识项目、学会项目、练会项目、竞赛规则四个部分，通过宏观-中观-微观篇章结构创新，提升教材内容的衔接性和可读性。

三是凸显教材形态。采用文字与视频相结合的立体化方式呈现各类体育项目，突出体现"健身知识＋课程思政＋互联网"新理念，技术动作示范采用视频方式呈现，教学大纲、竞赛规则、拓展资料等内容采用扫描二维码的方式呈现，凸显教材新形态。

四是丰富教学内容。设置基础体育项目、集体球类项目、个人球类项目、民族传统项目、体育艺术项目、运动休闲项目等 6 大类别，覆盖 30 个教学项目；注重传统项目与新兴项目、大众项目与民族项目的融合，新增水球、板式网球、匹克球、射箭射艺、极限飞盘、普拉提等新兴项目。

五是理论结合实践。以教学实践为基础，把教材和教学融合起来，实现线上、线下一体化推进，真正体现理论结合实践。教材用于课堂教学，突出课堂教学质量，延伸课外锻炼效果，提升体育教育教学水平。

本书从构思、立项、编写、校稿到定稿历时 3 年多，本书的编写凝聚了多位资深专家教授和一线体育教师的辛勤劳动和集体智慧。本书由杨桦、吕万刚、毛丽娟、刘波担任顾问，阳艺武担任主编，周凰、刘杨、熊米娜担任副主编，编委以武汉理工大学教师为主体，联合多所教育部直属高校、体育院校、地方院校的教师共同编写，在此衷心感谢各位专家教授和参编教师，以及武汉理工大学、清华大学、中南财经政法大学、华中农业大学、北京体育大学、上海体育大学、武汉体育学院、湖北工业大学等高校相关人员的大力支持！

本书分为健身知识篇、健身技能篇、健身实践篇三个部分，共 17 章。具体章节编写人员如下：第一、二、三章刘杨；第四章田径——吴冀、陈奥娜，游泳——于鸿贤；第五章篮球——马松、徐子童、邹伟，足球——杨明，排球(含气排球)——胡启林，水球——李韦羽；第六章乒乓球——黄静娴，羽毛球——吴青，网球(含板式网球)——夏杉杉、黄宏远，柔力球——陈东，毽球——江娟，匹克球——金成平；第七章太极拳——易鹏，武术——曹鹏程，散打——邓成虎，射箭射艺——王林；第八章健美操——唐苏娜，体育舞蹈——朱雄灏、黄彩虹，艺术体操——郭翠兰，健美运动——陶勇，芭蕾形体——余果；第九章瑜伽——邓士琳，跆拳道——周凰，定向运动、户外拓展——郭敏刚，自卫防身术——刘侠，极限飞盘——刘诗洁，普拉提——杨继美；第十章杨明；第十一章邓士琳；第十二章熊米娜；第十三章邱芬；第十四章段飞星；第十五章肖亮；第十六章樊晓东；第十七章阳艺武。方维负责本书配套在线习题的整理工作。协助本书配套视频拍摄的学生包括卢彦斌、吴文君、刘亦凡、蔡婉如、谢景行、金钲涵、汪雨点、郭宇博、李东啸、郭子康、肖宛欣、温梓珊、李小莉、裴路嘉、梁容灿、尹锐、杨一铭、姚琦、詹思勤、蔡子翾、姬文悦、田祥成、刘贻乐、孙润远、吴与同、罗涵、杨俊乙、柳文睿、吴思君、史峰瑞、庄辉麒、颜锴剑、邹安浩、王禹淮、刘晓静、赵婧、黛熙、王鹏翼等(排名不分先后)。本书由陈鹏、郭勇壮、李薇、郑姣、闵子骏、刘亦凡、贾志伟、王焓宇、江嘉宇、陈卓负责校稿，阳艺武、周凰、伍艺昭、王文素雅负责统稿。

本书在编写过程中参考了许多专家、学者的研究成果，也参考了多部优秀教材和专著，得到了武汉理工大学出版社、武汉腾欣诚科技有限公司的大力支持，在此向这些作者和单位一并表示衷心的感谢！本书中引用的一些专家学者观点和资料，标明出处时若有遗漏，敬请谅解。

由于编写人员水平和工作能力有限，本书在结构、内容和编写方式上都属于首次尝试，难免有不当和错讹之处，恳请同行专家和广大读者谅解并批评指正，我们将在再版时修订和补充完善。

编　者

2024 年 6 月

目录 CONTENTS

第一篇　健身知识篇

第二篇　健身技能篇

第三篇　健身实践篇

第一篇

健身知识篇

多年来，国内外运动医学界普遍接受一个观点，即"运动是良医"。从多年的教学实践来看，当前高校体育与健康课程教材内容体系亟须实现从描述性知识向程序性知识转变，让学生能正确学会运用体育健身知识来指导自我健身，并正确评价自我健身效果，提升学生的自我认知能力，成为一个具备体育素养、具有终身体育意识的新时代大学生。本篇涉及的知识包括健康、身体活动与体适能等相关概念的认知，大学生身体活动行为、锻炼行为的主要障碍与应对策略、身体活动与体质健康的关系、锻炼的方法、规律和原则等内容，重点讲授体育促进健康的理论知识，让学生懂得如何通过体育锻炼加强自我健康管理。

第一章

概念：健康、身体活动与体适能

教学目标

学生应充分掌握健康的内涵与外延，理解健康的多维特点、不同维度的含义、不同维度间的联系，以及各维度全面健康的重要性；了解健康筛查的主要步骤，可根据自身情况运用筛查步骤做初步健康指导；理解身体活动和运动负荷的含义，熟练掌握运动量和运动强度的量化与估算方法；熟知体质、体能、身体素质的基本含义及它们之间的关系。

教学内容

（1）健康的概念、体质健康自我管理与筛查；

（2）身体活动与运动负荷的概念、运动强度和运动量的计量；

（3）体质、体能和身体素质三者的含义与关系。

第一节 健康与健康管理

一、健康的定义

在学习健身知识前，要了解健康的含义。世界卫生组织将“健康”定义为：在体格（身体）、心理和社会三个方面均达成良好、健全的状态（即“三维健康模式”），不仅是身体没有疾病或不体弱。在此基础上，学者们不断细化健康的维度并吸纳更多因素丰富了健康定义的外延，依此构建出健康五要素（身体、精神、情绪、智力、社交）和健康八维度（身体、职业、社交、精神、智力、环境、财物、情绪）。至此，健康更宜用“完美状态”来定义，其涵盖的维度与维度之间相互交织，呈依赖关系，即某一个健康维度会受到其他七个维度不同程度的影响，某个健康维度出现问题也会影响其他七个维度。下面从健康八维度（排序与重要性无关）来解释组成健康的各要素。

（1）身体健康：爱护并保持身体处于健康的状态，有关身体健康的维护包括但不仅限于全面足够的营养、适宜的锻炼、科学的体重管理、戒除不良生活习惯、疾病预防与控制等。

（2）职业健康：能够积极参与到工作中，可从工作中获得个人满足感；同时，工作可以作为丰富生活的一部分，实现工作与自身的价值观、人生目标和生活方式的基本契合。

（3）社交健康：建立良好的人际关系，乐于与他人相处，能够建立友谊和亲密关系；能够关心、关爱他人，同时允许并接受他人的爱护。

（4）精神健康：是指树立正确的价值观，对人生目的、意义等保持积极向上的信念，并以此引导品行。

（5）智力健康：对终身学习抱有期望，认知水平能够随年龄不断提高；对需要认识的陌生事物有好奇心，乐于参与有挑战的智力活动。

（6）环境健康：能够意识到身处的自然环境可能对健康带来的各类影响，以及自身行为习惯可能对周围生活环境带来的影响；能够积极地为建设对健康有益的自然、社会环境做出努力。

（7）财务健康：能够合理管理个人资产，做出合理的财务决策（如投资获利、设立财务目标）；能够筹备足够的资金应对近期或长期的突发状况；能够意识到不同人的资产来源、需求和处境是不同的。

（8）情绪健康：能够察觉、判断自己的情绪并在行动中遵从自己的价值观和态度；能够积极应对情感波动；感到生活充满激情和能量；有同理心，懂得换位思考。

这八个维度共同构建了人的生命状态，可以认为人的生命状态就是一个有八个边的水桶，只要一边有短缺，桶中的水就会流出，而桶内剩下的水自然也不会满。只有各方面得到全面均衡的发展，才能称得上健康。

二、 体质健康的自我管理

自我健康管理是一个不断评估、干预、再评估、再干预的循环过程，重点在于健康诊断的准确性，制订干预方案的系统性和科学性，实施干预的严格与完整性，以及评价效果的时效性和全面性。对于大学生来说，定期参加体质健康测试和常规体检就是评估健康状况的过程（详见第十章），但以上评估仅针对体能和疾病的筛查而非其他健康要素。健康评估的目的在于发现健康问题或预测风险，并予以适当干预，以降低潜在疾病发生的概率。

以躯体健康为例，采集的数据包括能够反映体能和疾病的各项指标，建立健康档案。个人体质健康管理流程如图 1.1.1 所示。对疾病和体能指标进行分析与评估，预测潜在的健康问题。根据体检结果判断是否患有疾病，根据体测结果判断是否达到体质健康标准。针对各类健康状况的发展程度，决定应对手段和干预内容。对干预的执行过程进行记录和评估，确定实际干预剂量和存在的问题。根据过程评价结果及时调整策略、优化方案，进入新一轮健康评估和干预循环。

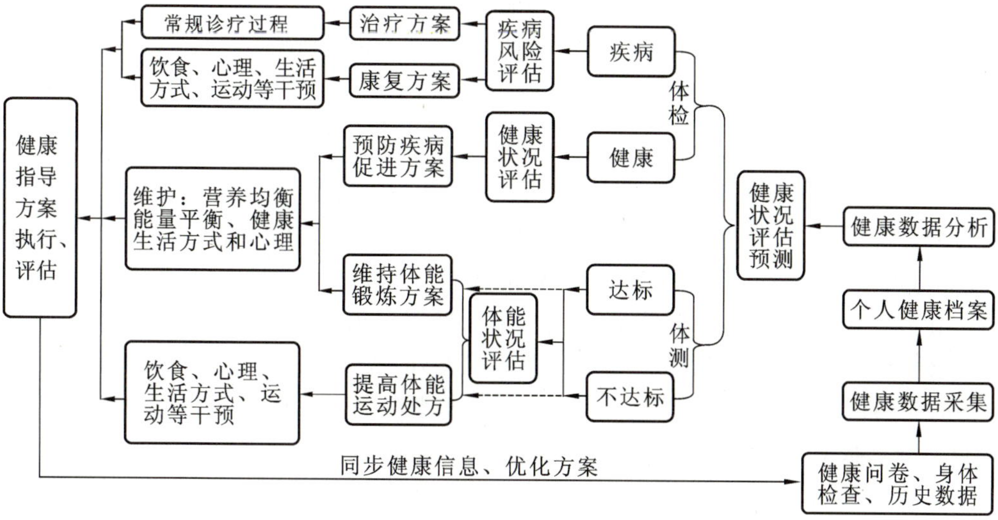

图 1.1.1　个人体质健康管理流程

来源：根据《健康管理理论与实践》的相关内容改编。

第二节　身体活动的含义

一、身体活动的概念

身体活动被定义为由骨骼肌收缩引起能量消耗的肢体运动。正常情况下，成年人应有规律地参与足够量和足够强度的身体活动，以获得或维持健康。从概念上讲，体育竞赛和锻炼都属于身体活动。体育竞赛是以追求更好成绩为目的不断地突破自我的身体活动，参与者往往是运动员或具备一定竞技能力的大众爱好者；而锻炼是以增强体魄、磨炼意志为目的的有计划的身体活动，普通大众均可参与。事实上，通过运动获得健康的途径多种多样，既可以是体育竞赛也可以是有目的的锻炼，甚至是日常生活中常见的身体活动（如遛狗、爬楼梯等）。从这点看，只要能起到能量消耗，对健康有促进作用的身体活动都具备健身功能，都应受到重视。这有别于以往的惯性思维，即只有在有针对性地安排健身计划并拿出专门时间完成规定锻炼内容才是健身，而忽略了日常生活中任何涉及骨骼肌运动的身体活动。对于当今学业和就业压力日趋增大的大学生群体而言，我们倡导充分调动校内外资源，通过积极参与体育比赛、规律的健身锻炼和有目的的日常身体活动来获取健康。

二、运动负荷：强度和量

负荷或运动负荷，可简单理解为运动中的强度和量，其本质上是一种引起机体产生生理性应激的刺激。在各类身体活动过程中，参与运动的骨骼肌被调动，能源物质不断消耗，各种器官参与协调，这本身就是对身体的一种刺激。运动的量越大，密度或强度越高，相应负荷就越大，对身体的刺激就越大。

（一）身体活动强度

身体活动强度可以理解为单位时间内运动的密度或运动的剧烈程度，体现在速度、练习频率或难度等方面。强度分为绝对强度和相对强度。绝对强度常采取三个等级：低强度、中等强度和高强度，其划分依据是代谢当量，也称“梅脱”（metabolic equivalent，MET）。梅脱是个相对量，单位是 kcal/(kg·h)，1 MET 相当于人体处于静息状态（如静态仰卧）时的代谢率。在静息状态时，人体每分钟、每千克体重大约需要消耗 3.5 mL 氧气，相当于每小时、每千克体重消耗 1 kcal 能量。以 1 MET（静息状态）时人体代谢率为参照，当代谢率达到 3～6 倍的静息状态时（3～6 MET），身体活动强度水平即中等强度；当身体活动代谢率达到 6 倍及以上静息状态时（6 MET），身体活动强度则为高强度；低强度身体活动则为代谢率在 3 MET 以下。各类身体活动所对应的代谢当量值可通过查阅“身体活动 MET 表（详见第二章表 2.2.1）获知。

依照低、中和高进行划分的绝对强度仅对 18～65 岁成年人群具普遍意义，但是对于个体情况来说绝对强度标准显得不够准确。比如，在厨房做一些清洁或用吸尘器清扫时的代谢当量大约为 3.3 MET，根据绝对标准的划分依据，属于中等强度（偏低）身体活动。但以上身体活动对于 20 岁左右的青年人和 60 岁以上的老年人来说，实际强度是不一样的。显然，老年人做清洁时普遍会感觉更吃力一些。再比如，同样都是青年人慢跑（6.4 km/h，6 MET），对于运动员来说 6.4 km/h 这个强度可能就是在放松跑，但对于不常锻炼的人来说可能跑起来会略显吃力。由此看来，了解每个人实际的运动强度（即相对强度）更具实践意义。

此外，除了对不同强度身体活动做低、中、高划分外，还将处于清醒状态的坐/卧行为称作“久坐行为”或“静态行为”（1.5 MET 以下）。这里提到的“久坐”是个行为概念，是指日常生活中容易长时间处于坐姿、卧姿的行为，包括社交类（呈坐姿交谈、通话）、交通类（乘坐各类交通工具）、学习类（坐姿状态下阅读、写作业或上课）或屏前类（看电视或使用计算机）久坐行为等。

相对强度常用自觉运动强度（rating of perceived exertion，RPE）、最大心率的百分比（% HR_{max}）和最大摄氧量的百分比（% $V_{O_2 max}$）来划分，详见表 1.2.1。

表 1.2.1　相对强度表

<table>
<tr><th rowspan="2">强度等级</th><th colspan="3">RPE 法</th><th>对应强度</th><th>% HR_{max}</th><th>% $V_{O_2 max}$</th></tr>
<tr><th>感知强度</th><th>6～20 刻度法</th><th>1～10 刻度法</th><th>%</th><th>%</th><th>%</th></tr>
<tr><td rowspan="4">低</td><td>毫不费力</td><td>6</td><td rowspan="4">1</td><td>0</td><td rowspan="3">≤36</td><td rowspan="7">≤39</td></tr>
<tr><td rowspan="2">非常轻松</td><td>7</td><td>7.1</td></tr>
<tr><td>8</td><td>14.3</td></tr>
<tr><td>很轻松</td><td>9</td><td>21.4</td><td rowspan="2">37～46</td></tr>
<tr><td rowspan="3">较低</td><td rowspan="3">尚且轻松</td><td>10</td><td>2</td><td>28.6</td></tr>
<tr><td>11</td><td rowspan="2">3</td><td>35.7</td><td rowspan="2">47～56</td></tr>
<tr><td>12</td><td>42.9</td></tr>
</table>

续表1.2.1

<table>
<tr><th rowspan="2">强度等级</th><th colspan="3">RPE 法</th><th>对应强度</th><th>% HR_{max}</th><th>% $V_{O_2 max}$</th></tr>
<tr><th>感知强度</th><th>6～20 刻度法</th><th>1～10 刻度法</th><th>%</th><th>%</th><th>%</th></tr>
<tr><td rowspan="2">中等</td><td rowspan="2">有点吃力</td><td>13</td><td>4</td><td>50.0</td><td rowspan="2">57～76</td><td rowspan="2">40～59</td></tr>
<tr><td>14</td><td rowspan="2">5</td><td>57.2</td></tr>
<tr><td rowspan="4">较大</td><td rowspan="2">吃力</td><td>15</td><td>64.3</td><td rowspan="2">77～85</td><td rowspan="4">60～79</td></tr>
<tr><td>16</td><td>6</td><td>71.5</td></tr>
<tr><td rowspan="2">很吃力</td><td>17</td><td>7</td><td>78.6</td><td rowspan="2">86～93</td></tr>
<tr><td>18</td><td>8</td><td>85.8</td></tr>
<tr><td rowspan="2">最大</td><td>非常吃力</td><td>19</td><td>9</td><td>95.0</td><td rowspan="2">94～100</td><td rowspan="2">80～100</td></tr>
<tr><td>竭尽全力</td><td>20</td><td>10</td><td>100.0</td></tr>
</table>

注：根据《健康管理理论与实践》、*ACSM's Guidelines for Exercise Testing and Prescription* 的相关内容改编。

知识补充

靶心率

靶心率是指能够有效提高身体机能且相对安全的运动强度所对应的目标心率，一般以心率范围表示。靶心率反映了相对运动强度，并根据个体年龄、健康状况决定。获取靶心率的步骤如下：

(1) 获取最大心率：$HR_{max}=216.6-0.84\times$年龄。

(2) 获取安静心率：安静时心率可通过摸颈下动脉的方式自测，取 10 秒钟的心率，再乘以 6。

(3) 确定预设强度：一般取 50%～80%。

(4) 计算靶心率的公式如下：

$$靶心率=(最大心率-安静心率)\times 预设强度+安静心率$$

例如，一位年龄 20 岁的大学生，测得其安静心率为 70 beat/min，计算其靶心率。

最大心率：

$$HR_{max}=216.6-0.84\times 20\approx 200\ \text{beat/min}$$

靶心率（下限）：

$$(200\ \text{beat/min}-70\ \text{beat/min})\times 50\%+70\ \text{beat/min}=135\ \text{beat/min}$$

靶心率（上限）：

$$(200\ \text{beat/min}-70\ \text{beat/min})\times 80\%+70\ \text{beat/min}=174\ \text{beat/min}$$

经计算，该学生的靶心率范围是 135～174 beat/min。在此范围内选取多大的心率作为运动强度，取决于锻炼目的。一般情况下，锻炼时心率越靠近靶心率上限，健身效果越明显。

（二）身体活动量

身体活动量，即在身体活动中完成的运动总数，一般体现在步数、次数/组数、重量（总）、跑距、持续时间、消耗的总热量等方面。目前，国际上普遍采用 MET·min 来计算身体活动量，其计算公式为：a(MET)×b(min)，其中 a 为代谢当量的具体数值，b 为以分钟计的持续运动时间。

例如，某位学生（体重 60 kg）每周锻炼 4 天，每天以 6 MET 的强度（6.4 km/h）慢跑 60 min，该学生每周运动量是多少（以 MET·min 计）？

该学生每周运动量计算：

$$(6\ \text{MET}\times 60\ \text{min})\times 4=1440\ \text{MET}\cdot\text{min}$$

利用 MET·min 计算身体活动量可便于安排锻炼计划。对于锻炼兴趣不大的人来说，在每周的锻炼计划中安排不同的体育活动有利于消除运动乏味。以上例为准，计划每周工作日约 1440 MET·min 的运动量可分 3 天完成（周一、周三、周五），周一打篮球 60 min（6.5 MET×60 min＝390 MET·min），周三游泳 60 min（8 MET×60 min＝480 MET·min），周五健身操 60 min（10 MET×60 min＝600 MET·min），共计 1470 MET·min。

由此可见，用 MET·min 来计身体活动量仅涉及运动持续时间和运动量这两个关键要素，省略了不少烦冗的计算过程。

除了 MET·min 计算公式，也可以通过锻炼中消耗的热量来计算该学生每周身体活动量，公式为：

$$[a(\text{MET})\times 3.5\ \text{mL}/(\text{kg}\cdot\text{min})\times \text{体重(kg)}\div 200]\times b(\text{min})$$

其中，a 为代谢当量的具体数值，b 为以分钟计的持续运动时间。

上例中，该学生体重为 60 kg，计算每天 60 min 锻炼所消耗的能量，用公式计算跑步 60 min 消耗的热量：

$$[6\ \text{MET}\times 3.5\ \text{mL}/(\text{kg}\cdot\text{min})\times 60\ \text{kg}\div 200]\times 60\ \text{min}=378\ \text{kcal}$$

1 周锻炼 4 天消耗的总热量：

$$378\ \text{kcal}\times 4=1512\ \text{kcal}$$

目前，很多高校建有健身房，在选择跑步机锻炼时常设置一定坡度来增加运动强度。然而“身体活动 MET 表”仅提供了坡度范围 15%以下的步行代谢当量，而在有坡度的场地跑步，以及坡度 15%以上的场地步行、跑步的代谢当量没有给出。

当锻炼场地有坡度时，需要用公式修正代谢当量，跑步的代谢当量的修正公式为：

$$[3.5+0.2\times \text{速度(m/min)}+0.9\times \text{速度(m/min)}\times \text{坡度(\%)}]\div 3.5\ \text{mL}/(\text{kg}\cdot\text{min})$$

其中，“坡度(%)”可认为是直角三角形垂直角的高和底边的比乘以 100%。

健走的代谢当量的修正公式为：

$$[3.5+0.1\times \text{速度(m/min)}+1.8\times \text{速度(m/min)}\times \text{坡度(\%)}]\div 3.5\ \text{mL}/(\text{kg}\cdot\text{min})$$

其中，坡度计算同上。

例如，某学生（体重 60 kg）在跑步机上以 180 m/min 的速度跑步锻炼 30 min，锻炼场地具有一定坡度（5%）。计算该学生跑步锻炼时代谢当量和跑步 30 min 消耗的总热量。

可将速度 180m/min、坡度 5%代入第一个修正公式获得调整代谢当量：

$$[3.5+0.2\times 180\ \text{m/min}+0.9\times 180\ \text{m/min}\times 5\%]\div 3.5\ \text{mL}/(\text{kg}\cdot\text{min})=13.6\ \text{MET}$$

此时获得坡度为 5%，跑步速度为 180 m/min 时的代谢当量为 13.6 MET，计算该代谢当量下体重 60 kg 的学生，运动 30 min 所消耗的总热量：

$$[13.6\ \text{MET}\times 3.5\ \text{mL}/(\text{kg}\cdot\text{min})\times 60\ \text{kg}\div 200]\times 30\ \text{min}=428.4\ \text{kcal}$$

有些情况下，我们更希望获得某次锻炼中因锻炼本身消耗的净热量，这就需要将运动中的总消耗热量减去运动期间基础代谢所需的热量（忽略运动后过量氧耗）。实现途径有两种：以上例为例，第一种途径是先将代谢当量 13.6 MET 减去基础代谢当量 1 MET 得净代谢当量 12.6 MET，再计算用于跑步的净消耗；第二种途径是从总热量 428.4 kcal 中减去 30 min 的基础代谢所需热量。具体计算过程如下：

途径一：

$$[(13.6-1)\ \text{MET}\times 3.5\ \text{mL}/(\text{kg}\cdot\text{min})\times 60\ \text{kg}\div 200]\times 30\ \text{min}=396.9\ \text{kcal}$$

途径二：

$$428.4\ \text{kcal}-[1\ \text{MET}\times 3.5\ \text{mL}/(\text{kg}\cdot\text{min})\times 60\ \text{kg}\div 200]\times 30\ \text{min}=396.9\ \text{kcal}$$

第三节　体质、体能和身体素质

一、体质

体质、体能和身体素质是三个既有差异又有一定包含关系的概念。体质即指身体质量，这里的质量并不是物理学中的质量或重量，而是一个人在先天遗传和后天因素的共同影响下表现出来的身体形态构造、生理机能、身体素质、适应能力、认知能力和心理调节方面的综合的、相对稳定的发育状态或发展水平。一个人具备较强的适应能力（如对某疾病的抵抗力，应对外部环境变化和心理压力的能力），拥有强壮的体格、敏捷的思维、稳定的情绪和出色的运动能力，往往就是良好体质的外在表现。从某种意义上讲，好的体质是获得健康的物质基础，而健康则是良好体质的外在表现。

二、体能与身体素质

体能也称“体适能”，是指人体在从事体育活动、工作或其他日常活动中，机体各器官、系统表现出来的能够保障身体完成各项活动任务的一系列能力或特征，体现在身体形态、身体机能和身体素质三个方面。我们可以认为体能是体质的重要组成部分，而身体素质又是体能的组成部分。体能主要包括健康相关的体能和竞技相关的体能，以及身体形态和身体机能。本篇涉及的运动与健康知识主要围绕健康相关的体能展开，具体包括：

（1）心肺耐力：在持续的身体活动中（如长跑），通过呼吸系统和循环系统获取氧并将氧输送到运动器官（如骨骼肌）的能力。

（2）身体成分：体内非脂肪（如骨骼肌、骨）和脂肪部分的相对含量。

（3）肌肉力量：骨骼肌在单次收缩过程中所能输出的最大力量。

（4）肌肉耐力：骨骼肌在未达到疲劳状态下重复收缩-舒张或持续静态用力（等长收缩）的能力。

(5) 柔韧性:运动中关节能伸展的最大活动范围。

除了健康相关的体能和运动技能相关的体能外,体能还包括身体形态(如腰臀比、坐高、胸围)和身体机能(如安静心率、血压、肺活量)。由此看来,大学生每年参加的体质健康测试(肺活量、立定跳远、坐位体前屈、50 米短跑等)实际上反映的是体能水平。拥有良好体能的人,其肌肉系统、神经系统、骨骼系统、呼吸系统及心血管系统等均处于良好的生理功能和调节状态,在各种工作中能展现出更旺盛的精力和充沛的体力,拥有更强的自信心。体能良好的人往往完成工作的效率和质量更高,容易形成正向循环,获得较高的自我效能感,其生命质量也更高。

随着人民膳食营养和医疗水平的不断提高,大学生群体的体质在整体上有很大提升;但是,现代生活方式带来的不健康行为,使原本拥有良好体质的大学生的实际体能水平普遍下降。体质(尤其是体能)是可以通过锻炼来改善的,好的身体基础还需积极锻炼才能体现其应有的优势和价值,获得真正的健康。

本章小结

本章主要介绍了贯穿于整个健身知识篇的相关基础概念,学习这些概念对理解身体活动和体适能健康知识有很大帮助。本章内容主要包括:①多维健康理念下不同健康定义及体质健康的自我管理;②身体活动、久坐行为的概念,运动强度和量的概念及其基本计量方法;③体质、体能和身体素质三个概念及其之间的区别与联系。本章学习的重点在于对各种基础概念的内涵与外延的理解和把握。此外,学生应熟悉与运动量有关的各类计量、换算方法,以及各类运动强度分级方式的标准和内容;能够将运动负荷、强度和量的概念与计算用于实践,帮助指导锻炼,提高健身效果。在实践中可以多尝试和总结,这样有助于深入认识基本概念和相关知识。例如,体验同一运动强度采取绝对强度或相对强度时机体耐受运动的真实感受,并据此分析不同强度等级划分方式在应用中的优劣。

教学相长

本章内容可以为大学生深入学习运动与健康知识打下概念基础,在学习过程中应注重不同概念在层次上的联系,领会运动与体质健康之间的因果关系。教师在授课过程中应注重引导学生对各类概念进行独立思考,让学生学会用辩证的思维评判、选择适合自身的身体活动来提高身体素质。同时,教学中师生皆可围绕运动促进健康的基本逻辑思路来塑造健康行为意识,在教学或学习生活中不断探索促进健康的运动实践路径。

教学思考

(1) 对个体进行锻炼干预时,请分析采取哪类强度(绝对强度还是相对强度)能更好地反映实际运动的刺激程度?

(2) 某体重为 70 kg 的大学生某天进行了 45 min 的中等强度锻炼(5.3 MET),请问该学生在锻炼中消耗了多少热量(kcal)?

(3) 某学生(年龄 20 岁,安静时的心率为 75 beat/min)以预设强度的 70% 进行锻炼,运动时其靶心率对应的 RPE 强度为多少?

【在线习题】

第二章 ▸▸▸ 大学生身体活动行为

2

国家国民体质监测中心发布的《2020 年全民健身活动状况调查公报》显示，我国 19～29 岁青年中，能够每周参加 3 次及以上不少于 30 分钟中等强度运动的人仅占 30%左右，能够参加 1 次及以上的占比 71.8%。大学生体质健康水平普遍较低与身体活动量不足有关，有关数据显示，体质测试复核抽测的大学生中不及格率达 30%。要改善大学生体质普遍低下的现状，就要认识促进健康的身体活动行为和标准。本章重点围绕身体活动行为和推荐标准展开讲述，同时为大学生锻炼前的自我健康筛查行为给予建议。

教学目标

学生熟悉身体活动指南中关于大学生身体活动与久坐行为的建议标准及达到标准的基本实现路径；学生能够根据自身身体状况初步判断运动参与的风险并掌握应对紧急状况的基本措施；了解生活中常见身体活动的代谢当量，能够根据周边条件自行设计科学、可行的个人锻炼计划；了解阻碍锻炼行为的因素，能够发现生活中潜在的锻炼障碍并掌握一定的解决策略。

教学内容

（1）大学生身体活动与久坐行为标准，运动中的心血管意外风险以及运动前、运动中的风险预测和预防；

（2）大学生活中常见的身体活动方式及其代谢当量；

（3）大学生锻炼行为的主要障碍和应对策略。

第一节 益于体质健康的身体活动行为

一、对大学生身体活动与久坐行为的建议

第一章提到，获得健康的途径不应局限于体育比赛和有计划的锻炼，也可通过增加日常生活中的身体活动来获得相应健身效果。根据世界卫生组织发布的《关于身体活动有益健康的全球建议》可知，成年人应每周参与 150～300 分钟的中等强度身体活动，或 75～150 分钟的高强度身体活动，抑或等量的中等强度和高强度混合的身体活动。除身体活动以外，建议成年人每周安排一定量的肌肉力量练习（抗阻性练习）；同时，在工作、生活中还应尽量减少久坐行为，以降低健康风险。2018 年，美国卫生与公共服务部发布《美国人身体活动指南》（第 2 版）；2021 年中国疾病预防控制中心和国家体育总局体育科学研究所发布了《中国人群身体活动指南（2021）》，两部指南在建议内容上与世界卫生组织的身体活动建议基本一致（后统称为“身体活动指南”）。根据身体活动指南，适用于大学生的身体活动与久坐行为的健康影响与建议详见表 2.1.1。

表 2.1.1　大学生身体活动与久坐行为的健康影响与建议

类别	健康影响	建议
身体活动	对以下健康问题具有积极改善作用： 心血管疾病、高血压、2 型糖尿病、癌症、精神疾病（降低焦虑和抑郁）、认知和睡眠障碍、肥胖	● 规律地进行身体活动； ● 每周至少进行 150～300 分钟中等强度或 75～150 分钟高强度的身体活动，抑或等量的中等强度和高强度混合的身体活动（最低运动持续时间为 10 分钟）； ● 每周不少于 2 天安排中等强度及以上肌肉力量练习。 额外益于健康的建议： ● 每周进行超过 300 分钟中等强度或超过 150 分钟高强度的身体活动，抑或等量的中等强度和高强度混合的身体活动
久坐行为	长期久坐行为会导致以下健康问题： 全因死亡率、心血管疾病死亡率、癌症死亡/发病率、心脑血管疾病发病率、2 型糖尿病发病率提高	● 大学生应尽量减少久坐行为，以任何强度的身体活动（≥1.5 MET）来代替久坐有益健康（如使用站桌）； ● 为降低过多久坐对健康的负面影响，成年人应完成高于标准建议的中等强度以上身体活动

以上身体活动建议仅适用于指导普通大学生的日常锻炼，并不适于高水平运动员训练。此外，综合国内外几类身体活动指南，有以下几点建议：

● 不要放过生活、工作中任何可以动起来的机会，不管是什么强度的身体活动，也不管持续时间多长，只要能动起来，就会有益于身体健康。

● 健康的大学生在进行中等强度身体活动时，锻炼时持续时间要至少 10 分钟才能计为每周建议的运动时长（每周 150～300 分钟）。

● 为最大化地发挥锻炼效果，每周安排的锻炼应尽量均匀地分布于 7 天中。应避免将 150～300 分钟的中等强度运动集中在某天或连续几天内完成，造成单次锻炼运动量过大，既容易造成运动损伤，又因距离下次运动的间歇时间过长，起不到持续均匀的运动刺激。

在实践身体活动指南标准时应该形成一个观念，即促进健康的身体活动可以在休闲、有目的锻炼、交通，甚至家务活动中完成。在完成指南建议的身体活动外，还应尽量减少久坐行为。大量流行病学研究表明，久坐行为比缺乏运动对健康的危害更大。从整体来看，跑步比走路强，走路比站着强，站着则比坐着强。以往人们认为对健康有积极意义的只有中/高强度身体活动，但越来越多证据表明低强度身体活动也有益健康。这提示我们，在日常生活中不应放弃任何易被忽视的身体活动，应让身体尽可能地“动”起来。

大学校园中，大学生如何在日常安排中完成身体活动指南建议的身体活动，下面简单举几个例子。某大学生在每周的周一至周五每天持续慢跑 30 分钟，周末两天进行器械练习锻炼肌肉力量。再比如，某学生可通过快速步行来完成累计 150 分钟的中等强度身体活动。经计时，从宿舍到教学楼至少需快走 13 分钟，到图书馆至少需快走 11 分钟，周一到周五每天在交通中可快走 30～40 分钟，每周可累积 150～200 分钟的中等强度身体活动；同时，选择周二和周五分别进行上肢和下肢肌肉力量锻炼。

在不断尝试增加运动量的同时，也应注意运动量与健身效果的规律，即超过 300 分钟/周的锻炼并不一定能带来等比例的健身效果。此外，通过身体活动指南还可以看出，在选择健身手段时应尽量选择让身体维持一定强度的运动，如有氧运动。有氧运动可以锻炼心肺耐力，而大量证据表明，成年人心肺耐力的强弱与诸多慢性病的发病率有较强量效关系。在有氧运动中，心肺耐力得到充分锻炼的人可在很大程度上降低患心脑血管疾病的风险。

知识补充

抗阻性练习的实践规律

肌肉体积增大源于肌纤维变粗和肌纤维增多。研究显示，10～18 周的抗阻性练习（3 次/周）可使肌肉力量增强至少 20%。普通练习者停止锻炼后，肌肉力量会以每天 3%～4% 的速率下降；停止锻炼 12 周后，增长的肌肉力量会下降近 70%；但减少每周抗阻性练习次数（如 1～2 次/周）并不会让肌肉力量下降。这说明，相较于增强肌肉力量，维持肌肉力量更容易。

二、实践身体活动指南的注意事项

各类身体活动指南均指出，任何身体活动都有益于健康。对于平常生活中身体活动水平在指南建议之下的大学生来说，达到或超过建议的身体活动量能有效促进健康。当身体活动水平达到最低建议标准的两倍时，能最大化地从运动中获得健康效益。在实践身体活动指南时，还要了解参与锻炼的运动风险及注意事项。

（一）运动风险

对于健康大学生来说，参与低到中等强度（1.5～5.9 MET）的运动锻炼是安全的，发生心肌梗死或心脏猝死的风险很低。运动中出现意外死亡（猝死）多数源于心脏疾病，已确诊患有心血管疾病的人参与锻炼时的运动风险随运动者年龄和运动强度的增大而升高。心血管系统处于正常状态的健康大学生锻炼时出现心源性猝死的风险很小，原因在于年轻人心血管疾病发病率本身并不高。有记录显示，心脏问题导致的运动猝死案例中，最常见的是运动者患有先天性遗传缺陷。因此，提前知晓自身疾病及把握疾病发展程度对预防运动意外有很大帮助。

高强度运动中，不常运动的健康青年人比常运动的健康青年人出现心血管疾病风险高35%左右。常有报道称，不常锻炼的健康青年人参与马拉松途中出现心源性猝死或急性心肌梗死。健康成年人发生心源性猝死可能是运动引起的局部栓塞造成的。从病理上讲，高强度运动会刺激心脏，使搏动的频率和幅度大幅增加，导致局部动脉硬化部位因剧烈搏动发生扭曲破裂，随后伤口处血小板迅速凝结造成栓塞，从而诱发心脏骤停。

（二）注意事项

对于无疾病史的大学生来说，有规律地参与锻炼带给健康的积极影响要远大于参与锻炼时出现运动风险的代价。虽然次极量运动中发生心血管意外的可能性很小（约 0.06%），但是成年人参与锻炼时的运动风险还是难以预测和有效预防。为此，大学生参与运动锻炼前应该遵循以下几则建议：

● 可先从轻量的身体活动开始，逐渐增加身体活动的频率、强度和持续时间，以这种方式参与锻炼可有效降低运动风险。以上方式同样适用于疾病后的康复阶段。

● 参与锻炼前，大学生应对心血管疾病、代谢疾病或肺部疾病的发作症状有一定了解，具备一定的防护应急知识，以备突发事件出现时能及时做出判断并采取医疗措施。以上三类疾病相关症状包括但不仅限于：晕厥或眩晕，心绞痛或胸前区、颈部、肩部等类似心绞痛感觉，下肢水肿，过度疲劳感或呼吸困难，心律失常，夜间阵发性呼吸困难，气短，腰腿疼痛、麻木或无力等。锻炼中如遇上述症状，应停止锻炼并及时就医。

● 如果增加运动强度会引起从未出现过的不良症状，应立即停止并寻求医疗帮助。

● 参加含剧烈运动的活动（如校运会）前，应接受有合格医疗资质人员的健康筛查，包括体检和运动负荷测试；同时了解家族遗传病史，如存在与心血管相关的遗传病要及时告知专业人员。

● 定期参加校体检，对自身心血管功能水平、是否有心血管疾病，以及疾病发展程度有充分了解。

● 如锻炼当天身体状况较平常波动较大，可适当调整实际锻炼负荷。

● 当身处治疗康复当中或被确诊患有任何不适合运动的疾病时（如代谢疾病、心脑血管疾病、呼吸系统疾病、肾脏疾病等），锻炼前应咨询对症医生，并遵医嘱。

● 如果生活、工作中需要增加身体活动，或者准备实施某锻炼计划，应提前完成身体活动适应能力问卷以筛查身体状况，详见表 2.1.2。

表 2.1.2　身体活动适应能力问卷主要内容

题号	问题	反馈
1	是否确诊患有心脑血管疾病且只能在医生指导下进行身体活动？	是□/否□
2	在进行身体活动时，是否发生过胸部疼痛？	是□/否□
3	从上个月至今，在没有进行身体活动时，是否也发生过胸痛？	是□/否□
4	是否发生过晕厥或因头晕跌倒？	是□/否□
5	是否因身体活动的变化导致骨骼或关节疾病加重（如腰背）？	是□/否□
6	近期，医生是否开过治疗心血管疾病的药？	是□/否□
7	是否知道限制你参与身体活动的其他原因？	是□/否□

注：如锻炼者对上述问题的反馈均为“否”，则可在体适能评估后循序渐进地参与各类身体活动，但身体活动负荷应在合理范围内。有下列情况应在医生指导下锻炼：收缩压高于 144 mmHg，舒张压高于 94 mmHg；任何时候如遇上述问题有“是”；感冒发烧、身体不适、备孕或处于孕期。

● 具有心脑血管疾病症状或心血管相关危险因素（≥2 条）时，参与锻炼前应咨询医生或健康专业人员；危险因素包括但不仅限于：肥胖，锻炼前长期未达到身体活动指南标准，年龄（男性不低于 45 岁，女性不低于 55 岁），家族有心血管疾病史，高血压，血脂或血糖异常，吸烟，等等。

多数情况下，运动前并非一定要对身体状况进行医疗筛查。即使是不常运动的人，只要没有任何医学禁忌，就能够参与到适当强度的各种身体活动中来，并可逐渐增加活动强度来增强健康水平。经常从事中等强度以上身体活动的人可渐进式地提高运动强度，以获取更多健康益处，这个过程并不需要事先咨询保健人员。

第二节　了解校园中的身体活动

前面已经提到，生活中我们应该尽量把握可以动起来的机会，增加身体活动。大学生日常学习生活中常见的身体活动都有与之对应的代谢当量，应对常见身体活动的代谢当量有一定了解，这样更有利于了解和把握自己的健康行为，对身体活动指南执行的程度做出判断。

目前，2024 年版《身体活动汇编》汇总了 1113 种代谢当量不同的身体活动，这比 2000 年版（605 个）和 2011 版（821 个）增补了不少。表 2.2.1 列出了大学生大学校园生活中常见的身体活动及其对应的代谢当量。

表 2.2.1　校园生活中常见身体活动的代谢当量

身体活动	活动内容	代谢当量/MET
跑步	慢跑、步行结合(慢跑≤10 min)	6.0
跑步	一般慢跑	7.0
跑步	跑速:6.4 km/h	6.0
跑步	跑速:8.0 km/h	8.3
跑步	跑速:8.4 km/h	9.0
跑步	跑速:9.7 km/h	9.8
跑步	跑速:10.8 km/h	10.5
跑步	跑速:11.3 km/h	11.0
跑步	跑速:12.1 km/h	11.5
跑步	跑速:12.9 km/h	11.8
跑步	跑速:13.8 km/h	12.3
跑步	跑速:14.5 km/h	12.8
跑步	跑速:16.1 km/h	14.5
跑步	跑速:17.7 km/h	16.0
跑步	跑速:19.3 km/h	19.0
跑步	跑速:20.9 km/h	19.8
跑步	跑速:22.5 km/h	23.0
跑步	越野	9.0
跑步	跑步上楼	15.0
跑步	马拉松	13.3
自行车	随意骑行:<16.1 km/h	4.0
自行车	休闲骑行:16.1～19.2 km/h	6.8
自行车	休闲骑行:19.3～22.4 km/h	8.0
自行车	休闲或竞赛娱乐骑行:22.5～25.6 km/h	10.0
自行车	普通竞赛:25.7～30.6 km/h	12.0
自行车	常规比赛:≥32.2 km/h	15.8
自行车	休闲骑行(较慢):≈15.1 km/h	5.8
自行车	休闲骑行(慢速):≈9.0 km/h	3.5
自行车	交通中骑行,自由速度	6.8

续表2.2.1

身体活动	活动内容	代谢当量/MET
自行车	一般骑行	7.5
步行	背包	7.0
步行	背包徒步	7.8
步行	徒步旅行或越野	6.0
步行	散步(非常慢):≤3.2 km/h	2.0
步行	散步(较慢):3.2 km/h	2.8
步行	散步(休闲)	3.5
步行	平地:4.0 km/h	3.0
步行	平地,中等速度:4.5～5.1 km/h	3.5
步行	平地,较快速度:5.6 km/h	4.3
步行	平地,快速:6.4 km/h	5.0
步行	平地,快速:7.2 km/h	7.0
步行	平地,快速:8.0 km/h	8.3
器械锻炼	功率自行车:30～50 W,低强度	3.5
器械锻炼	功率自行车:90～100 W,中至高等强度	6.8
器械锻炼	功率自行车:101～160 W,高强度	8.8
器械锻炼	功率自行车:161～200 W,高强度	11.0
器械锻炼	功率自行车:201～270 W,高强度	14.0
器械锻炼	功率自行车:51～89 W,低至中等强度	4.8
器械锻炼	俯卧撑、仰卧起坐、引体向上:高强度	8.0
器械锻炼	俯卧撑、仰卧起坐、引体向上:中等强度	3.8
器械锻炼	仰卧起坐:低强度	2.8
器械锻炼	抗阻性训练(举重、健美):高强度	6.0
器械锻炼	抗阻性训练:深蹲、慢速或爆发完成	5.0
器械锻炼	抗阻性训练:不同负荷的组合练习,每组重复 5～18 次	3.5
体能锻炼	健身课或体适能课	7.8
跳绳	一般跳绳练习	12.3
操舞	有氧操、体操、爵士健美操(慢速)	6.0
操舞	普拉提:一般	3.0

续表2.2.1

身体活动	活动内容	代谢当量/MET
操舞	健美操	6.8
操舞	瑜伽(传统瑜伽):哈他瑜伽	2.5
操舞	瑜伽:力量瑜伽	4.0
操舞	瑜伽:纳地净化调息	2.0
操舞	瑜伽:向太阳致敬式	3.3
操舞	芭蕾舞、现代舞或爵士舞:中等强度	5.0
操舞	芭蕾舞、现代舞或爵士舞:高强度	6.8
操舞	有氧舞蹈:快速动作	7.3
操舞	有氧舞蹈:慢速动作	5.0
操舞	国标舞:快速动作	5.5
操舞	国标舞:慢速动作	3.0
钓鱼	一般垂钓	3.5
拉伸	静态拉伸、动态拉伸:缓慢柔和	2.3
打扫宿舍	扫地:慢速	2.3
打扫宿舍	扫地:一般速度	3.8
打扫宿舍	拖地:慢速	2.5
打扫宿舍	拖地:一般速度	3.5
打扫宿舍	整理内务(综合):低强度	2.8
打扫宿舍	整理内务(综合):中等强度	3.5
打扫宿舍	整理内务(综合):高强度	4.3
打扫宿舍	清洁(处理垃圾、整理规整):低强度	2.5
打扫宿舍	清洁(处理垃圾、整理规整):中等强度	3.3
课间行走	空手(教室内、走廊或实验室内外):3.2 km/h	2.0
课间行走	空手(教室内、走廊或实验室内外):4.8 km/h	3.5
课间行走	空手(教室内、走廊或实验室内外):5.6 km/h	4.3
课间行走	负重(<11.3 kg;教室或实验室内外):4.0 km/h	3.8
课间行走	负重(<11.3 kg;教室或实验室内外):4.8 km/h	4.5
课间行走	负重(<11.3 kg;教室或实验室内外):5.6 km/h	4.8
课间行走	无负重上楼梯:缓慢	4.0

续表2.2.1

身体活动	活动内容	代谢当量/MET
课间行走	无负重上楼梯:中速	8.0
课间行走	无负重上楼梯:快速	8.8
课间行走	负重上楼梯(0.5～6.8 kg)	5.0
课间行走	负重上楼梯(7.3～10.9 kg)	6.0
课间行走	负重上楼梯(11.3～22.2 kg)	8.0
课间行走	负重上楼梯(22.7～33.6 kg)	10.0
课间行走	负重上楼梯(>33.6 kg)	12.0
下楼梯	步行未负重	3.5
下楼梯	负重(11.3～22.2 kg)	5.0
下楼梯	负重(22.7～33.6 kg)	6.5
下楼梯	负重(34.0～44.9 kg)	7.5
篮球	投篮	4.5
篮球	比赛	8.0
篮球	一般活动(非竞技)	6.0
篮球	练习,训练	9.3
足球	比赛	10.0
足球	一般练习,娱乐	7.0
乒乓球	一般练习,休闲锻炼	4.0
太极拳	普通动作速度	3.0
网球	一般练习,休闲锻炼	7.3
网球	休闲或练习(双打)	6.0
网球	休闲或练习(单打)	8.0
网球	击球练习:中等强度	5.0
排球	竞赛	6.0
排球	一般练习(非竞赛)	4.0
田径	射击、铁饼、链球	4.0
田径	跳高、跳远、三级跳、标枪、撑竿跳	6.0
田径	障碍赛跑、跨栏	10.0
羽毛球	竞赛	7.0

续表2.2.1

身体活动	活动内容	代谢当量/MET
羽毛球	一般练习,休闲锻炼	5.5
武术类	柔道、空手道、跆拳道	10.3
武术类	动作分解练习	5.3
飞镖	一般投射练习	2.5
游泳	自由泳(往返游):高强度	9.8
游泳	自由泳(往返游):低至中等强度	5.8
游泳	蛙泳(一般练习)	10.3
游泳	蛙泳(休闲)	5.3
游泳	仰泳(一般练习)	9.5
游泳	仰泳(休闲)	4.8
游泳	蝶泳(一般练习)	13.8
站立	使用手机	1.8
坐姿	使用电脑阅读、打字	1.3

来源:根据 *2024 adult compendium of physical activities: A third update of the energy costs of human activities* 的相关内容改编。

表 2.2.1 列出了大学生在校园生活中较常见的教学区域、交通中、体育课中、寝室内的身体活动及其代谢当量。大学生可根据自身情况灵活制订锻炼计划,了解每周 150～300 分钟的中等强度身体活动来源不仅限于体育课,还可以利用往返宿舍和教学楼的途中、清洁整理寝室、周末安全出游等活动锻炼身体。由此看来,要达到身体活动指南标准并非难事,应尽可能地积累有效身体活动时长(中等强度持续时间不低于 10 分钟),争取实现每周 300 分钟的健康运动的生活方式。

知识补充

跑不动了怎么办

你是否在长跑运动中遇到开始运动后不久就跑不动的情况?这种现象称为"极点"。极点的出现是开始运动后,不直接参与运动的器官的动员速率相对滞后,导致呼吸和循环系统暂时紊乱造成的。常见于缺乏锻炼或热身不充分的锻炼者,与运动强度有很大关系。出现极点后,可通过降低运动强度、调整呼吸节律,缓解呼吸困难和四肢酸软无力等症状;在坚持一段时间后会迎来"第二次呼吸",此时氧的运输、血液的循环会逐步进入稳定的工作状态,强烈不适的症状会慢慢缓解,此时可以继续运动。

第三节 大学生锻炼行为的主要障碍和应对策略分析

目前，仍有相当一部分大学生的体能未达到身体活动指南标准，且在生活中习惯久坐。身体活动不足是全球四大死亡危险因素之一，全世界每年花费几百亿美元用于治疗因缺乏身体活动导致的各类病症。对于我们每个人来说，规律地参与锻炼不仅是为自身健康负责，也不失为个人贡献社会的一种方式。大学期间是建立终身体育观，养成健康身体活动行为的重要阶段。性别、年龄、成长环境、教育背景、性格、认知水平、生活习惯、价值观等因素的不同，让每个人对参与锻炼的认识、重视程度及执行力也存在差异。究其原因，大学生群体并非故意拒绝“挥汗如雨”，不过是在锻炼这件事上遇到诸多行为、心理、认知或物质上的障碍，主要包括时间不足、精力不够、缺乏动力，也有部分大学生有担心受伤或缺乏陪伴等因素。下面对阻碍运动的主要问题进行分析并给予解决策略。

一、 时间不足

大学生学业压力普遍较大，加上为考研或就业做准备，可用于支配的时间可能被严重占用，平时作息上难以安排专门的时间用于锻炼。但是，换个角度就会发现，扩大锻炼范围即可解决这一问题。在日常生活中可进行身体活动的机会很多，其中不乏中高强度的身体活动（详见表 2.2.1）。只要利用好这些容易被忽视的“健身”机会，做好对零零散散的“10 分钟以上中高强度运动时间”的拾遗，相信 150～300 分钟/周的标准不难达成。此外，1 分钟高强度身体活动相当于 2 分钟中等强度身体活动，当 1 周有效的高强度身体活动达 75 分钟时，可认为身体活动量达标。从这点看，当身体状况允许时，高强度身体活动似乎更高效、更省时。

值得关注的是，习惯久坐行为的人，其健康风险要高于没有达到身体活动指南标准的人。但研究发现，当久坐的人中等强度身体活动量达到 60～75 分钟/天时，可很大程度上抵消因久坐导致的健康风险。但从群体意义上讲，具备这种身体活动水平的人并不多见。从实践角度看，避免久坐也能给身体健康带来可观的效益。故此，在学习生活中可用一些小点子让自己动起来，打破久坐的习惯。比如，随身的水瓶可以用容量小一点的，这样就可以经常起身、步行去打水，进而增加活动量。再如，用手机闹铃功能或其他小程序定时提醒自己该站起来活动一下。

二、 精力不够

对于有些大学生来说，平时的学业已使他们时常感到身心疲劳，再无精力参与锻炼。事实上，从身体活动指南标准来看，锻炼并非一定要到“气喘吁吁”的程度，可以根据身体活动标准适当地调整一下锻炼方案。

首先，锻炼的频次和每次锻炼的时长。前面我们了解到，每周需要至少参与 150 分钟中高强度身体活动，可将此运动量均匀地分配到4～5天内完成，折合30～40分钟/天；如果还是觉得每次锻炼的时间过长，可以在6天内完成，折合25分钟/天。当日的运动量不必一次完成，可以分为几个10～15分钟的小时段，这样可以极大降低参与运动前的心理压力。

其次，运动强度和种类。对易疲劳的大学生，可以采取代谢当量为3～4 MET的身体活动，如休闲散步(3.5 MET)、打太极(3.0 MET)、扫地(3.8 MET)、普拉提(3.0 MET)等都是不错的选择。此外，在做某些活动时还可以邀请同学或舍友一起，这样可以将注意力转移到交流中，从而忽略运动带来的不适或乏味，如一起骑行(4.0 MET)或步行去教室或回宿舍。大学生常背包在校园里通行，负重步行可极大增强运动强度(5.0～7.8 MET)；如果时间允许，通勤中不妨与同伴顺道去周边的花园遛弯，既可增进交流，又能满足每日运动需求。

最后，对某些常感到精力不足的大学生，可以让其了解两个实证研究结论：一是长时间呈坐姿学习大脑感到疲劳时，进行几分钟的身体活动后可有效帮助恢复脑功能；二是适当锻炼可以使人精神饱满，增强注意力。换句话说，锻炼并不会带来额外的“麻烦”，而是提高学习效率、增进健康的有效手段。

三、 缺乏动力

缺乏锻炼的动力实际上就是没有锻炼的动机或动机处于较低水平。对于锻炼而言，每个人都处于以下五个行为变化阶段的某个阶段：

① 从未想过锻炼；

② 偶尔想过锻炼和锻炼的意义；

③ 为锻炼做各种准备；

④ 规律地参与锻炼(<6个月)；

⑤ 已坚持锻炼6个月以上。

处于前两个行为变化阶段的大学生，可先了解运动在预防慢性病、改善脑功能、提高幸福度方面的积极作用，以及缺乏身体活动给健康带来的诸多问题，这样可以帮助大学生重新认识运动的价值，意识到缺乏运动给自身健康带来的负面影响。同时，鼓励自己思考两个问题：一是，不参与锻炼是否与自己真实的价值观一致，自己是否真的能接受长期久坐、不活动，以及由此带来的诸般损失(健康问题和后期治疗费用)；二是，若因缺乏运动导致的不良后果在某天真的发生了，自己是否会后悔，如果后悔，那么现在行动还来得及！

一般来说，一个人从没有动机到喜爱参与某项运动都需要一个过程。这里先了解动机发展的三个连续阶段：无动机、外部动机和内部动机。无动机，即从未有过或具极低的行为意向。外部动机，即受外部因素影响所产生的执行某行为的心理驱动力。比如，在课余时间积极、认真地参与跑步锻炼并完成打卡，是为了能在体育课中获得好的期末考核成绩。这里的课外积极锻炼是受考试这一外部因素的驱使，因此锻炼这一行为的动机属于外部动机。通常情况下，当外部动机消失后，行为的驱动力也难以维持。上面这个例子中，当考试结束或考试不再包含课外跑步打卡时，可能有不少同学就不再在课余时间跑步。相比之下，内部动机是出于自己喜好，可以从执行某种行为中获得快乐、自信、满足、成就感或认同感的心理驱动力(内因)，个人爱好就是很好的例子。对于很多人来说，自己的一些爱好是多年的追求，且比较固定。内部动因驱使的行为往往可以伴随一个人很长时间，虽然外部动机或内部动机都能让一个人动起来，但是显然内部动机或出于对运动本身的热爱而参与运动锻炼在行为上更稳固，坚持时间也更长。

其实，对于没有锻炼动机的人来说，在改变行为的开始阶段，可适当利用外部刺激让自己动起来。例如，坚持 1～2 周锻炼身体就买双跑鞋作为奖励或看场特别期待的电影。又如，向周边关系好的同学郑重宣布自己要通过规律健身改变自己体态，并设立健身目标，请大家监督自己。虽然在生活中穿插小仪式感来带动自己锻炼属外部动机，但相信坚持运动一段时间后会明显感觉到身体发生的各种积极变化。通过运动带来的切身体会可以帮助自己重塑对运动的价值观，强化坚持锻炼的信心并提升锻炼意识。同时，在不断参与锻炼中也会激发自身对更高水平运动能力的追求，形成“自己就是运动达人”的认同感。当自己不断发现运动的乐趣和益处时，运动也会逐渐变成喜好。

事实上，外部动机向内部动机转化是有条件的，包括拥有自我决定权、可胜任的能力，以及与他人的社会关联性。因此，培养运动爱好时要保持自主性，尽量避免受到外部限制甚至强迫。在开始体验一项运动时切勿设过高的目标，这容易导致运动过度和疲劳，从而对自身能力产生怀疑甚至消极情绪。平时可多结交爱运动的同学，融入一个爱运动的群体中就会发现参与运动其实是集体的共同价值，不仅有自己的信念，还有他人的期盼。在集体氛围下，自己需要通过不断突破获得集体的认可，在不断追求认同的同时更加喜爱运动，乐于在运动中付出。

最后，在培养锻炼行为时可多尝试，尽量选择自己喜爱的运动，让运动成为爱好，在运动中不断地提升运动水平。提高运动水平有利于产生成就感，增强坚持运动的信心。只有坚持不懈地参与运动，才能获得持久的健康。在锻炼时应多注重自身的反馈，学会记录、分析和调整运动量等。当我们在一段时期内定期完成锻炼时，就会感受到锻炼带给身体的诸多积极变化，相信这些变化会成为继续坚持锻炼的动因。

本章小结

本章内容主要包括身体活动指南标准、运动风险及预防措施、大学校园里常见身体活动的代谢当量，以及大学生参与锻炼的主要障碍和解决策略。知识重点包括：①身体活动指南的具体内容，如每周锻炼累计时长，每次锻炼最短持续时间，每周运动累计时长标准与选择的运动强度之间的关系及转换方式，久坐行为与身体活动的关系等；②需要立即终止锻炼的各类身体症状和表现，运动前健康筛查的步骤和检验标准；③校园内各类身体活动的代谢当量；④如何克服身体活动行为障碍。

身体活动指南标准是指导大学生群体制订促进体质健康锻炼计划的重要参考，也是知识篇中的核心知识点之一。学习各种运动技能，掌握锻炼相关的知识以及培养体育运动兴趣，就是为了能够在运动技能、认知和行为习惯上帮助大学生更好地达成身体活动标准，从而获得运动带来的健康效益。本章难点在于对各类不适于运动的症状做出准确判断；掌握生活中各类身体活动所对应的代谢当量，并据此制订适合自身作息规律和环境条件的锻炼计划。

教学相长

本章内容主要围绕促进健康的身体活动建议标准、实现标准的常见运动方式，以及锻炼行为障碍的应对策略等方面展开。对于学生来讲，身体活动标准往往较直观，但践行身体活动标准的诸多注意事项易被忽略。例如，可计入每周运动总时长的最短运动持续时间；又如，锻炼应避免集中在连续几天内完成，而应均匀分布在每周7天中；再如，高、中等运动强度下运动累计时间的转换等。同时，可采取一定量的练习或课外作业让学生熟知“身边”可供选择的运动方式及应对锻炼障碍的解决对策。教师可鼓励学生参照身体活动指南标准进行锻炼，并不断总结学生在执行锻炼标准中遇到的各类问题；积极尝试从理论与实践两个层面获取问题的答案，形成具有一定参考价值的运动与健康问答库，以更好地实现教学目标。

教学思考

【在线习题】

（1）列出您某个工作日中进行的主要身体活动和时长，并计算能量消耗。

（2）请根据身体活动指南标准和表2.2.1提供的各种身体活动，制订1周的锻炼计划。请描述具体哪几天实施锻炼、选择的运动方式、每次运动持续时间、运动代谢当量，以及累计运动时长等。

3

第三章 ▸▸▸ 身体活动与体质健康

教学目标

学生对运动与健康之间的关系有较深入的理解，对运动不足所带来的负面影响及运动对健康的益处也有一定了解；熟知不同运动类型及其各自的特点、种类和作用；能够对锻炼的基本方法、规律和原则有一定认识，并可以用于指导自身科学锻炼。

教学内容

（1）身体活动与各个健康维度之间的关系，运动和久坐行为与健康的因果关系，能量平衡的概念、计量方法及其在体重控制中的指导意义和实践步骤；

（2）有氧运动、无氧运动、抗阻性运动和柔韧性运动的特点、种类和作用；

（3）不同锻炼方法的定义、特点和作用，单次锻炼机体的变化阶段和特点，短/长周期锻炼的基本原则及间歇的作用，FITT 原则及其应用；

（4）终身体育对健康的意义，以及体育素养在实现终身体育中的积极作用。

第一节 运动与健康的关联

一、身体活动与多维健康

健康之所以受到国际社会普遍关注，是因为健康与每个人的生活质量密切相关。常见的与健康相关的生活质量包含心理、躯体、社会关系和环境等方面。那么，运动到底在健康促进方面扮演什么样的角色？运动可以增强体质，提高机体适应环境的能力。事实上，运动还能够促进躯体健康以外的其他多个健康方面的发展，包括社交健康、精神健康、智力健康和情绪健康，具体如下：

(1) 躯体健康：积极规律的身体活动行为是获得良好体质的重要手段，可降低全因死亡率及诸多心脑血管疾病、代谢疾病、癌症等疾病的发病率和致死率。

(2) 社交健康：体育运动既是社交的有效途径，又是培养社交能力的手段。在体育比赛的对抗和配合中可以体验如何与人和谐相处，促进人际关系的发展。

(3) 精神健康：参加体育锻炼可以磨炼一个人的意志，在激烈竞争中培养锲而不舍的精神，在公平规则的约束下培养契约精神和对他人的尊重。

(4) 智力健康：长期运动可以让大脑保持活力，让思维敏捷，提高注意力和认知功能。

(5) 情绪健康：运动可以缓解焦虑和抑郁，排解不良情绪，让情绪更稳定。

二、 身体活动不足与过量久坐行为的负面影响

身体活动不足或长期久坐行为与诸多疾病的发生、发展，以及多种不良心理、行为问题的产生有关(表 3.1.1)，也是容易被大学生忽视的重要健康隐患。

表 3.1.1 身体活动不足或长期久坐行为对健康的负面影响

健康问题	身体活动不足	长期久坐行为
超重或肥胖(体成分异常)	√	√
全因死亡率；病因特异性死亡率	√	√
心理和行为问题：焦虑、抑郁、自卑、自尊心降低、感知生活质量低下、欺凌行为、不良社会行为问题	√	√
循环系统疾病：高血压、冠心病、动脉粥样硬化	√	√
呼吸系统并发症：哮喘、呼吸暂停症	√	√
代谢、内分泌疾病或其并发症：高胆固醇、葡萄糖耐受性降低、胰岛素抗性增加、2 型糖尿病、甘油三酯增加、脂肪肝	√	√
骨科肌肉系统疾病或并发症：关节问题、腰背疼痛等骨骼肌肉不适	√	√
消化系统疾病：胆结石增加、胃食管反流增加	√	√
认知功能问题：理解能力下降、记忆力下降、精力下降、注意力降低、语言组织和表达迟缓	√	√
对后代不利影响：后代心血管疾病的危险因素增加	√	√
十四种癌症：脑膜瘤、甲状腺癌、肝癌、胆囊癌、胰腺癌、胃癌、结直肠癌、乳腺癌、卵巢癌、子宫癌、肾癌、多发性骨髓瘤、食管癌、前列腺癌	√	√
体能下降：肌肉力量、有氧耐力、灵敏性等下降	√	
健康相关的生活质量	√	
睡眠质量下降	√	

注：√表示与对应健康问题有因果或相关关系。

来源：根据《健康管理理论与实践》及 *ACSM's Guidelines for Exercise Testing and Prescription* 的相关内容改编。

值得注意的是，日常生活中的身体活动与久坐行为并没有直接联系，即达到身体活动指南标准的大学生可能也属于久坐人群。因此，要格外关注久坐行为，尽量不让身体长时间处于坐姿，在学习、生活中要善于采取小技巧定时地提醒自己起立活动一下。建议在学习 30～40 分钟后做几分钟中/低强度运动，这样可以有效调节血糖水平，改善大脑供血，缓解精神疲惫，提升注意力。

不少大学生认为，久坐或缺乏运动导致的很多健康问题到老年才会出现，认为自己正值盛年，即便出现健康问题也可以“硬扛”，对健康生活方式不够重视。事实上，缺乏运动与久坐行为对身体的危害很大。美国疾病预防与控制中心（CDC）和美国运动医学会的研究表明，长期久坐的人比经常参加运动的人全因死亡率更高，适当增加身体活动、提高身体素质能降低 20%～25%的死亡风险。

缺乏运动和长期久坐使身体能量消耗降低，是导致超重和肥胖的重要因素。体成分异常会引起诸多健康问题，尤其与近年来慢性病的高发有关。据美国国家卫生统计中心的定义，慢性疾病为一类持续 3 个月以上且长期影响身体健康的疾病的统称，主要分为以下 7 类：

(1) 循环系统疾病：心肌梗死、高血压、冠心病、动脉粥样硬化等；

(2) 代谢或内分泌疾病：肥胖、血脂紊乱、痛风、糖尿病等；

(3) 骨骼肌肉系统疾病：骨质疏松、肌无力、关节炎等；

(4) 精神疾病或障碍：精神分裂症、神经症（焦虑、强迫、抑郁）、神经衰弱、阿尔茨海默病等；

(5) 恶性肿瘤：肝癌、肺癌、食管癌等；

(6) 呼吸系统疾病：慢性支气管炎、肺气肿、哮喘等；

(7) 消化系统疾病：慢性肠胃炎、胰腺炎、胆结石等。

慢性病主要有以下特点：

(1) 发病后难以自愈和治愈；

(2) 需持续接受医疗；

(3) 无法通过疫苗预防；

(4) 引起生活习惯改变，影响生活质量；

(5) 无传染性；

(6) 成因复杂。

可以看出，一旦患慢性病，其发展过程往往是不可逆的。目前，已知缺乏运动和长期久坐及其导致的肥胖与上述 7 类慢性病的发病均有关。事实上，表 3.1.1 也表明缺乏运动引起的健康问题不仅包括慢性病。为了自己的健康，避免因缺乏运动和长期久坐带来的健康隐患和经济负担，建议大学生重视身体活动指南的建议，规律地参与体育锻炼。

三、 能量平衡

能量或热量是维持各项生理功能正常运作的基础。人体能量的来源包括脂类、碳水化合物和蛋白质。从供能效率来看，脂肪（9 kcal/g）优于碳水化合物（4 kcal/g）和蛋白质

(4 kcal/g)。能量平衡,即每日摄入的热量与消耗的热量大致相抵。一个体成分正常的人,只要能维持能量收支平衡,就不容易出现超重或肥胖。摄入食物的热量与日常能量消耗的严重失衡是造成体成分异常的主要原因。人体获取所需热量的途径是饮食,而人体消耗热量的主要途径有基础代谢、身体活动、大脑思维活动、食物的特殊动力作用等。下面介绍人体每日所需热量的估算方法和各类能耗途径,作为把握能量平衡的技术参考。

人体每日所需热量可根据日常身体活动行为、BMI 等级来推导,步骤如下:

(1) 估算标准体重:身高(cm)－105。

(2) 计算并获取 BMI 等级:体重(kg)/身高(m)^2,根据 BMI 值确定等级(表 3.1.2)。

表 3.1.2　大学生 BMI 等级

等级	范围	
	男	女
低体重	＜17.8	＜17.1
正常	17.9～ 23.9	17.2～ 23.9
超重	24.0～ 27.9	24.0～ 27.9
肥胖	≥28.0	≥28.0

(3) 估算每日所需热量:表 3.1.3 所列为不同日常身体活动水平所对应的建议摄入热量(kcal/kg)。例如,一位体重 70 kg、BMI 值在 21.6 的男大学生,其在日常生活中的身体活动包括上课、校园内交通、体育课、课余时间有氧锻炼等,可认定他的 BMI 等级为正常,日常身体活动水平为中等。据此估算该学生每日所需热量为:70 kg×40 kcal/kg＝2800 kcal。估算出的每日所需热量值可作为该学生每日从膳食摄取热量的参考。

表 3.1.3　不同日常身体活动水平的建议摄入热量　　单位:kcal/kg

日常身体活动水平	BMI 等级			
	低体重	正常	超重	肥胖
高	45～55	45	40	35
中	45	40	35	30
低	40	35	30	20～25

下面对人体主要耗能途径做简要介绍:

(1) 基础代谢率及其便捷计算方法。基础代谢率为人体在清醒且静卧的状态下,仅维持基础生理活动所需的能量,一般指 24 小时内的能量消耗。采用 Oxford 估算法,18～30 岁男性基础代谢率估算公式为 16.0×体重(kg)＋545;18～30 岁女性基础代谢率估算公式为 13.1×体重(kg)＋558。据此,上述学生的基础代谢率为 16.0×70 kg＋545＝1665 kcal。

(2) 身体活动能耗计算方法。身体活动中的能量消耗是人体能量代谢的重要环节之一。估算身体活动能耗的方法请参考第一章身体活动量部分。

(3) 大脑思维活动与热量消耗。人体在清醒、安静、不思考的状态下，维持脑部正常生理功能需要的热量约占总能量消耗的 20%。若每天进行 8 小时较高强度的脑力工作，则每天额外消耗 100～200 kcal 的热量。

(4) 食物的特殊动力作用。也称“食物的热效应”，是指食物在人体内参与物质代谢过程中出现的额外消耗能量的现象。根据食物成分的不同，会有 6%～17%基础代谢率不等的热效应。一般来说，碳水化合物和脂类的热效应较低，且持续不超 10 小时；而蛋白质的热效应较高，最高可达 30%，持续 10 小时以上。

日常生活中，体态正常的大学生每日从食物中获取的热量应大致等于基础代谢所需热量、每日所有身体活动消耗热量、大脑思维活动耗能和食物热效应之和。在实践中遵循能量平衡原则时，也可根据具体情况调整能量摄入与消耗来达到不同的健康目的。若要降低体重，可适当降低食物所含热量，增加运动量。这类热量的摄入小于消耗的能量代谢过程称为“负能平衡”，反之则称为“正能平衡”。无论采取何种方式减重，都应注意以下几点：

(1) 每日至少摄入 1200 kcal 的热量。

(2) 每日补充足够的营养素并保证营养平衡；营养素应包含蛋白质、脂肪、碳水化合物、维生素、无机盐、膳食纤维和水。

(3) 膳食应具多样性。以每日热量需求在 1600～2400 kcal 的大学生为例，每日膳食中各类食物的摄入量如下：谷薯类(200～300 g，提供 50%～60%热量)、蔬菜(不少于 300 g)、水果(200～350 g)、肉类(120～200 g)、豆制品(25～50 g)、奶制品(100～300 g)、坚果(10 g)、食用油(25～30 g)、盐(不超 5 g)、水(不少于 1500 mL)。

(4) 避免用药物减脂。

(5) 减重以减脂为主，减重速率应控制在每月 2kg 的安全范围以内，直至达到健康体重。

(6) 应采取运动与饮食控制相结合的减重方式，切勿仅依赖某一类手段。

(7) 为防止“蛋白质集约化”效应发生，影响蛋白质在体内发挥正常功能，建议每日最少摄入 50～100 g 碳水化合物和 10 g 脂肪。

第二节　运动类型

运动类型包括四类：有氧运动、无氧运动、抗阻性运动和柔韧性运动。下面逐一介绍各运动类型。

一、有氧运动

有氧运动是指身体摄取的氧量能充分满足需氧量的状态下进行的运动。有氧运动中能量的供给主要来自糖和脂类的有氧氧化(有氧代谢供能系统)。此类供能可持续输出大量能量，维持较长时间的运动。有氧运动有两层含义，从广义上讲，在机体氧供应充分的条件下，任何由有氧氧化供能的运动都可称为有氧运动，如抖腿、转铅笔、收拾书本等。但诸如此类充斥在学习生活中的不经意间的动作对改善身体机能并不显著。我们要介绍的有氧运动是指有一定运动强度和持续时间，能够起到一定健身效果的运动。

特点：多数有氧运动具有周期性，或周期性和非周期性混合的特点。周期性是指运动按照一定动作周期模式重复式地做相同动作，如跑步、游泳、竞走等。周期性和非周期性混合的运动由周而复始的运动和没有周期性重复的运动组成，如登山运动是由徒步（周期性）和其他行进动作（非周期性）组成。此外，有氧运动还具有疲劳出现较晚或不出现，以及疲劳消除较快等特点。

种类：以有氧供能为主，中等强度下的各类运动（3～6 MET），如中速骑行、长距离慢跑、快走、跳绳等。

作用：对心肺适能、能量平衡、内分泌调节、新陈代谢、预后康复、心理健康及慢性病预防等都具有积极作用。经常参加有氧运动，具有良好心肺功能的人，往往安静时心率更低，心率储备更高，心脏每搏输出量更大；新陈代谢旺盛，代谢产物能及时排出体外，改善血脂代谢；能量的摄入和消耗趋于平衡，使体形更加完美；在运动刺激下内分泌调节功能良好；此外，运动还可以有效缓解心理压力、排解不良情绪，让心理更健康。以上与有氧运动相关的诸多健康效益可帮助改善慢性病的发生和发展。

二、 无氧运动

无氧运动是指运动时摄入体内的氧量无法满足骨骼肌实际需求的状态下进行的运动锻炼。无氧运动的强度往往较大，在相对缺氧的内环境下机体能量主要来自能源物质的无氧酵解或 ATP-CP 供能，易产生过多乳酸，使肌肉酸痛，过早形成疲劳。

特点：大多强度较大，运动较剧烈，具爆发性；持续时间不会太长，由数秒到 30 分钟不等；疲劳消除较慢。

种类：包括高强度、次极限强度和极限强度。以无氧供能为主的运动主要由高强度运动组成（≥6 MET），如短跑、举重、跳远、体操、拔河等。

作用：此类运动多用于以提高运动成绩为目的运动训练中，且在专业指导下进行。因此，不推荐用于以促进健康为目的锻炼中。但事实上，有氧运动与无氧运动并无实质的分界，有时强度较大的有氧运动中也会部分掺杂着由无氧酵解提供的能量。

三、 抗阻性运动

抗阻性运动指以增强肌肉力量、肌肉耐力素质或改善形体为目的，以对抗自重、负重和对抗阻力为练习形式的运动。此类运动主要依赖无氧供能。

特点：动作大多具有明显的周期性，以次数、组数（2～4 组/肌群）和频数（2～3 次/周）计量运动量，以最大重复次数（RM）衡量强度，常用质量单位。每次锻炼的部位目标性强，每组练习间隔 2～3 分钟。同一肌群两次锻炼的间歇较长（≥48 小时）。注重主动肌和拮抗肌的平衡发展。

种类：根据不同目的分为促进最大肌力的运动（1 RM 的 60%～70%；8～12 次/组）、促进肌肉耐力的运动（1 RM 的 50%；15～25 次/组）和提高肌肉质量的运动（1 RM 的 60%～70%；8～12 次/组）。此外，根据运动时关节运动特点可分为单关节、多关节和复合式练习；或根据不同锻炼部位（核心、上下肢）划分运动种类。

作用：提高肌肉质量，提升肌肉力量，增强工作生活中胜任各种体能相关工作的能力；改善骨健康；提升基础代谢水平。

四、柔韧性运动

柔韧性运动指促进人体关节在不同方向上的活动能力及肌肉和韧带的伸展能力的运动。

特点：动作幅度大（微感不适为宜），但负荷强度不大，常伴随较多静态运动（保持 10～30 秒）。

种类：分为弹震拉伸、动力性拉伸和静力性拉伸（主动和被动）。弹震拉伸是利用肢体做动作时所产生的惯性进行的拉伸，如常做的肩臂运动或前后摆腿。动力性拉伸是通过不断重复某体位或姿势的改变并逐步增加动作范围的拉伸。静力性拉伸是缓慢将肢体置于拉伸位置并保持一段时间的拉伸方式，其中主动静力拉伸是在自身肌肉收缩的带动下，主动拉长肌肉并保持，使关节伸展的运动；被动静力拉伸是在外力辅助下完成的对肌肉、韧带和关节的拉伸。

作用：改善整体动作效率，提升运动能力；预防运动损伤，减轻运动疲劳，缓解关节衰老。

第三节 锻炼的基本方法、规律与原则

一、锻炼方法

常见的锻炼方法有持续练习法、间歇练习法和重复练习法。

（1）持续练习法：是在锻炼中以较固定的强度进行持续时间较长的运动。此类锻炼法适用于提高有氧耐力的有氧运动，是大众健身常用的锻炼方法。持续练习法的运动强度一般为中等强度或以上（125～175 beat/min），持续时间为 10 分钟至数小时不等。一般来说，运动的持续时间越长，相应强度也越低。例如，某大学生采取持续练习法，以每千米 6 分钟的配速持续运动 40 分钟，共完成 6.7 千米的跑距。

（2）间歇练习法：是严格控制动作标准、运动负荷、组间间歇时间和恢复程度，使机体处在未完全恢复的状态下反复进行练习的锻炼方法。此类锻炼法对心脏刺激较大，有助于提高对高强度运动的适应能力和抗疲劳能力。每组练习持续时间一般在数秒至几分钟不等，运动强度为中等强度到高强度（心率：160～190 beat/min）；练习间歇时间不充分，在进行下组练习时机体尚未从上组练习中完全恢复(心率恢复至120～140 beat/min),间歇时常采取动态放松形式。例如,近年来较流行的高强度间歇运动(high intensity interval training,HIIT),比较有代表性的是日本的TABATA运动组。TABATA每组练习含4种不同的运动形式,具备严格的负荷强度和间歇时间;每组运动在背景节拍的提示下完成,身体状况允许的情况下可重复多组练习,具有在较短时间内获取与长时间有氧运动相同的健康收益。

(3)重复练习法:是在各组练习之间安排较充分的间歇时间,对固定负荷下的某运动内容重复练习的锻炼方法。每组练习都在上一组练习恢复完全后进行。此类锻炼方法多用于运动员提升某项目的专项能力,对大众健身的实际意义有限。但对于在某体育领域有所追求的大学生来说,可采用此练习法发展专项速度素质、力量素质、爆发力,提高运动能力发挥的稳定性。

二、锻炼的规律和原则

锻炼具有系统性和周期性的特点。系统性决定了锻炼计划的制订和锻炼内容的实施要具备科学依据,即遵从人体适应运动负荷的阶段性,以及锻炼效果存在的时效性。从人体生理学角度看,锻炼效果即人体适应某运动负荷时所带来的积极的机能变化和状态。人们要想长久保持锻炼对身体的有益功效,就要不断地、有规律地参与锻炼。锻炼的周期性涉及单次锻炼、短周期锻炼和长周期锻炼三种类型。熟悉身体机能在不同锻炼周期类型中的变化特点有助于更好地把握和制订锻炼计划。

(一)单次锻炼

单次锻炼中,机体大致会经历运动负荷的耐受、运动至疲劳、运动后恢复、超量恢复及功效的消退五个阶段。

(1)运动负荷的耐受:即开始锻炼后,机体较稳定地承受运动负荷的过程。在运动耐受阶段,肌肉不断地收缩和舒张会造成肌纤维的微损伤,同时能源物质(脂肪酸、肌糖原、肝糖原、ATP)不断被消耗直至疲劳。运动耐受持续时间的长短反映了个体运动能力,并受诸多因素的影响,如体质状况、运动方式、负荷的大小、心理状态(如意志品质)等。

(2)运动至疲劳:随着机体不断在一定运动负荷下耐受,能源物质(主要为肌糖原)和机能水平逐渐下降,出现疲劳。运动耐受的能力越强,耐受的时间越长,相应疲劳出现就越晚。在锻炼中,是否有必要达到疲劳及达到疲劳的程度取决于锻炼目的。疲劳的出现表明锻炼对机体的刺激较大,而疲劳程度越深则说明刺激的程度越深。相对而言,在安全范围内负荷越大疲劳程度越深,当疲劳恢复后获得的锻炼效果往往就越好。但值得注意的是,要获得最佳的锻炼效果并不是负荷越大越好。

(3)运动后恢复:运动结束后,机体进入恢复阶段。恢复是人体通过自身代谢与系统调节使运动中消耗的能源物质和紊乱的各项机能还原到正常水平的过程,同时清理在运动中堆积的代谢产物(如乳酸),修复运动中损伤的肌纤维,即机体对运动刺激的积极反应。恢复速度的快慢与疲劳程度、营养补充、自身体质、休息状况等有关。

(4)超量恢复:在恢复期中,消耗的能源储备和下降的机能水平不仅会恢复到正常状态,还会超过原有水平,这种机体应对运动负荷所产生的生理应激反应叫“超量恢复”(或“超量补偿”)。超量恢复的出现是机体对锻炼的良好反应,表现为各项机能的改善,属良性适应。由超量恢复带来的各项机能的改善即俗称的“锻炼效果”。然而,超量恢复仅为单次锻炼后短暂出现的机能提升现象,具有时效性,且提升幅度有限。要想通过锻炼,在体质方面获得可观的提升,就要制订系统、规律的锻炼计划。利用超量恢复制订具有良性循环的锻炼计划,是达成锻炼目的的科学途径。

(5) 功效的消退:如上所述,单次锻炼后获得的超量恢复具有时效性,在适当恢复期后如不进行下一次锻炼,则上次锻炼获得的机能的提升会随时间逐渐消退。

以上五个阶段描述了单次锻炼身体机能经历的主要变化过程。从中可知,一次有效的锻炼应适当地产生疲劳,疲劳出现的早晚取决于体能水平。体能水平越高,耐受阶段持续时间越长,疲劳出现就越晚。运动后恢复是机体获得机能提升的必要途径,没有适当的恢复就没有良好的锻炼效果。疲劳程度越深,恢复期相应越长,超量补偿也越明显。超量补偿的出现意味着机能的提升,但提升后的机能并不是一成不变,也会随时间逐渐消退。

知识补充

单次锻炼的基本组成部分

(1) 热身:时间在10分钟左右,由低强度到中等强度的肌肉耐力、有氧运动和拉伸构成。目的是调动身体机能,消除肌肉黏滞性,降低运动风险。

(2) 拉伸:以弹震拉伸和动力性拉伸为主。如需使用静力性拉伸,可在拉伸后围绕拉伸关节做几组强度较大的有氧运动来抵消拉伸带来的肌肉功能下降。若锻炼内容以耐力运动为主,则热身时采取有氧运动比拉伸的效果更好。

(3) 主要部分:完成锻炼内容。例如,锻炼内容是抗阻性运动,目标部位最好明确,不要进行全身锻炼。在以周为单位的锻炼小周期内,尽量将有氧运动作为主要内容。

(4) 整理活动:时长与热身相近,以中小强度的放松运动为主,让心率和血压逐步恢复正常。

(5) 拉伸:静力拉伸为主。

(二) 短周期和长周期锻炼

通过锻炼改善体质状况绝非一日之功,往往需要较长时间。这就需要制订科学、有效的锻炼计划,其重点在于处理好短周期和长周期的关系。短周期的跨度一般为单周或几周,而长周期的跨度可长至数月。在把握不同周期的锻炼方案时,需要遵循六个基本锻炼准则,包括适宜负荷原则、适时恢复原则、个体化原则、可逆性原则、循序渐进原则和专门性原则。

(1) 适宜负荷原则:要不断提高锻炼成效,就要在合理负荷范围内采取比平时更大的运动量和运动强度来打破已建立起的运动适应,如锻炼时持续慢跑更长的距离或以更短的时间完成相同的跑距。该原则也要求锻炼中切勿让运动负荷超出机体承受能力。

(2) 适时恢复原则:锻炼后要积极消除运动疲劳,及时、合理地补充营养,让身体充分休息,使机能恢复至超过锻炼前的水平。本条原则与上一则适宜负荷原则共同解释了锻炼效果出现的生理学基础,即前面提到的超量补偿或超量恢复。从运动到疲劳再到机能超量恢复的过程就是锻炼效果出现的过程。由此可见，锻炼后的恢复也是锻炼的重要组成部分，没有适当的恢复就无法获得良好的锻炼效果。恢复分为积极性恢复和休息性恢复，前者是指在恢复期仍参与一定的运动，但运动方式、活动部位及运动强度均有所调整；后者是指依赖静态休养、睡眠作为主要手段的恢复方式。在效果上，运动性恢复的恢复速率较休息性恢复快1倍。

(3) 个体化原则：设计锻炼方案时要根据个体体质状况、锻炼程度和锻炼目的区别对待，有针对性地安排锻炼内容，在锻炼中处理好共性和个性的关系。

(4) 可逆性原则：锻炼行为终止后，已有的锻炼效果会逐渐消失，因此要保持已获得的锻炼效果及其带来的健康收益，就需要规律地参与锻炼。

(5) 循序渐进原则：对于刚开始锻炼的人来说，不能急于求成，刚开始就进行大负荷运动，而应该从较小负荷开始渐进增加运动负荷。当身体对某运动负荷产生适应时，方可适当增加运动负荷。锻炼身体在本质上讲就是让身体不断承受运动刺激（即负荷），逐渐适应刺激，再施加新的刺激（增加负荷），再适应新刺激的过程。

(6) 专门性原则：任何锻炼方式都有其主要针对的身体部位或功能。例如，长跑或长距离游泳锻炼心肺耐力，深蹲增强下肢肌肉力量。制订锻炼计划时，要均衡各项身体素质的发展，根据不同锻炼目的选择不同锻炼方式，让身体各个部位、机能得到充分锻炼。同时，锻炼方式的多样性也可以降低长期进行某种运动带来的疲劳和乏味。

在把握短周期锻炼方案时，除了充分考虑以上六个原则外，还应注意每次锻炼的时间间隔。由前述“锻炼效果的消退”可知，身体机能是“用进废退”。停止锻炼后，提升的机能会慢慢消退。利用好超量恢复并把握恰当的锻炼间隔（或下次锻炼的时机），是制订短周期锻炼的关键。

下面通过图3.3.1来展示三种间隔方式（有效、无效、疲劳累积）及其对锻炼效果的纵向影响。

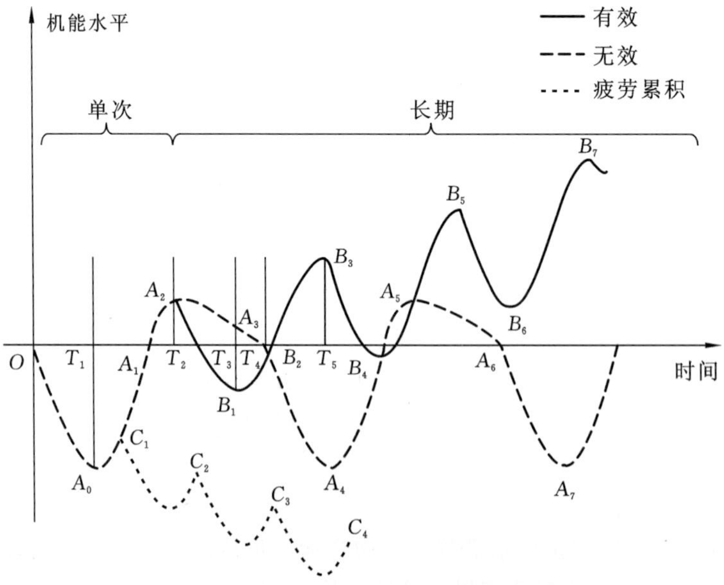

图 3.3.1 单次锻炼和长期锻炼中机能的变化过程和规律

图中 O 点即锻炼干预前的正常机能水平。先看疏虚线部分，开始运动后，机能水平随运动耐受时间的不断延长而逐渐下降，至 T_1 时本次锻炼因疲劳终止，机能下降至 A_0。自 A_0 起身体开启运动后恢复模式，当恢复至 A_1 时，机能已达运动前水平，随即机能水平继续提升至 A_2，此时超量补偿出现。这是一次锻炼过程中机能变化的特点。下面简述三种间隔方式给长期锻炼效果带来的不同影响。

(1) 无效锻炼(疏虚线)：过长的休整时间($T_1 \sim T_4$)会使提升的机能降至原来水平(A_3)。如果下次锻炼的时机在 T_4，锻炼后休息间隔同前，那么锻炼的效果会一直处于原地踏步(见图中疏虚线走势)。

(2) 有效锻炼(实线)：具有积极意义的策略应选取在 T_2 左右(实线)进行下一次锻炼。T_2 时身体机能正处于超量恢复的高点(A_2)，能以更高质量完成下一次锻炼的内容，良好的运动体验也增强了自信心和自我效能。本次锻炼结束后身体逐步恢复，当完成超量恢复时身体机能水平至 B_3。下一次锻炼时机则取在 T_5 左右，本次锻炼后机能经超量恢复至 B_5。以类似的方式进行锻炼，可推知会有 B_7 甚至更高的机能水平出现。将 B_3、B_5、B_7 以线连接起来，可以发现身体机能在一次次的锻炼中获得提升。

(3) 疲劳累积(密虚线)：如果下一次锻炼时身体还处于未从上一次锻炼中完全恢复的状态(如 C_1)，那么锻炼带给身体的只能是机能的不断下降，疲劳也会不断累积(C_2、C_3、C_4)。

由上述内容可知，对锻炼后自身恢复程度的了解并恰当把握下次锻炼的时机，是使身体不断得到锻炼提升的关键。这里提到的锻炼可认为是任何促进体质健康的运动方式，如锻炼肌肉的器械练习，锻炼腿部爆发力的蛙跳，抑或促进心肺耐力的长跑练习。两次锻炼间隔时间的长短因人而异，由恢复状态而定。对于普通大学生来说，一次 1 小时左右较大负荷长跑锻炼后肌糖原恢复时间不超过 48 小时；采取间歇式锻炼，最长恢复期也不超过 24 小时。前面提到超量恢复涉及的机能提高可表现在很多方面，以肌肉所含肌糖原为例介绍力竭性运动后身体机能恢复变化规律，力竭运动后 72 小时骨骼肌肌糖原含量可达运动前 2 倍(锻炼效果)。当负荷强度越大时，疲劳越深，恢复时间越长，所获得的超量恢复越明显。

值得注意的是，人体会对经常耐受的运动刺激(固定负荷下的运动方式)产生一定适应。一方面，运动适应正说明机能水平的提高，适应后的机体会以更好的质量完成同样的锻炼内容；另一方面，对某负荷产生了适应也就意味着原有的负荷无法很好地起到刺激作用，难以用于提升身体机能。此种情况下，应及时适当地调整运动负荷，以求更好的锻炼效果。对于普通大学生来说，在不断提高体能水平的阶段，每周负荷增量不超过 10% 即为安全范围。

知识补充

疲劳累积自测方法

早晨醒来时卧床测心率(beat/min)，测试前和测试时应保持心情平稳。连续 2 周记录晨起卧床心率，了解自己的静息心率水平，测试期间保证无过量运动。若基础心率较平时记录均值多 5～10 次/分，则提示有疲劳累积。

三、FITT 要素

FITT 是制订锻炼计划时可供参考的四个要素，包括锻炼频率(F)、锻炼强度(I)、持续时间(T)和运动方式(T)。

(1) F(锻炼频率)：指锻炼的频率，一般以每周多少天参与锻炼来计。锻炼频率(F)涉及每次锻炼之间的时间间隔。合理安排锻炼间隔是科学制订锻炼计划的关键因素之一。获得良好的锻炼效果依赖于对运动后恢复程度的把握，以及下次锻炼时机的选取。

(2) I(锻炼强度)：可简单理解为完成运动时的剧烈程度，或者单位时间内运动的密度。下面通过几个例子并结合运动量的概念再来重温和加深运动强度概念的理解。例如，在 100 米×8 组的跑步练习中，量即为 800 米；若为 2000 米持续慢跑，量即为 2000 米。在器械练习中，卧推 40 千克重复 5 次，量即是 200 千克(40 千克×5＝200 千克)；若 200 千克的量要求 2 次完成，则运动变得更剧烈，即运动强度变大(100 千克/次)。因此，强度与运动量和完成的密度有关。又如，同样进行 2000 米长跑，用 14 分钟完成的强度要比用 16 分钟完成的强度大。当运动强度较大时，因为心率也会加快，所以常用运动时的心率来把握运动强度。

(3) T(持续时间)：指单次锻炼从开始到结束所用的时长。针对大学生群体，每次运动持续 20～60 分钟为宜。锻炼强度(I)与持续时间(T)共同组成运动负荷，两者决定了运动对机体刺激的大小。当负荷较大时，疲劳程度加深，对身体刺激也较明显，疲劳恢复后机能提升效果也越显著。一般来说，当运动强度较大时，机体难以长时间承受高强度运动，限制了运动持续时间；当运动强度较低时，机体可维持较长时间的运动。

(4) T(运动方式)：指完成锻炼的途径，如健走、慢跑、游泳等。不同运动方式都有其专门性特点，应根据锻炼目的来选择运动方式。同时，个人喜好也是选择运动方式的因素之一。另外，锻炼中运动方式的选取应尽量丰富，这样既可避免产生运动乏味，又能让不同部位交替得到锻炼和休息。

第四节 终身体育与体育素养

一、终身体育

终身体育是指一个人在生命中的每个发展阶段都参与有益于健康发展的身体活动。我们知道，获得健康是参与体育的主要目的之一，终身体育的目的就是在人的一生中持续获得运动带来的健康效益。要达成这个目的，关键是养成规律地参与锻炼的行为习惯。事实上，学者们对终身锻炼行为的养成早就有所探究，认为终身体育的实现途径是在人生不同阶段都具备良好的体育素养。根据著名的体育素养学者 Whitehead 的定义，体育素养是“让个体获得动机、信心、身体能力、身体活动与体适能知识去重视并负责保障终生有目的的身体追求和活动参与的意向”。

二、体育素养

目前，国际较公认的体育素养定义包含四个维度：机体维度（如运动技能、体质），认知维度（如知识和理解），行为维度（如日常运动参与）和情感维度（如动机和自信心）。在借鉴和改进国外体育素养概念后，我国学者将体育素养与促进人的生存和发展相结合，将其定义为“人类在生命过程中获得利于个人生存发展的运动要素的综合”，包含体育健身意识、体育健身知识、体育健身技能、体育健身行为和体育健身效果。各要素具体含义如下：

（1）体育健身意识：规律地参与运动锻炼的动机。

（2）体育健身知识：与身体活动和体适能健康相关的知识。

（3）体育健身技能：在运动锻炼中展现出来的动作能力。

（4）体育健身行为：持续、规律地参与身体活动的行为。

（5）体育健身效果：反映身体素质、身体形态和身体机能的健康状况。

一个人只有具备了参与运动必要的体能、技能、认知、情感和行为，才会有参与到运动锻炼中来的意向。但体育素养并不是一成不变的，换句话说，在整个人生轨迹中，体育素养的各个要素都处在不断变化中。因而，科学地评价体育素养也应该从动态的角度出发，对不同发展阶段的体育素养的发展状况进行评价。上述内容揭示了长期维持体育素养与终身体育之间的逻辑关系，以及体育素养在健康促进方面的积极意义。有研究表明，未成年期身体活动行为可以预测成年后的运动行为状况，终身体育习惯的养成要从培养体育素养开始，从人生早期阶段开始干预。

知识补充

适宜有氧运动的环境温度

有学者研究环境温度对运动的影响发现，不同温度下健康成年男性可持续中等强度运动的表现不一。由图 3.4.1 可知，环境温度在 11 ℃左右时，进行中等强度运动的持续时间最长，在 40 ℃时运动持续时间最短。此外，随着环境温度的升高，运动中自感疲劳程度也越明显。一般认为，10～15 ℃较适宜进行促进心肺耐力的有氧运动。

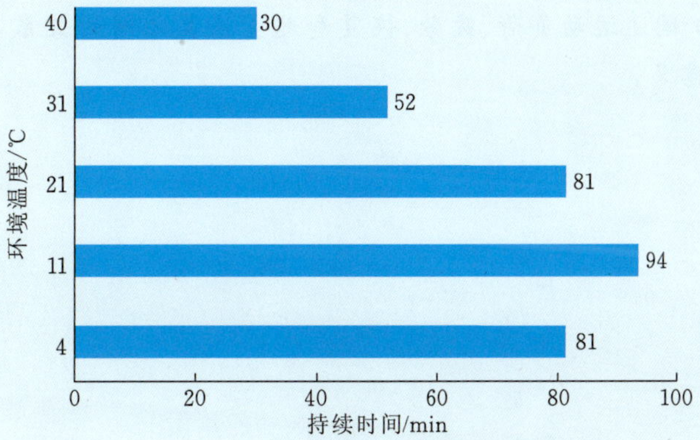

图 3.4.1　中等强度的运动持续时间与环境温度的关系

本章小结

本章重点介绍了身体活动与多维健康要素的联系，缺乏足够身体活动和长期久坐对身体的负面影响，以及锻炼中采取的运动类型、基本方法、规律和原则等内容。在学习章节内容时，学生要注意理解身体活动在健康促进和流行病预防中的积极作用；熟悉不同运动类型、锻炼方法的特点和作用；知道超量恢复应用于单次锻炼、短周期锻炼和长周期锻炼中的科学依据和设计思路；了解各项锻炼原则对科学锻炼的指导价值和作用。

本章内容较多，涉及科学锻炼背后的诸多训练学和运动生理学原理，学生在学习中应注重不同知识面的结合与互通，将运动类型、锻炼方法、锻炼的周期性和原则串联起来，形成完整的知识网。此外，本章还介绍了终身体育与体育素养的关系，认为一个人持续参与体育锻炼的重要条件是，体育素养各个要素都获得充分的发展，并需要一直保持良好的体育素养水平。

教学相长

本章承载了健康知识篇中用于指导、制订个体锻炼计划的重点内容，内容呈现多、散、复杂、递进的特点。教师在教学中可多结合实例来解释各类概念和锻炼原则，同时注意厘清不同层次的知识框架，让学生在接受知识时能够明晰知识结构，在运动类型、锻炼方法、锻炼原则的知识运用方面逐步形成对科学锻炼的系统认知。教师可让学生以分团队完成项目（根据某锻炼目的制订科学的锻炼计划）的形式，来检验其知识掌握程度，鼓励学生查阅文献引用前沿成果支撑项目，也可鼓励学生邀请教师参与项目中来，以及时提供指导与反馈。这类教学活动也对教师的职业素养提出一定要求，尤其在项目评价中。为更好地对运动类型、锻炼方法、锻炼原则三者的融合程度与运用思路做出合理批判，教师也会积极汲取知识与教学经验，使此过程成为推动教师教学相长的重要环节。

教学思考

【在线习题】

（1）根据自身情况，计算每日建议的摄入热量。

（2）根据自身情况，计算基础代谢率。

（3）阐述运动负荷、疲劳、恢复和超量恢复之间的关系，以及它们在有效锻炼中的意义。

第二篇

健身技能篇

大学体育教材建设在知识传授和能力培养的基础上，更应该强调价值塑造的功能，实现从只关注技术教学的一维面向向关注技术、知识和动机的多维面向转变。本篇以价值塑造、能力培养和知识传授为主要教学目标，按照项目大类分为 6 个项目类别，涵盖 30 个教学项目，兼顾传统项目与新兴项目、大众项目与民族项目的融合，每个项目按照认识项目、学会项目、练会项目和竞赛规则四个内容进行介绍，将课程思政融入教学内容，采用文字与视频相结合的数字化、立体化方式呈现，突出体现“健身知识＋课程思政＋互联网”的新理念，切实推进“教会、勤练、常赛”理念的落地见效，提升体育教学质量，帮助学生在体育锻炼中发现乐趣、增强体质、健全人格、锤炼意志。

第四章 ▸▸▸
基础体育项目

4

第一节 田　径

教学目标

（1）价值塑造：树立学生顽强拼搏的意志品质及良好的道德品质；强化规则意识，提高学生的社会适应能力；培养学生独立思考、发现问题、分析问题及解决问题的能力。

（2）能力培养：提高学生的基础田径技能，全面增强学生的身体素质和身体机能；掌握正确的专项田径技能和提高身体素质的锻炼手段，树立学生的终身体育观。

（3）知识传授：让学生知晓田径运动的起源、定义；了解中国田径运动发展的历程；理解协调柔韧性、灵敏性、稳定性、爆发力等基础田径技能的目的、意义及训练手段；全面系统地掌握短跑、中长跑、跳跃、投掷等专项田径技能的技术教学和技术专项训练。

教学内容

【在线习题】

一、认识田径

（一）田径运动概述

早在上古时代，人类为了获取生活资源需要走或者跑一定的距离，跳跃各种障碍物，或者利用手中的石块等器械进行投掷以捕捉猎物，人类需要周而复始地重复这些动作，久而久之就形成了走、跑、跳跃、投掷等运动技能。随着社会的不断发展，人类已将走、跑、跳跃、投掷等演变成比赛的形式，随之形成现代田径运动竞赛项目。

田径运动是由田赛和径赛、公路跑、竞走、越野跑和山地赛跑组成的运动项目。其中，“田赛”是指在田径运动场中的广阔空地上丈量运动员跳跃的高度、远度和投掷器械的远度的项目；“径赛”是指在田径运动场的跑道上需记录运动员跑完规定距离的时间，或者在一定时间内跑完距离的项目。

（二）中国田径发展历史

现代田径运动在中国已经有一百多年的历史，中国田径经历了从学习和引进，到发展与提高，再到冲出亚洲、走向世界的历程。

1932 年“中国奥运第一人”刘长春“单刀赴会”第十届洛杉矶奥运会，参加了田径项目 100 米和 200 米的比赛，标志中国正式进入国际体育舞台，跑出了中国奥运梦想的第一棒。

中华人民共和国成立以来，我国涌现出了众多优秀的田径运动员，如男子跳高运动员朱建华，连续三次打破世界纪录；男子 110 米栏运动员刘翔，是中国田径历史上集奥运会冠军、世锦赛冠军和世界纪录等荣誉于一身的传奇人物。

二、学会田径

【视频讲解】

（一）基础田径技能

田径运动主要以跑、跳、投等基础运动技能为主，涵盖了协调柔韧性、灵敏性、稳定性、爆发力等众多身体素质能力，而这些基础的身体素质能力也是构成其他运动项目的基石。

1. 协调柔韧性

（1）概念：协调是整合了空间定位、时间感知和节奏能力为一体的协同综合能力的表现。柔韧性是人体在运动过程中完成大幅度运动的技能。协调和柔韧之间相互作用，协调能力的提升可促进柔韧性的发展，而良好的柔韧性又能提高个体协调能力。

（2）意义：协调控制关节灵活、人体平衡和肌肉张力，柔韧性则强调关节和肌肉的伸展能力。田径运动需要个体具有较强的肌肉弹性和关节的灵活度，进行田径运动可提高个体的柔韧性，同时对减少运动损伤具有积极作用。

（3）训练方法：如图 4.1.1 至图 4.1.4 所示。

图 4.1.1　攻栏步拉伸

图 4.1.2　弓步拉伸

图 4.1.3　高抬腿跑

图 4.1.4　三方向抬腿跑

2. 灵敏性

（1）概念：灵敏性是在突然变化的环境中迅速、准确、协调改变身体的空间位置和运动方向的能力。

(2) 意义：灵敏性需注重运动动作或运动状态快速改变的能力。田径运动项目要求运动员在较快的速率下完成技术动作，以获得较大的出手速度或缩短动作完成的周期，并对自身的空间位置和动作方向做出积极的判断，因此，提高灵敏性对田径运动具有重要意义。

(3) 训练方法：如图 4.1.5 所示。

图 4.1.5　开合跳

3. 稳定性

(1) 概念：稳定性通常指完成动作的稳定能力。稳定性需要个体在完成动作时动作的力量、方向、幅度、速度等要素不受内外环境因素的影响而发生波动或失误。

(2) 意义：稳定性以人体姿势控制能力为基础，通过中枢神经系统整合视觉、本体感觉、前庭觉的多感官信息来维持身体重心在合理范围内移动。田径运动的众多项目需在个体平衡改变时，快速调整转变身体各部位关系并进行适当补偿，以恢复到相对平衡的状态。

(3) 训练方法：如图 4.1.6、图 4.1.7 所示。

图 4.1.6　弹力带躯干稳定性训练

图 4.1.7　实心球躯干稳定性训练

4. 爆发力

(1) 概念:爆发力是以最短时间产生最大速度或以最快速度完成动作的能力。

(2) 意义:爆发力要求神经肌肉在工作时克服或对抗阻力。田径运动项目需要人体的肌肉在最短的时间内协调工作,以最快的速度收缩,提高肌肉最大收缩力量。

(3) 训练方法:如图 4.1.8、图 4.1.9 所示。

图 4.1.8　实心球上抛训练

图 4.1.9　跳箱训练

(二) 专项田径技能

1. 短跑

短跑是指短距离赛跑项目,是 400 米及 400 米以下距离赛跑项目的统称。练习短跑项目能有效提高协调性、灵敏性、爆发力等,短跑对其他运动项目的教学与训练都具有十分重要的影响。短跑技术主要包括起跑、起跑后的加速跑、途中跑和终点跑。

(1) 起跑:起跑的作用是使人体快速摆脱静止状态,尽可能获得最大的初速度。短跑的起跑过程包括“各就位”“预备”和鸣枪(或“跑”)三个阶段。短跑的起跑有站立式起跑和蹲踞式起跑,站立式起跑(图 4.1.10)主要在日常训练中使用,正式比赛采用蹲踞式起跑。蹲踞式起跑是当听到“各就位”口令时,运动员走到起跑器前,两脚依次踏在前、后起跑器的抵足板上,两腿屈膝,后膝盖跪地,两臂伸直,两手的间距比肩部稍宽,虎口向前,上体略向前倾。当听到“预备”口令时,运动员两膝离地,臀部抬起,略高于肩部,重心前移,肩部略超过起跑线,两眼目视前方。当裁判鸣枪时,运动员两手迅速推离地面,两臂前后摆动,前腿快速有力地蹬伸,后脚积极前摆,身体向前上方运动。

图 4.1.10　站立式起跑

(2) 加速跑:加速跑是指从起跑转入途中跑的过程,加速跑要充分利用起跑所获得的初速度,并通过持续加速,尽可能接近最高跑速。加速跑开始阶段上体自然前倾，以便更好地用力和加速，并随着跑速的增加，上体逐渐接近正直。

(3) 途中跑：途中跑在短跑的全程中距离最长，需尽可能在较长距离中保持最高跑速。途中跑时身体适度前倾，两臂屈肘，配合腿的动作前后摆动。途中跑是一个周期性动作，包括后蹬与前摆、腾空、着地缓冲三个阶段。在后蹬与前摆阶段，支撑腿在摆动腿积极前摆的配合下，快速有力伸展髋、膝、踝关节；在腾空阶段，支撑腿结束后蹬时，小腿迅速向大腿靠拢，大腿和小腿积极折叠前摆，同时摆动腿下压，小腿随摆动腿向前下方做快速的“鞭打”动作；在着地缓冲阶段，摆动腿前脚掌积极着地，身体重心迅速前移。

(4) 终点跑：终点跑是全程跑的最后一段，即在接近终点线至终点线最后一段的距离。终点跑要尽可能保持途中跑的过程中已获得的跑速，在离终点线 15～20 米时尽量保持上体前倾，加快两臂摆动的速度，在跑至距离终点线一步时，应上体前倾，用胸部或者肩部撞向终点线的垂直面。

2. 中长跑

中长跑是“速度”的耐力项目，需在保持较高的速度条件下跑完全程，对速度耐力的要求较高。中长跑技术主要包括起跑、起跑后的加速跑、途中跑及终点跑。中长跑技术内容与短跑基本相同，但各项目之间的距离不同，因此各项目的技术环节也有所差异。

(1) 起跑和起跑后的加速跑：起跑是听到鸣枪后到跑出第一步之前的动作，中长跑项目的起跑为站立式起跑，一般采用低姿的半蹲式起跑，分为“各就位”和鸣枪两个阶段。当听到“各就位”口令时，运动员需走到起跑线后，两腿前后站立，两腿弯曲，上体前倾。当听到鸣枪后运动员两腿迅速用力蹬地，同时两臂配合腿部的动作进行前后摆动。加速跑过程中两腿用力向前蹬伸，两臂积极摆动，上体逐渐抬起，短时间内快速达到预计的速度为进入途中跑做好准备。

(2) 途中跑：途中跑是中长跑的主要阶段，途中跑技术主要分为后蹬与前摆、腾空、着地缓冲、上体与摆臂动作。后蹬与前摆技术主要是产生跑进动力，通过积极的前摆以增加后蹬的力量，后蹬与前摆协调配合；当后蹬腿蹬离地面，即身体进入腾空阶段，大小腿折叠快速进行前摆；着地缓冲应尽量减少水平速度的损失，膝关节稍屈，摆动腿积极下压，小腿顺势前摆；上体保持稍前倾的姿势，两臂以肩关节为轴前后自然摆动，有效发挥蹬摆的力量。

(3) 终点跑：终点跑是中长跑全程结束前的最后一段冲刺跑。终点跑技术是在途中跑的基础上，逐渐加快跑速，加大摆臂幅度、加快步频、加大步长，全力冲过终点。

3. 跳跃

跳跃类项目分为远跳类项目和高跳类项目。远跳类项目主要为跳远、三级跳远，高跳类项目主要为跳高、撑竿跳高。跳跃类项目具有共同技术环节，即助跑、起跳、腾空和落地。

(1) 助跑：助跑是为强有力起跳积蓄能量的过程。助跑分为直线助跑和弧线助跑两种。助跑要做到步幅开阔、放松自然、动作协调。

(2) 起跳：起跳是从水平位移向抛射运动的转变，从而尽可能跳跃得更高或更远。起跳技术主要由起跳腿着地、屈膝缓冲、蹬摆配合、蹬离地面等技术环节组成，按照不同跳跃类项目的要求，以获得腾空后的飞行姿态。起跳动作中，起跳腿和脚要以全脚掌着地支撑，蹬伸充分，摆动腿摆动速度快、幅度大且积极有力，蹬摆协调配合。

(3) 腾空：当起跳腿蹬离地面时，人体进入腾空阶段。人体腾空的主要目的是维持身体平衡，以获得更远的远度，或者使身体顺利过横竿，为安全落地做好准备。

（4）落地：落地主要是保证落地的安全。正确的落地技术对远跳类项目的运动成绩的影响较大，在腾空至最高点完成技术动作后，应积极收腹举腿前伸，在双脚落在沙坑时，送髋向前，屈膝缓冲，两臂配合身体前移完成后摆动作，并保持身体的平衡，以防身体后坐。对于高跳类项目，落地技术对于运动成绩的影响较小。

4. 投掷

投掷类项目主要分为铅球、铁饼、标枪和链球四种。各投掷类项目使用的器械不同，其采用的运动形式也有所差异，因此各投掷类项目技术内容也不同。

（1）铅球：铅球项目技术为背向滑步式技术，由握球、持球、预备姿势、背向滑步、转体和蹬伸推掷等组成。以右手投掷为例，握球为五指自然分开成球窝状，将球放在食指、中指、无名指的指根处，拇指和小指附在球的两侧，手腕弯曲；持球为握好球后，右臂自然弯曲，将球放锁骨处；预备姿势为背对投掷方向，两脚前后分开站立，上体自然前俯；背向滑步是当团身至最大限度身体重心后移，用力向后摆动左腿，当左腿摆至最大幅度时，右脚积极蹬地，滑向投掷方向；转体和蹬伸推掷是右腿发力，蹬转送髋，向前上方将铅球推出，铅球出手后，做好缓冲动作。

（2）铁饼：铁饼项目技术为背向旋转掷铁饼技术，主要包括握法、预摆、旋转、最后用力和维持身体平衡。以右手投掷为例，握法是五指自然分开，拇指和手掌平靠铁饼，其余四指扣住铁饼边缘；预摆是背对投掷方向，两脚左右分开站立，使铁饼向右后方摆动；旋转时右腿蹬地，以左脚掌为轴向投掷方向转动，右髋迅速内扣，同时左脚迅速后伸外旋；最后用力时身体重心位于两腿中间，左腿进行支撑，右腿右髋积极用力转动，以胸带臂将铁饼掷出；维持身体平衡是铁饼出手后，降低重心，调换两腿位置，以避免犯规。

（3）标枪：标枪项目技术可分为握枪、持枪助跑、最后用力和维持身体平衡等技术环节。以右手投掷为例，握枪是拇指和中指握在枪把绳末端第一圈上沿，其他手指自然握在枪把绳上；持枪是举枪于肩上，持枪于右肩的上方，枪尖低于枪尾；持枪助跑分为预跑和交叉步，预跑是在控制标枪的同时进行加速跑，交叉步一般采用五步，先进行引枪动作，第一步引枪时上体右转，右腿侧向前迈，投掷臂向后伸展，引枪时应按标枪的纵轴延长线后引，第二步、第三步进行加速，投掷臂和肩部保持后置，第四步左腿有力蹬地，右脚积极向前平动，投掷臂伸直到第五步；最后用力时在左侧制动下，腿、髋、胸、肩、肘依次沿标枪纵轴用力，做出有力的鞭打动作；维持身体平衡是利用右腿的反方向用力制动以完成缓冲。

（4）链球：链球项目由握法、预备和预摆、旋转、最后用力和维持身体平衡组成。以由身体左侧投掷为例，掷链球的握法是用左手食指、中指、无名指中段和小指末节钩住把手，再用右手的四个指节包扣在左手指根间，两拇指交叉相握；预备和预摆是背对投掷方向，两脚分开同肩宽，站于投掷圈后沿内，上体右转稍前倾，双手紧扣把手，上体直立并向左转，两臂牵引链球从身体后方前左上方进行弧线运动，当链球从身体后方向右侧下方运动时，身体随着链球移动而变化各部分位置；旋转是在保持身体平衡的情况下不断加速，以完成各圈的旋转；最后用力时两臂充分伸展，下肢动作充分超越上肢和链球，左腿支撑，右脚蹬送，链球快速运行至左肩高度，双手将球以适宜的角度掷出；维持身体平衡是转体换腿，降低重心。

三、练会田径

（一）田径教学组织形式

田径教学必须要充分发挥学生的主体作用，并根据授课内容的不同特点，采取合理的教学组织形式及教法，进行最优化教育教学。

1.“教师组织教学＋线上多媒体教学”形式

教师根据讲授的需求，反复播放有关画面，详尽地讲解动作的每一个细节，强调关键动作要领，使学生在大脑中形成深刻的记忆。例如，在跳远的授课过程中，可以组织学生观看跳远比赛的视频，让学生能欣赏到跳远技术动作的美感，提高学生的学习积极性。

2.“教师组织教学＋学生参与评价教学”形式

在田径教学中让学生参与评价考核，发挥学生的主观能动性，通过学生对技术动作的理解，找出技术存在的不足并提出改善建议。例如，在铅球技术教学中，背向滑步技术是整个技术动作关键，让学生参与技术动作评价考核，以提高学生对技术动作的深刻理解。

3.“教师组织教学＋分组合作式教学”形式

教师先进行讲解示范，再组织学生进行学习和练习，学生基本掌握动作要领及方法后，将学生进行分组，小组内进行合作学习，学生组合在一起互相合作、互相支持，共同完成学习任务。例如，在短跑起跑技术教学过程中，教师组织集体教学后，将学生分成若干小组，让学生充分讨论。每个学生既作为练习者又作为指导者进行小组内合作学习，通过这样一个互动学习的过程，促进学生形成个人努力与同学互助合作的良性模式。

（二）短跑技术教学步骤与专项训练

1. 短跑技术教学步骤

（1）充分认识正确的短跑技术：讲解短跑技术的基础知识和技术特点，使学生对正确的短跑技术具有充分的认识；对短跑技术进行示范，让学生直观地知晓短跑技术，教师启发诱导，引导学生积极思考；观看优秀运动员的技术图片和视频，建立正确的运动表象等。

（2）短跑技术的专门性练习：有效改进专项技术以及发展专项技术，是掌握短跑技术和提高短跑运动成绩的教学方式和训练手段。

（3）学习短跑起跑技术、起跑后的加速跑技术、途中跑技术及终点跑技术：讲解短跑各技术环节的技术特点，并做技术示范。采用丰富的教学组织形式，运用各种练习手段，提高学生的短跑技术学习效果。

（4）掌握短跑全程跑技术：熟练短跑各环节技术，不断反复练习，掌握全程跑技术。

（5）改进和完善短跑技术：对错误的技术动作进行改进，完善短跑技术。

2. 短跑技术专项训练

短跑技术专项训练的重点在于抓住技术关键，尤为注重摆臂的方向和幅度，蹬摆的配合，通过不断练习，达到巩固短跑技术的目的。短跑技术专项训练的主要内容如下：

（1）专门性练习的训练内容：起跑摆臂、高抬腿、小步跑、后蹬跑等。

(2) 起跑技术的专项训练内容:最大速度训练,采用蹲踞式起跑或站立式起跑,起跑30米。

(3) 快速跑的专项训练内容:加大步长和加快步频是提升速度的关键。

① 加大步长训练:50米、60米、80米、100米放松大步跑,加助力的牵引跑,后蹬跑、上坡跑、逆风跑等。

② 加快步频训练:5秒、10秒、15秒、20秒的最快速度频率跑;由小步跑、高抬腿跑、后蹬跑过渡到加速跑,30米加速跑、追逐跑、下坡跑、顺风跑等。

(三) 中长跑技术教学步骤与专项训练

1. 中长跑技术教学步骤

(1) 充分认识正确的中长跑技术:教师讲解中长跑技术的基础知识和技术特点,树立学生对中长跑技术的正确概念;使学生初步了解中长跑技术,引导学生切身体会中长跑完整技术等。

(2) 初步学习完整的中长跑技术:注重摆臂动作和中长跑的专门性练习,强调动作协调自然。

(3) 掌握中长跑的途中长跑技术:强调后蹬与前摆协调配合,髋、膝、踝按顺序伸展。

2. 中长跑技术专项训练

中长跑项目属于周期性运动,中长跑技术专项训练内容强调技术与耐力练习的结合。

(1) 站立式起跑和起跑后的加速跑训练内容:进行站立式起跑和起跑后加速跑60~150米训练,训练重点体会站立式起跑的技术要点。

(2) 途中跑技术的训练内容:匀速跑1000~2000米,重点调整自身的跑步节奏,注意技术动作的协调自然;变速跑、接力跑等。

(3) 完善技术环节的训练内容:重点提高后腿的蹬地效果和前腿的抬腿效果。提高蹬地效果可进行跨步跳、后蹬跑、上坡跑、逆风跑;负重进行换腿跳、弓箭步走等。提高抬腿效果可进行行进间的快速高抬腿,下坡跑、顺风跑等。

(四) 跳跃技术教学步骤与专项训练

1. 跳跃技术教学步骤

(1) 建立正确的跳跃技术概念:教师运用跳跃类项目的教学视频或者技术动作分解图片等直观的方法帮助学生树立正确的技术概念;讲解跳跃类项目的基本技术和技术特征;结合优秀运动员技术动作比赛录像进行技术分析等。

(2) 学习掌握起跳技术:起跳技术是跳跃类项目教学重点,注重起跳的动作幅度和用力程度的协调。讲解起跳技术要领,通过教师示范,帮助学生了解正确起跳技术;让学生体会上肢、下肢的协调配合,放脚落地、支撑缓冲、摆动蹬伸三个技术环节紧密衔接;逐渐缩短起跳的时间,加快起跳的动作速度。

(3) 学习掌握助跑与起跳结合技术:助跑与起跳的衔接技术是教学关键。讲解助跑技术特点及要求,并学习全程助跑技术,在跑道上按照预定的助跑步数进行全程助跑;逐步进行短程助跑、中程助跑、全程助跑与起跳相结合的练习。

(4) 学习掌握空中动作和落地技术:远跳类项目空中动作应着重摆动腿下压、挺胸展髋,落地时收腹、举腿、送髋、伸小腿。高跳类项目空中动作和落地技术主要是过竿落垫的技术,要加强上竿、竿上、下竿的技术训练。

2. 跳跃技术专项训练

跳远和三级跳远是远跳类项目，是利用助跑获得较高水平速度，并完成合理的起跳技术，从而创造更远的跳跃距离；跳高和撑竿跳高属于高跳类项目，是利用助跑获得相对合理的水平速度，并通过起跳技术实现人体水平运动到垂直运动的改变，创造更高的高度。两类项目在运动形式上有所不同，在技术的专项训练上有所差异。

(1) 跳远

跳远的助跑和起跳技术对运动成绩的影响较大，跳远的技术训练核心在于助跑和起跳连接技术环节。

① 助跑与起跳相结合的技术训练：助跑与起跳的结合是教学关键。按照预设的步数和距离进行全程助跑练习；放置标志物标记分段距离，并按照分段标志物的距离和步长及节奏要求进行有意识的全程助跑练习；进行短程、中程和全程助跑起跳练习等。

② 起跳技术训练：强调起跳的发力速度和蹬摆幅度。进行连续上步蹬伸练习，进行三步起跳练习，进行三步、五步和七步助跑起跳练习等。

③ 腾空技术训练：注重充分展髋挺身(走步)。反复进行 8～12 步助跑成腾空步的练习，进行技术模仿练习，进行专项体能练习等。

④ 落地技术训练：在竞争激烈、水平相当的比赛中，落地技术往往成为决定名次排名的关键。分解技术练习，进行短程助跑起跳后高抬双腿、小腿前伸等练习。

(2) 三级跳远

三级跳远是在快速助跑下沿直线进行三次连续不同形式(单足跳—跨步跳—跳跃)的跳跃。三级跳远技术训练的核心在于提高助跑速度与调整跳跃能力、跳跃技术的平衡状态。

① 助跑技术训练：正确的助跑技术和助跑节奏是三级跳远助跑技术训练的关键。针对助跑正确性的训练，可进行全程助跑的跑格练习；进行摆放标记点的全程助跑练习等。针对助跑节奏的训练，可在助跑道上进行 8～10 步加速跑练习；进行积极加速跑练习，达到最高速度后进行放松快跑练习；在全程助跑的后程摆放标志物，标志物之间距离缩短，以加快动作频率练习等。

② 跳跃技术训练：进行 60～100 米跨步跳练习，40～60 米单足跳练习，3～5 步助跑的连续起跳练习，单足跳和跨步跳的组合练习等。

(3) 跳高(背越式)

背越式跳高的技术训练核心在于如何有效地将助跑水平速度转化为向上的动能，获得更大的腾起初速度和合理的腾起角度，从而创造优异的运动成绩。

① 弧线助跑技术训练：在逐步提高助跑速度的前提下完善助跑节奏，整体助跑过程要轻快有节奏并逐步加速。直线 30～60 米放松大步加速跑练习，绕圆圈的弧线跑练习，由直线转弧线跑练习，5～7 步弧线助跑练习等。

② 助跑与起跳相结合的技术训练：要注重摆动腿的支撑作用，摆动腿和支撑腿相互配合。由直线进入弧线助跑的起跳，5～7 步弧线助跑跳上高台，弧线助跑起跳用头、手和摆动腿的膝部触高等。

③ 起跳技术训练：注重蹬摆配合技术。摆腿和摆臂练习，原地和行进间起跳练习，5 步弧线助跑起跳练习等。

④ 过竿落垫技术训练：加强上竿、竿上和下竿的技术。原地倒肩挺髋背弓，高台起跳倒肩挺髋，高台起跳过竿落垫等。

（4）撑竿跳高

撑竿跳高的技术性极强，须最大限度利用人体运动能力和撑竿，使人体与撑竿协调融合。

① 持竿助跑技术训练：持竿小步跑、高抬腿跑，最后接降竿举竿；持竿进行 40～60 米加速跑练习；利用海绵块确定步长，进行持竿节奏跑练习等。

② 插穴起跳技术训练：走动、慢跑中的降竿举竿练习，1 步或 3 步助跑的跳远起跳练习，6～8 步助跑后插竿起跳练习等。

③ 悬垂摆体技术训练：6 步助跑起跳插竿，再向前摆体练习，短中程助跑弯竿起跳接摆体练习，肋木举腿上展练习等。

④ 伸展转体技术训练：短中程助跑过竿练习，利用撑竿进行伸展转体练习，利用橡皮绳做伸展练习等。

（五）投掷技术教学步骤与专项训练

1. 投掷技术教学步骤

（1）铅球：建立正确的背向滑步推铅球的技术概念，学习握持铅球的方法，学习原地侧向推铅球，学习背向推铅球，学习背向滑步技术，学习背向滑步推铅球的完整技术。

（2）铁饼：建立正确的掷铁饼的技术概念，熟悉铁饼性能，学习原地掷铁饼技术，学习正面旋转掷铁饼技术，学习背向旋转掷铁饼技术。

（3）标枪：建立正确的掷标枪的技术概念；学习握持标枪的方法；学习最后用力技术，利用各种“满弓”“鞭打”等练习，掌握正确的“鞭打”用力动作；学习助跑掷标枪技术。

（4）链球：建立正确的掷链球的技术概念，学习掷链球的握法，学习预备和预摆技术，学习原地掷链球技术，学习旋转和旋转掷链球技术。

2. 投掷技术专项训练

投掷类项目要求人体在较长的工作距离以最短时间爆发性地将器械掷出。各个投掷类项目所采用的器械形状、重量、技术形式不同，因此各运动项目技术的专项训练也有所差异。

（1）铅球（背向滑步）

铅球项目技术训练核心在于帮助人体尽量加长铅球出手前运行距离，以最大限度地增加工作距离，并使更多的肌肉参与最后用力阶段中。

① 滑步技术训练：原地正面推铅球，注意动作的速度和位移速度；原地侧向推铅球，注意左侧身体保持锁住状态；背向跨步推铅球，注意锁住身体左侧，并向上转体等。

② 滑步与最后用力衔接技术训练：蹬地摆腿和拉收小腿转髋；180°旋转，在投掷圈中部以右腿为轴，做身体平衡旋转；牵引投掷练习，把橡胶带绑在左脚上进行旋转等。

（2）铁饼

铁饼项目技术环节多且复杂，技术训练的重点在技术动作时间及空间的准确控制。

① 掌握原地掷铁饼技术训练：正面原地投掷铁饼，侧向原地徒手投掷铁饼模仿练习，侧向原地投短棒、壶铃和小铅球，侧向原地投掷铁饼等。

② 掌握正面旋转投掷铁饼技术训练：徒手正面旋转投掷模仿练习，侧面旋转投短棒、壶铃和小铅球，侧面旋转投掷铁饼等。

③ 掌握背向旋转投掷铁饼技术训练：徒手背对肋木，双腿支撑，结合右腿弧形向前摆动；持器械做背向旋转投掷的模仿练习等。

（3）标枪

标枪项目技术要求在快速助跑的情况下，获取最大出手速度，并在最后出手时准确地将标枪沿纵轴掷出。掷标枪技术的环节较多，多采用徒手练习及与多种器械相结合的练习方法。

① 躯干与投掷臂鞭打技术训练：单手持标枪的一端，身体侧对投掷方向，设置标志物，作为鞭打目标，采用原地、上步和助跑等多种姿势做鞭打练习；双手掷实心球，以胸带臂将实心球掷出；采用原地、上手和助跑等姿势单手掷标枪等。

② 背弓与翻肩技术训练：背对肋木，双手握住适当高度的肋木，下蹲时右膝弯曲，左腿伸直，随后右腿快速蹬伸，送髋；背对肋木侧向站立，右臂伸展，左手向前握住肋木，右腿快速蹬转送髋，左腿前迈，投掷臂向上翻转等。

③ 控制标枪与沿纵轴用力技术训练：正面插枪，可连续进行多组插枪练习；侧向插枪，逐步提高插枪的远度。

④ 最后用力方向与衔接技术训练：上步掷标枪，可连续练习多组，并逐步提高投掷远度；持枪跑 15～30 米；短程跑投枪等。

（4）链球

链球项目技术的核心在于旋转阶段，旋转的速度需逐渐加快，并保持良好的动作节奏。

① 预摆技术训练：徒手进行预摆模仿练习；双手持实心球等辅助器械进行预摆模仿练习等。

② 预摆进入第 1 圈旋转和第 1 圈旋转技术训练：徒手做左腿单腿支撑旋转，徒手分解练习完成第 1 圈旋转，持实心球分解练习完成第 1 圈旋转等。

③ 第 2、3、4 圈旋转技术训练：徒手连续旋转 2 圈，双手持链球预摆 2 周旋转 1 圈，持链球旋转多圈等。

④ 最后用力技术训练：徒手模仿掷链球最后用力练习，双手持实心球模仿掷链球最后用力练习，原地掷壶铃、掷实心球预摆 1～2 周后进行最后用力练习等。

四、田径竞赛规则

【竞赛规则】

教学相长

一、课程思政元素

（1）中国田径运动的发展历程映射出我国田径不断进步发展的脉络，激励学生踏实做人、潜心干事。要有脚踏实地、埋头苦干的担当，要有忧患意识，稳扎稳打，即使遭遇挫折，也能及时调整心态，静心思考。

（2）田径运动项目激励着人类自我奋斗的精神，追求着“更高、更快、更强”的目标。培养学生奋力拼搏、笃行不怠的精神品质，要有坚持不懈、不畏困难的顽强意志，要有坚定信念、自信自强的精气神，要有勇于挑战自我、战胜自我的信心底气。

（3）田径运动项目培养学生的规则意识，每个参与者都必须遵守规则。让学生掌握和遵守比赛规则，进而培养学生做一个遵守社会公共秩序、拥有良好社会公德、遵纪守法的好公民。通过个人项目比赛，学生体会靠自身顽强拼搏带来的成就感和自豪感，同时能正确看待比赛胜负，调整心态，培养“胜不骄，败不馁”的体育精神。

（4）培养学生正确处理好竞争与合作的关系。田径运动项目中有个人比赛项目也有团体比赛项目，个人比赛项目需要充分发挥个人的能力，具有激烈的竞争性；团体比赛项目则要求每个成员齐心协力、团结协作，充分发挥每个人的优势，才能凝聚成强大的团队合力。

二、田径教学大纲

【教学大纲】

教学思考

（1）田径运动的起源和发展是怎样的？

（2）针对不同的项目（如短跑、中长跑等），起跑姿势有何不同？

（3）不同的跳跃类项目之间的区别和联系是什么？

第二节 游泳

教学目标

（1）价值塑造：游泳需要克服水中的阻力和恐惧感，通过不断练习和挑战，学生可以逐渐克服困难，培养自信心。团队合作是游泳教学中的重要能力，通过参与课堂练习，可以培养大学生的团队意识和合作精神。

（2）能力培养：游泳是一项全身性的运动，可以锻炼身体各个部位的肌肉，增强肌肉力量和耐力。游泳可以提高心肺功能，增强心血管系统的健康，预防心脑血管疾病的发生。游泳对于改善体形、增强体质、提高免疫力等方面也有显著的效果。

（3）知识传授：游泳是一项水上的求生技能，通过学习游泳课，学生们能够掌握自救和救援的基本知识和技巧，提高在水中自我保护和救助他人的能力。

教学内容

【在线习题】

一、认识游泳

（一）游泳的起源和发展

远古时代，人类为适应生存环境，逐渐学会游泳。中国春秋时期就有泅水活动，利比亚史前岩画也有关于游泳姿势的描绘。现代游泳始于英国，17 世纪 60 年代流行于约克郡地区。1828 年，在利物浦乔治码头修建了世界上第一个室内游泳池。1837 年，世界上第一个游泳协会成立，同时举办了英国最早的游泳比赛。随着游泳运动的发展，游泳被分为实用游泳和竞技游泳两大类。实用游泳又分为侧泳、潜泳、反蛙泳、踩水、救护、武装泅渡，竞技游泳分为蛙泳、爬泳、仰泳、蝶泳。

1896 年，游泳被列为奥运会竞赛项目时，不分泳姿，是真正的"自由式"，只有 100 米、500 米、1200 米三个项目。1900 年第二届奥运会时，将仰泳从自由泳中分出；1904 年第三届奥运会时，又分出蛙泳。1912 年第五届奥运会时，女子游泳被列为比赛项目。1956 年第十六届奥运会，又增加了蝶泳，从此定型为 4 种泳姿。此后的奥运会游泳比赛发展到共有自由泳、蛙泳、蝶泳、仰泳、混合泳和接力（自由泳与混合泳）6 大项 32 个小项，是奥运会仅次于田径运动的夺金热门项目。国际标准游泳池长 50 米，宽至少 21 米，深 1.80 米以上。设 8 条泳道，每条泳道宽 2.50 米，分道线由直径 5～10 厘米的单个浮标连接而成。运动员比赛必须站在出发台上出发（仰泳除外），出发台高出水面 50～75 厘米，台面积为 50 厘米×50 厘米。

（二）我国游泳运动的开展情况

我国近代游泳（竞技游泳）是 19 世纪末、20 世纪初，由国外传入而发展起来的。当时在沿海的一些城市开展，之后逐渐发展成为一项竞赛项目，但始终没有得到普及和广泛开展。

中华人民共和国成立后，党和政府十分关心游泳运动的发展，将游泳列为全国重点运动项目，投入大量经费修建和开设游泳池（馆）、天然游泳场，为我国游泳活动的发展创造了良好的条件。

为了指导和适应群众性游泳活动的广泛开展，1957 年成立了中国游泳协会。随着群众性游泳运动的蓬勃开展，越来越多的青少年、儿童在业余体校、训练中心进行业余训练，为国家输送了许多优秀运动员，使我国游泳运动水平得到迅速提高。1957—1960 年，我国著名游泳运动员戚烈云、穆祥雄、莫国雄三人，先后五次打破男子 100 米蛙泳世界纪录。

纵观世界现代游泳运动的发展史，可以说，我国在游泳项目上已具备世界级实力。2023 年日本福冈世界游泳锦标赛，我国游泳代表队获得 5 金 3 银 8 铜的好成绩。其中，覃海洋在蛙泳项目上已经具备统治力，本次比赛中他包揽了男子 100 米、50 米、200 米蛙泳金牌，并在 100 米预赛、半决赛、决赛以及 50 米预赛和半决赛中五次打破亚洲纪录；200 米蛙泳决赛中，他又以 2 分 05 秒 48 的成绩打破了世界纪录，成为继孙杨后我国男子游泳的新一代领军人物。

（三）国内外游泳重要赛事

1. 国外重要游泳赛事

（1）奥运会游泳比赛：每四年举办一次，共设 32 个项目，是仅次于田径运动的夺金热门项目。

（2）国际泳联游泳世界杯：始于 1989 年，是国际顶级游泳赛事。每年 8—11 月，在全球 6～7 个城市举行分站赛，汇集世界顶尖游泳运动员。

（3）世界游泳锦标赛：是国际泳联主办的最高级别大型国际游泳赛事，第一届世界游泳锦标赛于 1973 年举行，1978—1998 年举办间隔屡有变化，自 2001 年起确定为每两年举办一届。

（4）亚运会游泳比赛：是由亚洲运动会联合会（亚洲奥林匹克理事会）举办的综合性运动会，每四年举办一次。

（5）世界短池游泳锦标赛：是由国际泳联主办的在 25 米游泳池里进行的世界锦标赛，只设游泳比赛，每两年举办一次，第一届世界短池游泳锦标赛于 1993 年举办。

（6）世界杯短池游泳赛：由国际游泳联合会主办，参加成员是国际泳联会员。该系列比赛于 1989 年开始，每年举行分站的比赛，最终获得前三名的运动员可以获得奖金。世界杯短池游泳赛（FINA Swimming World Cup）是一个国际系列短池（25 米）游泳比赛。

2. 国内重要游泳赛事

（1）全国春季游泳锦标赛：由国家体育总局游泳运动管理中心主办，通过比赛全面展示全国专业游泳运动员的水平，为中国国家游泳队选拔人才。

（2）全国游泳冠军赛：由国家体育总局游泳运动管理中心主办，全国各地方省市体育局轮流协办，含 34 个小项。各个地区的游泳队通过这项赛事检验冬训成果，让运动员积累大赛经验、促进运动员的成长；同时选拔人才，参加国际大赛。

（3）全国夏季游泳锦标赛：由国家体育总局游泳运动管理中心主办，该赛事是国内游泳界重大赛事之一。

（4）全国游泳锦标赛：由国家体育总局游泳运动管理中心主办，每年举行一届，与全国游泳冠军赛并列为全国游泳界最高水准的赛事。

（5）全运会游泳比赛：中华人民共和国全国运动会，简称“全运会”，每四年举办一次，是中国国内水平最高、规模最大的综合性运动会。游泳比赛是全运会正式比赛项目，由男子、女子、混合三个项目组成。

（6）全国马拉松游泳冠军赛：由国家体育总局游泳中心主办，省体育局承办，各省游跳中心和水上中心协办。比赛分为男女 10 公里马拉松团体赛和男女 10 公里马拉松个人赛。

二、学会游泳

【视频讲解】

（一）蛙泳

蛙泳是一种最古老的泳姿，是由模仿青蛙游泳动作演变而来的一种游泳姿势。现代蛙泳主要分为平式和波浪式两种。平式蛙泳的身体姿势非常接近水平位，躯干保持水平姿势，较省力，易持久，实用价值大，是游泳初学者学习的入门泳姿。

1. 蛙泳腿部动作

蛙泳腿部动作主要包括收、翻、蹬夹和滑行（图 4.2.1），这四个动作共同构成腿部整套动作。

图 4.2.1　蛙泳腿部动作

（1）收腿

收腿是蛙泳腿部技术的开始动作，通过弯曲膝关节，折叠大小腿，为蹬腿做准备。收腿时，小腿要向上收起，接近臀部，膝关节略微分开，分开程度不要超过肩膀。需要注意的是，收小腿是屈膝动作，而不是屈髋动作。

（2）翻脚踝

翻脚踝是为了增加蹬水时的对水面积，以获得更大的游进动能。脚外翻动作既是收腿的继续，也蹬腿动作的开始，严格来讲，脚外翻是随最初的蹬腿动作完成的。当腿收至脚跟接近臀部时，膝关节和踝关节跟随向后蹬腿的动作而向外转动，勾脚尖，慢慢翻成“外八字”，此时脚位于臀部的外侧，脚和小腿的内侧对着水面。

（3）蹬夹水

蹬腿是产生推进力的主要阶段。蹬腿由蹬和夹两个动作构成。蹬腿应先伸展髋关节，然后是膝关节，最后是踝关节，在向后蹬的同时向内夹水。蹬夹过程中两腿保持勾脚动作，只在腿将蹬直并拢时，两脚踝关节才由原来的勾脚踝转为绷脚背，同时两腿自然地从水下向上摆到接近水面的位置，使腿与躯干保持直线。蹬腿结束，两腿应并拢伸直，踝关节放松伸直。蹬腿动作方向是先向外向后蹬，然后转入向内向后蹬，最后向内向后向下蹬夹，由此形成的蹬夹水是呈弧线形的鞭状蹬腿动作。蹬夹水能产生较大的推进力，应当用较大的力量和较快的速度完成。

（4）滑行

蹬夹结束后，蹬腿的惯性作用会导致身体有一个短暂的滑行阶段。这时两腿应并拢伸直，腿部肌肉和踝关节自然放松，借助蹬腿惯性向前滑行。

2. 蛙泳上肢动作

蛙泳上肢动作（图 4.2.2）对身体前进有重要作用，尤其在现代蛙泳中，手臂划水的效果更为重要。从水下看，蛙泳划水路线像一个倒置的心形。

图 4.2.2　蛙泳上肢动作

(1) 抓水

抓水是蛙泳上肢动作的起始姿势。抓水时,肩部和手臂前伸,手腕向前方、外侧、下方勾起,感受水对前臂和手掌的压力。在抓水阶段结束时,双臂分开到大约 45°。

(2) 抱水

抱水是产生推进力的关键环节。开始抱水时,双手继续向外分开,手臂外旋,同时屈肘、屈腕,保持高肘抱水姿势。前半部分双臂一同向外、向下、向后运动,后半部分则同时向内、向下、向后运动。整个抱水过程应加速进行并保持肘高于手的高肘姿势。随着抱水进行,肘关节弯曲角度逐渐减小。在抱水即将结束时,肘关节弯曲约 90°,手位于肩部前下方。

(3) 夹肘

抱水结束后,手臂向外旋,双手同时向内、向上、向前迅速移动,肘部开始并拢向内夹。夹肘时,双掌心相对。夹肘完成时,肘部位置低于手,肘关节弯曲成较小的锐角,手指尖位于下颌附近。

(4) 伸臂

伸臂是蛙泳上肢的结束动作。在夹肘的基础上,通过向前伸展肩部和肘关节,双臂前移伸直至初始姿势。结束时,肘部在水面,掌心相对或朝下。

3. 呼吸与上肢的配合

蛙泳通常采用每划一次手臂,配合一次呼吸的方式。呼吸方式为用口吸气,用口或口和鼻呼气。在呼吸与手臂配合时,开始划水时抬头,利用手臂下划产生的向上力帮助上身浮起,待下颌露出水面时开始吸气。

4. 上肢与腿部的配合

蛙泳上肢与腿部的配合是交替进行且稍有重叠的,具体配合动作如下:

(1) 双臂外划和下划时,双腿保持略微紧张的伸直姿势;

(2) 双臂内划时,双腿放松,双膝下沉,开始收腿;

(3) 双臂开始前伸时,迅速完成收腿并做好翻脚动作;

(4) 双臂接近伸直时,开始向后快速蹬腿;

(5) 蹬腿结束后,全身伸直形成良好的流线形,向前滑行。

5. 完整的蛙泳配合

蛙泳手臂、腿、呼吸的配合通常采用 1∶1∶1 的方式,即在一个完整的动作周期中,手臂划水 1 次、蹬腿 1 次、呼吸 1 次。

（二）爬泳

爬泳，人在水中呈俯卧姿势，两腿交替上下打水，两臂轮流划水，动作很像爬行，所以称之为“爬泳”。爬泳是四种竞技游泳技术中速度最快的一种姿势，因为在游泳比赛的自由泳项目中（不规定泳姿的比赛）运动员都采用这种姿势，所以通常也称之为“自由泳”。

1. 爬泳腿部动作

爬泳腿部动作主要起保持身体位置平衡的作用，同时对身体也起一定的推进作用，但随着游速的加快，其推进作用则逐渐减小。

爬泳打腿时，两腿自然伸直，脚尖稍内扣，略微呈“内八字”形，踝关节放松，髋关节先发力，大腿带动小腿作上下“鞭打”交替打水动作。爬泳腿部动作可分成向上打水和向下打水两个部分。

（1）向上打水

向上打腿时，大腿带动小腿直腿向上移动，当腿脚移至水面并与水平面平行时，大腿停止上移，而小腿和脚由于惯性作用仍继续上移，当大小腿弯曲成 160°左右时，转入向下打水。

（2）向下打水

向下打水由屈腿动作开始，打腿时，脚背绷直，脚尖稍内扣，腰部发力，大腿带动小腿朝后下方用力做“鞭打”水的动作。

2. 爬泳上肢动作

爬泳上肢动作是推动身体前进的主要动力，还起到保持身体平衡的作用。爬泳上肢动作由入水、抱水、划水、推水和空中移臂五个部分组成（图 4.2.3）。

图 4.2.3　爬泳上肢动作

（1）入水

入水时，保持屈肘、手指自然伸直并拢，向前下方斜插入水，入水点在同侧肩的正前方。

（2）抱水

积极将手臂插向前下方至有利抱水位置后，前臂外旋，同时屈腕、屈肘、对水并保持高肘至划水开始。

（3）划水

划水是手臂获得推进力的主要阶段，由抓水和推水两部分组成。抓水时继续保持高肘，同时手臂向内、向上和向后运动至肩下方。当手臂划至肩下方时，快速向外、向上、对水、向后运动，完成推水动作。

(4) 出水

划水动作结束后,借助惯性贴着大腿将手臂向外上方提拉出水。

(5) 空中移臂

手肩提拉出水后,借助肩关节自然转动,高肘将手臂前移至肩部前方,准备入水。

3. 完整动作配合技术

爬泳完整动作配合技术有6次腿、4次腿、2次腿配合1次呼吸。一般6次腿动作较适合游泳初学者和短距离项目,4次和2次腿技术则适合中、长距离项目。游爬泳时,以6∶2∶1配合技术为例,即6次打腿、2次划水、1次呼吸,两腿连续做上下交替"鞭打"水动作,当右臂入水时,左臂向后,手掌对水推水;右臂向后划水时,左臂经空中向前移臂;右臂向后推水结束,左臂入水的同时,侧头吸气;右臂前移准备入水。

(三) 仰泳

仰泳,是一种人体仰卧在水中的游泳姿势,游进时身体仰卧,臂腿动作没有规则限制,多用交替划水和交替踢水配合技术,优势是脸面在水面上,呼吸很方便。仰泳包括反蛙泳和反爬泳,在竞技比赛中,运动员普遍采用反爬泳技术动作。

1. 仰泳腿部动作

(1) 直腿下压

膝关节充分伸展,臀部肌肉缩紧,整个腿向下压。当压到一定程度时,因腿部向下的惯性作用,小腿继续下压,而大腿停止向下,这时膝关节将会有些弯曲。

(2) 屈腿上踢

完成直腿下压之后,大小腿大概弯曲成140°,此时大腿跟小腿达到了最大弯曲度,膝关节充分展开,靠腰部力量,大腿带动小腿、小腿带动脚加大力量与速度往水面方向踢水,直到膝关节快接近水面时停止上踢动作。

2. 仰泳上肢动作

(1) 入水

完成空中移臂之后,手臂自然放松,保持直臂,不能弯曲,小手指先入水,拇指向上,掌心向侧方。

(2) 抱水

充分利用空中移臂的惯性,掌心向下,划入水里,同时伸展肩部,弯曲手肘和手腕,上臂内旋,配合身体的摆动,使手掌跟手臂对准水,会感觉到一定的压力作用。

(3) 划水

完成抱水之后,前臂内旋,掌心由向内、向下、向后逐渐转为向内、向下、向前;肘关节和大臂慢慢向身体靠近,用力向脚的方向推水,会感觉到水流从小指流向拇指,推水结束后,手臂伸直,手掌处于大腿侧下方。

(4) 出水

完成划水之后,借助手掌压水的反弹力,手臂自然放松,迅速提肩,肩部出水之后,由肩部带动大臂,再到小臂,最后手部依次出水。

(5) 空中移臂

提肩出水之后，臂部自然放松、伸直，手迅速从大腿外侧方向提至肩部前面，并且垂直于水平面；同时，肩关节必须充分伸展，为下一步入水做好准备。

（四）蝶泳

蝶泳在四种竞技游泳姿势中是最后发展起来的泳姿。蝶泳技术是在蛙泳技术动作基础上演变而来的，从外形看，好像蝴蝶展翅飞舞，故称它为“蝶泳”。又因为它的腿部动作酷似海豚，所以又称“海豚泳”。

1. 蝶泳腿部动作

蝶泳腿部动作主要由向上打水和向下打水两个部分组成。打水过程中，双腿必须并拢，脚尖相对，双脚成“内八字”，而且双腿的动作必须同时进行。

(1) 向上打水

在向下打水动作结束阶段，膝关节为伸直状态，双脚在最低点，臀部接近水面；双腿伸直，开始向上打水，当大腿上升到几乎与躯干在同一水平面时，由臀部下沉发力，大腿逐渐加速下压，膝关节逐渐弯曲，直到双脚差不多达到水面，臀部下沉到最低点为止。

(2) 向下打水

随着向上打水的动作即将完成，大腿带动小腿做垂直角度的鞭状运动。大腿加速下压，同时带动小腿和脚面向后下方打水，一直到膝关节完全伸直，脚处于最低位置向下打水时，踝关节内旋，脚掌伸直、稍微弯曲，增大打水面积；同时加快打水速度，提供更大的推进力。

2. 蝶泳上肢动作(图 4.2.4)

图 4.2.4　蝶泳上肢动作

(1) 入水

手肘稍微弯曲，肘部略高于小臂，掌心向下，手掌跟水平面大概成 45°切入水中，手掌入水后，小臂和大臂依次入水。

(2) 抱水

手臂外旋，掌心向后对水面，手的运动方向逐渐变为向外、向后、再向下抱水。

(3) 划水

完成抱水动作之后，前臂外旋的同时，逐渐加大屈臂的动作，双臂慢慢划水至肩部下方，继续往下划水至腹部的下方，此时双手几乎碰到一起。

(4) 推水

完成划水动作之后，双手运动方向逐渐转为向外、向后、再向上，掌心由向外逐渐转为向后侧上方，从后面看是做了一个向外的弧形推水动作。

(5) 出水

推水还没有结束之前，双肘就已经开始往上提，掌心向外后侧，借助推水的惯性，肘部自然出水。

(6) 移臂

完成出水动作之后，肘关节稍微弯曲，双臂内旋，由小臂带动手掌出水，掌心向上，由身体内侧向双侧外面前摆，移臂的时候必须稍微用力，利用惯性，双臂自然向前摆。注意：速度必须快，否则身体就会下沉，加大水阻力，影响向前滑行速度。

3. 完整动作配合技术

蝶泳一般采用1次手臂、2次打水、1次呼吸的技术动作。双臂入水时，双腿向下打水，头部潜入水里，憋气或者呼气。双臂抱水时，双腿向上打水，此时头部仍然潜在水中。当双臂划水至腹部下方时，双腿再次向下打水，抬头快速吸进一口气。双臂推水结束时，双腿向下打水也随之结束，头部再次潜入水里憋气或者缓慢吐气。双臂进行移臂动作时，双腿开始做下一个向上打水的动作，头部潜在水里慢呼气或者憋气。

三、 练会游泳

（一）熟悉水性练习

熟悉水性是学好游泳的必经之路，通过熟悉水性可以让初学者尽快适应水环境，消除怕水的心理。

1. 水中行走

水中行走的目的是让练习者感受水的阻力、压力、浮力和保持水中平衡的方法，消除怕水心理。练习时，练习者可以扶池边行走，手划水行走，扶着池边跳跃，或徒手跳跃等。

2. 水中呼吸

水中呼吸技术是游泳入门最为关键的技术，练习由吸气、憋气、呼气组成。初学者吸气和呼气都必须用嘴巴完成，吸气时嘴巴要尽可能张大，呼气时强调练习者应在水中吐出气泡，抬头后大声发出“啪”的声音，将胸腔中的空气吐干净。练习者在练习过程中可调整头部与身体的角度，感受吐出的气泡从不同路线浮出水面的感觉。

3. 抱膝浮体

抱膝浮体练习是感受水的浮力，保持身体在水中的重要练习。开始后，练习者深吸一口气，然后将头没入水中，双手抱膝，等待后背浮出水面，并学会在水中控制身体保持平衡。

4. 水中滑行

蹬地面滑行和蹬池壁滑行，练习蹬池壁滑行前一定要熟练掌握水中站立技巧，否则容易呛水，发生危险。

（二）蛙泳的练习方法

刚学蛙泳时，通常是先在陆地上练习，然后半陆地半水中练习，最后到水中练习。

1. 腿部练习

（1）腿部陆地上模仿练习

第一步：练习者坐在地上，上体稍微向后倾斜，两臂在身体侧后方支撑地面，双腿伸直并靠拢。先进行收、翻、蹬夹的分解练习，再进行连贯完整的练习。

第二步：练习者俯卧在长凳上，做蛙泳腿的模仿练习。先做分解动作，然后过渡到完整动作。

（2）腿部半陆地半水中练习

练习者手扶支撑物（如池边或池槽），身体浮卧水中，髋关节展开，双腿伸直并靠拢，进行收、翻、蹬夹、停的动作，先分解，再连贯练习。

（3）腿部水中有支撑练习

俯卧水中，两臂前伸，抓住浮板的两侧，蹬蛙泳腿。

（4）腿部水中无支撑练习

在蹬边或蹬池底滑行后进行蛙泳腿动作。两腿蹬夹水后，漂浮时间应略长，注意蹬腿效果和动作节奏。

2. 划手与呼吸的配合练习

（1）划手陆地上模仿练习

两脚站立，上身前倾，两臂并拢着往前伸，做手臂划水动作。划水动作熟练后，进行蛙泳双臂划水和呼吸配合动作练习。

（2）划手与呼吸水中模仿练习

在浅水中，由同伴抱住大腿边向前走边进行手臂划水动作练习和呼吸配合。待能够掌握呼吸节奏后，练习者可以借助夹板助浮，进行蛙泳双臂划水和呼吸配合动作的练习。这种练习有助于练习者在有浮力辅助的情况下，更好地掌握蛙泳的手臂划水和呼吸配合技巧。

3. 完整动作练习

（1）完整动作陆地上练习

练习者熟记动作口诀："先划水、再收腿；先伸胳膊、再蹬水；手腿伸直漂一会儿"。站立原地，双臂上举并拢，掌心朝前。练习者按照以下 4 拍节奏进行双臂和单腿配合的蛙泳模仿动作：

1 拍：双臂向侧下分开划动，腿保持不动。

2 拍：双臂向内划至胸前，一腿屈膝上提进行收腿和翻脚动作。

3 拍：双臂向上伸直。

4 拍：腿向下弧形蹬夹，回到预备姿势。

（2）完整动作水中练习

练习者在掌握臂、腿连贯动作配合蛙泳基础上，加入抬头吸气动作，形成完整配合技术。

划水动作不要太快，抬头动作不要太猛。先练习臂、腿配合 2 次，呼吸 1 次的动作，然后过渡到臂、腿配合 1 次，呼吸 1 次的正常蛙泳。在动作基本正确的基础上，逐渐增长游距，从而更好地掌握蛙泳技巧。

四、游泳竞赛规则

【竞赛规则】

教学相长

一、课程思政元素

（1）发掘游泳项目的历史文化。游泳项目有悠久的历史和文化，其中包含了大量的代表人物和他们的成长经历及励志故事，如伟大的毛主席就深爱游泳这项运动。在授课时，可以将这些能够培育学生优良品质和正确价值观的人物、事件整理拆解到课程中，以讲故事、分享趣事的方式向学生传达内在精神，使学生在不经意间接受课程思政教育。

（2）传递游泳赛事的规则价值。透过奥运会游泳项目竞赛规则的发展历史，探讨竞赛规则的改变对项目发展的影响，强调普遍适用的规则在生活中的指引和规范作用，并进一步引申到法律，从立法、执法、司法、守法的角度培养学生的法治意识。

（3）培养游泳练习的协助意识。游泳练习过程中包含了大量的双人辅助性训练，通过练习，培养学生们的合作精神和团队协作意识，引导学生把实用游泳中踩水、潜深、潜远、反蛙泳等技术结合到救生技巧里；培养学生勇于担当、乐于助人的价值观。

二、游泳教学大纲

【教学大纲】

教学思考

（1）你最喜欢哪种泳姿？请说出喜欢该种泳姿的原因。

（2）参加游泳运动前应该做好哪些准备活动？

（3）公开水域游泳的注意事项有哪些？

（4）说出一名你最喜欢的游泳运动员，并说出他（她）打动你的地方。

第五章 集体球类项目

第一节 篮 球

教学目标

(1) 价值塑造：塑造坚韧、顽强、拼搏的意志品质，培养积极进取精神、团结协作精神和集体主义精神，促进学生身心全面发展，提升科学锻炼水平，形成终身体育的意识。

(2) 能力培养：掌握篮球专项技术与战术，并能在实践过程中合理运用。提高学生专项身体素质，养成经常参加篮球锻炼的习惯。

(3) 知识传授：了解篮球运动文化功能与内涵，掌握篮球基本技术原理及作用，熟悉篮球运动项目的基本战术与打法，理解篮球比赛规则和裁判法等方面的基础知识与理论。

教学内容

【在线习题】

一、认识篮球

（一）篮球运动的起源

篮球运动起源于19世纪末的美国。1891年，一位名叫詹姆斯·奈史密斯(James Naismith)的体育教师在马萨诸塞州的国际青年会训练学校(现为斯普林菲尔德学院)创造了篮球运动。当时冬季气候较为寒冷，为了让学生们在冬季有一个活动健身的方式，奈史密斯受到Duck on a Rock游戏的启发，他觉得这种游戏可以改编成一种室内集体运动，于是用钉子将两个桃子筐钉在体育馆两端的墙上(筐距离地面 3.05 米),将其作为投掷目标,这便是现代篮球运动最初的起源。最初的篮球比赛规则只有 13 条,随着篮球运动的普及和发展,规则不断完善与改进,篮球比赛也逐渐成为一项全球性的体育运动。

(二)我国篮球运动的发展

篮球运动是 1896 年前后由天津中华基督教青年会传入中国的,随后在北京、上海基督教青年会里也有此项活动。1896 年 1 月 11 日,在天津基督教青年会举行了中国历史上第一次篮球表演,篮球运动因其趣味性、普适性、健身性和教育性的特点,在中国得到了初步的传播与发展。1910 年,在南京举行的中华人民共和国成立前的第一届全国运动会上,男子篮球被列为表演项目;1914 年,在第二届全国运动会上,男子篮球运动被列为正式比赛项目;1924 年第三届全国运动会,女子篮球运动被列为正式比赛项目。之后篮球活动在全国各大城市的学校中逐渐开展起来,从此以后篮球运动在我国的发展进入一个新的时期。1936 年中国派队伍参加了第十一届奥运会篮球赛,对中国篮球运动起到了巨大的推动作用。同年,中国篮球协会正式成为国际篮球联合会成员。

1949 年中华人民共和国成立,我国篮球运动开始蓬勃发展,篮球成为我国体育中的一项重要运动项目。1952 年,全国陆续建立多所体育院校,开始培养体育专业人才,并着手体育学科建设。1955 年,全国篮球联赛在北京举行,参赛男子篮球队 14 支、女子篮球队 9 支,这是全国首次举行的篮球联赛,我国开始有了相对稳定的分级竞赛制度。1956 年 6 月,中国篮球协会正式成立,逐步推行了篮球升降级联赛制度,以及相关运动员、教练员、裁判员等级制度,这些制度的实施使我国篮球竞赛稳步迈入了有计划、有组织的系统轨道,为推动竞技体育运动的发展产生了深远的影响。1959 年,举行了中华人民共和国第一届运动会,共有 29 支球队参加了篮球比赛,四川男队、北京女队获得冠军。当时,为促进我国篮球的发展,相关部门多次召开了篮球工作会议,对我国篮球的发展提出了很多具体要求,有“以投为纲”“快、灵、准”“以我为主、以攻为主、以大打小”“积极主动”“勇猛顽强”“快速灵活”“全面准确”等训练指导思想,使我国篮球运动发展有了明确的发展方向,逐步形成以“快攻”“跳投”“紧逼防守”为首的技术风格。此时,我国篮球运动已接近世界先进水平,出现了中国篮球运动史上的第一个高峰。

1975—1983 年,中国男篮在亚洲锦标赛上获得了“五连冠”;1992 年中国女篮在第二十五届奥运会上获得亚军,1994 年中国女篮在第十二届世界锦标赛上获得亚军,中国女篮跻身世界女篮强队行列,迎来中国篮球运动历史上的第二个高峰。

随着我国社会经济的不断发展和体育事业的推动,1995 年首次实行全国男子篮球队甲级联赛主客场新赛制,英文简称“CBA”,是我国职业化联赛的开端。CBA 联赛发展至今,我国篮球事业发生了深刻的变化,为我国篮球不断注入新的生机和活力,吸引了众多篮球爱好者和社会的关注。1998 年,中国大学生体育协会推出了全国大学生篮球联赛,英文简称“CUBA”,推动了高校体育文化建设与社会的良性互动,同时成为 CBA 后备人才基地的重要组成部分,先后为其输送了诸多优秀运动员,如王晶、刘久龙、韩德君等(这几位球员均来自于武汉理工大学),开创了大学生进 CBA 的先河。中国篮球职业联赛和学校篮球运动的兴起,以及国家队在国际赛事中的不断进步,都为中国篮球的发展提供了良好的机遇。

二、 学会篮球

【视频讲解】

篮球技术是指在比赛中，运动员为了达到战胜对手的目的，而合理有效地完成各种进攻、防守技术动作的方法，学会这些技术是开展篮球运动的第一步。

（一）基本技术

1. 投篮技术

投篮是指队员运用专门的技术动作将球投进对方篮筐的方法，是篮球比赛中一项关键性的得分技术。随着现代篮球运动发展，投篮技术动作逐渐多样化，如单手肩上投篮、双手胸前投篮、跳起投篮、行进间投篮等技术。

（1）原地单手肩上投篮

以右手投篮为例，如图 5.1.1 所示。双脚与肩同宽，前后开立，脚尖正对球篮，双手持球于胸前。屈髋屈膝，右臂屈肘翻腕，将球置于右肩前上方，五指自然分开托住球的后下方，左手扶于球的侧方辅助。投篮时，双脚蹬地，伸髋伸膝，右臂向前上方抬肘伸臂，同时手腕前屈，食指与中指用力拨球，将球投出。

图 5.1.1　原地单手肩上投篮

（2）原地起跳单手肩上投篮

以右手投篮为例，如图 5.1.2 所示。双脚与肩同宽，前后开立，脚尖正对球篮，双手持球于胸前。起跳时，迅速屈膝，前脚掌用力蹬地向上起跳，同时将球举至右肩上方，左手扶于球的侧方辅助。身体接近最高点时，右臂向前上方抬肘伸臂，同时手腕前屈，食指与中指用力拨球，将球投出。

图 5.1.2　原地起跳单手肩上投篮

(3) 原地双手胸前投篮

如图 5.1.3 所示，双手持球于胸前，肘关节自然下垂，两脚左右站立或两脚前后开立，双膝微屈。投篮时，下肢蹬地，上肢随着脚蹬地向前上方伸展，前臂内旋，拇指下压，手腕前屈，手掌稍向外翻，双手食指与中指用力拨球，将球投出。

图 5.1.3　原地双手胸前投篮

(4) 行进间单手肩上高手投篮

以右手投篮为例，如图 5.1.4 所示。右脚跨出一大步的同时接球，接着左脚跨出一小步并用力蹬地起跳，右腿屈膝上抬，同时双手将球举至头上方。当身体接近最高点时，左手离球，右手托举球的下方，向前上方伸展，手腕前屈，食指与中指用力拨球，将球投出。

图 5.1.4　行进间单手肩上高手投篮

(5) 行进间单手肩上低手投篮

以右手投篮为例，如图 5.1.5 所示。右脚跨出一大步的同时接球，接着左脚跨出一小步并用力蹬地起跳，右腿屈膝上抬，同时双手将球举至头上方。当身体接近最高点时，左手离球，右手掌心向上托球，充分向篮筐上方伸展，接着屈腕，食指与中指用力拨球，通过指端将球投出。

图 5.1.5　行进间单手肩上低手投篮

2.传球技术

传接球是指在篮球比赛中进攻队员之间有目的地支配球、转移球的方法。它是进攻运动员在场上相互联系和组织战术的纽带。传球技术包括双手胸前传球、双手击地传球、双手头上传球、单手肩上传球、单手体侧传球、单手击地传球等。

（1）双手胸前传球

如图 5.1.6 所示，两脚前后站立（或平行站立），双膝微屈，身体稍向前倾，手指自然张开，掌心空出，拇指相对呈八字形置于球的后侧，肘部自然弯曲在体侧。传球时，双眼注视传球目标，后脚蹬地，重心前移，同时手臂向前伸出，双手内旋，虎口相对，食指与中指用力拨球，将球传出。

图 5.1.6　双手胸前传球

（2）双手击地传球

如图 5.1.7 所示，双手击地传球与双手胸前传球姿势相似，不同点在于双手是向前下方用力拨球，通过地面反弹力量传球给同伴。击球点应在距接球者的三分之一处，球反弹的高度以在接球者的腰腹部为宜。

图 5.1.7　双手击地传球

（3）双手头上传球

如图 5.1.8 所示，双脚前后站立，持球手法与双手胸前传球相同，将球举至头顶位置，掌心朝前。传球时，手臂前摆，手腕前屈，手掌稍向外翻，食指与中指用力拨球，将球传出。远距离传球时，需要全身协调发力，腿部用力蹬地，腰腹部用力，大臂带动小臂迅速前摆，手腕前屈，手指拨球将球传出。

（4）单手肩上传球

以右手传球为例，如图 5.1.9 所示。左脚向传球方向跨出一小步，同时身体向右侧旋转，将球引至右肩侧上方，手腕后屈托球。传球时，右脚蹬地发力同时转体带动上臂，右臂迅速向前甩，手腕前屈，手指用力拨球，将球传出。

图 5.1.8　双手头上传球

图 5.1.9　单手肩上传球

（5）单手体侧传球

以右手传球为例，如图 5.1.10 所示。右脚向传球方向迈出一小步，同时将球引至右肩上方，手腕后屈托球。传球时，前臂向前做弧线摆动，在右手臂快要伸直前，手腕前屈，手指用力拨球，将球传出。

图 5.1.10　单手体侧传球

（6）单手击地传球

如图 5.1.11 所示，单手击地传球与单手体侧传球的持球手法相同，不同点在于该技术是向前下方用力拨球，将球传出，击球点应在距接球者的三分之一处，球反弹的高度以在接球者腰腹部为宜。

3. 运球技术

运球是队员在原地或行进中单手连续拍按球的一种技术动作，是篮球运动中最基础的技术，也是最重要的技术。运球不仅是个人进攻的有力手段，也是组织全队进攻战术配合的桥梁。运球技术包括高运球、低运球、体前变向运球、背后运球、胯下运球和转身运球。

图 5.1.11　单手击地传球

（1）高运球。运球时，双膝微屈，上体稍前倾，目视前方。以肘关节为轴，小臂自然屈伸，五指张开，用手指、手腕发力拍按球的后上方，球回弹至腰与胸之间。

（2）低运球。运球时，双膝微屈，上体稍前倾，目视前方。以肘关节为轴，小臂自然屈伸，五指张开，用手指、手腕发力拍按球的后上方，将球的反弹高度控制在膝关节以下。

（3）体前变向运球（以右手运球为例）。运球变向时，用右手拍按球的右后上方，使球从身体右侧反弹至左前方；同时，右脚随球向左前方跨出一步，上体向左转，迅速换至左手向前运球。

（4）背后运球（以右手运球为例）。右脚向前跨一小步，右手将球拉至身体右后方，迅速转腕拍按球的右后方；同时，左脚前跨，使球经过身后反弹至左前方，左手向前推进运球。

（5）胯下运球（以右手运球为例）。左脚向前跨一步，双膝微屈，身体前倾，右手拍按球的右上方。当球到达胯部位置时，迅速转动手腕，球从右侧穿过两腿之间，反弹至左脚外侧，迅速换至左手向前推进运球。

（6）转身运球（以右手运球为例）。左脚向前跨一步，身体重心降低，以左脚为中枢脚，做后转身；同时，右手拍按球的侧前方，将球运至身体左前方，迅速换至左手向前推进运球。

4. 持球突破技术

持球突破是持球队员合理运用脚步与运球技术，以达到快速摆脱防守队员的一项技术动作。其不仅可以创造自身投篮、上篮的机会，还可分球助攻队友得分，以打乱对方防守阵形，创造更多的得分机会。持球突破技术分为交叉步持球突破、同侧步持球突破。

（1）交叉步持球突破

以右脚作为中枢脚为例，如图 5.1.12 所示。两脚左右开立，双膝微屈，降低身体重心，双手持球于腰腹之间。突破时，左脚向侧前方做刺探步假动作，吸引对手重心向左移动；左脚前脚掌快速蹬地，上身右转，左肩压肩探出，左脚利用快速蹬地的反作用力向右前方跨出；同时球移至右手，左手护球，右手运球加速过人。

图 5.1.12　交叉步持球突破

(2)同侧步持球突破

以左脚作为中枢脚为例,如图 5.1.13 所示。两脚左右开立,降低身体重心,双手持球于腰腹之间。突破时,左脚内侧蹬地,右脚迅速向对手左侧方跨出一大步,身体向右侧转肩转体,球移至右手,并推放球于右脚斜前方,左手护球,右手运球加速过人。

图 5.1.13　同侧步持球突破

5. 抢篮板球技术

篮球比赛中,双方队员争抢投篮未中从篮板或篮筐反弹回的球统称为“篮板球”,它是球队后场防守与前场二次进攻的重要保证,是篮球比赛中获得球权的重要手段,是攻守转化的关键。当进攻球队投篮未中,进攻方的队员抢到篮板球,统称为“前场篮板球”或“抢进攻篮板球”;当防守队员抢到对方未投中的篮板球,统称为“后场篮板球”或“抢后场篮板球”。在抢篮板球的过程中,最重要的前提是要有积极的抢篮板球意识和敢打敢拼的精神,这样有助于建立主动优势。

抢篮板球技术由抢占位置、起跳、空中抢球和获球后的保护四个动作组成。抢篮板球时,先要正确判断对手进攻距离,判断篮板球反弹距离,优先抢占有利位置是关键,力争把对手挡在身后。此时要重心降低,为起跳动作做好准备,根据球的反弹高度、方向和落点,及时起跳并力争在最高点抢到球。当手碰到球后,立即用双手将球握住,迅速屈臂将球置于胸前,双肘外展,保护好球。球员在获得篮板球后,迅速发动进攻,抢占先机。

6. 防守技术

防守技术是指在篮球比赛中通过向对手施加压力,阻止对手进攻,以达到破坏对手战术配合,阻止对方得分为目的所运用的专门动作方法的总称。防守主要包括防守无球队员和防守有球队员。防守有球队员是防守进攻队员的运球、传球、投篮、突破,以及积极地抢球、打球以成功获取球权;防守无球队员是防切入、防摆脱和防接球。

滑步是防守移动的主要方法之一,其易于保持身体平衡,可向任何方向移动,滑步可向侧、向前、向后进行滑动来阻截对方的移动。滑步的动作方法:双脚平行或呈 V 字形站立,与肩同宽或稍宽于肩;双膝微屈,上体略微前倾;脚跟稍抬起,重心保持在前脚掌,双臂微屈向两侧张开。以向右滑步(图 5.1.14)为例,左脚前脚掌内侧用力蹬地,右脚向右跨出,在右脚落地的同时左脚紧随滑动,向右脚靠近,两脚之间始终保持一定的距离,重心保持平稳。

(二)基础战术配合

篮球战术是指在篮球比赛中,队员个人技术的合理运用和全队队员相互协调配合的组织形式与方法。基础战术配合是全队战术的基本前提,任何一种整体战术都是在其基

图 5.1.14　滑步

础上的延伸和扩展。战术配合的运用对篮球比赛的胜负至关重要，熟练掌握和有效运用战术配合，能使整个队伍充分发挥团队的优势，使队员更好地发挥个人技术特长。

1. 进攻战术基础配合

进攻战术基础配合是指两到三名进攻队员为了创造进攻机会，利用跑动路线、合理的身体接触，合理运用技术而形成的进攻基础配合。进攻战术基础配合主要包括传切配合（一传一切配合、空切配合）、突分配合、策应配合、掩护配合（有球掩护、无球掩护）。

（1）传切配合

一传一切配合是指持球队员将球传给临近同伴之后，利用假动作摆脱或快速起动超越防守人，向篮板下方切入，并接回同伴的传球，选择进攻的方法。如图 5.1.15 所示，①持球站在三分线弧顶位置，②站在三分线 45°位置。①将球传给②后，立刻做假动作摆脱防守人❶，向篮板下方纵向切入，同时做好接球进攻的准备，接②的传球上篮。

空切配合是指无球队员利用突然的加速跑动，以摆脱防守人抢得空位得分的进攻配合方法。如图 5.1.16 所示，①持球站在三分线弧顶位置，②和③分别站在三分线 45°位置。①将球传给②时，③观察防守情况，趁其不备快速切入，根据防守队员站位选择突然向中切入或者沿底线向篮板下切入，接②的传球进攻得分。

（2）突分配合

突分配合是指持球队员突破防守后，在遇到协防或者补防时，及时将球传给队友的进攻战术配合。如图 5.1.17 所示，②持球站在三分线 45°位置，①站在三分线弧顶位置。②持球上线突破，遇到防守人❶协防，②及时分球，与此同时①要观察场上情况，迅速移动至有利进攻位置，接②传球投篮或者突破上篮。

图 5.1.15　一传一切配合

图 5.1.16　空切配合

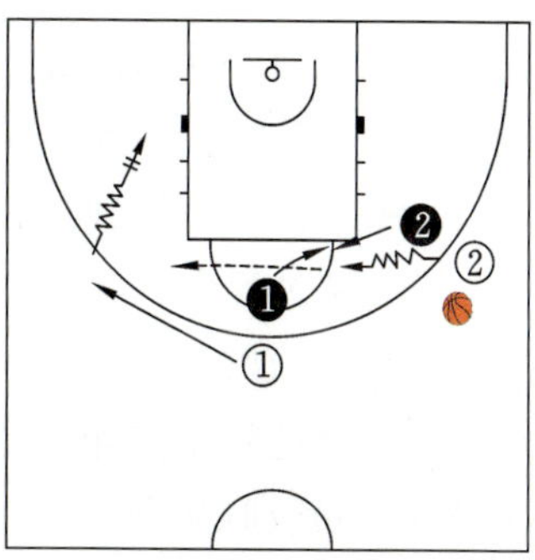

图 5.1.17　突分配合

（3）策应配合

策应配合是指进攻队员背对或侧对篮筐接球后，以该队员为枢纽，与外线队员的空切相配合而形成的一种里应外合的进攻配合方法。如图 5.1.18 所示，②持球站在三分线弧顶位置，⑤上移至罚球线位置接②的传球，接球后先观察防守人站位，②利用假动作摆脱防守人，向篮板下方向空切，接⑤策应传球进行投篮或上篮。

（4）掩护配合

掩护配合是指进攻队员利用身体合理地挡住同伴防守人的移动路线，或是主动利用同伴防守人挡住自己防守人的移动路线，从而摆脱防守队员，获得进攻机会的一种战术配合方法，可以简单地分为有球掩护、无球掩护等。

有球掩护（侧掩护）：如图 5.1.19 所示，⑤站在三分线弧顶位置，②持球站在三分线 45°位置；⑤跑到防守人❷的侧后方做掩护，同时②做假动作吸引防守人；当⑤掩护到位时，②利用掩护迅速突破过人，⑤完成掩护后顺势转身跟进，②观察场上防守人情况选择投篮、上篮或者分球给⑤进攻得分。

无球掩护（背掩护）：如图 5.1.20 所示，①持球站在三分线弧顶位置，②站在三分线 45°位置，④站在低位限制区外；④跑上来给②做后掩护，同时②向持球者方向做要球的动作吸引防守人；当④掩护到位时，②利用掩护迅速向篮板下切入，接①传球上篮得分。

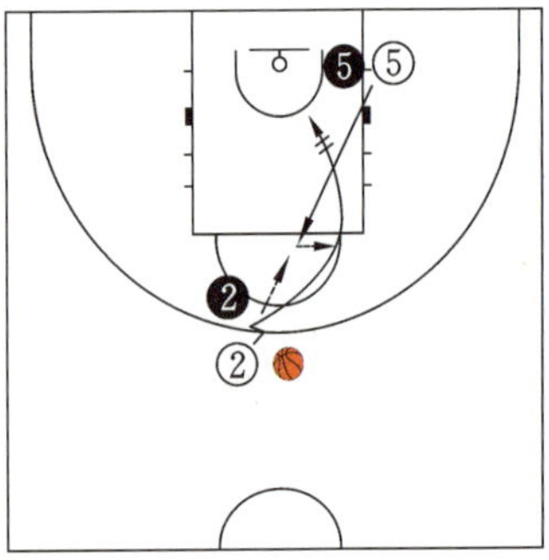

图 5.1.18　策应配合

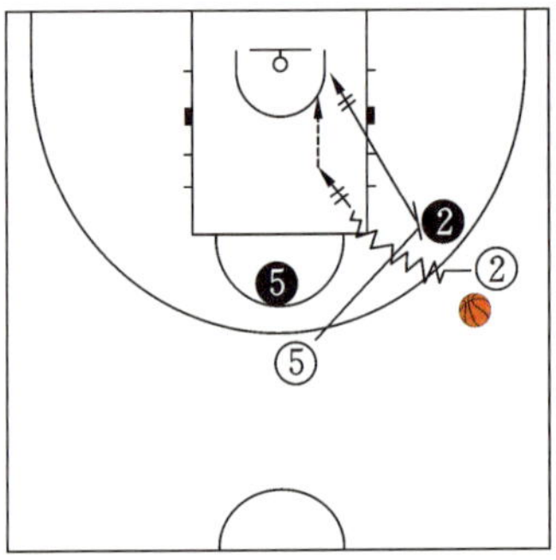

图 5.1.19　有球掩护

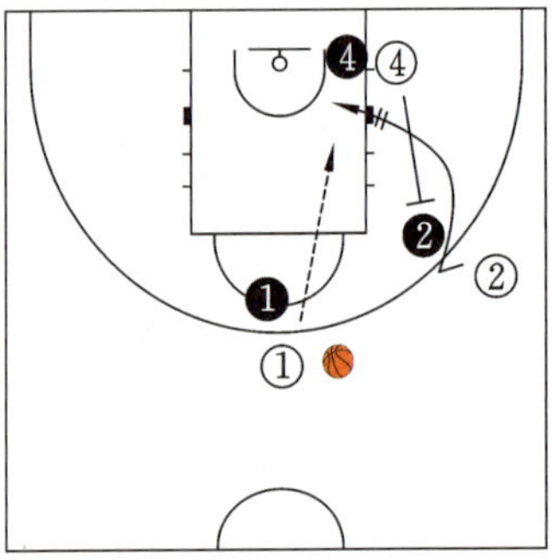

图 5.1.20　无球掩护

2. 防守战术基础配合

防守战术基础配合是指两到三名进攻队员相互协同，破坏对方进攻配合的方法，包括挤过、穿过、绕过和换防配合。

（1）挤过配合。当对方掩护队员在接近自己时，迅速贴近自己对手，同时抢前横跨一步，从两名进攻队员之间侧身挤过去，挤过后迅速调整位置继续防守。

（2）穿过配合。当进攻队员要进行掩护时，防守掩护者的队员主动后撤一步，让被掩护的防守队员及时从自己和掩护队员之间穿过，穿过后迅速调整位置继续防守。

（3）绕过配合。当进攻队员要进行掩护时，防守掩护者的队员迅速贴近对手，让被掩护的防守队员及时从自己身后绕过，绕过后迅速调整位置继续防守。

（4）换防配合。当进攻队员要进行掩护时，防守队员主动呼应被掩护的防守队员，被掩护的防守队员听到换防信息后及时调整防守位置，堵截进攻队员的攻击路线。

三、练会篮球

（一）运球技术练习方法

1. 原地球性练习

原地球性练习包括原地拍起静止不动的球、地面双手来回推滚球、胸前和头上指尖拨球、头腰膝环绕、胯下八字绕球、胯下八字低运球、体前拉球、背后拉球、抬腿胯下绕球、抛接篮球。

2. 原地运球练习

原地运球练习包括低运球、高运球、单手体前左右推拉球、单手体侧前后推拉运球、低位双手体前变向运球、双手体前变向运球、胯下运球、背后运球、转身运球。

3. 行进间运球练习

（1）全场直线运球练习。队员从底线出发，直线运球至对面底线，再折返回来把球传给下一排的队员，进行高运球、低运球和急停急起运球等基础的运球练习。

（2）全场Z字形运球练习。场地竖着分为左右两侧，队员从场地一侧底线依次出发，行进路线呈Z字形，运球至对面底线，再从场地另一侧底线运球回来，进行变向、背后、胯下、转身，以及组合运球练习。

（二）传球技术练习方法

1. 原地传接球练习

（1）两人传球练习。两人面对面站立，相距3～5米，进行双手胸前传球、双手击地传球、单手肩上传球、单手击地传球和头上传球练习。

（2）三人传球练习。三人拿两个球，站成三角形的布阵，先持球的两名队员给一名队员传球，该队员依次交替传接球（注意：该队员将球传出去后，另一名持球者再传球，避免受伤），进行各种传球练习。

2. 行进间传球练习

（1）两人全场行进间传球。两人一组一球，从场地一侧底线出发，传至对面底线，再从另一侧场地传回来（行进间要注意传球提前量），进行各种传球练习。

（2）行进间四角传球练习。队员分为四组，分别站在半场四个角，假设四个角的队员分别是①、②、③、④。①持球传给邻角的②，传球后①跑向②，并接回传球，将球再传给下一个角的③，完成传球后排至④的队尾，依次连续进行传球练习。

（三）投篮技术练习方法

1. 原地投篮练习

（1）原地定点投篮。队员在罚球线排成一路纵队，依次进行投篮练习。

（2）原地5个点位投篮。分别为底线（0°）、45°、弧顶或罚球线、另一侧45°和底线（0°）。队员先从一侧底线（0°）点位列队，拿两个球即可，自投自抢传给下一个队员，每个点全队共投进10～20个球。

2. 行进间投篮练习

（1）向中移动投篮练习。队员分成两队，分别站两侧三分线45°位置，每列队伍拿三个球，一侧排头未拿球队员先出发，向中移动，跑至罚球线中间位置，接另一侧队员传球，急停投篮。传完球后的队员迅速向中移动，跑至罚球线中间接球投篮。自抢篮板球至另一队排尾，依次练习。

（2）向底线移动投篮练习。队员在三分线弧顶上方排一列纵队，除排头队员不拿球外，每人拿一颗球。开始时，排头队员先往右侧底线位置移动，并接下一个队员的传球，急停投篮。传完球的队员往左侧底线移动，接下一名队员的传球投篮。自抢篮板球至另一队排尾，依次练习。

（四）持球突破技术练习方法

1. 基础持球突破练习

（1）三人持球突破练习。假设将队员分为①、②、③，①、②两人相对站立，相距 10～15 米，①持球，③先防守①（原地假防守，不跟球移动），①做同侧步或交叉步突破后，向前运球传给对面的②，并做出防守，②持球突破后，将球传给③，依次进行突破练习。

（2）三分线 45°持球突破练习。队员在三分线外 45°位置排成一列纵队，自抛自接球，做同侧步/交叉步突破上篮练习。

2. 进阶持球突破练习

（1）半场一打一攻守练习。一名队员站在三分线弧顶位置准备进攻，其他队员站在底线位置，底线排头队员持球，将球传给弧顶队员，随后跑上去防守，进攻者接到球后，观察防守队员位置，突破进攻篮筐完成进攻。此时，防守队员变进攻，行至弧顶位置等待下一名队员传球进攻，依次轮转练习。

（2）半场二打二攻守练习。场上 4 人，2 人一组，进行攻守练习，选择多样化进攻方法，诸如突破分球、突破上篮、突破跳投等。

四、篮球竞赛规则

【竞赛规则】

教学相长

一、课程思政元素

篮球是一项集跑、跳、投于一身的集体对抗性项目。在教学过程中，教师除了教授学生运动技能之外，还有着特色的育人价值。第一，利用篮球运动中的集体性特征，培养学生团队合作能力。在篮球比赛中，需要学生们相互有效的沟通和密切的配合来完成每次的传球、掩护、快攻、协防等技术动作，每一个步骤都需要学生及时地跑位和精准地传球来完成配合。因此，在篮球教学中，通过多人的练习形式可以提高学生团队合作能力，以及有效的沟通能力。培养学生更好地处理个人与集体的关系，强化其集体意识。第二，利用篮球运动中的竞争性特点，培养学生“胜不骄、败不馁”的优良品质。篮球是一项充满挑战的运动，需要克服各种困难，不断地拼搏、奋斗才能取得胜利，为学生身心全面发展打下坚实的基础，激发学生顽强、拼搏的进取精神，树立良性竞争的意识；学生在面对“胜利”与“失败”时能保持积极健康的胜负观，有利于树立正确的体育观。第三，利用篮球运动中的规则性特点，培养学生遵守规则的意识。在篮球运动中，篮球规则占据了非常重要的地位，为篮球比赛提供了清晰且公正的标准，保证了篮球比赛公正有序的进行，也为运动员提供了安全和保障。因此，在教学过程中，教师应指导学生学习比赛规则，培养学生自我约束能力，从中建立良好的规则意识，树立良好的法治观念。

二、篮球教学大纲

【教学大纲】

教学思考

（1）请说出你最喜欢的篮球运动员，讲述他（她）让你最钦佩的地方，以及他（她）给你带来的启示或帮助。

（2）通过理论和实践学习，你认为篮球运动培养了你哪些优秀品质？

（3）通过学习和练习篮球技术，你最擅长哪项个人技术？

（4）通过学习和练习篮球战术，你最喜欢并经常使用的战术是哪一个？可以在此基础上设计出一个吗？

第二节　足　球

教学目标

（1）价值塑造：发展学生团队协作意识、合作精神及坚韧不拔的品质，培养学生终身体育意识、规则意识和爱国主义精神，坚定学生强国有我、勇于担当的信念。

（2）能力培养：发展学生各项身体素质，塑造强健的身体素质，具有一定的比赛鉴赏能力及一定的比赛组织和裁判能力。

（3）知识传授：了解足球运动的发展史。掌握足球运动的基本技术、战术、竞赛规则，以及足球运动专项身体锻炼方法。

教学内容

【在线习题】

一、认识足球

（一）我国古代足球运动的历史演变

众所周知，足球运动的原型最早起源于中国，当时被称为“蹴鞠”的运动就是最早的足球运动形式。关于古代足球的起源有几种不同的说法，普遍认为我国古代足球源于殷代足球舞。这种舞有球、有鞠室，由两队人追逐竞赛把球踢入鞠室。此说法最早见于《中国古代足球运动史料初考》第二章第一节“中国古代足球的起源”。此外，也有史料认为我国古代足球起源于春秋时军中的庆祝活动，战士踢鞠（球状物）比赛。

在汉代和三国时期，我国足球运动有了很大发展，西汉时刘邦在长安官苑内修建了一个较大的球场，起名"鞠城"，作为足球竞赛之用。汉王室还将蹴鞠与射法、连弩、剑道、手搏等武术著作一同列入"兵伎十三家"之内。《魏略》中记载曹操重视足球："孔桂字叔林，好蹴鞠，太祖爱之，每在左右。"在民间，蹴鞠运动也很活跃，当时民间对蹴鞠制度、裁判员、运动员都有了比较明确的规定和要求。到了唐代，足球运动不仅在各阶层得到了广泛发展，足球装备也得到了较大改进。当时，人们将以前的实心球改进成充气球，这种充气球无论从弹性和重量上都远比实心球优越，大大促进了足球运动的发展。唐代的蹴鞠比赛还产生了球门，这种有球门的比赛大大提高了双方的对抗性和趣味性。然而，从宋代起，足球运动逐渐趋向衰落，明清时期开始失传。

（二）现代足球的起源与发展

现代足球的发源地普遍认为是英国。英国在中世纪时已有关于足球的记载，但当时足球是社会底层的一种娱乐活动。19 世纪时，英国的几家公学（即私立的贵族学校）逐渐现代化，重视体育和培养纪律。各公学都开展了足球和橄榄球活动，这些学校的毕业生把足球传到大学，但没有统一的规则。

1848 年，剑桥大学制定出统一的 16 条《剑桥规则》，这以后足球运动在英国逐渐普及。1863 年各俱乐部的代表在伦敦开会成立了英格兰足球协会，并且经过 5 次漫长的讨论，以《剑桥规则》为基础，制定了 14 条足球规则。该规则中规定，足球只能用脚碰球，自此，足球与橄榄球分了家。根据英格兰足球协会的规则进行的足球比赛叫英式足球，其英文名称是 Association football（协会足球）。1886 年 6 月 2 日，英国的英格兰、苏格兰、威尔士等足协成立了竞赛规则委员会（英文名称是 Internatioal Football Association Board，直译应是国际足球理事会），规定只有这个机构才有权规定或改动足球比赛规则。

1904 年 5 月 21 日，法国、比利时、丹麦、荷兰、瑞士、西班牙、瑞典七国的足协代表在巴黎成立了国际足联，并制定了第一个章程。该章程规定国际足联的比赛根据英式足球规则进行。

1928 年 5 月 26 日，国际足联正式宣布单独举办足球赛事，自此，世界杯足球赛正式诞生。1930 年，首届世界杯足球赛由乌拉圭举办。东道主乌拉圭队赢得了首届世界杯冠军奖杯。

1921 年，法国人雷米特（J.Rimet）当选为国际足联第三任主席，雷米特对国际足联作出了重大贡献。他担任了 33 年主席，重组了国际足联，创立了世界杯足球赛，这 33 年被称为"雷米特时代"。1946 年时，为了纪念雷米特对创立世界杯足球赛的贡献，世界杯改名为"雷米特杯"。

1970 年，巴西队第三次夺冠后永久占有了"雷米特杯"。1971 年，时任国际足联主席斯坦利·劳斯领导的特别委员会从 53 份设计稿中，最终确定使用意大利艺术家西尔维奥·加扎尼的设计方案"大力神杯"，并于 1974 年德国世界杯开始使用"大力神杯"。大力神杯的所有权属于国际足联，此后每一届 FIFA 世界杯冠军都只能保留大力神杯四年时间，到下一届世界杯开始时交还给国际足联，并换取一件国际足联颁发的纯金复制品作为珍藏。时至今日，"大力神杯"仍是世界足球的最高荣誉的象征，世界杯足球赛与奥运会并称为全球体育两大最顶级赛事。

二、学会足球

【视频讲解】

（一）基本技术

1. 颠球

颠球是足球运动中的一项基础球性练习，运动员通过身体各有效部位连续触碰足球，并尽量控制足球使其不落地，以此达到熟悉球性、提高控球能力的目的。颠球技术包括正脚背颠球、大腿颠球、脚内侧颠球、脚外侧颠球、头部颠球等。

（1）正脚背颠球

正脚背颠球（图 5.2.1）时，身体保持直立、放松状态，大腿发力带动小腿向上踢球，触球时，脚离地面 15～20 厘米，脚踝固定，脚尖略向上勾起，用脚背正面（鞋带的部位）触及足球正下方，将球踢至膝关节高度。踢球脚触球后自然回位，双脚交替进行触球。

（2）大腿颠球

大腿颠球（图 5.2.2）时，身体保持直立、放松状态，球下落时，大腿向上抬起，当大腿与地面基本水平时，用大腿中部触球的正下方，将球颠至胸口的高度，颠球腿自然下落，两脚交替进行触球。

图 5.2.1　正脚背颠球

图 5.2.2　大腿颠球

2. 踢球

足球比赛是通过运动员的跑动和球的运转来进行攻守转换的，运动员通过踢球来实现球权的传递，并最终实现将球射入球门的目的，踢球是比赛中运用最多的技术动作。踢球的方式主要包括脚内侧踢球、脚背正面踢球、脚背内侧踢球及脚背外侧踢球等。

（1）脚内侧踢球

脚内侧踢球（图 5.2.3）是用脚内侧部位（跖趾关节、舟骨和跟骨所构成的三角部位）击球，也叫“脚弓踢球”。其特点是脚与球接触面积大、出球平稳、准确，多用于短距离传球和射门。脚内侧踢球技术主要包括助跑、支撑、摆动、击球、随前五个部分。踢球时直线助跑，助跑结束后，支撑脚踏在球的侧方 15 厘米左右处，膝关节微屈，两臂自然张开，在支撑脚着地的同时踢球腿以髋关节为轴由后向前摆动，并屈膝外转；踢球脚的内侧正对出球方向，小腿加速前摆，脚尖稍翘起，脚掌与地面平行，用脚内侧部位击球的后中部，随后，踢球腿自然随前摆动。

图 5.2.3　脚内侧踢球

(2) 脚背正面踢球

脚背正面踢球(图 5.2.4)是用脚背的正面部位(楔骨和跖骨的末端)击球。其特点是踢球腿摆幅大、摆速快、踢球力量大,多用于中长距离传球和射门等。脚背正面踢球技术主要包括助跑、支撑、摆动、击球、随前五个部分。先直线助跑,最后一步稍大并积极着地,支撑脚踩在球的侧方 12～15 厘米处,脚尖正对出球方向,膝关节微屈,两臂自然张开。踢球腿在支撑脚最后一步支撑时,大小腿顺势后摆并折叠,随后以髋关节为轴,大腿带动小腿由后向前摆动,当膝盖摆至接近足球正上方时,小腿做爆发式的前摆,脚背绷直,脚趾扣紧,以脚背的正面击球的后中部,随后,踢球腿随球继续前摆。

(3) 脚背内侧踢球

脚背内侧踢球(图 5.2.5)是用脚背内侧部位几个楔骨、趾骨末端击球。其特点是踢球腿的摆幅大、摆速快,踢球的力量大。助跑方向、支撑脚选位灵活性较大,出球方向变化幅度较大,因此,可踢出平直球、远距离弧线球等,比赛中多用于中长距离的传球和射门等。脚背内侧踢球技术主要包括助跑、支撑、摆动、击球、随前五个部分。踢球时,与出球方向成 45°站立,斜向助跑。支撑脚以脚掌外沿积极着地,踏在球的侧后方 20～25 厘米处,屈膝,脚尖指向出球方向,身体稍向支撑脚一侧倾斜。在支撑脚着地的同时,踢球腿以髋关节为轴,大腿带动小腿由后向前摆。当身体转向出球方向,膝盖摆到接近球的内侧正上方时,小腿做爆发式的前摆,脚尖稍外转,脚面绷直,脚趾扣紧,脚尖指向斜下方,以脚背内侧部位击球的后中部(踢高球时,击球的中下部)。击球后踢球腿继续随前摆动。

图 5.2.4　正脚背踢球

图 5.2.5　脚背内侧踢球

3. 停球

停球是运动员运用合理的部位将运行中的球控制在所需要的范围。良好的停球技术不但可以保护本方球权，而且与运球、射门等技术结合起来更容易获得得分机会。常用的停球方式有脚内侧停球、脚底停球、脚背正面停球、胸部停球等。

(1) 脚内侧停球

脚内侧接触球(图 5.2.6)的面积较大，停球时更容易将球停到合理位置，稳定性较高。脚内侧停球又可分为停地滚球、停反弹球和停空中球。

脚内侧停地滚球时，支撑脚正对来球的方向，膝关节微屈，停球脚屈膝外展，脚尖略上翘，球触碰脚内侧时，停球脚主动后撤，缓冲来球力量，并将球控制在合理范围。

脚内侧停反弹球时，支撑脚踏在球的落点侧方，膝关节微屈，上体稍向前倾并向停球方向微转；同时，停球脚提起，脚尖略勾，脚踝固定，用脚内侧对准来球的反弹路线，球落地刚反弹时，用脚内侧推球的中上部，将球控制到合理范围。

脚内侧停高空球时，判断来球高度，将停球脚抬至来球高度并前迎，在停球脚脚内侧与球接触时，停球脚主动后撤，缓冲来球力量，将球停至合理范围。

(2) 脚底停球

脚底接触球的面积较大，停球时容易将球停到合理位置。脚底停球(图 5.2.7)时，支撑脚站在球的侧后方，脚尖对准来球方向，膝关节微屈。停球脚抬起，膝关节自然屈膝。脚尖略翘起超过脚跟，用脚掌触及球的后上方将球停在合理位置。

(3) 脚背正面停球

脚背正面停球多用于停从身体正面来的抛物线曲率较大的高空球。脚背正面停球(图 5.2.8)时，先判断来球方向，将身体正对来球，停球腿屈膝上提，将脚背正面对准来球，脚背与球接触时，小腿和脚背下撤缓冲来球力量，使球停在身体合理的范围。

(4) 胸部停球

胸部停球(图 5.2.9)的面积大，停球的位置高。对较高的来球，可用胸部停球的方式将球停到合理范围。胸部停球主要有挺胸式停球和收胸式停球两种方式。

图 5.2.6　脚内侧停球

图 5.2.7　脚底停球

图 5.2.8　脚背正面停球

图 5.2.9　胸部停球

挺胸式停球一般用于停抛物线曲率较大的来球。停球时判断来球方向，身体正对来球，两脚前后开立，重心位于两脚之间，两膝微屈，两臂自然张开，上体稍向后仰，下颌微收。球触碰胸口时，脚跟抬起，向上挺胸，使球在胸口轻微弹起，落到身体前合理位置。

收胸式停球一般用于停抛物线曲率较小的来球。停球时判断来球方向，身体正对来球，两脚前后开立，重心位于两脚之间，两臂自然张开，挺胸迎球，当球与胸部接触时，快速收胸、收腹，缓冲来球的力量，将球停在身前合理的位置。

4. 运球

运球（图 5.2.10）是队员在比赛中通过脚的推拨球，将球控制在自己的范围内，并快速移动突破对手的技术。在激烈的比赛中，球员良好的运球技术可以打破比赛中的攻守平衡，为球队的进攻找到突破口。运球包括脚背正面运球、脚背内侧运球和脚背外侧运球。运球时，保持正常的跑步姿势，上身稍前倾，步幅不宜太大，运球脚提起，膝关节稍屈，髋关节前送，脚跟提起，脚尖下指，用脚背推拨足球向前。可根据场上实际情况选择用脚内侧带球，或者脚尖内扣用脚外侧带球。

图 5.2.10　运球

5. 头顶球

头顶球是一项重要的足球基本技术，是比赛中队员为了更好地争夺时间和空间，用头部前额部位击球的技术。头顶球在拦截、解围、传球及射门过程中都有重要作用。头顶球按照触球部位可分为前额正面头顶球和前额侧面头顶球，按照顶球方式可分为原地顶球、跳起头顶球和鱼跃头顶球等方式。

原地正面头顶球时，判断来球方向，身体正对来球，两脚前后开立，膝关节微屈，两臂自然张开，上体稍后仰，身体呈反弓形，眼睛注视来球。当足球快至身体垂直部位时，后脚用力蹬地，身体重心前移，腹部肌肉带动上身快速向前摆动，颈部紧张，微收下颌，用前额正面顶球的后中部，同时上身随球继续前摆。

原地前额侧面头顶球时，判断来球方向，身体正对来球，两脚前后开立，出球方向的同侧脚在前，膝关节微屈，上体和头部稍向出球的反方向侧屈，身体重心放在后脚上，两臂自然张开，两眼注视来球。当球到出球方向同侧肩上方时，脚部蹬地，腹肌发力带动上体快速向出球方向扭转摆动，同时颈部肌肉紧张甩头，用前额侧面顶球的后中部。

6. 守门员技术

守门员是全队防守的最后一道屏障，良好的守门技术对保护球门、指挥防守及鼓舞士气都有重要作用。

接地滚球动作分为直立接球和单膝跪立接球两种。直立接球时，两脚要自然并拢不留空隙，脚尖对准来球，上体前屈，两臂自然下垂近地，手指自然张开，手心向前，两手接球底部。接球后、两臂同时弯曲，并互相靠拢，将球提至胸前抱紧。单膝跪立接球时，两腿左右开立，前腿弯曲，后腿跪立，膝关节接触地面，并靠近前脚踵，不留中空，上体前倾，手臂下垂，掌心对准来球方向，两手接球底部，接球后将球抱至胸前。

接高球时，两手自然张开，拇指相对，食指与拇指呈“桃形”，当手触球时，手腕和手指适当用力将球接住，同时屈肘，回缩并下引，顺势翻掌将球抱于胸前。

接平高球时，两臂屈肘置于胸前两侧，在球接触胸前的一瞬间，两臂夹紧，收缩两手抱住球的侧上部，迅速置于胸前。

7. 掷界外球

当对手将足球踢出边线后，将由本方队员以掷界外球的方式来恢复比赛。足球比赛规则对掷界外球技术有明确的规定。

原地掷界外球时，手指自然张开，持球的后半部，两脚前后或左右站立，膝微屈，将球举在头后，身体后仰，掷球时两脚蹬地，收腹屈体、两臂快速前摆将球经过头顶掷出。掷球过程中，双脚不可离开地面，也不可踏入场地内。

助跑掷界外球时，将球持于胸前，在最后一步迈出的同时，将球举至头后，蹬地、收腹、向前快速摆臂，最后用屈腕力量将球掷出。掷球过程中，双脚不可离开地面(后面一只脚可沿着地面滑行)，也不可踏入场地内。

（二）基本战术

足球运动是一项 11 对 11 人数均等的比赛。比赛过程中，双方会预设一定的个人或小组配合方式，期望获得局部的人数优势，以此来达到一定的进攻与防守的目的，这些预设的配合方式就是比赛战术。通常 2～3 人的配合是全队战术配合的基础，包括进攻基础战术和防守基础战术。

1. 进攻基础战术(2 过 1 配合)

(1) 直传斜插 2 过 1

直传斜插 2 过 1(图 5.2.11)，顾名思义，就是持球人①直线传球，无球队员②向防守队员身后斜向跑动，以此突破防线的配合方式。边路队员经常在边路通过直传斜插 2 过 1 突破对手，此配合方式也可在中路配合使用。此配合需强调两名队员有默契的传跑时机，若传球太早，防守队员能回收卡位；若传球太晚，则容易使无球队员陷入越位位置。

(2) 斜传直插 2 过 1

斜传直插 2 过 1(图 5.2.12)与直传斜插 2 过 1 正好相反，要求持球人①向防守队员身后斜向传球，无球队员②通过直向跑动，在防守队员身后获得球权，以此来突破防守的配合方式。

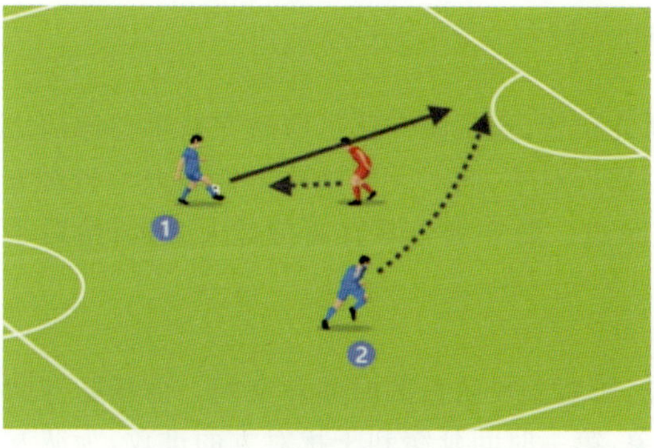

图 5.2.11　直传斜插 2 过 1

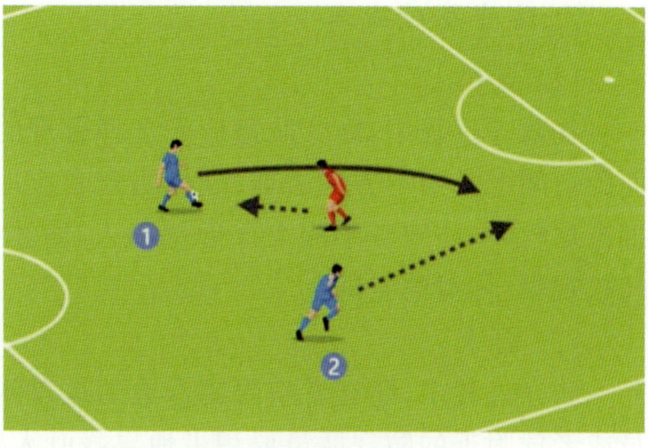

图 5.2.12　斜传直插 2 过 1

(3) 踢墙式 2 过 1

踢墙式 2 过 1(图 5.2.13)可以看成是进阶版的斜传直插 2 过 1。持球队员①向防守队员运球,在距离防守队员 2 米左右时,将球快速传给接应队员②,传球后加速向防守队员身后跑动,接应队员②通过一脚触球的方式快速将球传至防守队员身后。在踢墙式 2 过 1 中,持球人在向防守队员带球过程中,应降低重心,增加触球次数,保持带球节奏,控制好与防守队员的距离。做"墙"的队员应一脚出球,控制好踢球的力量和角度。

(4) 回传反切 2 过 1

回传反切 2 过 1(图 5.2.14)配合中,进攻队员①将球传给进攻队员②,队员②在防守压制情况下,将球回传给队员①,随后转身跑向防守队员身后空间,队员①一脚触球,用过顶球的方式将球传至队员②。回传反切 2 过 1 隐蔽性较高,多用于突破密集防守。在这个配合中,一方面对配合双方传跑时机的把握要求较高,另一方面对队员①传球脚法要求很高。

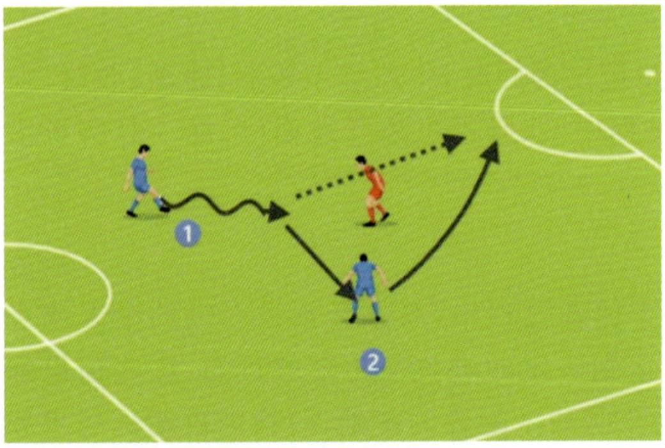

图 5.2.13 踢墙式 2 过 1

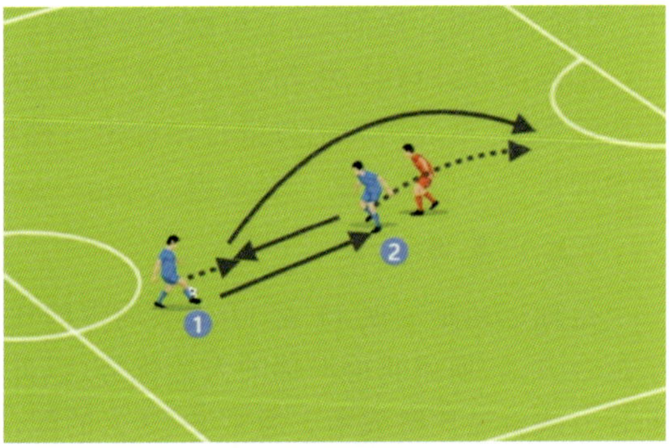

图 5.2.14 回传反切 2 过 1

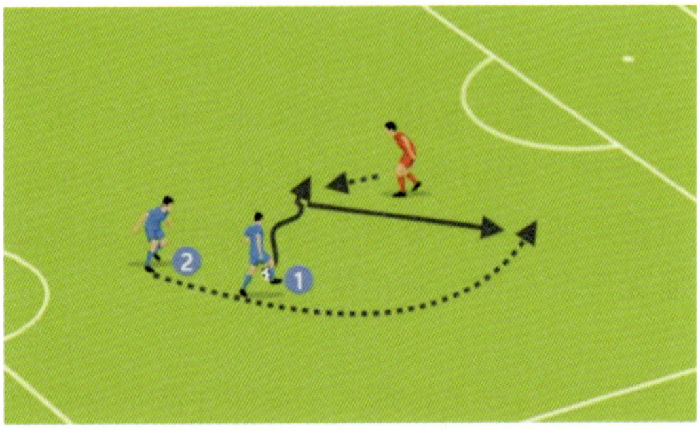

图 5.2.15 交叉掩护 2 过 1

(5) 交叉掩护 2 过 1

交叉掩护 2 过 1(图 5.2.15)由持球队员①向防守队员带球,诱使防守队员向带球方向进行防守,无球队员②从队员①背后跑过,向防守队员防守反方向加速跑动,持球队员①将球传给队员②,完成突破。该配合方式在反击过程中,对对手有较强的迷惑性。交叉掩护 2 过 1 在配合中应注意传跑时机。

2. 防守基础战术

(1) 选位

在防守过程中,防守队员应先选择合理的防守位置,通常防守队员应站在对手与球门之间的空间上。当本方失去球权时,防守者应即刻靠近对手,向对手实施攻击性压力。当对方拥有球权时,防守者不能太靠近持球人,防止被蹚过。防守者也不宜离持球人太远,给对手轻松观察、传射的空间。

(2) 盯人

防守过程中,防守者应限制身边的进攻队员,压缩进攻队员的时间和空间。前场防守队员或者球附近的防守队员要积极地寻找盯人对象,第一时间延缓和干扰对方的进攻,为队友组织防守、占据正确的防守位置，以及寻找盯人对象争取时间。其他位置盯人防守应相互呼应和交流，在盯人到底和互换盯人之间及时选择。靠近球门附近，防守队员应实行紧逼防守，并尽量抢前防守。

（3）补位

随着进攻队员靠近罚球区，防守者应尽快收缩队形，在持球人周围形成有组织的密集防守，在局部形成防守人数优势。此时的密集防守应是有层次的、协调的，队员之间应有更多的呼应，一旦失位应及时由其他防守队员补位，盯人和补位协调运转。当进攻队员有射门机会时，防守队员必须勇敢、果断地上前封堵对手射门。

三、练会足球

（一）颠球训练

（1）双手持球于体前，将球抛起，待球下落到膝关节处时，大腿带动小腿向上踢，将球踢至腰部高度，用双手接住球。随后继续向上抛起足球，用另一只脚将球颠起并接住。待动作稳定后，可进行抛一次连续颠两次、抛一次连续颠四次的练习。身体其他部位颠球练习也可以用此方法。

（2）双手持球于体前，将球向上抛起，球落地反弹下坠时，大腿带动小腿向上颠球，将球颠至腰部高度，待球落地反弹下坠时，用另一只脚将球颠起，如此循环练习。

（二）传球、停球训练

（1）距离墙面 3 米，面对墙站立，用脚内侧向前轻推足球，球反弹回来后用脚内侧将球停至体前，随后用另一只脚轻推足球。待动作熟练后可加大踢球力度，距离墙面的距离也可适当增加。

（2）两人面对面站立，一人用脚底踩住足球，另一人一步助跑后用脚内侧踢向足球，脚触球后固定动作，观察技术动作是否符合要求，随后用另一只脚重复练习。此练习方法也可用作脚背内侧踢球、正脚背踢球等技术动作的训练。

（3）两人相距 5 米面对面站立，一人双手持球将球向同伴方向抛出，同伴判断来球路线，将球停至脚下，随后传给同伴，重复练习（图 5.2.16）。此练习方法可用于脚内侧停反弹球、大腿停球、胸部停球、头顶球等技术动作的训练。

（4）两人相距 5 米面对面站立，一人用脚内侧将球传至同伴脚下，同伴用脚内侧将球停至体前，随后将球踢回，两人如此重复。随着技术水平的提高，可提高传球力量，加长传球距离，改变停球部位，或者采用一脚触球等方式进行练习。此练习方法也可以用作脚背内侧踢球、正脚背踢球等技术动作的训练。

（5）三人相距 5 米呈三角形站立，先按照顺时针方向依次用脚内侧进行传球、停球，10 次传球后换逆时针方向传球（图 5.2.17）。球应传到同伴体前，停球应用异侧脚停。此练习方法也可增加更多队员依次传球。

（6）两人相距 5 米，同时向前跑动，跑动过程中相互用脚内侧传接球（图 5.2.18）。

（7）三人纵向站立，两两相距 10 米，队员 A 用脚背内侧将球传给队员 B，队员 B 停球后用脚内侧将球传给队员 C，队员 C 用脚内侧将球回传给队员 B，随后队员 B 用脚背内侧将球传给队员 A，队员 A 用脚内侧将球传给队员 C，依次重复（图 5.2.19）。

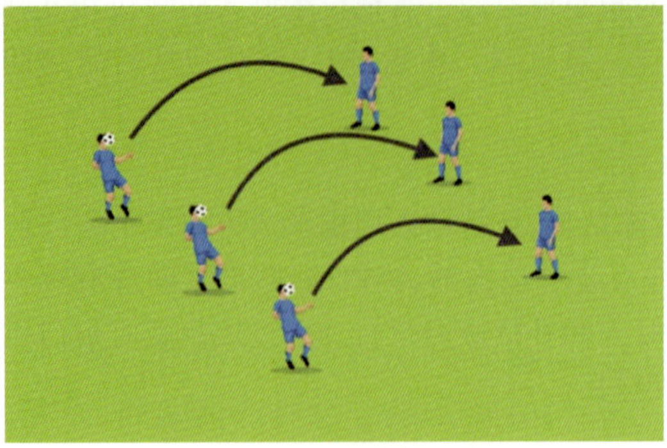

图 5.2.16　面对面抛停球

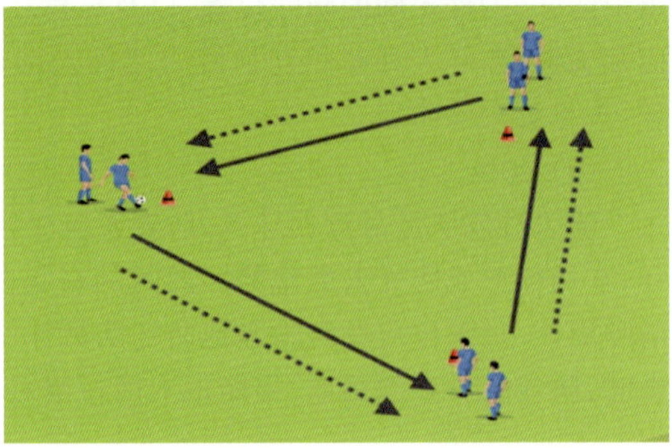

图 5.2.17　三角传球

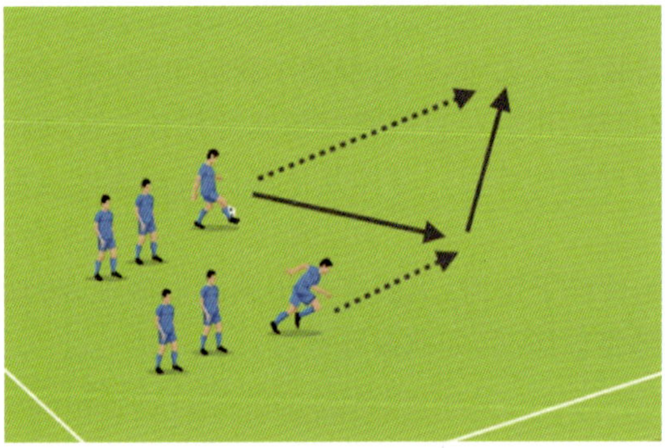

图 5.2.18　行进间传球

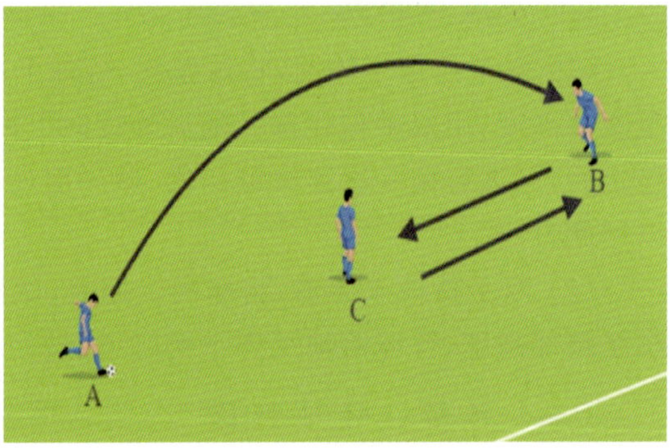

图 5.2.19　桥式传球

（8）一组队员均匀分布在中圈线上，另一组队员在中圈内自由运球，运球队员选择中圈线上任意队员进行脚内侧传球，中圈线队员通过一次触球将球回传给圈内队员，随后圈内队员继续运球寻找另一个传球对象（图 5.2.20）。2 分钟后两组队员角色互换。

（9）四人间距 5 米围成一个圈，四人相互之间用脚内侧传球、停球，在四人中间安排一名防守队员（图 5.2.21），若防守队员触碰到足球，或者足球被传到界外，则失误队员和防守队员角色互换；也可以两人抢球、四人传球或两人抢球、五人传球等形式进行。

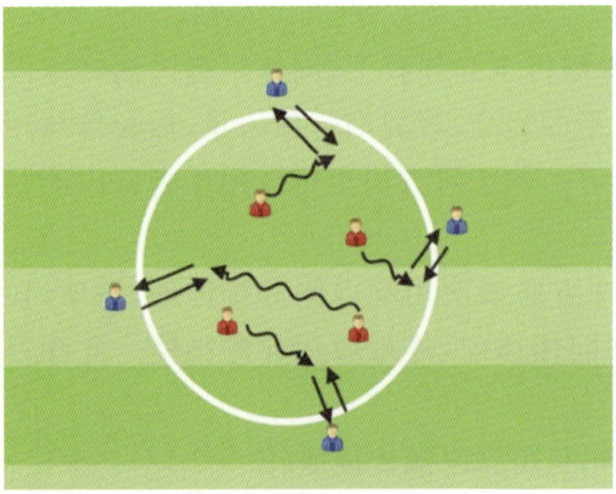

图 5.2.20　中圈小组运传球

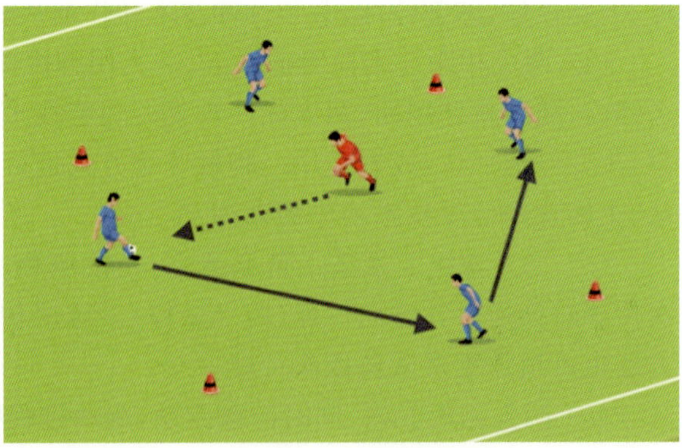

图 5.2.21　4 对 1 传抢

（三）射门训练

（1）队员持球在罚球区外，将球轻推一下，随后跟进射门（图 5.2.22）。队员依次进行射门。

（2）队员持球在罚球区外，持球依次绕过标志杆，随后跟进射门（图 5.2.23）。队员依次进行射门。

图 5.2.22　运球射门

图 5.2.23　绕杆射门

（3）在罚球区外，队员 A 将球传给队员 B，队员 B 用脚内侧将球横传，队员 A 跟进射门（图 5.2.24）。队员 A 可先进行一停一射练习，熟练后可练习直接射门。

（4）在罚球区外，队员 A 将球传给队员 B，队员 B 用脚内侧将球回传给队员 A，队员 A 持球做假动作运球突破队员 A，随后射门（图 5.2.25）。

图 5.2.24　停球射门

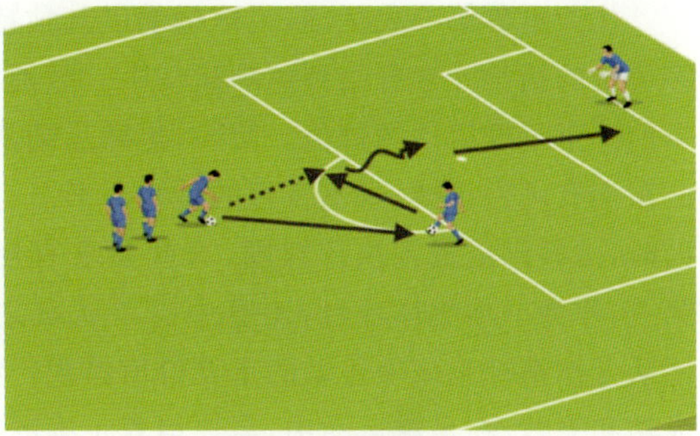

图 5.2.25　接运射门

（5）在罚球区外，队员 A 和队员 B 运用一次 2 对 1 的配合方式突破标志物，随后接球射门（图 5.2.26）。此练习可将标志物更换为防守队员。

（6）队员 A 在底线附近长传至球门线附近，队员 B 跟进射门。传中方式可选择地滚球或者空中球，射门方式根据传球方式选择推射、抽射或者头顶球（图 5.2.27）。熟练后，队员 B 可加入接球或者运球动作后传中。

图 5.2.26　2 对 1 射门

(7) 30米×40米的范围内，进行“3对3+2”名守门员攻守练习(图5.2.28)，球出边线，用脚内侧传球恢复比赛。此练习可根据熟练程度增减练习队员，采用“2对2+2”或者“4对4+2”等方式。

图5.2.27 传中射门

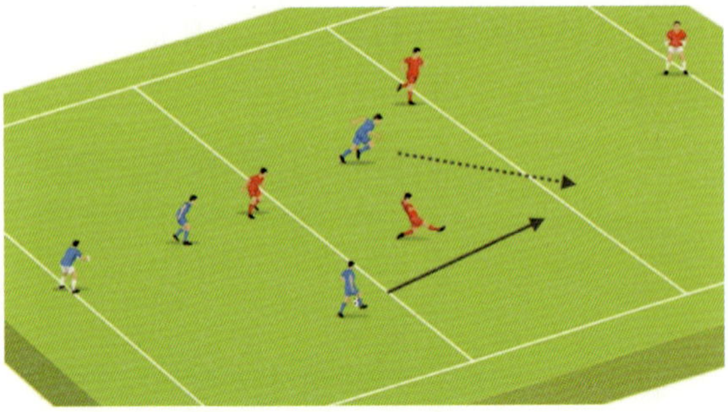
图5.2.28 “3对3+2”射门

四、足球竞赛规则

【竞赛规则】

教学相长

一、课程思政元素

作为世界第一大运动，足球运动以其独特的魅力征服着世人。在漫长的发展过程中，许多可贵的精神元素凝结到这项运动中。教师在教学中，应该深入地挖掘些思政元素，带领学生们感悟足球运动的价值。第一，足球运动身体对抗激烈，体能要求极高，在学习和比赛中，必须拥有顽强拼搏、永不言弃的精神。第二，在练习和比赛中，所有人必须遵守统一的规则；同时，由教师或裁判执行规则，这就要求有规则意识，懂得尊重裁判、尊重对手、尊重观众。第三，作为一项集体项目，比赛中需要队员之间相互合作、配合，彼此之间互相交流、鼓励。团队合作精神是该项运动的重要价值体现。第四，在长期的学习和比赛中，大家会经历很多成功和失败，在足球运动中，需要培养正确的胜负观，培养胜不骄败不馁的可贵品质。第五，在训练和比赛中，树立“终身体育”的锻炼意识，建立“使命在肩，强国有我”的爱国思想。

二、足球教学大纲

【教学大纲】

教学思考

(1) 简述现代足球运动的发展历史。

(2) 足球比赛2过1的方式有哪些？你认为在2过1配合中哪些因素最重要？

(3) 说一说你所喜欢的足球运动员和足球俱乐部，他们让你佩服和感动的地方有哪些？

第三节 排球（气排球）

教学目标

（1）价值塑造：以立德树人为根本任务，培养学生良好的竞争意识，勇敢顽强和集体主义精神等优良品质；养成在排球（气排球）运动中讲文明重礼仪的风范，具备良好人际关系；培养学生良好意志品质，学会正确处理竞争与合作的关系。

（2）能力培养：掌握排球（气排球）运动的传球、发球、垫球、扣球、拦网等基本技术，基本掌握排球运动的基本战术，能够组织小型排球（气排球）比赛，担任裁判员执裁比赛。

（3）知识传授：熟练掌握排球（气排球）运动的基础知识、健身价值和文化特征，排球（气排球）运动基本技术和基本战术；能够完成排球（气排球）比赛的组织编排及裁判工作；学会欣赏排球（气排球）比赛，提高学生排球（气排球）素养，为终身体育打下良好的基础。

教学内容

【在线习题】

一、 认识排球

排球运动是由两支人数相等的球队，在被球网隔开的两个均等场区内，在竞技规则允许的范围内，以身体任何部位（发球除外）将球从网上击入对方场区，而不使球在本方场区内落地的一种攻防对抗的体育项目。

（一）排球运动的起源与发展

1895 年，美国马萨诸塞州霍利奥克市基督教青年会的威廉·摩根（William Morgan）发明了运动量适当、富有趣味性、男女老少都能参加的排球运动。1896 年，春田专科学校举行了首次排球表演赛，这是世界上最早的排球比赛。

1900 年，排球运动由基督教会的干事传入加拿大，加拿大成为第一个在美国以外的地方开展排球运动的国家。1905 年，排球运动传入古巴。菲律宾的马尼拉是亚洲举办排球比赛最早的城市。因为采用的规则不同，亚洲排球经历了 16 人制→12 人制→6 人制的演变历程。1919 年、1921 年先后在捷克、波兰等东欧诸国开展排球运动。1947 年，国际排球联合会成立，1949 年举行了第一届男子排球世界锦标赛，1952 年举行第一届女子排球世界锦标赛，1964 年排球运动被列入第十八届东京奥运会正式比赛项目。1965 年举办了第一届男子排球世界杯赛，1973 年举办了第一届女子排球世界杯赛。

（二）中国排球运动的发展状况

1905 年，排球运动传入中国。1952 年，国际排球联合会接纳我国为临时会员国，1954 年，我国成为正式会员国。

1979 年，中国女排在中国香港举行的第二届亚洲女子排球锦标赛上 6 战全胜获得冠军，实现了冲出亚洲的愿望。同年，男子排球队也获得了亚洲冠军。1981 年，中国女子排球队在日本举行的第三届世界杯排球赛上夺得冠军，随后又夺得 1982 年在秘鲁举行的第九届世界锦标赛冠军和 1984 年在美国举行的第二十三届洛杉矶奥运会冠军，实现了“三连冠”的宏愿，而后又获得了 1985 年的第四届世界杯和 1986 年的第十届世界锦标赛的冠军，成为当时世界上唯一获得过“五连冠”的女子排球队。中国男子排球队在 20 世纪 70 年代末期创造了“前飞”“背飞”等新技术，获得 1977 年第二届世界杯和 1981 年第三届世界杯赛的第五名。

2003 年，中国女子排球队在日本举行的第九届世界杯赛上获得冠军；2004 年在希腊雅典举行的第二十八届奥运会上再次获得冠军。2015 年，中国女排再夺世界杯冠军。2016 年里约奥运会四分之一决赛中，中国队遭遇了卫冕冠军、对中国女排保持着 8 年 18 连胜纪录的东道主巴西队，再次向世人展现了“女排精神”，以 3：2 力克巴西女排，半决赛击败荷兰女排，决赛中迎战塞尔维亚，在先失一局的情况下连扳三局，时隔 12 年再次获得奥运冠军。当天电视直播单场收视份额超过 70%，无数的中国人欢呼雀跃。2019 年，中国女排再次出征日本世界杯，赢得第十座“三大赛”冠军奖杯。

二、 学会排球

【视频讲解】

（一）准备姿势与移动

1. 准备姿势

（1）半蹲准备姿势

半蹲准备姿势[图 5.3.1(a)]一般用在传球、接发球和拦网时。动作要领：两脚左右分开，略与肩同宽，脚尖内收，后脚跟微微抬起，屈膝，上体前倾；两臂放松自然置于腹前或胸前，两眼注视来球，两脚保持微动。

（2）稍蹲准备姿势

稍蹲准备姿势[图 5.3.1(b)]一般用在来球速度较慢、弧度较高的传球和扣球助跑前，身体重心较半蹲准备姿势略高，动作要领与半蹲准备姿势基本相同。

（3）低蹲准备姿势

低蹲准备姿势[图 5.3.1(c)]一般用在防守和接拦回球等，身体重心较半蹲准备姿势要低，两脚开立的距离更宽一些，两膝弯曲的程度更大一些，身体重心更靠前，两手臂置于胸腹之间。

(a)　　(b)　　(c)

图 5.3.1　准备姿势

(a)半蹲准备姿势；(b)稍蹲准备姿势；(c)低蹲准备姿势

2. 移动

（1）并步与滑步（图 5.3.2）

图 5.3.2　并步与滑步

当来球距离身体较近时可采用并步移动，即向前移动时，前脚迈起同时后脚蹬地，前脚跨出一步落地时，后脚迅速跟上成击球准备姿势。并步主要用于传球、垫球和拦网等技术；当来球在体侧稍远，并步不能接近球时，可快速连续并步成滑步。

（2）交叉步（图 5.3.3）

图 5.3.3　交叉步

当来球在体侧 2～3 米时，采用交叉步移动。即向右侧移动时，上体稍右转，右脚尖向右前方成 45°转动，左脚从右脚前向右交叉迈出一步，右脚再向右跨出一大步，同时身体转向来球方向，做好击球前的准备姿势。交叉步主要用于防守、一传、拦网等。

（3）跨步（图 5.3.4）与跨跳步

图 5.3.4　跨步

当来球较低且距身体较近时，可采用跨步移动，即向前移动时，后脚蹬地，前脚向前跨出一大步，屈膝，上体前倾，身体重心移至跨出腿上；当来球低且距身体较远时，可采用跨跳步，即后脚蹬地，带动身体向前腾空移动，前脚落地后迅速屈膝，后脚跟上，降低重心，上体前倾。

3. 练习方法

(1) 原地做模仿练习。

(2) 围着圆圈跑步,听到口令后,向前跨出一步做半蹲准备姿势。

(3) 两脚开立,听口令向前、后、左、右做一步、两步移动。

(4) 面对球网,做交叉步和滑步练习。

(5) 准备姿势与移动相结合的练习。在移动过程中,先看手势或听口令急停做准备姿势,再移动。

(二) 发球

1. 正面下手发球(图 5.3.5)

图 5.3.5 正面下手发球

(1) 准备姿势:面对球网两脚前后站立略与肩同宽,左脚在前,两膝弯曲,上体前倾,左手持球于腹前。

(2) 抛球与引臂:左手将球垂直上抛至右肩的前下方,离手大约 30 厘米。在抛球的同时,右臂伸直后摆,身体重心适当后移。

(3) 挥臂击球:当球抛出后,身体以肩为轴,右臂由后经下方向前摆动,身体重心随之前移,在右肩的前下方腹前高度用全手掌、掌跟或虎口击球的后下方,将球发出去。击球后,迅速入场。

2. 侧面下手发球(图 5.3.6)

图 5.3.6 侧面下手发球

(1) 准备姿势:左肩对网(正面下手发球时身体正对球网),两脚左右开立约与肩同宽,两膝微屈,上体稍前倾,重心落在两脚之间。

（2）抛球与引臂：左手将球平稳抛送至胸前，距身体约一臂距离，离手高 30～40 厘米，在抛球同时，右臂摆至右侧后下方。

（3）挥臂击球：右脚蹬地，身体左转，同时带动右臂向前上方摆动，在腹前用手掌跟或虎口击球的后下方，身体重心随挥臂击球而随之移向左腿。击球后，迅速入场。

3. 正面上手发球（图 5.3.7）

图 5.3.7　正面上手发球

（1）准备姿势：面对球网，两脚自然开立，左脚在前，右脚在后，左手持球于体前。

（2）抛球：用抬臂和手掌的平托上送，将球平稳地垂直抛于右肩的前上方，高度在击球点 2～3 球的位置。在抛球的同时右臂上抬，屈肘后引，肘与肩平，手掌张开，身体向右侧转动；挺胸、展腹，重心移向右脚，眼睛看球。

（3）挥臂击球：击球时，右脚蹬地，上体向左转动，同时收腹，带动手臂挥动。在右肩前上方手臂伸直的最高点，以全手掌击球的后中下部。击球时，手指张开与球吻合，手腕向前做推压动作，使球呈上旋飞行。击球后，重心前移，迅速入场。

4. 正面上手发飘球（图 5.3.8）

图 5.3.8　正面上手发飘球

（1）准备姿势：与正面上手发球相同。

（2）抛球与引臂：抛球同时右臂抬起，屈肘后引，身体右转，重心在右脚上。

（3）挥臂击球：击球时，右脚蹬地，身体左转，右臂自后向前作直线运动。击球瞬间五指并拢，手腕稍后仰，用掌根平面击中球体中下部，使球不旋转；同时，手腕、手指紧张，不加推压动作。击球后，手臂挥动有突停动作。击球后，迅速入场。

5. 勾手发飘球(图 5.3.9)

图 5.3.9 勾手发飘球

(1) 准备姿势:侧对球网,两脚自然开立,左手持球于胸前。

(2) 抛球与引臂:左手采用托送动作,将球平稳地抛在左肩右上方约一臂的高度。抛球的同时,右臂经下向后引臂。

(3) 挥臂击球:击球时,右脚蹬地,上体向左转动发力,带动手臂挥动,挥动时手臂伸直,在右肩的左上方,用掌根击球的中下部。手触球瞬间,五指并拢,手腕后仰并保持紧张。击球后,手臂挥动有突停动作。击球后,迅速入场。

6. 跳发球(图 5.3.10)

图 5.3.10 跳发球

(1) 准备姿势:面对球网,站在距离端线 3 米处,两脚自然开立,右手或双手持球于腹前。

(2) 助跑起跳:随着抛球动作,迅速向前做 2～3 步助跑起跳。

(3) 挥臂击球:挥臂击球动作类似正面扣球。

(4) 落地:击球后,尽量使双脚同时落地,两膝顺势屈膝缓冲,随后迅速入场。

7. 发球技术练习方法

(1) 抛球练习,抛球与引臂相结合的练习。

(2) 徒手模仿练习。

(3) 不隔网或对墙的发球练习。

(4) 隔网发球练习。

(5) 发球区发球过网练习。

(6) 不同线路的发球练习,站在端线后,用力要适当,对准击球。

（三）传球

1. 正面双手传球(图 5.3.11)

图 5.3.11　正面双手传球

(1) 准备姿势：采用稍蹲准备姿势，两脚尖适当内收，双手自然抬起置于脸前，眼睛注视来球。

(2) 迎球：当球接近额前上方时，双脚蹬地、伸膝、伸臂，两手向前上方迎击来球。

(3) 击球点：在额头前上方约一球处，手在触球时肘关节尚未伸直，便于继续伸展发力。

(4) 手形：当手触球时，两手自然张开呈半球形，手指与球吻合，手腕稍后仰，手指手腕保持适度的紧张。两拇指相对，呈一字形或八字形(图 5.3.12)，以拇指的指腹或内侧触及球的下部或后中下方，食指和中指的全部触及球的后上方，无名指和小指在球的两侧，帮助控制球的方向。两肘适当分开，两前臂之间有一定距离。

图 5.3.12　正面双手传球手形

(5) 用力：用力顺序是蹬地、伸膝、伸腰、伸肘、伸臂、手指手腕屈伸。手臂配合蹬地的力量，通过球压在手上使手指手腕所产生的反弹力将球传出。

2. 背后传球(图 5.3.13)

图 5.3.13　背后传球

(1) 准确姿势：稍蹲姿势，身体重心在两脚之间，上体比正面传球时稍后仰，双手自然抬起，置于脸前。

(2) 迎球与击球点：迎球时，靠抬上臂、挺胸和上体后屈的动作，击球点应保持在额上方，比正面传球偏后，以便观察和向后上方用力。

(3) 手形：触球时，手腕适当后仰，掌心向上，击球的下部。手指手腕要适当放松，以便球压在手上时可以缓冲并控制向后方传出的角度。手形与正面传球相同，拇指托球的后下部。

(4) 用力：背后传球的用力靠蹬腿、展腹、抬臂、伸肘，通过手指手腕的弹力把球向后上方传出。其中，拇指用力更多些，有利于将球向后上方传出。手腕也要始终保持后仰，不能用主动屈指、屈腕的动作传球。

3. 跳传球(图 5.3.14)

图 5.3.14　跳传球

(1) 准确姿势：稍蹲姿势，双手自然抬起，置于脸前。

(2) 击球：双臂向上摆动跳起后，顺势举在脸前，身体在空中保持好平衡。当身体上升到最高点时，靠迅速伸臂的动作，并适当加强屈指屈腕，将球传出。

(3) 用力：主要靠加大伸臂动作来给球增加力量。

4. 传球技术的练习方法

(1) 原地徒手模仿传球练习。

(2) 传固定球。一人双手持球在额前，另一人用传球动作练习推击。

(3) 近距离对墙传球。

(4) 传抛来的球。两人一组，一人抛球，一人传球。

(5) 移动传球。两人一组，一人抛球，一人前后左右移动传球。

(6) 两人对传。要求传球要有一定的弧度，随时准备移动，对准来球。

(四) 垫球

1. 正面双手垫球(图 5.3.15)

图 5.3.15　正面双手垫球

（1）准备姿势：看清来球落点后，迅速移动到位，对准来球，呈半蹲准备姿势站立。

（2）手形：两手手指重叠，掌根紧靠，两手手指重叠后合掌互握，两拇指平行，两臂自然伸直；手腕下压，两臂外翻成一个平面。

（3）击球：身体对准来球后，双臂夹紧前伸，迅速插入球下，蹬地抬臂，迎击来球。

（4）击球点与垫击部位：在腹前约一臂距离处，用前臂腕关节以上 10 厘米左右桡骨内侧平面触球。

（5）用力：来球力量较小时或垫击的球距离较远时，主要靠手臂上抬力量增加反弹力，同时两脚蹬地、跟腰，重心前移；来球力量较大或垫击的球距离较近时，靠来球的反弹力垫起；来球力量很大，手臂则顺势后撤，加上含胸收腹的协调用力，缓冲来球力量后垫击。

（6）手臂角度：根据来球的角度和球垫击的方向，调整手臂与地面的角度或左右转动手臂平面来控制垫球方向和弧度。来球弧度较平且要求垫击球的弧度也较平时，手臂角度应大些；反之，应小些。

2. 体侧垫球（图 5.3.16）

图 5.3.16　体侧垫球

（1）准备姿势：呈半蹲准备姿势站立。

（2）击球：当球向左侧飞来，右脚前脚掌内侧蹬地，左脚向左跨出一步，重心随即移至左脚上，左膝弯曲；两臂夹紧向左侧伸出，右肩稍微向下倾斜，向右转腰和收两前臂垫击球的后下部。击球时，右臂高于左臂。

3. 背垫球（图 5.3.17）

图 5.3.17　背垫球

（1）准备姿势：判断好来球飞行方向，迅速移动到球的落点上，背对出球方向，呈稍蹲准备姿势站立。

（2）击球：击球时，两臂夹紧伸直，击球点最好高于肩。击球时要抬头挺胸，展腹后仰，直臂向上方摆动，抬头看球。击球后，重心前移。

4. 垫球技术的练习方法

(1) 原地做徒手模仿垫球动作练习。

(2) 垫固定球练习。一人持球于腹前,另一人做垫球动作。

(3) 移动垫球。两人一组,一人抛球,另一人向前、后、左、右移动垫球。

(4) 自垫球练习。

(5) 对墙连续垫球。

(6) 对垫,两人一组,相隔 3～4 米,做原地对垫球练习。

(7) 三人一组,呈三角形站位,连续进行垫球练习。

(五) 扣球

1. 正面扣球(图 5.3.18)

图 5.3.18 正面扣球

(1) 准备姿势:扣球助跑前,采用稍蹲姿势。两脚左右开立,两臂自然下垂,站在距离球网 3 米左右处,观察来球,做好助跑起跳的准备。

(2) 助跑:有一步、两步、三步和多步法。

以两步助跑为例:助跑时,左脚先向前迈出一步,接着右脚迅速跨出一大步,左脚立即跟上,踏在右脚之前,两脚尖稍向内转制动,准备起跳。

(3) 起跳:在助跑跨出最后一步的同时,两臂绕体侧向后引,双脚制动后,两臂向前积极摆动,配合起跳,用力向上摆动,随后两腿从弯曲制动的最低点,猛地蹬地向上起跳。

(4) 空中击球:起跳后,挺胸展腹,上体稍向右转,右臂向后上方抬起,身体呈反弓形。挥臂时,快速转体、收腹,带动肩、肘、腕做鞭甩动作。击球时,五指微张呈勺形,并保持紧张,以全手掌包满球,掌心为击球中心,击球的后中部,同时主动用力屈腕屈指向前推压,使扣出去的球加速上旋。

(5) 击球点:在起跳的最高点和手臂伸直最高点的前上方。

(6) 落地:双脚同时落地,前脚掌先着地,迅速过渡到全脚掌,并顺势收腹、屈膝缓冲下落。

2. 单脚起跳扣球(图 5.3.19)

(1) 准备姿势与助跑:采用稍蹲姿势,用一步、两步或多步法助跑,助跑线路与网的夹角宜小不宜大。

(2) 起跳:助跑后,左脚跨出一大步,上体后倾,在右腿向前上方摆动的同时,左腿迅速起跳,两臂配合向上摆动,帮助起跳。

(3) 空中击球与落地:起跳后的扣球动作与正面扣球动作基本相同。

图 5.3.19　单脚起跳扣球

3. 扣近体快球(图 5.3.20)

(1) 准备姿势与助跑:采用稍蹲姿势。随一传的球同时助跑到网前,助跑的角度一般与网成 45°左右。

(2) 起跳:当二传队员传球时,在二传队员体前近网处迅速向上垂直起跳。

(3) 空中击球与落地:击球时,利用含胸收腹动作带动前臂和手腕迅速挥甩,以全手掌扣击球的后上部。落地时腹部微收以控制身体平衡,避免触网犯规。

图 5.3.20　扣近体快球

4. 扣球练习方法

(1) 徒手挥臂击球练习。

(2) 徒手助跑起跳扣球动作练习。

(3) 一抛一扣练习。两人一组,一人抛球于另一人体前上方,另一人挥臂扣球。

(4) 助跑扣固定球练习。一人持球高举,另一人挥臂扣固定球。

(5) 对墙扣球练习。距离墙 4 米左右,连续对墙扣反弹球练习。

(6) 上网扣抛球练习。一人网前抛球,另一人在进攻线后助跑起跳扣球。

(7) 结合传球做扣球练习。将球抛或传给二传,扣二传传出的球。

(六) 拦网

1. 单人拦网(图 5.3.21)

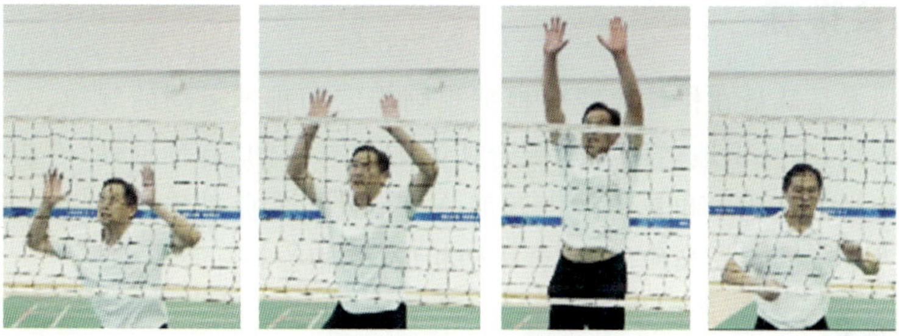

图 5.3.21　单人拦网

(1) 准备姿势:面对球网,采用半蹲准备姿势,距离球网 30～40 厘米。两脚平行开立约与肩同宽,两膝稍屈,两臂自然屈肘置于胸前,两眼注视球。

（2）移动：球员要根据来球的不同情况，及时移动到位正对来球，准备起跳。移动时可采用并步、滑步、交叉步、跨步等移动步法。

（3）起跳：原地起跳时，两腿屈膝下蹲，随即用力蹬地，使身体垂直向上跳起。

（4）空中击球：起跳时，两手从额前向球网上沿的前上方伸出，两臂伸直，两肩上提。拦网时，两臂尽力前伸，两手接近球，自然张开，屈指屈腕呈勺形。当手触球时，两手突然紧张，手腕用力下压盖住球的前上方。

（5）落地：如要将对方来球拦回，则可面对对方，屈膝缓冲，双脚落地，含胸制动、收腹，手臂先直臂后摆，再屈臂贴近身体下放，以免触网；如未拦到球，则在下落时要随球转头，与转头方向相反的一只脚先落地，随即转身面向后场，准备接应来球或做下一个动作的准备。

2. 集体拦网

（1）双人拦网

双人拦网主要由 2、3 号位或 3、4 号位队员组成。当对方 4 号位进攻时，己方 3 号位队员移动向 2 号位靠近配合拦网，组成双人拦网；如对方进攻多在 3 号位附近，则以 3 号位为主要拦网手，4 号位或 2 号位向 3 号位移动靠近配合拦网；当对方 2 号位进攻，则以己方 4 号位队员为主，3 号位队员移动协同配合拦网。

（2）三人拦网

三人拦网多用在对方进行高点强攻的情况下。在三人拦网时，应以己方 3 号位队员为主拦网手，其他两人主动配合拦网。

3. 拦网的练习方法

（1）原地徒手模仿练习。要求手形正确，手指自然张开。

（2）原地拦网练习。两人一组，一人抛球，另一人原地跳起拦网。

（3）拦网者站在凳子上，拦对方的扣球。

（4）移动起跳拦网练习。移动起跳拦击隔网固定球，移动起跳拦击定点扣球。

（5）双人原地起跳配合拦网。

（6）双人移动后起跳配合拦网。

（7）隔网扣球，己方前排双人互相配合组成集体拦网。

(8)对方前排 2、3、4 号位扣球，己方 3 人集体拦网配合。

三、 练会排球

排球基本战术是队员在排球比赛中根据规则规定和排球运动的规律、双方的具体情况和临场的发展变化，有意识地运用技术配合所采取的有目的、有预见性、有组织的行为。排球基本战术可分为个人战术和集体战术两部分。个人战术促进集体战术的实现，集体战术要利于发挥个人战术的特长和作用，两者相辅相成，互相弥补。

（一）阵容配备

阵容配备是合理地搭配全队的力量，更有效地发挥每一个队员的特长和作用，保证每一轮次都有较强的进攻能力和较好的防守能力。在排球比赛中常用的有“四二”配备、“五一”配备和“三三”配备。

1."四二"配备

"四二"配备是由两名二传队员和四名进攻队员组成的上场阵容，其中两名主攻队员和两名副攻队员[图 5.3.22(a)]。其优点是可保持每个轮次都有两名扣球队员和一名二传队员，便于组织和发挥本队的进攻力量；后排二传可以插上，便于组织三点进攻，增强进攻能力。其缺点是进攻队员需熟悉两个二传队员的传球特点，增加了战术配合的难度。

2."五一"配备

"五一"配备是由一名二传队员和五名进攻队员或四名进攻队员及一名接应二传组成的上场阵容[图 5.3.22(b)、图 5.3.22(c)]。其优点是仅适应一名二传队员传球的特点和习惯，增加了战术配合的默契度；当二传队员在后排时，前排有三个进攻队员，增强了进攻和拦网的力量。其缺点是当二传队员轮到前排时，有 3 个轮次只有两点进攻；防反时，二传队员轮到后排要插上传球，增加了配合的难度。

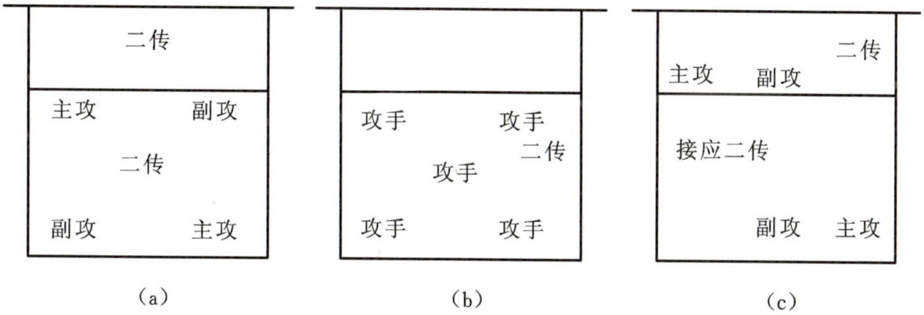

图 5.3.22　阵容配备

(a)"四二"配备；(b)"五一"配备(一个二传)；(c)"五一"配备(接应二传)

(二) 进攻战术

进攻战术是指在接对方发球、扣球、拦网球和传、垫过来的球后，全队采取的有目的、有组织的配合进攻行动，包括"中一二""边一二""后排插上"进攻战术。

1."中一二"进攻战术

比赛时，3 号队员担任二传，将球传给 4 号位或 2 号位队员进攻的战术形式(图 5.3.23)。这种进攻战术的优点是容易组织进攻，分工明确；其缺点是进攻点较少，易被对方识破进攻意图。

2."边一二"进攻战术

在比赛中，2 号位队员站在 2、3 号位之间担任二传，将球传给 3 号位或 4 号位队员进攻的战术组织；或者二传站在 4 号位将球传给 3 号位或 2 号位队员进攻，即"反边一二"进攻战术。这种进攻战术的优点是战术变化多，隐蔽性和攻击性强；缺点是战术的难度大，其战术配合也比较复杂。

3."后排插上"进攻战术

比赛中，当二传队员轮换到后排，对方发球后，二传队员可以迅速插到网前将球传给进攻队员(图 5.3.24)。这种进攻战术的优点是战术组织变化多端，可以组织全面进攻，易于摆脱对方的拦网；缺点是战术配合复杂多变，须经过长期的磨合训练才能达到更好的效果。

图 5.3.23 “中一二”进攻战术

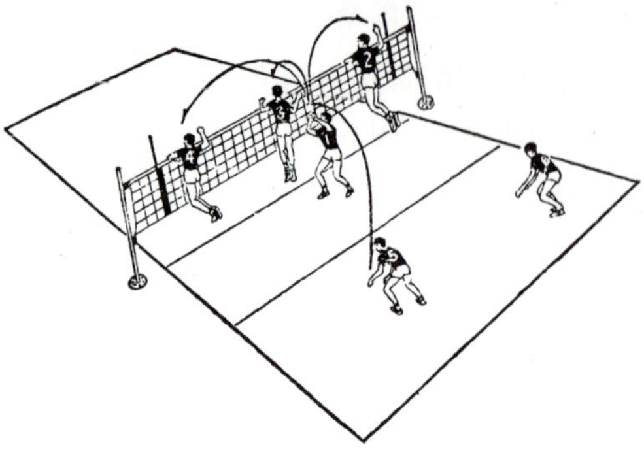

图 5.3.24 “后排插上”进攻战术

（三）防守战术

1. 五人接发球站位阵形

五人接发球站位阵形是指除一名二传队员站在网前或从后排插上准备二传不接发球外，其余五名队员都担负一传任务的接发球站位阵形，包括 W 形接发球站位阵形和 M 形接发球站位阵形。

（1）W 形接发球站位阵形

W 形接发球站位也称“一三二”形站位。二传在网前或从后排准备插上组织进攻，中间三名队员接中前场区球，后排两名队员接后场区球，呈 W 形站位。这种阵形的优点是队员分布均衡，每位队员接发球的范围相对减少，便于组织进攻；缺点是队员之间交界点增多，会出现互抢或互让现象。

（2）M 形接发球站位阵形

M 形接发球站位也称“一二一二”形站位。前面两名队员接前场球，一名队员防守中场球，后面两名队员接后场球，呈 M 形站位。这种阵形的优点是队员分布均衡，利于接来球分散、弧度高、速度慢的轻球、下沉飘球、高吊球等；缺点是不利于接勾手大力发球、平冲飘球等落在场地两腰或后场区的球。

2. 双人拦网的防守阵形

当对方水平较高、进攻力量较强、进攻路线变化较多时，多采用这种防守阵形，即两人拦网，四人接球。这种防守阵形通常分为“边跟进”和“心跟进”两种。

（1）“边跟进”防守阵形

前排两名队员组成双人拦网，后排 1 号位或 5 号位跟进到进攻线附近保护，随时准备接对方处理过来的球。一般用在对方攻势比较强大，而吊球比较少的情形下。这种阵形的优点是加强了拦网；缺点是边上的队员既要防直线，又要跟进防前区，比较困难。

（2）“心跟进”防守阵形

在比赛中，前排两名队员组成双人拦网，由 6 号位队员跟进保护，随时准备接对方吊过来或扣过来落在拦网队员附近的球。这种阵形的优点是便于防吊球和接应拦网的反弹球，有利于接应和组织反击；缺点是后排防守力量减弱，后场两侧空隙较大。这种防守阵形适合在对方打吊结合的情况下使用。

四、气排球运动

【在线习题】

（一）认识气排球

气排球运动是一项由各五人（或四人）组成的两支队伍，在被球网隔开的长 12 米、宽6 米的场地上，比赛双方队员充分利用竞赛规则，以身体的任何部位（发球除外）、运用各种合理的击球技术，将球从己方区域过网击入对方场区，而不使球在己方场区内落地的运动项目。

1984 年，呼和浩特铁路局离退休人员自创用气球进行隔网对打游戏，随后游戏参与者参照 6 人室内排球制定了简单、无文字资料的比赛规则，并将其取名为“气排球”。1991 年，由火车头老年体育协会编写出第一本文字性资料——《气排球竞赛规则》，同时在上海特制了比赛专用的气排球。1993 年 3 月，火车头老年人气排球协会在北京正式成立，同年 7 月，全铁路系统第二届老年人气排球赛分别在齐齐哈尔和锦州举行，1994 年 10—11 月第三届气排球比赛分别在济南和蚌埠举行，一年一届的老年气排球赛在铁路系统中形成。

2005 年，中国老年人体育协会制定了《老年气排球竞赛规则》。2013 年，中国排球协会、排球管理中心组织编写了我国第一部《气排球竞赛规则》。2015 年，在福建福州市举办了首届全国气排球联赛。2017 年 8 月，在天津举办的第十三届全国运动会正式将气排球项目纳入群众比赛项目，浙江队和福建队分别获得男子组和女子组冠军。另外，在 2016 年，中国大学生体育协会推出中国大学生气排球联赛，2024 年推出中国中学生气排球锦标赛。国家体育总局排球运动管理中心、排球协会于 2018 年推出第一届中国气排球公开赛，在小学阶段也推出了中国小学生气排球联赛。

（二）学会气排球

气排球技术中的准备姿势、移动、发球、垫球、传球、扣球、拦网技术与排球运动基本相似，本节不再赘述。

【视频讲解】

1. 双手托捧

当来球较高，在胸部以上时用双手托捧（图 5.3.25）动作，将球捧到合适的位置。

图 5.3.25 双手托捧

动作方法：面对来球，两脚自然开立与肩同宽。当来球靠近身体时，蹬地、伸膝、手指张开向前迎球。击球时，一手五指分开、手心向上触球的下部，另一手五指分开、手心向前触球的后中下部，两手形成一个弧形吻合球。两前臂同时向出球方向送出，利用手腕手指触球形成的弹力将球捧出。

2. 插托球

当来球在腹部以上、胸部以下高度时，采用插托球（图 5.3.26）动作将球捧到合适的位置。

图 5.3.26　插托球

动作方法：面对来球，两脚自然开立与肩同宽。当来球靠近身体时，蹬地、伸膝、手指张开向前迎球。击球时，一手五指分开触球的下部，另一手指尖向左、手心向前、屈肘抬臂触球的后中下部，两手形成一个弧形吻合球。两前臂同时向出球方向前伸，利用手腕手指触球形成的弹力将球托出。

3. 双手平捧

当来球在腹部上下高度、速度较快时，采用双手平捧（图 5.3.27）的动作将球捧到合适位置。

图 5.3.27　双手平捧

动作方法：两脚左右站立，成半蹲姿势。两肘弯曲，上臂与前臂夹角大于 90°，两手形成一个平面，十指朝前，位于腹前。击球时，前臂前伸，掌心向上，五指分开，手指适当保持紧张，两手插入球的底部，捧住来球，前臂上抬，自下而上用全手掌击球的后下部，利用手腕手指触球形成的弹力将球捧起。

4. 双手捞球

当来球较低、距离身体稍远时，采用双手捞球（图 5.3.28）动作，将球送到合适的位置。

动作方法：两脚左右站立约与肩宽，呈半蹲或稍蹲姿势。两肘弯曲，两手掌形成一个平面，十指朝前置于腹前。击球时，左脚向前跨出一大步，降低身体重心。两手迅速前伸插入球下，用手掌击球的下部，两前臂同时上抬，将球捞起。

图 5.3.28　双手捞球

5. 双手托捧

当来球速度较快、在体前落点较低时，可采用双手托捧的动作将球送到合适的位置。

动作方法：两脚开立呈半蹲姿势。击球前，两手臂往前伸，掌心相对，五指适当分开，两手呈夹球形。击球时，两手快速夹触球（掌心不触及球），利用前臂和手腕的合力将球向上捧起。击球点一般在膝关节以下或膝关节以上、腰腹以下。

6. 气排球技术的练习方法

（1）无球练习

徒手练习，主要体会捧球时脚的蹬地、伸膝、跟腰、抬臂等用力，建立捧球初步概念。

（2）固定球练习

体会身体的用力、手形手法和击球点。例如，两人一组，一人持球，另一人做捧球动作；接住对方抛过来的球，观察手形和击球点等。

（3）自抛球练习

主要练习两手之间的位置关系，体会手形和手法。例如，连续起球练习；自抛球后起球给同伴；接同伴抛球后自捧一次，再起球给同伴；等等。

（4）完整练习

主要体会起球的完整动作。两人一组，一抛一捧练习，逐步增大起球难度，抛向身体的左右两侧或前方；两人连续起球练习；一人轻扣球，另一人根据来球高度不同，分别采用不同的起球技术进行练习。

（三）练会气排球

1. 阵容配备（五人制气排球）

（1）“四一”配备

“四一”配备（图 5.3.29）是指场上队员由四个攻手和一个二传手组成的阵容配备方法。一般将二传手置于最强主攻手和最强副攻手中间位置。优点：队员分工明确，进攻点多，队员之间配合默契度高，利于队伍战术的执行。缺点：二传手少，且当二传手轮转到后排时需要采取插上战术，对组织有效进攻会有不利影响，要求全队攻防转换要快。

（2）“三二”配备

“三二”配备（图 5.3.30）是指场上队员由三个攻手和两个二传手组成的阵容配备方法，或者两个二传手中有一个主二传手、一个接应二传手。优点：两名二传手能够保证传球的到位率和稳定性，保证多个进攻点，提高了组织进攻的效率，实战中应用较多。缺点：会出现两名二传手同时轮换到前场的情况，前排拦网时会出现很大劣势。

图 5.3.29 “四一”配备

图 5.3.30 “三二”配备

2. 阵容配备(四人制气排球)

(1) “三一”配备

“三一”配备(图 5.3.31)是指由三名进攻队员和一名二传队员组成的配备方法。前排队员在网前担任二传队员,其余三名队员为进攻队员。虽然场上人数减少方便了队员之间的跑位,但对攻防转换所需的时间、专区防守要求更高。

(2) “二二”配备

“二二”配备(图 5.3.32)是指场上由两名进攻队员和两名二传队员组成的配备方法。各个轮次二传队员和进攻队员配置均衡,但要求二传队员要有一定的进攻和拦网能力,以便打出多点进攻的战术。

图 5.3.31 “三一”配备

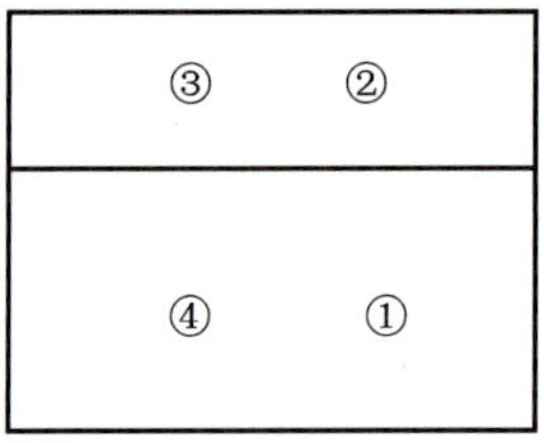

图 5.3.32 “二二”配备

3. 位置轮转

比赛时,站在底线右侧的是①号位队员,按照逆时针方向站位,分别为②、③、④、⑤号位(图 5.3.33)。气排球比赛中,一队得分后,位置进行轮转,轮转时按照顺时针方向进行,如②号位队员发球,再得分时,由该队员后面的队员进行发球,以此类推(图 5.3.34)。

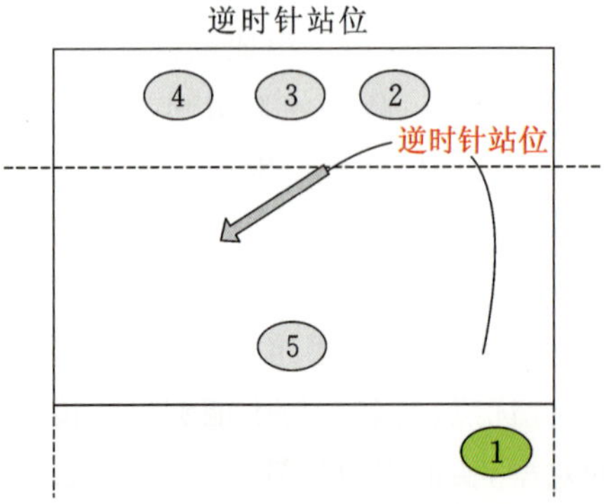

图 5.3.33 站位

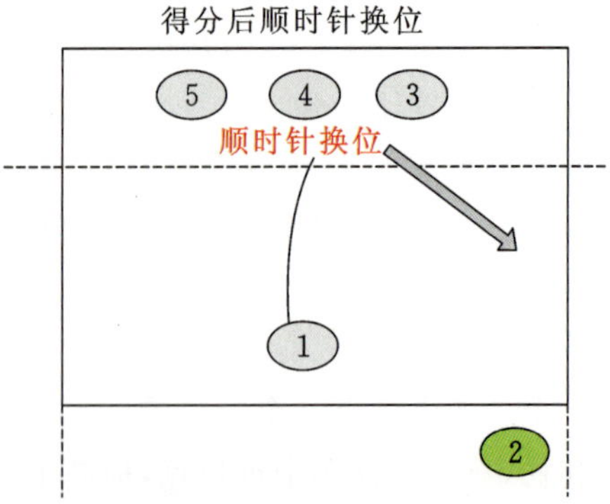

图 5.3.34 位置轮转

4. 交换位置

（1）交换位置的概念

交换位置是在规则允许的条件下，最大限度地发挥每个队员的特长，弥补阵容配备上某些队员身体条件、体能、技术发展不平衡所带来的缺陷，便于进攻和防守战术的组织，发挥攻、防战术的优势。

（2）交换位置的方法

① 为了便于组织进攻战术，把二传队员换到前排中或前排其他位置。

② 为了保证和加强进攻力量，把进攻力量强的队员换到便于扣球的位置。例如，把右手扣球队员换至前排左的位置，把左手扣球队员换到前排右的位置，把扣快球的队员换到中间位置。

③ 为了加强拦网，控制对方的重点进攻，把身材高大或弹跳力好、拦网能力强的队员换到前排中的位置或与对方主攻队员相对应的位置。

④ 为了加强防守，后排队员各自换到自己熟悉的防守区进行专位防守，把防守能力强的队员换到防守任务较重的区域。

⑤ 二传队员轮转到后排时，比赛中常用后排“插上”战术，将二传队员交换到前排组织进攻。

（3）交换位置的注意事项

① 换位前的站位，既要注意“位置错误”犯规，又要考虑缩短换位距离。

② 当发球队员击球后开始换位，要迅速地换到预定位置，立即准备下一个动作。

③ 当接发球时，要接完对方来球后再换位，避免造成接发球混乱。

④ 换位时，队员之间要注意配合行动，防止互相干扰，做到互相弥补。

5. 气排球进攻阵形

（1）五人制进攻战术

①“中二二”进攻战术（图 5.3.35）：3 号位队员站在网前中间位置，随时准备把接发球或防守垫来的球传至 2、4 号位和 5、1 号位。优点是场上二传队员比较明确，攻手多，进攻点多，二传在场上移动距离及传球距离短，利于组织进攻；缺点是战术变化少，进攻意图易被对方识破。

②“边二二”进攻战术（图 5.3.36）：2 号位队员站在网前右侧位置，随时准备把接发球或防守垫来的球传给 3、4 号位前排队员或 1、5 号位后排队员。优点是二传队员传球与进攻配合空间比较大，进攻点多，便于组织不同的进攻战术打法；缺点是二传在场上移动距离及传球距离比较长，对二传队员的传球能力要求相对较高。

③“后排插上”进攻战术（图 5.3.37）：当 2 号位队员站在后排 1 号位（或 5 号位）时，可插上形成“中一二” 进攻阵形或“边一二”进攻阵形，随时准备把接发球或防守垫来的球传给其他队员进攻。优点是战术灵活多变，进攻效率高，这种进攻战术多被高水平的球队所采用。

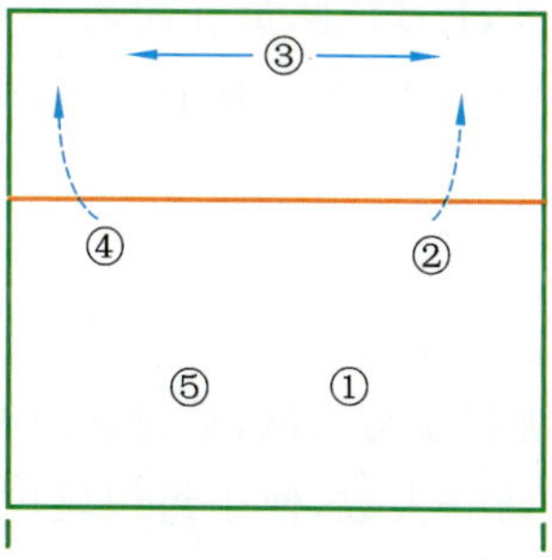

图 5.3.35　“中二二”战术

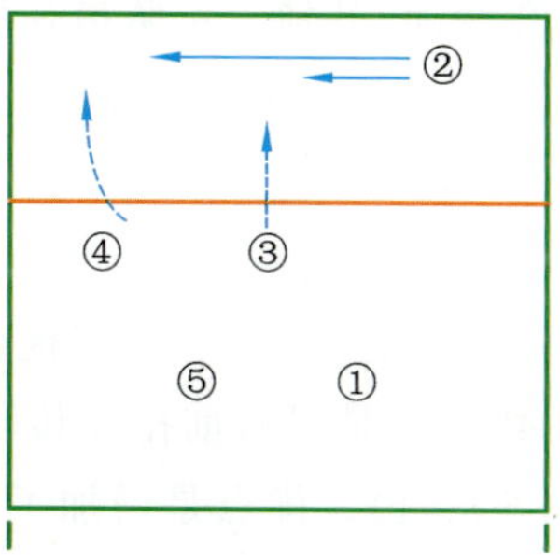

图 5.3.36　“边一二”战术

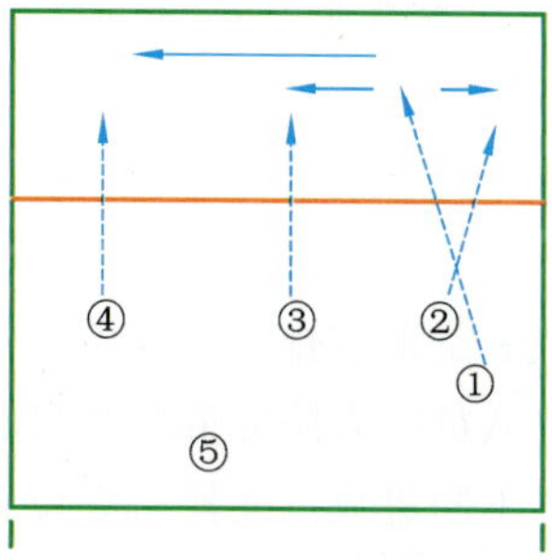

图 5.3.37　“后排插上”战术

（2）四人制进攻战术

①“中三”进攻战术（图 5.3.38）：由前排 3 号位队员站在前场区中间担任二传，其他三人将球传（托或垫）给二传队员，再进行进攻。当二传队员轮转到 2 号位时可采用换位方法跑到前场区中间。“中三”进攻战术配合简单，便于组织进攻，但突然性、隐蔽性不强，易被对方识破。

②“边三”进攻战术（图 5.3.39）：由前排 2 号位队员担任二传，其他三人将球传（捧或垫）给二传队员，再由二传队员将球传给场上队员进攻。当二传队员在 3 号位时，可采用换位方法跑到 2 号位。优点是二传站在 2 号位偏中位置，一传目标清晰；同时有二到三名进攻队员位置相近，可以互相掩护、互相配合，充分利用前场区的空间，组织更多的快速、有效的进攻战术。

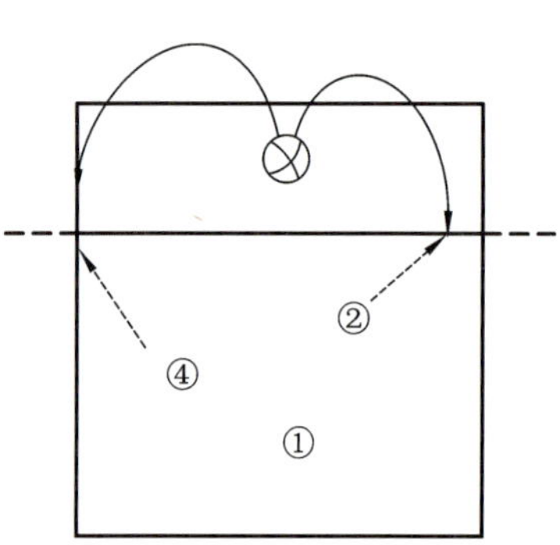

图 5.3.38 “中三”进攻战术

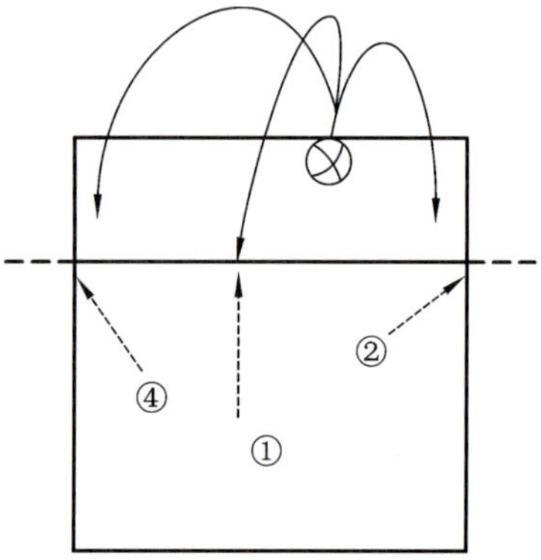

图 5.3.39 “边三”进攻战术

6. 气排球接发球防守战术

（1）五人制接发球防守技术

① “中一二二”站位防守技术：四名队员分布均衡，前面两名队员接前场区的球，后排两名队员接后场区的球，职责分明。

② “边一二二”站位防守技术：对接落点分散、弧度高、速度慢及靠近边线或角上的球较为有利。缺点是不利于接对方发到场地后区的球。

（2）四人制接发球防守技术

① “浅弧形”防守技术：3 号位在网前，其他三位队员在后场区，1 号位队员比较靠近 2、4 号队员，三人成浅弧形站位。如对方发球落点靠后、速度平快，则可站成浅弧形。

②“深弧形”防守技术：3 号位在网前，其他三位队员在后场区，1 号位队员在距离 2、4 号队员较远的位置，基本靠近端线附件，三人成深弧形站位。如对方发球落点有前有后，则可站成深弧形。

（3）单人拦网下的防守技术

一是由前排与扣球队员位置相对应的队员拦网，其他前排队员后撤与后排两名进行防守的队员盯人防守的阵形（图 5.3.40）；二是只有前排二传队员跳起参与拦网，后排队员根据对方不同进攻点变换防守位置（图 5.3.41）。优点是增加了后排防守人数，便于组织反攻；缺点是当对方攻击力较强时，单人拦网力量薄弱。

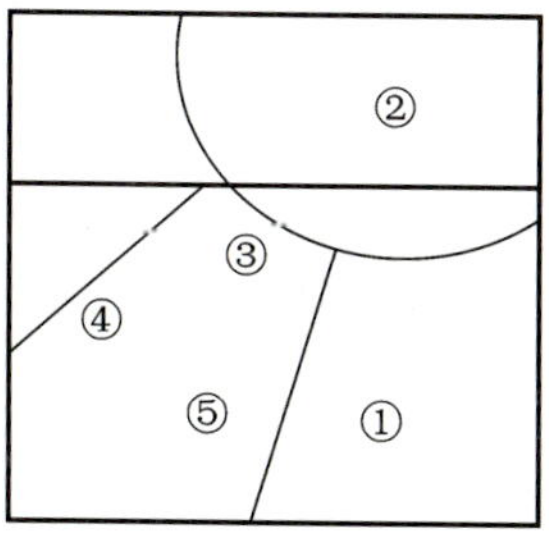

图 5.3.40　五人制单人拦网下的防守技术

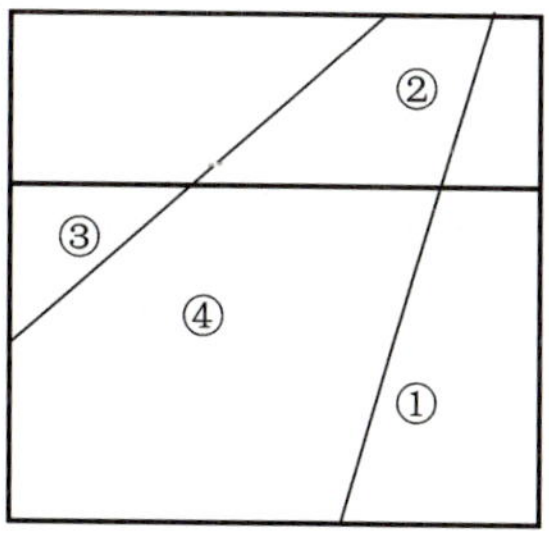

图 5.3.41　四人制单人拦网下的防守技术

(4) 双人拦网下的防守技术

当对方进攻威力较大、进攻路线变化较多、单人拦网不足以阻拦对方进攻时，多采用双人拦网防守技术，分为五人制防守阵形(图 5.3.42)和四人制防守阵形(图 5.3.43)。优点是增强了拦网防守能力；缺点是增加了后排防守压力，组织反攻受到一定的限制。

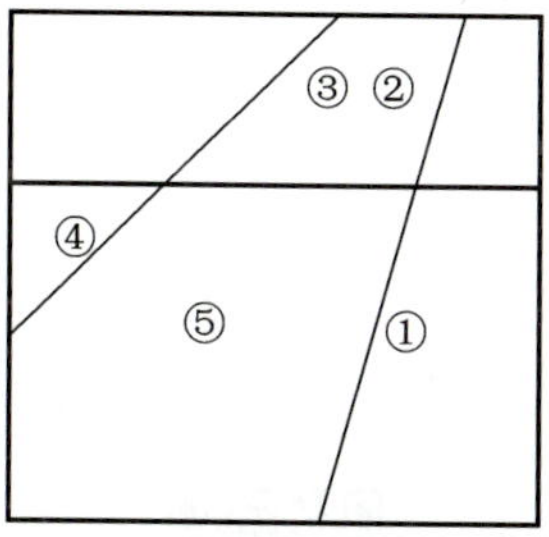

图 5.3.42　五人制双人拦网下的防守技术

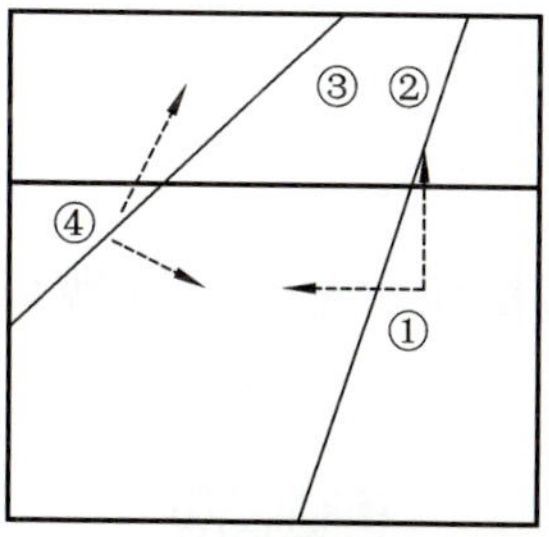

图 5.3.43　四人制双人拦网下的防守技术

五、 排球(气排球)竞赛规则

【排球竞赛规则】

【气排球竞赛规则】

教学相长

一、 课程思政元素

排球(气排球)比赛中融入女排精神教育，培养学生的爱国主义和集体主义精神，树立家国情怀、强国强种，弘扬爱国奋斗精神；培养团结协作、团队精神、自强不息精神，树立为国家复兴而努力学习的意识，练就高超本领。

排球(气排球)的传球、垫球、扣球等各项基本技术及派生技术教学中融入思政元素，激发工作效率，丰富学生对运动的想象力，促进脑功能优化，增强记忆力，刺激生长发育，培养创新能力。

排球(气排球)技术教学中贯穿动作美、技术美、战术美、形体美、气质美、节奏感等美的教育,提升审美意识,如勾手大力发球,既体现了动作的优美,又体现了发球节奏、飞行路线的美,正确的发球给人成就感的美好体验。排球(气排球)比赛欣赏又培养了学生欣赏美的能力,促进学生审美情趣和精神享受。

排球(气排球)技术的学成不会一蹴而就,而是经过长期练习才能更好地掌握和运用。这就需要学生持之以恒地练习,培养学生热爱劳动、吃苦耐劳、不怕艰辛、打持久战的吃苦精神。排球(气排球)技术练习能够提高学生运动技能,提升肌肉工作耐力,促进骨骼生长,促进心血管功能,改善血液循环系统机能,改善消化系统机能,强身健体,是医疗体育、体育康复的辅助手段之一。

排球(气排球)比赛融入思政教育,提高比赛获胜信心,有坚持下去的勇气和毅力,培养恒心毅力、坚持不懈的气概和敢于斗争、敢于取胜、精益求精、永不言败的拼搏精神,培养学生乐观向上的精神面貌。排球比赛中的裁判执法,体现公正公平,比赛队员要在规则允许的范围内进行合理的发挥,养成遵纪守法、谦和礼让、团结友善、诚信自律的品质,培养学生遵守规则、尊重他人、尊重裁判判决的规矩意识和大局意识。

二、 排球(气排球)教学大纲

【排球教学大纲】

【气排球教学大纲】

教学思考

(1) 简述排球运动的起源与发展。
(2) 简述正面传球的动作要领。
(3) 简述正面扣球的动作要领。
(4) 简述两种进攻战术的形式。
(5) 简述中国女排精神带来的启示。
(6) 简述气排球运动的发展史。
(7) 简述气排球运动的特点。
(8) 简述气排球运动的锻炼价值。

第四节 水　　球

教学目标

(1) 价值塑造:通过练习与教学比赛,培养学生不畏困难、勇于挑战的意志品质,培养学生的团结合作意识和竞争意识,学会尊重对手、尊重裁判,加强学生的团队意识和竞争意识,提高学生的体育素养。

(2) 能力培养:通过练习与教学比赛,培养学生组织能力和沟通能力,促进学生肌肉力量、有氧能力的发展,提高学生的身体素质及运动能力,发展力量、耐力、协调性等专项素质,让其初步掌握水球基本战术配合。

(3) 知识传授:了解水球运动的基本理论知识及竞赛规则,初步掌握水球技术动作要领,学习基础的战术配合,提高学生参与体育运动的积极性。

教学内容

【在线习题】

一、认识水球

(一) 水球的起源与发展

水球运动发源于 19 世纪中叶的英格兰,诞生之初仅是源于人们在游泳时常在水中通过抛球、掷球的方式打闹嬉戏;随着游泳运动的开展,人们逐渐感觉到项目太少,比赛单调枯燥,于是就产生了开展一项更新、更有趣的水上运动项目的愿望。一些地方的孩子们把足球踢到水里,在水中将球掷来掷去,起先仅作为一种游戏,后来逐渐形成两队之间的竞赛,其竞赛规则类似足球,以射入对方球门次数多的一方为胜。

水球发展是以英国为主要阵地的,与此同时,水球运动也在欧洲大陆和美国迅速发展起来。此时的竞赛规则还尚未统一,欧洲大陆和美国根据本土活动方式特点设立的水球规则存在着一定的区别,分别为欧式水球运动和美式水球运动两个类别。1877 年,英格兰伯顿俱乐部聘请威尔森制定了世界上第一部水球竞赛规则。1885 年,英国游泳协会将水球列为单独比赛项目。

在 20 世纪初,第五届奥运会上,水球首次成为正式体育竞技项目。水球也伴随着奥运会的推广和宣传得到进一步广泛传播,并于 20 世纪 70 年代首次独立举办了世界范围内的水球锦标赛,这不仅标志着水球这项运动在各个体育运动中的地位越来越高,同时标志着水球这项运动拥有独立的赛事。在 20 世纪 80 年代,国际业余游泳联合会组织举办首届以女子运动为核心的水球世界杯比赛,这对推动女性在水球这项运动中地位的提升有着重要意义和作用。伴随着国际业余游泳联合会积极举办女子赛事和人们对这项运动的喜爱程度越来越高,在 20 世纪 80 年代中期,女子水球运动首次成为世界水球锦标赛的正式竞赛项目。

男子水球于1900年巴黎奥运会上被列为正式比赛项目，女子水球在2000年悉尼奥运会上被列为正式比赛项目。现代水球比赛节奏快、对抗性强、观赏性高、战术运用灵活多变，结合游泳、手球、篮球等项目特点，要求运动员有较强的力量、速度、耐力和灵活性。随着运动队训练水平的提升及项目规则不断完善，水球运动整体水平逐渐提高。

（二）我国水球运动的发展

20世纪初，水球由中国香港地区传入内地，1974年中国男子水球队成立，1978—1990年，中国男子水球队四次蝉联亚运会冠军。2004年中国女子水球队成立，她们于2008年、2012年获得两届奥运会第五名，2013年获得世界水球联赛冠军，多次蝉联亚运会冠军。从成立初期运动员不过百人到坐上“亚洲霸主”的位置，中国女子水球队实现了跨越式的发展，逐步向世界强队靠拢。

2017年，国家体育总局开始在高校推广水球运动。2017年底，首届全国大学生水球锦标赛在昆山举行，共有11支队伍参加。2018年5月，第二届全国大学生水球锦标赛在昆明举行，在参赛队伍、比赛分组等方面有极大突破，来自成都、上海、昆明、武汉等地的15所高校参加，参赛队伍由11支增加为17支，比赛分组由单一高水平组扩展为阳光组、高水平组、专业组三个组别。加入阳光组标志着普通高校学生也有机会代表学校参加全国赛事，为水球运动在普通高校的发展做好了铺垫。2019年5月，第三届全国大学生水球比赛在上海同济大学嘉定校区举行，共有全国各高校的200余名运动员参赛，中央广播电视总台体育频道对赛事进行了录播报道。2021年5月，中国大学生水球锦标赛暨第三十一届世界大学生夏季运动会男子水球项目选拔赛在唐山九江体育中心游泳馆开幕，来自清华大学、中南大学、北京体育大学等13所高校的15支代表队、230余人参赛。

水球运动由于规则简单、趣味性强，自推广以来，在北京、天津、广东、上海、杭州等地先后组建了水球俱乐部。近年来，水球赛事从专业性较强的全国水球锦标赛、全国水球冠军赛，发展至以群众为主的全国大学生水球锦标赛、全国U系列青少年水球冠军赛等；上海、杭州、广州、广西等地区先后成立水球协会；包括清华大学、同济大学、中南大学在内的20余所高校已经建立水球代表队，并多次参加全国性比赛。这都将进一步提高水球项目的普及程度，并朝着规范化、机制化的方向发展，也因此，水球运动具备了从专业向普通群体推广的可能。

二、学会水球

【视频讲解】

（一）进攻

水球是以命中得分多少来评定比赛胜负的同场对抗性项目。在水球运动中，进攻体系可分为阵地进攻、六打五进攻、快速进攻。

阵地进攻指进攻方根据特定的战术指导思想，在布置好阵形的情况下的进攻方法，在现代高水平水球竞赛中，阵地进攻是普遍的战术应用类型之一。阵地进攻战术主要包含三种射门方式，即游动进攻射门、中锋射门、六米球射门。

六打五进攻是指在水球比赛中，对方防守队员被判罚严重犯规，形成进攻方以多打少的进攻模式。当队员因严重犯规而被判罚20秒出场时，场上会形成六个进攻球员、五个防守球员的特殊局面，并造成了短暂的六打五进攻状态。六打五进攻是水球竞赛的制胜要素，也是重要的得分手段之一。能否有效制造防守队员出场获得六打五的机会或能否抓住六打五的机会得分是衡量一支队伍综合实力的关键指标之一。

“快攻”即为快速进攻、快速反击，是由守转攻时快速准确地将球推进至对方门前，通过人数及位置上的优势发起进攻的一种战术。水球比赛一次进攻时间为30秒，由后场推进至前场的速度对一次进攻时间产生直接影响。利用快速的攻防转换进行反击，不但可以帮助队伍创造以多打少的机会，打乱防守节奏，也能在快攻战术没有成功的基础上争取更多的阵地进攻时间，因此，快攻战术是水球比赛中优先选择的进攻战术。

（二）防守

阻止对手得分，影响对手组织进攻是防守的主要目的。防守队员不断利用个人或集体战术有效控制时间，制约进攻队员在进攻时间内的战术配合。随着竞赛规则的不断完善，世界强队整体实力不断提高，防守的一些基本观念都有所变化。防守战术由原来的原始防守，逐渐演变成积极防守、有攻击性的防守，鼓励防守技术更积极更主动。与从前的防守战术相比，现在的防守战术侵略性更强、整体性更加突出。

根据场上持球情况，可将防守队员分为无球队员和有球队员。防守无球队员主要是通过抢占同侧位或站位，在其接球路线上给进攻队员施加传球压力，打乱对方的进攻节奏，伺机寻求抢断机会。因此，对于防守无球队员而言，通过观察场上进攻队员及球点的位置，合理选择正确的站位是至关重要的；对有球队员的防守，以干扰其传球、射门为主，通过扑抢、封挡、紧逼等方式对有球队员制造威胁。

（三）基本技术

1. 踩水

（1）原地踩水

原地踩水（图5.4.1）时，身体直立于水中稍前倾，头部露出水面。屈膝屈髋，小腿和脚外翻，膝关节向里扣压，用脚掌和小腿内侧向侧下方蹬夹水。当腿尚未蹬直时向后上方收小腿，同时另一腿开始做蹬夹水的动作，两腿交替进行。两臂微曲，手与小臂在胸前做向外、向内的划水动作，向外划水时掌心稍向外，向里拨水时掌心稍向内，手臂动作不宜过大。

（2）移动踩水

移动踩水时，身体姿势与原地踩水姿势相同，头部始终露出水面，保持身体平衡，两臂在胸前自然做划水动作。踩水动作向前移动时，身体略前倾，两臂向后拨水，腿稍向后侧蹬水，如图5.4.2所示。向后移动时动作相反，如图5.4.3所示。

图5.4.1 原地踩水

图5.4.2 向前踩水

图5.4.3 向后踩水

2. 起跳

在水球运动过程中，双脚始终无法触壁，因此，水球运动过程中的起跳动作是由双腿向下用力蹬夹水来完成的。运动员在起跳前通常保持踩水姿态。起跳时，双腿同时向下蹬夹蛙泳腿，同时双手向垂直方向下按压，利用惯性完成水中起跳动作，如图 5.4.4 所示。

3. 持球

持球技术是传球、射门等动作的基础。持球时，五指张开，手腕后屈，手掌托于球下侧。手臂自然向上伸展，腕高于肘，肘高于肩，举球过头，肩膀带动手臂略向身后伸展，如图 5.4.5 所示。在水球比赛中，进攻队员在门前 10 米区域内常以持球前压进的方式组织进攻，给对方造成威胁。

图 5.4.4　起跳

图 5.4.5　持球

图 5.4.6　抬头爬泳

4. 抬头爬泳

头部露出水面，身体位置略高于爬泳姿势。头部保持稳定，目视前方，双腿用力向下打水以保持较高的身体位置。手的入水点比爬泳近，入水后肘不下沉，手臂入水后尽快进入划水和推水阶段，划水路线比爬泳短，如图 5.4.6 所示。

5. 运球

在水球竞赛规则中，对运球方式没有过多的规定，但考虑到游动速度及实用性，抬头爬泳运球是水球运动中最常用的运球方式。抬头爬泳手臂动作划水路线短，身体位置略高于爬泳，运球过程中始终保持球在胸前位置。

6. 传球

（1）肩上传球

肩上传球是在持球基础上完成的传球动作，通过躯干带动上肢，转腰发力，利用腰腹部、大臂、小臂、手腕协同发力，完成力的传导。球出手时，拇指下压，手腕前屈，手指拨球将球传出。传球距离的远近决定了发力部位的参与程度：近距离传球时，利用手臂的力量即可；远距离传球时，躯干、腰腹部发力更多。

（2）体侧抛球

身体保持直立，手臂侧平举，手掌托球，五指张开，肩膀带动手臂手腕向头上发力，利用手指拨球将球传出。

（3）胸前推球

胸前推球是指在游进过程中或身体未成直立状态下，利用大臂、小臂前推发力来完成传球动作。传球时，球员身体趴平，屈肘的同时大臂向身体靠拢，持球于胸前，随后伸臂抖腕，向前将球推出。

7. 射门

(1) 肩上射门

肩上射门是水球运动中最常见的射门方式，是在持球的基础上完成的，与传球动作相似。以右手持球为例，右肩略高，左肩稍侧向射门方向，通过转腰，鞭状发力将球射出。

(2) 反手射门

运动员背对进攻球门时，通常会采用反手射门的方式。手臂和肩膀露出水面，手臂内旋，五指张开托球前侧，先屈肘，再利用手臂、手腕和手指向身后发力，将球射出。

（四）基本打法

1. 进攻战术

(1) 游动切入战术

游动切入战术是指运动员在进攻阶段通过切入、摆体及队友间交叉掩护等方式，破坏防守队员的防守体系，利用游动及卡位制造空间上的优势，以寻找射门得分的机会。游动切入的配合程度及切入过程中的射门得分情况，能够体现整个队伍的协调配合能力。

(2) 中锋战术

中锋战术主要围绕中锋队员开展，根据中锋队员抢位情况，外线队员进行传球调动防守，寻找合适机会将球传给中锋。随着现代水球进攻体系的发展，中锋战术的重心从以往的“强打中锋”，向利用中锋牵制防守、制造对方出场的趋势发展。在高水平的水球比赛中，每支球队通常会有 2～3 名中锋队员。比赛时，中锋队员位于球门前 2 米左右的位置，常采用背对球门的姿势进行抢位。除了常见的 2 号位打中锋战术外，还会出现双中锋战术。中锋队员除了可以直接射门得分，还可以利用自身技术致使对方防守队员严重犯规，给队伍创造六打五的机会。

(3) 反击战术

反击战术是指在防守方由守转攻时快速准确地将球推进至对方门前，利用人数及位置上的优势发起进攻的一种战术。运动员及时捕捉场上有效信息是发起反击的前提。一次成功的反击战术执行，必须以高度反击意识、高质量的战术执行能力、合理的战术路线及队员的呼应配合作为支撑。水球项目中反击时间通常在 14 秒内结束，通过 3 次或 3 次以下的传球完成，在反击战术中通常人数多于对手，速度优于对手。

(4) 六打五战术

六打五是比赛中防守队员出现严重犯规动作，被判罚 20 秒不得参与进攻的特殊情况，此时场上会形成六名进攻队员与五名防守队员的短暂对峙局面。六打五阵形主要可划分为 2—4 阵形和 3—3 阵形。六打五主要依靠外线队员相互传球吸引防守，以寻找射门机会或给内线队员制造破门机会。

2—4 阵形即四名运动员在两米线位置，两名运动员在五米线位置的阵形。2—4 阵形优点在于：两米线处四名队员离球门较近，对对方的威胁较大，且 1 号位至 4 号位的长传会逼迫守门员进行远距离的移位防守。但这要求队员拥有较高的传接球能力，否则容易出现传球失误的情况。

3—3 阵形即两米线、五米线位置各三名运动员的阵形。其优点在于队员间传球距离短，不容易出现传球失误，阵形占位时间短，不会浪费过多的时间进行站位。

2. 防守战术

（1）紧逼战术

紧逼战术一般分为全场紧逼和半场紧逼，意在每名防守队员各盯住对方一名队员，通过拼抢、紧逼等方式给进攻队员施加压力，打乱对方进攻节奏，迫使对方出现失误。紧逼战术的优点在于通过紧密的防守与逼抢，无论从身体位置还是心理上都能给对方制造压力；缺点在于体力消耗过大，队员间需要较高的默契程度。

（2）防中锋战术

防中锋战术运用较多的有M形的防守形式。弧顶位置的防守队员向内回守中锋，帮助防中锋队员进行协防，外线两名防守队员上提至三名进攻队员之间往返游进扑抢，另外两名底线防守队员根据球点抢同侧位，形成类似M形的防守局面。

（3）防反击战术

队员在比赛中应提高回防意识，以避免对方利用己方队员的漏洞或失误，发起人数及速度上占优的反击进攻。当出现反击多打少情况，距离球门较远时，防守队员应利用游动扑抢逼迫对方进行传球，增加进攻队员传失的可能；当接近球门6米左右范围仍无法挽回少防多局面时，应防近放远，以紧逼的方式迫使离球门较远或位置较差的队员射门。

（4）五防六战术

五防六是比赛中有一名防守队员严重犯规被判罚暂时离场的特殊情况，此时场上会形成六名进攻队员与五名防守队员短暂对峙的状态。一般情况而言，三名防守队员会在两米线协防，另外两名防守队员在外线根据球点位置游动扑抢。五防六时需要防守队员配合默契，用积极的扑抢和防守来弥补人数上的缺失。内线队员离球门近，威胁大，防守队员需要不间断地给内线队员施加压力。外线队员离球门较远，防守队员需要积极扑抢，主动防守，扩大自己的防守范围，以提高联防成功率。

三、 练会水球

（一）球感练习

（1）原地双手地面滚球练习。两脚开立，屈膝弯腰，用右手推球右侧使球向左滚动，随后用左手推球左侧，使球沿地面滚向身体右侧，通过左右手交替控制球完成方向的变化。

（2）环绕练习。顺时针绕环时，将球置于身体左侧，左手手指发力，将球顺时针滚动，右手顺势接球。依次进行顺时针或逆时针腰间环绕、颈部环绕、胯下环绕等动作，环绕动作从慢到快，体会手臂、手腕、手指对球的控制。

（3）手指手腕拨球练习。双手置于球两侧，指尖向上，保持肘关节垂直于地面，依靠小臂、手腕、手指完成拨球。接球前保持自然放松，拨球过程中注意指尖触球，利用压腕及手指最后发力完成拨球。

（4）原地单手运球练习。连续单手运球，运球过程中手指自然张开，肘关节微屈，掌心空出，手指触球，体会手指手腕向下用力的动作要领。

（5）近距离运球拍墙练习。拍墙练习是在单手运球的基础上，更接近水球技术动作的球性练习。近距离拍墙练习时，手掌托球，手臂自然向上伸直，球与墙面间距离为10～20厘米即可，手腕带动手指发力，快频率完成拍墙练习。

（6）远距离传球拍墙练习。持球面对墙壁3～5米距离站立，在近距离拍球练习的基础上，体会通过身体的转动，腰、肩、臂协同发力完成传球动作。当球通过墙壁回弹时，手指手腕自然放松，做好迎球准备。

（二）传球练习

（1）两人一组，一颗球，面对面练习传球动作，体会传球动作技术要领。传球距离视情况而定，由 3 米、4 米、5 米逐步拉长至 15 米，体会近距离和远距离传球不同的发力特点。

（2）两人一组，两颗球，保持 3 米距离，面对面进行双手交替传球练习，发展弱势手传接球能力及踩水稳定性，熟悉球性的同时提高协调能力。

（3）三人一组，一颗球，呈三角站位，按顺时针方向传球，传球距离由 3 米逐步拉长至 10 米，体会由近到远不同距离的顺时针传接球发力特点，提高远距离传球的准确性。

（4）三人一组，一颗球，呈三角站位，按逆时针方向传球，反手传接球距离不必过远，保持 3～5 米间距即可，体会反手接传球发力特点。

（5）四人一组，一颗球，呈正方形站位进行跳传，接球前做好迎球准备姿势，起跳接球，身体在最高点时完成传球，要求注意力高度集中，体会跳传动作要领。

（6）四人一组，两颗球，呈正方形站位，对角线交替传球，巩固并掌握传接球技巧的同时提高队员间默契程度。

（三）射门练习

（1）游动射门练习。依次从中线出发，运球至门前 3～5 米处急停起球，进行射门练习。

（2）定位射门练习。六人一组，按进攻阵形在门前站位，行进定位一传一射、两传一射或多次传球加一次射门的练习。

（3）多球射门练习。一人在距离球门 3～5 米处等待接球，另一人传球，一传一射连续射门 8～10 次。

（4）5 米球射门练习。听哨声进行 5 米罚球练习，模拟比赛中可能出现的罚球状态。

（5）6 米球射门练习。两人一组在 6 米线外进行对抗，防守队员一般犯规后原地防守，进攻队员进行 6 米球射门，模拟比赛中可能出现的 6 米球射门情况。

（四）配合练习

（1）三对三定位练习。进攻方两名外线加一名内线队员按六打五站位，练习六打五战术区域配合，提高六打五攻防能力。

（2）五对五游动进攻练习。在门前 7 米范围内进行对抗练习，射门得分后即攻防转换，提高应变能力和门前快速处理球的能力。

（3）二打一反击练习。三名队员从后场出发，两名队员由防转攻，一名队员由攻转防，推进至前场门球，完成二打一快速反击。

（4）三打二反击练习。五名队员从后场出发，三名队员由防转攻，两名队员由攻转防。此时，进攻队员应保持“三角”占位，保持间距，避开防守队员，寻找最佳射门位置；而防守队员则紧逼球点，迫使进攻队员进行长传，以给回防队员争取更多补位的时间。

（5）四打三反击练习。四名反击队员迅速推进至前场，三名防守队员进行区域联防。此时要求进攻队员相互错位，呈四边形站位，避免在直线传球过程中被防守队员抢断。防守队员应尽量放最远点队员出手，并积极防守，最大程度扩大自己的防守范围。

（6）五打四反击练习。五名进攻队员由后场推进至前场，其中三人应下压至底线 2～3 米处位置，另外两名队员在外线位置。底线三名进攻队员离球门更近，应发挥内线的优势，积极抢位牵制防守制造机会，外线两名队员角度更好，应随时观察并寻找机会进攻。

(7) 六打五反击练习。六名队员由防转攻快速推进至前场，在游进过程中注意观察场上情况，判断球点及防守位置，防守队员积极扑抢，模拟比赛中六打五状态，加强反击攻防意识，提高反击攻防能力。

（五）实战练习

(1) 半场比赛练习。将学生分为两组，在学习完比赛规则后进行半场比赛练习，要求学生遵守比赛规则，巩固战术配合，提高配合默契程度。

(2) 全场比赛练习。将学生分为两组，每组至少包括一名守门员和六名场上队员，按正式比赛要求进行模拟比赛，检验学习效果。

四、水球竞赛规则

【竞赛规则】

教学相长

一、课程思政元素

体育在实现立德树人教育任务方面本就具有先天优势，习近平总书记在全国教育大会上强调，“要帮助学生在体育锻炼中享受乐趣、增强体质、健全人格、锤炼意志”。“享受乐趣、增强体质”在于发挥体育教育对学生身心健康发展的积极作用。胜不骄、败不馁是体育的主旋律，以体育人，让学生领会体育精神，接受品德教育。新时代背景下，高校体育教学要全面发挥以体育人的价值功能。在水球课程中，可以从以下几个方面强调课程思政作用：

第一，培养爱国情怀。水球运动是奥运会项目，尽管在国内开展时间较短，但依然在国际上取得了不俗的成绩，这离不开个人的努力，更离不开国家的支持。通过奥运精神对学生进行爱国主义教育，从而培养他们的爱国情怀。

第二，弘扬体育精神。水球是一项需要拼搏精神和竞争意识的运动，在练习和比赛中，需要学生们不断挑战自我，超越自我，既能够锻炼学生勇敢顽强的意志品质，也能使学生感受到体育运动的魅力，领会体育精神。

第三，培养团队意识。水球运动是一项需要团队协作的运动，每个队员都需要发挥自己的优势，为团队争取胜利作出贡献。可以通过分组比赛等方式，培养学生的团队意识和集体意识，也能够让他们享受运动带来的快乐和成就感。

第四，注重礼仪教育，培养规则意识。在练习和比赛中通过讲解比赛规则和道德规范，引导学生在比赛中尊重对手、尊重裁判、遵守规则，培养学生的规则意识。

二、水球教学大纲

【教学大纲】

教学思考

(1) 通过练习及比赛，你认为水球运动能培养哪些方面的优秀品质？

(2) 通过学习，谈谈你认为水球比赛中最难的技术是什么？

(3) 你认为水球运动最需要的身体素质是什么？

(4) 从练习过渡到实战比赛，谈一谈你在心理上有哪些变化？

6

第六章 ▸▸▸
个人球类项目

第一节 乒乓球

教学目标

（1）价值塑造：重点传承“乒乓精神”，培养学生的体育兴趣、体育意识、体育品质，使之养成自觉锻炼身体的好习惯，达到增进身心健康，促进学习和终身体育的目的；培养学生的民族精神、团队精神、不断创新和拼搏向上精神、科学探索精神，以及团结互助等优良品质。

（2）能力培养：促进学生提高身体素质和掌握乒乓球运动基本技能，除了学会制定基本比赛战术外，还将通过课堂教学活动提高学生的学习能力、理论联系实际能力、批判性思维能力、沟通能力和语言表达能力等。

（3）知识传授：主要包括了解乒乓球发展历史，认识乒乓球运动的特点与价值，熟悉乒乓球基本专业术语以及各项基本技术的原理等。

教学内容

【在线习题】

一、认识乒乓球

（一）乒乓球运动的起源与发展

1. 乒乓球运动的游戏阶段

乒乓球作为一种游戏起源于英国，它是由网球运动派生出来的。在 18 世纪末 19 世纪初，当时英国的一些大学生由网球得到启示，在室内以餐桌为球台，以书作球网，用羊皮纸贴面作拍子，用橡胶或软木作球，在餐桌上推来挡去。这种游戏吸引了许多人，英国一家杂志对此还作了报道。

当时球台大小和球网高低都没有统一规定。球拍的长度为 49.5 厘米，类似小的网球拍。记分以 10 分、20 分或 50 分为一局，还有的以 100 分为一局。发球的方法也没有太多限制，既可将球先击到本方台面后再落到对方台面，也可将球直接发到对方台面。后来这种游戏在英国流行起来，并被命名为“桌上网球”(table tennis)。

1890 年，英格兰越野跑运动员小吉布从美国带来了一些作为玩具的赛璐珞球，因为这种球打起来发出“乒乓”的声音，所以有人称这项运动为“乒乓球”。

1902 年，留学英国的日本东京高等师范学校教授坪井玄道将乒乓球整套用具带回日本。

1904 年，上海四马路一家文具店的老板王道平从日本购进乒乓球器材带回上海。他推销这些器材，并亲自作了表演。从此，中国就开始有了乒乓球这项运动。1916 年，上海的基督教青年会设有乒乓球活动室，一些学生开始参加乒乓球运动，随后这项活动逐渐在京、津、沪、穗等城市开展起来。

1905—1910 年，乒乓球活动传入中欧的维也纳、布达佩斯，而后逐步扩展到北非的埃及等地。

乒乓球起源阶段的基本特征：一是乒乓球运动在器材和游戏方法上，有明显的网球运动项目的痕迹；二是乒乓球作为体育运动在活动开展的水平上，还处在游戏阶段。

2. 乒乓球运动成为竞技项目的阶段

1918 年，欧洲许多国家相继成立了乒乓球协会，乒乓球的竞赛活动得以在各国之间开展。国家间乒乓球运动的比赛活动，不仅促进了乒乓球技术水平的提高，还为国际乒乓球组织的成立提供了一定的组织基础。

1926 年 1 月，在柏林国际乒乓球邀请赛期间，在德国人勒赫曼博士的倡议下，由他和英国的伊沃·蒙塔古、乔治·罗斯、波佩，匈牙利人雅可比、密可罗维茨，以及几个奥地利人，在柏林网球俱乐部召开了一次关于成立乒乓球国际组织的座谈会，会议决定成立临时国际乒联，并委托英国乒协举办第一届欧洲乒乓球锦标赛。同年 12 月，在英国伦敦举行第一届欧洲乒乓球锦标赛期间，在伊沃·蒙塔古的母亲斯韦思林女士的图书馆，举行了第一次全体会议，通过了国际乒联章程，讨论和通过了乒乓球竞赛规则草案，推选英国乒协负责人伊沃·蒙塔古为国际乒联第一任主席。

参加 1926 年第一届欧洲乒乓球锦标赛的国家有德国、匈牙利、威尔士、英格兰、奥地利、瑞典、捷克斯洛伐克、印度和丹麦。因印度是亚洲国家，国际乒联将此次锦标赛更名为世界乒乓球锦标赛，以后每年举办一届。上述事实标志着乒乓球运动项目成为了正式的竞技项目。

1940—1946 年，世界乒乓球锦标赛因第二次世界大战而中断；1957 年，第二十四届世界乒乓球锦标赛后，该锦标赛改为每两年举办一届。1980 年，创办了乒乓球运动的另一项世界大赛——世界杯乒乓球赛，每年举办一届。1988 年，第二十四届汉城奥运会把乒乓球正式定为奥运会比赛项目。2000 年，世界乒乓球锦标赛的团体项目和个人项目分开举办。

中国乒乓球运动员第一次参加正式的国际性乒乓球比赛是在 1927 年。1927 年 8 月，第八届远东运动会在上海举行，乒乓球被列为表演项目。参加这次乒乓球表演赛的只有中国和日本两个国家。1935 年在上海成立了中华全国乒乓球协进会。1949 年中华人民共和国成立后,在北京成立了中国乒乓球协会。

乒乓球成为正式竞技项目的标志是:国际乒乓球组织的成立和规则的制定,国际性赛事的出现。

20 世纪 60 年代和 90 年代是我国乒乓球运动普及和发展的高峰期。20 世纪 70 年代乒乓球运动发展缓慢,20 世纪 80 年代乒乓球运动的辉煌和危机并存。进入 21 世纪,乒乓球运动登上了体坛巅峰。

(二) 乒乓球运动的价值

(1) 促进身体健康

乒乓球运动作为一项全身性的运动,对身体健康有着积极的影响。乒乓球运动有助于提升心肺功能、锻炼肌肉和骨骼、改善协调性和反应能力等,对身体健康有着积极的促进作用。无论是从身体素质的提升还是从疾病预防的角度,乒乓球运动都是一种理想的全身性锻炼方式。

(2) 培养团队合作精神

乒乓球运动作为一项团体性运动,对培养团队合作精神具有重要意义。通过乒乓球运动的训练和比赛,团队成员可以学会在团队中协同合作,制订战术计划。这些团队合作的经验和技能不仅可以应用于乒乓球比赛,也可以在日常生活和其他团队活动中发挥作用。乒乓球运动培养了团队合作精神,帮助个体融入集体,形成协同合作的力量。

(3) 增强社会交流能力

乒乓球运动在全民健身中扮演着重要角色,它不仅可以锻炼身体,还能够增强社交能力。乒乓球运动有助于促进团队合作与沟通、拓展社交网络、提升跨文化交流和交际技巧等。乒乓球不仅是一项锻炼身体的运动,也是一个好的社交方式,为人们提供了交流、互动和结交新朋友的机会。参与乒乓球运动,有助于丰富人际关系,增强社交的乐趣与质量。

(4) 提高心理素质

乒乓球运动在全民健身中发挥着积极的作用,不仅对身体有益,还能够提高个体的心理素质。乒乓球运动在对人们的压力释放与情绪调节、心理调节和冷静思考等方面起着良好的促进作用。

二、 学会乒乓球

(一) 预备知识

在体育领域中,各个运动项目均有其专门用语——术语。而每一术语在该项运动中都具有严格和特定的含义,它能正确地反映某一事物(动作或状态)的本质及其结构特点。在学习乒乓球的教学训练法之前,需要掌握一些预备知识(主要为常用术语)。

1. 球台

台面:球台的上层表面称为“台面”。台面长 274 厘米,宽 152.5 厘米,离地面高度 76 厘米。

端线:台面两端长 152.5 厘米、宽 2 厘米的白线称为“端线”。

边线:台面两侧长 274 厘米、宽 2 厘米的白线称为“边线”。

中线：台面正中、与边线平行的、宽 3 毫米的白线称为“中线”。

台区：台面被平行于端线的球网分开，划为两个大小相等的“台区”（图 6.1.1）。

2. 击球范围

半台：中线将每个台区分为左、右两个“半台”（其左右方位依击球方而定）。半台又称“1/2 台”。

1/3 台：台区左侧 1/3 部分称为“左 1/3 台”，台区右侧 1/3 部分称为“右 1/3 台”。

2/3 台：台区左侧 2/3 部分称为“左 2/3 台”，台区右侧 2/3 部分称为“右 2/3 台”（图 6.1.2）。

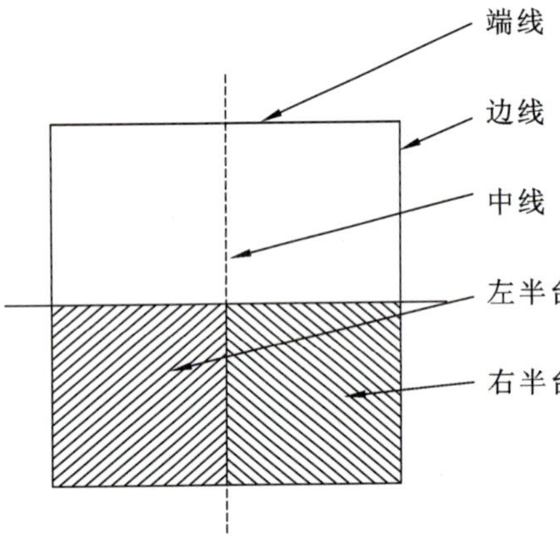

图 6.1.1　球台

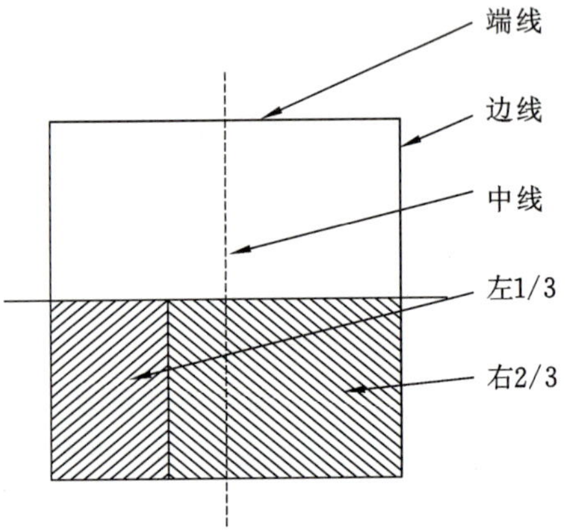

图 6.1.2　1/3 或 2/3 台

3. 站位

运动员站立的位置叫站位。根据运动员站立的位置与球台端线之间的距离，可将站位划分为近台、中台、远台、中近台和中远台（图 6.1.3）。

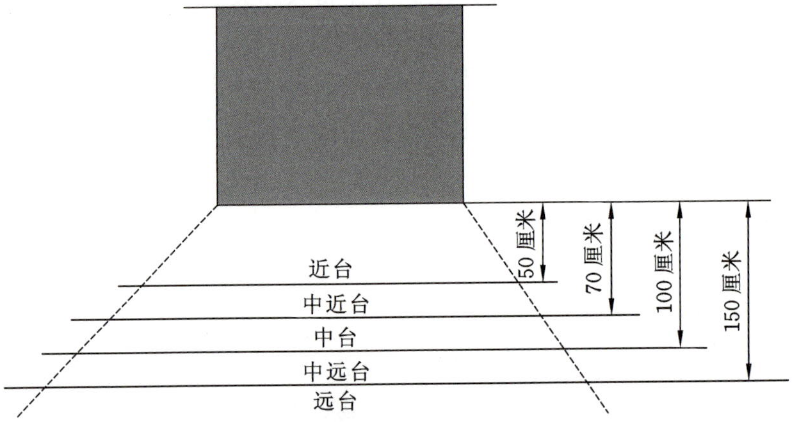

图 6.1.3　站位

近台：距离端线 50 厘米以内的范围。

中台：距离端线 70～100 厘米处。

远台：距离端线 150 厘米以外的范围。

中近台：介于中台与近台之间。

中远台：介于中台与远台之间。

4. 击球点

击球点是指击球时，球拍与球体相接触那一点的空间位置。击球点的位置是相对击球者身体而确定的，主要包含三个方面的内容：一是击球点相对身体的前后位置，二是击球点相对身体的左右位置，三是击球点相对身体的高低位置。

5. 击球时间

击球时间是指击球时球拍触球的瞬间，球体在空间所处的时期。来球从着台点反弹跳起至回落到地面的整个过程，可分为上升、高点、下降三个时期（图 6.1.4）。

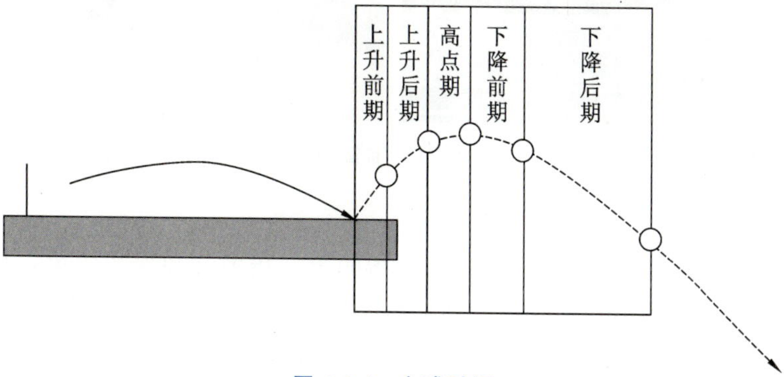

图 6.1.4　击球时间

上升期：来球从台面弹起到接近最高点这段过程称为“上升期”，上升期又可分为上升前期和上升后期。上升前期是指来球从台面弹起后上升的最初一段，上升后期是指球继续上升至高点期的一段。

高点期：弹起的球处于最高点或接近最高点这段过程称为“高点期”。

下降期：球从高点期回落至地面这段过程称为“下降期”，下降期又可分为下降前期和下降后期。下降前期是指球从高点期回落下降的最初一段。下降后期是指球继续下降至地面的一段。

6. 击球部位

击球部位是指球拍击球时，接触球体表面的部位。为了便于说明球拍击球时接触球的部位，一般以钟表的圆盘刻度将球的击球部位划分为 5 个（图 6.1.5）。

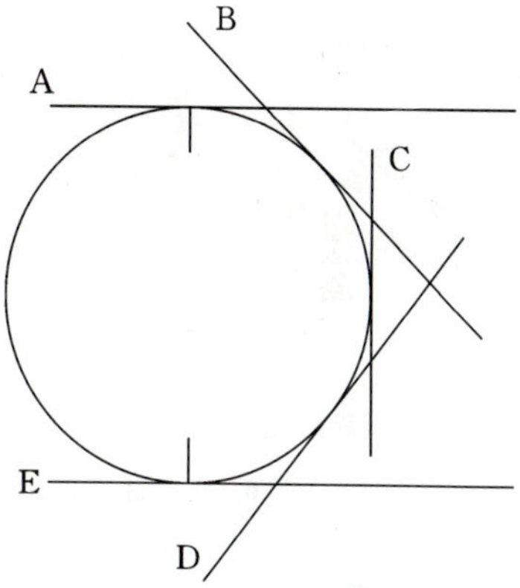

图 6.1.5　击球部位

A 为上部；B 为中上部；C 为中部；D 为中下部；E 为下部

（二）乒乓球基本技术

1. 准备姿势及握拍方法

（1）准备姿势

两脚开立，比肩稍宽，踵部稍提起，两膝微屈，上体略前倾，重心置于两脚之间。下颌稍向内收，两眼注视来球。持拍手自然弯曲，置于身体右侧，手腕适当放松（图 6.1.6）。

【视频讲解】

图 6.1.6 准备姿势

（2）握拍法

① 直拍握拍法：食指和拇指自然弯曲，食指的第二指关节和拇指的第一指关节分别压住球拍的两肩，食指和拇指间的距离要适中（一般以一指宽距离为宜）；中指、无名指、小指自然弯曲斜形重叠，中指的第一指关节侧面顶在球拍背面约 1/3 处（图 6.1.7）。

② 横拍握拍法：虎口压住球拍右上肩，中指、无名指、小指自然地握住拍柄，拇指在球拍的正面轻贴于中指旁边，食指自然伸直斜贴在球拍的背面。深握时，虎口紧贴球拍；浅握时，虎口轻微贴球拍（图 6.1.8）。

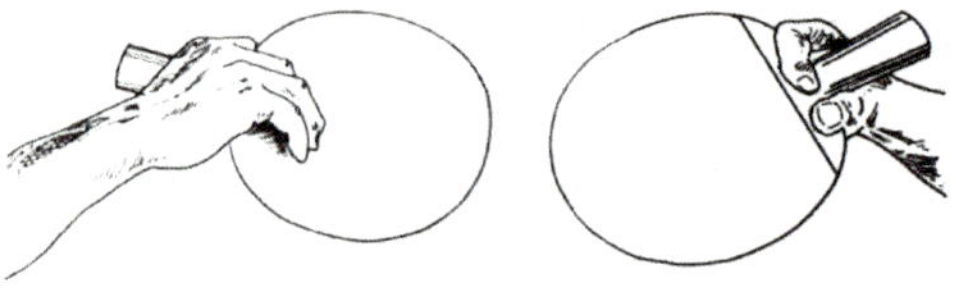

背面图　　正面图

图 6.1.7 直拍握拍法

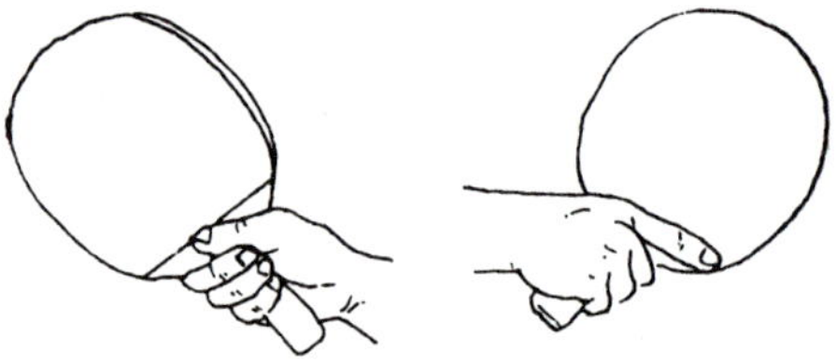

正面图　　背面图

图 6.1.8 横拍握拍法

2. 步法

（1）单步

单步的移动速度比较快，重心转换比较平稳，是各种类型打法运动员常用的步法之一。单步移动技术是乒乓球步法中较简单而有效的技术，一般是在来球离身体不远的小范围内运用。

（2）并步

并步就是一脚先并，同时另一脚再跨。并步移动的幅度比单步大且移动时没有腾空动作，有利于保持身体重心的稳定。

（3）交叉步

交叉步移动范围和幅度比前几种步法要大。移动中，常以靠近来球方向的脚作支撑脚，支撑脚的脚尖调整指向移动方向，远离来球方向的脚在体前交叉，向来球方向跨出一大步，身体随之向来球方向转动，支撑脚跟着向来球方向再迈一步，即完成交叉步。

(4) 小碎步

小碎步对身体重心的调节、击球位置的选择、发力方式的选用有着重要作用。在运用单一的步法技术找不准击球位置时，可以先用小碎步进行调整，以保证步法移动的有效性。

3. 发球

发球技术是乒乓球竞赛中唯一不受对方限制的技术。发球技术的主动性较强，是乒乓球竞赛中创造得分机会的主要技术。

(1) 平击发球

平击发球速度较慢，力量较轻且容易掌握，是发球的入门技术。身体离球台约 40 厘米，两脚开立，略宽于肩。发球抛球时，向后方引拍，球拍拍面略前倾。待球下降时，球拍向前挥动，击打球的中部偏上方。注意击球时力量不要过大，并且身体在击球后迅速还原。正手平击发球如图 6.1.9 所示。

图 6.1.9　正手平击发球

(2) 侧上旋、侧下旋发球

侧旋发球具有混合旋转的性质，球易于在旋转和速度方面进行变化组合，是比较常用的发球技术。左脚在前右脚在后，身体侧向球台，降低身体重心。抛球时，球拍向后上方引，同时腰后转，待球下降时，球拍向前下方挥动，腿和腰腹用力带动手臂，球拍触球时，手臂和手腕发力。侧上旋发球时，拍面略微立起，在球拍横向挥动过程中，摩擦球的中上部；侧下旋发球时，拍面则需略后仰，在球拍向侧下方挥动过程中，摩擦球的中下部。触球时动作尽量一致，发力要集中。最后控制结束动作，有利于身体还原。正手侧下旋发球如图 6.1.10所示。

图 6.1.10　正手侧下旋发球

(3) 下蹲发球

下蹲发球具有强烈的旋转变化的特点。发球时一般在左半台，在抛球时身体开始下蹲，同时球拍向持拍手侧肩的上方引，引拍线路呈半弧状，球拍略后仰。待球下降至头部上方时，挥拍摩擦球。在挥拍摩擦球时，可以用球拍内侧来摩擦球的外侧中上部和外侧中下部。

4. 正手攻球

正手攻球站位离台 40～50 厘米，击球点在来球的上升期或高点期，击出球的速度较快，动作幅度较小。击球前，判断来球方向，选好站位。击球时，重心先向右脚移，同时向右后下方引拍，球拍不要低于球台，右肩随转腰略下沉。球拍拍头前倾，然后向左前上方挥拍，在高点前期击球，并且击打球的中上部，身体重心由右脚移至左脚。击球后，注意动作还原(图 6.1.11)。

图 6.1.11　正手攻球

5. 反手推挡

反手推挡站位离台 40～50 厘米，击球前，靠近球台，选好站位，做好准备。击球时，向左后方引拍，转体同时沉右肩，球拍与手臂基本保持在一条线上，肘关节和右肩略前顶。球拍略前倾，击球点在身体侧前方，并向右前上方挥拍。挥拍动作和腰的转动要相结合，转腰时重心转至右脚，同时击球发力。击球后，随挥动作要与还原动作连接起来(图 6.1.12)。

图 6.1.12　反手推挡

6. 搓球

搓球是在近台还击下旋来球的基本技术，它属于控制性的技术，并为进攻制造机会。击球前，判断来球方向，选好站位的同时球拍向右后上方引拍，拍面呈稍后仰的状态。击球时，球拍向前下方挥动，用球拍摩擦球的中下部，击触球时前臂手腕适当加力。搓球有慢搓、快搓等方法。慢搓是搓球学习的入门技术。慢搓时，在下降期击球。快搓是比赛中常用的搓球技术。快搓时，在上升期击球。击球后，注意动作还原。正手搓球如图 6.1.13 所示。

图 6.1.13　正手搓球

7. 弧圈球

弧圈球技术是乒乓球技术中较先进的进攻技术。弧圈球技术的优势是能够把速度和旋转较好地结合起来，它既能作为具有强大杀伤力的进攻技术快速得分，也能作为过渡性技术有效控制来球。

击球前，判断来球方向，身体重心降低；同时向右后下方引拍，身体随之向右转动，右肩下沉，重心在右脚上。击球时，身体重心向左转动，拉球点在肘关节收缩至 130°～150°时，控制拍面角度，向左前上方挥拍，摩擦球的中上部，并加大摩擦力。击球后，随势挥拍动作要尽量小，并注意动作还原。正手拉弧圈球如图 6.1.14 所示。

图 6.1.14　正手拉弧圈球

（三）乒乓球战术

从广义上理解，战术是指技术、意志、智能和素质在比赛中有针对性的综合运用；从狭义上讲，战术是指在比赛中运动员根据对方的打法、类型及技术特点而采用的各种技术手段和方法。

1. 按项目分类

(1) 单打战术

单打战术包括发球抢攻、搓攻、对拉等,它是运动员在一对一比赛时,为了夺取比赛胜利,在规则允许的条件下所采用的各种方法和手段。

(2) 双打战术

单打战术是双打战术的基础,在单打战术的基础上,双打战术注重两人技术的组合及心理的默契配合。

2. 按战术攻、防性质分类

(1) 进攻性战术

进攻性战术是指以得分为目的行为方法,它具有抢先争取主动的含义,在乒乓球比赛中,运用进攻性战术尤为多见。进攻性战术都是围绕如何得分这一具体的行为目标而实施的。快攻结合弧圈打法、近台快攻打法的运动员在比赛中实施的大多是进攻性战术。

(2) 防守性战术

防守性战术是指在被对手进攻的情况下,通过个人行为或两人(双打)协作,阻止对手得分的战术行为方法,从本质上讲并不是完全处于被动状态的战术行为。这是因为比赛中有些阻止对方进攻的手段,在使用后也可能得分。所以,不能把防守性战术看作是一种被动战术。一般情况下,防守性战术不仅能够限制对手发挥特长技术,也能寻找机会打击对手弱点。在比赛中,削攻打法的运动员运用防守性战术较多一些。

3. 按战术使用的顺序分类

按战术使用的顺序,乒乓球战术可分为发球抢攻战术、接发球抢攻战术和相持阶段的战术。

(1) 发球抢攻战术

发球抢攻战术是指运动员发球后立即采取进攻的手段,是我国乒乓球运动员的重要战术之一。发球抢攻的战术是迫使对方接发球时不能直接抢攻,回球质量差,无法具备杀伤力,给自己赢得抢先上手主动进攻的机会。发球抢攻是重要的进攻得分手段,但在运用发球抢攻战术时应注意以下几点:

第一,发球与抢攻的配合。发球时,应根据发球质量预先判断对手有可能采取的应接办法及手段,对方接到什么位置,自己采用何种抢攻手段。

第二,提高发球质量,将旋转和落点变化结合起来,同时强调发球技术的创新,为抢攻创造更多的机会。

第三,加强抢攻意识,抢攻要大胆果断,在对方接发球后,尽可能主动上手抢攻。

第四,发球要与运动员本身的技术特点相匹配,要充分发挥技术特长,才能起到发球抢攻的有效作用。

(2) 接发球抢攻战术

接发球抢攻战术是与发球抢攻战术相抗衡的一种战术,目的是破坏对方发球抢攻战术的运用。接发球抢攻战术对整个战局能否获得主动权起着主要作用。在比赛中,如果接发球处理得不好,第一环节就会陷入被动。因此,接发球的战术意识首先必须建立在积极主动的基础上,争取抢先进攻得分;其次在不能抢先进攻的情况下,控制对方来球达到破坏对手发抢效果的目的,形成相持局面后寻找机会自己主动进攻得分。

运用接发球抢攻战术应注意以下几点：

第一，树立积极主动、抢先上手的意识，能抢攻时要果断坚决。

第二，必须具备各种接发球的技术能力，如拉、快拨、快点、摆短、抽、晃等。

第三，要灵活多变，采用多种回接方法使对方难以适应，从而破坏其发球抢攻的战术意图，使自己争取主动进攻。

(3) 相持阶段的战术

相持阶段的战术是指前三板之后，可采取的各种进攻控制手段和方法。乒乓球各种打法类型的运动员，主要依靠自身的技术特长，以快速多变的特点调回对方、压制对方、以旋转的威力牵制对方，以落点变化来控制对方，最终达到攻击的目的，为自己争得主动、发挥优势，从而取得比赛的胜利。相持阶段的战术意识是树立顽强的战斗意志，快速捕捉战机，在攻防的转换中争得主动，运用特长技术进攻得分。

运用相持阶段的战术应注意以下几点：

第一，必须具备良好的技术质量，有扎实的基本功作基础，才能在相持阶段中争得主动，更好地运用相持阶段的各种战术。

第二，要将自己的打法类型、特长战术相结合，才能充分发挥相持阶段战术运用的效果。

第三，适应能力和应变能力要强。比赛中攻与防、主动与被动千变万化，瞬间就可能从主动变被动，也可从被动变为主动。运动员必须要有敏锐的观察能力和判断能力，才能更好地运用相持阶段的战术。

三、 练会乒乓球

（一）课堂教学

(1) 准备部分

此部分教师的工作重点是调动学生，让学生从身体和心理上全方位准备好后面课程的学习。准备活动可以安排一些趣味性或与课堂重点内容相关的辅助练习，让学生做好身心准备。

(2) 技术学习部分

在技术学习部分，重点是让学生逐步克服困难，掌握技术。在课程设计时，教师可结合翻转课堂、教师现场示范、学生徒手模仿、多球练习、降低动作难度及分组和发挥“传、帮、带”等方法帮助学生尽快克服困难，掌握相应技术。教师要注意观察学生，调整搭档和结合学生水平微调练习内容，让学生有成就感，能长时间保持练习的良好状态，提高学习效率。在技术动作巩固复习时，教师要引导学生回忆练习时需注意的问题及方法；同时根据实际情况安排一些教学比赛，提高学生对单项技术的理解和应用能力。

(3) 素质练习部分

素质练习相对枯燥，原则上应多采用游戏、比赛、配乐等形式，提高素质练习的趣味性，以达到相应的教学效果。

(4) 回顾总结部分

教师提示重点和抓亮点，让学生分享感悟，提高参与感；布置一些较好完成的课后作业，作为学生课后延伸学习的一部分，同时加强考核，促使学生巩固所学内容。

（二）学生练习方法

（1）球性练习

例如，原地单面颠球、正反面颠球、托球比赛或分组进行移动中颠球和托球比赛。

（2）徒手挥拍练习

徒手挥拍练习，即不击球的挥拍练习。这种练习对于初学者来讲，可体现大脑皮质形成的动作表象，通过肌肉的收缩和放松，使这种模仿动作产生的肌肉感觉反馈到大脑皮质，教师用语言或助力、阻力给予校正和强化，使正确动作的肌肉感觉在反复练习中加以巩固。这种过渡性练习有利于在进行实际击球练习时形成运动条件反射，从而使正确动作定型。

（3）基本技术练习

为了提高练习密度，采用多球单练；强调轻力量，争取多拍连续打起来；为了提高技术动作应变能力，采用小组之间成员互换搭档的方式，提高练习的趣味性，加强动作的多变性和适应性。

（4）步法练习

相比于手上动作的练习，步法的应用对零基础的学生有一定的挑战，因此最初应通过无球练习提高步法和手法的协调配合能力，为后期有球步法练习奠定基础。学生可以跟随教师示范进行单一步法练习，如伴随音乐节奏进行步法练习；为了提高练习密度应采用步法和手法结合的挥拍练习；为了强化步法和手法的协调配合，应采用教学实战，在实战中演练步法，进一步加深学生对步法移动的认识，激发学生后期积极主动进行步法练习的内在动力。

（5）体能练习

练习过程中注意融入音乐，跟着音乐进行相应的练习，可增加体能练习的趣味性。

四、乒乓球竞赛规则

【竞赛规则】

教学相长

一、课程思政元素

乒乓球是以技战术为主导的隔网对抗类项目。一个乒乓球运动员想在比赛中获得胜利，除了需要具备一定的运动素质、技战术水平和思维能力外，还要有顽强的意志和必胜的信念。本课程的思政融入点是通过学习乒乓球历史，在学习过程中培养学生的爱国主义精神、理想信念和竞争意识。了解国乒发展的过程，使学生明白国乒今日之地位来之不易，是千千万万教练员、运动员及科研工作者和服务人员共同努力的结果。对学生进行爱国主义教育并且深化学生的爱国主义情感。在培育学生理想信念时，除了通过榜样影响外，还可引导学生树立理想、设置目标、坚定信念，鼓励学生为理想而不懈努力。在培养竞争意识时，可采用观看我国运动员在比赛中逆风翻盘的全过程视频的方式，让学生明白顽强拼搏的内涵是敢于奋斗、永不言弃。

在教学过程中，教师可以将基本技术和竞赛规则结合起来进行教学，如先讲解发球规则，再进行发球技术的指导，不仅可以加深学生的规则意识，还可以使学生的发球更加规范。教师在教学过程中可以引导学生认真对待乒乓球课程，对努力训练的学生给予表扬和肯定；鼓励学生努力钻研乒乓球技战术，以提升自身水平。同时，还可通过分组学习来培养学生的团队精神。无论是学习理论还是学习技术，鼓励学生进行团队协作，通过以强带弱等方式提升小组的整体水平。

乒乓球竞赛不仅是检验教学效果的主要工具，还是培育学生规则意识的实践教材。在教学过程中，教师可以将规则教学与竞赛相结合，使学生在学会比赛的同时学会执裁，进一步深化学生的规则意识。在竞赛过程中，可以通过组织双打、团体赛事等手段来培育学生的团队精神。班级竞赛是培育学生竞争意识的重要途径，教师可通过体育比赛和体育游戏来培育学生的竞争意识。在比赛中，可以通过教育学生尊重对手和裁判来培养其友善的品质，同时以竞赛为手段来帮助学生养成正确的胜负观。

二、乒乓球教学大纲

【教学大纲】

教学思考

（1）你认为乒乓球这项运动最大的魅力在哪里？

（2）如何示范和讲解基本站位、握拍方法？

（3）直拍、横拍两种握法各有什么优缺点？

（4）常用的步法有哪些？为什么说步法对乒乓球技术水平的提高有极其重要的意义？

（5）乒乓球竞技的制胜因素有哪些？

第二节　羽　毛　球

教学目标

（1）价值塑造：提高学生的自我调节能力，克服心理障碍，培养学生勤奋、助人、拼搏的意志品质，培养集体主义精神，提升综合素质，达到身心健康的目的。

（2）能力培养：发展学生的专项素质，着重提高学生的力量、速度、耐力、灵敏和柔韧素质，增强体质，陶冶情操。通过羽毛球的训练和比赛，形成良好的心理素质，培养学生掌握羽毛球竞赛方法和裁判技能，提高体育素养。

（3）知识传授：了解羽毛球的发展概况、运动特点和健身价值，培养学生的兴趣爱好，让学生掌握基本的技术、战术和练习方法。

教学内容

【在线习题】

一、认识羽毛球

（一）羽毛球运动的起源与发展

羽毛球运动的起源众说纷纭，主要的说法有以下几种：

1. 起源于日本

相传羽毛球最早出现于 14～15 世纪时的日本。球拍是木制的，球用樱桃核插上羽毛制成。羽毛球的球托是樱桃核，太重，球飞行速度太快，导致球的羽毛极易损坏，加之球的造价太高，因此该项运动时兴了一阵子就慢慢消失了。

2. 出现在印度

大约在 18 世纪时，印度的浦那出现了一种与早年日本的羽毛球极相似的游戏：球用直径约 6 厘米的圆形硬纸板，中间插羽毛球制成（类似我国的毽子），板是木质的；玩法是两人相对站着，手执木板来回击球。

3. 诞生在英国

现代羽毛球运动诞生于英国，大约在 1800 年，由网球派生而来，现今的羽毛球场地和网球场地仍非常相似。1870 年，出现了用羽毛、软木做的球和穿弦的球拍。1873 年，英国公爵鲍弗特在格拉斯哥郡伯明顿镇的庄园里进行了一次羽毛球游戏表演。自此，羽毛球运动便逐渐开展起来，“伯明顿”即成了羽毛球的名字，羽毛球英文的写法是“Badminton”。那时的活动场地是葫芦形，两头宽中间窄，窄处挂网，直至 1901 年才改为长方形。

1875 年，世界上第一部羽毛球比赛规则出现于印度的浦那。1878 年，英国又制定了更趋完善和统一的规则，当时规则的不少内容至今仍无太大的改变。

1893 年，世界上最早的羽毛球协会——英国羽毛球协会成立，并于 1899 年举办了全英羽毛球锦标赛。该比赛每年举办一次，沿袭至今。

1934 年，由加拿大、丹麦、英国、法国、荷兰、新西兰等国发起了国际羽毛球联合会，总部设在伦敦。从此，羽毛球国际比赛日渐增多。1939 年，国际羽毛球联合会通过了各会员国共同遵守的《羽毛球竞赛规则》。

20 世纪 20 年代到 40 年代，欧美国家的羽毛球运动发展很快，其中英国、丹麦、美国、加拿大的水平相当高。20 世纪 50 年代，亚洲羽毛球运动发展很快，马来西亚取得两届“汤姆斯杯”赛冠军；同时，印度尼西亚队在技术和打法上有所创新，并很快取得了霸主地位。20 世纪 60 年代以后，羽毛球运动的发展逐渐移向亚洲。

在 1988 年汉城奥运会上，羽毛球被列为表演项目；1992 年巴塞罗那奥运会上，羽毛球被列为正式比赛项目；1996 年亚特兰大奥运会上，羽毛球混双被列为比赛项目，从此羽毛球运动进入新的发展时期。

2006 年，羽毛球的新规则在试行了 3 个月后正式实施。新规则实行的是每球得分制：先得 21 分的一方胜一局，20 平后，领先 2 分的一方胜该局；29 平后，先得 30 分的一方胜该局。

2017 年 11 月，世界羽毛球联合会讨论通过了羽毛球发球新规则，即发球员的球拍击中球的瞬间，整个球应低于距场地地面高度 1.15 米。

（二）我国羽毛球运动的发展

1954 年，一批报效祖国的赤子回国，带回了先进的羽毛球技术，同时组建了国家集训队。继而，在我国东南沿海几个主要大城市也成立了以归国华侨青年为骨干的羽毛球队。在“破除迷信，解放思想，走自己的路”的思想指导下，我国羽毛球运动员总结了国内外羽毛球运动的经验教训并整理了技术资料，结合自己的运动实践进行探索，不断改进训练方法。其中，福建队主要在手法上，广东队主要在步法上进行了改革和突破；同时，借鉴我国乒乓球运动的成功经验，在总结多年训练和比赛实践经验的基础上，提出了“以我为主、以快为主、以攻为主”的积极打法。后来，经过不断地总结和完善，逐步形成了中国羽毛球运动特有的“快、狠、准、活”技术风格。我国运动员怀着勇攀世界羽坛技术高峰、为国争光的雄心壮志，学习了国外的一些先进的训练方法，勤学苦练，自觉贯彻了“从难、从严、从实战出发，科学地进行大运动量训练”的“三从一大”训练方针，运动技术水平得到了进一步的提高。

1981 年 5 月，国际羽毛球联合会重新恢复我国在国际羽毛球联合会中的合法席位，实现了我国运动员多年的夙愿——逐鹿世界羽坛，争夺世界桂冠，为国争光。1981 年 7 月，在第一届世界运动会（美国洛杉矶）上，我国运动员陈昌杰、孙志安、姚喜明、刘霞和张爱玲夺取了男女单、双打的 4 项冠军。1982 年，我国第一次参加全英羽毛球锦标赛，张爱玲夺得女子单打冠军，徐蓉、吴健秋夺得女子双打冠军，李劲勇夺得男子单打冠军。同年，中国队第一次参加“汤姆斯杯”羽毛球赛，在第一天比分 1∶3 非常不利的情况下，奋力拼搏，最终以 5∶4 击败羽坛劲旅印度尼西亚队，夺得冠军。1984 年，在马来西亚的吉隆坡，我国羽毛球女队夺得了第十届“尤伯杯”冠军。紧随其后，我国又涌现了杨阳、赵剑华、熊国宝、李永波、田秉毅、林瑛、吴迪西、李玲蔚、韩爱萍等一批世界羽坛顶尖高手，他们在一系列世界级大赛中夺得了众多金牌，从而奠定了我国羽毛球技术水平处于世界羽坛领先地位的基础，创造了中国羽毛球历史上的辉煌时期。进入 20 世纪 90 年代，随着杨阳、赵剑华、李玲蔚等一批优秀运动员的相继退役，我国暂时出现了一段青黄不接的时期。直到 1995 年才逐渐走出低谷，我国运动员首次夺得“苏迪曼杯”冠军。在 1996 年亚特兰大奥运会上，葛菲、顾俊勇夺女双冠军，实现了我国羽毛球项目在奥运会上零的突破。1997 年，我国运动员再次夺得“苏迪曼杯”冠军，同时在世界锦标赛上获得了女单、女双和混双 3 块金牌，开始步入再铸辉煌的历程。

我国羽毛球运动员在 2000 年澳大利亚悉尼奥运会上获得男子单打、女子单打、女子双打和混合双打 4 枚金牌。2004 年，我国羽毛球运动员全方位出击，取得多项好成绩：男子羽毛球队在 12 年后重新夺回“汤姆斯杯”冠军，女子羽毛球队连续 4 届获得“尤伯杯”冠军。他们再接再厉，在希腊雅典奥运会上获得了除男子单、双打以外的 3 项冠军，中国重返世界羽毛球强国行列。2008 年北京奥运会上，我国羽毛球运动员获得男子单打、女子单打和女子双打 3 枚金牌。2012 年伦敦奥运会上，我国羽毛球运动员更是包揽了 5 枚金牌，把中国的羽毛球运动推向了巅峰。2016 年里约奥运会上，我国仅获得了男子单打和男子双打 2 枚金牌，这段时期，我国的羽毛球运动开始走向低谷。2021 年，在东京奥运会上，我国羽毛球运动员获得女子单打和混合双打 2 枚金牌。截至 2024 年 6 月，我国羽毛球队共获得奥运会冠军 20 次、“汤姆斯杯”冠军 11 次、“尤伯杯”冠军 16 次、“苏迪曼杯”冠军 13 次。

二、 学会羽毛球

【视频讲解】

（一）基本技术

1. 握拍

羽毛球拍握法正确与否，对掌握羽毛球技术和提高羽毛球技术水平有着重要的影响。羽毛球技术中的握拍方法多种多样，基本的握拍方法有两种，即正手握拍和反手握拍（本章节均以右手握拍者为例）。

(1) 正手握拍

握拍之前，先用左手拿住球拍，使拍面基本与地面垂直，再张开右手，拇指放在宽柄上，食指在上，与大拇指分开，下面三个手指自然并拢，虎口对准拍柄窄面的内侧棱，拍柄与掌心间留有空隙（图 6.2.1）。正手发球、右场区各种击球及左场区头顶击球等，一般都采用这种握法。

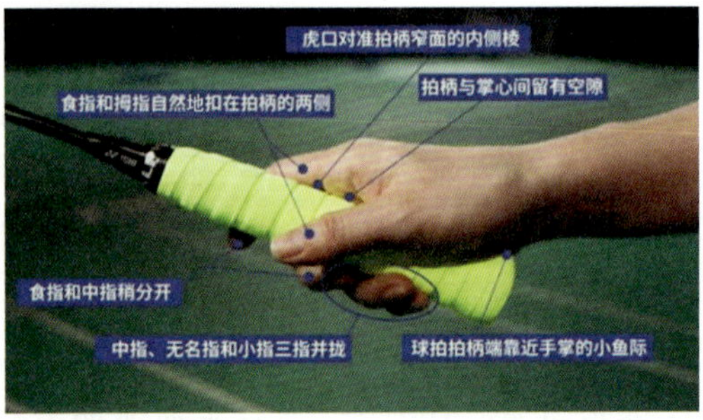

图 6.2.1 正手握拍

(2) 反手握拍

在正手握拍的基础上，拇指和食指将拍柄稍向外转动，拇指压住拍柄内侧的宽面上或内侧棱上，中指、无名指和小指并拢握住拍柄，柄端靠近小指根部，使掌心留有空隙（图 6.2.2）。球拍斜侧向身体左侧，拍面稍后仰。一般击身体左侧来球，大都先转体（背对网），然后反手握拍击球。

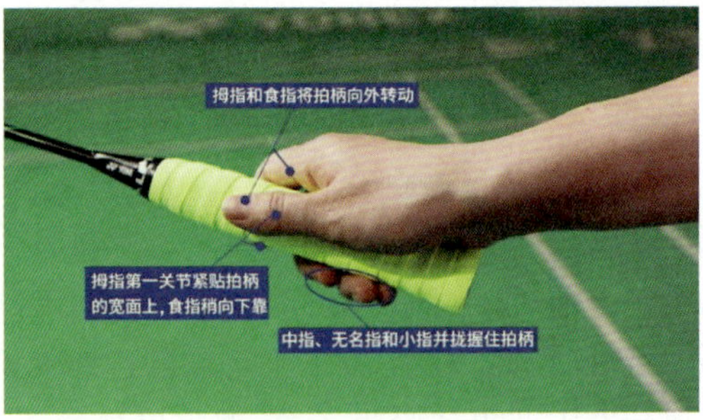

图 6.2.2 反手握拍

2. 发球

(1) 正手发高远球

准备姿势站好后，右手向后引拍，展腕，随之向上挥动；左手撒手放球，以转体和上臂的挥动带动前臂。当球拍快要与球接触时，前臂加速带动手腕向前上方闪动，由原来的伸腕姿势经前臂内旋至屈腕，利用手腕力量向前上方鞭打击球（图 6.2.3）。击球点应在右侧前下方，在拍面仰角（拍面与地面形成的角度）大于 135°的情况下把球击出去。

图 6.2.3　正手发高远球

（2）反手发网前球

反手发球时站在前发球区内前发球线及中线的附近。准备时面向球网，两脚前后站立上体稍前倾，身体重心在前脚上。右手反手握拍，左手拇指和食指捏住羽毛球羽毛边缘，球托明显朝下置于腹前腰下，球体与拍面平行或球托对准拍面放在拍面前方（图 6.2.4）。发球时主要靠小臂带动手腕朝前横切推送，动作小，力量也较小，但速度快。发平快球时，发力要突然，击球时拍面要有“反压”动作。

图 6.2.4　反手发网前球

3. 接发球

还击对方发过来的球叫接发球。接发球和发球一样，都是羽毛球最基本的技术，在比赛中同样起着重要的作用。发球方利用多变的发球来打乱接发球方的阵脚来争取主动，接发球方则是通过多变的接发球来破坏发球方的企图。对于初学羽毛球的人来说，接发球也是不可忽视的技术。接发球的站位和姿势：

(1) 单打站位：站在距离前发球线 1.5 米处，在右发球区要站在靠近中线的位置，在左发球区则站在中间位置，主要是防备对方直接进攻反手部位。一般左脚在前，右脚在后，双膝微屈，收腹含胸，身体重心放在前脚上，后脚脚跟稍抬起，身体半侧向球网，球拍举在身前，两眼注视对方。

(2) 双打站位：因为双打发球区比单打发球区短 0.76 米，发高远球易被对方扣杀，所以双打发球多以发网前球为主。接发球时要站在靠近前发球线的地方。双打接发球准备姿势和单打接发球的姿势基本相同，略有区别的是身体前倾较大，身体重心可以随意放在任何一脚，球拍举得高些，在球来到网上最高点时击球，争取主动，但要注意右场区对方发平快球突袭反手部位。

4. 击球

(1) 正手击高远球

正手击高远球是羽毛球上手击高远球技术中的基础。击球前，先判断来球的方向和落点，侧身后退使球在自己右肩稍前上方的位置，左肩对网，左脚在前，右脚在后，重心在右脚上，左臂屈肘，左手自然高举，右手持拍，大小臂自然弯曲，将球拍举在右肩上方，两眼注视来球。击球时，由准备动作开始，大臂后引，随之肘关节上提明显高于肩部，将球拍后引至头后，自然伸腕，然后在后脚蹬地、转体和腰腹的协调用力下，以肩为轴，大臂带动小臂快速向前上方甩动手腕，在手臂伸直的最高点击球(图 6.2.5)。击球后，持拍手臂顺惯性往前下方挥动并收拍至体前，与此同时，左脚后撤，右脚向前迈出，身体重心由后脚移到前脚。

图 6.2.5　正手击高远球

（2）吊球

把对方击来的后场高远球还击到对方的网前区的击球方法称作吊球。它的作用是调动对方站位，以利于组织进攻。在后场，若将吊球与高球或杀球结合起来运用，就能给对方造成很大的威胁。吊球可以用正手、反手或头顶击球技术来完成。

① 正手吊球。击球前期动作同正手击高远球动作。击球时，拍面正面向内倾斜，手腕作快速切削下压动作。若劈吊斜线球，则球拍切削球托的右侧，并向左下方发力。若劈吊直线球，则拍面正对前方，向前下方切削。

② 反手吊球。击球前的动作同反手击高远球，不同处是触球时拍面的掌握和力量运用。吊直线球时，用球拍反面切削球托的中后部，向对方右网前发力。吊斜线球时，用球拍反面切削球托的左侧，朝对方左网前发力。

③ 头顶吊球。头顶吊球也可分为劈吊和轻吊。其击球前的动作同头顶击高远球一样，不同的是球拍触球时拍面变化和力量的运用。吊直线球的动作同正手吊直线球基本一致，只是击球点不同。吊斜线球时，球拍正面向外转，切削球托的左侧，朝右前下方发力。

（3）杀球

把对方击来的高球全力向下扣压叫杀球。其击球前的准备姿势和击球动作与击高远球基本一样，不同的是最后用力的方向朝下，而且要充分利用蹬地、转体、收腹及手臂和手腕的爆发力全力地将球向下击出，击球的一刹那要紧握球拍。

① 正手杀直线（侧身起跳）和对角线球（侧身起跳）。正手杀直线球的准备姿势和动作要领与正手击高远球大体相同。步子到位后，屈膝下降重心，准备起跳。侧身起跳时，往右上方提肩带动上臂、前臂和球拍上举，以便向上伸展身体。起跳后，身体后仰挺胸成反弓形，接着右上臂往后向上摆起，前臂自然后摆，手腕后伸，前臂带动球拍由上往后下挥动，这时握拍要松。随后，凌空转体收腹带动右上臂往右上摆起，肘部领先，前臂全速往前上挥动，带动球拍高速前挥。当击球点在肩的前上方时，前臂内旋，腕前屈微收，闪腕发力杀球。这时手指要突然抓紧拍柄，把手腕的爆发力集中到击球点上。球拍和击球方向水平面的夹角小于90°，球拍正面击球托的后部，使球直线下行。杀球后，前臂随惯性往体前收，在回位过程中将球拍回收至胸前。正手杀对角线球的准备姿势和动作要领与正手杀直线球相同，不同点是起跳后身体向左前方转动用力，协助手臂向对角方向击球。

② 头顶杀直线球和对角线球的动作要领和准备姿势与头顶击高远球基本相同，不同点是挥拍击球时，要集中全力往直线方向或对角方向下压，球拍面和击球方向水平面的夹角小于 90°。

（4）搓球

搓球是用球拍搓击球的左或右侧下部与球托底部，使球向右侧或左侧旋转与翻滚过网。搓球有正手搓球和反手搓球两种。

① 正手搓球。击球前，前臂稍外旋，手腕由后伸至稍内收，闪动。击球时在正手放网前球动作的基础上，加快挥拍速度，搓切来球的右下底部，使球旋转翻滚过网。

② 反手搓球。击球前主要靠前臂的前伸外旋和手腕由内收至外展的合力，搓切球托的右侧后底部，使球侧旋翻滚过网；还可以前臂稍伸直，手腕由外展到内收，带动球拍向前切送，击球托的后底部，使球下旋翻滚过网。

（5）挑球

挑球是把对方击来的吊球或网前球挑高回击到对方后场去，这是在比较被动的情况下采取的一种防守性技术。挑球有正手挑球和反手挑球两种。

① 正手挑球。击球前前臂充分外旋，手腕尽量后伸，从右下向右前方至左上方挥拍击球(图 6.2.6)。在此基础上，若球拍向右前上方挥动，则挑出的是直线高球；若球拍向左前上方挥动，则挑出的是对角线高球。

图 6.2.6　正手挑球

② 反手挑球。击球前，右臂往左后拉抬时引拍。击球时前臂充分内旋，手腕由屈至后伸，闪动挥拍击球(图 6.2.7)。若球拍由左下向左前上方挥动，则球向直线方向飞行；若球拍由左下向右前上方挥动，则球向对角线方向飞行。

图 6.2.7　反手挑球

5. 步伐

(1) 跨步上网步伐

右脚先向来球方向跨出一小步，接着左脚向前跨出一步，最后右脚再跨出一大步到位击球。

(2) 并步后退步伐

右脚向右后侧身退一步，并带动髋部向右后转，接着左脚用并步靠近右脚，右脚再向后移动到位，左脚跟进一小步，呈左脚在前右脚在后、侧身对网的击球准备动作。

(3) 两侧移动步伐

① 正手接杀球步伐。正手垫步接杀球步伐，起动后左脚蹬地向右脚迈出第一小垫步，同时向右转体 90°，面向来球方向，重心在左脚上。右脚向来球方向跨出第二步，击球后，跨步脚一触地即向中心位置退回一小步，左脚紧随其后向中心位置退回第二步回位。

② 反手接杀球步伐。来球距离身体较远时，起动后左脚蹬地向来球方向迈出第一小步，向左转体，背向球网，身体重心在左脚上。右脚紧接其后向来球方向迈出第二步蹬跨步，准备击球。完成击球后，跨步脚着地迅速向中心位置退回第一步，同时向右转体，左脚退回第二步，两脚再接一小跳步完成回位。

（二）基本战术

羽毛球战术是指运动员在比赛中为表现出高超的竞技水平和战胜对手而采取的计谋和行动。在羽毛球比赛中，双方都想要控制对手，力争主动，为此能够根据不同对手的特点，采取相应变化的技术手段战胜他，这便是战术的意义。羽毛球战术又分为单打战术和双打战术两种。

1. 单打战术

单打战术包括发球抢攻战术、攻后场战术、逼反手战术、打四点球突击战术、扣杀上网战术、先守后攻战术。

2. 双打战术

双打战术包括攻人战术、攻中路战术、攻直线战术、攻后场战术、后攻前封战术、守中反攻战术。

三、 练会羽毛球

（一）握拍练习

（1）教师用讲解法陈述技术动作要领，帮助学生建立动作的概念和印象。

（2）学生通过观看教师的教学视频进行模仿练习。

（3）教师检查学生握拍的部位是否准确，并纠正错误。

（4）学生体验握拍的松紧度。

（5）学生学习正、反手握拍的转换方法。

（二）球感练习

（1）捡球：讲解正确的捡球方法，从易到难，让学生根据学习的情况逐步掌握。

（2）接球：讲解正确的接球方法，从一个人自抛自接到接住同伴击打过来的球，体会接球瞬间的卸力。

（3）颠球：讲解正确的颠球方法，从正手、反手、正反手交替颠球到背后颠球，逐步递进练习，20 个一组。

（三）正手发高远球和正手挑球技术的教学

（1）正手向上颠球练习：先保持展腕，握拍放松，用前臂内旋动作击球，中指、无名指和小指由松到紧发力击球，加上手腕的回环动作击球，再加上前臂的回环动作以加强击球力量。

（2）分别位于左右半场中线附近，向对角有效区域发正手高远球，30 个一组。

（3）两人一组，一人扔球，另一人进行正反手挑球练习，30 个一组。

（四）后场高吊杀球技术的教学

（1）按照技术动作要领，持拍做好准备、引拍、挥拍、击球的基本架拍练习，根据口令，30 个一组。

（2）采用多球练习，一人不断向固定地点扔出高球，另一人进行原地高远球击球练习，30 个一组。

（3）采用多球练习，一人不断向固定地点发出高远球，另一人进行高远球练习，30 个一组。

(4) 采用多球练习,一人不断向固定地点挑出高远球,另一人进行吊球练习,30 个一组。

(5) 采用多球练习,一人不断向固定地点发出高远球,另一人进行杀球练习,30 个一组。

(五) 网前搓球技术的教学

(1) 按照技术动作要领,进行搓球的基本动作定型,30 个一组。

(2) 采用多球练习,一人不断向固定地点扔球,另一人分别进行正反手搓球练习,30 个一组。

(3) 两人互搓网前球,其中一人练习正手,另一人练习反手,30 个一组。

(六) 全场步伐的教学

(1) 进行并步、交叉步、垫步、蹬跨步等基本步伐的练习,20 个一组。

(2) 进行前场、中场、后场步伐的分解练习,20 个一组。

(3) 进行前场、中场、后场步伐的组合练习,20 个一组。

四、 羽毛球竞赛规则

【竞赛规则】

教学相长

一、 课程思政元素

通过学习本课程,提高学生对羽毛球运动的兴趣,并把思政教育元素贯穿到课堂。培养学生拼搏精神和爱国主义情操,激发学生爱党、爱国、爱社会主义的深厚情怀,增强课堂的育人效果。让学生了解羽毛球竞赛规则和基本的理论知识,掌握相关的技术和战术,结合羽毛球的专项步伐提高学生的身体素质,培养其规则意识和坚强的意志品质,引导学生能够保持乐观、积极的心态完成每个动作;培养学生良好的心理调适能力和社会适应能力,为成为德、智、体、美、劳全面发展的社会主义建设者和接班人打下坚实的基础。通过羽毛球相关的游戏和比赛等教学手段,培养学生的团队意识和集体主义精神,让学生在相互协作的良好氛围中发扬奋勇争先、不抛弃不放弃的精神。

通过学习本课程,增强学生的健体意识,建立高尚的审美情趣,能够运用羽毛球这项运动的思维去发现问题,解决生活和学习中遇到的问题,树立“健康第一”的理念,养成“终身体育”的健身意识。

二、 羽毛球教学大纲

【教学大纲】

教学思考

(1) 简述羽毛球运动的健身价值。

(2) 列举几种提高羽毛球技术的途径,并针对自身的情况说明哪种方式最容易提高羽毛球技术。

(3) 请说出一个你最喜欢的羽毛球运动员,并回忆一下他(她)的哪场比赛对你而言印象最深,为什么?

(4) 羽毛球教学中有句俗语叫“三分手七分脚”,对这句话你是如何理解的?

第三节 网球(板式网球)

教学目标

(1) 价值塑造：对学生进行网球文化及礼仪等方面的基本理论知识教学，使学生认知网球项目的综合育人作用，锻炼学生坚韧不拔的意志品质，培养学生顽强拼搏、永不放弃的良好品质，培养学生的团队精神和协作能力，激发学生对网球运动的兴趣，树立终身锻炼的意识，养成锻炼的习惯。

(2) 能力培养：全面提高身体素质与运动能力，开发新的运动技能，并通过课堂教学活动提高学生自主合作学习能力和组织能力，提高学生的速度、力量、耐力等身体素质，增强身体的抵抗力和反应能力，促进学生身心健康发展。

(3) 知识传授：了解网球运动发展历史，掌握网球运动的基本技术，了解竞赛基本规则，学会组织网球比赛，探索网球比赛中的奥秘。学会分析网球比赛中网球选手的打法及技战术的运用，了解网球技术教学更新迭代等，学会欣赏网球比赛，并在观赛中发现网球的魅力，提高对网球的审美和对网球运动的热爱。

教学内容

【在线习题】

一、认识网球

(一) 网球运动的历史发展趋势

网球的起源可以追溯到 12～13 世纪的法国。当时在传教士中流行着一种用手掌击球的游戏，即在空地上两人隔一条绳子，用手掌将布包着头发制成的球打来打去，如图 6.3.1 所示。

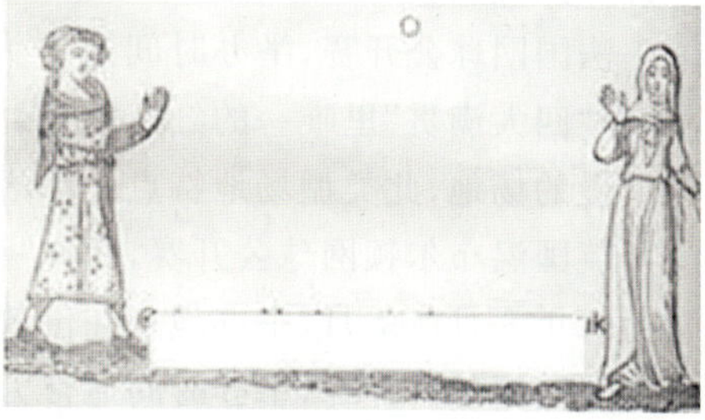

图 6.3.1 男士和女士在用手掌击球

1358—1360 年，古式网球从法国传入英国。15 世纪发明了穿弦的球拍，16 世纪古式室内网球成为法国的国球。

近代网球起源于 19 世纪的英国。1873 年，英国人在羽毛球运动的启示下，设计了一种适用于户外的、男女都可以从事的网球运动。1877 年，在英国伦敦郊外温布尔顿设置了几片草地网球场地，并在同年 7 月举办了首届草地网球锦标赛，即温布尔顿第一届比赛。1881 年，美国成立了世界上第一个全国性网球协会，即全国草地网球协会。1896 年在雅典举行的第一届现代奥运会上，网球的男子单打和双打被列为正式比赛项目。1913 年 3 月 1 日在法国巴黎成立了世界网球的最高组织——国际网球联合会。

（二）我国网球运动的发展

网球运动于19世纪后期传入中国。1910年在南京举行的中华人民共和国成立前的第一届全国运动会上，男子网球被列为正式比赛项目。从20世纪80年代开始，我国网球运动水平有了较大幅度的提高。2004年，李婷、孙甜甜获得了奥运会女子双打金牌。2006年在澳网、温网公开赛上，郑洁、晏紫分别夺得女子双打冠军，创造了中国网球运动的新纪录。之后，李娜在2011年法网、2014年澳网获得两次女子单打大满贯，最好成绩是世界排名第二，创造了亚洲最高排名。近两年，我国球员纷纷在大赛上崭露头角：女子球员中张帅、王欣瑜在双打比赛中获得大满贯，郑钦文则在法网及其他比赛中表现出巨大潜力。男子球员中张之臻、吴易昺、商竣程在单打赛事中也表现出了强大的竞争力。

（三）国际网球赛事

“四大满贯”为主要国际网球赛事，分别是澳大利亚网球公开赛、法国网球公开赛、英国温布尔顿网球公开赛、美国网球公开赛，如图6.3.2所示。

图 6.3.2 “四大满贯”赛事标志

澳大利亚网球公开赛，举办时间通常为每年1月的最后两周，举办地点在墨尔本。澳网是“四大满贯”赛事中最“年轻”的赛事，始于1905年，场地与美网一样是硬地场地，但材质有些许不同，澳网场地的球速慢于美网。目前，澳网场地的球速有所变化，变得快于美网。

法国网球公开赛，举办时间通常为每年5月至6月，举办地点在巴黎罗兰·加洛斯球场，是“四大满贯”里唯一的红土场地。红土场的特殊场地材质使法网成为“四大满贯”中球速最慢的场地，此类型场地特点是球落地时与地面有较大的摩擦，球速较慢。

英国温布尔顿网球公开赛，简称“温网”，是“四大满贯”中唯一的草地场地。举办时间通常为每年6月或7月，举办地点在伦敦。

美国网球公开赛，举办时间通常为每年8月末至9月初，举办地点在纽约。美网以商业和创新为特色。

“四大满贯”赛事都分为男子单打、男子双打、女子单打、女子双打、混合双打，冠军获得2000个积分。

此外还有九大ATP1000巡回赛，都是以大师赛来命名的，分别为红土场地的蒙特卡洛、马德里、意大利大师赛，以及硬地场地的印第安韦尔斯、迈阿密、加拿大、辛辛那提、上海、巴黎大师赛。我国除了上海大师赛，还举行ATP500赛事、ATP250赛事，其中ATP500的冠军获得500个积分，ATP250的冠军可获得250个积分。

（四）网球运动的特点与价值以及网球运动的基本知识

1. 网球运动的特点

（1）网球是一项技术性运动。球员要具备扎实的基本功和良好的竞技状态。

（2）网球是一项快节奏的运动。一个球从离拍到触及对方场地，大概一秒多钟的时间，从判断对手的意图、拍触球时角度、球速、力度、球飞行弧线与旋转度等，到自己迅速制订多个击球方案并选择最优方案，击出最可行的控球行为。这需要极快的反应能力。

（3）水平高，争夺激烈，谁都不能保证自己永远是第一。

2. 网球运动的价值

（1）网球具有独特的健身价值。一个网球运动员，无论在力量、速度、耐力、柔韧性和灵敏性方面，都必须具备良好的素质。

（2）培养良好的意志和作风。在网球运动中，特别是在比赛中，人们通过进攻与防守，控制与反控制，既斗智，又斗勇，锤炼了个人的意志品质和心理素质，有利于培养拼搏进取的作风和胜不骄、败不馁的道德风尚，有利于提高克服各种困难的勇气。

（3）娱乐。网球男女皆宜；网球是隔网运动，没有身体接触，不容易受伤；网球是项高雅运动，穿着漂亮的球衣到户外挥洒本身就是享受；网球的竞技性令人难以割舍；等等。

（4）团结协作，增进友谊。练习网球需要对手或球友。通过网球运动可以交流球艺，增进友谊。特别是参加双打比赛，可以培养人们相互信赖、团结协作、密切配合的合作意识。它还是一项新的社交活动，可以促进彼此的沟通和理解。

（5）网球具有独特的欣赏价值。与其他体育项目相比较，网球独特的欣赏价值体现在它是一种技巧性很强的对抗运动，同时还体现在它特有的美的艺术氛围上。从场地设施到器材使用，以至比赛环境的布置，可以说网球除了讲究实用之外，无处不注意美的氛围的营造。

二、学会网球

【视频讲解】

1. 握拍

（1）大陆式握拍

大陆式握拍是一种可以用来做任何击球的握拍方式。大陆式握拍主要用于发球、网前球、过顶球、削切球以及防御性击球。大陆式握拍就是将食指根放在第一个斜边上，使虎口的 V 形在拍柄上部。如果是左手，就把食指根放在第四个斜边上，如图 6.3.3(a)所示。

（2）东方式握拍

东方式握拍法因最初广泛使用于美国东部的沙土场地面而得名，手平放在球拍面上，然后下滑握住拍柄；将球拍平放在桌面上，抓起球拍；这些小技巧可以使初学者快速掌握东方式握拍方法，如图 6.3.3(b)所示。

（3）半西方式握拍

从东方式握拍顺时针方向转动（左手握拍逆时针方向转动）手，直到食指根放在下一条斜边上，这时的握拍就是半西方式握拍。这种握拍方式在强力底线型职业选手中盛行，很多职业教练也会鼓励他们的学生使用这种握拍方式，如图 6.3.3(c)所示。

（4）西方式握拍

西方式握拍是在美国西部加利福尼亚州的水泥硬地球场上发展起来的一种握拍方法。这种握法的正反手击球都使用网拍同一个面，在软式网球中多采用这种握法。使用这种握法打反弹球时，正手能打出强劲的上旋球，反手多打斜球。这种握拍方式特别适合打跳球和齐腰高球，但对截击球和低球，特别是反手近网球，极不方便，如图 6.3.3(d)所示。

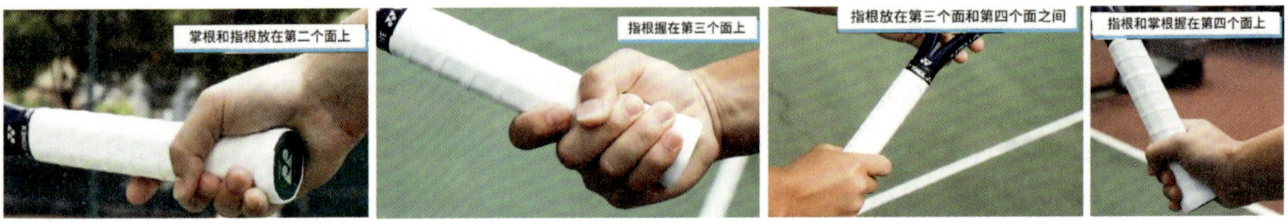

(a)　(b)　(c)　(d)

图 6.3.3　握拍

(a)大陆式握拍；(b)东方式握拍；(c)半西方式握拍；(d)西方式握拍

2. 准备姿势及站位

（1）准备姿势

眼睛注视来球方向，持拍手准确握拍，非持拍手轻托拍颈，拍把置于腹前；手肘轻微弯曲，既不能伸得太直也不能夹在身体两侧；双臂自然放松，双腿分开距离稍大于肩宽，膝盖微曲，如图 6.3.4 所示。

图 6.3.4　准备姿势

（2）站位

① 发球站位

单打发球站位：每局开始，先从右区端线后靠近中线发球，得或失一分后，应换到左区端线后靠近中线发球，得或失一分后，再到右区，以此类推。

双打发球站位：每局开始，先从右区端线后靠近单打边线发球，得或失一分后，应换到左区端线后靠近单打边线发球，得或失一分后，再到右区，以此类推。

② 接发站位

接发大多靠近单打边线站位，比较适中；也可以根据自身长处来做一些弥补，前后没有固定位置，根据对手的击球速度和质量来判断。

③ 相持站位

不必每次都回到场地的最中间，而是回球击打结束后，对手可能回击范围的中间。如遇到对手上一拍回球位置很偏时，就要在对手再一次临近击球时做出分腿垫步动作，准备下一拍，保持重心平稳即可。

④ 网前站位

单打网前站位：发球线前，尽量在球场中间附近站位，对手在哪边就可以往相同方向多靠一点。

双打网前站位：发球线前，在打右区网前时，多保护右区的双打边线，在打左区网前时，多保护左区的双打边线，可以尽量往前站，高球打不到时，由队友保护。

3. 正手击球基本技术

正手击球是网球技术中最基本的击球方法，也是初学者的入门技术，又是多数运动员用以得分取胜的主要手段。正手击球握拍通常采用半西方式握拍法，即虎口对准拍柄第二个棱面。正手击球由四个环节组成，即准备姿势、侧身拉拍、挥拍击球和随挥跟进。底线正手击球技术动作如图 6.3.5 所示。

图 6.3.5　底线正手击球技术动作

4. 反手击球基本技术

反手击球是网球最重要的基础技术，也是最常用的底线技术，拥有稳定且良好线路控制能力的反手是赢得网球比赛的关键。网球反拍击球是击打与持拍手相反方向来球的技术动作，它与正手击球一样，也是网球基本技术中最常用的击球方法。反手击球的技术动作主要包含准备姿势、转体引拍、挥拍击球、结束姿势这四个技术环节。底线双手反拍技术动作如图 6.3.6 所示。

图 6.3.6　底线双手反拍技术动作

5. 单反击球基本技术

单手反拍是一种比较难掌握的技术，一旦掌握，它可以让你的比赛变得更加灵活和多变。在比赛中，可以用单手反拍来应对各种不同的球路，如高球、低球、快球、慢球等。底线单手反拍技术动作如图 6.3.7 所示。

图 6.3.7　底线单手反拍技术动作

6. 发球基本技术

(1) 下手发球技术:将球抛出后在肩以下位置挥拍击球。这种发球容易上手,适用于初学者。其在高水平比赛中并没有成为常规技术手段,而是在某特定时刻(如对手站位过后或注意力不集中时)作为偷袭手段。下手发球技术动作如图 6.3.8 所示。

图 6.3.8　下手发球技术动作

(2) 上手发球技术:将球抛出后在头顶位置挥拍击球。这种发球技术速度快、攻击性强。在高水平网球比赛中,球员通常会采用上手发球直接得分或占据场上主动权。上手发球技术动作如图 6.3.9 所示。

图 6.3.9　上手发球技术动作

7. 截击技术

截击技术(图 6.3.10)是指在球落地之前凌空击打的一项技术。在比赛中,截击技术是一项有效的进攻技术,可有效减少对手回球时间,增加回球的压力。

图 6.3.10　截击技术动作

8. 高压技术

高压技术(图 6.3.11)是指在头上用扣压的动作完成击球的一项技术。它是从头的上方把球扣到对方场地,故又称“杀球”,其落点准、力量大。根据对方挑过来的球的高低程度不同,高压球可分为落地高压球和凌空高压球两种。

图 6.3.11　高压技动作

三、 练会网球

(一) 网球教学的组织形式

网球集体课教学可采取动态分层教学、合作分组学习教学、小组教学模式,可以有效提高网球教学的教学质量。在合作分组学习教学中,学生除了直接与教师发生联系外,学生之间也存在互动,为学生自主学习创造了条件。

(二) 网球教学的注意事项

教师在网球课教学中应注意趣味性,可将各种形式的小游戏穿插在教学课堂中。即使是训练初学者,也要让他们在第一课堂上,在游戏中学习打网球。每堂训练课的内容安排或每个训练计划的制订,都需注意练习内容要使学生感到非常有趣,给学生带来愉快的网球经历,使其成为他们持续学习网球的动力。

(三) 网球运动的教学方法

1. 示范

教师的正确示范是网球运动教学的一种基本手段。它能使学生通过视觉真切地感知动作的形象、结构、要领和方法，建立整体动作概念，从而帮助学生掌握正确的网球技术。教师正确、优美、恰当的示范有助于提高学生的学习兴趣，激发他们的学习欲望。

2. 讲解

在网球教学中，讲解也是一种重要的教学手段。它是教师运用语言启发学生积极思考，深入对教材内容的理解，促进对技术、技能掌握的基本方法。

3. 分解教学与完整教学

在具体实施教学时，一般有两种方法，即分解教学和完整教学。分解教学是把一个完整的动作技术合理地分成几个部分，按部分逐次进行教学，以便学生完整地掌握动作技术。完整教学是从动作的开始到结束，不分部分和段落地进行教学。

（四）学生的练习方法

学生的练习方法包括基本步伐练习、专项步伐练习、底线技术练习、发球技术练习、截击练习、挥拍模仿练习、前方抛球练习、对墙练习、双人练习等。

四、网球竞赛规则

【竞赛规则】

教学相长

一、课程思政元素

（1）网球教学设计增加思政目标

在高校网球教学设计中融入思政教育目标，能够全面引领网球教学课程思政的有效开展。高校网球教学宜构建知识目标、能力目标和育人目标三位一体的教学目标模式，知识目标是让学生更好地掌握网球基本知识和技能；能力目标是训练学生具备创新思维和分析解决问题的能力；育人目标是让学生通过网球训练磨炼意志品质、追求高尚情操。

（2）网球教学方式要结合课程思政实现创新

在高校网球教学过程中，教学方式要围绕课程思政目标实现创新。相对于网球技术训练的枯燥，教师应灵活运用情景化、游戏化等各种教学方式，增强网球教学的趣味性，从而提高学生对网球课程的学习兴趣和学习效果，在潜移默化中对学生进行德育教育。

（3）提升网球教师的思政育人意识和能力

作为高校网球课程授课教师，要牢固树立课程思政与思政课程同向同行的大思政观念，增强自身课程思政育人的意识，提升践行课程思政的自觉行动。只有自身意识的提升，才能带动教学中课程思政活动的开展。

（4）教学中做到以人为本，因材施教

高校网球教学课程思政的开展要以学生为本，兼顾不同学生的不同需求。高校网球任课教师要在开展教学前充分掌握学生的整体情况和个体差异，制订有针对性的网球教学课程思政计划，找到激发学生对网球教学课程思政喜爱的支点，使学生感受到来自教师的人文关怀，让网球教学课程思政整体质量得以提升。

(5) 建立合理的网球教学评价体系

应当建立一套完善的网球教学评价体系，不仅要对学生的网球技能掌握情况进行评价，还要从素质教育角度出发，对学生的身心健康发展进行评价分析，将高校的网球教学与课程思政理念结合起来，提升学生的道德素养，促进学生全面发展。

二、网球教学大纲

【教学大纲】

教学思考

(1) 让学生观看一场网球比赛，分析此场网球比赛中两位球员的动作和技术打法。

(2) 判断不同来球的旋转方式并进行分析，找出应对不同来球的解决方法。

(3) 分析比赛中在领先、落后的情况时分别应以怎样的心态面对。

板式网球

有关板式网球的内容，受限于篇幅，将这部分内容放在【板式网球】二维码中，供读者参考。

【板式网球】

第四节　柔力球

教学目标

(1) 价值塑造：教师对学生进行太极文化和传统礼仪、音乐韵律方面的基本理论知识教学，使学生认知柔力球项目的综合育人作用，激发学生对民族传统文化的热爱，并培养学生的团队意识、合作精神及坚韧不拔的品质。

(2) 能力培养：发展学生的速度、力量、耐力、灵敏、柔韧等素质，提高学生组织能力和交往能力，促进学生全面发展；了解柔力球运动的锻炼价值，培养学生的兴趣和爱好，逐渐建立终身体育意识。

(3) 知识传授：学生应掌握柔力球基本理论知识、基础套路、基本技术及基本竞赛规则等，了解柔力球项目花式和网式两种运动形式的联系与各自特点。

教学内容

【在线习题】

一、认识柔力球

(一)柔力球运动的起源与发展

柔力球是以太极原理为理论基础、弧形引化为技术特征,以隔网对抗和套路表演为主要运动形式,结合现代健身理念,具有鲜明民族特色的健身运动项目。柔力球运动起源于我国山西省晋中市,是20世纪90年代初由白榕发明的。白榕于1991年正式完成了"太极娱乐球"和"球拍"两项专利的设计,并向国家专利局申请了发明专利,获得了批准。1992年"太极娱乐球"更名为太极柔力球(简称"柔力球"),后得到了原国家教委评审小组的审核认定,于1994年批准进入我国大中小学体育课堂。

1996年,中华全国总工会和国家体委批准将柔力球列为第三届全国工人运动会的正式比赛项目,在工矿企业中掀起了一个推广高潮。2002年,中国老年人体育协会成立了柔力球推广组,开始面向全国中老年群体推广柔力球运动。2009年起,按照国家体育总局的要求,国家体育总局社体中心通过赛事、培训、"大篷车"等一系列大型活动推广柔力球运动,并逐步完善了竞赛规则和技术体系。2015年,国家体育总局社体中心成立了全国柔力球运动推广委员会,将柔力球运动的发展推向一个新的历史阶段。

2011年5月,在国家体育总局的支持下,国际柔力球联合会在澳门注册成立。2012年6月,国家体育总局社体中心在江苏常州举办了首届全国柔力球大赛,之后每年都举办一届全国柔力球大赛。2012年9月,在柔力球的发源地——晋中市举办了首届国际柔力球交流大会,共有来自国内外46支代表队,400余名运动员参加比赛交流。到2022年,晋中国际大赛共举办了五届,进一步推动了柔力球运动的国际化进程。特别是在2017年的第十三届全运会上,柔力球被列为群众类正式比赛项目,更是在全国范围内掀起了柔力球运动的练习高潮,极大地促进了柔力球技战术的发展。

柔力球运动是民族的,更是世界的。随着柔力球的不断发展,越来越多国家和地区的爱好者对这项运动产生了浓厚的兴趣。目前,已经有德国、俄罗斯、匈牙利、荷兰、法国、日本等20多个国家开展了这项运动,并成立了相应的协会和专门组织,不同肤色、不同地域的爱好者参与其中,共同享受着柔力球运动带来的健康和快乐。

(二)柔力球项目特征与核心技术

1. 柔力球项目的特征

柔力球项目的特征为柔、圆、退、整。

(1)"柔"是柔力球的灵魂,是柔力球运动的最大特色和魅力所在,体现在运动形式上就是"以柔克刚"。

(2)"圆"是柔力球最基本的动作元素。柔力球运动无处不圆、无时不圆,万变不离其圆。"圆"是柔力球运动特有的形态标志,"圆"也是化解力量和聚集力量的最佳选择。它可以在短时间内获得最长的距离和最大的速度,柔力球运动巧妙的攻防转化都在圆中完成。

(3)"退"是柔力球运动战略思想的开端和基础,每一个动作的完成是以退为前提。当球飞来时,以退为进,先用柔缓的技巧引化来球,顺势借力带球旋转,将球沿所画圆弧切线方向抛出。在这个过程中，只有退的时机、方向、力量恰到好处，才能顺利地完成技术动作。

(4)"整"是柔力球运动的根本。柔力球从入球到出球是在一条连续、光滑、完整、没有折拐的圆弧曲线上完成的，是不可分割的"一条弧线"。接抛球时根据来球做好判断，蹬地转腰，在身体合力作用下，由腰身带动躯干、手臂、球拍和球完成弧形引化。每个动作的完成都是周身协调、上下相随、一气呵成，体现出完整用力、一动全身皆动的特征。

2. 柔力球核心技术为弧形引化

弧形引化过程包括迎球、引球、抛球三个阶段(图 6.4.1)，三个阶段在整体动作中融会贯通，连为一体。

(1) 迎球：A 到 B 之间的连线为迎球过程。当球飞来时，向来球方向主动伸拍迎球，球拍与来球做相对运动，获得充分的缓冲距离和入球时间。

(2) 引球：B 到 C 之间的连线为引球过程。在球快入球拍时，将球拍顺球的运动方向和轨迹同向运动，当球拍与来球的速度接近时，使球从球拍的边框处柔和地切入球拍，恰到好处地将来球的力量引入抛球圆弧，使抛球过程获得更大的初速度。

(3) 抛球：C 到 D 之间的连线为抛球过程。身体带动手臂和球拍在一个同半径、同转轴、同平面的圆弧曲线上进行均匀变速运动，将身体合力与"引"球过程导入的来球之力合为一体，并选择出球方向，将这个力在抛球过程的最初阶段作用于球拍和球，使它们沿抛球圆弧转动。当球拍挥旋停止或减速时，利用惯性使球从球拍引化方向的边缘沿着引化圆弧的切线方向飞出。

弧形引化中的引球过程(B 到 C 之间的连线)和抛球过程(C 到 D 之间的连线)彼此相连、不可分割，是一条连续、光滑、完整、没有拐点的圆弧曲线，其圆弧曲线轨迹小于 360°。

弧形引化过程的用力开始于引球入拍阶段，在退让引化借来球之力的同时，协调周身形成化发一体的合力，在其合力持续作用下，球拍带球旋转，沿所画圆弧切线方向将球抛出。整个用力过程连贯完整、一气呵成，不能出现引化间断、折向发力等二次用力现象。

在弧形引化过程中，要注意拍弧对应关系(图 6.4.2)，即弧形引化中拍面始终与所画圆弧相切，拍面始终对向弧内圆心方向，球保持在球拍的内侧。出球时，球拍沿着引化圆弧切线方向运行。在球出球拍的瞬间，出球点的拍框外缘与出球方向保持一致。

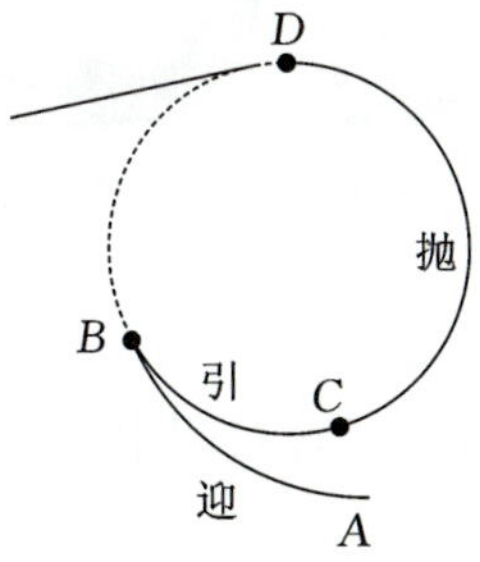

图 6.4.1　弧形引化运动轨迹

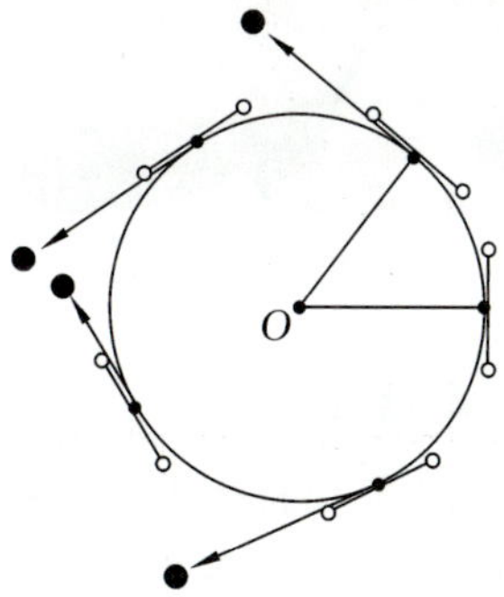

图 6.4.2　弧形引化拍弧对应关系

(三) 柔力球运动的项目分类

柔力球运动的主要表现形式有套路表演(也称"花式柔力球")和隔网竞技(也称"网式柔力球")两种，还有游戏比赛、趣味竞技等，可根据自身的兴趣、爱好、特长、身体素质等情况灵活选择练习项目。

1. 套路表演(花式柔力球项目)

在正式比赛中,可根据赛事的规模、层次等实际情况设置:集体规定套路、集体自编套路、双人自编套路、单人自编套路。

2. 隔网竞技(网式柔力球项目)

在正式比赛中,可根据赛事的规模、层次等实际情况设置:混合团体(男单、女单、混双)、男子单打、女子单打、男子双打、女子双打、混合双打。

【视频讲解】

二、学会柔力球

(一)握拍

握拍是最基础和最简单的基本技术,也是最容易被忽略的基本技术。正确的握拍法,对准确、全面、迅速地掌握基本技术意义重大。正确的持拍,有助于练习者在套路演练和隔网竞技中随心所欲地控制球拍和球。握拍方法有正握和反握两种。

1. 正手握拍

用拇指和食指第一指节的指腹部位,相对捏住拍柄上与拍面平行的两个面,其余手指自然弯曲依次扣握,拍柄的尾部靠在手掌的小鱼际处,掌心要空出,以便球拍在手中自然运转,如图 6.4.3 所示。

2. 反手握拍

用拇指和食指第一指节的指腹部位,相对捏住拍柄上与拍面垂直的两个面,其余手指自然弯曲依次扣握,拍柄的尾部靠在手掌的小鱼际处,掌心要空出,以便球拍在手中自然运转,如图 6.4.4 所示。

图 6.4.3　正手握拍

图 6.4.4　反手握拍

(二)基本站位

柔力球的基本站位特指柔力球隔网竞技(网式项目)在接抛球过程中特有的准备姿势,有正手基本站位和反手基本站位两种。

1. 正手基本站位

接抛持拍臂身体同侧来球的站位方法。面向对方,持拍臂异侧脚在前,同侧脚在后,两脚自然开立,略宽于肩,两膝弯屈略内扣,重心在两脚之间,脚跟略微提起,以前脚掌着地,髋关节放松,含胸收腹,上体略向前,平视前方,持拍自然置于持拍臂身体同侧前上方,如图 6.4.5 所示。

2. 反手基本站位

接抛持拍臂身体异侧来球的站位方法。面向对方，持拍臂同侧脚在前，异侧脚在后，两脚自然开立，略宽于肩，两膝微屈略内扣，重心在两脚之间，含胸收腹，注视前方，持拍自然置于持拍臂身体异侧前上方，如图 6.4.6 所示。

图 6.4.5　正手基本站位

图 6.4.6　反手基本站位

（三）柔力球套路表演（花式项目）基本技术

1. 左右摆动

两脚自然开立，两膝微屈，以身体纵轴为轴，两臂前抱圆，拍尖向前，拍框垂直于地面，持拍臂由右向下向左挥旋至左前上方，形成开口向上的半圆，再沿原轨迹挥旋至起始位置。左臂随持拍臂顺势摆动或体前交叉，如图 6.4.7 所示。要求圆弧左右对称，重心先沉后移，合理利用身体弹性。

图 6.4.7　左右摆动

2. 左右抛接

在左右摆动的基础上，沿所画圆弧的切线方向，在所画圆弧初始阶段均匀加速加力，在惯性的作用下，将球在身体左前上方抛出，拍形不变，当球下落时将球切入球拍沿原轨迹向右抛出，左臂随持拍臂顺势摆动或体前交叉，如图 6.4.8 所示。要求以腰带臂，用力完整，球的出入必须在所画圆弧的切线上。

图 6.4.8　左右抛接

3. 正反绕环

双脚开立，在体前做垂直于地面的顺时针方向和逆时针方向绕环动作，左臂随持拍臂顺势摆动或体前交叉，如图 6.4.9 所示。要求用力完整，重心移动，绕环半径与平面固定。

图 6.4.9　正反绕环

4. 左右平旋

两臂上抱圆，左脚向左迈出，同时右脚向左侧 180°处上步扣脚，左脚继续向后 180°处撤步，完成 360°旋转，如图 6.4.10 所示。向右平旋与向左平旋动作相同方向相反。要求两臂展开保持对称，旋转时利用膝关节的弹性保持身体平衡。

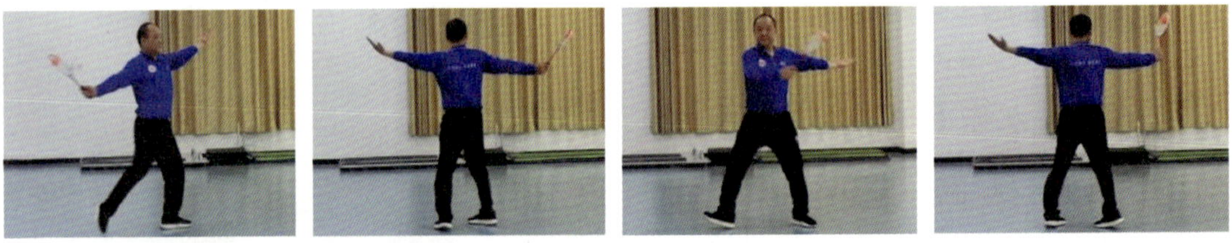

图 6.4.10　左右平旋

5. 左右立旋

双脚开立，两臂展开，持拍臂置于体前，左脚向左迈出，同时右脚向左侧 180°处上步扣脚，左脚继续向后 180°处撤步，完成 360°旋转，持拍臂画立圆，如图 6.4.11 所示。向右立旋与向左立旋动作相同、方向相反。要求通过预摆，蹬地获得力量，两臂展开保持平衡。

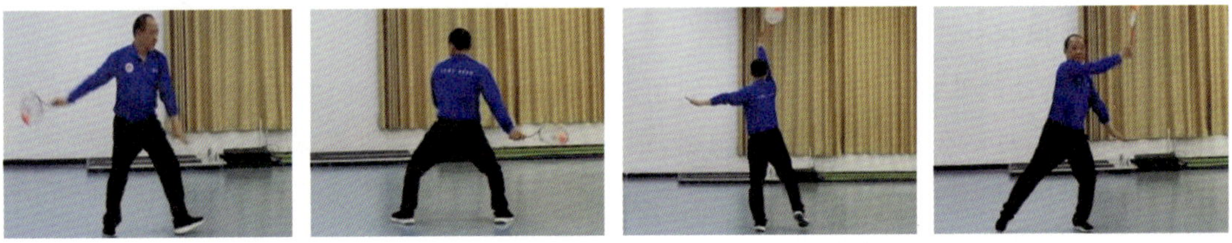

图 6.4.11　左右立旋

6. “8”字绕环

持拍臂从右下侧，经左前、左后、右前至右后，完成横向“8”字轨迹的绕环，左臂随持拍臂顺势摆动或体前交叉，如图 6.4.12 所示。要求以腰带臂，左右对称，圆润流畅。

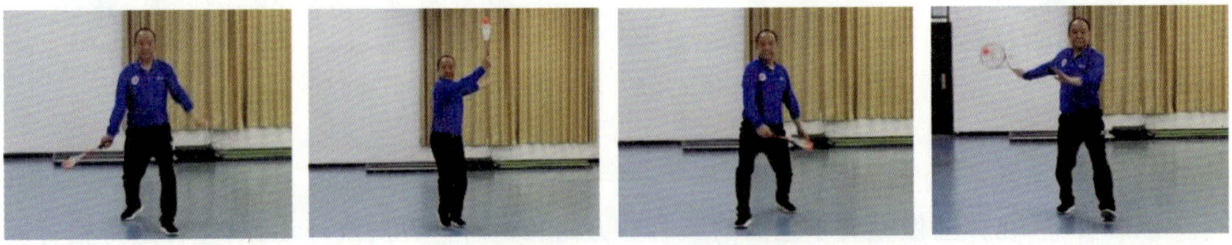

图 6.4.12　“8”字绕环

（四）柔力球隔网竞技（网式项目）技术

1. 发球

（1）特点与作用：发球是一场比赛中每一分的开始，它是柔力球比赛中唯一不受对方制约和限制的技术，可以最大限度地施展自己的战术，具有极大的自主性。在发球时，球员应该充分利用自己的技术风格和特长，破坏对方的站位或战术，限制对方技术特长的发挥；同时尽可能地为发球抢攻创造条件，赢取更多的直接得分机会。发出的球以其在空中飞行轨迹的不同分为高远球、平快球和网前球三种。

（2）动作要领：发球时，双脚自然开立，左手拿球，右手持拍，左手将球由身体的前方向后上方抛出，在球抛出手至少10厘米后才能够进入球拍，在抛球的同时右手持拍向前迎球，球入拍后，做完整的弧形引化动作，将球顺势抛出。发球时，必须有一只支撑脚不得移位和脱离地面，必须采用正确的接抛球技术，以高入低抛的弧形引化动作将球抛出。

（3）发球时的常见错误：

① 挥拍动作不以肩为轴，而仅以手腕或小臂的挥动来发球，无完整的弧形引化或引化动作不明显，硬性将球击出。

② 球未明显抛起，或利用身体遮挡发球。

③ 为达到增加发球威胁的目的，横向挥拍，将球推出球拍。

④ 为追求发球的高远，最后出球时利用手腕勾、挑球拍。

⑤ 发球时，球拍出球边框未与出球方向保持一致，造成明显的推、煽、压等错误。

⑥ 发球时，两腿直立，重心没有变化。

（4）发球错误纠正方法：

① 加强专项辅助练习，严格规范每一个发球技术动作。

② 多做空拍练习，注意在练习中重心下沉和前后变化。

③ 自抛自接练习，强化球入球拍时的角度和全身整体用力抛球出拍的过程，体会每个球出球拍时拍框与出球方向的正确位置。

④ 对墙或对网发球，进一步体会全身完整用力，杜绝肘、腕单独发力。

⑤ 利用场地固定物体，反复练习定位发球，培养发球的方向性、准确性和攻击性。

2. 正手接抛高球（正手位高接低抛球）

（1）特点和作用：正手接抛高球主要在接对方高远球时使用。其特点是动作幅度大，稳定性高，有一定的隐蔽性，但速度不快，攻击性不强。

（2）动作要领：接抛球时，根据来球的方向、速度及时调整站位，将接球点置于身体右侧前上方，持拍臂以肩为轴，向右前方主动伸出迎球，身体重心落在左腿上，当球触及球拍后，持拍臂迅速顺势向后经右后上方、右后方向右后下方做弧形引化，重心也相应作出变化，从身体的右前下方将球抛出。在球入球拍时应从球拍的侧框切入，并从入球点对面的侧框出拍，在球出球拍的瞬间，出球点的球拍侧框应与出球方向保持一致，不要让拍头对向出球方向，注意身体重心要稳，双腿主动蹬伸发力，腰要拧转。

3. 正手接抛低球（正手位低接高抛球）

（1）特点和作用：正手接抛低球是变化较多的动作之一。如果动作幅度大且慢，就是一个防攻球的动作;动作快且加力,就是一个正手进攻动作,并且其攻击点准确。此动作可根据需要灵活变化,具有很强的可变性。

(2) 动作要领:接抛球时,根据来球的方向、速度及时调整站位,将接球点置于身体右侧前下方,持拍臂以肩为轴,向右前下方伸出迎球,此时拍面应向外略偏。当球触及球拍后,迅速顺势向右侧后约45°方向做弧形引化,经右前头上方将球抛出。在弧形引化过程中动作要连贯,入球时全身协调用力,双腿要主动蹬伸发力,腰要拧转,特别是在加速加力时,更要以腰腿发力。在球出球拍的瞬间,球拍的侧框正对出球方向。

(3) 正手接抛高、低球的常见错误:

① 挥拍时不以肩关节为轴,而以肘关节为轴,导致弧形引化过程中拍头位置太低,球容易滚落。

② 接球时没有提前伸拍迎球,而是等球飞行到右后方才接球,因此没有办法做引化动作或引化动作太小,造成球与球拍间的"硬性碰撞"。

③ 接抛球过程中,没有弧形引化或弧形引化不明显,出现折向发力的动作;或前半段的弧形引化做得还可以,但到了后半段就变成了用拍面来引导,形成弧形引化中断或折向发力的动作。

④ 接球时,引球不及时,球失控滑落。

⑤ 球入球拍后,向后的引化幅度太大,方向不正确,抛球过程不能保持在一个同半径的圆弧上,球拍无法沿圆弧切线出球,而用手腕将球推抖出拍,造成二次发力犯规。

⑥ 在出球的后半段,为使抛出的球有力,手臂张紧加力,改变引化圆弧的半径,也改变了弧线方向,使球折向出拍,造成犯规。

⑦ 在完成动作时手握球拍太紧,没有根据弧线位置推碾手中的球拍,致使出球时出球点的拍框没有对向出球方向,违反了拍弧对应关系,造成犯规。

⑧ 入球和出球都在球拍上部,造成球在拍内折返,在球出球拍时也容易造成折向发力犯规。

(4) 正手接抛高、低球常见错误的纠正方法:

① 加强徒手和持空拍的辅助训练,特别要注意球拍入球角和出球角的控制,运动弧线一定要连贯,从入球到出球一气呵成。在空拍动作顺畅自然以后再带球练习。

② 带球练习时要先慢柔,使动作放松,不要急于加速使力,等动作正确定型后再逐渐加快速度。

③ 在练习正手接抛球动作时,要重视全身的整体协调用力,为手臂的挥旋创造条件,力要从腿、腰而发,带动手臂旋转。如果只用上肢力量,就非常容易造成掉球失误和动作犯规。

④ 练习中应找准手臂挥旋的圆心和半径,上下协调配合,反复训练才能做好正手接抛球动作。

4. 反手接抛高球(反手位高接低抛球)

(1) 特点和作用:接球队员以正握拍方法,在身体左侧按逆时针方向完成弧形引化动作。此技术动作幅度小,接抛球的稳定性高,主要适用于速度不快的反手高球。

(2) 动作要领:接球前,右脚在前,左脚在后,身体左转,球拍上举在头部左前方。接球时,根据来球的速度和落点及时调整站位,持拍臂以肩为轴,手臂外旋,拇指在下、四指在上,向左前上方伸出迎球,球拍的边框对着来球。当球触及球拍后,由腰带动持拍臂向左侧后下方做弧形引化，肘部也积极向左胸靠拢，持拍臂画圆弧的同时，双脚蹬转，最终将球由左前下方向前抛出。

（3）反手接抛高球常见错误及纠正方法同正手位，唯方向相反。

5. 反手接抛低球（反手位低接高抛球）

（1）特点和作用：接球队员以正握拍方法，在身体左侧按顺时针方向完成弧形引化动作。此动作易化解速度较快的进攻球，既可用于防守，也可用于高点进攻。作为进攻动作时，必须更多地使用腰腹力量。

（2）动作要领：接球前，右脚在前，左脚在后，身体左转，将接球点置于身体左侧前下方。接球时，根据来球的方向、速度及时调整站位，持拍臂以肩为轴，向左侧前下方主动伸出迎球，持拍手拇指在上、四指在下，拍头略上翘。当球触及球拍后，使全身的力集中在腰部，以腰带动持拍臂向左后上方做弧形引化动作后，将球由左前上方向前抛出。在练习加力高点进攻球时，可以转腰向后，背对正前方，利用腰的力量带动手臂挥摆。

（3）反手接抛、低球常见错误及纠正方法同正手位，唯方向相反。

6. 体前左平弧球（正拍右拉球）

（1）特点和作用：此动作是反关节运动，动作幅度不大，要求接球前身体尽量前倾，手臂肌肉放松。此动作主要用来控制攻向己方左腿腰部以下的球。

（2）动作要领：接球前，两脚平行站立，自然分开，身体尽量前倾，重心保持在两脚之间，右臂置于身体左侧，拍头自然下垂，两眼正视前方。接球时，根据来球的方向、速度及时调整站位，持拍臂向左前上方伸拍迎球，同时重心前移到左脚。当球触及球拍后，迅速在体前做水平弧形引化，经两腿前侧向右侧外上方引球画圆弧，重心也随之跟到右脚，出球时，手臂尽量打开，但手腕不要有挑、抖等动作。

7. 体前右平弧球（正拍左拉球）

（1）特点和作用：此动作针对攻向己方右腿下方的球。其特点是动作自然、简单、合理，便于掌握。接球前身体尽量前倾，手臂肌肉放松。

（2）动作要领：接球前，两脚平行站立，自然分开，上体尽量前倾，保持重心在两脚之间，右臂自然下垂，轻握球拍，球拍侧框对向来球方向，拍头自然下垂，两眼正视前方。接球时，根据来球的方向、速度及时调整站位，持拍臂向前上方伸拍迎球，同时重心前移到右脚。当球触及球拍后，迅速在体前做水平弧形引化，经两腿前侧向左侧外上方引球画圆弧，重心也随之移到左脚；出球时，手臂尽量打开，但手腕不要有挑、抖等动作。

（3）体前左、右平弧球的常见错误：

① 出球时，不是用球拍的侧框对着出球方向，沿着球拍的边框出球，而是拍面对向出球方向，将球推、挑出球拍。

② 腿部僵硬，接抛球过程中重心没有变化，单靠手臂和手腕用力。

③ 入球时没有拉上力量，在最后出球时球无力出拍，只得用手腕力量抖球出拍。

④ 择向出球时，不是以身体的整体运力带动球拍画圆弧并选择出球方向，而是靠手腕的拨、挑、抖、推、托控制出球方向。

（4）体前左、右平弧球常见错误的纠正方法：

① 多进行体前摆动训练，体会摆动拉上力量的感觉。

② 持拍不带球做体前平拉的技术动作，注意腿和腰的蹬转用力和出球时拍框要对向出球方向的强化训练。

③ 两人一组，多球反复抛接练习，在动作标准的前提下再追求动作的变化、速度和球的落点。

8. 进阶技术

(1) 隐蔽球技术

隐蔽球技术是指在弧形引化过程中，球拍及球运动轨迹的一部分被身体挡住以遮挡对方视线的接抛球技术动作，主要有头后球、肩后球、身后球、腋下球、腿下球技术等。

(2) 高级球技术

高级球技术是指利用身体旋转或腾空旋转来接抛球的技术动作，具有较强的攻击性，主要有平旋球、侧旋球、腾空平旋球、腾空侧旋球技术等。

（五）柔力球基础套路

柔力球规定套路“飞龙二套”是柔力球基础套路。它把柔力球套路演练中所需的基本身法、基本步法、基本技术等融为一体，动作简单易学，音乐欢快活泼，是进一步学习其他高级套路的基础。

动作名称：

第一节　左右摆动(4×8 拍)
第二节　四方摆动(4×8 拍)
第三节　“8”字绕环(4×8 拍)
第四节　正面绕环(4×8 拍)
第五节　水平旋转(4×8 拍)
第六节　立旋转体(4×8 拍)
第七节　左右抛接(4×8 拍)
第八节　正反抛接(4×8 拍)
第九节　垫步绕环(2×8 拍)
第十节　腿下抛接(4×8 拍)
第十一节　绕环收势(2×8 拍)

三、练会柔力球

（一）课堂教学组织

1. 准备部分

重点为调动学生积极性，让学生从身体到心理上准备好后面课程的学习，准备活动可安排一些趣味性或与本堂课重点内容相关的辅助练习。

2. 技术学习部分

学习新技术时，教师运用讲解示范、分解动作难度、学生空拍模仿、多球练习、分组练习等方法让学生尽快掌握相应技术；巩固复习时，教师要引导学生注意易犯的错误，可根据实际情况安排教学比赛，提高学生对单项技术的理解和应用能力。

3. 素质练习部分

可采用游戏、比赛、配乐等形式提高素质练习的趣味性，以达到相应的教学效果。

4. 回顾总结部分

教师提示重点抓难点，让学生学会分享感悟，提高参与感。

（二）学生练习方法

（1）听教师讲解，看示范或者观看相关技术视频，对技术动作有初步直观了解。

（2）空拍模仿练习。

（3）完整动作练习。

（4）多球练习。

（5）2 人一组或 4～5 人一组的分组练习。

（6）配乐下完整套路练习。

（7）步法练习。

（8）球性球感练习。

四、柔力球竞赛规则

【竞赛规则】

教学相长

一、课程思政元素

柔力球是中国人自己发明的具有鲜明民族特色的健身项目。练习柔力球不仅能掌握运动技能，提高身体素质，培养勇敢顽强、坚韧不拔的意志品质，更能从中体悟民族传统文化的精髓。建议教师在课程教学中可以从以下几个方面挖掘课程思政元素：通过课堂常规、礼仪讲解、音乐欣赏、同学互动、规则讲解、运动过程判罚、教学比赛、素质练习等教学环节和练习手段，教育学生知礼仪、懂欣赏、善合作、守规则、勇吃苦、重感情、不服输，让学生感知到自尊、自强与拼搏的体育精神，体悟遵守规则、诚信与公平正义的体育道德，养成尊重对手、团结同伴、勇于担当的品格。

二、柔力球教学大纲

【教学大纲】

教学思考

（1）简述柔力球运动的特点和锻炼价值。

（2）从柔力球套路表演礼仪中可以感悟到哪些中国传统文化元素？

（3）怎样理解柔力球套路表演和隔网竞技之间的关系？

（4）怎样练习柔力球套路表演项目的基本功？

（5）怎样练习柔力球隔网竞技项目的基本功？

第五节 毽球

教学目标

(1) 价值塑造:激发学生对毽球运动的兴趣,养成良好的锻炼习惯和积极健康的生活方式,形成“终身体育”“健康第一”的思想;提升学生体育素养,发展健全人格,弘扬民族传统体育文化和体育精神;培养学生的团队精神、民族精神、拼搏精神、探索精神,以及团结协作、互帮互助的优良品格。

(2) 能力培养:掌握毽球运动基本技能,学会制订毽球比赛战术,发展速度、力量、耐力、灵敏、柔韧、协调等身体素质,促进学生身心健康全面发展。

(3) 知识传授:知晓毽球运动的发展历史与技术前沿,熟悉毽球运动基本专业术语,掌握毽球运动主要技战术,了解毽球运动竞赛的基本规则与裁判法,学会欣赏毽球比赛。

教学内容

【在线习题】

一、认识毽球

毽球运动,即人们常说的“踢毽子”,是指参加者用身体的任意部分(除了手和胳膊)在空中击打毽球,使球不接触地面的运动,既可隔网进行单人或集体的攻防对抗性比赛,也可以在没有球网的情况下单独或者相互进行击球比赛。毽球运动是一项中华民族传统体育项目。从史料和考古资料中可以看出,踢毽子最早起源于汉朝,到六朝、隋、唐时期开始盛行。随着明代和清代的发展,有关它的记载也越来越多。

目前,我国毽球运动的种类有两种:一种是以娱乐休闲为主的毽球,它主要以健身娱乐为目的,强调享受运动乐趣,是一种尚未形成统一竞赛规则的运动形式,如花毽、游戏等;另一种是以竞技为主的毽球,这是一种以运动训练为手段来提升技战术水平,以获取最佳比赛成绩为目的并已形成统一竞赛规则的运动形式,如竞技花毽、网毽等。现阶段,在所有毽球赛事中,影响力最大、参与人数最多的是全国毽球锦标赛和世界毽球锦标赛。

二、学会毽球

【视频讲解】

(一) 毽球运动准备姿势与步法移动

1. 准备姿势

毽球比赛的准备姿势有左右开立和前后开立两种。

(1) 左右开立准备姿势(图 6.5.1)

动作要领:两脚左右开立,略宽于肩,脚跟稍提起,脚掌内侧着地,两膝稍弯曲,重心稍降,上体放松前倾,两臂自然屈于体侧,两脚保持待动状态,目视来球。

重点：两脚掌的脚内侧用力着地，重心下降，两膝微屈稍内扣。

难点：两脚保持待动状态。

练习方法：统一指挥、正确示范、个别纠正、强化定型或双人一组、互教互学。

(2) 前后开立准备姿势(图 6.5.2)

动作要领：两脚前后开立，支撑脚在前，左右脚间隔略宽于肩，前脚稍内扣，用脚掌内侧着力，后脚稍内扣，脚跟提起，用前脚掌内侧着地，两膝稍弯曲内扣，重心稍前移下降，两臂自然屈于体侧，两脚保持待动状态，目视来球。

重点：两脚掌着地，重心落于前脚。

难点：两脚保持待动状态。

练习方法：同左右开立准备姿势练习方法。

图 6.5.1　左右开立准备姿势

图 6.5.2　前后开立准备姿势

2. 步法移动

步法移动的目的是调整人与球的位置，从而更好地运用传、接、攻、防等各项技术。因此，步法移动必须快速准确。步法移动主要有以下 8 种：

(1) 前上步

动作要领：前上步或者斜前上步时，踢球脚蹬地，支撑脚向前上方或斜前上方迈一步，踢球脚跟上成踢球准备姿势。

(2) 后撤步

动作要领：后撤时，支撑脚蹬地，重心后移，同时踢球脚向后迈出一步，支撑脚跟上成踢球准备姿势。

(3) 左右滑步

动作要领：左右开立准备姿势，左(右)脚用力侧蹬，重心侧移，同时右(左)脚向外侧迈出，左(右)脚迅速跟上，可连续滑步。

(4) 交叉步

动作要领：向右(左)交叉步移动时，左(右)脚外侧蹬地，将身体重心移到右(左)脚，左(右)脚从右(左)脚前往右(左)侧交叉迈出，同时右(左)脚向外侧蹬地，从左(右)脚后侧迈出，成踢球准备姿势。

(5) 跨步

动作要领：支撑脚用力蹬地，重心前移，踢球脚跨出成救球姿势。

（6）并步

动作要领：前并步时，右（左）脚蹬地，身体重心前移，左（右）脚向前迈一步，同时右（左）脚跟上并步，准备接球或起跳；左（右）并步时，右（左）脚向右（左）侧蹬地，重心向左（右）移，左（右）脚向左（右）侧迈出一步，右（左）脚并步跟上呈准备姿势。

（7）转体上步

动作要领：左（右）转体时，以右（左）脚为中心，左（右）脚向前蹬地，重心下降稍后移，以髋带动向左（右）转体 90°～180°，呈踢球准备姿势。

（8）跑动步

动作要领：跑动的第一步基本同前上步、后撤步和交叉步的第一步，第二步开始逐渐进入正常跑动，最后停止时重心稍下降呈踢球准备姿势。

（二）毽球基本技巧

1. 毽球运动发球技术

发球是进攻的开始，既可以直接得分，又可以破坏对方一传，为防守和反击创造有利条件。常用的发球技术有脚内侧发球、正脚背发球、脚外侧发球和扫发球四种。

（1）脚内侧发球（图 6.5.3）

动作要领：持球抛脚前，抬腿加转髋，脚内侧加力送推球。

重点：球与脚内侧接触的部位。

难点：击球时髋、膝、踝协调用力。

练习方法：单人练习用不同的脚法发球（以过网有效为目的）；以控制球为目的，练习低弧平快球、一般中速球和慢速落点球；以控制球的落点为目的，练习快速后场球、高弧后场球、一般中场球和小弧线近网吊球；可进行一人多球发球练习，也可进行双人对发接球练习。

（2）正脚背发球（图 6.5.4）

图 6.5.3　脚内侧发球

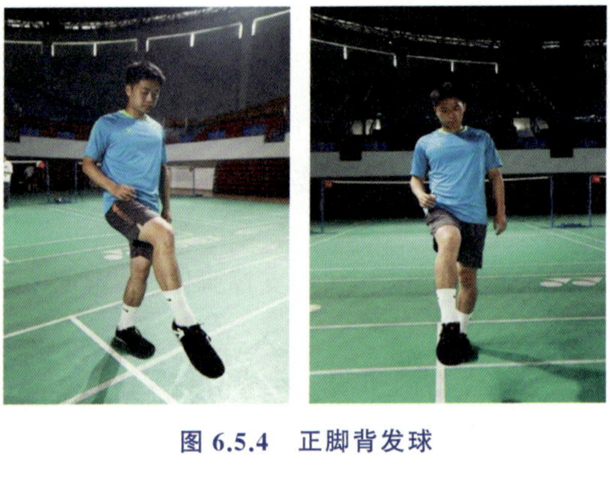

图 6.5.4　正脚背发球

动作要领：持球抛脚前，伸膝绷脚面，抖动加力击出球。该技术适用于群众性体育活动。

重点：球与脚背接触的部位。

难点：击球时全身协调用力弹击球。

练习方法：同脚内侧发球练习方法。

（3）脚外侧发球

动作要领：持球抛脚前，抬腿踝外翻，外侧加力击出球。

重点：球与脚外侧接触的部位。

难点：击球时全身协调用力，脚外侧加力击球。

练习方法：同脚内侧发球练习方法。

（4）扫发球

动作要领：持球前上抛，抬腿至高点，转体抖脚踝击出球。该技术适用于高水平毽球比赛。

重点：转体抖脚踝及支撑腿的稳定性。

难点：支撑点选择、摆腿的角度。

练习方法：同脚内侧发球练习方法。

2. 毽球运动踢球、触球与传球技术

（1）踢球（以右脚踢球为例）

① 脚内侧踢球（图 6.5.5）

动作要领：左脚支撑身体，右大腿带动小腿屈膝上摆；同时髋外展、外旋，小腿向上摆；击球的一刹那，踝关节内侧端平，用脚弓内侧把球向上踢起。脚内侧踢球除一次性接发球外，多用于第二人次传球或调整处理球，其特点是击球稳、准，便于控制球。

重点：毽球与脚内侧接触的部位。

难点：击球时屈膝，髋外展、外旋，脚内侧端平。

练习方法：脚内侧踢球与脚外侧踢球和正脚背踢球任意交叉编组，成套练习；单人练习可以由原地向行进间过渡；当个人练习有一定基础后，可进行双人对踢或一抛一踢练习，也可用接发球的方式进行练习，逐步掌握接踢来球的技巧。

② 脚外侧踢球（图 6.5.6）

图 6.5.5　脚内侧踢球

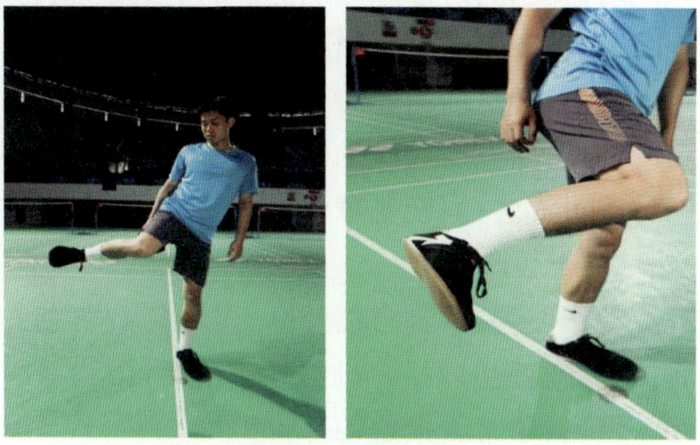

图 6.5.6　脚外侧踢球

动作要领：左脚支撑身体，右脚大腿带动小腿屈膝上摆，髋关节外展、内旋，小腿向体外侧上摆，击球的一刹那勾足尖，踝关节外侧端平，用脚外侧把球向上踢起。

重点：毽球与脚外侧接触的部位。

难点：击球时屈膝，髋外展、内旋，脚外侧端平。

练习方法：脚外侧踢球与脚内侧踢球和正脚背踢球任意交叉编组，成套练习；单人练习可以由原地向行进间过渡；当个人练习有一定基础后，可进行双人对踢或一抛一踢练习，也可用接发球的方式进行练习，逐步掌握接踢来球的技巧。

③ 正脚背踢球（图 6.5.7）

正脚背踢球方法有脚背屈踢、脚背绷踢和脚背直踢三种。运用脚背踢球能处理不同高

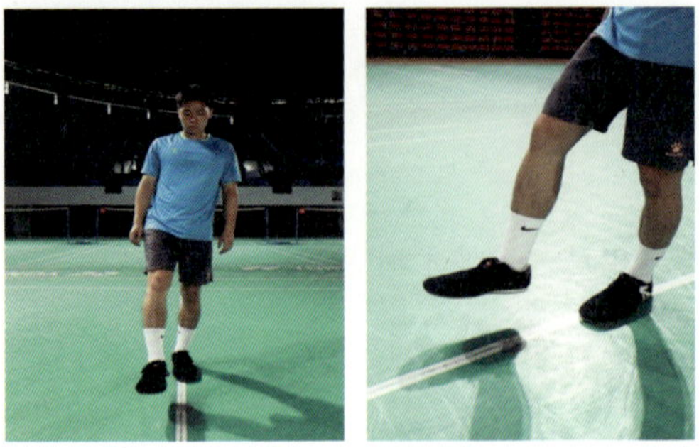

图 6.5.7　正脚背踢球

度、角度和速度的来球，踢接球时活动范围较大，常用于发球和接低球等。

动作要领：单脚支撑，用脚趾或脚趾根部踢球。

重点：毽球与脚尖接触的部位。

难点：击球时注意脚尖翘起及脚踝的爆发力。

练习方法：正脚背踢球与脚内侧踢球和脚外侧踢球任意交叉编组，成套练习；单人练习可以由原地向行进间过渡；当个人练习有一定基础后，可进行双人对踢或一抛一踢练习，也可用接发球的方式进行练习，逐步掌握接踢来球的技巧。

(2) 触球

① 腿触球

动作要领：左脚支撑身体，右腿屈膝，大腿带动小腿上摆，当球下落到略低于髋部时，用大腿的前半部分(靠膝部)触球。

重点：球与大腿接触的部位。

难点：大腿触球的时机与用力。

练习方法：单人自抛自触练习，双人互抛触球练习，多球一抛二触(轮流进行)练习，结合踢球进行上述练习，双人踢球、触球练习。

② 腹触球

动作要领：对准来球屈膝，略向后蹲，稍含胸收腹，当腹部触球的一刹那稍挺腹；如来球过猛，也可不挺腹，使球轻轻弹出。

重点：触球前的收腹与屈髋动作。

难点：屈髋与收腹的时机，蹬地与屈髋的协调配合。

练习方法：同腿触球练习方法。

③ 胸触球

动作要领：两脚自然开立，当球传到胸前约 10 厘米处时，两臂自然微屈，两肩稍用力向后拉，挺胸，同时两脚蹬地，身体挺起，用胸部触球。

重点：球与胸接触的部位。

难点：球与身体接触的时机。

练习方法：同腿触球练习方法。

④ 肩触球

动作要领：两脚自然开立，对准来球，当球传到肩前约 10 厘米处时，肩稍后拉前摆，用肩部击球。

重点：触球的部位与触球前的身体姿态。

难点：两脚快速蹬伸与耸肩的协调用力。

练习方法：同腿触球练习方法。

⑤ 头触球

动作要领：两脚自然开立，当球传到头前 10 厘米处时，两脚蹬地，同时颈部稍紧张向前摆头，用前额触球。

重点：头触球的部位与触球前的身体姿态。

难点：两脚快速蹬地，仰头触球时的协调用力。

练习方法：同腿触球练习方法。

（3）传球

① 前面传球（脚内侧传球）

动作要领：球点在体前，找好支撑点；大腿带小腿，将球托送到前面。前面传球具有准、稳的特点。

重点：击球点低于膝关节，传出的球要垂直或控制出球的方向。

难点：击球时屈膝，髋外展、外旋，脚内侧端平。

练习方法：单人自传踢各种不同高度、方向和落点的球；双人互传踢各种不同高度、方向和落点的球；三人或多人传踢各种不同高度、方向和落点的球；对准不同高度和距离的特定标志踢球，既可定时记数，也可定数计时，反复练习。

② 背向传球

动作要领：球点在体前，找好支撑点；身体呈反弓状态，将球送到后边。背向传球具有快、变的特点。

重点：判断球的落点，背对出球方向。

难点：用脚背将球准确送向后方。

练习方法：同前面传球（脚内侧传球）练习方法。

③ 侧面传球

动作要领：球点在体前，找好支撑点；身体向左晃，将球传到右边。侧面传球具有快、准、变的特点。

重点：用右脚外侧击球。

难点：用大腿带动小腿的侧摆力量将球传出。

练习方法：同前面传球（脚内侧传球）练习方法。

3. 毽球运动进攻技术

（1）头部攻球

根据击球部位的不同，头部攻球可分为正面头攻球和侧面头攻球两种。

① 正面头攻球

动作要领：面向来球，单脚或双脚在限制线外起跳，在空中身体反弓，当球离头前 10 厘米左右时，突然用力收腹甩头，用头正面把球击出。正面头攻球简单易学，扣球时面对对方场区，便于观察，准确性高，能扣出各种线路的球。

重点：掌握原地正面头攻球的动作。

难点：全身的协调配合，球与头部接触的位置及腰部发力等。

练习方法：练习应遵循先原地后跳起，先正面后侧面攻球的原则，逐步提高难度。

② 侧面头攻球

动作要领：侧对来球，单脚或双脚在限制线外起跳，在空中身体反弓，当球离头前 10 厘米左右时，突然用力收腹甩头，用头侧面把球击出。侧面头攻球可增加扣球点，扩大进攻面，利用摆头的幅度处理各种来球。

重点：掌握侧面头击球的动作。

难点：全身的协调配合，侧面摆头击球时机及腰部发力等。

练习方法：同正面头攻球练习方法。

(2) 倒勾攻球

倒勾攻球是指主攻队员在进攻中采用脚的正面、内侧、外侧和凌空扣球动作将球击向对方场区的进攻技术。倒勾攻球分为正倒勾球、内倒勾球、外侧勾球和凌空倒勾球四种。

① 正倒勾球

动作要领：背向网，两脚平行站立，右腿蹬地起跳，左腿屈膝上摆，上摆到空中最高点时，左腿迅速下摆，同时右腿屈膝屈髋，大腿带动小腿用力上摆；当球下落到头的右侧斜前上方时，小腿用力摆出，击球的一刹那，脚踝抖屈，以脚趾或脚趾根部击球，随后左右脚顺势依次缓冲着地，保持身体平衡。正倒勾球的优点是线路多、能变线，是进攻的主要手段；其缺点是背对防守者，易被对方拦网堵防。

重点：判断球的位置，起跳倒勾动作的协调配合，身体角度与踝关节的发力等。

难点：身体的协调配合。

练习方法：初学阶段，倒勾球模仿练习、自抛自踢倒勾、接队友抛球倒勾；巩固阶段，自抛自踢过网练习、自抛自踢倒勾球过网练习、双人配合练习。

② 内倒勾球

动作要领：基本同正倒勾球，不同之处在于踢球腿向内侧斜前上方，踢球脚击球一刹那稍向内翻。内倒勾球能击出转体或不转体的大小斜线球、直线球，但技术动作难度大。

重点：判断球的位置，起跳倒勾动作的协调配合，身体角度与踝关节的发力等。

难点：身体的协调配合。

练习方法：同正倒勾球练习方法。

③ 外侧勾球

动作要领：其方法基本同正倒勾球，区别在于击球前腿向外摆出，用身体外侧击球。

重点：判断球的位置，起跳倒勾动作的协调配合，身体角度与踝关节的发力等。

难点：身体的协调配合。

练习方法：同正倒勾球练习方法。

④ 凌空倒勾球

动作要领：背向网，两脚左右站立，右腿用力蹬地，左腿屈膝稍向外侧上摆起跳，起跳到空中最高点，当球下落到身体内侧斜上方时，左腿迅速下摆，同时右腿向内上摆，在空中向内转体。击球的瞬间，小腿加速上摆，脚背绷直，先用脚趾或脚趾根部击球，然后左右脚依次缓冲着地。这种攻球技术难度大、攻击力强、力度好，但失误率高。

重点：判断球的位置，起跳倒勾动作的协调配合，身体角度与踝关节的发力等。

难点：身体的协调配合。

练习方法：同正倒勾球练习方法。

(3) 脚踏攻球

动作要领：面向网站立，左脚向前迈出一步支撑身体或跳起腾空，右侧大腿带动小腿迅速上摆，当摆到距球 10 厘米左右时，展髋、展腹、伸腿、压扣脚，用脚掌的前半部分击球过网。

重点：判断球的方向，脚掌击球的位置，小腿踝关节下压的时机。

难点：整个动作的协调配合。

练习方法：无球模仿练习，体会脚踏基本动作；脚踏悬挂球练习；脚踏手靶练习；自抛自攻脚踏攻球练习；一抛一攻脚踏攻球练习；自传自攻脚踏攻球练习。

（4）肩压攻球

肩压攻球是一项辅助性进攻手段，如使用得当，往往也能取得意想不到的攻球效果。

动作要领：当来球在近网上空，而攻球队员的站位又无法采用其他进攻方法时，可看准来球迅速起跳，在空中用肩部前侧压击球。

重点：用肩部前侧压击球。

难点：起跳的时机。

练习方法：单人自调自攻或一传多攻，定时记数；对同一攻球技术，进攻不同线路和落点的球并记数；教练近网抛球，队员轮流进攻特定性能的球；隔网抛球（或发球），两人以上组织配合进攻的战术球练习；不同防守阵形的攻防对抗攻球练习，可有记数要求。

4. 毽球运动防守技术

（1）拦网

拦网是防守反击系统中最重要的技术。有效的拦网可以直接得分，削弱对方的攻击威力，还能组织强有力的反攻。

① 单人拦网

动作要领：面向球网，距球网 20～25 厘米，双脚平行开立，与肩同宽，双膝微屈，重心下降，自然收腹，上体稍前倾，两臂自然屈曲，置于体侧，目视攻球，准备起跳拦网。当对方攻球（倒勾攻球、脚踏攻球）时，两脚用力蹬地起跳，两臂收拢自然下垂于体侧，提腰、收腹、挺胸堵击球。击球后，身体自然下落，双脚前脚掌先着地，屈膝缓冲。

重点：提腰、收腹、挺胸。

难点：起跳时机。

练习方法：两人一组，互打攻防球；三人一组，一打二防练习；双人隔网互打攻防练习；双人互打多球练习；个人对墙或对网做踢球和防守的练习；隔网多攻与防对抗练习。

② 双人拦网

动作要领：盯住对手击球点，双人网前滑步选准位，起跳时机是重点，拦正挡侧是难点，将球拦落对方处。

重点：起跳时机。

难点：拦正挡侧。

练习方法：同单人拦网练习方法。

（2）踢防

踢防是当对方将球击过网后，防守队员利用脚部将球击起以便调整进攻的动作方式。

① 内踢

动作要领：球的落点在身体前边，快速移动到位，在向内侧横向摆动小腿的同时，脚踝内侧端平，完成踢球动作。

重点：快速移动到位。

难点：摆动小腿的同时，脚踝内侧端平。

练习方法：同单人拦网练习方法。

② 外踢

动作要领：在腰和髋关节的带动下，向横外侧或后外侧摆动小腿踢球；踢球时，脚外侧面摆平,完成踢球动作。

重点:向横外侧或后外侧摆动小腿踢球。

难点:踢球时脚外侧面摆平。

练习方法:同单人拦网练习方法。

③ 挑踢

动作要领:看准来球,将脚插入球底下,在踢球的瞬间,依靠髋、膝、踝关节的带动,抖动上挑脚尖,脚面的角度适当,完成踢球动作。

重点:依靠髋、膝、踝关节的带动,抖动上挑脚尖。

难点:击球时机。

练习方法:同单人拦网练习方法。

(3) 触防

触防是三名队员根据对方攻球情况,在前边单人拦网的同时,侧边两名防守队员判断对方击球路线,用膝关节以上的身体部位堵触防,防守对方的攻球。

动作要领:根据对方攻球的情况,在单人拦网的同时,另外两名防守队员判断对方击球路线,用膝关节以上的身体部位挡球。

重点:用膝关节以上的身体部位挡球。

难点:判断对方击球路线。

练习方法:同单人拦网练习方法。

(4) 跑防

跑防就是在对方攻球落在守方较大的空档区域,而球速又不是太快的情况下使用的跑动防守技术。这就要求防守者首先要有必胜的信心,敢于去追任何一个有难度的球;其次要根据来球的具体情况,采用准确的防守技术"起球"。要提高跑防效果,必须做到:判断准确,起动迅速,跑动积极,起球稳重。

动作要领:当对方的攻球将落于较大的空档区域,而球速又不是太快的情况下,快速跑动接近球,使用恰当的防守技术"起球"。

重点:起动迅速,跑动积极。

难点:判断准确,起球稳重。

练习方法:同单人拦网练习方法。

(三) 毽球运动战术

1. 阵容配备(三人赛)

(1) "主攻型"配备

"主攻型"配备也称"一·二"配备,一般在一个上场队员的进攻能力较强、二传队员和另一队员攻击力较差时采用,即安排一名主攻队员、一名二传队员和一名防守队员。它能最大限度地发挥主攻手的攻击威力,使场上球员分工明确,配合简单。其缺点就是没有太多的战术变化,容易被对手所适应,并且能够很好地进行拦截。另外,主攻手在比赛中攻击频率较高,对体能的消耗也较大,这将直接影响到进攻效率。

(2) "二传助攻型"配备

"二传助攻型"配备也称"二·一"配备。当二传队员脚攻能力较强时,可安排一名主攻队员、一名二传助攻队员和一名防守队员。这样安排的优势在于,二传球员脚踢速度快、隐蔽性强、进攻效果好，还能限制住防守球员，减轻进攻球员的压力。二传助攻和主攻手之间若能巧妙地配合，则可令对手难以招架，并可弥补“主攻型”配置上的不足。

(3)“无二传”配备

当队里缺少二传队员时，或当完全使用“一次传”和“自传”组织进攻时，通常采用这种配备。通常应在 2 号位和 3 号位各配备一名脚攻队员，1 号位配备一名防守起球队员。这一配置的特点是：进攻速度更快，协作环节更少，都是两人一队出击，但在战术上的变化不大，难以组织集体配合。

(4)“头脚并用型”配备

当队里拥有出色的脚攻队员和头攻队员时，通常采用“头脚并用型”配备，即配备一名脚攻队员、一名头攻队员和一名二传队员。一般来说，头攻球员应该放在后场，以利于助跑进攻。该配置的优势有：一是将网前的近网进攻与后排的远网头攻有机结合，实现立体化的攻击；二是将两种性能各异、节奏各异的进攻方式融合在一起，体现战术的多样性。

(5)“全攻全守型”配备

当上场的三名队员都具备全面的攻、防、传技术，基本功扎实，战术意识强时，采用“全攻全守型”配备。这种配备兼顾了以上四种配备的特点，形成了三点进攻的全攻全守型打法。这样的配置不仅可以完成基本的合作，也可以进行整个团队的合作。在配合上要求二传的传球标准高，应变能力强，助攻能力强；同时，其他两位选手也要精通倒勾、脚踏和头攻等技术，使攻击组织形式多样，攻守兼备。

2. 交换位置

为使每一名球员的能力都能得到最大程度的发挥，充分调动所有的积极因素，提高进攻和防守水平，弥补运动员身体和技术发展不均衡造成的不足，在规则许可的情况下经常使用换位的方式来调整队员的站位。

(1) 二传队员的换位

当二传队员轮转到不在二传位置上时，可利用换位的方法调整到二传位置。当二传在后排时，可插到前排组织进攻；当二传在主攻位置时，可平行移动到二传位置进行传球。在对方发球的情况下，可让二传队员不接球，在己方发球后迅速换位。

(2) 封网队员的换位

通常情况下，把封网能力强的队员安排在网前。在实际比赛中，一般由二传和网前的脚攻队员担任封网队员以促进反击战术的组织。

(3) 防守队员的换位

承担防守任务的队员通常换到后排，发挥防守后排及中前场球的作用。后排队员在前排两名队员中间，可以左右兼顾，是防守中最重要的位置。

(4) 倒勾队员的换位

倒勾队员一般位于网前其较习惯的进攻位置上，以缩短进攻时的移动距离，及时发动快节奏的倒勾；同时可以与二传队员保持较好的对应关系，便于二传组织进攻。

(5) 头攻和前踏队员的换位

头攻队员到后排，有利于头攻队员的大幅度助跑和前冲起跳攻球。前踏是面对球网的进攻，队员移动距离短，将前踏队员换到后排，可让其在后排防守的同时，及时上前参与进攻，有较强的隐蔽性。

3. 信号联系

技战术的运用离不开完善的信号联系。运动员间的信号联系，是在长时间的训练过程中，按照球队的战术需要，结合队员的个性特点，通过全体队员的共同努力逐步形成的。常见的信号联系方式可以分为以下五种：

(1) 语言信号联系

语言信号联系指队员直接利用简明、扼要、准确、肯定的语言，及时提醒队员和明确战术配合的联系方式。获得良好比赛成绩的前提是队员之间应互通信息，如果队员之间不说话，打“闷球”，这场比赛就很难打出应有水平。语言信号联系的缺点在于容易暴露己队的战术意图，所以，比赛中要注意语言的隐蔽性，让对手难以琢磨。

(2) 动作信号联系

动作信号联系即队员在发球之前或比赛中，通过头部、手部和眼睛等肢体运动，按照事先约定好的口令与搭档进行交流。运用动作信号联系，要求动作简单明了，快速准确，时机合适，不出现失误，尽可能不让对手看到或看穿。

(3) 落点信号联系

落点信号联系是指依据来球与起球落点的不同，确定其战术配合的一种联络方法。这就需要整个球队的配合默契，有很强的战术意识和应变能力。它的优势在于，能够依据特定的环境来决定哪一个位置最适合进行哪一种战术，让整个团队的战术变化都能很自然地衔接起来，从而有助于形成战术协作，提升战术效果。

(4) 击球次数联系

击球次数联系指在起跳和防起中，以一次击球或是两次击球为依据决定进攻战术的节奏与风格的一种方法。击球次数会影响起球的速度与稳定度，对二传与进攻队员的击球数量也有一定的影响，因此训练中各队在组织不同战术配合时，对击球次数也有相应规定。

(5) 站位联系

毽球比赛中，进攻队员移动后所站的位置和身体的姿势将会影响二传组织何种战术。当进攻队员跑到理想的进攻位置或预定的进攻位置时，往往进攻欲望很强烈，其自信心足，成功的可能性就大，这时传球队员应根据具体情况巧妙传球。

三、 练会毽球

（一）课堂教学组织

1. 准备部分

准备部分的重点是调动学生积极性，让学生从身体和心理上全方位准备好后面课程的学习。教师可以安排一些趣味性或与本堂课重点内容相关的辅助练习，让学生做好身心准备。

2. 技术学习部分

技术学习部分的重点是让学生逐步克服困难，掌握技术。教师在做课程设计时，可结合翻转课堂、教师现场示范、学生模仿、降低动作难度等方法，帮助学生尽快克服困难，掌握相应技术。教师要注意观察学生，调整搭档和结合学生水平微调练习内容，让学生有成就感，能长时间保持练习的良好状态，提高练习效率。在技术动作巩固复习时，教师要引导学生提出练习时需注意的问题及方法；同时，根据实际情况安排一些教学比赛，提高学生对单项技术的理解和应用能力。

3. 素质练习部分

素质练习相对枯燥，原则上多采用游戏、比赛、配音乐等形式，提高素质练习的趣味性，以达到相应的教学效果。

4. 回顾总结部分

教师提示重点和抓亮点，让学生学会分享感悟，提高参与感；同时布置一些能完成的课后作业，作为学生课后延展学习的一部分。

（二）学生练习方法

学生练习方法有个人练习、分组练习、集体练习、教学比赛。

四、毽球竞赛规则

【竞赛规则】

教学相长

一、课程思政元素

毽球课程思政目标即培养传承民族传统体育文化，坚定文化自信，提升爱国主义情怀，弘扬集体主义精神的时代新人。结合毽球运动的教与学，根据知识点对应思政元素，可考虑从以下六个层面进行深入挖掘，并将其潜移默化地体现在教学过程中：

通过学习毽球项目，一是要引导学生厚植爱国主义情怀，重点阐述爱国主义的时代价值，教育引导学生树立正确的世界观、人生观、价值观。二是要引导学生传承民族文化。毽球最早起源于汉朝，到六朝、隋、唐时期开始盛行，是中国传统文化中的瑰宝，通过感受毽球运动，加强对毽球发展历史及毽球文化的理解，建立民族文化的自豪感和优越感，增强民族文化认同，形成正确的民族价值观。三是要引导学生践行集体主义精神。毽球是一项集体运动，正式的毽球比赛由多人配合完成，在学习过程中，通过互帮互助、默契配合，提高凝聚力和培养集体主义精神。四是通过不断地练习，培养学生钻技术、守规则、不畏艰难的意志品质。五是激发勇猛顽强、坚韧不拔、奋发进取的活力，促使学生通过学习毽球运动来更好地践行终身体育理念。六是领悟民族智慧、审美意象、思维方式，探究毽球文化内涵。

二、毽球教学大纲

【教学大纲】

教学思考

（1）毽球的踢法包含哪几种？

（2）简述毽球运动的特点与锻炼价值。

（3）毽球运动最需要的身体素质是什么，为什么？

第六节 匹克球

教学目标

(1) 价值塑造:培养学生顽强拼搏、坚韧不拔、不怕困难的意志品质;培养学生良好的道德品质和心理素质,树立正确的学习动机和创新精神;强化规则意识、责任意识,提高组织纪律性,处理好竞争与合作的关系,培养学生的社会适应能力;培养学生独立思考,发现问题、分析问题及解决问题的能力。

(2) 能力培养:提高学生的匹克球基础技能,以全面增强学生的身体素质和身体机能,同时为后续学习专项技能的提高与拓宽打下坚实基础;掌握正确的匹克球技术、战术,以提高学生的运动能力;掌握提高身体素质的锻炼方法,树立学生的终身体育观。

(3) 知识传授:了解匹克球运动的起源、定义及其在世界上的发展过程;了解我国匹克球运动发展的历程,知晓当前我国匹克球运动在世界上的地位;了解协调柔韧性、灵敏性、稳定性、爆发力等基础体能,匹克球运动技能的目的、意义及训练手段,认识到匹克球运动项目在体育中的地位和作用;教师应全面系统地掌握该项目运动技能的技术教学和技术专项训练,知晓匹克球运动项目的基础理论知识、基本技术、基本技能及相关的运动原理。

教学内容

【在线习题】

一、认识匹克球

(一) 匹克球的起源与发展

匹克球(pickleball)起源于20世纪60年代的美国西雅图,1972年被正式注册,是一种类似于羽毛球、网球和乒乓球的混合运动。匹克球的球拍比乒乓球拍略大,材质由最初的木质发展到现在的碳纤维、聚乙烯等。匹克球是由塑料制成的空心球体,球身布满圆孔,重量大小设置不一。匹克球单打和双打比赛场地一致,为长13.41米、宽6.1米的长方形,球网净长至少6.1米,两侧高度为0.914米,球网距球场中心处位置高度为0.86米。

据美国体育和健身协会统计,目前美国约330万人从事匹克球运动,拥有3万个室内和室外匹克球场。其中,2019年新增1200个新球场。最近5年,匹克球场平均增长率为133%,50个州有1900名匹克球大使积极在全美国的社区推广这项运动。

(二) 我国匹克球开展情况

2017年10月,国内首家匹克球社会团体——深圳市匹克球协会成立,陆续组织开展国际合作和内地推广等工作,匹克球运动参与人数也在逐步增加。

2018 年 1 月，深圳市匹克球协会邀请全美匹克球冠军丹尼尔·摩尔与日本匹克球协会副理事长佐藤诚来深，举办我国首届匹克球高级教练员培训班。

国际匹克球联合会(IFP)和美国匹克球协会(USAPA)是目前国际上最大的两个匹克球组织，2018 年 8 月，深圳市匹克球协会成为 IFP 第 8 个成员组织，并且与 USAPA 签订了战略合作协议。

2018 年 11 月，第二届深圳市匹克球邀请赛暨市匹克球研讨会，在光明区群众体育中心举行，共吸引深圳、广州、珠海、香港、澳门等地区的 10 支队伍 200 人参赛。

2020 年 6 月，深圳市光明区东周小学的教师谢小伟在深圳市匹克球协会的推荐下成为国际匹克球联合会匹克球世界大使，这对加强我国与国际匹克球联合会的联系、参与匹克球运动的国际事务具有重要作用。

在我国，匹克球在社区体育、学校体育中也日益受到重视，开展了许多相关活动，大大增加了匹克球的知名度与普及度。例如，深圳开展了许多匹克球公开课、公益课、国际论坛等活动。

（三）匹克球重要赛事

1. IFP 本布里奇杯国际匹克球锦标赛

国际匹克球联合会(IFP)于 2010 年初成立，旨在促进匹克球的国际推广。IFP 首批成员国有美国、加拿大、西班牙和印度，此后法国、英国等国家也加入进来。亚洲也是匹克球快速发展的地区，最先是印度，随后在印度尼西亚、韩国、马来西亚等国家也开始流行起来。2018 年 8 月成立的深圳市匹克球协会是我国最早的匹克球社会团体。

IFP 成立后不久，成员国就对有组织的国际赛事表现出日益浓厚的兴趣。为了满足不断增长的需求，IFP 创立了本布里奇杯匹克球洲际团队赛事。首届本布里奇杯匹克球锦标赛于 2017 年在西班牙马德里举行；2018 年，本布里奇杯匹克球锦标赛在意大利蒙特西尔瓦诺举行；2019 年，本布里奇杯匹克球锦标赛在德国埃森举行；2020 年，本布里奇杯匹克球锦标赛在英国诺丁汉举行；2021 年，本布里奇杯匹克球锦标赛在美国佛罗里达州好莱山举行。

2019 年 7 月 12—14 日，2019 年本布里奇杯匹克球锦标赛在德国埃森举行，来自 25 个国家和地区不同年龄、不同水平的选手参加多个项目的比赛。受国际匹克球联合会邀请，深圳市匹克球协会负责选派运动员，最终确定来自深圳市光明区凤凰学校的教师李维维代表我国出战本次赛事，李维维也成为我国参加国际匹克球大赛的“第一人”。

2. 美国举办的匹克球赛事

在美国，每年都会举办上百场匹克球赛事，其中级别最高的是美国匹克球全国锦标赛(USA Piekleball National Championships)，其次是全美室内匹克球锦标赛(National Indoor Pickleball Championships)，每月在不同地区都会举办美国匹克球地区锦标赛(USA Pickleball Regional Championships)。

3. 其他匹克球赛事

随着匹克球在世界范围的推广，各国也相继举办了区域性的比赛。比如，澳大利亚举办的昆士兰匹克球锦标赛(QUEENSLAND Pickleball Championships)、新南威尔士公开赛(NEW SOUTHWALES Open)，欧洲举办的佛罗里达匹克球联盟赛季(FLORIDA

Pickleball League Fall)，以及 2018 年在中国深圳举办的粤港澳大湾区匹克球邀请赛、2019 年第二届深圳市匹克球邀请赛、2019 年匹克球城市（珠海）邀请赛等。

二、 学会匹克球

【视频讲解】

（一）匹克球的基本技术

匹克球技术是匹克球比赛中所运用的各种专门动作方法的总称，是运动员竞技能力水平的重要决定因素。合理的、正确的匹克球技术有助于队员取得良好的竞技效果。

1. 握拍、准备姿势和基本步伐

（1）握拍

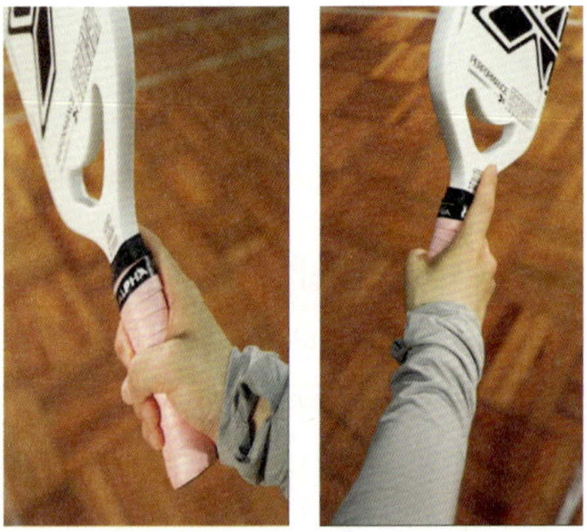

（a）　　（b）

图 6.6.1　握拍法

（a）大陆式握拍法；（b）V 式握拍法

初学匹克球，先要学握拍方法。握拍通常分为大陆式握拍法和 V 式握拍法。

大陆式握拍法[图 6.6.1(a)]：握拍时拍面与地面垂直，大拇指与食指呈 V 字形握在拍柄的中部，就如同与人握手一样，自然握住拍柄。

V 式握拍法[图 6.6.1(b)]：握拍角度和大陆式握拍法一致，区别在于食指非握紧拍柄，而是伸直紧贴拍面。

因为在实战中比赛节奏较快，正反手握拍的一致性可适应比赛中的快节奏，所以采用大陆式握拍法和 V 式握拍法都是可行的，具体采用哪种方式取决于选手的习惯。V 式握拍法通常会提供较好的稳定性，更易控制拍头。

（2）准备姿势

准备姿势（图 6.6.2）可以让队员快速有效地往球场任意方向移动，从而打出最有效率的回击球。

6.6.2　准备姿势

动作要领：两脚左右开立，两膝微屈，重心放在脚尖上，上身稍向前倾，身体保持平衡。右手轻握球拍，左手扶住球拍，球拍置于肚脐与胸之间的高度，位于胸口前 1～1.5 个球拍的距离，两眼目视前方，观察来球和对手球拍的拍面。

（3）基本步伐：分腿垫步

正确的步伐可以帮助队员快速接近球，提高在场上移动的效率。

动作要领：位于底线时，从预备姿势以交叉步向左或向右移动，在底线击球后，保持重心前移，回到预备姿势；位于非截击线时，以垫步左右移动，肩膀和球网平行，保持重心微微向前，前脚掌着地，有利于迅速启动。

2. 发球与接发球

（1）发球

动作要领（以右手发球为例）：在底线后方，双腿前后站立，重心略微向前，身体侧对发球场地，右手持拍，左手持球。当左手把球放开的一瞬间，右手持拍从后下方挥拍至前上方。击球时，球必须低于肚脐且拍面不高于手腕，球拍必须从下往上挥动，眼睛注视击球点。击球时，拍面的角度会决定发球的方向和高度。正反手发球如图 6.6.3 所示。

图 6.6.3　正反手发球

（2）接发球

动作要领：双腿左右站立，重心降低，双手持拍放于体前，两眼看准对方发球员的动作，提前预判来球方向，迅速对球进行回击。既可以选择将球高击过网，落点在对方球场的后三分之一区域；也可以采用强力抽球回击，在保证不下网的前提下，尽量贴近球网。落点尽量位于中线附近或者对方球员反手位。

3. 丁克球与截击球

（1）丁克球

丁克球是匹克球特有的击球技术，是一种无法攻击的球。在赛场上通常可用丁克球来制造攻击的机会。

动作要领：双手持拍放于体前，两眼目视前方，双腿微屈，重心放在前脚掌，看到来球，首先判定方向，脚下分腿垫步迅速调整，固定手腕，侧身将球轻挡回，保持球的飞行轨迹是一条抛物线，抛物线的最高点在本方场地离球网 1.5 个球拍的距离处，随后过网急坠，落点在对方非截击区域内（图 6.6.4、图 6.6.5）。

图 6.6.4　正手丁克球

图 6.6.5　反手丁克球

(2) 平推截击球

在非截击线前，不等球落地，对来球进行直接击打，加快节奏，将对手压制在底线进行防守，在适当的时机击球得分的一项技术。

动作要领：两脚自然开立约与肩同宽，重心放在前脚掌上，足跟提起，两手持拍置于胸前，拍头竖起在眼前，两肘离开身体，左肘高于右肘，上身微前倾，两眼注视来球，形成一个可向任何方向移动的待发状态。手腕略竖起，拍头高于手腕。拍拉动作小，击球位置控制在眼睛斜前方，击球时以肘为轴，肩关节固定，随身体向前转动，锁住腕关节，使手掌、球拍和球在一条直线上(图 6.6.6)。

图 6.6.6　反手平推截击

4. 正手与反手球

(1) 正手底线抽球

动作要领(以右手握拍为例)：两脚左右开立，两膝微曲，重心放在脚尖上，上身稍向前倾，右手轻握球拍，左手扶住球拍，球拍置于肚脐与胸之间的高度。两眼目视前方观察来球，当球迎来时，迅速转体并调整位置，将击球点控制在身体右侧的侧前方；同时，右手向后拉拍到拍柄指向的来球场地，手腕固定，看准来球，在球落地后反弹起来的最高点击球，挥拍轨迹自右下方到左上方(图 6.6.7)。

图 6.6.7　正手底线抽球

(2) 反手底线抽球

动作要领(以右手握拍为例):两脚左右开立,两膝微曲,重心放在脚尖上,上身稍向前倾,右手轻握球拍,左手扶住球拍,球拍置于肚脐与胸之间的高度。两眼目视前方观察来球,当球过来时,迅速转体并调整位置,将球控制在身体左侧的侧前方;同时,右手向后拉拍到拍柄指向的来球场地,手腕固定,看准来球,挥拍轨迹自左下方到右上方(图 6.6.8)。

图 6.6.8　反手底线抽球

5. 第三拍短吊球

第三拍短吊球指的是发球员发球后,对方将球接回,接下来发球一方需要击打的回合。选手通常采用过网短球的技术,这个技术可以让发球方有机会前进到非截击线前,抵消对方在网前的优势。

图 6.6.9　第三拍短吊球

动作要领:双腿左右开立,重心降低,双手持拍放于体前,面对对方比较具有攻击力的回球时,提前预判球的位置,迅速启动并且拉好拍,到达击球位置后,保持拍面在斜前方 45°,最佳击球高度为膝盖与大腿之间的高度,采用平稳钟摆式的挥拍将球挡回到对方的非截击区,球在本方非截击线上空时达到最高点,做到球过网急坠,高度低且离球网近,发球方有机会随球上网(图 6.6.9)。

6. 高吊球与高压球

（1）高吊球

动作要领：准备动作与正、反手底线抽球动作相同。在击球全过程中，眼睛紧紧盯住球，在击球过程中手腕要紧固，握紧球拍击打球的后下部，挥拍轨迹由后下方向前上方，击球点在身体的侧前方，身体重心放在后脚上，击球后随挥拍动作尽量远伸，球拍向着击球方向充分运送（图 6.6.10）。

图 6.6.10　高吊球

（2）高压球

动作要领：当对方挑高球时，判断球大致的落点，立即侧身转体并用短促的脚步调整；同时持拍手上举至头部并向后引拍，非持拍手指向来球，眼睛紧紧盯住球，重心在两脚前脚掌上，后腿弯曲，随时准备扣杀（图 6.6.11）。

图 6.6.11　高压球

（二）匹克球的基本战术

当学生基本掌握匹克球技术后，可以开始学习比赛的基本战术。应基于球员具备的击球技巧和防守能力来选择基本战术。大多数情况下，初学者采取防守策略，高阶球员除了防守外，可以开始使用压制和攻击性的战略。开始使用基本战术时必须遵循以下基本要求：

(1) 回球的首要任务是每一球都应打过网；

(2) 发球要长，要发到对方后场1/3区域；接发球要长，要回到对方后场1/3区域；

(3) 先上网(前进到非截击线)的一方，可以更好掌控比赛节奏并得分；

(4) 如果本方先上网而对方还在底线，击球时应采用长而深的截击，迫使对方停留在底线；

(5) 短球打进非截击区是第三拍的首选；

(6) 打给对方的球绝大部分应该是丁克球，以培养在非截击线上的持续性和耐性；

(7) 尽可能调动对手，将球击向对方两人中间，或离他们站位较远的地方；

(8) 如果对方回球反弹的高度低于球网，可将球回击到对方的非截击线；

(9) 及时和同伴沟通；

(10) 在随球前进方向移动时，要和同伴同进同出，两人之间始终保持1.8米的距离，这样场上不会有太大的空档区；

(11) 通常来说，落点在两人中间的球应该让持正手拍的人去打，持正手拍的人可以超过中线30～45厘米击球。

1. 单打战术要点

(1) 接发球落点要深；

(2) 尽量将回球落点控制在两边边界处；

(3) 寻找对手场上空位，回球回在空位处；

(4) 打对方的底线反手位。

2. 双打战术要点

(1) 抢网

双打最重要的战术就是先上网(非截击线)，先上网的一方有70%的概率能赢得这一分。网前的一方在平面上拥有更大的击球角度，底线的球员可选择的击球角度更小。网前的一方在垂直面上拥有更大的击球角度。

(2) 接发球方的战术

接发球时，接发球员站在底线处接球，其同伴站在非截击线前(外)。接发球员在底线接球后，必须在发球方击打第三拍之前，快速跑动到网前，与同伴一同站在非截击线前，封锁对方回球路线，形成进攻态势。

(3) 发球方的战术

根据双反弹原则，发球员发球后，发球方两人都必须站在底线处，随时准备球二次反弹后的第三拍击球。第三拍回球打进对方非截击区的短球是首选。第三拍回球也可采用快速大力抽球的方式，让对方在网前占据优势地位的同时增大失误的可能性，从而赢得比分。

(4) 叠式站位

叠式站位在匹克球中属于专业级运动员的双打比赛策略，其主要思想为擅长正手的队员防守正手位，擅长反手的队员防守反手位。发球方得分后，发球方队友需互换位置继续发球，此时擅长正手位的选手就到了反手位，而叠式站位就是为了解决此问题而制订的策略。叠式站位在实施过程中极易导致错误的队员在错误的位置发球或接球，从而失去球权或丢失分数，建议学生在熟练基础规则后学习。

① 发球方的叠式站位：第一发球员（位于场地右边的球员）发球得分后，第一发球员到二区（左边）发球，而其队友（第二发球员）不需到一区（右边）站位，第二发球员则站在第一发球员的左边。简单来说，第一发球员永远在第二发球员的右边，第二发球员永远在第一发球员的左边。当比分为奇数时，第一发球员在二区（左边）发球；当比分为偶数时，第一发球员在一区（右边）发球。

② 接球方的叠式站位：接球方站位与本方的分数有关，当得分为奇数时，第一发球员（即正手位的球员）到二区（左边）接球，反手位的球员站到二区非截击线旁的边线界外，待第一发球员接球后，立即回到一区正手位，反手位队员则直接进入非截击线前；当得分为偶数时，球员的站位与正常双打接发球站位一致。

（5）回合战术

通常来说，每一回合的过程分为以下四个阶段：①发球、接发球阶段，双方没有明显的优劣势，较少失误，也没有太多进攻机会。②第三拍阶段，第三拍回球质量的好坏是发球方化被动为主动的关键。因为接发球方接球后，两名队员能迅速上网封锁，占据优势地位。若发球方第三拍短球质量高，球过网急坠，则同样有机会迅速上网，这样就能与接发球方先上网的优势打平。③丁克球阶段，当双方站位都上到网前时，必须进入耐心的、高质量的丁克球相持阶段。④快速网前截击阶段，当一方回球出现高位时，则给对方提供截击进攻的机会，双方在网前进行快速截击球阶段。通常来说，先采取进攻的一方获胜概率较大，因为对方防守回球质量偏低，很容易给进攻方二次进攻的机会。

三、 练会匹克球

（一）水平一阶段

（1）徒手抛接球

在初学匹克球时，徒手抛接球可以培养学生对匹克球的兴趣，使学生能够完成一些基本的球性练习，为后续学习打下基础。

动作要领：双腿微屈，重心略微向前，双手放于体前，眼睛盯住来球。

（2）正反手挥拍

动作要领：重心降低，双眼盯住来球，将击球位置放在身体的侧前方。

（3）正反手颠球

动作要领：手腕固定，拍面始终保持与地面平行，眼睛看好击球位置。

（4）持拍托球接力赛

动作要领：手腕要固定，拍面要平稳；眼睛要盯球，重心稍前倾。

（5）颠球绕障碍物跑

动作要领：球不要颠太高，手脚要配合；人球要一体，移动要敏捷。

（二）水平二阶段

（1）基本步法：垫步与交叉步

掌握正确的步伐，能以最短时间移动最大距离是完成各种动作的基础。只有脚下到位了，才能打出高质量的回球。为避免学生感到枯燥与厌烦，在练习步伐的同时可以结合一些简单的灵敏、协调性训练，以提高学生的积极性。

动作要领：

① 垫步：对方将击球时，本方队员做一个向上轻跳的分腿垫步，重心放在前脚掌，身体保持平衡，准备向任何方向移动；

② 交叉步：通常在队员需要快速移动击球时，以及移动距离较大时采用交叉步。

(2) 正反手丁克球(直线、斜线)

正反手丁克球是在比赛中运用最广泛的技术动作，是一个落入对方的非截击区，无法攻击的球，网前的得分往往是以正反手丁克球作为铺垫获得的。

动作要领：双腿微屈，重心稍前倾，当来球时，先判断来球方向，脚下垫步迅速调整，固定手腕，侧身将球轻挡回，保持球的飞行轨迹是一条相对平缓的抛物线，且过网低、离网近。

(3) 发球

发球是匹克球比赛中运用最多的一项技术，一个好的发球可以直接拿下一分。

动作要领：脚前后站立，身体侧对发球区，击球时，自下而上挥拍，并且球拍不超过手腕。

(4) 接发球

接发球技术是匹克球运动中运用较广泛的一项技术，一个高质量的接发球可以占据主动地位，赢得此分。

动作要领：双腿微屈，重心降低，眼睛观察发球队员，球过来后，提前预判球的位置，拉拍迅速调整，到位后自下而上挥拍将球击出。

(5) 截击球

截击球是匹克球比赛中运用非常广泛的一项技术。

动作要领：重心降低，双腿屈膝，前脚掌着地，双手持拍立于体前，两眼时刻盯住来球，锁住手腕，拉拍动作小，对来球进行推挡。

(三) 水平三阶段

(1) 第三拍短吊球

第三拍短吊球是匹克球比赛中运用非常广泛的一项技术。很多时候，球员对第三拍球处理得好与坏，都决定了这一分的走势。该技术特点与丁克球有点相似，但是训练起来相对丁克球要难。教师在教学时先要让学生清楚明白这一技术特点，并多加指导。

动作要领：球过网急坠，高度低且离球网近，对击球点的判断及力量大小的控制。

(2) 高吊球

高吊球是匹克球比赛中运用较广泛的一项技术。高吊球一般分为两种：一种是主动高吊球，目的是给本方创造进攻的机会；另一种是被动高吊球，往往是被对手压迫后，打一个高吊球，可以给自己留出回位的时间，让自己能回到正确的击球位置。

动作要领：双腿微屈，击打球后下方，击球后，身体重心放在后脚。

(3) 高压球

高压球是匹克球比赛中运用较多的一项技术，高压球的球速快而且力量大，抓住高压球的机会，不仅可以轻松拿下此分，而且能给予对手压迫感。

动作要领：眼睛盯住来球，双脚迅速调整，侧对来球，持拍手上举至头部位向后引拍，非持拍手指着来球，准备扣杀。

(4) 双打配合站位

双打是匹克球比赛中最为常见,也是最多的形式。因为球场上不是一个人在打球,所以在比赛中经常要考虑到搭档,跟搭档的分工要明确。在处理回球的时候要小心,不能单纯把球回过去给对方,导致对手轻易得分。自己在没有好的机会得分的情况下,要努力打好自己的球,争取给自己的搭档创造得分的机会,尽量赢得比赛。

战术要点:分工明确,要有补位意识,能清楚地明白自己在场上应该做什么,思路要清晰,个人的准备姿势、步伐要正确。

四、 匹克球竞赛规则

【竞赛规则】

教学相长

一、 课程思政元素

教师可将课程思政元素有机融入教学全过程,使学生在课堂教学全过程中都能受到潜移默化的思政教育。教师可结合匹克球故事进行学科思政教育,具体如下:

第一,2019 年 IFP 本布里奇杯国际匹克球锦标赛暨德国匹克球公开赛日前在德国埃森举办,深圳市匹克球协会选派运动员李维维代表中国出战本次赛事,成为中国参加国际匹克球大赛的"第一人"。通过讲述比赛中运动员不放弃和拼搏的过程,激发学生爱国主义热情,培养学生遇到困难不屈服、勇于拼搏、永不放弃的精神。

第二,在 20 世纪 90 年代,匹克球已纳入美国中学体育课程,是学校体育的重要内容之一。匹克球项目娱乐性强,可有效激发学生的运动兴趣。通过阐述匹克球发展史,让学生意识到学校体育对促进运动项目发展的重要性。

第三,构建学练一体化的学习型小组,按照学生的学科背景和匹克球基础存在的差异,以 4 人为单位进行分组。课中练习、教练环节、比赛环节都以小组为单位进行,培养学生团队合作精神、互相帮助的品格、交流和沟通能力等。

二、 匹克球教学大纲

【教学大纲】

教学思考

(1) 通过学习匹克球,你能说出为什么匹克球近些年受到大众喜爱,并被列为 2024 年巴黎奥运会表演项目吗?

(2) 你认为匹克球最吸引人的地方是什么?

(3) 请说出 1～2 个你喜欢的匹克球运动员,讲讲他(她)让你佩服和感动的地方,以及能从他(她)身上学到什么。

(4) 从匹克球被成功列为 2024 年巴黎奥运会表演项目这件事情中,你对如何进一步推广中华民族传统体育运动项目走向国际有什么好的建议?

第七章 ▸▸▸

民族传统项目

第一节 太　极　拳

教学目标

（1）价值塑造：通过学习太极拳文化，探知中华文明的流变，学习武德武礼，提高大学生道德文化素养，规范大学生的行为；弘扬传承中华优秀传统文化，培养爱国精神，树立远大目标，增强文化自信、文化自省、文化自觉；磨炼坚韧不拔的意志品质和健全的人格，起到锻炼身体、调适心理、陶冶情操、修身养性的目的，提升综合体育素养。

（2）能力培养：提高学生身体素质，强健体魄，舒缓精神压力，调适心理，增加抗挫能力，培养适应社会的能力，主动学习的能力，能够以辩证思维面对人生；提高鉴赏太极拳的能力，"知其然，知其所以然"，内外兼修；能够科学规范练好太极拳，起到良好的健身作用。

（3）知识传授：通过"互联网＋精品课程＋教材""线上线下，课上课下"混合式教学，规范、标准的练习方法，掌握太极拳的基本功、套路、技击实战术，做到标准化、科学化；培养学生终身体育锻炼意识；理论结合实际，使学生理解每一个招式中蕴含的技击实战攻防含义，达到学以致用，"体用兼备"。

教学内容

【在线习题】

一、认识太极拳

二十四式太极拳也称"简化太极拳"，是国家体委于 1956 年组织国内部分太极拳专家，

【太极拳文化与功法练习】

在取传统杨式太极拳之精华，删去繁难和重复的动作后，选取二十四式（动作名称：起势、左右野马分鬃、白鹤亮翅、左右搂膝拗步、手挥琵琶、左右倒卷肱、左揽雀尾、右揽雀尾、单鞭、云手、单鞭、高探马、右蹬脚、双峰贯耳、转身左蹬脚、左下势独立、右下势独立、左右穿梭、海底针、闪通臂、转身搬拦捶、如封似闭、十字手、收势）科学创编而成的。尽管这套太极拳只有 24 个动作，但相比传统太极拳套路，其内容更精练、动作更规范，能充分体现太极拳运动的特点。为了便于在广大群众中推广普及太极拳，二十四式太极拳套路按由简入繁、循序渐进、易学易记易推广的原则进行创编，非常适合初学者练习。全套共分为四段，5 分钟左右可练完一套。

二、 学会太极拳

【二十四式太极拳】 【四十二式太极拳】

（一）武术抱拳礼

并步站立，左手四指并拢伸直成掌，拇指屈拢，右手成拳，左掌心按贴右拳面，左指尖与下颌平齐，右拳眼斜对胸窝置于胸前，屈臂成圆，合抱于胸前，双肘尖略下垂，拳掌与胸相距 20～30 厘米，头正身直，目视受礼者，活动前后均需先行抱拳礼。

（二）二十四式太极拳的动作详解

（1）起势（图 7.1.1）

图 7.1.1 起势

① 身体自然直立，两脚并拢，两腿自然伸直，胸腹放松。两臂下垂，手指微屈，两手轻贴于大腿外侧。头颈正直，下颚微收，舌抵上颚。精神集中，呼吸自然，眼平视前方。

② 左脚提起向左分开半步，足距与肩同宽，两脚尖均平行向前，成开立步。

③ 两臂慢慢向前平举，抬至与肩平，与肩同宽，双臂自然伸直，肘关节向下微屈，两手心向下，指尖向前。

④ 两腿慢慢屈膝半蹲，重心落于两腿之间，成马步。两掌轻轻下按至腹前。上体立身中正。

（2）左右野马分鬃（图 7.1.2）

① 上体稍右转。右臂屈抱于右胸前，手高不过肩，肘略低于手，手心向下；左臂屈抱于腹前，手心向上，两手上下相对，如抱球状。左脚收至右脚内侧，脚尖点地。

② 上体左转，左脚向左前方迈开一步，脚跟轻轻着地，重心仍在右腿上。

③ 上体继续左转，重心前移；左脚踏实，左腿屈膝前弓，右腿自然蹬直，右脚跟外展，成

图 7.1.2　左右野马分鬃

左弓步。两掌前后分开，左手分至胸前，高与眼平，手心斜向上；右手按至右胯旁，手心向下，指尖朝前，两臂微屈。目视右掌。

④ 重心稍向后移，左脚尖外撇，上体稍左转。两手准备翻转“抱球”。目视左手。

⑤ 上体继续左转。左手翻转成手心向下，在左胸前屈抱；右手翻转前摆，手心向上，在腹前屈抱，两手上下相对，如抱球状。重心移至左腿，左脚踏实；右脚收至左脚内侧，脚尖点地。目视左手。

⑥ 上体稍右转，右脚向右前方迈出一步，脚跟轻轻着地。

⑦ 上体继续右转，重心前移；右脚踏实，右腿屈膝前弓，左脚自然蹬直，左脚跟外展，成右弓步。两手前后分开，右手分至体前，高与眼平，手心斜向上；左手按至左胯旁，手心向下，指尖向前，两臂微屈。目视右手。

⑧ 重心稍向后移，右脚尖翘起外撇，上体稍右转。两手准备翻转“抱球”。

⑨ 上体稍右转。右臂屈抱于右胸前，手高不过肩，肘略低于手，手心向下；左臂屈抱于腹前，手心向上，两手上下相对，如抱球状。左脚收至右脚内侧，脚尖点地。

⑩ 上体左转，左脚向左前方迈出一步，脚跟轻轻着地；重心仍在右腿上。

⑪ 上体继续左转，重心前移；左脚踏实，左腿屈膝前弓，右腿自然蹬直，右腿跟外展，成左弓步。两掌前后分开，左手分至体前，高与眼平，手心斜向上；右手按至右胯旁，手心向下，指尖向前，两臂微屈。目视左掌。

(3) 白鹤亮翅(图 7.1.3)

① 上体微左转，重心移至左腿；右脚抬起向前跟半步，落于左脚右后侧，前脚掌着地。左手内旋收于胸前，掌心向下，指尖向右；右手外旋向左划弧至腹部，掌心向上，指尖斜向左侧，两掌心相对。

② 重心右移，上体右转。左手自然搭至右手臂内侧，右臂上举。

③ 左掌向左腿外部划弧。身体左转，左脚抬起前点。

图 7.1.3　白鹤亮翅

④ 左脚尖落地，成虚步。两手右上、左下划弧分开，右掌提至右额前，掌心向内；左掌按于左胯前，掌心向下，两臂保持弧形。目视前方。

(4) 左右搂膝拗步(图 7.1.4)

图 7.1.4　左右搂膝拗步

① 上体微左转，右手随之向左划弧下落。目随右掌转动。

② 上体右转，左脚收至右脚内侧，脚尖点地。右手划弧至右后方，左手划弧至右肋旁。头随身体转动，目视右掌。上体左转，左脚向前上步，脚跟轻轻落地。右臂屈肘，右手收至耳旁，手心斜向前。左手向下划弧至腹前。

③ 重心前移，成左弓步。右手指尖向前探，最后立掌向前推出，指尖高与鼻平。左手由左膝前搂过，按于左胯旁。目视右掌。

④ 重心稍后移，左脚尖外撇，上体左转。右手随之向左划弧。左掌上托。

⑤ 左手向左、向上划弧，举至身体左前方，高与头平。右手摆至左肋旁。右脚收至左脚内侧。目视左手。

⑥ 上体右转，右脚向前上步，脚跟轻轻落地。左臂屈肘，左手收至耳旁，手心斜向前。右手向右、向下划弧至腹前。

⑦ 重心前移，成右弓步。左手指尖向前探，最后立掌向前推出，指尖高与鼻平。右手由右膝前搂过，按于右胯旁。

⑧ 重心稍后移，右脚尖外撇，上体右转。左手随之向右划弧。

⑨ 上体继续右转，重心前移，右脚踏实；左脚收至右脚内侧，脚尖点地。右掌上托再向上划弧至右前方。左手再向下划弧至右肋旁。目转视右手。

⑩ 上体左转，左脚向前上步，脚跟轻轻落地。右臂屈肘，右手收至耳旁，掌心斜向前。左手向下划弧至腹前。目视前方。

⑪ 重心前移，成左弓步。右手指尖向前探，最后立掌向前推出，指尖高与鼻平。左手由左膝前搂过，按于左胯前。目视右掌。

（5）手挥琵琶（图 7.1.5）

图 7.1.5　手挥琵琶

① 右脚向前收拢半步，脚前掌轻落于左脚后，与左脚相距约一脚长。右臂稍向前伸展，腕关节放松，然后屈臂后引。左掌向左后方划弧。

② 上体右转，重心后移，右脚踏实，左脚上提。左手向左、向上划弧摆至体前。右手收至胸前，掌心斜向下。目转视左掌。

③ 上体稍向左回转，左脚稍向前移，脚跟着地，成左虚步。两臂外旋，屈肘合抱，两手前后交错，两掌合于体前。左手与鼻相对，掌心向右，右手与左肘相对，掌心向左，两臂犹如抱琵琶的样子。目视左手。

（6）左右倒卷肱（图 7.1.6）

图 7.1.6　左右倒卷肱

① 上体稍右转。两手翻转向上，右手随转体向下经腰侧向右后上方划弧，右臂微屈，手与头同高。左手翻转停于体前。头随身体转动，转视右手。

② 上体稍左转，左脚提收向后退一步。右臂屈卷，右手收至肩上、耳侧，掌心斜向下方。左手开始后收。

③ 上体继续左转，重心后移，左腿退步，左脚踏实；右脚以脚掌为轴扭直，脚跟离地，右膝微屈，成右虚步。右手推至体前，腕与肩同高，掌心向前。左手向后、向下划弧，收至左腰侧，手心向上。目视右掌。

④ 上体稍左转。左手向左后上方划弧，与头同宽，掌心向上，左臂微屈。右手翻转停于体前。头随身体转动。

⑤ 上体稍右转，右脚提收向后退一步。左臂屈卷，左手收至肩上耳侧，掌心斜向前下方。右手开始后收。

⑥ 上体继续右转，重心后移，右脚踏实；左脚以脚掌为轴扭直，脚跟离地，左膝微屈，成左虚步。左手推至体前，腕与肩同高，掌心向前。右手向后、向下划弧，收至右腰侧。目视左手。

⑦ 上述动作左右共练习 4 次，退 4 步，前 2 次和后 2 次相同。

(7) 左揽雀尾(图 7.1.7)

图 7.1.7 左揽雀尾

① 上体微右转。右手由腰侧向右上方划弧。右臂微屈，手与肩同高，掌心斜向上。左手在体前转动，手心向上。头随身体转动，目视右手。

② 右手屈臂抱于胸前，掌心翻转向下；左手划弧下落，屈抱于腹前，掌心转向上，两手上下相对如抱球状。左脚收至右脚内侧，脚尖点地。

③ 上体微左转。左脚向左前方迈出一步，脚跟轻轻落地。

④ 上体继续左转，重心前移，左脚踏实，左腿屈膝前弓；右腿自然蹬直，成左弓步。两手前后分开，左臂半屈向体前掤，腕与肩同高，掌心向内；右手向下划弧按于右胯旁，掌心向下，指尖向前。

⑤ 上体稍左转。左手向左前方伸出，掌心转向下；右臂外旋，右手经腹前向上、向前伸至左前臂内侧，掌心向上，两掌相对。目视左手。

⑥ 上体右转。两手同时向下经腹前向右后方划弧后捋，右手举于身体侧后方，与头同

高，掌心向内；左臂屈于胸前，掌心向内。重心后移，身体后坐，右腿屈膝，左腿自然伸开。目视右手。

⑦ 上体左转，正对前方。右臂屈肘，右手收至胸前，搭于左腕内侧，掌心向前。左前臂仍屈收于胸前，掌心向内，指尖向右。

⑧ 重心前移，左腿屈弓，右腿自然蹬直，成左弓步。右手手心推送左前臂向体前挤出，与肩同高；两臂撑圆。

⑨ 左手翻转向下；右手经左腕上方向前伸出，掌心也转向下。两手左右分开，与肩同宽、同高。

⑩ 重心后移，上体后坐，右腿屈膝；左腿自然伸开，左脚尖翘起。两臂屈收，两手后引，经胸前收到腹前，手心斜向下。

⑪ 重心前移，左脚踏实，左腿屈弓，右腿自然蹬直，成左弓步。两手沿弧线推按至体前，两腕与肩同宽、同高，两掌心向前，指尖向上。

(8) 右揽雀尾(图 7.1.8)

图 7.1.8　右揽雀尾

① 重心后移，上体右转，左脚尖内扣。右手经头前划弧右摆，掌心向外；两手平举于身体两侧。头及目光随右手移转。

② 左脚屈膝，重心左移；右脚收至左脚内侧，脚尖点地。左手屈抱于左胸前，手心向下；右手屈抱于腹前，手心向上，两手上下相对，在左肋前“抱球”。

③ 上体微右转。右脚向右前方迈出一步，脚跟轻轻落地。目视前方。

④ 上体继续右转，重心前移，右脚踏实，右腿屈膝前弓；右腿自然蹬直，成右弓步。两手前后分开，右臂半屈向体前掤，腕与肩同高，掌心向内；左手向下划弧按于左胯旁，掌心向下，指尖向前。

⑤ 上体稍右转。右手向前方伸出，掌心转向下。左臂外旋，左手经腹前向上、向前伸至右前臂内侧，掌心向上。目视右手。

⑥ 上体左转。两手同时向下经腹前向后方划弧后捋，左手举于身体侧后方，与头同高，掌心向内；右臂平屈于胸前，掌心向内。重心后移，身体后坐，左腿屈膝，右腿自然伸开。目视左手。

⑦ 上体右转,正对前方。左臂屈肘,左手收至胸前,搭于右腕内侧,掌心向前。右臂仍屈收于胸前,掌心向内,指尖向左。

⑧ 重心前移,右腿屈弓左腿自然蹬直,成右弓步。左手推送右前臂向体前挤出,与肩同高;两臂撑圆。

⑨ 右手翻转向下;左手经右腕上方向前伸出,掌心也转向下。两手左右分开,与肩同宽、同高。

⑩ 重心后移,上体后坐,左腿屈膝;右腿自然伸开,右脚尖翘起。两臂屈收,两手后引,经胸前收到腹前,手心斜向下。

⑪ 重心前移,右脚踏实,右腿屈弓,左腿自然蹬直,成右弓步。两手沿弧线推按至体前,两腕与肩同宽、同高,两掌心向前,指尖向上。

(9) 单鞭(图 7.1.9)

图 7.1.9 单鞭(一)

① 重心左移,上体左转,右脚尖内扣,两臂交叉运转。左手经头前向左划弧至身体左侧,掌心向内。右手经腹前向左划弧至左肋前,掌心转向上。视线随左手运转。

② 上体右转,重心右移,右腿屈膝。右手向上、向右划弧,掌心向内。左手翻转向下、向腹前划弧。

③ 重心右移,左脚收至右腿内侧,脚尖点地。右掌经头前至身体右前方变成勾手,勾尖向下,腕高与肩平。左手向下、向右划弧,经腹前至右肩前,掌心转向内。视线随右手转移,最后看勾手。

④ 上体稍左转,左脚向左前方迈出一步,脚跟落地。左手经前面向左划弧掌心向内。目视左手。

⑤ 上体继续左转,重心前移,左脚踏实,左脚屈弓;右腿自然蹬直,脚跟外展。左手经前面翻转向前推出,腕与肩同高,左肘与左膝上下相对。目视左手。

(10) 云手(图 7.1.10)

① 重心右移,上体右转,左脚尖内扣,右腿弯曲。左手经腹前向右划弧,掌心向内。右勾手松开变掌,掌心向外。目视右手。

② 重心左移,上体左转。左掌掌心向内,自右向上、向左经面前划弧云转,指于眉齐。右掌向下经腹前向左划弧云转至右腹,眼随左手。

③ 上体继续左转,右脚收于左脚内侧落地,两脚平行向前,形成小开立步,相距 10~20 厘米。两掌云转至身体左侧逐渐翻转,左掌心转向外;右掌云转至左肘内侧。

④ 重心右移,左脚抬起,上体右转。右掌自左经面前向右划弧云转,指尖齐眉。左掌向下经腹前向右划弧云转。

图 7.1.10　云手

⑤ 上体继续右转，左脚向左侧开步，脚尖向前。两掌云转至身体右侧，逐渐翻转，右掌心转向外；左掌云转至右肘内侧。

⑥ 重心左移，上体左转。左掌经面前向左划弧云转。右掌向下经腹前向左云转。眼随左手转动。

⑦ 上体继续左转，右脚收于左脚内侧落地，两脚平行向前，形成小开立步，相距 10～20 厘米。两掌云转至身体左侧逐渐翻转，左掌心转向外；右掌云转至左肘内侧。

⑧ 重心右移，左脚抬起，上体右转。右掌自左经面前向右划弧云转，指尖齐眉。左掌向下经腹前向右划弧云转。

⑨ 上体继续右转，左脚向左侧开步，脚尖向前。两掌云转至身体右侧，逐渐翻转，右掌心转向外；左掌云转至右肘内侧，目视右手。

⑩ 重心左移，上体左转。左掌经面前向左划弧云转。右掌向下经腹前向左云转。

⑪ 上体继续左转，右脚收于左脚内侧落地，两脚平行向前，形成小开立步，相距 10～20 厘米。两掌云转至身体左侧逐渐翻转，左掌心转向外；右掌云转至左肘内侧。目视左手。

(11) 单鞭(图 7.1.11)

图 7.1.11　单鞭(二)

① 上体右转。右手经头前向右划弧至右前方。左手向下经腹前向右划弧云转至右腰间。

② 重心移向右腿，左脚自然收回脚跟提起。右掌心翻转变勾手。左掌掌心上托转向内。目视勾手。

③ 上体稍左转，左脚向左前方上步，脚跟落地。左手经前面向左划弧，掌心向内。目视左手。

④ 上体继续左转，重心前移，左脚踏实，左腿屈弓；右腿自然蹬直，脚跟外展，成斜向左前方的弓步。左手经面前翻转向前推出，腕与肩同高，左肘与左膝上下相对。目视左手。

（12）高探马（图 7.1.12）

图 7.1.12　高探马

① 右脚向前收拢半步，距左脚约一脚长。右勾手变掌屈肘，眼看右手，左手翻转向上。

② 上体稍右转，重心后移。右脚踏实，右腿屈坐。

③ 上体左转，左脚前点，成虚步。右肩屈收，经头侧再向前推出，腕与肩同高，手心向前。左臂屈收，左手收至腹前，掌心向上。

（13）右蹬脚（图 7.1.13）

图 7.1.13　右蹬脚

① 上体左转，左腿向左前方迈出。右手稍后收，左手经右手背上向右前方穿出。两手交叉，腕关节相交，两掌心向外，两手合举于面前。

② 右腿自然蹬直。两手向左右分开，掌心向外，虎口相对，两臂外撑。

③ 右脚收至左脚内侧，脚尖点地。两手向腹前划弧相交合抱，举至胸前，右手在外，两掌心皆向内。目视右前方。

④ 右腿屈膝上提，至水平高度，脚尖下垂，双手合抱于胸前。

⑤ 右脚脚尖上勾，脚跟用力慢慢向右前上方蹬出；左腿微屈，右腿伸直。两手手心向外撑开，两臂展于身体两侧，肘关节微屈，两腕与肩平。右腿与右臂上下相对，方向为右前方约 30°。

(14) 双峰贯耳(图 7.1.14)

图 7.1.14　双峰贯耳

① 右腿屈膝回收,脚尖自然下垂。左手经头侧向体前划弧,与右手并行落于右膝上方,掌心向上,指尖向前。

② 右腿向右前方上步,脚跟落地,脚尖斜向右前方约 30°。两掌旋腕变拳下落收至两腰侧,拳心向上,目视前方。

③ 重心前移,右腿踏实,右腿屈弓。左腿自然蹬直,成右弓步。两手握拳从两侧向上、向前划弧摆至头前。

④ 两臂半屈成弧,两拳相对呈钳形,间距同头宽,前臂内旋,拳眼斜向下。目视前方。

(15) 转身左蹬脚(图 7.1.15)

图 7.1.15　转身左蹬脚

① 重心后移,上体左转,左腿屈坐,右脚尖内扣。两拳松开,左手经头前向左划弧,两臂微屈举于身体两侧,掌心向外。目视左手。

② 重心右移,右腿屈膝后坐;左脚收至右脚内侧,脚尖点地。两手向下划弧,于腹前交叉合抱,再举至胸前,左手在外,两手心皆向内。

③ 左腿屈膝提起,至水平高度,脚尖下垂,双手合抱于胸前。

④ 左脚脚尖上勾,脚跟用力向左前上方慢慢蹬出。两臂内旋,两掌心转向外,左前、右后划弧分开,两臂微屈举于身体两侧。左腿蹬直,与左臂上下相对。目视左手。

（16）左下势独立（图 7.1.16）

图 7.1.16　左下势独立

① 左腿屈收，左脚下垂收于右小腿内侧，上体右转。右臂稍内合变勾，勾尖向下。左手经头前划弧摆至右肩前，掌心向右，指尖向上。

② 右腿屈膝半蹲；左脚脚前掌落地，沿地面向左侧伸出，随即全脚踏实，左腿伸直。左手落于右肋侧。目视右勾手。

③ 右腿屈膝全蹲，上体左转，成左仆步。左手经腹部沿左腿内侧向左立掌穿出，掌心向外，指尖向左。目视左手。

④ 重心移向左腿，左脚尖外撇，左腿屈膝前弓；右脚尖内扣，右腿自然蹬直，重心恢复至弓步高度。左手继续前穿向上挑起。右勾手内旋，背于身后，勾尖向上，目视左手。

⑤ 重心后坐，左脚外转 45°。左掌翻转向下，右勾手变掌。

⑥ 左脚尖落地，重心前移。右掌挑向体前，左掌下按。

⑦ 左腿微屈独立支撑，成左独立步；右腿提膝，右脚尖自然下垂。左手下落按于左胯旁。右掌向上挑起，指尖向上，高与眼平，右臂半屈成弧，肘关节与右膝上下相对。目视右手。

（17）右下势独立（图 7.1.17）

① 右脚落于左脚右前方，脚前掌着地；上体左转，左脚以脚掌为轴随之辗转。右掌从面前向左划弧，左掌上提。

② 左手变勾手提举于身体左侧，高与肩平。右手经面前划弧摆至左肩前，掌心向左。

③ 右脚沿地面向右伸出，随即右腿伸直，右脚全脚踏实。右手落至左肋侧。

④ 左腿全蹲，上体右转，成右仆步。右手经腹前沿右腿内侧向右穿出，掌心向外，指尖向右。目视右手。

图 7.1.17　右下势独立

⑤ 重心移向右腿，右脚尖外撇，右腿屈膝前弓；左脚尖内扣，左腿自然蹬直，重心恢复至弓步高度。右手继续前穿并向上挑起。左勾手内旋，背于身后，勾尖向上。目视右手。

⑥ 上体右转，重心前移，左腿屈膝前提，脚尖自然下垂；右腿微屈独立支撑，成右独立步。右手下落按于右胯旁。左勾手变掌，经体侧向前挑起掌心向右，指尖向上，高与眼平，左臂半屈成弧，肘关节与左膝上下相对。

(18) 左右穿梭(图 7.1.18)

① 左脚向左前方落步，脚跟着地，脚尖外撇，上体左转。左手内旋，手心翻转向下；两手似“抱球”状。

② 上体左转，右脚收于左踝内侧。两手在左肋前上下相抱。

③ 上体右转，右脚向右前方上步，脚跟着地。右手由下向右前上方划弧；左手由上向后下方划弧，两手交错。目视右手。

④ 上体继续右转，重心前移，右脚踏实，右腿屈膝前弓，成右弓步。右手翻转上举，架于右额角前上方，掌心斜向上。左手推至体前，高与鼻平。目视左手。

⑤ 重心稍后移，右脚尖稍外撇，上体右转。右手下落于头前。左手稍向左划弧下落，准备“抱球”。

⑥ 两手在右肋前上下相抱。左脚收至右脚内侧。

⑦ 上体左转，左脚向左前方上步，脚跟着地。左手由下向左前上方划弧；右手由上向后下方划弧，两手交错。

⑧ 上体继续左转，重心前移，左脚踏实，左腿屈膝前弓，成左弓步。右手推至体前，高与鼻平。目视右手。

图 7.1.18　左右穿梭

(19) 海底针(图 7.1.19)

图 7.1.19　海底针

① 上体稍右转，右脚向前收拢半步，脚前掌落地，距前脚约一脚长。右掌下落体侧。左掌划弧下落。

② 上体右转，重心后移。右腿屈坐，左脚跟提起。右手下落后经体侧屈臂抽提至耳旁，掌心向左，指尖向前。左手向右划弧下落至腹前，掌心向下。

③ 上体左转，向前俯身。右手从耳侧向前下方斜插，掌心向左，指尖斜向下。左手经左膝前划弧搂过，按至大腿外侧。左脚稍前移，脚前掌着地，成左虚步。目视右手。

（20）闪通臂（图 7.1.20）

图 7.1.20　闪通臂

① 上体恢复正直，左脚收至右脚内侧，脚尖点地。右手上提至身前，指尖向前，掌心向左。左手屈臂收举，指尖贴近右腕内侧。

② 上体右转，左脚向前上步，脚跟着地。两手内旋分开，手心皆向前。目视前方。

③ 上体右转，重心前移，成左弓步。左手推至体前，与鼻尖对齐；右手撑于头侧上方，掌心斜向上，两手前后分展。目视左手。

（21）转身搬拦捶（图 7.1.21）

图 7.1.21　转身搬拦捶

① 重心后移，右腿屈坐，左脚尖内扣，身体右转；两手向右侧摆动，右手摆到身体右侧，左手摆至头侧，两掌心均向外。接着，重心左移，左腿屈坐，右脚以脚掌为轴碾直；右掌下拉变拳；左掌从前面向右按掌，掌心向下。

② 右脚提收至左脚脚踝内侧。右手握拳向下、向左划弧收于左肋前，拳心向下。左掌下按。

③ 右腿向前迈出，脚跟着地。右拳经胸前向前搬打，拳心向上，高与胸平，肘部微屈。左手经右前臂外侧下落，按于左胯旁。

④ 上体右转，重心前移，右脚外转 45°踏实。右拳内旋，右拳向右划弧至体侧，拳心向下，右臂半屈。左臂外旋，左手经体侧向体前划弧。眼随右拳转动。

⑤ 左脚向前上步，脚跟着地。左掌拦至体前，高与肩平，掌心向右，指尖斜向上。右拳翻转收至腰间。目视左掌。

⑥ 上体左转，重心前移，左腿屈弓，左脚踏实；右腿自然蹬直，成左弓步。右拳从腰间至胸前打出，肘微屈，拳心转向左，拳眼向上。左手微收，掌指附于右前臂内侧，掌心向右。目视右拳。

（22）如封似闭（图 7.1.22）

图 7.1.22　如封似闭

① 左手翻转向上，从右前臂下方向前穿出；同时右拳变掌，也翻转向上。两手交叉于体前。

② 两臂屈收，两手边分边内旋后引，双掌手心向上。

③ 重心后移，右腿屈坐，左脚尖翘起。两手分至与肩同宽，收至胸前；随即双重心后移，右腿屈坐，左脚尖翘起。两手分至与肩同宽，收至胸前；随即双掌翻转下按至腹前，掌心向下。

④ 重心前移、左腿屈弓，左脚踏实，右腿自然蹬直，成左弓步。两手翻转，经腹前向上、向前推出，与肩同宽，腕高与肩平，掌心向前，指尖向上。

（23）十字手（图 7.1.23）

图 7.1.23　十字手

① 重心右移,上体右转,右腿屈坐,左脚尖翘起,右掌向右划弧。

② 身体右转,左脚内扣。左掌分于身体左侧;右掌随身体摆至身体右侧,两掌左右平举于身体两侧,掌心向前外,两肘略屈。目视右掌。

③ 右脚以脚跟为轴,实脚外展,脚尖向右。两手下落划弧。

④ 重心左移,右脚尖内扣,上体左转。两掌向下、向内划弧,于腹前两腕相交;两掌合抱,举至胸前,右掌在外,掌心均斜向内。

⑤ 右脚内收,两脚与肩同宽,脚尖向前,成开立步;随即上体转正,两腿慢慢直立;两掌交叉成斜十字形抱于体前,掌心向内,高与肩平。目视前方。

(24) 收势(图 7.1.24)

图 7.1.24　收势

① 两前臂内旋,两掌边翻转边平行分开,与肩同宽、同高,掌心向前下。

② 两掌慢慢下落至两腿外侧,上体自然正直。

③ 左脚收至右脚旁,两脚并拢,脚尖向前。身体自然直立,眼平视前方,收势。

三、练会太极拳

(一) 课堂组织

第一,教师讲解示范动作要领,结合线上线下混合式教学模式,根据教学要求需要,采用多角度方位示范。

第二,口令法。学生根据教师的语音提示集体练习。

第三,教师带领集体练习,个别重难点动作采用两人实战演示解析;引导学生了解套路动作的技术内涵及使用价值,做到"知其然,知其所以然"。

(二) 学生练习方法

学生练习方法有基本步形练习、个人练习、分组练习、集体练习等。

四、 太极拳竞赛规则

【竞赛规则】

教学相长

一、 课程思政元素

太极拳是中华优秀传统文化的重要组成部分，是世界非物质文化遗产，蕴含着深厚的辩证哲学思想。根据“立德树人”的根本任务，以铸魂育人为目标导向的太极拳课程进行思政建设以来，在原来传统的高校太极拳课程内容基础上，变革传统太极拳课程单一输出模式，全面提炼、挖掘太极拳文化中蕴含的育人功能；充分发掘课程思政元素，在润物无声、潜移默化、身体力行中融入太极拳课程教育，使学生在学习本课程的同时能够感受中华优秀传统文化的灿烂辉煌，体验知行合一、笃志笃行的行为准则，树立新时代大格局的爱国情怀。

(1) 深挖思政课程元素，讲好中国故事。运用电影、红歌等方法，结合优秀历史人物的故事，使学生对课程产生学习兴趣，兴趣是最好的老师。

(2) 引导学生弘扬、传承中华优秀传统文化，在潜移默化中培育学生优良品质(如尊师重道、知行合一、持之以恒、顽强拼搏，诚实守信、文化自信、敬业爱国等)。

(3) 建立多渠道学习途径，满足学生多元学习需求。“线上线下，课上课下”混合式、“互联网＋精品课程＋教材＋数字教材”系列化的多渠道，满足学生学习需求。

(4) 太极拳课程是一门集“德”“育”“体”“教”“赛”于一体的新型开放式课程。太极拳课程革故鼎新，拓展了体育课程与思政课程的边界框架，从内容到形式都紧跟新时代对高校优秀人才培养的要求。

目前，高校太极拳课程教学目的、教学方法、教学效果、教学功能均不够完善，课程的思政元素还没有被充分挖掘。太极拳蕴含着博大精深的中华优秀传统文化，学习这门课程本身就是一种非常好的课程思政教育，作为当代大学生，有责任、有义务去弘扬和传承太极拳这项运动。

二、 太极拳教学大纲

【教学大纲】

教学思考

(1) 二十四式太极拳是以哪个流派的太极拳为框架的，其风格特点是什么？

(2) 二十四式太极拳的身形要求有哪些？

(3) 简述二十四式太极拳的创编背景、特点与功效。

(4) 简述太极拳对于身心健康的作用。

第二节 武　术

教学目标

（1）价值塑造：对于大学生而言，武术不仅是一种体育项目，还蕴含着深厚的文化和精神价值。一是武术作为中国传统文化的重要组成部分，对学生了解和传承中国传统文化具有重要意义；二是武术训练有助于培养学生的意志品质，提升其面对困难、寻找方法、解决问题的能力。

（2）能力培养：武术不仅是一种体育运动，也是综合性的素质教育方式，能够在多方面促进大学生的综合能力，使之成为热爱传统文化的、适应现代社会的、全面发展的高素质人才。武术的学习与训练强调以柔韧、爆发、协调等为一体的肢体语言表达，能够强化运动能力、提高运动表现，有助于增强学生体质、增进学生身心健康。学习武术能够增强个人的自我保护意识，培养和提升学生在紧急情况下的判断能力和自我保护能力。大学生在武术学习过程中会与其他学习者互动，有助于提高他们的社交技能和团队协作能力。

（3）知识传授：了解武术的基本知识，掌握武术的基本功，学习五步拳、初级三路长拳。

教学内容

【在线习题】

一、认识武术

武术作为中华民族传统体育项目的优秀代表，有着悠久的发展历史和极其广泛的群众基础，是中国劳动人民在长期社会实践中不断积累和丰富起来的一项宝贵的文化遗产，也是中国传统文化的标志性符号。武术套路是中国武术的表现形式之一，同时是中国武术的核心组成部分；武术套路不仅体现技击和防御的招式，更是对中国文化内涵和哲学思想的诠释。

拳术是武术运动的主要内容，多指徒手套路。武术拳种纷纭、流派众多，据 1979 年全国挖掘、整理的武术遗产资料显示，依据拳流有序、拳理明晰、风格独特、自成体系等原则确定全国共有 129 个拳种。不同拳种有不同的拳术套路、不同的器械套路，具有代表性的拳种有长拳、太极拳、南拳、形意拳、八卦掌、通背拳、螳螂拳、八极拳、翻子拳、劈挂拳、少林拳、戳脚等。

拳术项目重要国际赛事主要有：青少年奥林匹克运动会、世界锦标赛、亚洲运动会、亚洲锦标赛等；重要国内赛主要有：中华人民共和国全国运动会、全国冠军赛、全国锦标赛等。

二、学会武术

【视频讲解】

（一）抱拳礼

两脚并步站立。左手成掌，四指并拢，大拇指扣紧，右手成拳，在胸前相抱，左指根线与右拳棱相齐，高与胸齐，掌、拳与胸部的距离为 20～30 厘米（图 7.2.1）。

（二）基本手型

（1）拳(图 7.2.2)

四指并拢卷握，拇指紧扣食指和中指的第一指节，拳握紧，拳面平，直腕。

（2）掌(图 7.2.3)

四指并拢伸直，拇指弯曲紧扣于虎口处。

（3）勾(图 7.2.4)

五指第一指节捏拢在一起，屈腕。

图 7.2.1 抱拳礼

图 7.2.2 拳

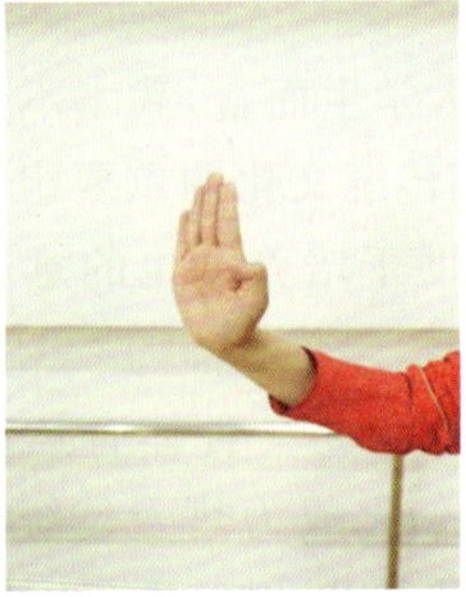

图 7.2.3 掌

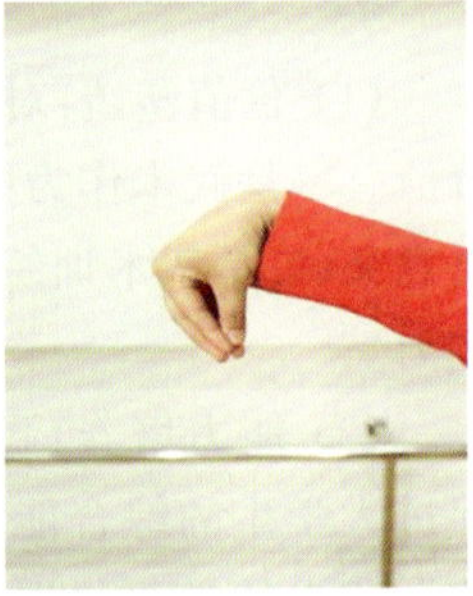

图 7.2.4 勾

（4）冲拳(图 7.2.5)

冲拳分平拳和立拳，平拳拳心向下，立拳拳心向上。

预备动作：双脚开步，脚尖向前。双手小臂折叠，双手握拳抱于腰间，拳心朝上，拳锋朝前，手臂肘尖朝后。挺胸抬头收腹。

动作说明：右冲拳时，右手小臂向内旋转，将拳冲到身体的正前方，手臂伸直，左冲拳时，左臂向内旋转，右臂向外旋转，收于腰间。

动作要领：拳从腰间发力，用腰带肩，肩带肘，肘带手，最后力达拳面。

（5）推掌(图 7.2.6)

预备动作：双脚开步，脚尖向前。双手折叠后撞，双肘夹肋，双掌置于腰间，掌心朝上，挺胸抬头。

动作说明：推掌时，小臂内旋，掌间朝上，掌心朝前，力达掌根。

动作要领：推掌要快速有力，要做好转腰、顺肩、沉腕、立掌动作。

图 7.2.5 冲拳

图 7.2.6 推掌

（三）基本步型

（1）弓步(图 7.2.7)

动作说明：一腿向前一大步成半蹲，步距为脚长的 4～5 倍，大腿呈水平状态，脚尖微内扣，膝盖与脚尖垂直；另一条腿挺膝伸直，脚尖内扣斜向前方，两脚全脚掌着地。上体正对前方，两手抱拳放置腰间，拳心朝上。右腿在前为右弓步，左腿在前为左弓步。

动作要领：前腿大腿必须呈水平状态，垂直方向上膝盖必须达脚背。后退脚尖要内扣，脚后跟不能离地。

(2) 马步（图 7.2.8）

动作说明：两腿平行开立，脚尖正对前方，不可外展，两脚之间的距离为脚长的 3 倍。两腿半蹲，大腿呈水平状态，垂直方向上膝盖不能超过脚尖，两脚全脚掌着地。上体正对前方，两手抱拳放置腰间，拳心朝上。

图 7.2.7　弓步

图 7.2.8　马步

动作要领：躯干不可前倾，马步不可过高或过低，必须呈水平状态，两脚间距不能过小。

(3) 仆步（图 7.2.9）

动作说明：两脚左右开立，一腿全蹲，大腿紧靠小腿，臀部接近脚后跟，膝关节和脚尖外展；另一条腿平铺伸直，脚尖向内扣，两脚全脚掌着地。左手立掌放置右肩前，右手抱拳放置腰间，拳心朝上。仆左腿为左仆步，仆右腿为右仆步。

动作要领：屈蹲腿要全蹲，平铺腿必须伸直，平铺腿全脚掌要内扣着地。

(4) 虚步（图 7.2.10）

动作说明：两脚前后开立，一腿半蹲，脚尖外展 45°，另一条腿屈膝前伸，脚后跟离地，前脚掌点地；身体重心放到后腿，两腿之间一拳距离，左手立掌，右手成勾手。左脚在前为右虚步，右脚在前为左虚步。

动作要领：屈蹲腿大腿要水平，屈蹲腿脚跟不可以离地。

(5) 歇步（图 7.2.11）

动作说明：两腿交叉屈膝全蹲，左脚全脚掌着地，脚尖外展，右脚脚后跟离地，臀部坐于右腿小腿部位。两手抱拳放置腰间，拳心朝上。左脚在前为左歇步，右脚在前为右歇步。

动作要领：两腿必须交叉靠拢，臀部要贴坐在小腿上。

图 7.2.9　仆步

图 7.2.10　虚步

图 7.2.11　歇步

（四）基本腿法

（1）正踢腿（图 7.2.12）

预备动作：两臂侧平举，立掌，腰背挺直，双脚并立。

动作说明：左脚向前上半步，身体重心由左腿支撑，右脚勾起脚尖，向前额处猛踢，右脚下落，左右腿相互交替练习。

动作要领：踢腿过程中要收髋猛收腹，过腰时加速，踢腿时脚尖勾起绷落，不要送髋、较劲儿，要有力点。落地时要控制身体，做到落腿轻灵，不要砸地面。

（2）侧踢腿（图 7.2.13）

预备动作：两臂侧平举，插掌，腰背挺直，右脚脚尖前点。

动作说明：左脚向右脚的右侧方上步，左脚尖外展，左脚脚后跟稍提起，重心放置左腿。右肘弯曲，立掌于左肩前，左肘微屈，上举亮掌。左腿支撑，右脚尖勾起，右脚向上至头的右侧上方踢起，随之右脚面绷平、下落。踢左腿为左侧踢，踢右腿为右侧踢。

动作要领：踢腿时脚尖要勾起绷落，起腿要快，落地要轻。

图 7.2.12　正踢腿

图 7.2.13　侧踢腿

（3）里合腿（图 7.2.14）

预备动作：两臂侧平举，立掌，腰背挺直，双脚并立。

动作说明：左脚向前半步，右腿伸直，右脚尖勾起，向右、向上踢至头的右侧上方，向里划弧，经面前向左侧方摆动，落于左脚外侧，左右腿相互交替练习。

动作要领：里合腿时，脚尖要勾起绷落，起腿要快，落地要轻，摆腿时幅度要大，呈扇形。

（4）外摆腿（图 7.2.15）

预备动作：两臂侧平举，立掌，腰背挺直，双脚并立。

动作说明：左脚向前半步，右脚脚尖勾起向左侧上方踢起，再经面前向体侧划弧摆动落下，左右腿相互交替练习。

动作要领：外摆腿时，脚尖要勾起绷落，松髋，展髋，摆腿时幅度要大，呈扇形。

图 7.2.14　里合腿

图 7.2.15　外摆腿

(5) 弹腿(图 7.2.16)

预备动作:两脚并步站立,腰背挺直,双手抱拳放置腰间。

动作说明:左脚向前上半步,右脚提膝,大腿呈水平状态,脚面绷直,要迅猛发力,向前弹击,力达脚尖,同时冲左拳。右脚提膝弹腿后落地,脚尖点地,右脚向前上半步,左脚提膝弹腿。

动作要领:弹腿时,支撑腿脚尖向前,膝关节不能弯曲,力达脚尖。

(6) 蹬腿(图 7.2.17)

预备动作:两脚并步站立,腰背挺直,双手变掌放置腰间。

动作说明:左脚向前上半步,右脚提膝,大腿呈水平状态,脚面勾紧,要迅猛发力,向前蹬腿,力达脚跟,同时推左掌。右脚提膝蹬腿后落地,脚尖点地,右脚向前上半步,左脚提膝蹬腿。

动作要领:蹬腿时,支撑腿脚尖向前,膝关节不能弯曲,力达脚跟。

图 7.2.16　弹腿

图 7.2.17　蹬腿

(五) 套路技术

1. 五步拳

(1) 预备式:并步抱拳摆头(图 7.2.18)

动作说明:双脚并拢,双手握拳抱于腰间,拳心朝上,向左摆头,目视左前方。

(2) 弓步冲拳(图 7.2.19)

动作说明:左脚向左上步成半马步,同时左拳变掌向左平搂至腰间抱拳,弓步冲右拳。

(3) 弹踢冲拳(图 7.2.20)

动作说明:左腿立起伸直,右腿屈膝弹踢,脚面绷平,力达脚尖,同时收右拳冲左拳,上身直立,目视前方。

(4) 马步架打(图 7.2.21)

动作说明:右脚落步脚尖内转 90°,屈膝成马步,同时左拳变掌屈臂上架,右手向右冲拳。头部右转,目视右前方。

图 7.2.18　并步抱拳摆头

图 7.2.19　弓步冲拳

图 7.2.20　弹踢冲拳

图 7.2.21　马步架打

(5) 歇步盖打(图 7.2.22)

动作说明:起身左转 90°,左脚向右脚后插步,脚前掌落地,左拳收回抱于腰间,同时右掌从头上向左盖掌,掌外沿向前。上体不动,两腿全蹲成歇步,同时向前冲左拳,右掌变拳收于腰间。

(6) 提膝穿掌(图 7.2.23)

动作说明:起身左转,左拳变掌屈肘下按,右拳变掌,掌心向上,经左手背前上方穿掌,左掌收回放到右腋下。左腿提膝,目视右掌。

(a) (b)

图 7.2.22 歇步盖打

(a)撤步盖打;(b)歇步冲拳

图 7.2.23 提膝穿掌

(7) 仆步穿掌(图 7.2.24)

动作说明:左脚落地成仆步,同时左掌经腹前沿着左腿内侧穿出,目视左掌。穿掌指尖为力点。两臂为一条线,后手略高于前手。

(8) 虚步挑掌(图 7.2.25)

动作说明:重心前移,左脚向外展,左转 180°下蹲,右脚向前上步成虚步;同时,左手向上、向后成勾手,右手自后向前挑掌,目视前方。

(9) 收式:并步抱拳(图 7.2.26)

动作说明:重心向上,左脚向右脚并步抱拳。

图 7.2.24 仆步穿掌

图 7.2.25 虚步挑掌

图 7.2.26 并步抱拳

2. 初级三路长拳

(1) 预备式:虚步亮掌(图 7.2.27)

动作说明:右脚向右后方撤步,左掌经胸前从右臂上侧向前穿出,两手弧形摆动,重心下蹲成虚步,右手上架,左手勾手,成虚步亮掌。

(2) 并步对拳(图 7.2.28)

动作说明:提膝站立,两手从腰间向前双插掌。左脚落步,两掌相对,右脚向前上步,两掌弧形下摆、上举,成并步。

(a)　　(b)

图 7.2.27　虚步亮掌

(a)弓步砍掌;(b)虚步亮掌

(a)　　(b)

图 7.2.28　并步对拳

(a)提膝双插掌;(b)并步对拳

◆ 第一段

(3) 弓步冲拳(图 7.2.29)

动作说明:左手向左格挡,右拳从腰间立拳冲出,成弓步冲拳。

(4) 弹腿冲拳(图 7.2.30)

动作说明:左腿立起伸直,右腿屈膝弹踢,脚面绷平,力达脚尖,同时收右拳冲左拳,成弹腿冲拳。上身直立,目视前方。

(5) 马步冲拳(图 7.2.31)

动作说明:右脚向前落步,身体向左转,两腿下蹲,成马步冲拳。

(6) 弓步冲拳(图 7.2.32)

动作说明:右臂屈肘向右格挡,身体向右转的同时,左腿蹬直,右手收拳抱于腰间,左手向前,成弓步冲拳。

(7) 弹腿冲拳

动作说明:右腿立起伸直,左腿屈膝弹踢,脚面绷平,力达脚尖,同时收左拳冲右拳,成弹腿冲拳。上身直立,目视前方。

图 7.2.29　弓步冲拳

图 7.2.30　弹腿冲拳

图 7.2.31　马步冲拳

图 7.2.32　弓步冲拳

(8) 大跃步前穿(图 7.2.33)

动作说明:左腿屈膝,两臂下挂至左膝外侧,左脚落步,右脚向前跃出,两掌弧形上摆,右掌变拳抱于腰间,左掌立掌放于右胸前。

(9) 弓步击掌(图 7.2.34)

动作说明:左掌弧形向后搂手成勾手,右拳变掌从腰间前推成弓步击掌。

(10) 马步架掌(图 7.2.35)

动作说明:右掌收至左胸前,左手从右臂内向前上冲,屈肘抖腕,亮掌于头顶,成马步架掌。

(a)　　(b)

图 7.2.33　大跃步前穿

(a)提膝按掌;(b)仆步摆掌

图 7.2.34　弓步击掌

图 7.2.35　马步架掌

◆ 第二段

(11) 虚步栽拳(图 7.2.36)

动作说明:向右后方转体,右手经右腿外侧向后划弧,屈肘亮拳,左拳栽放于左膝上,成虚步栽拳。

(12) 提膝穿掌(图 7.2.37)

动作说明:左掌向上弧形摆动,按压于头上方,右掌从腰间经左掌上向右前上方穿出,左掌收回放到右腋下。左腿提膝,成提膝穿掌。

(13) 仆步穿掌(图 7.2.38)

动作说明:左脚落地成仆步,同时左掌经腹前沿着左腿内侧穿出,成仆步穿掌。

(14) 虚步挑掌(图 7.2.39)

动作说明:左掌弧形向上向后摆,右掌从右腿外侧向上挑掌,重心下蹲,成虚步挑掌。

图 7.2.36　虚步栽拳

图 7.2.37　提膝穿掌

图 7.2.38　仆步穿掌

图 7.2.39　虚步挑掌

(15) 马步击掌(图 7.2.40)

动作说明:右脚外展,身体向右侧旋转左脚向前一步,同时右掌变拳收于腰间,左掌从右臂上成立掌向左侧击出,重心下蹲,成马步击掌。

(16) 插步双摆掌(图 7.2.41)

动作说明:右脚后插步,两掌逆时针摆动,立掌成插步双摆掌。

(17) 弓步击掌(图 7.2.42)

动作说明:左脚后撤步,右掌弧形搂手,于身后成勾手,左掌向前推出,重心下蹲成弓步击掌。

(18) 转身踢腿马步盘肘(图 7.2.43)

动作说明:后转体,两臂立圆抡摆,左手成亮掌,右手成勾手,右腿正踢腿,左掌变拳收于腰间,右臂直臂平摆至体侧,转体时,向前屈肘击打,肘尖向前,重心下蹲成马步盘肘。

图 7.2.40　马步击掌

图 7.2.41　插步双摆掌

图 7.2.42　弓步击掌

(a)　(b)

图 7.2.43　转身踢脚马步盘肘

(a)转身抡臂站立;(b)马步盘肘

◆ 第三段

(19) 歇步抡砸拳(图 7.2.44)

动作说明:右臂由胸前划弧抡直,左拳由腰间划弧抡直,向右转体,左臂向下平砸,拳心向上,左臂微屈,身体下蹲成歇步抡砸拳。

(20) 仆步亮掌(图 7.2.45)

动作说明:左脚向前上步,右脚提起,左掌从右掌上穿出,右臂上架抖腕亮掌,左臂划弧成反勾手,身体下蹲成仆步亮掌。

(21) 弓步劈拳(图 7.2.46)

动作说明:左腿向左前方上步,左掌弧形抹手,右腿上步,右臂伸直弧形向前抡劈拳,左掌贴扶于右小臂,身体下蹲成弓步劈拳。

(22) 换跳步弓步冲拳(图 7.2.47)

动作说明:右臂向下划弧挂至右膝内侧,左掌向右腋下叉,两臂顺时针抡摆,右脚向下振踩,左脚抬起,左掌屈肘下按,落步成弓步右冲拳。

图 7.2.44　歇步抡砸拳

图 7.2.45　仆步亮掌

图 7.2.46　弓步劈拳

(a)　(b)

图 7.2.47　换跳步弓步冲拳

(a)提膝按掌;(b)弓步冲拳

(23) 马步冲拳(图 7.2.48)

动作说明:身体向右转成马步,收右拳放于腰间,冲左拳。

(24) 弓步下冲拳(图 7.2.49)

动作说明:左掌向下划弧上架与头左上方,右拳向左前斜下方冲出的同时马步变成弓步,成弓步下冲拳。

(25) 插步亮掌侧踹腿(图 7.2.50)

动作说明:右脚后插步,左手下落于右手腕上交叉成十字形,左掌划弧成反勾手,右掌划弧上架亮掌,左腿向左上方蹬出,左腿伸直。

(26) 虚步挑拳(图 7.2.51)

动作说明:右脚上步,右拳向前微屈,拳眼向内,身体下蹲成虚步挑拳。

图 7.2.48　马步冲拳

图 7.2.49　弓步下冲拳

图 7.2.50　插步亮掌侧踹腿

图 7.2.51　虚步挑拳

◆ 第四段

(27) 弓步顶肘(图 7.2.52)

动作说明:左脚起跳,两臂弧形后摆,右掌推左拳,左肘尖顶出,身体下蹲成弓步顶肘。

(28) 转身左拍脚(图 7.2.53)

动作说明:两臂弧形顺时针抡摆,右手拍左脚。

(29) 右拍脚(图 7.2.54)

动作说明:左手拍右脚。

(30) 腾空飞脚(图 7.2.55)

动作说明:左腿上摆,右脚蹬地跳起摆腿,左掌拍右掌背,右手拍右脚。

(31) 歇步下冲拳(图 7.2.56)

动作说明:右脚尖外展,重心下蹲成歇步,左拳从腰间向前下方冲出。

图 7.2.52　弓步顶肘

图 7.2.53　转身左拍脚

图 7.2.54　右拍脚

图 7.2.55　腾空飞脚

图 7.2.56　歇步下冲拳

（32）仆步抡劈拳（图 7.2.57）

动作说明：左拳立圆向上摆，上体左转，左腿向后落步成仆步，右拳由上向下抡劈。

（33）提膝挑掌（图 7.2.58）

动作说明：两臂立圆抡摆，同时身体重心向上，提右膝，右臂向上伸直，掌心向左，左臂伸直，向后勾手。

（34）提膝劈掌弓步冲拳（图 7.2.59）

动作说明：右掌向下劈于右小腿内侧，左臂向前平于右上臂内侧，右脚向右后落步，身体右转下蹲成弓步，右臂向外弧形搂手抱拳收于腰间，左臂向前冲拳。

（35）虚步亮掌（图 7.2.60）

动作说明：右脚扣于左脚小腿内侧，两腕相交叉，两手上架弧形摆动，右脚后撤，左脚跟步，脚尖点地，同时右臂伸直，抖腕亮掌，左臂后摆成勾手，下蹲成虚步亮掌。

（36）并步对拳（图 7.2.61）

动作说明：左腿后撤一步，两掌从腰间向前穿出，右腿后撤一步，两臂弧形后摆，从上向下，成并步对拳。

图 7.2.57　仆步抡劈拳

图 7.2.58　提膝挑掌

图 7.2.59　弓步冲拳

图 7.2.60　虚步亮掌

图 7.2.61　并步对拳

三、练会武术

（一）课堂教学组织

（1）动作示范法：教师讲解动作要领，根据实际情况进行正面、背面示范。

（2）口令法：学生按照教师口令进行练习。

（3）理论法：教师给学生详细地讲解每个动作的攻防含义。

（二）学生练习方法

学生练习方法有基本功练习、个人单个动作练习、分组成套动作细化练习。

四、武术竞赛规则

【竞赛规则】

教学相长

一、课程思政元素

武术教学与思想政治教育的结合，旨在通过武术训练提高学生身心素质，传承和弘扬中华优秀传统文化，培育新时代青年爱国情怀。武术作为中华优秀传统文化和体育项目，是体育强国、文化强国和健康中国建设的重要组成部分，在体育强国建设、实施全民健身国家战略中发挥着重要作用。学习武术是对中华优秀传统文化的传承。

在武术教学实践中，教师通过言传身教，引导学生树立正确的人生观和价值观，同时深入探讨武术的历史渊源、文化内涵、竞赛规则及武术的精髓之所在；培养学生的规则意识，树立公平、公正的处事原则，如尊重师长、团结同学、遵守规章制度，心态平和、谦虚谨慎、行为文明，树立正确的人生目标和人生追求等；激发学生对中国传统文化的兴趣、热爱，培养学生勇往直前、勇于担当的意志品质，增强学生对传统文化的认同感和自豪感。

练习武术可以增强学生体质、增进学生身心健康，促进其全面发展。武术教学注重的是德育与技能并重，强调“以德服人”。不但要求学生掌握武术的技术动作，而且注重培养学生的道德修养和人文素养。例如，通过学习武术的礼仪“抱拳礼”，学生们会懂得尊师重道、文武兼学、勇不滋乱、武不犯禁的道理，知晓“武德”的重要性。武术训练中的对抗和协作，也是培养学生团结合作、互帮互助的良好机会，可以促进学生增强集体荣誉感和团队协作意识，形成积极的良性互动和向上精神风貌。学生在学习武术的过程中，能够深刻体会到自我超越和自我完善的过程，不断提高自己的综合素质和综合能力，成为具有健康体魄和高尚品格的新时代青年。

综上所述，课程思政元素在武术教学中的意义重大，其不仅是传授武术技术的手段，更是培育学生全面发展的重要途径，可以促进学生身心健康、增强其社会责任感和社会担当，为其成为社会主义建设者和接班人打下坚实的思想基础和道德基础。要坚定不移充分发挥课程思政元素的作用，注重武术教学的德育与技能并重，努力培养学生的爱国情怀和社会主义核心价值观，促进学生推动现学专业、未来从事领域的高质量发展，为全面建设社会主义现代化国家培养适应现代社会发展的、全方位的高素质人才。

二、武术教学大纲

【教学大纲】

教学思考

(1) 武术套路中，长拳的三种主要手型分别是什么？

(2) 武术套路中，长拳的五种步型分别是什么？

(3) 你认为武术套路和武术散打的异同点分别是什么？

第三节 散　打

教学目标

（1）价值塑造：通过学习散打课程，在一定程度上改善学生体育锻炼的习惯，为学生终身体育意识的形成奠定基础。在长期的散打训练过程中，既要有克服懦弱、胆怯的心理素质，又要有战胜对手、战胜伤病的勇气，这有利于培养学生顽强拼搏的作风和胜不骄、败不馁的意志品质。

（2）能力培养：散打运动不仅要较技、较力，还要斗智、斗勇，更要有随机应变的能力。从事散打训练，能发展灵敏、力量、速度、耐力等身体素质，不但能改善大脑的供血状况，使其头脑清醒，还能使他们的思维敏捷，应变能力提高，增进大脑活力。

（3）知识传授：中国散打是中国传统武术的简化发展。学习散打可以使学生理解中国散打文化、技战术原理，培养学生的健康意识、竞争意识，传承中国优秀传统文化，养成科学锻炼身体的良好习惯。

教学内容

【在线习题】

一、认识散打

（一）散打的发展

散打，又称“散手”，古称“相搏”“手搏”“白打”“拍张”“手战”“相散打”等，由徒手相搏、相角的运动形式在台子上进行，又称“打擂台”。春秋战国时期，“相搏”已较普遍；秦汉时期，“手搏”比赛已比较正规；到隋唐五代，手搏、角抵备受重视，比赛几乎形成制度；宋代，手搏成为强身、活动手足的重要手段；元代的“打擂台”比较流行，徒手较量的技艺得到较大发展；民国时期，习武开禁，拳技之风蓬勃发展一时，如霍元甲创办了“精武体操学校”，1910 年改为“精武体育会”。中华人民共和国成立后，武术被当作优秀的民族文化遗产加以继承和发展。由中国武术研究院、中国武术协会主办的 1988 年国际武术节首次举办了国际武术散打擂台邀请赛，1989 年，散打被批准为体育正式比赛项目。

（二）散打的特点

中国散打不同于拳击，也不同于跆拳道，也有别于世界各国流行的技击术，它的特点如下：

（1）体育性

寓技击于体育之中是散打的第一个特点。它突出地反映了武术的特殊本质——技击性，然而它又明显区别于使人致伤致残的技击术内容。因此，散打竞赛规则严格规定了后脑、颈部、裆部等为禁击部位，均不允许使用反关节的擒拿动作及用肘等技法进攻对方。

(2) 对抗性

对抗性是散打的基本特征。比赛双方没有固定的动作顺序，而是相互以对方技击动作随机转移，互相指向对方的弱点斗智、较技。它不仅要求运动员要熟练地掌握散打技术，还要有敏捷的应变能力。

(3) 民族性

散打是中华民族优秀的文化遗产，是在中国特定的社会历史条件下逐渐演变发展形成的，具有鲜明的民族特色。中国散打是在继承武术传统技法的基础上逐步发展起来的体育竞赛项目。

二、 学会散打

(一) 散打礼仪

【视频讲解】

武术礼仪是习武者应遵守的最基本的道德行为规范，是习武之人文明礼貌的一种表现。自 1986 年起，武术竞赛规则制定了统一的“抱拳礼”规格。散打作为一种来源于中国武术的对抗性项目，是中国传统文化的有机组成部分，必须重视散打礼仪。

1. 行礼的方法

两脚并步站立，左手四指并拢伸直成掌，拇指屈拢，右手成拳，左掌心掩贴右拳面，左指尖与下颌平齐；右拳眼斜对胸窝，置于胸前，屈臂成圆，肘尖略下垂，拳掌与胸相距 20～30 厘米；头正，身直，目视受礼者，面容举止大方。散打比赛时，参赛者均戴拳套，可以模拟行抱拳礼，两拳套合抱于胸前即可。

2. 抱拳礼(图 7.3.1)

左掌表示德、智、体、美“四育”齐备，象征高尚情操；屈指表示不自大。右拳表示勇猛习武，左掌掩右拳相抱，表示节制勇武之意：左掌右拳拢屈，两臂屈圆，表示五湖四海，以武会友。左掌为文，右拳为武，表示文武兼修。

(二) 散打的实战姿势

散打的实战姿势一般分为左手在前的正架势和右手在前的反架势两种。以下示范均以左手在前的正架势实战姿势(图 7.3.2)为例。

图 7.3.1 抱拳礼

图 7.3.2 实战姿势

1. 动作要领

两脚前后开立，距离略大于肩宽；前脚掌稍内扣，后脚跟微离地，两膝微屈，重心在两脚之间；两手握拳，左前右后；左手臂弯曲，肘关节夹角为 90°～110°，左拳与鼻同高；右手臂弯曲，大小臂紧贴右侧肋部；身体侧立，下颌微收，合齿闭唇、平视前方。

2. 练习方法

(1) 严格按照动作要领，体会动作规格。

(2) 对着镜子进行自我检查或在同伴的帮助下规范动作。

(3) 结合步法进行练习。

3. 易犯错误

(1) 两脚前后开立过大或过小，腿部弹性不够，步法变化不够灵活。

(2) 姿势僵硬，重心过于偏前或偏后。

4. 纠正办法

(1) 对着镜子进行自我检查，或让同伴帮助纠正。

(2) 体会动作要领，做到重心稳定、协调放松。

（三）散打的基本步法

为运用进攻或防守技术采取的脚步移动的方法称为步法，步法的好坏直接影响到散打技术的运用和发挥。

1. 进步

从正架势开始，后脚蹬地，前脚先向前进半步，后脚再跟进半步，平视前方。

2. 退步

前脚蹬地，后脚先后退半步，前脚再退回半步，平视前方。

3. 上步

后脚经前脚前上一步，身体左转的同时，两拳前后交换成反架姿势，平视前方。

4. 撤步

前脚向后撤一步，成右前左后的反架姿势。

5. 跳换步

前后脚同时蹬地并前后交换，同时两拳前后交换成反架姿势，平视前方。注意转换时以关节带动两腿，身体不能明显腾空，重心不宜起伏过大。

6. 垫步

后脚蹬地向前，落于前脚内侧或脚后跟，同时前腿快速屈膝提起，平视前方。注意后脚向前脚并拢要快，垫步与提膝不能脱节，身体前移不要腾空。

（四）散打的基本拳法

散打拳法主要分为直拳、掼拳、抄拳和摆拳。

1. 直拳

直拳是散打拳法中最基本的拳法，属直线形进攻拳法（图 7.3.3）。

图 7.3.3　直拳

(1) 左直拳

动作要领：实战姿势站立，右脚微蹬地面，重心微向前脚移动，上体微右转，同时左臂由屈到伸并内旋，直线向前直出，力达拳面。

练习方法：

① 原地练习法。牢记动作要领，分解体会动作，重点体会腰的转动，体会直拳的技术要领，重点掌握蹬地、拧腰、转胯、送肩、发力这一串动作间的协调配合，体会“力点”。

② 行进间练习法。将步法移动与直拳有机结合为一个整体进行练习。

易犯错误：

① 撩拳。出直拳前，肘先于拳而动，造成拳往下撩。

② 只动前臂。出直拳时以肘关节为轴，而不是通过蹬腿拧腰、以肩催臂，只是前臂屈伸。

纠正办法：

① 强调通过蹬腿拧腰，催肘送拳。

② 强调以拳领先，勿先动肘；或在同伴帮助下一手拉拳，一手按肘体会动作要领。

(2) 右直拳

动作要领：从实战姿势开始，右脚微蹬地并向内扣转，转腰送肩的同时上体左转，右拳内旋直线向前冲出，力达拳面，左拳自然回收于左肩前。

练习方法：

① 原地练习法。先体会蹬地左转动作要领，重点掌握发力时与右腿的蹬转动作的协调统一。

② 行进间练习法。结合有关步法进行组合练习。

③ 打手靶练习(原地、行进间)。

易犯错误：

① 上体过于前倾。出直拳时，上体前移过大，腰部没有向左拧转。

② 翻肘撩拳。出直拳时，前臂、肘关节先动并外翻，出现撩拳错误。

③ 后拉引拳，有明显的动作预兆。

纠正办法：

① 多体会腰绕纵轴方向拧转的要领，克服向前俯身的毛病。

② 在同伴帮助下一手拉拳，一手按肘，做慢动作练习。

③ 面对镜子或在同伴监督下做慢速练习，体会出拳路线。

2. 掼拳

掼拳是散打拳法中重要的拳法之一，属弧线形进攻拳法(图 7.3.4)。

(1) 左掼拳

图 7.3.4 掼拳

左掼拳又称“前手掼拳”，它力量大、变线突然，在进攻中常使对方防不胜防，能起到突袭对手的作用。

动作要领：从实战姿势开始，上体微向右转，同时左拳向外(约 45°)、向前、向内成平面弧形横击；臂微屈，拳心向下，同时转腰发力，力达拳面或偏于拳眼侧。

练习方法：

① 严格按照动作要领分解练习。注意前臂前移，外臂放于左眼外斜角 45°处，略高于眼，不可太低。

② 重点掌握身体内旋，带动前臂以肘关节为轴，划弧发力，同时拳内旋，拳眼向下。

③ 体会蹬地、转腰、划弧、掀肘、合胯、横掼、发力整体动作间的协调配合，以及动作的回收。

④ 结合有关步法进行练习。

⑤（原地、行进间）打手靶练习。

易犯错误：

① 掼拳幅度过大。

② 翻肘过早，出现甩拳。

③ 重心前倾，身体前探。

纠正办法：

① 面对镜子或在同伴帮助下，认真体会掼拳的运行路线。

② 在同伴帮助下，一手拉拳，另一手按肘，克服翻肘的错误。

③ 多体会向右转腰发力的要领。

（2）右掼拳

动作要领：从实战姿势开始，右脚蹬地并向内扣转，合胯并向左转腰，同时右拳向外（约45°）、向前、向里成平面弧形横击，上体左转，腰胯发力，力达拳面或偏于拳眼侧。

练习方法、易犯错误及纠正办法：参考左掼拳。

3. 抄拳

（1）左抄拳

动作要领：从实战姿势开始，上体微左转，重心略下沉，腰部迅速右转，左拳由下向前上方勾起，大小臂夹角为90°～110°，拳心朝内，力达拳面（图7.3.5）。

练习方法：

① 严格按照动作要领分解体会动作。

② 蹬转与发力要协调一致，发力要迅猛、短促。

③ 体会转体、略降重心、蹬地、转胯整体动作的协调配合。

④ 结合有关步法进行练习。

⑤ 击打手靶练习，体会动作发力要领。

图 7.3.5　抄拳

易犯错误：

① 左拳向外绕行。

② 发力时，上体后仰、挺腹。

③ 重心上提，歪胯。

纠正办法：

① 重点体会拳的运行路线，不要过早用力。

② 多体会蹬地转腰的要领。

③ 在同伴的帮助下，一手按头，另一手扶胯，反复练习。

（2）右抄拳

动作要领：右脚蹬地，扣膝合胯，微向左转腰的同时，右拳由下向前、向上抄起，大小臂夹角为90°～110°，拳心朝内，力达拳面。

练习方法：参考左抄拳的技术练习方法。

易犯错误：

① 右拳后拉，预摆动作幅度过大。

② 身体向上立起。

纠正办法：

① 消除单纯发力，着重体会动作路线和全身的协调用力。

② 在同伴的帮助下控制重心的起伏，体会用腰发力的要领。

4. 摆拳

动作要领：以转身右鞭摆拳（图 7.3.6）为例，从实战姿势开始，身体略向右转，同时左拳回收至胸前，上体继续向左转体 90°横打，拳眼朝下，力达拳背。

图 7.3.6　摆拳

练习方法：

① 严格按照动作要领分解体会动作。

② 体会拧腰转体的动作要领。

③ 体会以头领先、快速转体甩臂发力的动作要领。

④ 体会整个动作的完成过程，做到流畅、自然、快速转头、甩臂发力。

⑤ 击打手靶练习，体会力点。

易犯错误：

① 转体停顿，站立不稳。

② 前臂没外甩，力点不准。

纠正办法：

① 多做专门性转体练习。

② 原地练习摆拳，体会甩前臂的要领。

（五）散打的基本腿法

腿法技术是散打比赛中的主要得分技术，也是中、长距离的主要进攻手段。散打腿法主要包括蹬腿、踹腿、鞭腿等。

(a)　　(b)

图 7.3.7　正蹬腿

(a)正蹬腿收腿；(b)正蹬腿出腿

1. 蹬腿

蹬腿是散打的基本腿法之一，属于直线形腿法（图 7.3.7）。

(1) 左蹬腿

左蹬腿也称“前蹬腿”，具有起动快、动作迅速灵活的特点，常用于主动进攻和拦击。

动作要领：按实战姿势站立，右腿直立或稍屈支撑，左腿提膝上顶，勾脚；当膝略高于髋时，以脚领先，大腿推小腿，向前蹬出。

练习方法：

① 原地练习。严格按照动作要领，体会分解动作。注意提膝时上体不要后仰，发力时脚踝要紧张，不要松动，支撑腿要有强大的后坐力，重心顺势前移。

② 行进间练习。结合有关的步法进行练习。

易犯错误：提膝不过腰，踝关节放松，力不顺达。

纠正办法：

① 上体直立，多做提膝靠胸练习。

② 注意挺髋并稍前送，也可多做蹬沙袋练习，体会力点。

（2）右蹬腿

右蹬腿属于散打技术中的重型腿法，具有动作预兆小、起动快、蹬击力大等特点。

动作要领：身体重心前移，左腿直立或稍屈支撑，身体略左转，右腿屈膝上顶，勾脚，以脚领先向前蹬出。

右蹬腿动作要求、练习方法、易犯错误及纠正办法：参考左蹬腿。

2. 踹腿

踹腿是散打的主要腿法之一，具有起动突然、隐蔽性好、灵活多变、击打力量大的特点。踹腿分为左踹腿和右踹腿（图 7.3.8）。

(a)　(b)

图 7.3.8　踹腿

(a)踹腿收腿；(b)踹腿出腿

（1）左踹腿

左踹腿又称“前踹腿”，具有起动迅速、快捷的特点，常用于主动进攻和阻击。

动作要领：从实战姿势开始，身体重心移向右腿，右腿直立或稍屈支撑，左腿屈膝抬起与髋同高，小腿外翻，脚尖勾起，脚掌正对攻击目标；展髋、挺膝向前踹出，力达脚掌。

练习方法：

① 原地练习。严格按照动作要领，分解体会动作，注意提膝时上体不要后仰。手扶固定物，左手推左大腿，展髋，用力踹击，力达脚掌，体会发力时大腿推动小腿的感觉，注意发力的协调性。

② 行进间练习。结合步法进行行进间的左踹腿动作完整练习。

易犯错误：收腹、撅臀，上体与腿不在一条直线，打击距离短速度慢、力量小等。

纠正办法：手扶固定物，一腿抬起，脚不落地，按动作规格由慢到快反复练习。

（2）右踹腿

右踹腿动作要领可参考左踹腿，只是由正架姿势开始时，身体要左转 180°，左脚尖外摆，重心移至左腿，左腿支撑，右腿踹击。

练习方法、易犯错误及纠正办法：参照左踹腿。

3. 鞭腿

鞭腿是散打技术中最常用的进攻腿法。鞭腿具有动作预兆小、起动快、发力短促的特点。小腿的鞭打动作快速、灵活、有力，攻击力量大。鞭腿分为左鞭腿和右鞭腿（图 7.3.9）。

(a)　　(b)

图 7.3.9　鞭腿

(a)鞭腿收腿；(b)鞭腿出腿

(1) 左鞭腿

左鞭腿又称“前鞭腿”，具有动作隐蔽性大、速度快且灵活多变的特点。

动作要领：从实战姿势开始，重心后移，右腿直立或稍屈支撑，上体稍向右侧倾，左腿于正前方提起，右腿蹬转的同时左腿扣膝、合髋、绷脚，随即向前挺膝、鞭甩小腿，力达脚背。

练习方法：

① 原地练习。严格按照动作要领，认真体会分解动作。练习鞭腿完整动作时，动作要自然、流畅，鞭打动作要明显，力点要明确。

② 行进间练习。结合步法进行行进间鞭腿练习。

易犯错误：脚背放松，膝不内扣，力点不准。

纠正错误：按动作要领多做绷脚背、鞭腿踢击沙包的练习，体会击打时脚背的肌肉感觉和着力点。

(2) 右鞭腿

右鞭腿属重型腿法，其运动路线较长、击打力量大，常给对方以重创。

动作要领：实战姿势开始，左脚蹬地稍左转，重心前移，右脚于正前方提起，左腿直腿或略屈膝支撑，左腿蹬转的同时右脚扣膝、绷脚，随即向前挺膝鞭甩小腿，力达脚背。

动作要求、练习方法、易犯错误及纠正办法：参考左鞭腿。

(六) 散打的基本摔法

散打的摔法是根据对手站立的姿势和距离远近，运用灵活多变的技术动作摔倒对手。它既有主动进攻的摔法，也有被动反攻的摔法。

1. 夹颈过背

双方由实战姿势开始(以下均同)，甲以左直拳击乙头部，乙用前臂格挡甲左前臂，左臂由甲左肩上肩穿过后，屈臂夹甲颈部，同时右脚背步至与左脚平行，两腿屈膝，身右转，以左侧髋部紧贴甲方前身，继而两腿蹬伸，向下弓腰、低头将甲背起后摔倒。

动作要领：夹颈牢固，背步转身要快，低头、蹬腿协调。

动作说明：多用于防守直、摆拳击头部时反击，或主动进攻。

易犯错误及纠正方法：

(1) 夹颈不牢固。应使身体贴靠对方，屈臂环绕夹紧。

(2) 背不起对方。应强调背步、转身、低头、弓腰、蹬脚协调连贯。

2. 插肩过背

甲用右摆拳击乙头部，乙立即向前上步，左闪身，由甲右下穿过，背右步至与左脚平行，两膝屈膝，同时右手推拍甲右前臂，两腿蹬直，向下弓腰、低头，左上臂插抱甲右腋下将甲摔倒。

动作要领：闪身快，背步、转身协调一致，低头、弯腰、蹬腿连贯有力。

动作说明：防守摆、直拳对头部攻击时，闪躲反击。

易犯错误及纠正方法：

(1) 抱握肩不紧。应以背部靠近对手。

(2) 背不起对方。注意低头、弓腰、蹬腿动作连贯，用力充分。

3. 抱腰过背

甲用右掼(直)拳击乙头部，乙向前上半步，右闪。左臂由甲右臂下穿过，左手抱甲腰部，屈膝后蹬直，向下弓腰、低头将甲摔倒。

动作要领：闪身快，抱腰紧，屈膝、伸腿、低头、弓腰协调连贯。

动作说明：防守掼、直拳击打头部时的反击。

易犯错误及纠正方法：

(1) 抱腰不紧。应注意上步转身要贴近对方身体。

(2) 摔不倒对方。应使上步、转身、屈膝、低头、伸腿动作连贯一致，用力充分。

4. 抱腰过胸

由甲用右直拳击乙头部开始，乙立即上左步，右闪身，两臂由甲左、右腋下穿过，抱甲腰部，右腿屈膝上步后蹬腿，向后弓腰、仰头，将甲抱起，向后倒地的同时，弓腰、仰头，头离地约20厘米时向左转体，将甲摔于身下。

动作要领：抱腰要紧，仰头、挺腹、蹬腿协调有力，及时转身翻腰。

动作说明：适用于主动进攻或防守反击。

易犯错误及纠正方法：

(1) 抱腰不紧。主动接近对手。

(2) 自己先倒地。蹬腿及时有力，翻腰后倒大胆迅速，掌握好时机。

5. 抱腿别腿

甲站立或起左侧弹腿时，乙将甲左腿抱住，并向甲的支撑腿后上左步，上体左转，直腰成右弓步，用左腿别甲左腿，同时用胸下压甲腿。

动作要领：抱腿准、有力，弓步转体协调，顺势直腰压腿。

动作说明：可用于主动进攻或防守反击。

易犯错误及纠正方法：

(1) 抱不住腿。掌握好接抱腿时机。

(2) 摔不倒对方。别腿、压腿时衔接要快。

6. 抱腿打腿

甲打拳，乙下躲闪身，同时上左步，两手抱甲左腿；抱起后，左腿向前摆至甲右腿膝窝处，随上体右转，左小腿后打甲右腿。

动作要领：下潜快，抱腿准，前摆、后打腿协调一致。

动作说明：多用于主动抱单腿或接抱对方蹬腿的防守反击。

易犯错误及纠正方法：

(1) 抱不住腿。下潜抱腿动作要连贯、迅速。

(2) 摔不倒对方。前摆、后打腿动作不能有间歇。

7. 抱单腿摔

由甲用左蹬腿踢乙胸部开始。乙立即用两手抓握甲左脚，两腿屈膝，两手向右侧拉其右脚，随即向下、向左上方成弧形摆荡。

动作要领：抓握要准确、牢固，右拉和弧形摆荡动作要连贯有力。

动作说明：多用于接抱对方蹬腿、横打腿等。

易犯错误及纠正方法：撑不倒对方。弧形摆动要协调一致，注意借用对方反抗力量。

（七）散打的基本防守技术

1. 拍挡防守

从正架实战姿势开始，左手（右手）以拳心或掌心为力点向里横向拍挡。

动作提示：前臂尽量垂直，拍挡幅度要小，发力短促。

用法：防守对方直线形拳法或横向腿法对上盘的进攻，左手（右手）屈臂向同侧头部或肩部。

2. 挂挡防守

左（右）手屈臂向同侧头部或肩部挂挡。

动作提示：大小臂叠紧并贴于头侧，含胸侧身，暴露面小。

用法：防守对方横向拳法或腿法对上盘的进攻，如左右掼拳、左右鞭腿等。

3. 掩肘防守

以左掩肘为例。左臂弯曲，前臂外旋，腰向右转的同时，向内、向腹下滚掩，拳心朝内，以前臂尺骨下端（小指侧）为力点，含胸、收腹、低头。

动作提示：上体蜷缩，两手紧护胸腹，以腰带臂。

用法：防守对方由下而上的拳法或腿法对中、下盘的进攻。

4. 撤步躲闪

前脚由前向后收步，接近后脚时，脚前掌着地，重心落于后腿。

动作提示：前脚回收迅速，上体正直，支撑要稳。

用法：防守对方以腿法攻击下盘，如勾踢、低鞭腿等。

5. 后闪防守

重心后移，上体微后仰闪躲。

动作提示：后闪时下颌微收，幅度不宜过大，重心落于后腿。

用法：用于闪躲对方拳腿对上盘部位的攻击。

6. 下潜躲闪

屈膝、沉胯、缩颈、降重心，身体成弧形向下躲闪。

动作提示：下潜时，膝关节、髋关节和颈部要同时弯曲，收缩，目视对手。

用法：防守对方横向拳法或腿法对头部的攻击。

7. 提膝防守

后膝微屈，独立支撑，前腿屈膝提起。

动作提示：提腿迅速，根据对方腿法进攻的路线，灵活变化提膝的方位。

用法：防守对方正面或横向腿法对下盘的攻击。

三、练会散打

（一）散打的练习阶段和步骤

根据散打学习各阶段的目标和任务、运动特点和运动技能形成的规律，散打的学习大致可分为以下三个阶段：

1. 初学基本动作阶段

这一阶段应加强基本功、单个动作技术、简单组合动作的练习，以建立明确的动作表象，为今后的学习打下坚实的基础。

2. 掌握基本技术阶段

在第一阶段的基础上，学习单一组合的进攻打法和防守反击法，培养进攻与防守意识。主要应学习散打的防守技术、进攻技术、防守反击技术等。

3. 模拟实战和全面实战阶段

这一阶段主要学习拳法、腿法、拳腿的进攻与防守组合动作，结合“死靶”和“活靶”练习，进行模拟实战和全面实战练习。这一阶段应建立稳固的条件反射和动力定型，掌握技战术的运用，培养战术意识及针对不同对手运用各种战术的能力。

（二）散打的基本技术的练习方法和总体要求

1. 步法的练习要求

步法的快慢、灵活与否及移动距离的大小会直接影响散打技术的攻防效果。

散打运动对步法的技术要求如下：

(1) 活：指步法移动的速度要迅速。双方在对峙中，进攻方须以快速的步法接近对手。

(2) 疾：在有效距离内实施进攻，才能奏效；同样，防守方也必须具备快速的后退和躲闪能力，这样防守才能到位。

(3) 稳：指步伐移动的稳定性。有些练习者练习直拳时只注重用蛮力而忽略了重心的平衡，使重心过于前移，超出了支撑面，步不稳则拳乱。

(4) 准：指步法移动的准确性。准确地移动步法，能为进攻、防守或防守反击赢得时间或把握时机。若进攻时的步幅移动太小，距离感把握不好，则不能产生最佳效果；若防守时步法移动太小，则有可能被击中，而移动过多，又不利于反击。步法移动的准确性，主要取决于练习者的时空感知能力，而这种能力的培养，是长期认真练习的结果。

2. 基本拳法技术的练习要求

(1) 规范技术，体会发力

要掌握规范的动作技术，认真体会每个动作的发力顺序，体会全身的合理发力。

(2) 强化动作，提高素质

在掌握单个动作技术规格的基础上，反复强化动作要领，使动作逐渐达到自动化程度，进而强化几种拳法的组合，体会组合拳动作之间的衔接和发力。逐步提高基本身体素质，加强力量、速度等素质练习。

(3) 功力和实战练习

通过击打沙袋或手靶练习，提高拳法的攻击力；通过实战练习，提高灵活运用拳法的能力。

3. 基本腿法技术的练习要求

(1) 分解练习法

把每种腿法分解为几个关键环节，单独练习每个环节，体会用力顺序，如侧踹腿练习可先练提膝，然后练转体合髋，再配合弹腿动作。分解练习后，要迅速进行完整动作练习。

（2）辅助性完整动作练习

用手扶某物或在同伴辅助下进行腿法完整练习，反复体会动作规格和发力；待动作熟练后脱离扶持物，再配合步法反复练习。两人一组进行踢“死靶”“活靶”或沙袋练习，反复体会动作要领，逐渐增强腿法的攻击力。

（3）功力性练习

两人一组，结合攻防技法进行模拟实战练习，提高腿法的灵活运用能力。

（4）结合实战练习

针对实战中存在的问题，在后期的练习中加以改进。

4. 防守技术练习方法

（1）空击练习

初学时，应严格按照动作要领，从原地空击练习开始；熟练后，逐渐过渡到行进间空击练习。练习时，可想象对方进攻时的不同方法而做出相应的防守动作。

（2）双人配对练习

初学时，应采取一人进攻，另一人防守的方式进行练习；熟练后，进攻者不指定进攻动作，防守者则根据进攻动作快速做出相应的防守。开始时可放慢速度，然后逐渐提高进攻速度，以培养正确的判断能力和对时机的把握能力。

四、散打竞赛规则

【竞赛规则】

教学相长

一、课程思政元素

散打课程遵循“价值塑造、知识探究、能力培养、人格养成”的培养理念，最终实现散打项目的育人价值与育人效果。通过学习散打课程，实现《高等学校课程思政建设指导纲要》中“体育类课程要树立健康第一的教育理念，注重爱国主义教育和传统文化教育，培养学生顽强拼搏、奋斗有我的信念，激发学生提升全民族身体素质的责任感”的目标，落实立德树人的根本任务。立足散打项目特点，根据散打项目中有关“礼义廉耻、崇尚武德、百折不屈”的精神，培养学生的爱国情怀，教会学生做人做事的基本道理。

二、散打教学大纲

【教学大纲】

教学思考

（1）通过查阅资料，详细了解散打的起源与发展，及其与中国武术的关系。

（2）练习散打的基本拳法时应注意什么？

（3）练习散打的基本腿法时应注意什么？

（4）散打的基本防守方法有哪几种？如何练习？

（5）学习散打可分为哪些练习阶段？各阶段应注意哪些事项？

第四节　射箭射艺

教学目标

（1）价值塑造：学生通过学习射箭及射礼等方面的基本理论知识，可以矫正不良的身体习惯、塑造体形、历练心智；还可以从中了解古代传统射箭礼仪文化，开拓视野；增强学生对礼仪文化的认知，帮助学生树立正确的价值观。

（2）能力培养：通过课堂教学及日常训练，提高学生的身体素质和运动能力；通过赛事组织，提高学生的组织能力和交往能力。

（3）知识传授：掌握反曲弓器材装配、调试、射准技术要领，了解射箭的基本理论知识与技术知识，领会传统射艺文化内涵。

教学内容

【在线习题】

一、认识射箭

（一）射箭起源与发展

射箭是一项借助弓的弹力，有控制地瞄准一定的方向或目标，在一定距离内比赛准确性或远度的竞技体育项目。目前，国际射箭联合会正式规定的比赛项目为射准射箭比赛、野外射箭比赛、地环射箭比赛和射远射箭比赛等。

弓箭一直是人们狩猎和军队打仗的重要武器。1963 年，在山西朔县的峙峪文化遗址发现了石镞，说明我国早在旧石器时代晚期就发明了弓箭。古人将粗树枝用绳绷弯，做成弓，将细木棍做成箭，用以狩猎和自卫。人类进入文明时代后，弓箭作为重要的杀伤性武器被广泛应用在各种战争中，留下了大量神话、雕刻和文字记载。

射箭最初作为狩猎、军事训练的技艺，其外延也在不断拓展。据史料记载，欧洲首次射箭比赛于中世纪在瑞士举行，瑞士的民族英雄威廉・退尔是当时著名的射箭能手。英国的射箭历史同样悠久，1068 年亨利一世开始产生了射箭制度和射箭团体。英国是现代射箭比赛的发源地，英格兰约克郡于 1673 年举行了方斯科顿射箭赛。至此，射箭运动由军事需要演变成娱乐活动。

18 世纪初，现代射箭运动传入美国，1828 年成立费城射箭联合会。1844 年，英国举办第一届全英射箭锦标赛。1861 年英国射箭协会成立，统一了竞赛规程。1879 年全美射箭协会成立，同年在芝加哥举行了第一届全美射箭比赛。1900 年，第二届奥林匹克运动会设立了射箭比赛。1931 年，英国发起并成立了国际射箭联合会，同年举行了第一届射箭世界锦标赛，随后各类射箭比赛如雨后春笋般开展起来。20 世纪后期，美国和加拿大大约有 500 万名射手。日本的射箭运动也很普及，目前有十几万人从事射箭运动。韩国是射箭运动强国，多年来一直在世界锦标赛、奥运会、亚洲锦标赛、亚运会射箭比赛中保持领先地位。

（二）我国现代射箭运动的发展

虽然射箭在我国有着悠久的历史，但是我国现代射箭运动开展得比较晚。现代射箭运动于1957年传入我国，时任中华全国体育总会主席的马约翰先生带领中国青年体育代表团参加了在莫斯科举行的第三届国际青年运动会，运动会上设有射箭比赛，与会的北京大学林启武教授观摩了比赛并把射箭运动引入中国。

1958年4月，国家体委在北京举办了中国第一期国际射箭技术讲座，林启武教授全面介绍了国际射箭运动的场地、设备、比赛办法、弓箭特点、基本技术要领等。至此，西方地中海式射法在我国逐渐发展起来，而我国的传统射箭逐渐淡出了射箭舞台。

1961年，上海运动员赵素霞打破女子单轮50米世界纪录，成为我国首位打破射箭世界纪录的运动员。此后的30年，先后涌现出李淑兰、徐开才、王锡华、张帆等优秀射箭运动员，其中，李淑兰11次打破个人世界纪录，6次与队友打破团体世界纪录，她是我国体育史上目前打破世界纪录最多的优秀运动员。1984年第二十三届洛杉矶奥运会，四川选手李玲娟以2559环的成绩获得了个人银牌，打破了五项奥运会纪录，成为我国首位在奥运会上获得奖牌的射箭运动员；广东选手吴亚南获得第八名，同时打破两项奥运会纪录。1992年第二十五届奥运会，中国女队获得淘汰赛团体银牌，王晓竹获得个人淘汰赛第四名。2008年北京奥运会，女子选手张娟娟获得个人赛冠军，成为我国首位射箭奥运冠军，打破了韩国独揽该项目金牌的神话。

虽然我国按照国际规则举办现代射箭比赛较晚，但我国射箭运动具有较好的群众基础，每年都会举办不同形式的射箭比赛，如青海省藏族举行的射远、射准、拉弓等比赛，内蒙古自治区“那达慕”大会举行的传统骑射、射准等比赛。

（三）射箭运动的重要赛事

（1）世界射箭锦标赛：简称“射箭世锦赛”，是和奥运会同等的顶级射箭赛事。反曲弓个人单轮全能赛分为男子和女子两个项目：男子射程为90米、70米、50米和30米，女子射程为70米、60米、50米和30米。

（2）射箭世界杯：国际射箭联合会创办于2006年，是国际射箭联合会组织的年度国际性射箭巡回赛事。射箭世界杯包含分站赛和总决赛，其往往选取全球著名景点作为比赛场地。2023年射箭世界杯分别在中国上海、土耳其安塔利亚、哥伦比亚麦德林、法国巴黎举办了4站巡回赛，总决赛在墨西哥埃莫西约举行。

（3）欧洲射箭锦标赛：国际射箭联合会主办的除世界射箭锦标赛之外的另一项世界赛事。欧洲射箭锦标赛每年举办一次，吸引欧洲境内四十余个国家几百名运动员参加角逐，是全球射箭水平较高的赛事之一。

（4）亚洲射箭锦标赛：每两年举办一次，每个参赛国允许报男、女运动员各四名。

（5）青年世界射箭锦标赛：每两年举办一次，所有国际射箭联合会的会员国均可参加比赛。

（6）国内射箭赛事：每年按规定举行四场全国性射箭比赛，包括全国射箭冠军赛、全国室内射箭比赛、全国青少年射箭比赛、全国室外射箭锦标赛。另外，在全国综合性运动会中设有射箭比赛，具体赛制及规则会依据综合性运动会的要求有所调整。

二、学会射箭

【视频讲解】

（一）弓箭器材

反曲弓是射箭运动中最常见、最传统的弓形，其主体部分由两根弯曲的木质或复合材料构成，中间用一根弹性弦连接。反曲弓的特点是弓臂向后弯曲，射手在拉弦时可以更好地利用手臂的力量。另外，反曲弓的优势在于其稳定性好和射程远，适合初学者和专业射手使用。

反曲弓主要由弓片、弓弦和弓把组成。为了提高射箭准度、体验感与安全性，反曲弓还可配备瞄准器、信号片、箭台、箭侧垫、平衡杆、减震器等装备；此外，还有护臂、护胸、护指、护弓绳、上弦绳、弓架、箭壶、拔箭器、定位扣等配件。竞技反曲弓如图 7.4.1 所示。

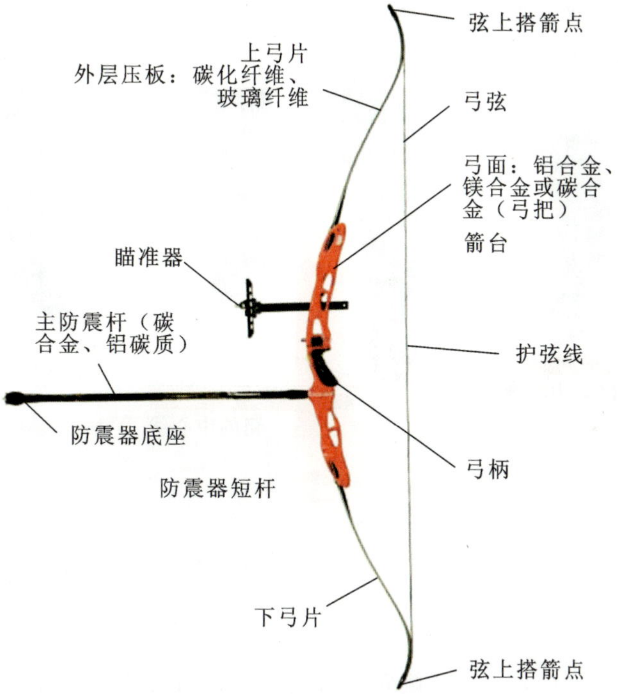

图 7.4.1　竞技反曲弓示意图

一支完整的箭包括箭头、箭杆、箭尾和箭羽，如图 7.4.2 所示。箭按照箭杆材质大致分为玻杆箭（玻璃纤维）、混碳箭、铝箭、碳箭，不同材质的箭价格差别较大。玻杆箭便宜，适合新手，铝箭易弯，练好姿势后建议选择碳箭。运动员在同一组比赛中使用的箭支的样式、箭扣、箭羽和颜色必须相同。每个运动员的每支箭上都要标明自己的姓名和单位，以示区别。

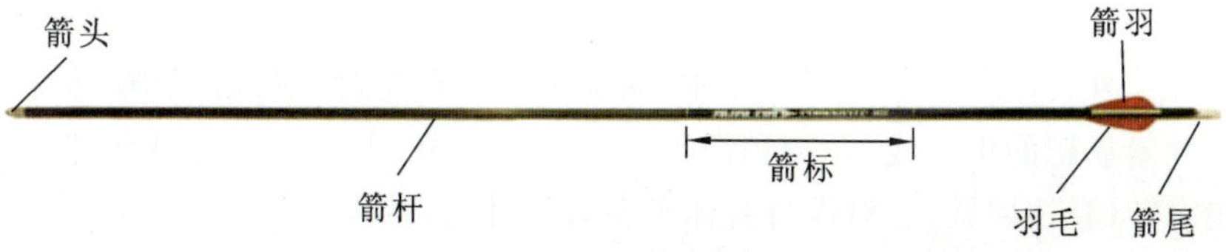

图 7.4.2　箭示意图

（二）射箭技术动作简述

射箭是一个非周期性的运动项目，根据射箭的动作程序可以分为准备部分、基本部分、结束部分。

1. 准备部分

准备部分要使注意力处于高度集中的状态，对射好一支箭或一组箭发出指令性动作信号，做好起射前的一切准备工作，包括审靶、选位、站立、搭箭、推弓、钩弦、转头等动作。

（1）审靶：进入训练或比赛场地后，先要观察自己所射的靶位，场地上的情况和周围的环境，并针对光线、风向等客观因素可能带来的影响做好思想准备。

（2）选位：每人在起射线上应有自己固定的站立位置，最理想的位置是站在靶的中心线延长线上。

（3）站立：起射时两脚站立的姿势与躯干姿势。两脚站立的姿势有平行式、暴露式、隐蔽式三种，如图 7.4.3 所示。

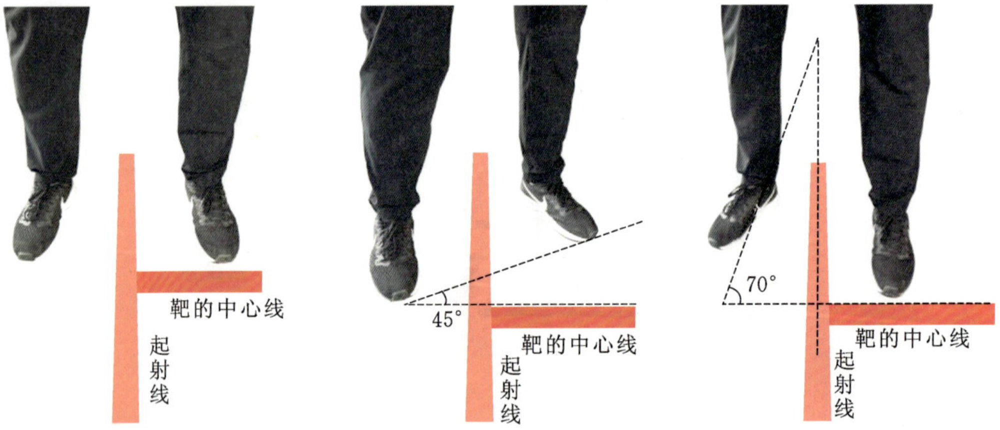

图 7.4.3　两脚站立姿势

(a)平行式；(b)暴露式；(c)隐蔽式

① 平行式[图 7.4.3(a)]，又称“侧立式”，是射箭运动最基本的站立姿势。其基本要求：两脚开立同肩宽，站在起射线两侧，脚稍外展，尽量紧靠靶的中心线。平行式站立姿势比较自然，不会对躯干产生过分的屈曲和扭转，能保证内脏器官的正常活动和机体坚持长时间的工作能力，适宜初学者和女运动员，但在室外容易受到侧风的影响。

② 暴露式[图 7.4.3(b)]，又称“斜向站立式”。其基本要求：两脚分开站在起射线两侧，两脚脚尖连线与靶的中心线约成 45°，右脚与起射线平行，脚尖紧靠靶的中心线。暴露式站姿躯干有较大幅度的扭转，因为参与工作的肌肉较多，所以必须使体重平均落于两脚，两膝稳固不动。

③ 隐蔽式[图 7.4.3(c)]。其基本要求：两脚分开站在起射线两侧，左脚(左手持弓者)与起射线平行并紧靠靶的中心线，右脚稍向后并取斜向站立，与靶的中心线约成 70°。隐蔽式站姿躯干稍右转(脊柱回旋)会对保持身体平衡有所补偿，减轻骶棘肌的负担，使身体保持正中位，有利于技术的发挥；缺点是容易造成持弓臂肩部耸起，破坏前撑直线用力，并易造成弓弦打臂的错误动作。

正确的躯干姿势是保证站立姿势正确的基本因素之一，无论采用哪种站立姿势，身体应垂直于地面，躯干的任何面（沿任何轴）都不得过分屈曲或扭转。体重平均落于两脚，两膝稳固不动，眼睛平视前方，将整个身体摆正放稳，两肩下沉，呼吸均匀，充实气力。总之，躯干姿势要稳定、一致、自然，以保证内脏器官的正常机能活动，有机体能较长时间保持工作。

（4）搭箭：搭箭是将箭尾槽插入弓弦的搭箭点处，其方法多种多样。主流的方法有以下两种：一种是先将箭尾槽插入弓弦的箭口部位，并将箭杆置于箭台上，然后把箭杆压入信号片下；另外一种是先将箭杆压入信号片下，然后将箭杆置于箭台上，最后将箭尾槽插入弓弦的箭口处。无论采用哪种搭箭方法，务必使主羽与瞄准窗右侧垂直。

（5）推弓：推弓是手握持弓把的方法，根据手掌接触弓把部位的不同，可以分为低推、高推。低推是弓把抵在掌部，推弓的施力点在鱼际上，弓的压力落在桡腕关节上，手部肌肉和桡腕关节周围肌肉的紧张程度可以相应减小，如图 7.4.4 所示。高推是用虎口推住弓把，此时支撑点与桡腕关节处在同一水平面上，即手和前臂形成一条直线，手掌不完全接触弓把，手指自然下垂保持手掌水平，如图 7.4.5 所示。触弓的施力点比较集中，接近弓的中心部位，在固定桡腕关节时需要较大的肌肉用力，推弓手容易出现不稳定情况，用重磅级弓的运动员不宜采用这种推弓方法。

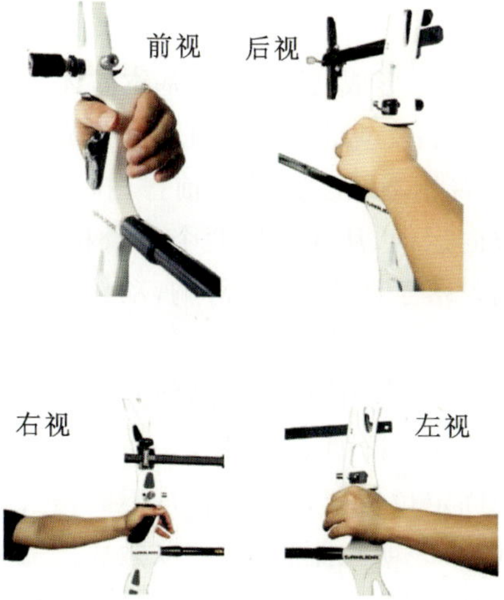

图 7.4.4　低推

图 7.4.5　高推

无论采用哪种推弓方法，推弓时应做到弓把与手的接触面尽量小；开弓后弓与手的压力应通过腕关节桡侧（尽量靠近关节中心）；手指屈肌不参与工作，并做到最大限度的放松；推弓的施力点要始终落在弓把的同一位置上，做到对位推弓。

（6）钩弦：钩弦是将弓弦牢牢钩住，钩弦动作由食指、中指、无名指完成，为防止大拇指和小拇指干扰钩弦，大拇指应自然弯曲指向掌心，小拇指可自然弯曲或自然伸直靠在无名指上。手腕要放松，并同手背连成一条直线，拉弓的负荷应均匀地分配到三个手指上。

（7）转头：做好推弓和钩弦动作后，在保持身体姿势不变的情况下，头部自然转向靶面。转头应注意以下问题：转头后眼睛应向箭靶自然平视；颈部肌肉要自然放松，否则会对背部和肩带肌肉用力产生不良影响。

2. 基本部分

基本部分是将箭举起后，利用弓弦后拉产生的弹力将箭射向箭靶的过程，这一过程对射出箭的质量具有重要影响。基本部分包括举弓、开弓、靠弦、继续用力、瞄准、撒放等环节。

（1）举弓：左手持弓，右手钩弦，头部自然转向靶面，眼睛平视前方，两臂举起，高度一般以拉弓臂在眼睛的水平线上为宜，弓与地面垂直，箭要成水平并同拉弓臂的前臂连成一条直线，两肩自然下沉，调整呼吸，准星对准黄心或黄心垂直线上方的某一个固定位置。举弓通常有高位举弓、水平举弓两种方法。高位举弓是指弓举起后，眼睛、准星和黄心垂直线上方的某一点连成一条直线，举弓的高度一般与眼睛持平。水平举弓是指弓举起后，眼睛、准星和黄心连成一条直线，举弓的高度一般与下颌持平。

（2）开弓：开弓是借助持弓臂的伸展和拉弓臂肩带（肩胛骨）内收的力量将弓拉开，持弓臂对准靶心直推，拉弓臂在前者的同一延长线上直线后拉，其基本要求是利用两肩带肌肉的力量，采用前撑后拉的方法，沿最短距离将弓拉开。采用高位举弓时，在开弓过程中，眼睛不要离开准星，以检查准星是否偏离黄心的垂直线，是否已接近黄心，以使弓弦到位的同时，准星也进入黄心。采用水平举弓时，眼睛、准星和黄心保持一条直线。在开弓过程中，除保持两臂沿水平方向用力外，还应保持准星在黄心内。开弓时要保持最初站立时的身体位置，开弓后信号片应压在箭头的一个固定位置上，否则会破坏射一支箭整体动作的节奏；同时弓开满（即弓弦到位）时准星瞄入黄心，不再进行第二次移动瞄准。

（3）靠弦：靠弦是钩弦手的定位方法，靠弦到位，基本姿势形成，这是射箭基本技术中的重要一环，也是射好一支箭的基础。其基本要求是：大拇指自然弯曲指向掌心，食指靠在颌骨下面，弓弦对正鼻、嘴和下颌的中央。靠弦到位后持弓臂用力（靶心方向）前撑，拉弓臂后背肌群（主要是菱形肌和斜方肌中部）积极牵引向相反方向运动，从而形成两个力量相等、方向相反，作用在一条直线上的力。此时身体端正，体重均匀落于两脚；塌肩舒胸，动作层次清楚，左右对称用力；整个动作自然轻松，稳固持久。

（4）继续用力：继续用力是指开弓后各部位肌肉不间断延续用力，随着瞄准的进行而不断加强用力的过程，即加强持弓臂的内旋前撑和拉弓臂后背肌群的柔和用力。如果弓上装有信号片，当基本姿势形成以后，信号片压在箭头的一个固定位置上，继续用力，不断增大拉距，将箭头从信号片下拉出，信号片落下发出响声，这一响声表明拉距到位，可以撒放。需要注意的是持弓臂的前撑力和拉弓臂的后拉力，必须同时而缓慢不间断地进行，它们对称平衡，其大小相等，方向相反。

（5）瞄准：瞄准是在靠弦的同时，眼睛通过弓弦一侧的参照点、准星瞄向黄心构成一条直线的过程。弓弦瞄准可以分为弦内瞄准（通过弓弦的右侧）和弦外瞄准（通过弓弦的左侧）两种。采用弦外瞄准，开弓后将弓弦左侧对准准星的右侧，在瞄准的过程中始终不变，如弓弦的一侧对准准星一侧有困难，也可以对准弓的某一位置，但应在每支箭同一位置将弓弦作为瞄准的一部分；采用弦内瞄准同上。瞄准时应做到“星实靶虚”，即瞄准时，准星是清楚的，把视线的焦点集中于准星，而靶子则是模糊的；瞄准时间一般在 2～4 秒比较理想，并非越长越准；在靠弦的同时，准星就进入瞄准区，一般不进行第二次移动瞄准。

（6）撒放：撒放动作是在瞬间进行的，是影响射箭命中率的重要因素之一。目前大多采用滑弦撒放的方式：在持弓臂前撑用力的基础上，利用钩弦手三指肌退让的方式使弦滑离三指。滑弦撒放是拉弓用力的继续，它能最大限度地减少弓的能量消耗，使弓弦沿比较理想的直线轨迹将箭推出。

3. 结束部分

结束部分是撒放动作结束后维持身体姿势不变，至下一次射箭动作开始的阶段。它可以强化正确的射箭姿势，使正确用力得到进一步加强，还可以控制箭的正确飞行方向。结束部分包括动作暂留、收势等环节。

（1）动作暂留：撒放结束后保持正确身体姿势 2 秒不变，即动作暂留。动作暂留后要进行即刻反馈，及时总结这一支箭射的情况，并马上决定下一支箭如何射，反馈得越快、越及时，效果越好。

（2）收势：收势是指一支箭起射过程全部结束，将弓放下，身体恢复到站立时的姿势。

（三）常见错误与纠正方法

1. 站立动作常见错误与纠正方法

（1）两脚站立不稳。可以将整个身体位置摆正，站稳以后做提踵动作，再重新站立，使全身各关节及两脚站得更加稳当。

（2）身体重量偏向脚跟。可以将体重均匀落于两脚，重心略前移，前脚掌用力稍多，在举弓和开弓时防止身体后仰，将身体的重量平均分布于两脚。

（3）两脚用力不等。站立时首先要保持最初的站姿不变，其次在举弓和开弓时特别注意保持身体的正中位，使体重始终均匀落于两脚。

2. 推弓动作常见错误与纠正方法

（1）低推时着力点不在桡腕关节中部。推弓时要做到对位推弓，开弓后始终保持水平方向用力，防止出现推弓手上推和下压的情况。

（2）屈指肌参与握弓，使整个推弓手过于紧张。推弓手的手指既不要用力弯曲，也不要用力伸直，同时屈指肌不参与工作，做到最大程度的放松。

（3）持弓臂前臂的前端过深地进入弓的平面，弓把位于前臂纵轴的左侧，改变了持弓臂的用力方向。首先要做到对位推弓，其次保持前撑直线用力。

3. 钩弦动作常见错误与纠正方法

（1）开弓后食指和中指将箭尾夹得太紧。开弓前，两指不应将箭尾夹紧，应留有充分的空隙；开弓后，两指可轻轻地靠在箭尾上，但任何一指都不可对箭造成压力。

（2）手指钩弦的位置过深或过浅。手指钩弦过深会造成整个钩弦手用力紧张，同时加长了撒放动作的运动过程，破坏了撒放动作的协调性；手指钩弦过浅会造成滑弦，特别是无名指滑弦的现象，应保持手指钩弦位置适中。

4. 举弓动作常见错误与纠正方法

（1）举弓后身体后仰和右倾。举弓时应注意不改变最初的站姿，保持身体中正。

（2）举弓时两肩上提。两肩上提会造成整体动作紧张，弓举起后两肩要做到舒展下沉。

（3）举弓时拉弓臂肘低于箭的水平线。弓举起后拉弓臂的前臂和箭应在一条水平线上。

（4）举弓后调整推弓和钩弦手。举弓前做好推弓和钩弦手的动作，弓举起后不再调整。

5. 开弓动作常见错误与纠正方法

（1）开弓动作不到位，开弓后进行姿势调整。要掌握好沿最短距离开弓的技巧。所谓最短距离，是指由弓把到弓弦靠点（下颌）之间的最短距离。为保证沿最短距离开弓，钩弦手在开弓过程中应尽量靠近持弓臂向后拉。

（2）开弓过程中身体重心位置改变。首先，举弓和开弓时不要改变最初站姿，使重心始终平均落于两脚，并保持前撑后拉的对称用力。其次，注意头部位置不要改变，眼睛始终平视前方。

6. 靠弦动作常见错误与纠正方法

（1）靠弦将要到位时，头去够弦或者后仰，造成整体姿势的改变。弓弦靠位时颈部要放松，头部位置不动，让弦主动去靠头部。

（2）靠弦动作多次完成。先靠到一个点，然后调整到自己所需要的位置。此举增加了射箭的动作程序，靠弦动作应该一步到位。

（3）钩弦手和颈部之间留有空隙。钩弦手最大限度地接近颈部，钩弦手和颈部之间尽可能不留空隙；可以使肘关节略高于肩，让前臂的纵轴尽量在箭的延长线上。

（4）钩弦手（含手腕）过分紧张。钩弦手仅做钩弦动作，不参与拉弓和其他方面的动作，同时钩弦手稍内旋，保持钩弦手和前臂肌群最大程度放松。

7. 持弓臂常见错误与纠正方法

肩关节是球窝关节，活动范围大，比较灵活，但是稳定性较差。肩关节是加固持弓臂、保证其用力方向和稳定性的关键部位，在射箭中容易出现肩关节上耸、向箭杆方向顶出、回缩等错误。上述错误动作会破坏持弓臂前撑直线力的用力方向，影响射箭的准度，可以通过上臂内旋和塌肩的方法加强持弓臂的稳定性。

8. 拉弓臂常见错误与纠正方法

（1）耸肩。举弓时把肩塌得彻底，拉弓臂肘关节略微抬起，同时在开弓固定钩弦手位置时，做到不提肩，保证肩胛骨做下回旋动作，并向脊柱方向靠拢。

（2）钩弦手手腕凸出或凹进去。可以强化拉弓臂塌肩抬肘的动作，把拉弓的力量转移到后背肌群上，同时使钩弦手最大限度地靠近颈部，加大肩关节的角度，缩小肩关节中心与桡腕关节中心之间的距离，使前臂纵轴在箭的延长线上或接近于这条线。

9. 身体姿势常见错误与纠正方法

（1）身体左右倾斜。身体向左倾斜是身体向推弓方向倾斜，身体重心左移；身体向右倾斜是身体向拉弓方向倾斜，身体重心右移，造成出胯的错误动作，这一错误动作会破坏对称用力，使左右的力量失去平衡，破坏身体的稳定性。在举弓时要注意保持身体重心位置不变，不要出现左、右倾斜，开弓时保持身体正中位不变，同时瞄准时要一次到位，不做移动瞄准。

（2）身体后仰。身体重心后移，身体重心落在脚跟，主要与举弓和开弓时提气有关。在最初的身体位置站好后，举弓和开弓时重心始终保持在前脚掌部位，可以防止身体后仰。

10. 撒放常见错误与纠正方法

（1）钩弦手外扬、内扣、下压、前送。钩弦手在撒放时离开射箭面，偏向右边、左边、下边或者向推弓手方向移动，改变了原有的用力方向，破坏了直线用力。纠正方法如下：在前撑用力的基础上，用后背肌群的力量带动拉弓臂沿射箭面向后运动；钩弦手在撒放和向后运动时不要离开下颌和脖子；开弓和瞄准时最大限度地放松前臂和手腕；伸指肌不参与撒放，并在屈指肌退让时做强有力的后引；撒放时手指要放松，钩弦手与滑弦同步向后运动。

(2) 拉弓臂肘下垂。撒放后，拉弓臂肘的位置低于瞄准时的位置，即拉弓臂肘下垂。练习时要切实做好拉弓臂塌肩抬肘的动作，并始终保持好后背肌群的用力和肘的高度，在起射过程中肘应有向右后上方运动的感觉。

(3) 持弓臂耸肩和前臂微屈。撒放的同时，持弓臂肩关节回缩上耸，持弓臂外旋和前臂微屈。在举弓和靠弦时，要做好塌肩和上臂内旋的动作，持弓臂前撑用力直至箭发射结束。

(4) 持弓臂左右摇摆、上挑下压。主要是持弓臂用力方式错误，前撑时没有沿水平方向向前用力，出现了向左右或上下的分力。持弓臂先做好塌肩和上臂内旋的动作，形成合理的前撑直线用力，在起射过程中始终保持好水平方向用力。

三、 练会射箭

1. 念动训练

念动训练是指头脑中积极地进行想象训练，把整个射箭动作的技术要领、关键环节及全过程在大脑中进行复现，是心理训练的重要方法，也称为“意练”或“自控过程”训练，是正常训练方法的一种补充和强化。练习者可以在骨骼肌最大放松和注意力高度集中的基础上，严格按照射一支箭的动作程序和时间节奏，想象从站立、举弓、开弓与靠弦、靠弦与瞄准、瞄准与继续用力、继续用力与撒放到动作暂留为止。

2. 利用弹力带进行基本技术训练

学习射箭的基本技能，掌握射箭的正确动作，体会规范动作的用力方法，建立良好的条件反射和动力定型，是在比赛或训练前、中体会动作及找到正确用力感觉的有效手段。利用有一定负荷的橡皮筋、弹力带进行从站立、举弓、固定姿势、瞄准、继续用力到撒放的整体训练，每次练习的总时间应和实际射箭的节奏相同，不要过快。

每堂课练习的开始阶段，安排一定数量的拉放橡皮筋、弹力带练习，让学员找到正确动作和肌肉用力后，再开始训练课基本部分的练习，会达到良好的效果。当动作感到不甚理想时，进行拉放橡皮筋、弹力带的训练，对完善技术动作和获得最佳用力感觉也能起到良好的促进作用。训练时应与起射一支箭的时间节奏相同，每拉一次橡皮筋一般不少于 5 秒钟。

3. 拉弓练习

拉弓练习可以学习正确的动作技能，强化技术动作，体会正确的肌肉用力感觉，建立良好的动力定型和时间条件反射。进行拉弓练习时，技术规格、动作程序和时间节奏必须按规范动作进行。例如，要有一个完整的举弓、开弓、靠弦、瞄准与继续用力的过程，当信号片响起后要有一个 2 秒钟再强化动作用力的过程，然后做放弓收势动作。每次拉弓时间不得少于 5 秒钟。

在每堂练习课的开始，完成拉放橡皮筋、弹力带练习之后，可安排一定数量的拉弓练习，使动作进入正常状态，待肌肉用力感觉比较清晰后，再进入基本部分练习。在每堂练习课的最后，安排部分人员延长拉弓时间的练习，这对于初学者和拉弓能力较差的学员来说，可提高其拉弓的稳定性。初学者需要进行较长时间的拉弓练习，但需要注意，初学者力量较弱，可以使用磅数较小的弓进行拉弓练习，以帮助形成正确的动作定型，同时每次拉弓练习均需要按照规范的技术规格动作进行。

4. 撒放练习

在距靶5～10米处对靶进行射箭练习，可以不用瞄准，但必须严格按照射箭的动作程序、技术规格和起射节奏进行。练习时没有命中目标的实际要求，因而不受箭中环靶的影响，可以专心致志地体会技术动作过程和各部位肌肉的正确用力，以达到建立正确的动力定型、完善与强化技术动作、调控技术状态的目的。需要注意的是，起射一支箭的过程中不能出现比对环靶实射时快的情况，否则达不到练习的目的。

每次课的开始和比赛前安排一定数量的撒放练习，对进入良好的训练和比赛状态是有益的。在练习课的最后安排撒放训练，可以最理想的技术动作结束训练，把理想的技术动作储存在脑海中，以形成训练的良性循环。这种练习方法可以帮助初学者完善技术动作，更好地掌握动作要领，可以多安排练习，对技术水平较高的学生同样具有效果。初学者技术状态好时，通过练习可以使其技术得以强化；技术状态不好时，可以通过练习完善技术动作，找回自己理想的动作和良好的用力感觉。

5. 提高拉弓稳定性的练习

按照规范动作的要求，延长拉弓时间。练习者可以通过预先有时间指标的拉弓练习，如每次拉弓15秒，共拉多少次；也可以通过预先没有时间指标的拉弓练习，即拉弓到最后再坚持3～5秒的拉弓练习。此举目的在于，通过在困难条件下体会技术动作要领和肌肉用力的正确感觉，强化规范动作和合理的肌肉用力感，提高初学者的拉弓稳定能力。

6. 对靶练习

在起射线后对草靶进行实射训练，瞄准时准星大概瞄准靶的中心部位。因没有清晰的瞄准目标，又受草靶的制约(箭必须射在草靶上，练习者受到一定目标的制约)，因此应坚持规范动作进行练习和体会肌肉用力的正确感觉。对于初学者来说，它是学习和掌握射箭技能的有效手段，对技术水平较高的练习者同样具有双向调节作用。

7. 环靶练习

在起射线后对环靶进行射箭练习。起射环靶，对技术动作质量提出了更高的要求；又因命中效果的显现，练习者的心理负荷开始增大。根据箭命中环靶的位置，练习者可以对技术动作进行鉴别，命中高环区的箭是什么样的技术动作和用力感觉，命中低环区的箭是什么样的技术动作和用力感觉。经过一段时间的反复练习，就可以分辨出什么样的技术动作和用力感觉对自己来讲是正确的，什么样的技术动作和用力感觉是错误的，进而强化正确的技术动作和用力感觉，提高技术水平。

8. 有环数要求的记分练习

根据练习者的实际水平，预先定出具体的环数指标，并按要求去完成。这种练习方式有具体的环数要求，技术规格要求高，因此心理负荷强度大。但这样有助于练习者在有环数要求的条件下充分发挥自己的潜力，是提高练习者心理素质和实战能力的有效手段。

9. 射“黄心”训练

规定黄心或10环的数量，以射多少支箭完成评定成绩，箭多者优。这对练习者的技术能力和心理素质提出了更高的要求，是培养竞技状态的重要手段之一。

四、射箭竞赛规则

【竞赛规则】

教学相长

一、课程思政元素

射艺是我国传统体育项目，是中国传统文化的瑰宝。在“文化强国”背景下，射艺活动以独特的运动形式、深厚的文化底蕴、显著的德育效果深受学生的喜爱。“君子之争”“射以观德”，射箭与礼仪是自然而然贴合在一起的，在实践的过程中逐渐锻炼学生沉着稳重的心态，同时通过射箭训练，增强学生的文化自信，发扬优秀的传统文化。“发而不中，反求诸己”的思想境界，既愉悦了身心，又培养了“尊德崇礼”的君子之风，使学生逐步养成乐观的生活态度，建立正确的人生观和价值观。学生通过学习传统文化、礼仪和射箭技术，在“崇德、尚武、重礼、弘文”及“敬人、敬物、敬事”中端正自己的思想，在“射以观德，正心正己，箭不指人，弦不空放，容止可观，进退适度，遵德守礼，习射无言”中端正自己的言行与姿态，自觉做到尊重他人、尊重对手、保持安静，从而不断调整自己的身心状态，提升自身的品德修养，达到内外兼修，修身正己，在体育锻炼中享受乐趣、增强体质、健全人格、锤炼意志。

二、射箭教学大纲

【教学大纲】

教学思考

(1) 如何认识射箭运动项目的特点和本质？

(2) 如何处理好靠弦、瞄准与继续用力、撒放等技术环节之间的关系？

(3) 简述你平时安排射环靶训练的目的和具体方法。

(4) 如何防止和解决练习者出现的错误动作？

(5) 结合你的练习实践和授课对象，组织一次完整的练习课。

8

第八章 ▸▸▸
体育艺术项目

第一节 健 美 操

教学目标

(1) 价值塑造:挖掘坚韧不拔、顽强拼搏、自信果敢的品质,塑造勇于担当、不畏艰险、奋勇争先的精神,促进终身体育意识的养成。培养协同奋进的团队意识,弘扬集体主义价值观,展现青春活力、聪敏灵慧的时代青年风貌。领略音乐律动之魅,感悟优雅气质之韵,引发“健康中国,有我担当”的使命感和责任心。

(2) 能力培养:调动潜能,发展力量、柔韧、协调、耐力、平衡等各项身体素质,培养优雅体态挺拔身姿,练就强健体魄;通过健身、健心、减脂、塑形实践活动建立高尚审美情趣,根植深厚人文底蕴,开启创新思维模式,激发创造性活动。培养学生富于创新、团结合作的意识,完善个性品质,提高道德修养,形成良好心理素质,增强社会适应能力。

(3) 知识传授:了解健美操运动的起源、发展与概况,学习健美操基本术语、基本步伐、锻炼方法及套路组合,塑造健与美的体格,能够跟随音乐进行律动练习,完成音乐伴奏下的协调性练习。掌握科学健身的系列方法、技术技能及自我评价的能力。

教学内容

【在线习题】

一、认识健美操

(一)健美操运动的起源与发展

健美操运动起源于 20 世纪 60 年代初,是由美国太空总署的医生库帕博士为航天员设计的体能训练内容，随后加入音乐伴奏、特殊的器材等，使这种训练带有娱乐性，让其成为一种崭新的运动方式——Aerobics。因这项运动独特且新颖、简单且易于学习，迅速风靡全世界。“Aerobics”在引入中国时被翻译为“有氧运动”或“健美操”。

健美操作为一项独立的体育运动开始于 20 世纪 70 年代末，标志是“简・方达健美操”的出现。作为现代健美操运动的发起人之一，简・方达根据自己的亲身体会——并以健美操运动来保持身体健康和体态苗条的成功现身说法，编写了《简・方达健美操》一书并录制了配套录像带。简・方达对健美操运动在世界范围内的流行与发展起了巨大的推动作用，也使简・方达成为 20 世纪 80 年代风靡世界的健美操杰出代表人物。

首届国际健美操比赛是由国际健美操联合会于 1983 年在日本举办的，该协会每年举办健美操世界杯赛。比较著名的比赛还有由国际健美操冠军联合会每年举办一次的国际健美操冠军赛。1995 年 3 月 14 日，瑞士举办了第一届健美操裁判员和教练员培训班。1995 年 12 月，第一届世界健美操锦标赛在巴黎顾拜旦体育场举行。国际体操联合会从 1995 年开始举办健美操世界锦标赛。这些比赛的竞赛项目均由男子单人操、女子单人操、混合双人操、三人操（性别任意搭配）四个项目组成。2001 年，国际体操联合会决定世界健美操锦标赛每两年举办一次并增加六人操（性别任意搭配）的比赛项目。

（二）健美操运动在我国的开展情况

1. 我国健美操运动的发展

健美操在我国经历了产生期、摸索期和成长期三个阶段。

（1）产生期（认识阶段）

1981 年特约稿《人体美的追求》出版，1982 年《美，怎样才算美》一书发行，1983 年人民体育出版社《健与美》杂志创刊，中央电视台播放《减肥体操》并在北京体育学院师生中传授，大量报刊、电视台的系列宣传，拉开了我国健美操运动发展的序幕。

（2）摸索期（研究阶段）

1984 年北京体育学院成立了健美操研究组。1985 年北京体育学院创编并推广“青年韵律操”等 6 套健美操。1986 年北京体育学院编写的我国第一部《健美操》（试用教材）出版，并正式在北京体育学院本科生中开设了健美操选修课。1987 年我国第一家健美操健身中心“利生健康城”成立。健美操新颖的锻炼方式、良好的健身效果很快被人们所接受。

（3）成长期（发展阶段）

以 1992 年“中国健美操协会”正式成立为标志，1999 年中国健美操协会设立了大众健身委员会，对我国健美操项目的管理更加具体，每年组织多次健美操指导员培训班，为健美操俱乐部和学校培养了大量的健美操教练。从 2002 年起，中国健美操协会每年举办一次“全国万人健美操大众锻炼标准大赛”，并陆续举办了“2003 年全国健美操形象大使比赛”“2006 年旋舞中华健美操明星大赛”等。自 2003 年以来，中国健美操协会每年与中央电视台共同举办“全国街舞电视大赛”。2019 年 12 月，中国健美操协会推出第四套《全国健美操大众锻炼标准》。为了使健美操更好更快地发展，增进国际交流，中国健美操协会自 2003 年起每年夏季举办一次中国国际健身大会。这些举措对我国健美操的普及具有重大意义，我国健美操最终向着多元化与时代感紧密结合的方向不断发展。

2. 我国竞技健美操运动的发展

我国竞技健美操经历了探索期、规范期、成熟期三个阶段。竞技健美操以它特有的动作美、难度大、节奏快、完成质量高、编排新的特点适应了新形势的要求，为现代健美操运动的发展注入了巨大的活力。

（三）我国健美操重要赛事

1. 全国健美操锦标赛

全国健美操锦标赛：每年举办一次，参赛单位和运动员必须在中国健美操协会进行备案，且在当年全国健美操分站赛中获得晋级资格的参赛运动员。全国健美操锦标赛一般安排在全国健美操联赛之后6～7日举行，竞赛项目有男子单人操、女子单人操、混合双人操、三人操和集体五人操的自选动作及各年龄组的规定动作，有氧舞蹈和有氧踏板自选动作，分组包括成年组、年龄二组、年龄一组、预备组。

2. 全国健美操冠军赛

全国健美操冠军赛：每年举行一次，竞赛项目主要分为成年竞技组、成年普及组、少年甲组、少年乙组、少年丙组。

3. 全国健美操联赛分站赛

全国健美操联赛分站赛：每年分4站依次举办比赛。参赛单位是在中国健美操协会进行常规备案的组织。联赛主要任务是：获得全国健美操锦标赛和冠军赛的参赛资格。目前竞赛分组有：成年健将组、成年精英组、年龄二组、年龄一组、预备组。竞赛项目主要有：男子单人操、女子单人操、混合双人操、三人操和集体五人操的自选动作及各年龄组的规定动作，有氧舞蹈、有氧踏板。

4. 全国全民健身操舞大赛

全国全民健身操舞大赛是由国家体育总局立项的全民健身运动赛事，旨在创造中国大众体育赛事的全新模式；以高水平和全民参与，满足全民对运动的热爱；满足大众对健身操舞运动的需求。每年各省先组织进行分站赛，再进行总决赛。2012年举行了首届全国全民健身操大赛，此后每年举办一次，名称也由“全国全民健身操大赛”改为“全国全民健身操舞大赛”。项目设置包括有氧健身操舞、广场健身操舞、时尚健身课程、街舞、民族健身操舞五大类，共计70多个小项。全国全民健身操舞大赛已经成为覆盖范围最广、参加人数最多、年龄跨度最大的单项全民运动赛事。

二、学会健美操

（一）健美操的概念

健美操是一项深受广大群众喜爱的、普及性极强，集体操、舞蹈、音乐、健身、娱乐于一体的体育项目。通过健美操的锻炼可以达到改善体质、增进健康、塑造体形、控制体重、愉悦精神、陶冶情操等目的。健美操是一种有氧运动，特征是持续一定时间的、中低强度的全身运动，主要锻炼练习者的心肺功能，是有氧耐力素质的基础。

健美操是时代发展的产物，不同时期人们对健美操的理解也不相同。从最早被定义为

“体操的分支”，发展为“融音乐、体操、舞蹈为一体的新兴体育项目”，再到“达到增进健康、塑造形体和健身娱乐目的的一项体育运动”，健美操概念随着专家学者的进一步深入研究而日趋清晰明朗。目前较为认可的一种定义：健美操是在音乐伴奏下，以特定步伐配合手臂和身体变化所组成的操化动作为核心内容，按照一定规律组成徒手、器械的组合或成套动作，达到健身、竞技及表演目的的运动项目。

（二）健美操的分类与特点

健美操是时代的产物，也是人们在锻炼中智慧的凝结。在长期的练习中，人们经过反复的实践、总结，使健美操表现出不同的发展规律和鲜明的特点，科学的分类对认识、学习、推广和发展健美操具有重要的意义。

根据目的和任务，健美操可分为健身健美操、竞技健美操、表演健美操三大类。

1. 健身健美操

健身健美操是在音乐伴奏下，通过不同风格、形式的有氧组合或成套动作练习达到健身目的的运动项目。健身健美操是典型的有氧运动代表之一，它形式多样、风格多变，练习健身健美操有助于增进健康、塑造形体、愉悦身心。健身健美操练习时间一般较长，音乐速度适中，运动强度中等，适合各类以健身为目的的人群。

2. 竞技健美操

竞技健美操是一项在音乐的伴奏下，能够表现连续、复杂、高强度健美操操化动作能力的运动项目。该项目起源于传统的有氧健身运动，必须通过健美操七种基本步伐及不同难度动作组合成成套动作来展示运动员的柔韧性、力量。

3. 表演健美操

表演健美操是在一定的主题下，以健美操动作为素材，结合服装、道具、音乐、背景、舞美设计等装饰元素而专门创编的成套作品。它是体育艺术表演作品中的主要内容之一，其目的是通过表演愉悦观众。表演健美操的成套动作时间一般为 3～7 分钟，内容没有具体限定；创编自由度较大，形式不受限制，动作元素及风格呈现多元化。

（三）健美操的术语

健美操基本术语是说明场地方位、动作方向、相互关系、身体基本动作及动作表现形式的术语，是健美操术语中最基本的内容，也是健美操专门术语的基础。

1. 场地方位术语

为了准确表明运动时身体在场地上所处的方位，健美操借鉴了舞蹈中基本方位的术语，把开始确定的某一面（主席台、裁判席、示范台）定为基本方位的第一点，按顺时针方向，每隔 45°为一个基本方位，将场地分为 8 个基本方位，即 1、2、3、4、5、6、7、8 点。

2. 动作方向术语

动作方向是指人体或人体某一部分肢体运动的指向，它以空间位置及相对于人体部位的朝向来决定的，包括基本方向和运动方向。

3. 相互关系术语

相互关系表示动作之间在时间或空间上的相互联系。

(1) 肢体相互关系术语

同侧:同一侧的上肢和下肢动作的配合。例如,出左臂的同时出左腿。

异侧:不同侧的上肢和下肢动作的配合。例如,出左臂的同时出右腿。

同面:上肢动作和下肢动作的运动面一致。例如,身体向前移动,手臂前举。

异面:上肢动作和下肢动作的运动面不一致。例如,身体向后退,手臂向上运动。

对称:上肢或下肢同时或依次做相同的动作,或不同方向的相同动作。例如,右臂侧上举,同时左臂侧上举。

不对称:两臂同时做不同的动作或下肢依次做不同的动作。例如,右臂侧上举,同时左臂侧举。

(2) 动作相互关系术语

同时:单个动作中身体不同部位在同一时间做动作。例如,向前曼波步,同时两臂侧上举。

依次:单个动作中身体不同部位先后完成同一动作。例如,侧手翻时两手依次撑地。

交替:不同肢体或不同动作反复进行。例如,两腿交替进行踏步。

由:动作开始时的方位。例如,由上向下。

经:完成指定动作过程中经过的位置。例如,手臂经前至侧上举。

接:两个要求连续完成的单独动作之间的连接。例如,单足转体 360°接垂地劈腿。

至:动作过程中必须达到的某一指定位置。例如,手臂经胸前交叉至侧下举。

成:表示完成动作之后的结束动作。例如,跳转 720°成纵劈腿。

4. 身体基本动作术语

举:臂或腿抬起并固定在某一方位上的姿势,或是臂或腿伸直由低向高举起至某一部位时停止不动的动作。例如,手臂前举、上举。

屈:身体某一关节弯曲成一定角度,在某一方位上停止不动的姿势;或者身体某关节角度缩小的动作。例如,屈臂、屈膝、屈体。

伸:使关节角度扩大与伸直的动作,若屈与伸依次进行则称“屈伸”。例如,俯撑臂屈伸。

挺:一般指胸部或腹部向前展开。例如,挺胸。

含:两肩胛骨外开,胸部内收。例如,含胸。

提:由下向上做运动,例如,提肩。

沉:身体某部位放松向下的动作。例如,沉肩、沉气。

抬:头部以环枕关节为轴做后伸运动。例如,抬头。

振:臂或上体等部位急速地做富有弹性的屈伸或加速摆。例如,振胸、振臂。

收:向身体正中线靠拢或还原到起始位置。例如,收腹、收腿。

踢:一腿站立,另一腿由低向高做加速有力的摆动动作。例如,前、侧、后踢腿。

转:身体做纵轴转动的动作。例如,转体、向右转头。

绕:身体或身体某一部位至 180°以上,360°以内的动作。例如,臂后绕至前举。

绕环:身体或身体某一部位至 360°或 360°以上的动作。例如,臂前绕环。

交叉:两臂或两腿同时向内成重叠交错的姿势。例如,手臂交叉、交叉步。

波浪:指身体某部分邻近的关节按顺序做柔和屈伸的动作。例如,手臂波浪、身体波浪。

摆动:臂或腿在某一平面内,自然地由某一部位匀速运动到另一部位的动作。手臂摆动以肩关节为轴；腿的摆动以髋关节为轴。例如，前后摆动、左右摆动、上下摆动。

弹动：身体某一部位的关节有节奏地连续完成屈和伸的动作。例如，屈膝弹动。

5. 动作表现形式术语

在进行健美操训练、表演和竞赛等实践中，用来强调动作效果和注意要点的词语。

节奏：音乐中交替出现的有规律的强弱、长短的现象，并伴随节奏动作用力强弱交替出现，合乎一定的规律。

力度：动作的用力强弱交替出现，即肌肉的紧张程度，通常以肢体的制动技术来体现力度。

幅度：动作展开的大小，一般指动作经过的运动轨迹越大则幅度越大。

配合：个人或团体的相互配合以及在队形变化中的身体互动。

表情：运动员通过脸部展现出来的情绪状态及用眼神交流来表达感情和感染观众，根据音乐和动作的配合展现为佳。

风格：一套动作所表现的主要艺术特色和思想特点。

激情：充满健美操特点的、强烈的、兴奋的情感表现。

表现力：完成一定的运动动作所具有的能力特点。对动作的基本要领不但干净利落、巧妙，而且有细致入微的特色，也要表现一定的思想内容与自信。

一致性：集体运动中，运动员在完成动作时表现出来的整齐划一的能力。包括相同动作幅度、完成质量及动作的开始和结束。

（四）健美操常用身体姿势、手形

1. 身体姿势

（1）立：并腿站立、分腿站立。

动作要领：双膝伸直，并腿站立时双脚平行站立，小腿、大腿及臀部肌肉向里夹紧；分腿站立时，脚尖稍向外，双腿及臀部肌肉保持收紧。

（2）半蹲：并腿半蹲、分腿半蹲。

动作要领：半蹲时大小腿夹角小于 90°的蹲为半蹲，膝关节向脚尖方向弯曲并且垂直方向不超过脚尖，感觉髋关节指向后 45°方向，腰腹部及背部保持收紧。

（3）坐：并腿坐、分腿坐、屈腿坐、跪坐、盘坐等。

动作要领：坐姿时应保持脊柱伸直，如站立时的状态，腰腹收紧、双肩下沉，两肩胛收紧，并腿坐时双腿始终保持夹紧，双膝伸直，尽可能使脚跟离开地面。

（4）卧：仰卧、俯卧、侧卧。

动作要领：卧姿应保持全身肌肉适度紧张，以保持身体姿态，颈部和头保持在脊柱的延长线方向。

（5）跪：单膝跪、双膝跪。

动作要领：跪姿动作是以膝盖及小腿着地支撑身体重量，保持脊柱如站立时状态。

（6）撑：俯卧撑、仰撑、跪撑、蹲撑、坐撑。

动作要领：用脚和手支撑地面，双手在肩的下方，身体与地面保持水平，收紧腰、腹肌肉，保持脊柱如站立时状态，颈部和头保持在脊柱的延长线方向。

2. 健美操常用的手形

(1) 并掌：五指并拢伸直，指关节不能弯曲。

(2) 开掌：五指用力分开。

(3) 花掌（又称“西班牙手形”）：在分掌的基础上，小指、无名指及中指依次弯曲与食指形成一个扇面。

(4) 立掌：手腕用力上翘，五指指关节自然弯曲。

(5) 一指：在握拳的基础上，食指伸直。

(6) 剑指：无名指、小指半屈，拇指压在这两指上，中指与食指并拢伸直。

(7) 响指：无名指、小指屈，拇指与中指用力摩擦打响。

(8) 拳：四指屈，拇指第一关节扣压在食指与中指的第二关节处。

（五）健美操的基本步伐

健美操的基本步伐是健美操学习中的最基本元素，是操化动作学习中的重要组成部分。通过基本步伐的练习，可以增强练习者的身体协调性、音乐节奏感及运动感知能力，产生更好的运动表现力。健美操的基本步伐根据人体运动时对地面的冲击力大小分为低冲击力步伐、高冲击力步伐和无冲击力步伐三大类。

1. 低冲击力步伐

低冲击力步伐动作，即在完成动作时，一脚接触地面，另一脚离地的动作。该类步伐是目前健身健美操编排中运用最多的动作类型，主要有踏步类、点地类、迈步类和抬腿类四种。

(1) 踏步类

动作描述：此类动作为两脚依次抬起，在下落时膝、踝关节进行有弹性的缓冲。

技术要点：注意脚尖与膝盖的方向，膝盖与踝关节有弹性的缓冲，根据动作需要，躯干部分进行适当的起伏变换。

动作变化：踏步（踏步转体、踏步分腿、踏步并腿、弹动踏步），走步（前后走步、转体走步、弧线走步），一字步（前后一字步、转体一字步），V 字步，A 字步，十字步，曼波步（曼波转体）。

踏步(march)：两腿原地交替抬起落地。

走步(walk)：两腿依次向前走或向后走。

一字步(easy walk)：两腿依次向前迈步并拢，依次退回，两脚运动轨迹呈一字形。

V 字步(V-step)：两腿依次向侧前方迈步，依次退回，运动轨迹呈 V 字形。

A 字步(A-step)：两腿依次向侧后方迈步，依次退回，运动轨迹呈 A 字形。

十字步(cross step)：两腿依次迈步、交叉，运动轨迹呈十字形。

曼波步(mambo)：一腿迈步，另一腿原地踏步。

(2) 点地类

动作描述：两腿有弹性地屈伸，点地时，主力腿稍屈，另一腿伸直（脚尖或脚跟点地）。

技术要点：在动作过程中，膝盖保持有弹性的屈伸，动作完成后，双膝应处于微屈状态，不应过分伸直，以保持健美操特有的弹性。

动作变化：脚尖前点地，脚尖侧点地，脚尖后点地，脚跟前点地，脚跟侧点地。

脚尖点地(tap):一腿站立,另一腿脚尖触地。

脚跟点地(heel):一腿站立,另一腿脚跟触地。

(3) 迈步类

动作描述:指一脚迈出一步,重心随之移动,另一脚用足跟、足尖点地或结合抬腿、后屈腿、踢腿等动作,然后换腿迈步。

技术要点:注意重心间的转换。

动作变化:侧并步,转体并步,前后并步,迈步点地,迈步后屈腿,向前迈步吸腿,向后迈步吸腿,向侧迈步吸腿,侧交叉步,前后交叉步,交叉步转体。

并步(step touch):一脚向侧迈步,另一腿前脚掌点地并拢(图 8.1.1)。

迈步点地(step tap):一脚向侧迈步,两腿经屈膝移重心,另一脚在前、侧或后用足尖或足跟点地。

迈步后屈腿(step curl):一脚向侧迈步,另一腿绷脚尖向后屈。

迈步吸腿(step knee):一脚向侧迈步,另一腿绷脚尖向前提膝。

侧交叉步(grapevine):一脚向侧迈步,另一腿向后交叉,再向侧迈步,并步(图 8.1.2)。

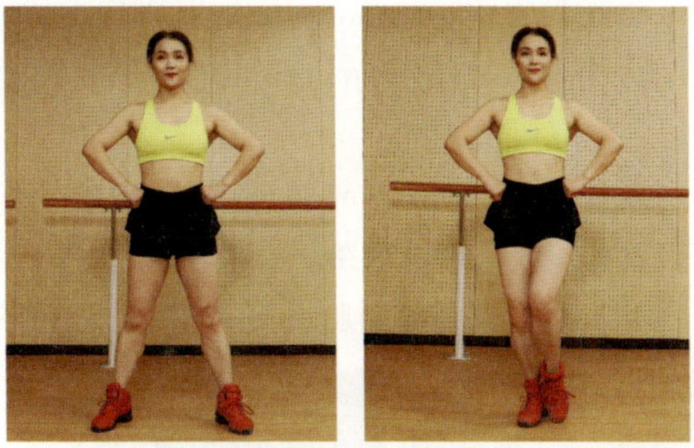

图 8.1.1　并步

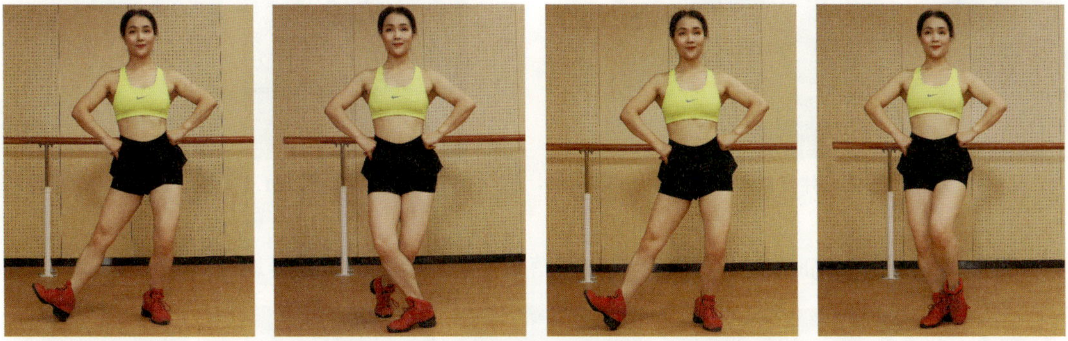

图 8.1.2　侧交叉步

(4) 抬腿类

动作描述:此类动作支撑腿有控制地稍屈膝弹动,另一腿以各种形式抬起,同时收腹、立腰。

技术要点:有控制地稍屈膝弹动,另一腿以各种形式抬起,同时收腹立腰,核心收紧。

动作变化:吸腿(前吸腿、侧吸腿、侧前吸腿、吸腿转体),踢腿(前踢、侧踢),摆腿(向前摆腿、向侧摆腿),弹踢(前弹踢、侧弹踢、弹踢转体)。

吸腿(knee up):主力腿支撑,另一腿屈膝抬起,然后还原。

踢腿(kick):支撑腿稍屈膝站立,足跟不离地,另一腿直腿抬起,然后还原。

摆腿(leg swing):一腿稍屈膝站立,另一腿做摆动。然后还原成并步。

弹踢(skip):一腿发力跳起,另一腿后屈,向前下方弹踢,还原。

2. 高冲击力步伐

高冲击力步伐是双脚离开地面（有腾空或跳步）而形成的动作，主要有后踢腿跳、开合跳、踢腿跳、吸腿跳、弓步跳、弓箭步跳等动作。

（1）迈步跳起类

动作描述：此类动作是指一脚迈出，重心移动，随之发力跳起，单脚或双脚落地。

动作变化：并步跳（前并步跳、后并步跳、侧并步跳），迈步吸腿跳（向前迈步吸腿跳、向后迈步吸腿跳、向侧迈步吸腿跳、转体迈步吸腿跳），迈步后屈腿跳（向前迈步后屈腿跳、向后迈步后屈腿跳、向侧迈步后屈腿跳）。

并步跳（step jump）：一脚迈出，重心移动，跳起，单脚或双脚落地（图 8.1.3）。

迈步吸腿跳（step knee up）：右脚向前迈一步，重心前移，同时左腿抬起至 90°时，单腿起跳。

迈步后屈腿跳（step curl jump）：一腿侧迈一步，另一腿向后屈膝，两腿同时起跳，缓冲落地。

（2）双脚起跳类

动作描述：指双脚起跳、双脚落地的动作。

动作变化：并腿纵跳，分腿半蹲跳，开合跳，并腿滑雪跳，弓步跳。

并腿跳（jump）：两腿并拢跳起落下（图 8.1.4）。

图 8.1.3　并步跳

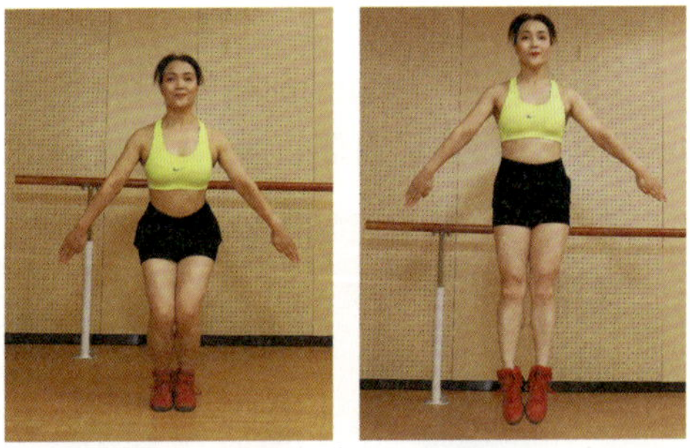

图 8.1.4　并腿跳

开合跳（jumping jack）：两腿跳起成分腿落地，再分腿跳起并腿落地（图 8.1.5）。

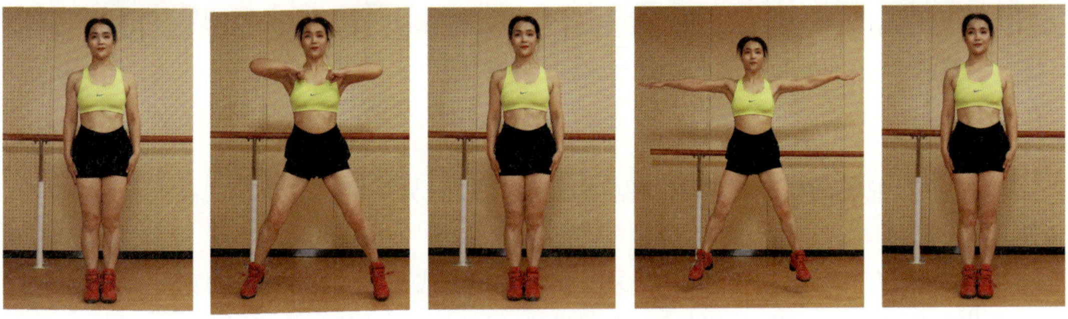

图 8.1.5　开合跳

弓步跳（lunge）：两腿跳成弓步落地（图 8.1.6）。

（3）单腿起跳类

动作描述：指先抬起一腿，另一腿再跳起的动作。

动作变化：吸腿跳，弹踢腿跳，摆腿跳，钟摆跳，踢腿跳。

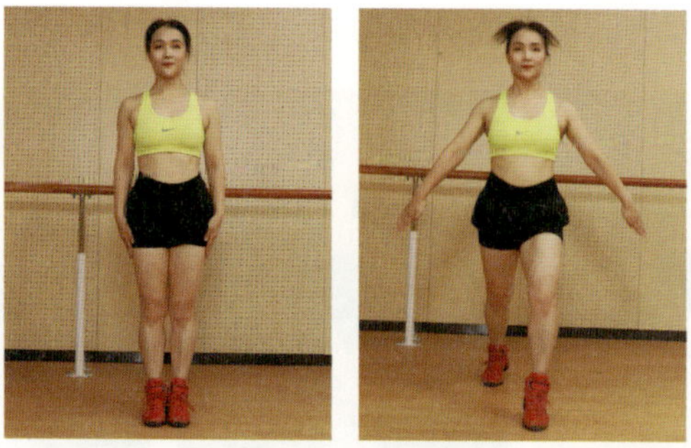

图 8.1.6 弓步跳

吸腿跳(knee lift):主力腿小跳,另一腿屈膝抬起(图 8.1.7)。

图 8.1.7 吸腿跳

弹踢腿跳(flick):主力腿小跳,另一腿屈膝向前、侧、后下方弹踢(图 8.1.8)。

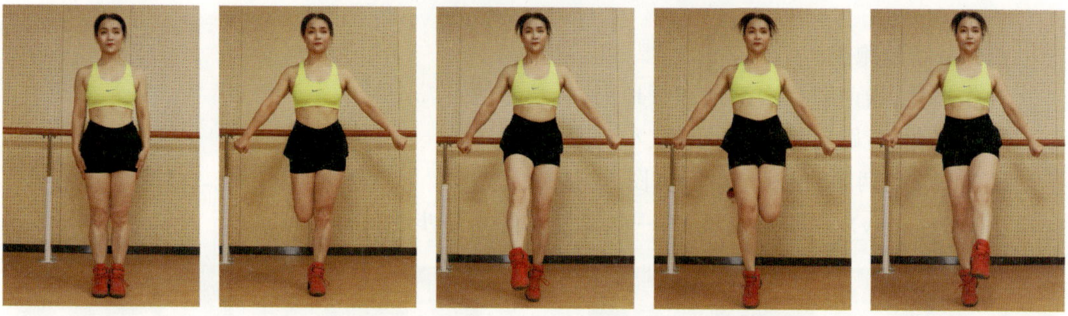

图 8.1.8 弹踢腿跳

摆腿跳(leg lift):主力腿小跳,另一腿由低到高做匀速摆动(图 8.1.9)。

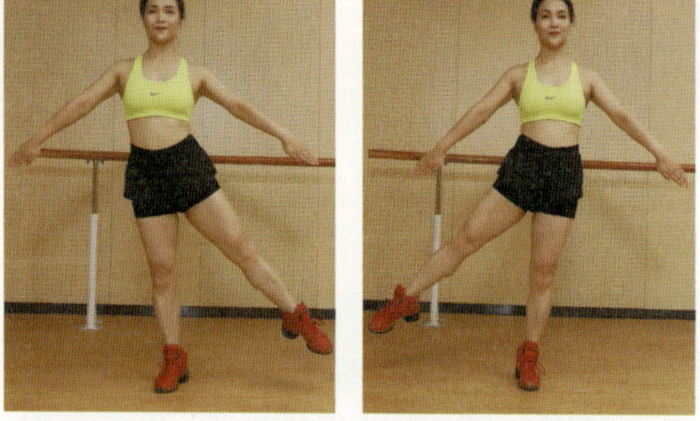

图 8.1.9 摆腿跳

钟摆跳(swing):两腿跳起,依次左右均匀摆动(图 8.1.10)。

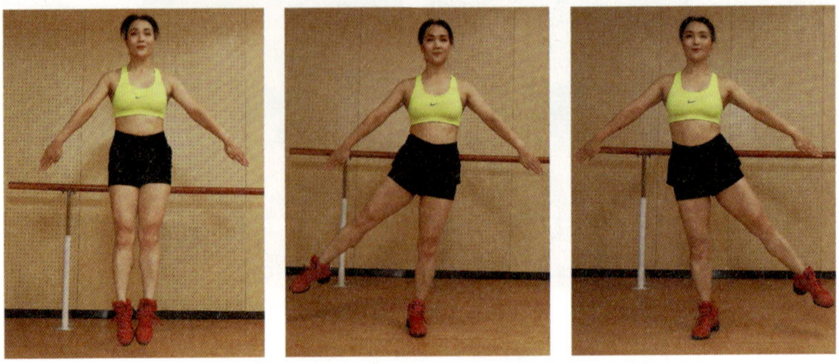

图 8.1.10　钟摆跳

踢腿跳(kick):主力腿小跳,另一腿由低向高做加速有力的摆动(图 8.1.11)。

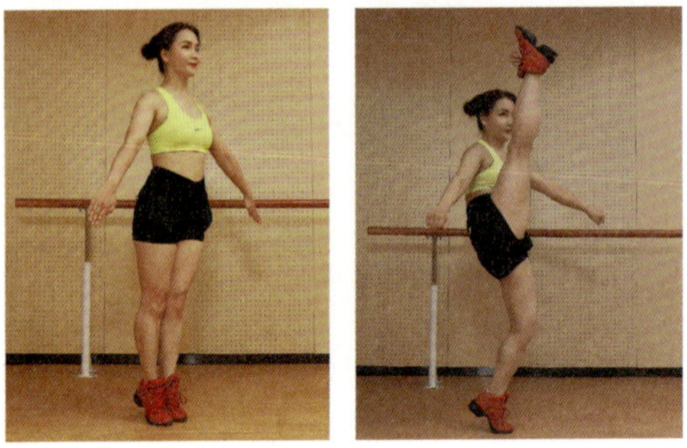

图 8.1.11　踢腿跳

(4) 后踢腿跑类

动作描述:指两腿依次蹬地离开地面,轻快跑跳。

动作变化:后踢腿跑,侧并小跳(小马跳)

跳步(jog):两腿交替腾空落地(图 8.1.12)。

小马跳(pony):一腿向侧跳,另一腿紧随其旁小垫步跳(图 8.1.13)。

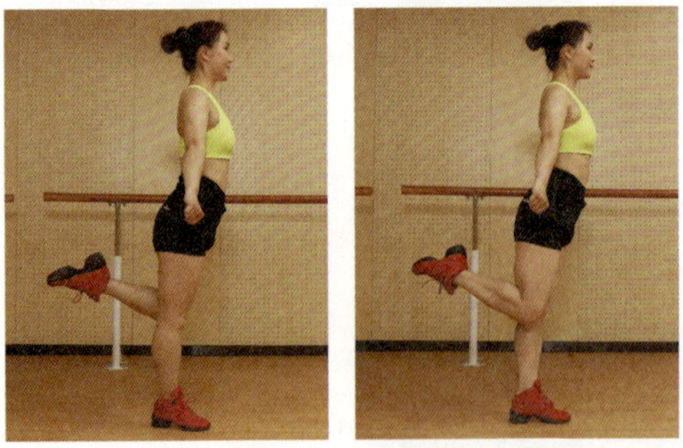

图 8.1.12　跳步

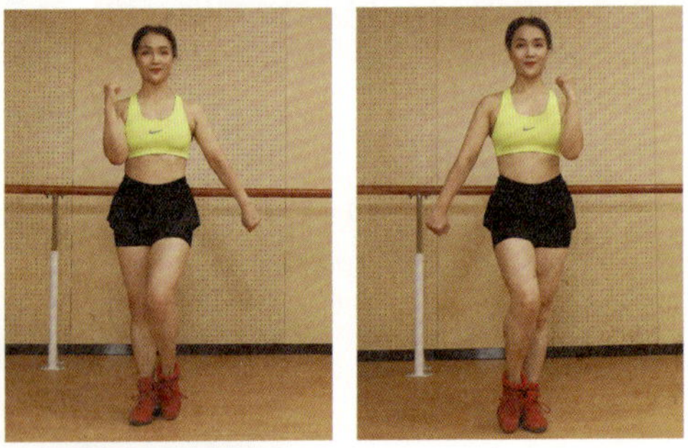

图 8.1.13　小马跳

3. 无冲击力步伐

动作描述:指两腿始终接触地面的动作(图 8.1.14)。

动作变化:弹动(spring),半蹲(squat),弓步(lunge),提踵(calf raise),重心移动。

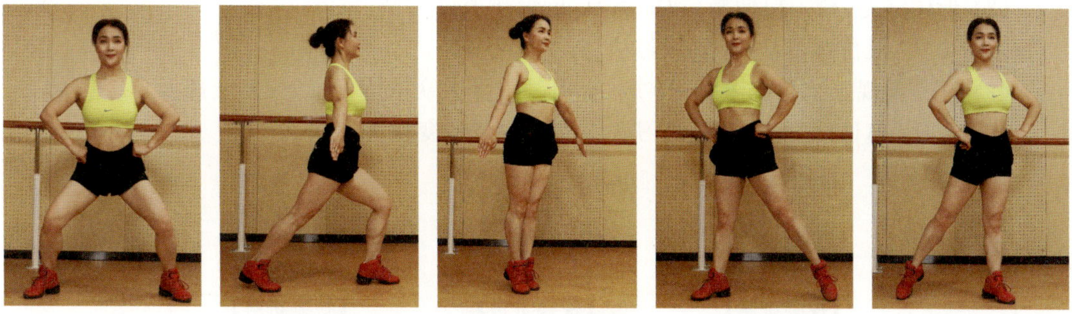

图 8.1.14 无冲击力步伐

（六）基本动作组合

1. 初级组合

初级组合由无冲击力步伐编排而成，包括膝关节弹动、踝关节弹动、半蹲、弓步、迈步移重心等步伐，配合上肢手臂及方向变化组合而成。音乐节奏为 8 个 8 拍，适合初学者用于基本功练习，能有效提升音乐节奏感，发展身体灵活性与协调性。

2. 中级组合

中级组合是在低冲击力步伐的基础上，配以上肢动作的变化和身体姿态的变化编排而成，包括踏步类和点地类等步伐。音乐节奏为 8 个 8 拍，适合初学者用于基本功练习，能进一步巩固健美操基本步伐，有效提升音乐节奏感，激发锻炼兴趣，发展身体灵活性与协调性。

3. 高级组合

高级组合主要由迈步起跳类、双脚起跳类、单腿起跳类、后踢腿跑类的高冲击力动作组合而成，且包括健美操的 7 个最基本的动作（踏步、吸腿跳、高踢腿跳、弹踢腿跳、弓步跳、开合跳、后踢腿跳）。音乐节奏为 8 个 8 拍，高冲击力步伐组合练习，适合有健美操基础的练习者，有助于增强心肺功能，发展下肢力量耐力，提升练习者敏捷性、灵活性与协调性。

三、 练会健美操

（一）课堂教学组织

（1）柔韧素质训练：发展上肢柔韧性（各类肩、肘、髋练习），发展下肢柔韧性（压腿、劈叉、控腿），发展躯干柔韧性（各方向侧屈体转）。

（2）力量素质训练：上肢力量（一般力量与专项力量），下肢力量（负重蹲跳、跳绳、原地连续纵跳、连续团身跳、连续吸腿跳、快速踢腿），躯干力量（引体向上、仰卧两头起、悬垂举腿、仰卧起坐）。

（3）速度素质训练：专门性动作速度训练，负重训练，变换音乐节奏训练。

（4）灵敏素质训练：步伐训练（由易到难），手臂训练（臂内收外展、旋转、环绕、拳掌变换等手臂组合），上下肢配合训练，躯干、肩、髋的协调性训练。

（二）学生练习方法

（1）热身活动：行进间热身活动，动态拉伸操，椅子热身操，关节拉伸组合。

练习方法：模仿练习法、重复练习法。

(2) 形体练习:椅子拉伸操、把杆练习、芭蕾垫上姿态操。

练习方法:模仿练习法、重复练习法、分解练习法。

(3) 健美操规定组合练习:2019 版《全国健美操大众锻炼标准》规定套路及自编作品。

练习方法:模仿练习法、重复练习法、团队练习法、变换练习法。

【视频讲解】 【视频讲解】 【视频讲解】

(4) 整理活动:静态拉伸操、双人拉伸组合。

练习方法:完整示范法、重复练习法、团队练习法。

四、健美操竞赛规则

【竞赛规则】

教学相长

一、课程思政元素

(1) 重视团队合作,鼓励协同作战。课堂上将不同专业的学生组成若干小组,同组共同研讨、复习、创编,鼓励学生建言献策,开发智力、奉献体力、挖掘能力,带领小组完成展演考核,提升团队凝聚力与成就感。

(2) 营造创作空间,激发创新思维。赋予小组成员更多自主选择权,允许团队自行选择配乐,独立分析乐段。勇于挑战,努力激发成员潜力,使学生不断突破自我,增强敢于挑战困难的毅力和勇气,激发创新思维,营造比、学、赶、帮、超的良好氛围。

(3) 贯彻内外兼修,展现青春韵律。让学生在课堂上体会内在美与外表美的和谐统一,用肢体语言展示美、传递美、表达美,以集体智慧创编作品,凭团队合作呈现奇思妙想,展示新时代大学生青春活力、积极向上、朝气蓬勃的团队风貌。

(4) 坚持以学促练,学练赛一体化。构建学练赛一体化的学习型团队,按照一定原则分组,课中练习、课下交流、考试展演等多个教学环节均以小组为单元,营造团结合作、互帮互助的氛围,培养融合沟通的能力,以学促练,努力完成体育课堂课内课外学练赛一体化。

二、健美操教学大纲

【教学大纲】

教学思考

(1) 描述一位你最钦佩的健美操运动员或健美操名人,谈谈你从他(她)身上学到了什么?

(2) 健美操课程对你最深的触动与改变有哪些?

(3) 创编一套 4 个 8 拍的健美操律动组合,包含 6 个健美操基本步伐。

(4) 如何制订一个科学合理有效的健身计划?

第二节 体育舞蹈

教学目标

（1）价值塑造：通专融合，掌握体育舞蹈技术的基本理论和技术方法，学习体育舞蹈文化背景和国内外发展概况。引导学生形成正确的知识结构和科学的运动方式，形成正确的审美观、文化观。

（2）能力培养：坚持立德树人，有效融入课程思政，增强大学生社交能力、敢于自我表达能力。培养学生敢于奉献、团结协作，调控情绪和抗挫折的能力，最终形成积极乐观的生活态度和健康的生活方式。

（3）知识传授：增强大学生体质，掌握体育舞蹈的基础知识、技能，提高审美素养、陶冶情操、激发创造创新活力，培养终身体育锻炼的能力。

教学内容

【在线习题】

一、认识体育舞蹈

（一）体育舞蹈项目的起源和发展

国际标准舞（体育舞蹈）起源于欧洲、拉丁美洲、非洲，从民间舞蹈演变而成，以前称“国际标准交谊舞”，原名称为“社交舞”，为欧洲贵族在宫廷举行的交谊舞会。社交舞早在 14—15 世纪在意大利出现，16 世纪传入法国。1768 年在巴黎开办了第一家交际舞厅，法国大革命后“社交舞”流传民间至今。1924 年，英国皇家舞蹈教师协会对华尔兹、探戈等社交舞的舞步、舞姿、跳法进行规范整理，从此人们称之为“国际标准舞”。1925 年，英国皇家舞蹈教师协会正式颁布了华尔兹、探戈、狐步舞、快步舞等四种舞的步伐，总称摩登舞。第二次世界大战后，英国皇家舞蹈教师协会又将拉丁舞进行规范并纳入“国际标准舞”范畴，列入正式比赛。至此，国际标准舞成为包括标准舞系列和拉丁舞系列两大类的舞蹈。国际标准舞兼有文化娱乐的内涵和体育竞技的双重特点，以及很强的表演观赏性和技艺性，因此西方舞蹈界称它为“体育舞蹈”，很多国家将它纳入体育的竞技范畴，继而成立了各种体育舞蹈组织，并一致努力于促进体育舞蹈事业的发展。

1950 年，由英国 ICBD（世界舞蹈组织）主办了首届世界性舞蹈大赛“黑池舞蹈节”，并把规范后的舞蹈命名为“国际标准交谊舞”，以后每年的 5 月底，在英国的“黑池”都会举办一届世界性的大赛。约在 1950 年，英国舞协在狐步舞、探戈舞、慢华尔兹和快步舞的基础上，又制订了快华尔兹、恰恰舞、伦巴舞、牛仔舞、桑巴舞和斗牛舞的国标舞文字理论教学标准，使国标舞的舞种数量达到 10 种。约在 1955 年，国标舞的数量（共 10 种）被确立下来，并一直沿用至今。此外，还把上述10种国标舞分割成摩登舞(华尔兹、探戈舞、快步舞、狐步舞、维也纳华尔兹)和拉丁舞(伦巴舞、恰恰舞、捷舞、桑巴舞、斗牛舞)2类舞系，从而形成1套理论、2类舞系、10支舞种。

（二）我国体育舞蹈的发展

20世纪20年代交际舞流传至上海，当时的外国人和留洋回国人员成为传播西方舞蹈的主力军。1926年，由中国人在上海开设的交际舞学社是中国第一所舞蹈教学机构，随后交际舞流传到天津、沈阳、广州等大城市并开始流行起来。

1986年"中国国际标准舞总会"成立。1987年4月第一届"全国国际标准舞锦标赛"在北京举办，之后每年举办一次。1989年8月，国家体委成立了体育舞蹈俱乐部。1991年5月，中国体育舞蹈运动协会成立，同年举行了首届中国体育舞蹈锦标赛。

20世纪90年代，我国的国际标准舞进入迅速发展的历史阶段。为了更好地适应国际发展的形势，我国把"国际标准舞"改称为"体育舞蹈"。与此同时，我国也组织建立了相应的机构，如1994年成立的"中国国际标准舞协会"和"国际标准舞学院"。1998年12月，经过中国文学艺术界联合会批准，国际标准舞被正式纳入"荷花奖"的评奖项目中，国际标准舞从此被正式纳入专业舞蹈的评奖行列。2007年，国际标准舞被纳入"桃李杯"舞蹈大赛体系。

我国重要国标舞比赛两大赛事：由中国国标舞协会主办的中国国际标准舞锦标赛和中国体育舞蹈联合会主办的中国体育舞蹈大奖赛。

（三）体育舞蹈的价值

体育舞蹈是由舞蹈演变而成的体育项目，具有文艺的范畴，介于文艺和体育之间，具有舞蹈艺术和体育的双重特征，是在一定的空间内展示的视觉艺术，以有韵律的人体动作为主要表现手段。它通过人体动作构成的舞蹈表达人的情感、意趣、行为和故事情节等，同时具备高级的音乐体系，同音乐有着不可分割的联系。这就决定了体育舞蹈的主要特征在于其具有高度的技巧性、全能的抒情性、严密的思想性、清新的观赏性、舞蹈风格特点，以及与音乐高度和谐的独特关系。

体育舞蹈集体育与舞蹈为一体，融体能锻炼与艺术修养于一身的体育运动项目，具有独特艺术魅力和表演、社交、观赏等特性。习舞者经过长期体育舞蹈训练，可以增进身体素质，改善体形体态，调节紧张压抑情绪，振奋精神，协调人际关系，提高社会交往能力；同时，对培养积极向上、诚恳热情等优良品德，以及养成良好生活习惯都起着积极的作用。

（四）技术动作术语

(1) 姿态：用正常、轻松的方式两脚并拢站立。拉起胸腔、伸直脊椎骨，但不可耸肩。

(2) 手部握持：握持的双手两掌相对，男士的四指握在或者大拇指扣在女士的手背上，具体依手臂的位置而定。

(3) 跟随：跟随是指在脚部的方向上，必须以有效的方式"流动"到所需位置。类似地，如果正确的引导被传达，通过男士使用给予引导、身体引导和手臂引导而接触的手(双手)，也必须跟随特定的路线。

(4) 擦步：当动力脚从一个开位向另一个开位移动时，必须先与主力脚靠拢，而重心不变的脚步。

（5）滑步：指在第二步双脚并拢的三步组成的舞步。

（6）脚跟转：向后迈出的脚的脚跟转。在动作过程中并上的脚必须与主力脚平行，旋转结束时身体重心移动至并上的那只脚。

（7）脚跟轴转：不变重心的单一脚跟旋转。

（8）踌躇步：前进暂时受阻的舞步型或舞步型部分，重心停留于一脚超过一拍。

（9）逗留步：身体运动或旋转受阻时的部分舞步型，双脚几乎静止不动。

（10）开式转：第三步不是并靠而是超越第二步的旋转。

（11）轴转：一脚脚掌旋转，另一脚处于或前或后的反身动作位置。

（12）锁步：两脚前后交叉的舞步。

二、 学会体育舞蹈

【视频讲解】

（一）基本动作

拉丁舞基本动作如图 8.2.1 所示，其中男士基本动作（2 小节）见表 8.2.1，女士基本动作（2 小节）见表 8.2.2。

图 8.2.1　基本动作

表 8.2.1　男士基本动作（2 小节）

步序	节奏	时值	脚位	脚法	使用的动作	身体转度
1	2	1	左脚前进，脚尖外转	脚掌平伏	前进抑制步	—
2	3	1	右脚在原地	脚掌平伏	原地重心转移	向左转 1/8
3	4.1	2	左脚向侧稍后	脚掌平伏	后退走步转	
4	2	1	右脚后退	脚掌平伏	后退走步	—
5	3	1	左脚在原地	脚掌平伏	原地重心转移	向左转 1/8
6	4.1	2	右脚向侧稍前	脚掌平伏	前进走步转	

表 8.2.2 女士基本动作(2 小节)

步序	节奏	时值	脚位	脚法	使用的动作	身体转度
1	2	1	右脚后退	脚掌平伏	后退走步	—
2	3	1	左脚在原地	脚掌平伏	原地重心转移	向左转 1/8
3	4.1	2	右脚向侧稍前	脚掌平伏	前进走步转	
4	2	1	左脚前进,脚尖外转	脚掌平伏	前进抑制步	—
5	3	1	右脚在原地	脚掌平伏	原地重心转移	向左转 1/8
6	4.1	2	左脚向侧稍后	脚掌平伏	后退走步转	

备注:

(1) 后退走步和前进抑制步不是完全一样的舞步,因此舞伴之间的距离会发生改变。

(2) 当用左陀螺转作前导舞步时,在第 5～6 步上男士和女士向左转 3/8。

(3) 当下接后退走步时,男士第 3 步左脚后退(女士右脚前进),不转。

(4) 当下接右陀螺转时,基本动作的第 1～3 步稍向右转,女士右脚向舞伴两脚之间前进。

(5) 基本动作的第 1～3 步,也可以从男士左手握女士右手的开式位置开始。

(二) 扇形步

扇形步如图 8.2.2 所示,其中男士扇形步(2 小节)见表 8.2.3,女士扇形步(2 小节)见表 8.2.4。

图 8.2.2 扇形步

表 8.2.3 男士扇形步(2 小节)

步序	节奏	时值	脚位	脚法	使用的动作	身体转度
1	2	1	左脚前进,脚尖外转	脚掌平伏	前进抑制步	—
2	3	1	右脚在原地	脚掌平伏	原地重心转移	向左转 1/8
3	4.1	2	左脚向侧稍后	脚掌平伏	后退走步转	
4	2	1	右脚后退	脚掌平伏	后退走步	—
5	3	1	左脚在原地	脚掌平伏	原地重心转移	向左转 1/4
6	4.1	2	右脚向侧稍前	脚掌平伏	前进走步转	

表 8.2.4　女士扇形步（2 小节）

步序	节奏	时值	脚位	脚法	使用的动作	身体转度
1	2	1	右脚后退	脚掌平伏	后退走步	—
2	3	1	左脚在原地	脚掌平伏	原地重心转移	—
3	4.1	2	右脚向侧稍前	脚掌平伏	前进走步	—
4	2	1	左脚在男士左外侧前进	脚掌平伏	前进走步	—
5	3	1	右脚后退并稍向侧	脚掌平伏	前进走步转	向左转 3/8
6	4.1	2	左脚后退	脚掌平伏	后退走步	向左转 1/4

（三）开（分）式位置

开（分）式位置（图 8.2.3），即男士和女士彼此面对，分开大约两条手臂长度的距离，男士重心可以在任意一只脚上，女士的重心在相对的脚上。男士和女士之间，以及实际脚位之间的距离，将依前面的舞步型而有所不同。使用的手部握持方式将依后续舞步型而定，可以是如下方式之一：男士左手握女士右手[图 8.2.3(a)]、男士右手握女士右手[图 8.2.3(b)]、男士右手握女士左手、双手握持（男士左手握女士右手且右手握女士左手），或不带握持[图 8.2.3(c)]。当使用一只手握持时，握持手的手臂保持稍微向前，并从身体的中心收回，另一只手臂保持向侧，产生一条从肩部开始的柔和曲线。当握持完全放开时，双臂以自然的方式运用。

(a)

(b)

(c)

图 8.2.3　开（分）式位置

(a)男士左手握女士右手的开（分）式位置；(b)男士右手握女士右手的开（分）式位置；(c)不带握持的开（分）式位置

（四）阿列曼娜

阿列曼娜动作如图 8.2.4 所示，其中男士阿列曼娜（2 小节）见表 8.2.5，女士阿列曼娜（2 小节）见表 8.2.6。

图 8.2.4　阿列曼娜

表 8.2.5　男士阿列曼娜(2 小节)

步序	节奏	时值	脚位	脚法	使用的动作	身体转度
1	2	1	左脚前进,脚尖外转	脚掌平伏	向前的库卡拉恰	—
2	3	1	右脚在原地	脚掌平伏		—
3	4.1	2	左脚并向右脚	脚掌平伏		—
4	2	1	右脚后退	脚掌平伏	向后的库卡拉恰	—
5	3	1	左脚在原地	平伏		—
6	4.1	2	右脚并向左脚	脚掌平伏		—

表 8.2.6　女士阿列曼娜(2 小节)

步序	节奏	时值	脚位	脚法	使用的动作	身体转度
1	2	1	右脚并向左脚	脚掌平伏	两脚并合,重心转换	—
2	3	1	左脚前进	脚掌平伏	前进走步	—
3	4.1	2	右脚前进	脚掌平伏	前进走步	向右转 1/8
4	2	1	左脚前进并越过身体,无重心,转成结束时,左脚在后	脚尖外侧边缘,平伏	向前的延迟步,膝盖伸直	向右转 3/4
5	3	1	右脚前进	脚掌平伏	前进走步,向右回转	向右转 3/8
6	4.1	2	左脚前进	脚掌平伏	前进走步	

(五) 手对手

手对手动作如图 8.2.5 所示,其中男士手对手(3 小节)见表 8.2.7,女士手对手(3 小节)见表 8.2.8。该舞步型也可以用男士右(左)手扶持在女士的左(右)肩胛骨之下,女士的左(右)手将分别自然地搭在男士的右(左)肩上。

图 8.2.5　手对手动作

表 8.2.7　男士手对手(3 小节)

步序	节奏	时值	脚位	脚法	使用的动作	身体转度
1	2	1	左脚在开式并退位置上后退	脚掌平伏	后退走步	向左转 1/4+
2	3	1	右脚在原地	脚掌平伏	原地重心转移	—
3	4.1	2	左脚向侧	脚掌平伏	前进走步转	向右转 1/4
4	2	1	右脚在开式并退位置上后退	脚掌平伏	后退走步	向右转 1/4+
5	3	1	左脚在原地	脚掌平伏	原地重心转移	—
6	4.1	2	右脚向侧	脚掌平伏	前进走步转	向左转 1/4
7	2	1	左脚在开式并退位置上后退	脚掌平伏	后退走步	向左转 1/4+
8	3	1	右脚在原地	脚掌平伏	原地重心转移	—
9	4.1	2	左脚向侧	脚掌平伏	前进走步转	向右转 1/4

表 8.2.8　女士手对手(3 小节)

步序	节奏	时值	脚位	脚法	使用的动作	身体转度
1	2	1	右脚在开式并退位置上后退	脚掌平伏	后退走步	向右转 1/4+
2	3	1	左脚在原地	脚掌平伏	原地重心转移	—
3	4.1	2	右脚向侧	脚掌平伏	前进走步转	向左转 1/4
4	2	1	左脚在开式并退位置上后退	脚掌平伏	后退走步	向左转 1/4+
5	3	1	右脚在原地	脚掌平伏	原地重心转移	—
6	4.1	2	左脚向侧	脚掌平伏	前进走步转	向右转 1/4
7	2	1	右脚在开式并退位置上后退	脚掌平伏	后退走步	向右转 1/4+
8	3	1	左脚在原地	脚掌平伏	原地重心转移	—
9	4.1	1	右脚向侧	脚掌平伏	前进走步转	各左转 1/4

形态转换：

第 1 步：在男士右手握女士左手的开式位置上开始，然后达到男士右手握女士左手的开式并退位置。第 3 步：达到男士左手握女士右手的开式位置。第 4 步：达到男士左手握女士右手的开式并退位置。第 6 步：恢复男士右手握女士左手的开式位置。第 7 步：恢复男士右手握女士左手的开式并退位置。第 9 步：在男士左手握女士右手的开式位置上结束。

三、 练会体育舞蹈

【体育舞蹈（拉丁舞）文化与习练】

(1) 伦巴基本步技术重点和古巴摇摆；
(2) 伦巴基本步技术重点和原地律动；
(3) 伦巴基本步技术重点和时间步；
(4) 伦巴基本步技术重点和库克拉恰；
(5) 伦巴舞基本技术重点和行进步；
(6) 伦巴舞基本技术重点和方行步；
(7) 伦巴舞基本技术重点和定点转和纽约步；
(8) 伦巴舞组合套路学习；
(9) 恰恰舞基本步技术重点和原地律动；
(10) 恰恰舞基本步技术重点和时间步、左右追步；
(11) 恰恰舞基本步技术重点和前进走步、锁步；
(12) 恰恰舞基本步技术重点和方行步、纽约步、定点转；
(13) 恰恰舞基本步技术重点和手接手、双人配合基本方法；
(14) 恰恰舞套路组合学习。

四、 体育舞蹈竞赛规则

【竞赛规则】

教学相长

一、 课程思政元素

高校体育课程是我国课程思政目标实现的重要环节。高校体育培养目标形成“以体育人”的特有思政方式，不拘泥于运动过程进行思政融入，而是将思政元素根植于整个运动项目文化演变的过程中。本课程坚持立德树人，有效融入课程思政，增强大学生社交能力、懂礼仪、敢于自我表达能力；培养学生甘于奉献、团结协作的精神，最终形成积极乐观的生活态度和健康的生活方式；使学生在学习和掌握体育舞蹈基本理论和技术基础上，在潜移默化中感受中国舞蹈文化至上、吃苦耐劳的精神，提升学生艺术素养，形成正确文化观和审美观；通过不断修养身心、道德品质、技术技能、身心健康，实现以体育人、立德树人的教育目标。

二、 体育舞蹈教学大纲

【教学大纲】

教学思考

(1) 简述我国体育舞蹈的发展概况。
(2) 简述体育舞蹈的特点。
(3) 简述华尔兹的产生与特点。

第三节 艺术体操

教学目标

（1）价值塑造：通过专业技术技能传授，培养良好体育气质、塑造优雅身体姿态，提升对形体美的鉴赏，对音乐美的领悟，对健康美的不懈追求；培养终身体育思维，建立终身体育理念，遇到困难迎难而上，面对挫折永不言败，充满勇气，勇于尝试。领略音乐律动之魅，感悟形体气质之神韵、领略律动之致美、挖掘合作之潜能。

（2）能力培养：不断培养并发展学生柔韧、力量、耐力、协调、灵敏等多项身体素质。通过艺术体操课程的学习，学生能够具备艺术审美、理论批判、音乐鉴赏、作品创造、合作协调等能力；完成形体美和精神气质美的和谐统一，具备勇敢无畏的精神品质、坚韧不拔的顽强意志、乐于奉献的个性品格、全面良好的体育素养也可培育自尊自信、积极向上的良好心态。

（3）知识传授：了解艺术体操的起源发展与概况，学习运动人体基础知识，掌握艺术体操基本术语、基本舞步、身体姿态、徒手及器械组合套路，能够跟随音乐进行律动练习，完成音乐伴奏下的协调性练习。了解艺术体操基本理论知识及比赛规则，并能够进行团队套路编排，达到健身、建心、减脂、塑形，以及科学指导健身锻炼的整体效益。

教学内容

【在线习题】

一、认识艺术体操

（一）艺术体操的概念

艺术体操（Rhythmic Gymnastics）是一项在音乐伴奏下，以徒手或运用轻器械的形式，通过体育与艺术相结合，构成不同类型、难度和等级的身体和器械动作，并形成一系列具有自然性、韵律性和艺术性成套动作的体育运动项目。它以节奏为中心，融音乐、体操、舞蹈于一体，包括走、跑、跳、转体、平衡和身体各部位的摆动、绕环、屈伸、波浪等徒手练习，以及运用绳、圈、球、棒、彩带、纱巾、扇子等各种轻器械的练习。通过这些练习，可使全身的各个关节都能得到充分的活动，各部位的肌肉都能得到均衡的发展，对身体的全面发展能起到良好的作用。它不但能提高柔韧、力量、协调、灵巧等各项身体素质，锻炼健美的体态和培养良好的身体姿态，还可以培养节奏感、优美感，培养人的表现力和高雅的气质。所以，艺术体操练习也是进行美育的一种有效手段。

（二）艺术体操的起源与发展

艺术体操起源于19世纪末20世纪初的欧洲，一些教育家、音乐家、舞蹈家、体操家及生理学家在理论和实践上对艺术体操的发展作出了巨大贡献，为现代艺术体操的形成奠定了基础。20 世纪 50 年代，艺术体操得到广泛开展，逐步发展成为一项竞技性项目。但最初的艺术体操国际性比赛并非独立进行，而是附属于女子竞技体操比赛的团体项目中，即规定凡参加竞技体操团体比赛的队除了参加竞技体操比赛外，还必须参加由 6～8 人组成的团体轻器械韵律体操比赛。随着技术的发展，因竞技体操与艺术体操的差异日趋明显，故 1956 年国际体联决定在竞技体操比赛中取消艺术体操比赛，把两者分开，直到 1962 年才正式把艺术体操作为一个独立的女子竞技项目。1963 年，第一届世界艺术体操锦标赛在匈牙利的布达佩斯举行。1973 年，国际体联将五种器械定为了固定的艺术体操竞赛项目。1976 年，国际艺术体操评分规则公布。1978 年起，国际体操联合会组织两个洲际比赛，即欧洲锦标赛和四大洲际赛（亚洲、大洋洲、北美洲、和拉丁美洲），分别与世界锦标赛时间隔年份举行。1981 年，国际体联为了使五种器械均衡发展，对个人比赛的器械，按照一定的规律进行安排，以绳、圈、球、棒、带的顺序，每两年轮空一次。1984 年，个人艺术体操项目被列为奥运会正式比赛项目。

2003 年，第一届世界男子艺术体操锦标赛举行。与女子项目不同的是，男子的通常没有球操和棒操，但增加了棍操。从 2003 年起，为了提高艺术体操的观赏性，五种器械的比赛轮换由国际体联艺术体操技术委员会在前一个奥运周期来确定，并提前宣布下一周期的竞赛项目。集体项目的最初阶段是用同一种器械，从 1971 年开始使用两种器械。从 1987 年开始，每支集体队伍必须完成两套动作，一套是同种器械，另一套是两种器械。

艺术体操在中国的发展历史比较短，20 世纪 70 年代末期开始受到关注。1978 年以来，中国接连邀请国外的艺术体操队来华进行表演，并请外国教练、专家讲学，同时每年举行全国艺术体操比赛，使这项运动在国内日渐兴起和不断开展。多年来，中国艺术体操队一直活跃在奥运会、亚运会、世界锦标赛、亚洲锦标赛等重大国际赛事中，队员表现出色，获得不俗的成绩。20 世纪 80 年代初，中国艺术体操队参加了第十届世界艺术体操锦标赛，第一次登上了国际体坛。1987 年，在第十三届世界艺术体操锦标赛上，中国运动员取得了集体项目总分第三名，单个单套（3 圈 3 球、6 球）分别为第二名和第三名的成绩。2008 年，中国队在北京奥运会取得突破，摘得一枚集体银牌。2021 年，中国艺术体操队在东京奥运会上中获得团体全能比赛第四名。2023 年 7 月 31 日，在成都举行的第三十一届世界大学生夏季运动会艺术体操项目集体 5 圈操决赛中，中国队以 30.900 分的成绩夺得冠军。2023 年 8 月 27 日，在西班牙巴伦西亚举行的 2023 世界艺术体操锦标赛集体 5 圈操决赛中，由郭崎琪、郝婷、王澜静、蒲彦竹、丁欣怡组成的中国队以 36.550 分获得该项目单项金牌，这是中国艺术体操队首次获得世界冠军。随着时间的推移，中国的艺术体操表现方式也呈现出多元化和创新性，运动员们将现代舞、民族音乐、服装等元素融入表演中，使艺术体操更加生动、具有表现力和观赏性。艺术体操已经成为国家体育事业的重要组成部分，艺术体操队也为国家在世界体育舞台上赢得了荣誉。

（三）艺术体操的分类

根据目的和任务不同，艺术体操可分为大众艺术体操和竞技艺术体操。

1. 大众艺术体操

大众艺术体操是以自然协调的动作为基础，在音乐伴奏下进行的个人或集体练习。大众艺术体操是一项大众性体育活动，主要任务是发展协调、柔韧、力量、耐力等身体素质，增进健康，以健身、改善形态、愉悦身心为目的。大众艺术体操包括徒手的基本动作和各种轻器械动作。徒手动作包括身体各部位的基本动作、基本步伐，以及摆动、绕环、转体、平衡、波浪等动作。这些动作既可单个练习，也可编排成组合动作进行练习。器械动作丰富多样，除了绳、圈、球、棒、带，还可以使用纱巾、扇子、棍棒、旗子等。大众艺术体操不受场地、器械、完成动作时间及参与人数等的限制，对身体素质的要求也不太高，可以在不同年龄阶段，不同职业，不同学校、不同性别的人群中开展。

2. 竞技艺术体操

竞技艺术体操是在自然动作基础上，通过更精确的身体和器械动作，高难度的技术，优美的姿态、丰富的表现形式在音乐伴奏下进行的个人和团体的竞技性的成套动作。竞技性艺术体操除了具有一般艺术体操的功能外，其主要任务是提高技术水平和参加竞赛。竞技性艺术体操有独特的规则和评分标准。根据国际体联制定的竞赛规程规定，竞技性艺术体操的器械只有绳、圈、球、棒、带五种，一般不设徒手项目。比赛包括个人项目和集体项目：个人项目是参加五种器械中四种器械的成套动作比赛，集体项目是参加两套动作比赛，其中一套是同种器械，另一套是两种器械。竞技艺术体操具有严格的评分标准，比赛规则对场地、时间、人数、服装、难度动作价值和数量、编排的艺术性，以及音乐的运用等都有具体规定和扣分标准。

二、 学会艺术体操

（一）徒手练习

徒手练习包括手臂和腿的基本练习、基本步伐与舞蹈步练习、摆动和绕环练习、躯干弯曲练习、波浪练习、平衡练习、转体练习、跳跃练习、弹性和松弛练习及近似技巧动作练习等。这些练习可以朝各个方向去完成，既可单个练习，也可编成组合动作和成套动作进行练习。

1. 芭蕾舞手臂的基本位置

准备姿势：双腿收紧，双脚成小八字站立，收腹，挺胸，肩膀放松，肘、腕自然微屈，手臂自然放于身体两侧，下颌微微上扬。

一位手：双臂成弧形，双手成兰花指，掌心相对，两手放于下腹前一拳距离。

二位手：在一位手的基础上向上移至上腹前，掌心相对。

三位手：在二位手的基础上双手上移至头上稍微向前的位置，两眼看向前方时用余光所见即可。

四位手：在三位手的基础上左手保持不动，右手移至上腹前即二位手的位置，注意手移动时眼睛跟随手动。

五位手：在四位手的基础上，右手沿着侧面打开手臂成弧形，掌心向前。

六位手：在五位手的基础上，左手从上向下移至上腹前即二位手位置。

七位手：在六位手的基础上，左手沿着侧面打开手臂成弧形。

动作要点：挺胸抬头，收腹立腰，两肩自然放松，肩部下沉。大臂带动小臂，手指是手臂的延伸，两臂从大臂到手指要保持弧形，手形呈兰花指，三指自然并拢，拇指和中指相对，眼随手动。

练习步骤：

① 分别进行一到七位的手位练习，体会动作的用力方法和手臂正确位置。

② 连贯进行一到七位的手位组合练习。

③ 配音乐并结合脚位做各种手臂组合练习。

2. 脚的基本位置

（1）芭蕾舞脚位

一位脚：脚跟并拢，脚尖向外转 90°成一横线。

二位脚：脚跟相距一脚，脚尖向外转 90°成一平线。

三位脚：两脚跟靠于脚弓处，脚尖向两侧平行。

四位脚：两脚前后平行分开，相距一脚，脚尖向两侧。

五位脚：两脚前后相靠，脚尖向两侧。

（2）中国舞脚位

正步：两脚并拢，脚尖向前，重心在两腿上，眼睛看正前方。

八字步：两脚跟靠拢，脚尖各向斜前方，两脚尖相距约一脚，重心在两脚上，眼睛看正前方。

大八字步：两脚方为同八字步，但两脚跟左右相距约一脚，重心在两脚中间。

丁字步：两脚并步站立，两腿紧靠；其中一脚尖正对前方，另一脚尖正对侧方；正对侧方的脚跟靠于另一脚的脚弓正中处，两脚成丁字形，挺胸立腰，身形挺拔。当左脚尖对侧方时，称“左丁字步”；当右脚尖对侧方时，称“右丁字步”。

练习步骤：

① 扶把杆进行各种脚位的练习。

② 配音乐进行各种脚位的练习。

③ 配音乐并结合手位进行组合练习。

3. 基本步伐

（1）柔软步

两脚自然站立开始，左腿脚面和膝关节绷直向前伸出，脚面向外，由脚尖过渡到全脚掌着地，身体重心随之前移，接着换右脚向前，两腿交替行进，两臂自然前后摆动。

动作要点：摆动腿向前伸出时由脚尖过渡到全脚掌，重心前移，收腹立腰。

练习步骤：

① 身体姿态练习，头部和上体保持挺胸收腹、立腰、两眼平视。

② 双手叉腰，分解练习向前伸腿和落脚跟移动重心动作。

③ 双手叉腰先做两拍一动柔软步练习，然后依次改变节奏做一拍一动或一拍两动练习。

④ 在动作准确的基础上配合手臂动作进行练习。

（2）足尖步

左脚脚面、膝关节绷直向前伸出（脚面稍向外），由脚尖过渡到前脚掌着地，同时重心前移，两腿交替行进。

动作要点：提踵立脚跟时重心要稳，行走过程中身体重心不能下落，收腹立腰，姿态挺拔，步幅要均匀，步子不宜过大。

练习步骤：

① 收腹、立腰，两眼平视前方，双手扶把杆进行原地提踵练习，脚跟尽量提起。

② 一手扶把杆，配合慢节奏音乐进行练习，在逐步掌握动作的情况下依次提速进行练习。

③ 叉腰进行足尖步练习，正确掌握动作后，可配合简单的手臂动作进行练习。

(3) 弹簧步

弹簧步分为普通弹簧步、前屈膝弹簧步、跳弹簧步等。

普通弹簧步：1 拍左脚向前柔软步并稍屈膝，重心移至左脚。2 拍左腿伸直成起踵立，同时右腿脚面和膝关节绷直向前下方伸出，两臂自然前后摆动。3～4 拍动作同 1～2 拍，换右脚做。

动作要点：做动作时，要求膝盖有弹性的弯曲，脚下动作要有弹性，动作要连贯，步幅要小，身体重心要平稳。

练习步骤：

① 分解动作练习：先单手扶把杆进行左右脚交替的屈膝前举动作练习，再进行柔软步练习。

② 单手扶把杆进行普通弹簧步练习：步幅不宜过大，要均匀、柔和，在重心上升时起踵要高，像弹簧一样。在做好普通弹簧步的基础上可做屈膝弹簧步和跳弹簧步练习。

(4) 滚动步

两脚立踵，左脚点地，由脚尖过渡到全脚掌着地支撑，同时右腿屈膝，脚面绷直，向前滑动一小步，脚尖点地，两臂自然前后摆动，经双腿立踵，重心移到右腿，全脚掌着地，左腿屈膝向前滑动一小步，脚尖点地，同时两臂向相反方向摆动。

动作要点：身体正直，支撑腿伸直，交换腿时髋部上提。

练习步骤：

① 先扶把杆进行练习，体会双脚提踵立和压足跟动作，注意脚尖点地时膝关节不能向外展。

② 在完成滚动步的过程中，膝关节要有一个后蹬直膝的过程，同时上体要正直，挺胸收腹、立腰，头腰正直，眼睛平视前方。动作重心是垂直上下的，不能左右移髋。

③ 掌握正确的基本动作后，可以配合手臂动作进行前进或后退的滚动步练习。

(5) 华尔兹步

向前华尔兹步的预备姿势：起踵立，两臂侧举。

1 拍左脚向前做柔软步并稍屈膝，重心随之前移，右臂经下向左绕。2～3 拍右脚开始向前做两次足尖步，同时右臂经上绕至右侧举。

动作要点：

① 欢快、柔和、自然、协调、连贯。

② 要注意动作的起伏，身体起伏为降、起、立，第一步的步幅稍大些，后两步要小一些。

练习步骤：

① 双手叉腰进行练习，等脚步动作做正确了再配合手臂动作进行练习。

② 在练习向前华尔兹步的基础上进行向后华尔兹、向侧华尔兹、转体华尔兹等练习。

(6) 卡洛泼步(并步跳)

卡洛泼步常用于动作之间的连接或跳步前的过渡步法，可向前、向侧、向后做。

向前卡洛泼步：自然站立，两臂侧举。左脚向前一大步，重心随之前移成小弓步，接着左脚蹬地跳起；同时，右脚在空中与左脚并拢，接着右脚落地并稍屈膝，左腿前下举。

动作要点：两腿在空中绷腿并拢，动作协调、连贯。

练习步骤：

① 先练习左脚向前或向侧弓步，右脚与左脚并成提踵立，左腿再继续向前或向侧进行，

体会重心向前或向侧移，两脚并立的过程。

② 掌握后进行跳起完整练习，然后换后腿做，也可两腿交替进行。

③ 向侧卡洛泼步做法同向前卡洛泼步，唯身体侧对前进方向，左腿(或右腿)向侧出步进行。

(7) 变换步

变换步是一种常用舞步，动作变换形式多样，可做变换步前点地、前举腿、后点地、后举腿等，可配合各种手臂动作进行练习。

普通变换步：1 拍左脚向前柔软步。2 拍右脚并左脚成丁字步，同时两臂向下至一位。3～4 拍左脚向前柔软步，重心前移，右腿伸直脚尖后点地，同时右臂前举，左臂侧举，转头看右前方。5～8 拍同 1～4 拍，换右脚开始。

动作要点：步幅不宜过大，前移时身体要平稳，动作要连贯。

练习步骤：

① 双手叉腰配合音乐进行练习。

② 原地进行手脚配合练习，左脚点地擦出，从一位手至左手在侧，右手在前。

③ 掌握脚下动作后，可配合手臂动作进行练习，上体要保持正直，挺胸、收腹、立腰，动作要协调柔和。

④ 在做好普通变换步的基础上可做向前变换步举腿、变换步后举腿、变换步跳等练习。

(8)波尔卡步

节前拍：右脚原地轻跳，左腿经屈膝向前伸直至前下举，上体稍向左转。

1 拍左脚向前一步，右脚随之向左脚并步。2 拍左脚再向前一步，接着左脚原地小跳，右腿伸直前下举，上体稍向右转。3～4 拍同 1～2 拍，换右脚开始。

动作要点：

① 步法开始时要有节前拍小跳动作。

② 动作节奏轻快、活泼。

③ 左腿前举时，身体微向左侧倾，头向左侧偏。重点是节前拍小跳，难点是单脚落地，另一腿向前滑出，并做出并步跳动作。

练习步骤：

① 先练习左脚向前或向侧成弓步，右脚与左脚并至提踵立，同一侧重复进行同样的动作练习，体会重心移动和两腿并立的过程。

② 慢动作进行练习，通过分解练习，先掌握用力，然后立刻做节前拍动作，一腿小跳，另一腿前举。

③ 完整练习，在此基础上，学习向侧向后波尔卡步和转体波尔卡步。

4. 摆动和绕环

(1) 手臂摆动

配合下肢有弹性的屈伸动作或身体重心的移动，以肩为轴，手臂做左右摆动、前后摆动、内外摆动等。

动作要点：摆动时手臂直而不僵，摆臂动作要有一定力度。

练习步骤：

① 先练单臂的左右摆动，然后练双臂的同向摆动，最后练双臂的反向摆动。

② 结合屈膝弹动移重心练习摆臂动作。

(2) 腿的摆动

腿的摆动主要以髋关节为轴，向前、向后、向侧各方向的摆起动作，如前摆、后摆、侧摆、斜前摆、斜后摆；既可原地做，也可行进间做，还可以躺地上踢腿，包括仰卧正踢腿、俯卧后踢腿等。

动作要点：两腿伸直，上体挺拔，以髋关节为轴进行直腿摆动，用脚尖发力向上踢腿，尽可能加大摆腿幅度，同时要注意摆腿的速度。

练习步骤：

① 扶把杆练习摆腿动作，幅度依次从小到大。

② 配合手臂动作进行站立和行进间摆腿练习。

③ 在坐、卧、跪撑等姿态下练习腿的摆动。

(3) 手臂绕环

以肩为轴，手臂伸直，配合下肢有弹性的屈伸动作或身体重心的移动，在体前、体侧做360°以上的摆臂动作，可以向前、向后、向内、向外、绕“8”字，以及不对称绕环。

动作要点：绕环时手臂直而不僵，绕环动作要有一定力度和伸展度。

练习步骤：

① 在手臂摆动的基础上学习手臂绕环。

② 配合下肢有弹性的屈伸动作，将手臂摆动与绕环结合起来练习。

③ 配合各种步伐练习手臂绕环。

5. 波浪动作

(1) 手臂波浪：从提肩、提肘、提腕到落肩、落肘、压腕，做自肩、肘、腕到掌指的依次屈伸动作，动作要连贯、圆滑，展现出完整的波浪形。可以做侧举、前举等各个部位的波浪练习。

动作要点：以肩带动大臂，使肘、腕、掌指各关节依次屈伸，动作要做得柔软、圆滑，波浪要完整、连贯。

练习步骤：

① 先原地练习单臂波浪，再做双臂波浪，初步掌握后再做两臂依次波浪练习。

② 结合基本步伐、身体动作或变换不同部位及不同节奏练习。

(2) 身体向前波浪：身体放松，由半蹲开始，经膝、髋、腹、胸、颈依次向前上方挺出，双腿积极蹬伸，身体各关节由下至上依次伸展至还原成直立。各关节的挺伸动作要柔和连贯依次推进。

(3) 身体向后波浪：挺身提踵立，两臂上举开始，从膝经髋、腰、胸、颈各关节依次向前弯曲，至低头含胸使背部成弓形，同时两臂经后下绕至前举。

(4) 身体向侧波浪：由左脚尖侧点地、两臂右侧上举、上体稍左侧屈，右腿、左腿依次屈膝向左侧移重心，同时髋、腰、胸各关节依次经前屈向左侧上方伸展至左腿直立，右脚尖侧点地，上体右侧屈，两臂随之经下摆至左上方。

身体向前、后、侧波浪动作要点：躯干各关节的屈伸是连贯不断，依次推移的过程。整个动作要做得柔和、圆滑。

练习步骤：

① 掌握胸波浪的基础上，进行全身波浪练习。

② 双手扶把杆做慢动作练习，体会向前、向后、向侧波浪时各关节的依次屈伸运动，增强关节的灵活性。

③ 离把杆进行完整练习,动作幅度由小逐渐增大。

④ 连续反复练习,逐步加快节奏至正常节奏。

6. 转体

(1) 双腿交叉立转体

右脚由前向左脚外侧交叉,双脚提踵,向左转体,转体度数依次从小到大(180°、270°、360°),同时两臂经侧至上举。

动作要点:旋转时要高提踵立,挺胸、立腰、收腹,臀部收紧,双腿夹紧,以蹬地、转髋带动整个身体转动,头随即迅速转动。重心平稳,方向准确。

练习步骤:

① 双手扶把杆练习双脚交叉提踵立动作。

② 依次练习上步交叉提踵转体 90°、180°、270°、360°,同时配合双臂经侧至上举。

(2) 平转

左脚侧出一小步,前脚掌落地,接着右脚向左侧上步,同时以左脚为轴向左转体 180°,继续以右脚为轴向左转体 180°,左脚向侧落地,可连续重复进行。在做这个动作时,步幅不能过大,重心要平稳落在两脚上,两脚交替要快速连贯。初学时可以放慢节奏,两手叉腰进行练习。

动作要点:身体正直,收腹立腰,两脚在一条直线上移动,重心依次在支撑腿上左右转换,两脚移动步幅不能过大,重心在两脚掌上交换,高提踵立,脚跟不能落地,头部配合做留头甩头动作,双眼目视前方。

练习步骤:

① 原地提踵练习,体会两脚依次转换重心的感觉。

② 双手叉腰做慢动作,分解练习 180°转体,体会两脚依次转换重心的感觉,以及与头部配合的感觉。

③ 两臂侧举,并逐步加快速度进行练习,动作熟练后,可连续进行练习。

④ 左右方向交替进行练习。

(3) 单脚转体

身体重心保持在单脚上,另一腿成不同姿势的转体动作,如侧吸腿转体、前举膝转体,可以配合手位进行练习,转体度数由小到大(180°到 360°),逐步提高。以侧吸腿转体(正巴塞转体)为例。

动作要点:起踵立高,转体度数准确,身体重心要稳,背部收紧,收腹立腰,以摆臂带动肩,同时蹬腿形成合力,全身动作要配合协调。

练习步骤:

① 扶把杆练习巴塞起踵立。

② 原地练习巴塞起踵立,体会控制身体重心的感觉。

③ 在立的基础上做摆臂拧转上体练习。

④ 学习巴塞转体 180°,等动作稳定后逐渐增加转体度数,依次做 360°、540°转体。

7. 跳跃

(1) 一位小跳

预备姿势:一位站立,两手叉腰。

动作做法：两腿经半蹲蹬地跳起，落地成一位半蹲，接着下半拍蹬地跳起，可连续进行练习。

动作要点：从开始到结束始终保持身体直立，脚背用力推地，跳起空中两腿伸直绷脚背，保持外开，落地时先脚掌后脚跟着地有控制地蹲地。

练习步骤：

① 双手扶把杆，两脚先不站立一位，可外开 120°～150°，慢动作体会两脚蹬地跳起时双腿发力及空中身体姿态的控制。

② 离把杆练习，双手叉腰，逐步要求两膝外开至一位脚。

③ 配合芭蕾舞手位动作进行练习。

（2）向前屈膝交换腿跳（猫跳）

左脚蹬地，同时右腿屈膝向前上方踢腿摆起，当右腿摆至最高点时，左腿屈膝摆起，随即右腿落地，接着左腿落地。注意大腿抬起时不低于 90°，两腿屈膝为钝角。腿向上踢摆时，上体不要前倾或者后倒。可以先扶把杆，做屈膝交换腿跳的练习，体会空中两腿交换的动作。

动作要点：腿向上踢摆时，上体要保持正直，不能前倾或后倒，支撑腿蹬地跳起的同时，两腿屈膝先后一次用力向上踢摆，并在空中迅速交换，动作轻巧、连贯、腾空高，落地轻。两臂由侧举经下向内向上至侧平举，帮助身体向上腾空，使两腿有充分的时间进行交换。

练习步骤：

① 扶把杆做交换腿跳的练习，体会空中两腿交换时动作。

② 两臂由侧举经下向内向上至侧平举，帮助身体向上腾空，配合手臂动作做向前屈膝交换腿跳练习。

（3）向前吸腿跳

左脚踏地跳起，同时右腿屈膝吸腿至 90°，右脚紧贴左膝内侧，左臂斜上摆 45°，右臂后下摆 45°，可以用并步跳衔接左右腿交换重复练习。

动作要点：要注意蹬地向上跳起的时机和空中身体姿态的控制，身体姿态要挺拔舒展，动作要轻松协调，动作幅度要大。

练习步骤：

① 单手扶把杆练习向前吸腿身体姿态。

② 离把杆配合手臂动作练习。

③ 结合并步跳衔接左右腿交换重复练习。

（4）单腿前摆转体 180°变身跳

以左脚跳为例，从自然站立，两臂测举开始，左脚向前一步蹬地向上跳起，右腿伸直向前上方摆起，空中向左转体 180°，右腿后举，左脚落地，同时两臂经一位、三位至七位。右脚跳时，动作方向相反。可以用向前并步跳连接变身跳进行练习。

动作要点：蹬地跳起的同时空中转体摆腿 180°，身体姿态要挺拔舒展，动作要协调连贯，要注意跳转摆腿过程中身体姿态的控制。

练习步骤：

① 单手扶把杆练习前摆腿同时转体 180°的动作。

② 双手叉腰，练习一腿跳起，另一腿前摆，空中转体 180°的动作。

③ 配合手臂动作进行完整动作练习。

④ 向前并步跳连接变身跳。

8. 平衡

艺术体操中的平衡动作是指单脚、单膝或臀部支撑所做的保持 2 秒左右静止不动的某一身体姿势。

燕式平衡：右腿站立，上体保持挺胸，抬头前倾，同时左腿尽量向后上方举起，两臂侧举。

动作要点：

① 上体挺胸抬头下压，同时后腿向后上方举起。

② 支撑腿绷直，用全脚掌控制平衡，后举腿尽量高举，两腿夹角不小于 90°。

练习步骤：

① 扶把杆练习，单脚站立，另一腿屈膝向前侧后举，保持 1～2 秒，左右腿交替练习。

② 离把杆练习，再结合手臂变化练习平衡动作。

（二）持轻器械练习

【视频讲解】

1. 纱巾操基本动作

（1）足尖碎步体前上下摆动纱巾

足尖碎步向后移动，同时双手持纱巾宽边上下摆动(图 8.3.1)。纱巾摆动柔和连贯，结合躯干的屈伸随动。

图 8.3.1　足尖碎步体前上下摆动纱巾

（2）双手抛接纱巾

双手持纱巾横边下举开始，双腿蹬直起踵立，同时两臂快速向前上方摆起，将纱巾向上抛出，迅速上步，从纱巾下方双手接住纱巾另一宽边，纱巾在头后上方展开(图 8.3.2)。

图 8.3.2　双手抛接纱巾

（3）侧吸腿平衡体前大绕环

双手持纱巾宽边两端，左脚向侧迈步、右脚侧吸腿平衡，同时左臂以肩为轴向右体前大绕环（图 8.3.3）。

图 8.3.3　侧吸腿平衡体前大绕环

（4）向侧擦地“8”字绕环

双手持纱巾宽边于体前自然下垂，右脚上步支撑，左脚向侧擦地至侧点地，同时右手带动左手，分别在头上和体前做两个水平大绕环，形成“8”字绕环（图 8.3.4）。绕环动作连贯流畅，纱形舒展。

图 8.3.4　向侧擦地“8”字绕环

（5）小跨跳双手持纱巾上举

双手持纱巾宽边上举，右脚上步蹬地起跳，左腿直膝向前踢起小跨跳，同时收腹立腰，肩胸展开，直臂上举向远伸展，纱巾水平飘于体后，左脚、右膝依次落地，重心前移成跪姿，同时躯干带动双臂向前下方摆动纱巾（图 8.3.5）。

图 8.3.5　小跨跳双手持纱巾上举

2. 球操基本动作

（1）双手胸前转动球

手沿着球的重心直径转动，转动时手掌不离球，可配合原地滚动步、提踵碎步退、身体小波浪进行练习（图 8.3.6）。

【视频讲解】

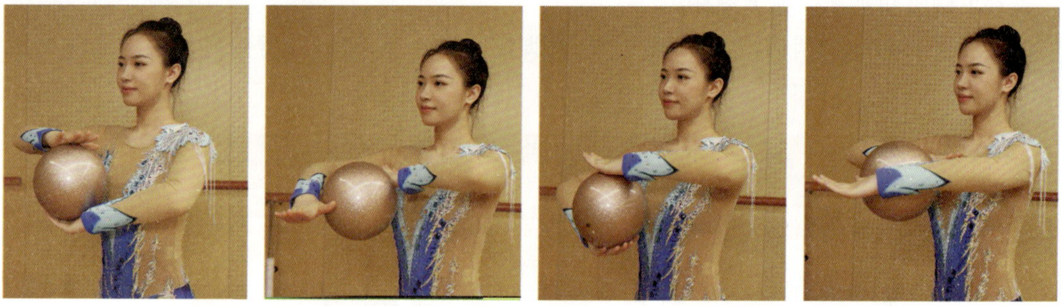

图 8.3.6 双手胸前转动球

(2) 原地单手拍球

拍球时用手掌触球,手指自然伸直,手形与球面吻合,手臂自然弯曲,手腕保持不动。拍球时腿弹动协调与手臂配合,用腿屈伸的力量和肩带动大臂、小臂,手腕下压,使球向下触地而弹起(图 8.3.7)。连续拍球时,要有手不离球的感觉。

图 8.3.7 原地单手拍球

(3) 原地双手拍球

两臂自然弯曲拍球,拍球时腿弹动,手随球动,要有手不离球的感觉(图 8.3.8)。

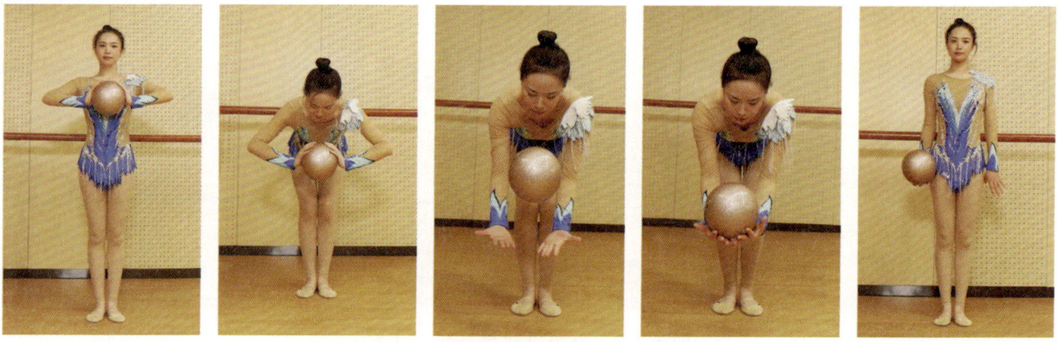

图 8.3.8 原地双手拍球

(4) 单手持球向内外绕"8"字

向内外"8"字绕时,手心向上,球在掌上保持平衡,不能用五指抓球,躯干随球绕动,肩带拉开,眼睛盯着球(图 8.3.9)。

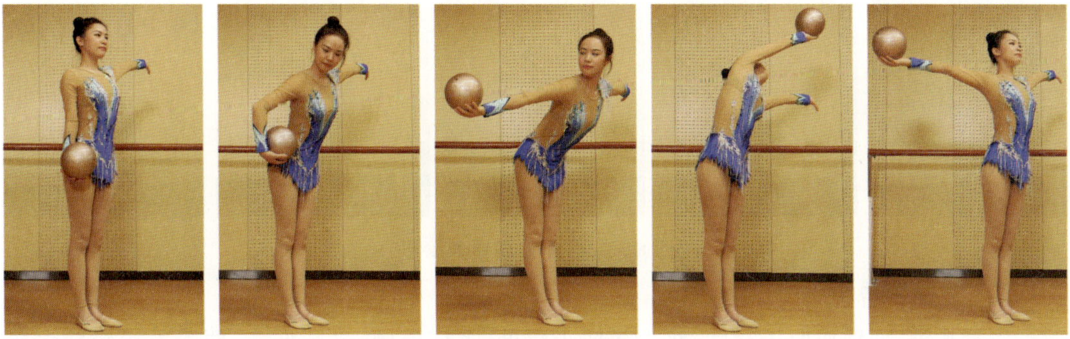

图 8.3.9　单手持球向内外绕“8”字

(5) 双手持球体前头上螺旋绕“8”字

以肩和肘为轴，做两个大幅度的水平绕环形成“8”字，绕环的同时身体要随球绕动，与手臂绕“8”字相结合(图 8.3.10)。

图 8.3.10　双手持球体前头上螺旋绕“8”字

(6) 体前双臂滚球

两臂前举并拢，掌心向上，手指并拢，球在手掌心，手臂稍抬起，使球顺着两臂滚至胸前，滚动时手臂手指尽量向远处伸，然后两臂稍稍向下，使球顺着两臂滚回手掌心(图 8.3.11)。

图 8.3.11　体前双臂滚球

(7) 体前胸臂长滚球

两臂侧举，球从右手经右臂胸、左臂滚至左手(图 8.3.12)。滚球时手臂不能弯曲或者是低于肩胸，要主动去迎球。滚球时一手要稍高，臂要圆滑，胸要主动赢球，另一臂也要掌握好高度，使球滚起来流畅。

图 8.3.12　体前胸臂长滚球

（8）双臂背后滚球

屈膝半蹲，两臂屈肘于背后，双手托球于腰处，上体前倾，含胸低头；两手手指轻轻地向上拨球，双手拨球的力量要适中，使球沿着直线经背、头部滚至双手托球（图 8.3.13）。

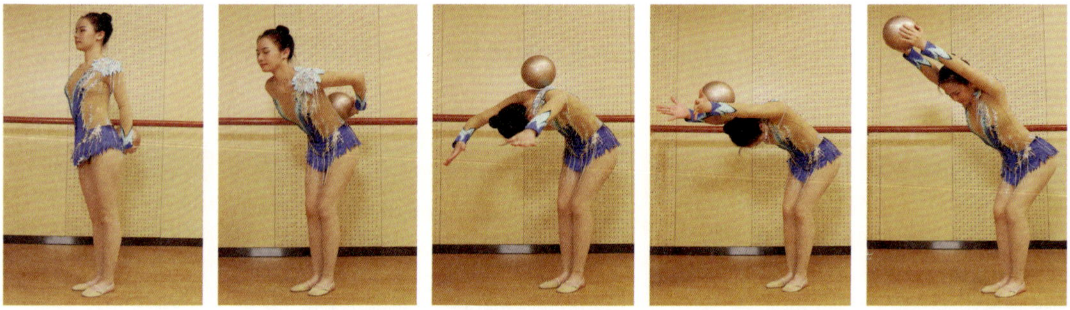

图 8.3.13　双臂背后滚球

（9）地滚球

用手指轻轻地将地上的球向不同方向拨动，使球沿着拨动的方向滚出。拨球时用力要适中，使球匀速滚动，速度不能太快。滚球的距离要适当，不要太远，配合各种小碎步或舞蹈步法接球。接球时，人在球的侧面半蹲或跪立，手在球的前面，手指向后，手心向上，使球滚到手指上，将球铲起，或在球的后面顺滚球的方向将球铲起（图 8.3.14）。

图 8.3.14　地滚球

（10）单手抛球，双手接球

抛球时全身要协调配合，双膝经半蹲后迅速伸直，同时立腰、立髋、起肘，挺胸抬头，以肩为肘，用力摆臂。力量由下肢一直传递到指尖，球最后从指尖离开，顺着手臂的延长线按一定的抛物线转动飞行。接球时双手上举迎球，球经指尖、手指到手掌并顺球落点向下缓冲，双腿随着接球动作弹性屈伸一次（图 8.3.15）。

图 8.3.15　单手抛球，双手接球

三、 练会艺术体操

（1）纱巾操（学生艺术体操技术等级动作标准三级纱巾操）。

（2）球的基本套路（大众艺术体操九级球操）。

四、 艺术体操竞赛规则

【竞赛规则】

教学相长

一、 课程思政元素

（1）培养学生心理承受能力和情感表达能力：艺术体操课程可以通过训练和表演，提高学生的情绪管理与调控能力，从而使他们能够更好应对生活中的各种挑战。

（2）培养学生的团队合作意识和组织、领导能力：艺术体操是一项需要团队协作的运动项目，课程考核需要通过学生小组创编，汇报演出的形式呈现给大家。这个过程既可以培养学生的团队合作意识、协调能力和领导才能，同时使学生在团队中发挥自己的特长，学会互相协作与支持。

（3）培养学生对美的欣赏和感受能力：艺术体操课程可以帮助学生提升对美的感知和理解能力，通过欣赏艺术体操的优秀作品和学习艺术体操的优美动作，培养学生的审美观和艺术鉴赏能力。

二、 艺术体操教学大纲

【教学大纲】

教学思考

（1）谈谈你对艺术体操运动中美的理解。

（2）艺术体操运动中能锻炼到哪些身体素质，培养哪些优秀品质？

（3）谈谈你在现实生活中如何运用艺术体操技能达到锻炼身体的效果。

第四节 健美运动

教学目标

（1）价值塑造：培养学生尊重对手、尊重规则的竞争意识；培养学生团结协作、尊重同伴的合作意识；培养学生不畏困难、顽强拼搏的意志品质；培养学生塑造美好体形，提高身体素质，增强自信心；培养学生健康的生活观念和良好的生活习惯，树立学生健康理念，倡导健康、积极的价值观。

（2）能力培养：全面改善学生体格形象，在学习与锻炼中体验愉快的情绪，提高“塑造美、展示美、欣赏美”的能力，陶冶美的情操，展示个性魅力；全面提高学生肌肉力量、耐力、爆发力和运动能力；全面提升学生身体素质，改善心肺功能和身体适应能力，培养学生的自律和毅力。

（3）知识传授：学习与健美运动相关的基本知识，了解营养学、运动生理学、生物力学和运动损伤的预防与康复等学科知识，让学生掌握基本健身理论；学习健美运动科学的锻炼方法，了解身体的结构和肌肉的分布，掌握器械使用、动作要领、制订训练计划等，培养自我评价的能力，自我锻炼的习惯；培养学生均衡营养的观念，学习如何搭配膳食，养成良好的饮食习惯。

教学内容

【在线习题】

一、认识健美运动

（一）健美运动的概念

健美运动是一项通过徒手或各种器械，运用专门的动作方式和方法进行锻炼，以锻炼肌肉、增长体力、改善形体和陶冶情操为目的的运动项目。

（二）健美运动的发展概况

1. 国外健美运动发展概况

古希腊人主要是通过体育运动来塑造和培养健美人物的，四年一届的古代奥林匹克运动会等场所，就是炫耀力量和人体健美的场合。从 19 世纪起，大力士们的体形逐渐有了改变。生于 1868 年的山道(Sandow)是健美运动的创始人，集健、力、美精华于一身，他既是体育家，又是表演家、艺术家。山道于 1901 年组织了世界首次健美大力士的比赛，晚年创办了世界第一所健美运动学校。

2. 我国健美运动的发展概况

我国是世界文明古国之一，有着悠久的历史。我们的祖先也是崇尚健美、崇尚力量、崇尚英武的。孔子主张“尽善尽美”。我国古代以身体魁梧、武艺高强、健壮英俊为健美。古代劳动生活的特点是需要有强健的体魄，频繁的部落征战更需要有强壮有力的身体。所以，我国古代也将健与美紧密结合在一起予以提倡；至于举鼎、翘关、举石等健身活动，早已有几千年的历史。现代健美运动是从 20 世纪 30 年代由欧美传入我国逐渐发展起来的。

（三）健美运动的重要赛事概况

奥林匹亚先生(Mr. Olympia)健美大赛是世界上最著名的职业健美大赛，自 1965 年创建以来，已经成为全球最高水准的肌肉竞技赛事，吸引着来自世界各地的顶级健美运动员参加。此外还有环球国际超级联赛、DMS 冠军杯、黄金健美超级联赛等。

二、 学会健美运动

【视频讲解】

（一）颈部肌群的训练方法

1. 站姿颈屈伸(图 8.4.1)

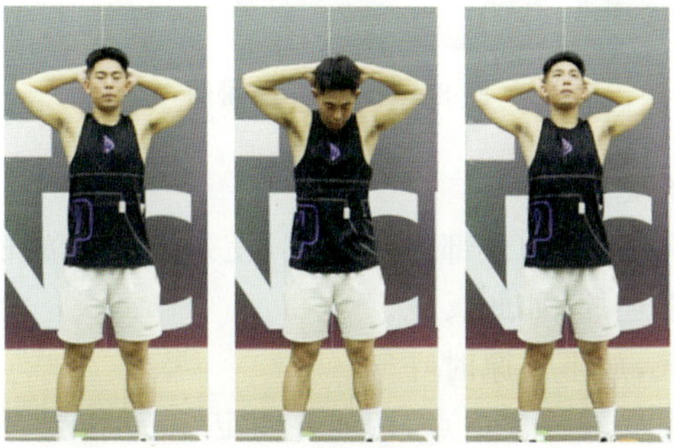

图 8.4.1　站姿颈屈伸

主要作用：发展颈部斜方肌和胸锁乳突肌等肌群。

动作要领：两脚自然开立，双手在脑后，手指交叉托住头部，头稍向后仰。双手先用力将头向前下屈，在施以压力的情况下，抬头还原。若锻炼颈前肌群，则双手交叉，双手手掌按在前额，双手和头颈用力方向与上述动作相反。

呼吸方法：下压时呼气，抬头时吸气。

注意事项：身体姿势要固定，动作要平稳。

2. 侧向颈屈伸(图 8.4.2)

图 8.4.2　侧向颈屈伸

主要作用：发展胸锁乳突肌及颈侧肌群。

动作要领：两脚自然开立，先以左手（或右手）托住头部左侧（或右侧），头向右侧（或左侧）倾斜；然后，用左侧颈部的肌肉力量把右倒（或左倒）的头部还原。左侧（或右侧）练完后练右侧（或左侧），动作要领相同。

呼吸方法：用力时吸气，还原时呼气。

注意事项：身体姿势要相对固定，双手用力不要过猛，逐渐增加作用力。

3. 仰卧颈屈仰（图 8.4.3）

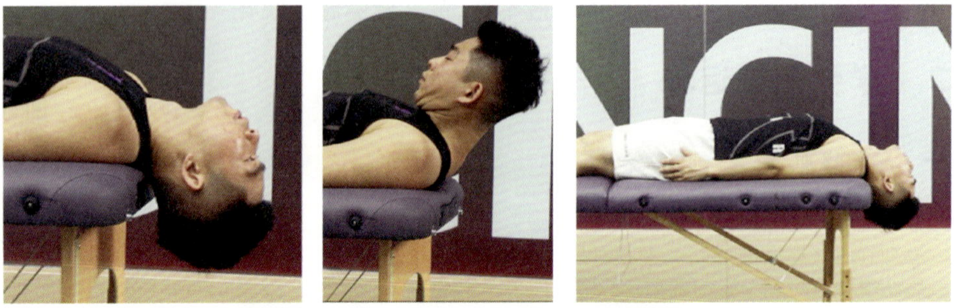

图 8.4.3　仰卧颈屈仰

主要作用：发展胸锁乳突肌。

动作要领：仰卧在长凳上，后脑颈部露出凳端，使颈部肌肉放松后仰下垂，然后抬头，至下颌紧贴前胸，稍停后放下还原，如此反复。

呼吸方法：抬头时吸气，放下还原时呼气。

注意事项：头颈部伸出凳端稍多一点，两腿要固定好，动作要缓慢，练习过程中背部紧贴凳面。

4. 俯卧颈屈伸（图 8.4.4）

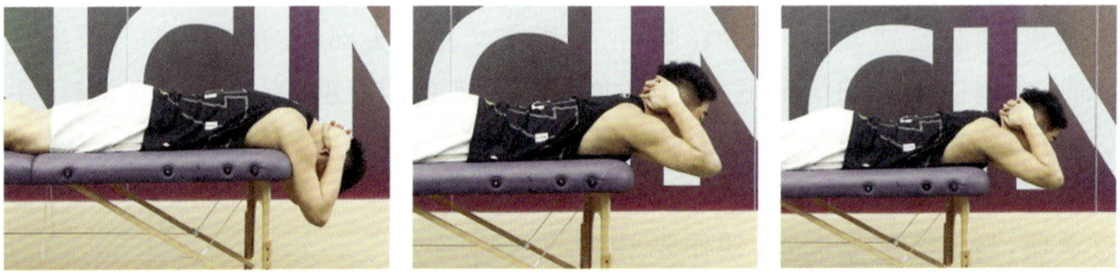

图 8.4.4　俯卧颈屈伸

主要作用：发展颈部后群肌。

动作要领：俯卧在长凳上，使头部露出凳端，以双手托住后脑（或者两手托住重物）。先使颈部放松下垂，再将头部抬起，稍停后，头还原。

呼吸方法：抬头时吸气，还原时呼气。

注意事项：头在用力抬起或放松下垂时，动作起伏要平稳、稍慢，用力均匀。

（二）肩部肌群的训练方法

1. 站姿提肘上拉（图 8.4.5）

主要作用：发展三角肌前束和斜方肌。

图 8.4.5　站姿提肘上拉

动作要领：两脚自然开立，双手正提杠铃，两手间距约与肩间宽，持铃下垂于腿前。先慢慢贴身上提杠铃至最高点，稍停后，慢慢贴身还原，如此重复。

呼吸方法：提杠铃时用力吸气，放下时呼气。

注意事项：提杠铃时沿胸腹走，不得有前抛振摆动作；杠铃杆抬至与锁骨平行时，肘关节应高于肩关节和腕关节。

2. 站姿侧平举（图 8.4.6）

图 8.4.6　站姿侧平举

主要作用：发展三角肌中束和冈上肌。

动作要领：两脚自然开立，两手拳眼向前，持哑铃下垂于体侧。先用力向两侧平举，稍停后，慢慢放下还原体侧，如此重复。

呼吸方法：侧平举时吸气，放下时呼气。

注意事项：挺胸收腹，上体不得摆动，两臂放下时应缓慢。

3. 站姿前平举（图 8.4.7）

图 8.4.7　站姿前平举

主要作用：发展三角肌前束。

动作要领：两脚自然开立，双手正握杠铃下垂于体前，双手握距与肩同宽，先直臂持杠铃经体前举起与肩同高，稍停后，直臂慢慢放下还原，如此重复。

呼吸方法：前平举时吸气，放下还原时呼气。

注意事项：举杠铃时，肘关节不能弯曲，上体不准前后摆动和耸肩借力。

4. 弓身侧平举（图 8.4.8）

主要作用：发展三角肌后束和上背部大圆肌、小圆肌、肩胛下肌和冈下肌等肌群。

图 8.4.8　弓身侧平举

动作要领：两脚开立，稍宽于肩，俯身向前屈体至上体与地面平行，背部保持平直，头部稍抬起，两腿自然伸直，双手持哑铃下垂于体前，先用力向两侧举起至最高点，稍停后，慢慢放下还原，如此重复。

呼吸方法：举哑铃时吸气，放下还原时呼气。

注意事项：持哑铃举起时两臂不能弯曲，练习中上体不能上下摆动。

（三）胸部肌群的训练方法

1. 仰卧推举（图 8.4.9）

图 8.4.9　仰卧推举

主要作用：发展胸大肌、肱三头肌、三角肌。

动作要领：仰卧在长凳上，背部到臀部呈“桥形”，即腰背用力收紧，挺胸收腹，腰部离开凳面，只以上背肩部和臀部接触凳面。双手持杠铃，两臂伸直，接着慢慢屈臂向下，将杠铃放到胸部第三肋骨处，然后发力向上推举，两臂伸直至原来姿势，如此重复。

呼吸方法：放下杠铃时慢慢用口呼气，但不要呼尽，用鼻尽量吸气时，用力向上推。

注意事项：推起杠铃时，胸大肌保持收紧，并意念胸大肌发力，做到挺胸沉肩。

2. 斜卧推举(图 8.4.10)

图 8.4.10　斜卧推举

主要作用:发展胸大肌外侧、上部和上胸连接三角肌前束等肌群及肱三头肌。

动作要领:仰(斜)卧在长凳上,头背臀部平贴在凳面上,背部到臀部成“桥形”,两脚平踏在地面上,双手持杠铃,两臂伸直,双手将杠铃放下至胸上部锁骨下沿处,稍停后,垂直向上推起至两臂伸直,如此重复。

呼吸方法:放下杠铃时呼气,杠铃碰到胸部后吸气,用力上举时憋气,以扩大胸腔。

注意事项:放下杠铃要慢,吸气要充分,使胸腔尽量扩大,臀部不能离开凳面。

3. 仰卧飞鸟(图 8.4.11)

图 8.4.11　仰卧飞鸟

主要作用:发展胸部,打“大”胸腔。

动作要领:仰卧在长凳上,双手持哑铃,先向胸前举起至两臂伸直,手心相对,然后两臂分别向两侧慢慢分开,下垂(肘关节稍微弯曲)到最低点,稍停后,由下向上还原到两臂举直,如此重复。

注意事项:两臂向身体两侧放落时稍慢,还原往上时稍快,到直臂时,双手之间稍微分开。

4. 俯卧撑(图 8.4.12)

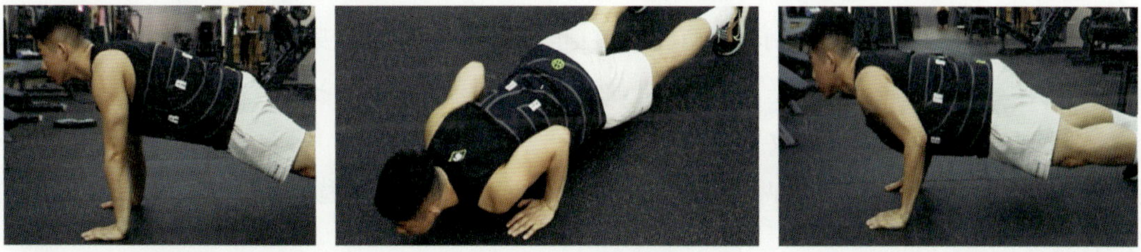

图 8.4.12　俯卧撑

主要作用：发展胸大肌、肱三头肌和三角肌群。

动作要领：双手徒手撑地，可采用较窄或较宽的支撑。手指向前，身体俯卧，腰挺直，头保持正直，双手相距与肩同宽，或宽于肩；从直臂开始，屈肘向下，背部要低于肘关节，然后撑起来还原，如此重复。

呼吸方法：屈臂向下时，用口呼气，伸臂时用鼻吸气。

注意事项：在动作过程中，始终保持抬头、挺胸、直腰。

（四）腹部肌群的训练方法

1. 仰卧起坐（图 8.4.13）

主要作用：发展腹直肌上腹部肌群。

图 8.4.13　仰卧起坐

动作要领：仰卧在地板、垫子或平凳上，两腿并拢伸直，用腹直肌收缩的力量，使上体向前坐起，尽力将头接近膝部，接着上体后仰还原成预备姿势，如此重复。

呼吸方法：向上坐起时吸气，向下仰卧时呼气。

注意事项：坐起时可快些，上体保持挺胸收腹，仰卧时稍慢，两腿保持伸直；仰卧直腿坐起时，膝腿不要抬离地面，意念要集中在上腹部肌群发力。

2. 仰卧举腿（图 8.4.14）

图 8.4.14　仰卧举腿

主要作用：发展腹直肌下部、髂腰肌及腿部肌群，减少腹部多余脂肪。

动作要领：身体平卧在垫子上，两腿伸直（也可屈），双手按在身体两侧的垫子上，上体不动，收腹举腿至垂直部位，稍停，收紧腹肌，然后慢慢回落，重复练习。

呼吸方法：上举时吸气，放下还原时呼气。

注意事项：上举和还原时两腿必须伸直，动作速度要缓慢平稳，意念集中在下腹部肌群发力。

3. 仰卧两头起（图 8.4.15）

图 8.4.15　仰卧两头起

主要作用：发展腹直肌、髂腰肌，减少腹部多余脂肪。

动作要领：仰卧在垫子上，两腿并拢伸直，两臂向上伸直于头上两侧，手心向上，上体和两腿同时向上举起，双手拍脚背，也可双手在两膝后击掌；两腿尽量向胸部靠拢，然后上体和腿回落，待快要触及垫子时即快速上举，如此重复。

呼吸方法：用力时（也可用力前）吸气，还原时呼气。

注意事项：动作过程应尽量慢些，还原过程要用力控制。

4. 悬垂收腹举腿（图 8.4.16）

图 8.4.16　悬垂收腹举腿

主要作用：发展腹直肌、髂腰肌等肌群。

动作要领：双手正握单杠，略比肩宽，两臂伸直，身体悬垂，两腿并拢伸直，腹肌收缩，两腿保持伸直向上举起，稍停后，两腿慢慢下放还原，如此重复。

呼吸方法：用力收腹前吸气，还原时呼气。

注意事项：两臂不得弯曲，举腿时不得先做预摆；上举速度稍快，放下时缓慢。腿尽量触胸。

（五）背部肌群的训练方法

1. 坐姿重锤颈后下拉（图 8.4.17）

图 8.4.17　坐姿重锤颈后下拉

主要作用：发展背阔肌，对三角肌后束、肱二头肌、肱肌也有锻炼作用。

动作要领：坐在综合训练器高滑轮背阔肌训练器下面的凳子上，用压腿架压住大腿，以便固定身体的位置而不致升高。两臂伸直，双手抓住背阔肌训练器的横拉杆的两端，手心向前，使背阔肌充分伸展开。背部肌肉收缩，边屈肘边下拉，直至横拉杆触及肩部为止，稍停后还原，如此重复。

呼吸方法：用力前先吸气，还原放松时呼气。

注意事项：主要是靠背阔肌收缩的力量和手臂的力量将横拉杆拉至触及肩部，不得借用收腹力量、上体前倾下坠的力量。

2. 单杠引体向上至颈后(图 8.4.18)

图 8.4.18　单杠引体向上至颈后

主要作用:发展背阔肌冈下肌、大圆肌、肱二头肌等。

动作要领:双手握住单杠,握距稍比肩宽,采用正握。先用两臂和背部肌肉的力量向上引拉,使肩部尽量能触及单杠,然后慢慢落至两臂伸直,成垂直的悬吊姿势,如此重复。

呼吸方法:上拉时吸气,下落时呼气。

注意事项:屈臂上拉时,不得摆振借力。

3. 俯立划船(图 8.4.19)

图 8.4.19　俯立划船

主要作用:发展背阔肌,对斜方肌、三角肌后束也有锻炼作用。

动作要领:挺胸,脊椎保持自然生理弯曲,放下的时候肘部伸直,背部肌肉收缩把杠铃杆拉到下腹部或肚脐的位置,然后还原,如此重复。

呼吸方法:上拉时吸气,放下还原时呼气。

注意事项:做动作时两腿站稳,上体与腿部的角度不要小于 90°。不得拱背弯腰,不得摆体借力。

4. 卧提拉(图 8.4.20)

图 8.4.20　卧提拉

主要作用:发展背阔肌三角肌后束、斜方肌、肱二头肌等肌群。

动作要领:俯卧在稍高的长凳上,双手握住凳下杠铃的横杠,握距与肩同宽,先两臂用力尽量把杠铃拉至板凳后,慢慢放下,如此重复。

呼吸方法：上拉杠铃时用鼻吸气，放下时用口呼气。

注意事项：两脚可放在凳上或踏在地板上，主要靠上背部力量拉杠铃；上拉杠铃时，肘关节尽量向上提。

（六）臀部肌群的训练方法

1. 俯卧后举腿（图 8.4.21）

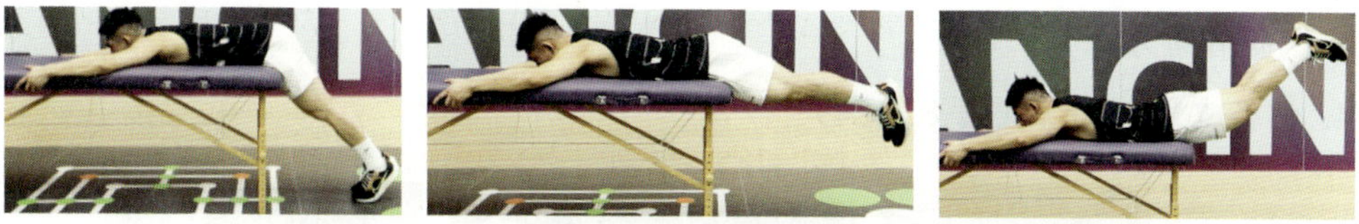

图 8.4.21　俯卧后举腿

主要作用：发展臀大肌及背肌和股后肌群。

动作要领：上体俯卧在长凳上，两腿并拢伸直，自然下垂；背肌、臀大肌用力收缩，两腿膝关节保持伸直，向后上方举起，至大腿与俯卧物水平面的夹角为 30°左右为止；稍停后，接着两腿慢慢下落还原，如此重复。

呼吸方法：腿后上摆时吸气，还原时呼气。

注意事项：两腿伸直绷紧，尽全力收缩后上举，下落时缓慢还原。

2. 俯卧交替后举腿（图 8.4.22）

图 8.4.22　俯卧交替后举腿

主要作用：发展臀部肌肉及力量。

动作要领：俯卧在垫子或长凳上，双手抱握器械两侧或置于垫面，然后伸直两腿交替用力向后上方摆起，直至最高位，还原后再反复练习。

呼吸方法：自然呼吸。

注意事项：下腹紧贴长凳或垫子，上摆时尽力向上举腿至极点，然后慢慢放下，通过退让性动作来发展臀部肌肉。

3. 站姿直腿前举、后举、外侧举、内侧举（图 8.4.23）

图 8.4.23　站姿直腿前举、后举、外侧举、内侧举

主要作用：这 4 个动作主要是锻炼臀部和大腿部肌肉群，着重减少多余的脂肪层，既是锻炼臀部曲线美的系列动作，也可改善排泄系统功能。为了提高训练效果，可在脚踝上扎上重物（0.5～2 千克）。

动作要领：这 4 个动作简单易学，此略。

呼吸方法：一般举腿用力时吸气，放下还原时呼气。

注意事项：在直腿举起时，无论向哪个方向，上体始终保持挺胸、收腹、紧腰姿势，不准前后左右摆动借助力。

4. 站姿支撑后摆腿（图 8.4.24）

图 8.4.24　站姿支撑后摆腿

主要作用：发展臀部、腰背部肌群，减少臀部多余脂肪，防止臀部下垂，美化臀部曲线。

动作要领：双足负重，双手扶墙，然后向后摆腿至最高处，还原后再反复练习。

注意事项：向后上方摆大腿时，一定要摆向正后上方，这样臀大肌用力集中，锻炼效果才好。

（七）腿部肌群的训练方法

1. 下蹲起（图 8.4.25）

(a)　(b)　(c)

图 8.4.25　下蹲起

主要作用：发展股四头肌、小腿三头肌和臀大肌等肌群，减少多余脂肪，美化臀腿曲线。

动作要领：将杠铃举至胸前做下蹲起立的动作叫前蹲，其要领是双手握住放在深蹲架上的杠铃。屈肘将杠铃举至锁骨处，然后负杠铃向前走两步，离开深蹲架后保持挺胸直腰姿势慢慢下蹲（两腿可分开或并拢），至大小腿夹角小于 90°后再起立[图 8.4.25(a)]。在颈后慢慢下蹲而后起立的动作叫后蹲，其要领是两腿左右开立与肩同宽。将杠铃举至颈后肩上，双手屈臂在肩外侧抓握杠铃杆，手心向前，抬头、挺胸、收腹、紧腰，平稳屈膝下蹲；当蹲至大小腿折叠时，稍停后，上体保持正直，挺胸塌腰，两脚用力蹬地，伸腿起立还原成预备姿势，如此重复[图 8.4.25(b)]。

将杠铃举至颈后，下蹲至大小腿夹角为 100°左右(或 90°以上)的动作叫半蹲，它能承受更大的重量，故对大腿股四头肌的刺激作用也更大，同时，对锻炼小腿三头肌和躯干的支撑力也有一定的作用[图 8.4.25(c)]。

呼吸方法：重量较轻时，用力时吸气，放松时呼气；重量较重时，预备姿势时先换气，再吸气，同时憋气(不吸满)做屈膝下蹲动作；至完全下蹲稍停时，做短促呼气和吸气，同时伸腿起立，至还原直立时换气。

注意事项：加强保护，防止伤害事故发生，尤其大重量训练时，至少应有两人分别站在杠端保护。另在腰间系一条宽腰带，可起到保护和加固腰部的作用。

2. 坐姿腿屈伸(图 8.4.26)

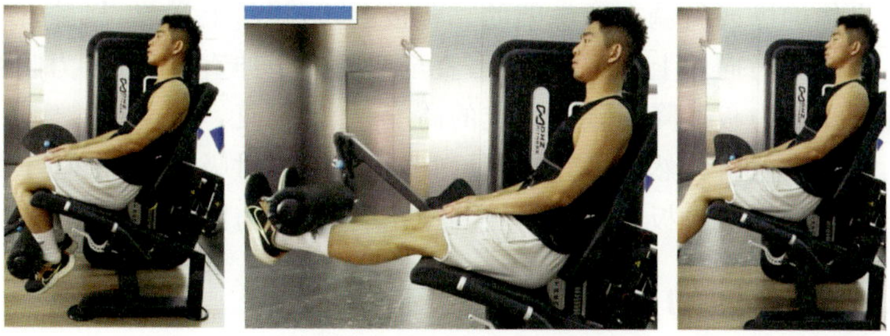

图 8.4.26　坐姿腿屈伸

主要作用：发展股四头肌等肌群。

动作要领：双手在体侧后方抓住凳边，上体稍后仰，两大腿固定，两小腿放松悬垂，脚背及踝关节钩住腿部屈伸架的下轱辘；股四头肌用力收缩，两小腿向前上方举起至两膝关节充分伸直为止，稍停后，仍用股四头肌力量控制使小腿慢慢下放还原，如此重复。

呼吸方法：用力时吸气，放松时呼气。

注意事项：负荷要适当，以免引起损伤，伸膝要缓慢而充分。

3. 跨举(图 8.4.27)

图 8.4.27　跨举

主要作用：发展股四头肌等肌群。

动作要领：两脚骑跨杠铃，左右脚间距，与肩同宽或比肩稍宽，屈膝下蹲，上体正直，抬头、挺胸、紧腰，两臂伸直于身体前后，双手正反握杠，双手提起杠铃，至两膝充分伸直为止，稍停后，再屈膝下蹲还原。

呼吸方法：用力时吸气，放松时呼气。

注意事项：双手只起握抓杠铃作用，不得用力硬拉，整个动作不得拱背弯腰。

4. 仰卧腿举(图 8.4.28)

图 8.4.28　仰卧腿举

主要作用:发展股四头肌等肌群。

动作要领:身体仰卧或斜躺在腿举架的靠背板上,两腿斜上举起,屈膝,两脚掌朝斜上方蹬在阻力板上,两腿用力向斜上方蹬阻力板,直至两腿完全伸直;同时尽力收缩股四头肌群,稍停后,慢慢屈膝让阻力板下降到预先卡定的高度,如此重复。

呼吸方法:较轻重量时自然呼吸,大重量则要注意用力时吸气,放松时呼气。

注意事项:腿举架上阻力板的下降高度要预先卡定,并与卧腿举身体合适。

三、 练会健美运动

(一) 健美运动教学的任务、特点和内容

1. 健美运动教学的任务

(1) 培养学生具有优良的思想作风和道德品质,勇敢顽强刻苦的精神,热爱和从事体育事业的决心。

(2) 使学生掌握健美运动的技术、技能、基本理论知识,以及锻炼肌肉、改善体形体态的方法。

(3) 使学生初步具有健美运动的教学、训练、竞赛组织、裁判和科研等工作能力。

(4) 改善学生的身体机能,增进健康、增强体质,为进一步提高运动技术水平和更好地从事学习、劳动、工作打下良好的身体基础。

2. 健美运动教学的特点

(1) 健美运动的教学应与人体运动器官有关知识的传授紧密结合起来。

(2) 健美运动教学过程中,教师应将锻炼肌肉的各种练习动作的教学与音乐、舞蹈、造型等各种美育,以及健康情操的培养结合起来。

(3) 合理安排练习动作和比赛动作的教学。

(4) 健美运动教学训练性比较强,要看到明显的教学效果,必须经过一定时间的重复练习,才能使肌肉有所增长。

3. 健美运动教学的内容

健美运动教学的内容包括健美运动的基本理论知识、基本技术和基本技能三个方面。

(1) 基本理论知识:这部分主要包括健美运动概述、健美运动教学法、健美运动训练法、减肥训练法、健美运动锻炼卫生保健和健美运动竞赛的组织、通则、裁判方法等内容。必要时可增加人体运动器官的解剖知识。

(2) 基本技术:这部分主要包括健美运动比赛的规定动作和自选动作。男子单人规定动作,女子单人规定动作,男女混合双人规定动作,男女混合双人自选动作。

(3) 基本技能:保护与帮助能力;教学与训练工作能力;组织竞赛和裁判工作能力。

(二) 健美运动的教学方法

1. 技术动作的教法

教师通过完整动作的示范、讲解、练习来完成该动作的教学。在动作的安排上,一次课中一般包括锻炼全身较多部位的几个练习动作,不应过分集中于某一个部位。

2. 示范、讲解、口令、音乐的运用

在技术动作的教学中,教师正确而恰当地运用示范、讲解、口令和音乐,对学生掌握动作起到重要的作用。

3. 学生练习方法

动力训练法:这种方法是肌肉在收缩时,长度在缩短,肌肉的起止点向中心靠拢,又叫"向心练习法"。

退让训练法:这种方法又叫"反向练习法"。它正好和动力练习相反,是让已收缩的肌肉被动拉长做相反的工作。这种退让工作,对肌肉刺激深,更有利于发达肌肉、增加力量。

静力训练法:这种方法又叫"等长练习法"。它是让肌肉维持在一定姿势上静止用力,肌肉长度不变但张力发生变化。

四、 健美运动竞赛规则

【竞赛规则】

教学相长

一、 课程思政元素

(1) 健美运动的项目特色是追求健、力、美,即健康、力量、美丽。给学生树立正确的审美观,追求健康的"美",让学生从偏激的、骨感的、亚健康的、病态的"美",转变去追寻自信、健康、力量的美。同时,每个人身体都存在差异性,让学生去接受、欣赏、包容多元的美。

(2) 在健美运动教学过程中需要相互保护和帮助的团队练习方法,调动学生的创造性和团队协作能力,开启快乐学习、练习、思考、实践的教学模式,激发学生的主动性和成就感,从而达到"乐学、好学、善学"的教学目标。

(3) 健美运动的项目在短时间内难以见到效果,需要日复一日,持续坚持才能收获成功。通过赛事赏析、实操实练、同场竞技、名人事迹可让学生了解学习和掌握一门运动技能,培养终身锻炼习惯,培养健康、科学的生活方式的重要性。把"为党育人、为国育才"的使命和爱国主义精神无形融入进去,达到"润物细无声"的效果。

二、 健美运动教学大纲

【教学大纲】

教学思考

(1) 举例说明胸部、背部肌群的三种训练技术动作及其要领。
(2) 制订一份腿部训练的周计划。
(3) 你如何理解健美运动员的美?

第五节 芭蕾形体

教学目标

（1）价值塑造：芭蕾以优雅的姿态、流畅的动作和精细的技术闻名，通过优美表演，传达出对美的追求和对艺术的赞美。学生在芭蕾形体的持续练习中，不仅在肢体语言上得到锻炼，且学会如何自信地表达自己，这种自信和表现力是个人职业发展的重要组成部分，对培养学生的性格、认知、对美的欣赏能力和文化素养有着积极的影响。

（2）能力培养：通过地面及扶把训练，伸展全身肌肉群、解放身体，塑造身形与挺拔的身姿，同时在芭蕾开、绷、直、立要求的基础上，解决身体基本直立感与双脚的重心稳定性，掌握舞蹈的基本技术。芭蕾通过舞蹈动作和音乐来传达他们的情感和内心世界，这不仅让观众感受到情感的共鸣，也能增强学生对情感表达的理解和沟通能力。

（3）知识传授：了解芭蕾舞的发展历史、不同风格和流派的起源和特点。学习对舞蹈作品进行审美体验、审美判断和审美评价。通过学习剧目，提高学生形体美的同时培养其对芭蕾艺术的基本审美及认知，使其对芭蕾艺术有初步的了解。

教学内容

【在线习题】

一、认识芭蕾形体

（一）芭蕾的起源与发展

芭蕾起源于意大利，可以追溯到15世纪末期的文艺复兴时期。当时，欧洲的贵族和皇室成员热衷于举行盛大的娱乐活动，其中包括舞蹈表演。而这些表演通常以宫廷舞蹈为基础，注重舞蹈的优雅和精致。16世纪末期，法国的路易十四成为芭蕾的重要推动者。他本人是一位热衷于舞蹈的舞者，在位期间开设了皇家舞蹈学院；同时，他亲自参与了芭蕾的编排和演出，将芭蕾从简单的舞蹈表演转变为一门复杂和精细的艺术形式。随着时间的推移，芭蕾逐渐发展成为技术和表现力的舞蹈形式。

现代芭蕾的发展主要集中在20世纪，剧组和舞者探索了更加自由和个性化的舞蹈风格，并注重技术的完善和舞者的表演能力。

（二）我国芭蕾的发展

我国的芭蕾形体训练在借鉴西方芭蕾的基础上持续创新和发展。它积极融合了民族舞蹈元素，将我国传统文化融入芭蕾教学，形成了独具我国特色的训练体系。

随着我国经济的发展和人民生活水平的提高，人们对文化艺术的需求也越来越高。作为一种高雅的艺术形式，芭蕾形体训练在我国得到了广泛的普及和发展。目前，我国的芭蕾形体训练已经覆盖了各个教育阶段，许多学校将其作为体育课程的一部分。

二、学习芭蕾形体

【视频讲解】

（一）芭蕾形体训练的音乐欣赏与选择

1. 音乐的欣赏

音乐欣赏的方式多种多样，从艺术审美的角度来说，有纯音乐式、综合体验式、作品式、表演式等，它们各有所长、互相补充，会给人带来愉悦的心情。提高音乐欣赏的能力，关键在于多听多样的音乐，理解音乐的特点，才能扩大欣赏面，提高审美能力。

2. 音乐的选择

（1）编排动作前选择音乐：在编排动作之前挑选音乐，根据音乐的风格、特点、节奏来设计动作，使音乐与动作融为一体。

（2）编排动作后选择音乐：根据所编的舞蹈动作，挑选合适的乐曲，可剪辑加工或进行专门的作曲，使音乐的旋律与舞蹈动作充分融合。

（二）芭蕾基本姿势

1. 基本站姿

基本站姿如图 8.5.1 所示，双脚朝外，脚后跟并拢成一字形，双臂在身体两旁自然下垂。身体的重心平均放在脚的五个脚趾、脚掌和脚后跟上，双腿膝盖有力地伸直、夹紧，肌肉向外转开、收紧并向上拉长。臀部、腹部、腰部肌肉向内收紧、向上提起，双侧肋骨向内收拢、夹紧。双肩自然打开下压，肩胛骨向下收紧，脊椎向上尽力拉直、拉长。颈椎拉直、拉长，头部保持正直，下颌微收，眼睛平视前方。

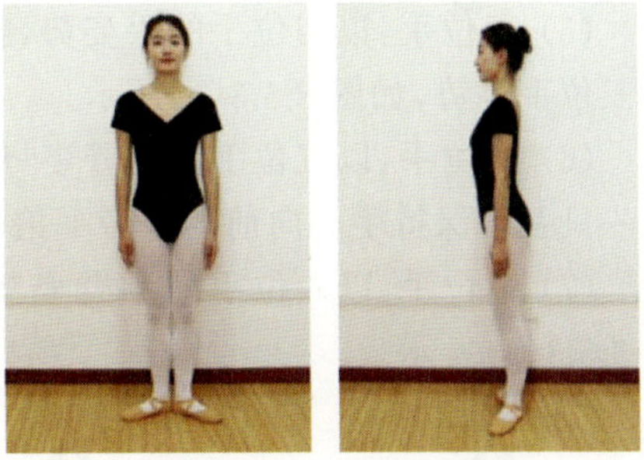

(a)　(b)

图 8.5.1　基本站姿

(a)正面站姿；(b)侧面站姿

2. 基本脚位

芭蕾中有 5 种基本脚位（图 8.5.2），芭蕾形体课堂上大部分动作是以这 5 种脚位作为开始和结束的姿态。

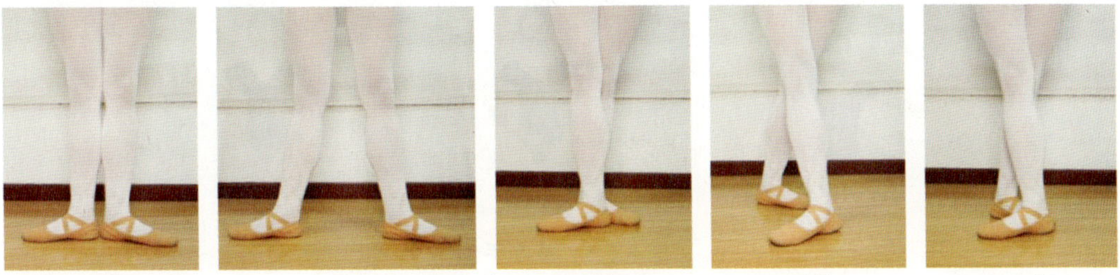

(a)　(b)　(c)　(d)　(e)

图 8.5.2　基本脚位

(a)一位脚；(b)二位脚；(c)三位脚；(d)四位脚；(e)五位脚

（1）一位脚：双脚外开，脚后跟靠拢，脚尖向旁形成一条平行线，如图 8.5.2(a)所示。

（2）二位脚：双脚外开，双脚之间相距一脚或一脚半的距离，脚尖向旁打开形成一条平行线，如图 8.5.2(b)所示。

（3）三位脚：双脚外开，一脚的脚后跟贴在另一脚的脚心前面，如图 8.5.2(c)所示。

（4）四位脚：双脚保持外开的状态并交叉，一脚放在另一只脚的前面，两脚之间有一脚的距离，一脚的脚尖对准另一只脚的脚后跟，如图 8.5.2(d)所示。

（5）五位脚：双脚保持外开的状态并交叉，一脚紧贴在另一脚前面，脚尖和脚后跟对齐，如图 8.5.2(e)所示。

3. 基本手位

（1）一位手：双手手臂下垂，肘微曲，大臂不要贴身，微微向前，呈圆形。手指收拢，大拇指与中指微向内捏，其他手指微屈，五指互不接触。两手中指相对，相距一拳头，掌心向上，如图 8.5.3(a)所示。

（2）二位手：以一位手的手臂姿势，抬至胸前与横膜同高，手心向里，手背向外，如图 8.5.3(b)所示。

（3）三位手：以二位手的手臂姿势，继续上抬至头前上方，两眼平视的余光可看到两手手心，如图 8.5.3(c)所示。

（4）四位手：以三位手的手臂姿势，右手臂下降至胸前与横膜的二手位上，左手臂保持三位手姿势，如图 8.5.3(d)所示。

（5）五位手：以四位手的手姿势，胸前二位手的手臂拉至身旁平抬，手心向前，左手臂保持三位手姿势，如图 8.5.3(e)所示。

（6）六位手：以五位手的手臂姿势，头前上方的左手手臂下降至胸前二位手，手心朝内，另一只手臂保持手心向前的身旁平抬位，如图 8.5.3(f)所示。

（7）七位手：以六位手的手臂姿势，胸前的二位手的手臂拉至身旁平抬，手心向前，如图 8.5.3(g)所示。

图 8.5.3　基本手位

(a)一位手；(b)二位手；(c)三位手；(d)四位手；(e)五位手；(f)六位手；(g)七位手

（三）把杆练习

1. 扶把站立姿态

在扶把上进行动作的学习和练习，可以更好地帮助学生控制整个躯干、掌握身体重心和完成技术动作。

(1) 双手扶把站立姿态：在正确的芭蕾身体基本站立姿态的基础上，双脚站成一位，双手五指自然并拢松弛地放在把杆上，手腕下垂，胳膊肘放松下垂，大臂松弛，后背挺直，肩胛骨夹紧，肩部下压，颈部伸直拉长，头部摆正(图 8.5.4)。身体与把杆的距离：胳膊在身体前面，保持约 10 厘米距离；双手之间的距离同两肩的宽度或略宽于两肩。在学会一位手位置后，准备时，双脚站一位，双手放在一位手位置上。扶把前，手臂从一位抬起快到把杆时，转成手心向下，扶到把杆上。头在手动的同时看手，手放好在把杆上后，头抬起摆正。

(2) 单手扶把站立姿态：身体侧对把杆，站好正确的芭蕾身体基本站立姿态的基础上，两脚站成一位，双手放在一位手上(图 8.5.5)。扶把前，靠近把杆的手臂从一位抬起，头看着手，快到把杆时转成手心向下，扶到把杆上，头转向另一侧。扶把的手，五指自然并拢轻轻扶在把杆上，手腕下垂，胳膊肘放松下垂，大臂松弛，后背挺直，肩胛骨夹紧，肩部下压，颈部伸直拉长，头在 45°方向，略微向后倾。身体与把杆的距离：胳膊肘在身体的斜前方，与身体保持约 10 厘米距离。

图 8.5.4　双手扶把站姿

图 8.5.5　单手扶把站姿

2. 半蹲

(1) 一位半蹲：双手轻扶把杆，全脚站一位，双腿内侧肌向外转开。在躯干保持垂直、腿部保持外开的基础上下蹲。下蹲时，胯部始终向上提，后背保持挺直，双腿始终保持外开，双膝向旁对准脚趾尖的方向，与脚尖保持在一条线上，身体重心均匀落在两只脚上，蹲到最大限度时，脚后跟不离地，要紧推地面，起立时，脚用力推地伸直，蹲的过程中，膝盖要始终对着脚尖，后背(脊椎)对着脚后跟。

(2)二位半蹲：双手轻扶把杆，全脚站二位，双腿内侧肌向外转开。膝盖主动弯曲。躯干保持垂直，腿部在外开的基础上往下蹲。下蹲时，胯部始终向上提着，后背保持挺直，双腿保持外开，膝盖向旁对准脚趾尖，与脚尖保持在一条线上。身体重心均匀落在两脚上，蹲到最低时，脚后跟不能离开地面。站起时，脚推地，膝盖伸直，始终保持身体的直立感。

(3)三位半蹲：双手轻扶把杆，全脚站三位，一脚脚跟紧贴另一脚脚心处，双腿内侧肌向外转开。保持身体直立的姿态，膝盖主动弯曲。下蹲时，躯干保持垂直，腿部在外开的基础上往下蹲，胯部始终向上提着，后背保持挺直。身体重心均匀落在两脚上，双腿保持外开，膝盖向旁对准脚趾尖，蹲到最大限度时，脚后跟不能离开地面。站起时，推地膝盖伸直。

(4) 四位半蹲：左手轻扶把杆，全脚站四位，右手放七位，一脚脚跟对准另一脚脚尖，双腿内侧肌尽量向外转开。身体保持直立姿态，膝盖向旁对准脚趾尖主动弯曲。下蹲时，躯干保持垂直，腿部在外开的基础上往下蹲，胯部始终向上提着，后背保持挺直，身体重心均匀落在两脚上，蹲到最低时，脚后跟不能离开地面。站起时，脚推地，膝盖伸直，双腿保持外开，蹲的过程中保持均匀的节奏。

(5) 五位半蹲:左手轻扶把杆,全脚站五位,右手放七位,双腿内侧肌向外转开。躯干保持直立姿态,膝盖向旁对准脚趾尖主动弯曲。腿部在外开的基础上往下蹲,躯干保持垂直,后背保持挺直,身体重量平均地放在两脚上,蹲到最低时,脚后跟不能离开地面。站起时,脚推地,膝盖伸直,双腿保持外开,蹲的过程中保持均匀的节奏。

3. 擦地

(1) 一位擦地(向旁):左手轻扶把杆,全脚站一位,右手放七位,大腿内侧肌向外转开。将重心移到主力腿上,保持腿的外开,动力腿向旁经过全脚逐渐往远擦出。经脚后跟离地,脚掌离地,最后绷紧,脚尖轻轻点地,脚尖向旁对准主力腿的脚后跟。收回时经过脚掌、脚后跟、全脚着地擦回,收回一位的位置时,身体重心同时落回两只脚上。

(2) 一位擦地(向前):左手轻扶把杆,全脚站一位,右手放七位,大腿内侧肌向外转开。将重心移到主力腿上,保持腿的外开。动力腿脚后跟主动带着经过全脚、半脚掌、脚尖逐渐向前往远擦地。绷紧脚尖轻轻点地,动力腿脚后跟对准主力腿的脚后跟,用脚尖带着经过脚掌、脚后跟、全脚着地擦回。收回一位的位置时,身体重心同时落回两只脚上。

(3) 一位擦地(向后):左手轻扶把杆,全脚站一位,右手放七位,大腿内侧肌向外转开。重心先移到主力腿上,保持两腿外开。动力腿脚尖主动带着经过全脚、半脚脚尖逐渐向后往远擦地,最后绷紧脚尖轻轻点地。动力腿脚后跟对准主力腿脚后跟,脚后跟带着经过脚掌、脚后跟、全脚着地擦回。收回一位的位置时,身体重心同时落回两只脚上。

4. 小弹腿

(1) 向旁:左手轻扶把杆,全脚站一位,右手放七位,动力腿擦地向旁,打开成点地位置。主力腿站直不动,动力腿膝盖不动。脚快速收回到主力腿脚腕处,包在脚腕处。脚背绷紧,快速向旁打开至25°,在空中停住。

(2) 向前:左手轻扶把杆,全脚站一位,右手放七位,动力腿擦地向旁,打开成点地位置。主力腿站直不动,动力腿膝盖不动。脚快速收回到主力腿脚腕处,包在脚腕处脚背绷紧,快速向前打开至25°,在空中停住。

(3) 向后:左手轻扶把杆,全脚站一位,手放七位,动力腿擦地向旁,打开成点地位置。主力腿站直不动,动力腿膝盖不动。脚快速收回到主力腿脚踝后侧,紧贴在上。脚背绷紧,快速向后打开至25°,在空中停住。

5. 慢抬腿

(1) 向旁:左手轻扶把杆,全脚站一位,右手放七位,双腿内侧肌向外转开。将重心移到主力腿上,动力腿经过全脚往远擦出成旁点地位置,保持腿的外开,动力腿脚尖向旁对准主力腿脚后跟。用脚尖带动慢慢地向上抬起至45°或90°并在空中停住,慢慢地放下成点地位置,收回时经过点地位置擦地收回一位。收回一位的位置时,身体重心同时落回两只脚上。

(2) 向前:左手轻扶把杆,全脚站一位,右手放七位,双腿内侧肌向外转开。将重心移到主力腿上,动力腿经过全脚往远擦出成前点地位置,保持腿的外开,动力腿脚尖向前对准主力腿脚后跟。用脚尖带动慢慢地向上抬起至45°或90°并空中停住,慢慢地放下成点地位置,收回时经过点地位置擦地收回一位。收回一位的位置时,身体重心同时落回两只脚上。

(3) 向后:左手轻扶把杆,全脚站一位,右手放七位,双腿内侧肌向外转开。将重心移到主力腿上,动力腿经过全脚往远擦出成后点地位置,保持腿的外开,动力腿脚尖向后对准主力腿脚后跟。用脚尖带动慢慢地向上抬起至45°或90°并在空中停住,慢慢地放下成点地位置,收回时经过点地位置擦地收回一位。收回一位的位置时，身体重心同时落回两只脚上。

（四）行礼

“行礼”作为单独的动作放在课堂训练的最后，是一堂课的最后一个动作。开始时先单独学习，学会动作后就可以作为每堂课的结束动作或课前的行礼动作来做。学生通过行礼动作来表达对舞蹈教师和伴奏教师的谢意。在舞台上，我们也常常会看到演员们在一段舞蹈表演结束后，走到舞台前面向观众行礼，表示致谢。

1. 女子礼

脚站一位，双臂成小七位。右脚向旁做一次擦地，左腿屈膝蹲，右脚迈步向旁，重心柔和地移到右脚上，手在身体两侧保持七位手臂位置。左脚擦地收回，经一位姿势向后擦出，成后点地舞姿，膝盖弯曲，大腿与支撑腿大腿贴近，保持外开点地在身后。支撑腿蹲，屈膝行礼，同时上身微微前倾 45°，眼睛正视前方，头向下微低头。最后，站直的同时上身拉直，头抬起摆正，恢复到行礼前的姿态。

2. 男子礼

脚站自然一位，双臂自然下垂，放在身体两边。右脚向旁做一个擦地，迈步向旁，重心柔和地移到右脚上，左脚旁点地，同时右臂经一位、二位打开到七位手的位置，手心向上左脚经擦地收回一位，同时上身微微前倾 45°，眼睛正视前方，头向下微低头行礼，手臂放下或保持不动。最后，上身拉直，头抬起摆正，恢复到开始的准备姿态。

三、练会芭蕾形体

（一）课堂教学目标与要求

学习并掌握芭蕾舞的基本动作和组合，如脚位、臂位、跳跃、旋转和不同的舞蹈组合，以建立良好的芭蕾舞技术基础。提高学生的体力、柔韧性、平衡感和协调能力，使其能够准确、流畅地执行芭蕾舞中的各种复杂动作。培养学生的音乐性和舞蹈表现力，激发他们在舞蹈中展现情感和个性的能力和对舞蹈作品的理解能力。教育学生如何正确热身和放松，以及如何避免舞蹈过程中受伤，倡导健康的身体和心理状况。提供关于芭蕾舞的历史、发展、流派，以及其他相关理论知识的教育，提高学生的文化素养和艺术鉴赏能力。

（二）课堂教学组织

（1）分解教学：将复杂的舞蹈动作分解成简单的动作进行教学，逐步组合，最终达到完整的动作要求。

（2）示范与跟随：教师通过示范来教授正确的姿势和动作，学生通过模仿来学习和理解。

（3）回馈讲评：教师通过及时的指正和建议，帮助学生纠正技术上的错误，提高舞蹈质量。

（4）组合排练：教师通过编排一系列的舞蹈组合，让学生实际应用所学的技能，增强记忆和综合能力。

（三）学生练习方法

（1）把杆练习：把杆能够为初学者提供额外的支撑，帮助练习者保持平衡和稳定性。

（2）中心练习：芭蕾舞的中心练习是在把杆练习之后进行，意在加强芭蕾舞者的核心力量、平衡和舞蹈技巧。进行中心练习时，舞者不再依靠芭蕾杆进行支撑，需要更大的力量和技术来保持姿势和进行动作。这些练习不仅能进一步加强舞蹈技术，也有助于提高舞者在舞台上的表现力和整体舞蹈质量。中心练习对于初学者来说必不可少。

(3) 组合练习:芭蕾舞组合练习是指用一连串经过编排的舞蹈步伐和动作,来训练舞者的舞蹈技巧、力量、音乐性和表演能力。

(4) 柔韧性练习:芭蕾舞柔韧性练习是为了提高练习者身体的柔软度和延展性。

(5) 力量练习:芭蕾舞除了需要良好的灵活性和技巧外,力量也是至关重要的。力量练习可以帮助芭蕾舞者提高舞蹈质量、减少受伤风险,以及增强舞蹈动作的控制能力。

(6) 心肺耐力练习:心肺耐力练习有助于提高心肺耐力,进而帮助舞者提高舞蹈的整体质量,减少疲劳,并防止其在舞蹈过程中受伤。

(7) 拉伸练习:拉伸练习对提高芭蕾舞者身体的柔韧性和预防运动伤害至关重要。

(8) 音乐性和节奏练习:练习按照音乐节拍和旋律舞动,深化音乐理解和舞蹈表现力。

(9) 表演和角色扮演:芭蕾舞表演中的角色扮演要求舞者不仅要有强大的舞蹈技术基础,还要有演技。成功的芭蕾舞表演能够触动人心,留给观众深刻的印象。通过模拟表演和角色扮演的方式,培养学生的艺术表现力和舞台表现能力。

(10) 视频回看与分析:芭蕾舞视频的回看与分析,可以帮助舞者从视觉角度认识和修正跳舞技巧。

四、芭蕾形体竞赛规则

【竞赛规则】

教学相长

一、课程思政元素

(1) 芭蕾是一种高雅的艺术表达形式,教师通过介绍芭蕾的历史和发展历程,展示艺术对人类文明的贡献,并培养学生欣赏艺术的审美情趣。

(2) 芭蕾形体课程可以帮助学生发展自我表达能力和自信心。通过舞蹈动作的练习和演绎,学生可以不断提升自己的表达能力,同时培养习舞者的自信心和自尊心。

(3) 芭蕾是需要团队合作和协调性的舞蹈形式。在课程中,可以设置合作练习和编舞活动,让学生与他人合作一起完成舞蹈动作,从而培养学生的团队意识和协调能力。

(4) 芭蕾需要长期的坚持和练习才能取得进步。芭蕾形体课程可以向学生传达坚持不懈的重要性,培养他们的毅力和耐力,使他们在面对挑战时不轻易放弃。

二、芭蕾形体教学大纲

【教学大纲】

教学思考

(1) 哪些因素会影响芭蕾者的体态和形体?如何通过专业的练习和技巧来改善和塑造身体形态?

(2) 芭蕾形体对预防和减少舞蹈相关伤害有何作用?如何通过正确的姿势和技巧来保护自己的身体?

(3) 芭蕾形体是如何与舞台表演和情感表达相互作用的?舞者如何通过身体语言和姿势来传达剧中角色的情感和故事情节?

第九章 ▸▸▸ 运动休闲项目

9

第一节 瑜伽

教学目标

(1) 价值塑造:把立德树人贯穿于各个教学环节。以瑜伽基础理论和技术为媒介,将思政目标和知识目标、能力目标细化渗透到教学全程,从政治思想、价值塑造、人格养成、能力培养和知识探究等维度上对学生进行培养。

(2) 能力培养:通过学习本课程,学生将正确掌握瑜伽的基础理论与技术;通过体位法训练、气息调控和心理调节等手段,改善体态,增强身体活力,增进健康,为终身体育打下良好基础。

(3) 知识传授:遵循"循序渐进、全面均衡、安全有效"的原则,在体式的编排上按难易程度排序,在体式的选择上选用坐姿、前屈、后展、侧弯、扭转、倒置、平衡等形态类别,兼顾习练安全与健身效果。了解健身瑜伽比赛规则,为开展校园瑜伽比赛奠定基础。

教学内容

【在线习题】

一、认识瑜伽

(一) 瑜伽的起源与发展

瑜伽是梵文 Yoga 的音译,其含义广泛,有"连接""合作""苦行""控制心意""分离"等意思，也有著作将其解释为“自我克服（自持、自制）”。瑜伽是一种以一定的心理实践为基础的生活哲学，其最高目标与境界是发展身心之间理想的平衡。

经过几千年的发展，瑜伽已分化成不同的流派。哈达瑜伽是流行最广的瑜伽体系，其主要的流派有：（传统）哈达瑜伽、艾扬格瑜伽、阿斯汤加瑜伽、阿奴萨拉瑜伽、流瑜伽、热瑜伽、力量瑜伽、阴瑜伽等。哈达瑜伽涵盖了身体练习、呼吸练习、冥想及放松法等，是一种有益于身体、心理的多维度练习方法。

（二）瑜伽在我国的发展

随着瑜伽在全球范围的发展，瑜伽在中国也得到了极大发展。国内有学者提出了“瑜伽中国化”和“瑜伽本土化”的理念，并有不少瑜伽人结合中国传统（如太极、《易经》及中医的精髓），发展出本土化的瑜伽（如太极瑜伽）。2016 年 1 月，国家体育总局社体中心在九华山召开首届全国健身瑜伽工作会议，成立全国健身瑜伽指导委员会，从国家层面规范健身瑜伽在中国的发展。

（三）瑜伽的运动价值

1. 瑜伽的生理功效

（1）伸展肌肉，使紧张的肌肉张力下降，肌肉恢复到最适宜的状态。

（2）放松中枢神经系统，不仅可以改善呼吸，而且可以稳定情绪。自发产生的有控制的腹式呼吸可以使增高的血压下降。

（3）增强心血管系统的功能，且有助于专注力的发展。

2. 瑜伽与压力管理

瑜伽对缓解焦虑和抑郁有积极的效果。练习瑜伽后，负性情绪改善效果显著，语言攻击性显著下降。练习瑜伽可改善睡眠的各项指标，而睡眠改善有助于减轻焦虑症和抑郁症的症状。许多研究指出，瑜伽调息法可用于消除创伤后遗症，尤其是胜利呼吸法和瑜伽冥想法可以明显减少创伤后出现的压力失调（PTSD）的症状，包括焦虑、失眠和狂怒。

（四）练习瑜伽的注意事项

（1）时间：一天中的任何时间均可练习瑜伽，要保证空腹，进食后至少 2 小时以后方可练习。

（2）服装：服装应宽松柔软，便于伸展身体。练习中不佩戴任何饰品。

（3）注意力：每一个体式都要配合呼吸缓慢完成，要将注意力集中在呼吸或所锻炼的部位。

（4）平衡：平衡是哈达瑜伽的一个很重要的原则。比方说，做了后弯动作，必须向前俯弯作为平衡。若右侧练习 3 次，则左侧也练习 3 次；做完肩倒立或犁式动作，紧跟着应练习鱼式动作。

（5）其他注意事项：瑜伽练习不可操之过急。练习者按照各自身体的限度练习，以免造成肌肉或骨骼受伤。

二、学会瑜伽

【视频讲解】

1. 预备体式

(1) 山式站姿(图 9.1.1)

动作描述:双脚并拢站立,膝关节朝前。微收下颌,目视前方。大脚趾相触,膝部绷直,收紧臀部和大腿,双肩向后下沉。重心均匀地分布在双脚上,脊柱向上伸展,腰背挺直。

呼吸:保持自然呼吸。

动作要点:脊柱保持正常生理曲度,骨盆中正,双膝不可过伸。

(2) 山式坐姿(图 9.1.2)

动作描述:坐立,两腿伸直,双脚并拢,勾脚尖,双手置于体侧,腰背伸直,目视正前方。

呼吸:保持自然呼吸。

动作要点:保持脊柱中立伸展,坐骨两侧均衡着地。

图 9.1.1 山式站姿

图 9.1.2 山式坐姿

(3) 仰卧式(图 9.1.3)

动作描述:仰卧,两脚分开,脚尖朝外,两臂微分,掌心向上,微闭双眼,全身放松。

呼吸:自然缓慢地呼吸。

动作要点:腰背尽量贴合地面,下颌微收。

(4) 婴儿式(图 9.1.4)

动作描述:金刚坐姿,髋屈曲,腹部贴于大腿,额头触地,双臂放松地置于腿旁。掌心向上,两眼微闭。

图 9.1.3 仰卧式

图 9.1.4 婴儿式

呼吸:保持自然呼吸。

动作要点:臀部落于脚跟,可作为后展体式的恢复放松姿势。

2. 坐姿类

(1) 简易坐(图 9.1.5)

动作描述:山式坐姿,两腿收回交叉,两脚分别置于大腿或膝下,双手结成智慧手印落于膝上,脊柱伸展,目视前方。

呼吸:保持自然呼吸。

动作要点:髋外展,脊柱中正,肩部后展下沉。头颈、躯干保持在一条直线上。

(2) 金刚坐(图 9.1.6)

动作描述:跪坐,两膝并拢,两脚大脚趾重叠或并拢,足跟分开,臀部坐在两足跟之间,腰背挺直,两肩自然下沉,双手置于大腿前侧。目视前方。

呼吸:保持自然呼吸。

动作要点:臀部坐在两足跟之间,腰背自然伸直。

图 9.1.5 简易坐

图 9.1.6 金刚坐

(3) 至善坐

动作描述:山式坐姿,屈左膝,足跟抵近会阴。屈右膝,右脚置于左小腿内侧之上。左脚置于右小腿之下,两脚跟上下重叠。双膝触地,脊柱向上伸展。放松双肩及手臂,双手结成智慧手印,双目微闭。

呼吸:保持自然呼吸。

动作要点:两脚跟上下重叠,双膝触地,腰背自然伸直。

3. 前屈类

(1) 单腿背部伸展式(图 9.1.7)

动作描述:山式坐姿,屈右膝,脚抵左大腿内侧,足跟抵近会阴。左足尖向上。骨盆中正。双手从两侧上举头顶,髋屈曲。腹、胸、额依次贴近左腿,手抓脚掌。

呼吸:吸气时伸展,呼气时躯干前屈下沉。

动作要点:骨盆中正,身体前倾时,左侧膝关节保持伸直,体会背部、腿后侧的伸展。

(2) 锁腿式(图 9.1.8)

动作描述:仰卧,屈右膝,双手十指相交于右小腿胫骨中部。双肘内收,右大腿紧贴腹部。双脚背绷直,头部、上背部抬起,鼻尖触膝。

呼吸:吸气时准备,呼气时抬头触膝。

动作要点:脚面绷直,伸直腿用力下沉贴地,屈膝腿紧贴腹部。

图 9.1.7　单腿背部伸展式

图 9.1.8　锁腿式

(3) 增延脊柱伸展式

动作描述：山式站姿，两臂从体侧上举，上臂靠近双耳，掌心向前，延伸脊柱，髋屈曲，双手抓住脚踝，保持躯干伸展，目视下方。

呼吸：吸气时延伸脊柱，呼气时身体前屈。

动作要点：腿后侧肌肉充分伸展，避免膝关节过伸，脊柱平直，头部不可过分后仰。

(4) 鸵鸟式

动作描述：山式站姿，双腿分开，与肩同宽，双臂从两侧上举过头，髋屈曲，两手背贴地放置于脚掌下方，伸直双腿，延展脊柱，胸贴向两腿前侧，头在两腿中间。

呼吸：吸气时延伸脊柱，呼气时躯干前屈。

动作要点：背部平展，下肢垂直地面，膝关节避免过伸，头部不可过度后仰。

(5) 直角式

动作描述：山式站姿，两手体前十指交握，上举过头，上臂贴耳侧，髋屈曲，躯干、手臂与地面平行，目视下方。

呼吸：吸气时伸展，呼气时前屈。

动作要点：手臂、背部与地面平行，保持脊柱伸展，两膝不可过伸。

4. 后展类

(1) 人面狮身式(图 9.1.9)

动作描述：俯卧，双手放在头部两侧，指尖与头顶在一直线上，肘内收，压实地面，头和胸腔抬起，上臂与地面垂直，目视前方。

呼吸：吸气时抬起上身，呼气时后展。

动作要点：肘关节成 90°，胸腔上提，充分打开，目视前方。

(2) 蛇伸展式

动作描述：俯卧，双手在后背十指交叉，掌跟相触，头和胸部抬离地面，收紧大腿内侧，脚背压实地面，目视前方。

呼吸：吸气时抬起头和胸部，呼气时回落。

动作要点：肚脐以下贴地，胸腔充分上提，背部后展，头不要过度后仰。

(3) 上犬式

动作描述：俯卧，双脚分开与髋同宽。屈双肘，双手指尖向前置于胸两侧。胸腔上提，伸直手臂。收紧双腿肌肉，膝盖与骨盆离开地面，脚背下压贴地，目视前上方。

呼吸：吸气时胸腔上提，伸展脊柱，呼气时后展。

动作要点：除双手、脚背以外，身体离开地面，胸腔上提充分后展，头部不宜过度后仰。

(4) 桥式(图 9.1.10)

动作描述：仰卧屈膝，双脚与髋同宽。足跟抵住臀部，双手尽量抓住脚踝。抬起臀部，上提胸腔，微收下颌。

呼吸：吸气时准备，呼气时抬起。

动作要点：双膝与髋同宽，膝盖、脚趾指向正前方，小腿垂直于地面，臀部收紧，下颌紧贴胸骨。

图 9.1.9 人面狮身式

图 9.1.10 桥式

(5) 云雀式

动作描述：金刚坐姿，身体前倾，双手置于肩下方。右膝弯曲向前移送，落于双臂之间，右膝指向正前方，右足跟抵近耻骨。左腿伸展压实地面，双臂侧平举，掌心向前，胸腔上提后展，目视上方。

呼吸：吸气时伸展，呼气时沉髋保持。

动作要点：屈膝腿的膝关节指向正前方，骨盆中正下沉，胸腔上提后展。

(6) 新月式

动作描述：跪立，右腿向前迈一大步，双手置于右脚两侧，左膝和脚背贴地，髋部前移下沉，两臂经体侧抬至头顶合掌，脊柱充分后展，目视前上方。

呼吸：吸气时延展脊柱，呼气时脊柱后展。

动作要点：骨盆中正下沉，胸腔上提后展，前腿膝关节与脚尖指向正前方。

5. 侧弯类

(1) 单臂风吹树式(图 9.1.11)

动作描述：左臂经体侧向上伸展，掌心向内，身体向右侧弯，转头，目视上方。

呼吸：吸气时伸展，呼气时侧弯。

动作要点：骨盆中正，身体在同一平面。

(2) 风吹树式

动作描述：双手从体侧上举至头顶合掌，躯干向右侧弯曲，头部保持中正。目视前方。

呼吸：吸气时伸展，呼气时侧弯。

动作要点：头在双臂之间，保持髋部中正，身体在同一平面。

(3) 三角伸展式

动作描述：两脚分开约两肩半宽。右脚外展 90°，左脚内转 15°～30°。两臂侧平举，躯干向右侧弯，右手置于右脚外侧，左臂上举，两臂成一直线。目视上方指尖。

呼吸：吸气时手臂抬起，向右伸展身体，呼气时躯干侧弯，落下右手臂。

动作要点：保持身体正对前方，右足跟正对左足弓，两臂成一直线垂直于地面。身体侧弯时，注意骨盆的稳定。

(4) 侧角伸展式(图 9.1.12)

动作描述：双脚分开约两肩半宽，右脚右转 90°，左脚内收 30°。双臂侧平举，屈右膝，躯干向右侧延伸弯曲，右手掌置于右脚外侧，左臂伸展与躯干成一直线。目视上方。

呼吸：吸气时手臂抬起，呼气时落下右手，躯干侧弯。

动作要点：右腿成 90°，左臂与躯干、左腿成一直线，右臂置于腿外侧，垂直地面。

图 9.1.11 单臂风吹树式

图 9.1.12 侧角伸展式

(5) 直角转动式

动作描述：山式站姿，双脚分开，略比肩宽，两手体前十指交叉，翻掌向外，双臂上举至头顶，髋屈曲，躯干平行地面，向左、右水平摆动至极限。

呼吸：呼气时左右摆动，吸气时回正。

动作要点：手臂、后背在一直线上，与下肢成 90°，摆动时双脚、双膝稳定不变，骨盆中正。

6. 扭转类

(1) 站立腰躯扭转式(图 9.1.13)

动作描述：山式站姿，两腿分开，略比肩宽，两臂侧平举，身体向右后方转动，右手背于腰后，左手扶住右肩，目视后方。保持几组呼吸，然后还原。

呼吸：吸气时伸展，呼气时扭转。

动作要点：骨盆中正，两肩在同一平面，两膝与脚尖指向正前方，自腰椎以上扭转。

（2）半三角扭转式

动作描述：山式站姿，双脚分开两肩半宽。双手侧平举。髋屈曲，左手置于胸部正下方撑地，手臂垂直于地面。延展脊柱，右臂带动脊柱向右上方扭转。目视右手指尖方向。

呼吸：吸气时延展脊柱，呼气时扭转。

动作要点：骨盆中正，双臂成一直线垂直地面，脚趾朝前或微内扣。

（3）仰卧扭脊式（图 9.1.14）

动作描述：仰卧，双臂侧平展，掌心贴地。右脚置于左大腿上，足尖与左膝对齐。左手扶右膝，带动脊柱扭转向左侧贴地。头转向另侧，目视右手中指，双肩尽量下沉。

图 9.1.13　站立腰躯扭转式

图 9.1.14　仰卧扭脊式

呼吸：吸气时准备，呼气时扭转。

动作要点：双肩不离开地面，屈膝腿内侧贴地，头转向相反方向。

（4）扭脊式

动作描述：山式坐姿，左脚置于右膝外侧。屈右膝，右脚置于左臀外侧。右臂上举。身体向左侧扭转，右腋窝抵住左膝外侧。右手抓住左脚踝，左手掌置于臀部正后侧。背部伸展，脊柱垂直地面。转头，目视后方。

呼气：吸气时伸展，呼气时扭转。

动作要点：后侧手放在臀部正后方，下颌、双肩在同一平面，脊柱充分伸展，扭转时应保持骨盆稳定，臀部压实地面。

（5）半莲花扭脊式

动作描述：山式坐姿，屈左膝，将左脚背置于右大腿根部；左臂经体侧上举，带动身体前屈，左手三指抓握右脚大拇指，伸直左臂，延展脊柱；右臂向前抬起，带动脊柱向右后方扭转，目视右手指尖方向。

呼吸：吸气时延展脊柱，呼气时扭转。

动作要点：屈膝腿贴合地面，充分延展脊柱，右臂与地面平行。

7. 倒置类

(1) 下犬式(图 9.1.15)

动作描述:山式坐姿,身体前倾,双手置于肩下方。两臂、大腿垂直地面。双脚分开,与坐骨同宽。脚尖回勾落地,伸直双膝。臀部上提,足跟下压。

呼吸:吸气时臀部上提,呼气时足跟下压。

动作要点:双脚分开,与坐骨同宽,脚跟压地,两臂、头颈、后背保持同一平面。

(2) 犁式(图 9.1.16)

动作描述:仰卧,双脚并拢,双臂推地,抬起两腿至脑后,脚尖点地,双手支撑背部。

呼吸:吸气时准备,呼气时抬腿越过头顶。

动作要点:下颌抵胸。注意保持背部挺直,腿伸直。

图 9.1.15　下犬式

图 9.1.16　犁式

(3) 肩倒立式

动作描述:仰卧,双脚并拢,双臂推地,深吸气抬起两腿指向天花板,手肘触地,双手支撑背部,背与地垂直,下颌抵胸。

呼吸:吸气时准备,呼气时举腿,保持时自然呼吸。

动作要点:下颌靠近胸骨处,腿伸直。注意保持背部挺直。

8. 平衡类

(1) 摩天式

动作描述:山式站姿,双脚分开与髋同宽,双手十指交叉,翻掌向上至头顶,伸直双臂,同时提踵,目视前方。

呼吸:吸气时伸展,呼气时还原。

动作要点:骨盆中正,充分伸展腰背,双肩下沉,头部保持双臂之间。

(2) 树式(图 9.1.17)

动作描述:山式站姿,屈右膝,将右脚置于左大腿内侧,足跟靠近会阴。髋外展,双手合掌于胸前,或伸展至头顶上方。凝视前方。

呼吸:吸气时伸展,呼气时还原。

动作要点:脚掌置于大腿根部,骨盆保持中正,身体在同一平面,脊柱充分向上伸展。

图 9.1.17　树式

(3) 半舰式

动作描述:山式坐姿,屈双膝,大腿贴近腹部。以坐骨为支撑点,收腹,抬起双腿平行地面。双手向前伸直,掌心相对,与小腿平齐。腰部立直,目视前方。

呼吸:吸气时脊柱延展,呼气时双腿抬起。

动作要点:足尖向前与双肩、双臂在同一平面,头部和脊柱保持一条直线。

(4) 船式

动作描述:仰卧,双手、双脚和躯干同时上抬。重心放于坐骨,双臂向前伸直平行于地面,掌心向下。脊柱延伸,背部展平,目视脚趾。

呼吸:吸气时准备,呼气时抬起。

动作要点:双臂与脚尖等高,平行于地面,趾尖向前,后背平直。

(5) 下蹲平衡式

动作描述:山式站姿,双脚分开,略比肩宽,脚尖略外展。双臂前平举,屈膝下蹲,双手合十于胸前。手肘抵住膝关节内侧,髋外展,使双膝与脚尖成一直线,躯干垂直于地面。提踵,以脚趾支撑身体,保持平衡,目视前方。

呼吸:吸气时提踵,呼气时回落。

动作要点:充分延展脊柱,两前臂成一直线平行于地面,两膝与脚尖成一直线,垂直于地面,手肘向外推动膝关节。

9. 其他类

(1) 猫伸展式

动作描述:金刚坐姿,身体前倾,双手置于肩下方,指尖与肩对齐,双膝分开与髋同宽,脊柱逐节伸展,扩展胸腔,然后收腹,拱背,目视肚脐。

呼吸:吸气时伸展,呼气时拱背。

动作要点:手臂垂直于地面,脚背压实地面,伸展时大腿始终垂直地面,轻柔伸展脊柱。

(2) 简易蝗虫式

动作描述:俯卧,下颌或前额触地,双手掌心置于大腿前侧。右腿保持伸直平压地面,左腿尽量伸直提高,左髋下沉,或者双腿同时上抬。

呼吸:吸气时抬腿,呼气时下落。

动作要点:脚背绷直,抬腿时保持髋部稳定。

(3) 幻椅式

动作描述:山式站姿,双臂从两侧上举至头顶合掌。屈膝,大腿与地面平行。手臂、背部保持平直。

呼吸:吸气时伸展,呼气时下蹲。

动作要点:膝关节不超过足尖,后背平直,头在双臂之间,避免塌腰、翘臀。

(4) 蝴蝶式

动作描述:山式坐姿,屈双膝,脚掌相合,足跟靠近会阴。十指交叉抓握脚背。躯干直立,双膝上提、下沉。反复练习。

呼吸:保持自然呼吸。

动作要点：双足跟靠近会阴，双膝下沉时贴地，躯干自然伸直。

（5）战士二式（图 9.1.18）

动作描述：山式站姿，双脚分开，约两肩半宽。右脚外转 90°，左脚内收 30°。保持身体正对前方，双臂侧平举，屈右膝成 90°，头转向右侧，目视右手中指。

呼吸：吸气时手臂侧平举，呼气时屈膝。

动作要点：屈膝时，注意骨盆的稳定，膝盖与脚尖方向一致。手臂成一直线，与地面平行，脊柱垂直伸展，身体保持在同一平面。

图 9.1.18　战士二式

（6）牛面式

动作描述：山式坐姿，左膝位于右膝正上方。脚跟贴近臀部两侧，左臂经体侧上举过头，屈肘；左手掌心贴于后背，右臂经体侧向后旋绕，屈肘；双手在背后相扣，脊柱延伸，抬头，目视前方。

呼吸：保持自然呼气。

动作要点：双膝重叠上下成一直线，脚跟贴臀部外侧，上方肘与头、颈成一直线，臀部两侧均匀着地。

（7）太阳致敬式

① 礼敬式（图 9.1.19）

动作描述：山式站姿，双手合十于胸前，收腹挺胸，颈部挺直，双肩向后下沉。

② 展臂后弯式（图 9.1.20）

动作描述：将双臂上举至头顶并向后伸展，掌心向前。胸骨上提，打开胸腔，目视上方。

③ 站立前屈伸展式（图 9.1.21）

动作描述：呼气时，身体前俯，向下伸展，腹部到胸廓贴向两腿，双手放于脚的两侧。

图 9.1.19　礼敬式

图 9.1.20　展臂后弯式

图 9.1.21　站立前屈伸展式

④ 骑马式（图 9.1.22）

动作描述：双手置于双脚两侧，右脚向后迈一大步，髋部前推下沉，目视前方。

⑤ 顶峰式（图 9.1.23）

动作描述：呼气，左腿向后，与右腿并拢，两臂支撑身体，臀部上提，足跟下压。

图 9.1.22　骑马式

图 9.1.23　顶峰式

⑥ 八体投地式(图 9.1.24)

动作描述:下颌、双手、胸部、双膝及双腿脚尖八个部位与地面接触。

⑦ 眼镜蛇式(图 9.1.25)

动作描述:身体向前向上滑动,肘内收,胸部上提,向上伸展脊柱。

图 9.1.24　八体投地式

图 9.1.25　眼镜蛇式

⑧ 顶峰式

动作要领:同动作⑤。

⑨ 骑马式

动作要领:同动作④。

⑩ 站立前屈伸展式

动作要领:同动作③。

⑪ 展臂后弯式

动作要领:同动作②。

⑫ 礼敬式

动作要领:同动作①。

三、练会瑜伽

(一)课堂教学组织

(1) 准备部分:讲解课堂常规,准备活动。

(2) 基本部分:游戏、教学竞赛、行进间练习,柔韧性练习,基本体式练习。

(3) 结束部分:放松练习;课堂小结;布置课后作业。

(二) 练习方法

(1) 体式练习;

(2) 呼吸控制;

(3) 冥想;

(4) 身体感知与调节。

四、 瑜伽竞赛规则

【竞赛规则】

教学相长

一、 课程思政元素

瑜伽不仅有助于提高学生的身体素质和有益心理健康,还蕴含着丰富的哲学思想和人生智慧。因此,将瑜伽引入思政课程,能帮助学生更好地理解和践行社会主义核心价值观。首先,瑜伽练习能帮助学生培养专注力和耐心。教师可引导学生进行呼吸和体式练习,帮助他们集中注意力,提高学习效率。同时,瑜伽练习中的坚持和毅力精神能培养学生坚韧不拔的品质。其次,瑜伽的哲学思想可与思政课程中的相关内容进行有机结合。例如,瑜伽的"身心合一"理念与思政课程中的"人的全面发展"目标相契合,可引导学生认识到身心健康对个人成长和社会进步的重要性。此外,瑜伽中的"非暴力"和"爱与和平"等思想也可以帮助学生树立正确的价值观和道德观,培养他们的社会责任感和公民意识。最后,瑜伽课程作为一种实践教学的方式,让学生在亲身体验中感受思政教育的魅力。教师可以组织学生进行瑜伽社团或小组活动,让学生在相互交流和合作中增进友谊、提升团队协作能力。同时,通过参与瑜伽比赛或展演等活动,可以锻炼学生的胆量和表达能力,提高综合素质。

二、 瑜伽教学大纲

【教学大纲】

教学思考

(1) 什么是瑜伽? 简述瑜伽的发展史。

(2) 简述健身瑜伽的特点。

(3) 简述健身瑜伽的锻炼价值。

(4) 简述健身瑜伽 1～3 级动作的要点。

第二节 跆 拳 道

教学目标

（1）价值塑造：通过跆拳道项目学习，改善学生体育锻炼习惯，培养学生终身体育意识；通过实战、条件实战等练习，提高学生击打与抗击打能力；同时，通过贯彻跆拳道项目“礼义廉耻、忍耐克己、百折不屈”的项目精神，以及融入思政元素，培养学生爱国主义精神，坚定学生强国有我的信念；培养学生谦虚有礼、竞争意识、合作意识，以及坚韧不拔的意志品质。

（2）能力培养：通过跆拳道项目学习，使学生掌握跆拳道技战术，能够将技战术应用于跆拳道比赛中；同时，培养学生学以致用、防身自卫的能力，综合提升学生速度、耐力、灵敏、协调、柔韧等身体素质，促进学生健康且全面发展。

（3）知识传授：通过跆拳道项目学习，使学生掌握跆拳道运动发展史及该项目在我国的发展现状；了解并掌握跆拳道基本技术、战术与竞赛规则，能够参与跆拳道比赛并赏析跆拳道各类赛事。

教学内容

【在线习题】

一、认识跆拳道

（一）跆拳道运动起源与发展

跆拳道（韩文：태권도，英文：Taekwondo）是现代奥运会正式比赛项目之一，是一项利用拳和脚进行搏击的对抗性运动。跆拳道中，“跆”是指脚踢、踹、劈等脚法和腿法；“拳”指的是拳法、掌法和肘法等运用手部的动作；“道”指遵循规则和真理，是一种精巧的艺术方法和练习技巧，也是对练习者在道德修养方面的要求。

跆拳道起源于朝鲜半岛，大约在公元前 1 世纪，跆拳道就已经在朝鲜最古老的三个国家开始盛行了。到 1390 年李朝时代，就已经有书籍《武艺图谱通志》对跆拳道运动的起源和发展过程及各种兵器的使用方法进行了详细的记载。

随着跆拳道运动在亚洲国家的传播，1961 年 9 月，韩国成立了唐手道协会（后更名为跆拳道协会），1966 年成立了国际跆拳道联盟（International Taekwondo Federation，ITF），1973 年 5 月在韩国汉城成立了世界跆拳道联盟（World Taekwondo Federation，WTF），跆拳道联盟的成立加速了跆拳道运动的国际化发展。1980 年，世界跆拳道联盟被国际奥委会正式承认。跆拳道项目于 1988 年汉城奥运会被列为示范比赛项目；1992 年巴塞罗那奥运会被列为试验比赛项目；2000 年悉尼奥运会成为奥运会正式比赛项目，设 8 枚奥运金牌（男女各 4 枚）。跆拳道被列为正式奥运会比赛项目，极大地推动了跆拳道项目在全球范围内的传播与发展。

（二）我国跆拳道运动的发展历程

20 世纪 80 年代末，韩国跆拳道组织及从事中韩文化体育交流的友好人士，通过不同渠道将跆拳道运动介绍到中国，打开了跆拳道运动在我国的传播之路。1992 年 10 月 7 日，中国跆拳道协会筹备小组成立，标志着我国跆拳道运动的开展逐渐从民间行为走向组织化发展。

1995 年 5 月，北京体育大学举办了第一届全国跆拳道锦标赛，有 22 支队伍、250 余名运动员参赛。同年 8 月，中国跆拳道协会正式成立，11 月，中国跆拳道协会被世界跆拳道联盟接纳为正式会员。

1999 年年初，国际跆拳道联盟成立了国际跆拳道联盟中国地区总部，同年 6 月，中国女子跆拳道运动员王朔在加拿大世界跆拳道锦标赛上获得 55 公斤级冠军，成为我国第一位跆拳道世界冠军，推动了我国跆拳道女子运动员跻身世界前列。随后，我国跆拳道运动员陈中在 2000 年第二十七届悉尼奥运会上获得 67 公斤以上级冠军；陈中、吴静钰分别获得 2004 年第二十八届雅典奥运会女子 67 公斤以上级和 67 公斤级冠军。至此，我国跆拳道运动完成了从发展性项目向优势项目的转变。

（三）跆拳道运动的重要赛事

当前，跆拳道运动的重要赛事包括奥运会、青奥会、世界锦标赛、世界杯、大奖赛总决赛、世界大学生运动会等一系列国际赛事。

二、学会跆拳道

【视频讲解】

（一）跆拳道运动技术水平等级划分

在跆拳道运动中，根据练习者腰带的颜色来区分练习者的水平。练习者水平等级可以分为十级九段。其中，十级为最初级，晋级考试按照十至一的级别升级。一级以后，即可升入段位。段位分为一段至九段，从一段依次向上升段。其中一段至三段为黑带新手，称之为“副师范”；四段至六段为黑带高水平段位，称之为“师范”；七段至九段只授予对跆拳道项目具有较高研究造诣及作出突出贡献的人，属于荣誉段位，其中七段和八段称之为“师贤”，九段称之为“师圣”。

（二）跆拳道运动的基本礼仪

礼仪学习是跆拳道运动学习的起点，跆拳道运动强调“以礼始，以礼终”。通过学习礼仪，练习者将内在的尊重、礼貌、谦虚和感谢等情感表达出来。初学者在学习礼仪知识后，能够对跆拳道运动建立初步的认识，培养谦逊有礼的良好品质。

1. 鞠躬礼

身体成立正姿势面向对方，双脚并拢，双手五指并拢自然垂下，置于身体两侧；上体前屈 30°左右，头部前屈至 45°左右鞠躬致礼，停顿 1～2 秒钟，随后上体还原成立正姿势，礼毕，如图 9.2.1 所示。

2. 注目礼

身体成立正姿势面向国旗，两脚并拢，左手五指并拢自然垂下，置于左腿旁侧，右手手掌放在左胸心脏部位，行注目礼，停顿 3～5 秒钟，礼毕后还原成立正姿势，如图 9.2.2 所示。

图 9.2.1 鞠躬礼

图 9.2.2 注目礼

图 9.2.3 实战势

（三）跆拳道准备姿势

准备姿势，也称“实战（姿）势”或“预备（姿）势”，是竞技跆拳道比赛中双方运动员开始比赛时的基本站立姿势，也是跆拳道基本腿法的起始点。准备姿势应便于进攻和防守反击，以及步法的移动。实战姿势分为正架实战势和反架实战势，通常将左脚在前、右脚在后的实战势称为正架实战势，或右架实战势；右脚前、左脚在后的实战势称为反架实战势，或左架实战势，如图 9.2.3 所示。

动作过程及要领：以右架实战势为例，从立正姿势开始，右脚向后迈出，前后脚距离 50～60 厘米（也可根据自身身高或实战需求调整大小），前脚以前脚掌为轴，脚后跟向外（顺时针方向）转动 45°左右，后脚内侧与前脚内侧基本平行，双脚前后站立，身体侧向右方（与脚尖方向基本一致），头朝向对手，目视对手，同时两手握平拳，右拳在胸前，左拳在腰带前方或略高于腰带，沉肩、两臂屈肘自然垂放。眼睛平视对方面部，下颌微收，重心落在两脚之间，膝部略弯曲，后脚跟抬起。

注意事项：

（1）两臂放的位置不是一成不变的，而是可以根据进攻和防守的临场需求调整的。

（2）两脚之间的距离、重心的高低、前后脚掌转动的角度可根据具体情况进行调整，调整的目的是在移动时能够最快调整好身体重心，有利于运动员的进攻或防守。

（3）跆拳道最佳的实战姿势不但能使身体处于强有力的状态，而且是最佳的快速反应能力，利于快速移动发起进攻和防守。

（四）跆拳道基本步法

1. 跳换步（换势）

跳换步是转换实战式的一种步法，常用于实战中干扰对手攻防思路，选择适合自己进攻的方位。

动作过程及要领：从标准实战姿势开始，即两脚前后开立与肩同宽，前脚尖约 45°斜向目标方向，后脚跟抬起。两脚同时蹬地使身体腾空，空中两脚前后交换并同时转体；落地时身体姿势已转换为另一侧的准备姿态，即从正架实战势转换为反架实战势，或从反架实战势转换为正架实战势。节奏与速度，跳换步的腾空高度不需要太高，略离地面即可；换步时要拧腰转髋，迅速敏捷。

易犯错误：腾空时跳得过高，重心起伏较大。

实战应用：换势常用在对方与自己是闭式站位，自己为了与对方形成开式站位，以更有利于击打对方护具时；或是为了不让对方的优势腿发挥威力，使对方感到别扭。而当对方原地换势时，可利用此时机抢攻得分。

2. 基本步法

(1) 前滑步

动作过程及要领：以右架实战势为例，实战姿势站立，后脚蹬地发力，两脚同时向前滑动一步，保持右架准备姿势。移动时两脚距离保持不变，两脚离地不要太高，重心起伏不宜过大，尽量保持重心平稳移动，两脚稍离地即可。

易犯错误：移动时两脚之间距离改变，重心起伏过大，实战姿势改变。

实战应用：前滑步常用在快速接近对手并使用进攻动作；当对方前滑步时，可用前腿下劈、后踢或后旋踢等腿法迎击对方。但有时对方使用前滑步是为了引诱自己进攻，因此前滑步后一定要稳定重心使自己在滑步后能快速做出反应，根据对手反应及时进行进攻或防守。

(2) 后滑步

动作过程及要领：以右架实战势为例，实战姿势站立，前脚蹬地发力，两脚同时向后跃进一步，保持右架准备姿势。移动时两脚距离保持不变，两脚离地不要太高，重心起伏不宜过大，尽量保持重心平稳移动，两脚稍离地即可。

易犯错误：移动时两脚之间距离改变，重心起伏过大，实战姿势改变。

实战应用：后滑步常用在对方进攻或自己与对方距离较近，自己需要快速与对方拉开距离时，后滑步拉开距离后应快速使用腿法进行进攻，或根据对方的进攻腿法选择下劈腿、后踢等腿法进行快速反击。

(3) 前进步(上步)

动作过程及要领：以右架实战势为例，实战姿势站立，后脚蹬地发力，同时前脚以前脚掌为轴转动，后脚上步落在前方，成为左架实战势。上步时通过左拧腰转髋完成，两臂自然转换，动作要协调，要有整体性，上步要快，重心要稳。

易犯错误：上步后重心不稳。

实战应用：调整距离伺机进攻，或逼迫对方后撤、引诱对方进攻等。

(4) 后撤步

动作过程及要领：以右架实战势为例，实战姿势站立，前脚蹬地发力，同时后脚以前脚掌为轴转动，前脚向后撤步后成为左架实战势。后撤步通过右拧腰转髋完成，两臂自然转换，动作要协调，重心要稳，撤步要快。

易犯错误：撤步后重心不稳，或两脚距离较大。

实战应用：调整距离伺机进攻，或引诱对方向前进攻等。

（五）跆拳道项目基本拳法及其应用

在竞技跆拳道比赛中，能够使用并得分的拳法称为直拳或正拳，直拳分为前手直拳、后手直拳。

动作过程及要领：

(1) 以右架实战势后手直拳为例。右架实战势站立(左脚前，右脚后，双手呈握拳状态），右脚蹬地向左（以右脚前脚掌为轴，脚跟逆时针转动），快速转髋，同时手臂内旋带动拳腕关节，出拳时手臂要完全舒展，发力短促，肩部要感受到一股冲力，右拳朝身体中线快速击打出去，击打的瞬间肩、肘、指各关节紧张用力，力达拳面高度与胸口持平，出拳后迅速恢复成实战姿势。

（2）以右架实战势前手直拳为例。右架实战势站立（左脚前，右脚后，双手呈握拳状态），左脚蹬地（以左脚前脚掌为轴，脚跟顺时针转动），快速转髋，同时手臂内旋带动拳腕关节，出拳时手臂要完全舒展，发力短促，肩部要感受到一股冲力，左拳朝身体中线快速击打出去。击打的瞬间，肩、肘、指各关节紧张用力，力达拳面高度与胸口持平，出拳后迅速恢复成实战姿势。

动作重难点：理解跆拳道拳法要求及实战应用，基本掌握拳法动作。

实战应用：跆拳道竞技比赛中只允许使用直拳（前手直拳、后手直拳）技术，击打目标在腹部以上、胸口以下部位（中位得分部位），不允许采用拳的技术攻击对手头部。

（六）跆拳道项目基本腿法

1. 前踢腿

前踢是跆拳道基本的腿法之一。前踢技术在跆拳道比赛中应用较少，主要运用于自卫及跆拳道品势套路当中。

动作过程及要领：右架站立，左脚前、右脚后，重心移至左腿。右腿向正前方屈膝上提，提膝至腰部以上位置，膝盖朝前，大小腿折叠，脚面绷直。保持当前大腿与膝盖高度，鞭打小腿，脚背绷直向上击打，击打后迅速收回提膝动作。右脚自然落下成左架实战姿势，如图 9.2.4 所示。

图 9.2.4　前踢腿（中位）

动作重难点：击打时脚面绷直（重点）。击打时保持大腿不动，不要改变膝盖高度（难点）。

易犯错误：

（1）右腿上提时没有直线向前上方提膝；

（2）大小腿折叠回收不够，击打力度不够；

（3）击打时脚面没有绷直；

（4）小腿弹出后，在弹直的一刹那，没有制动的过程；

（5）左脚没有积极配合髋部的转动，左脚太“死”，或是在身体向前移动时，支撑腿没有配合向前移动，在后面“拖”着。

2. 横踢腿

横踢是跆拳道比赛中应用率最高的腿法。横踢技术动作简单实用，技术变化多样，是跆拳道技术中重要的腿法。

动作过程及要领：以右架中位横踢为例，左脚前、右脚后。重心移至左腿。右腿向正前方屈膝上提，提膝至腰部以上位置，膝盖朝前，大小腿折叠，脚面绷直。继续将右大腿向前提高，左脚向外侧转动，直到右脚小腿与地面接近水平，大腿与上体成一条斜线，上体微侧倾，右腿膝关节向前抬至水平状态与髋同高，该环节称为转髋。保持右大腿不动，快速鞭打踢出小腿，用脚面击打对方腹部及两肋部，膝盖朝向左侧。击打后，小腿迅速收回转髋动作后，右脚自然落下成左架实战姿势，如图 9.2.5 所示。

图 9.2.5　横踢腿（中位）

动作重难点：击打时脚面绷直；鞭打小腿时保持大腿方向不变；小腿弹踢的瞬间，要有一个制动的过程，使击打腿产生鞭打的效果（重点）。髋部转平，不要内扣（难点）。

易犯错误：

（1）右腿上提时没有直线向前上方提膝；

（2）躯干没有稍后倾，上体前压，使腿的长度没有被充分利用；

（3）大小腿折叠回收不够，击打力度不够或击打时脚面未绷直；

（4）小腿弹出后，在弹直的一刹那，没有制动的过程；

（5）先转髋再提膝，造成膝盖过早偏向右侧；

（6）左脚没有积极配合髋部的转动，或是在身体向前移动时，支撑腿没有配合向前移动，在后面"拖"着。

3. 下劈腿

劈踢是跆拳道技术中杀伤力较大的腿法之一，也常作为跆拳道的高位得分招牌腿法动作之一，比赛中得分率较高，主要用于攻击对方的头部和面部。比赛中，运用得当会给对方造成重创。

动作过程及要领：右架站立，重心移至左腿。以左脚支撑，右腿屈膝抬起，同时髋部略向左转，膝盖朝前，大小腿折叠，勾脚背。保持膝盖方向不变，继续勾脚将小腿向上展开，直到大小腿展开成一条直线。当右脚达到最高点，右腿迅速向前下方劈落（绷脚下压），力点达脚跟或前脚掌，形成击打。击打后，右脚自然落下成左架实战姿势，如图 9.2.6 所示。

动作重难点：提膝后向上展开小腿时不发力；通过勾脚向绷脚转换时形成击打（重点）。勾脚提膝，绷脚下压（难点）。

易犯错误：

（1）右腿上提时没有直线向前上方提膝；

（2）躯干没有稍后倾，上体前压，使腿的长度没有被充分利用；向下劈落时要有控制；

（3）提膝没有勾脚，击打时脚面没有绷直；

（4）左脚没有积极配合髋部的转动，或是在身体向前移动时，支撑腿没有配合向前移动，在后面"拖"着。

图 9.2.6 下劈腿

4. 双飞踢

双飞踢是跆拳道实战中迅速组合攻击的腿法，在还没有落地的情况下通过身体腾空转髋进行两次及以上横踢的动作。双飞踢在实战中进攻迅速且突然，得分率较高。

动作过程及要领：右架站立，右腿横踢（参照横踢腿动作要领）不落地。右腿落地的同时左脚起跳后迅速随身体右转，出左腿横踢腿。落地成右架实战势，如图 9.2.7 所示。

图 9.2.7 双飞踢

动作重难点：右腿横踢尚未落地时，身体腾空左腿横踢（重点）。两腿在空中转髋交换，动作自然流畅（难点）。

易犯错误：

（1）右横踢和左脚起跳时机不及时，或早或晚，应该先利用踢击沙袋练习右横踢同时左脚起跳的动作，熟练后再起左腿横踢；

（2）右横踢和左横踢之间间隔过长，可利用原地右横踢起跳左横踢空击练习，提高出腿和起跳的速度；

（3）身体过分后仰，重心不稳。

5. 后踢腿

后踢是跆拳道中的转身攻击技术，比赛中，可以直接用于反击或与其他动作相配合进攻，运用得当会给对手以重创。

动作过程及要领：右架站立，左脚在前，右脚在后，重心移至左脚，右脚蹬地提起，左腿支撑。左脚以前脚掌为轴，后脚跟顺时针旋转，使身体向后旋转 180°，脚跟正对对手方向，成背向对方姿势，同时右腿大小腿折叠，髋关节收紧，脚尖勾起；右肩微下沉，右脚贴近左大腿，两手握拳置于胸前。右腿自左大腿内侧迅速向后展髋、伸膝沿直线向后蹬踢，上体略侧倾，力达脚跟。随后右脚沿原路线快速收回，上体右转，右脚向前落步成右实战姿势，如图 9.2.8 所示。

动作重难点：踢击时直线向后方蹬出，找准踢击目标的高度与方向。

图 9.2.8　后踢腿

易犯错误：

(1) 躯干没有稍前倾，造成转身提膝后身体不稳定；

(2) 击打时脚面没有勾住；

(3) 蹬出后没有迅速收回，造成动作完成速度过慢，同时不利于下次踢击，一定要迅速沿原线路返回。

6. 侧踢腿

侧踢具有身体侧向迎敌的特点，不易暴露攻击时的破绽，是一种直线进攻的腿法。

动作过程及要领：以右架中位侧踢腿为例，左脚在前，右脚在后。左脚以前脚掌为轴，脚跟逆时针转动，身体左转，同时右脚勾脚屈膝上抬。保持右脚勾脚，右腿直线向前蹬出，着力点在右脚掌外侧。右腿蹬出后迅速收回成屈膝上抬的动作。右脚下落着地，调整为左架实战势，如图 9.2.9 所示。

图 9.2.9　侧踢腿

重难点：右腿直线向前蹬出，着力点在右脚掌外侧(重点)。向后旋转时，身体要稳定；转体和击打动作要流畅(难点)。

易犯错误：

(1) 提膝后绷脚尖；

(2) 提膝后大小腿折叠不充分；

(3) 击打时上体往后、往下倾泻过多，分散了攻击力量；

(4) 右脚蹬出后不收腿，或未直接落下成左架实战势，而是向后收回还原成了右架实战势。

7. 后旋踢

后旋踢是跆拳道中比较复杂的腿法，既可以单独使用来攻击对手，也可以结合其他技术使用；后旋踢也是跆拳道实战中反击的腿法之一，攻击部位主要是对方面部或头部。

动作过程及要领：右架站立，左脚在前，右脚在后，重心移至左脚，右脚蹬地提起，左腿支撑。左脚以前脚掌为轴，后脚跟顺时针旋转，使身体向后旋转 180°，成背向对方姿势，脚跟正对对手方向，同时右腿大小腿折叠，髋关节收紧，脚尖勾起；右肩微下沉，右脚贴近左大腿，两手握拳置于胸前。右腿斜向后上方勾脚蹬到最高处后，以左脚为轴，用腰部力量带动身体继续右转，右腿继续向右后旋，接近攻击目标时，勾右小腿同时勾脚转绷脚以脚掌击打目标。右脚随着身体转体动作顺势收回下落，上身抬起，调整为左架实战势，如图 9.2.10 所示。

图 9.2.10　后旋踢

动作重难点：勾小腿击打，同时勾脚转绷脚以脚掌击打目标，控制好击打时机（重点）。向后旋转时，身体要稳定；旋转和击打动作要流畅（难点）。

易犯错误：

（1）支撑脚转动时，以全脚掌或脚后跟而没有以前脚掌为轴转动，造成重心不稳或旋转不到位；

（2）转身、踢腿中有停顿，二次发力；

（3）击打时勾小腿太早，最高点不在正前方。

（七）跆拳道项目基本组合技术

（1）左腿横踢＋右腿横踢（中位＋中位，中位＋高位），如图 9.2.11、图 9.2.12 所示。

图 9.2.11　左腿横踢（中位）＋右腿横踢（中位）

图 9.2.12　左腿横踢（中位）＋右腿横踢（高位）

(2) 左腿横踢+右腿下劈,如图 9.2.13 所示。

图 9.2.13　左腿横踢+右腿下劈

(3) 右腿横踢+左腿下劈(如图 9.2.14 所示)。

图 9.2.14　右腿横踢+左腿下劈

(4) 左腿横踢+右腿起双飞踢,如图 9.2.15 所示。

图 9.2.15　左腿横踢+右腿起双飞踢

(5) 左腿横踢+右腿后踢,如图 9.2.16 所示。

图 9.2.16　左腿横踢+右腿后踢

（八）跆拳道太极品势

跆拳道太极品势是根据跆拳道基本的防御和进攻动作组合成套路来训练的练习体系。品势是假设真实的实战场景，即先设定好对方的进攻动作，当对方攻击时采取的反击技术，将这些动作进行组合而形成品势套路。跆拳道品势中所称的“太极”，与中国《易经》中“太极八卦”的含义基本一致，套路中的进攻与防守、前进与后退、速度的缓急等均灵活运用了变化丰富的太极原理。

品势分为无段者品势和有段者品势，无段者品势共有 8 套动作，即跆拳道太极品势中太极一章、太极二章、太极三章、太极四章、太极五章、太极六章、太极七章和太极八章；有段位者品势共有 9 套动作，分别为高丽、金刚、太白、平原、十进、地跆、天拳、汉水和一如。每一个品势套路具有自己独特的含义以及演武进图，下面就太极一套动作进行详细的讲解。

太极一章与太极八卦中“乾”的意义相同。“乾”代表宇宙万物的根源，象征着开始，太极一章是跆拳道品势的根本，是跆拳道初学者需要掌握的品势。太极一章动作步骤如下：

起势：立正站立后，两脚分开，与肩同宽，双手手掌由下向上逐渐变为握拳后向下置于身体前侧，拳心向内，目视前方，如图 9.2.17 所示。

动作一：起势后，向左转体 90°，左脚向左侧呈左行走步，同时左手下格挡，如图 9.2.18 所示。

动作二：右脚向前迈步呈右行走步，同时右手向前冲拳呈中位直拳，如图 9.2.19 所示。

动作三：以左脚为轴顺时针向后转体 180°，右脚上步呈右行走步，同时右手下格挡，如图 9.2.20 所示。

图 9.2.17　起势

图 9.2.18　转身手下格挡

图 9.2.19　上步直拳

图 9.2.20　转身右手下格挡

动作四：左脚向前迈步呈左行走步，同时左手向前冲拳呈中位直拳，如图 9.2.21 所示。

动作五：以右脚为轴向左转体 90°，左脚向前上步呈左弓步，同时左手下格挡，如图 9.2.22 所示。

动作六：保持弓步不变，右手向前出拳呈中位直拳，如图 9.2.23 所示。

动作七：以左脚为轴向右转动 90°，右脚上步呈右行走步，同时左手中位格挡，如图 9.2.24 所示。

图 9.2.21　上步直拳

图 9.2.22　左弓步下格挡

图 9.2.23　弓步中位直拳图

图 9.2.24　左手中格挡

动作八：左脚向前上步呈左行走步，同时右手向前出拳呈中位直拳，如图 9.2.25 所示。

动作九：以右脚为轴，逆时针向后转 180°，同时右手中位格挡。左脚上步呈左行走步，同时左手上格挡，如图 9.2.26 所示。

动作十：右脚向前上步呈右行走步，同时左手向前出拳呈中位直拳，如图 9.2.27 所示。

动作十一：以左脚为轴向右转 90°，右脚向前迈步呈右弓步，同时右手下格挡，如图 9.2.28 所示。

图 9.2.25　上步中位直拳

图 9.2.26　右手中格挡

图 9.2.27　中位直拳

图 9.2.28　弓步右手下格挡

动作十二：保持弓步不变，左手向前出拳呈中位直拳，如图 9.2.29 所示。

动作十三：以右脚为轴向左转 90°，左脚上步呈左行走步，同时左手上格挡，如图 9.2.30 所示。

动作十四：右脚前踢腿（图 9.2.31）落地呈右行走步，同时右手向前出拳呈中位直拳，如图 9.2.32 所示。

动作十五：以左脚为轴顺时针向后转 180°，右脚上步呈右行走步，同时右手上格挡，如图 9.2.33 所示。

图 9.2.29　弓步中位直拳

图 9.2.30　左手上格挡

图 9.2.31　右脚前踢腿

图 9.2.32　中位直拳

图 9.2.33　右手上格挡

动作十六：左脚前踢腿（图 9.2.34）落地呈左行走步，同时左手向前出拳呈中位直拳，如图 9.2.35 所示。

动作十七：以右脚为轴向右转 90°，左脚上步呈左弓步，同时左手下格挡，如图 9.2.36 所示。

动作十八：右脚向前上步呈右弓步，同时右手向前出拳呈中位直拳并发声，如图 9.2.37 所示。

图 9.2.34　左脚前踢腿

图 9.2.35　中位直拳

图 9.2.36　弓步左手下格挡

图 9.2.37　上弓步中位直拳

（九）柔韧性练习

1. 坐立并腿前屈

双腿并拢，脚趾回勾，上体前屈，背部尽量保持平直，腹部贴向大腿前侧，如图 9.2.38 所示。

2. 单腿前屈

以右腿前屈为例，右腿伸直，脚趾回勾，屈左膝，左脚掌贴于右大腿内侧，上体前屈，背部尽量保持平直，髋部摆正，腹部贴向右大腿前侧，如图 9.2.39 所示。

3. 分腿前屈

双腿向两侧分开（最大限度），脚趾回勾，上体前屈，背部平直，双手尽可能向远处延伸，如图 9.2.40 所示。

图 9.2.38　坐立并腿前屈

图 9.2.39　单腿前屈

图 9.2.40　分腿前屈

4. 分腿左右侧压

双腿向两侧分开，以右侧为例，右手掌自然落于左腿前侧，身体向右屈，左手抓住右脚掌，拉伸左侧腰，如图 9.2.41 所示。

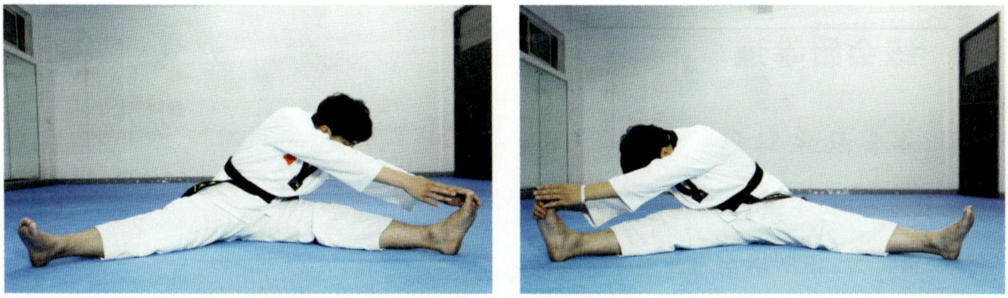

图 9.2.41　分腿左右侧压

5. 盘腿压胯

屈双膝，两脚掌相对，膝盖上下抖动，动态拉伸；动态拉伸结束后，腿部姿势保持不变，上体前屈，双手尽可能向远处延伸，如图 9.2.42 所示。

6. 青蛙趴

双膝跪地，向两侧尽可能打开，大腿前侧垂直地面，大小腿夹角成 90°，上体前倾，双手肘及小臂撑住地面，或者手臂向前伸直额头落于地面，如图 9.2.43 所示。该动作有利于提高髋关节灵活性，为学习横踢腿转髋动作打下基础。

图 9.2.42　盘腿压胯

图 9.2.43　青蛙趴

7. 跪坐

双膝跪地，脚背绷直紧扣地面，臀部坐于脚跟上，上体保持直立，如图 9.2.44 所示。

图 9.2.44　跪坐

三、 练会跆拳道

（一）课堂教学组织

1. 课堂基本教学流程

（1）准备部分：讲解课堂常规、准备活动。

（2）基本部分：游戏、教学竞赛、行进间练习，柔韧性练习，跆拳道基本技术练习，身体素质练习（含专项素质练习）。

（3）结束部分：放松练习，课堂小结，布置课后作业。

2. 课堂案例

以“初级跆拳道”课程第二次课为例。

【课堂教学】

（二）练习方法

练习方法有集体口令练习，两人一组相互拿脚靶练习，沙包练习，速踢练习，行进间练习。

四、 跆拳道竞赛规则

【竞赛规则】

教学相长

一、 课程思政元素

根据教育部“三全育人”总方针，本课程秉持“为党育人，为国育才”的宗旨，并以课堂教学为主战场，以理论与实践相融合的形式，在浸润式的学习氛围中使学生建立“使命在肩，强国有我”的意识；并以跆拳道运动精神、体育明星、比赛案例、团队合作、体育游戏等为切入点，在提高学生跆拳道技术能力的同时，突出爱国主义教育，以培养学生顽强拼搏的体育精神。具体课程思政元素的融入，包括以下六个层面：

第一，通过跆拳道运动起源与发展的学习，培养学生爱国主义情怀，重视我国民族文化传承。即以1909年朝鲜人民因国家领土被侵占，所有朝鲜文化活动被禁止、朝鲜人民被迫背井离乡，从而将跆拳道技术传至亚洲一些国家为融入点，激发学生的爱国主义情怀，以及对我国传统文化的认同与理解。

第二，通过跆拳道“礼义廉耻，忍耐克己，百折不屈”的项目精神，塑造学生精神品质。即以跆拳道礼仪精神作为理论讲解，辅以视频，让学生观察学习运动员在竞技比赛中“鞠躬礼、握手礼、脱帽礼”等礼仪，以及“受伤时坚强比赛、大比分落后仍不放弃”等意志品质，从而培养并提升学生的精神品质。

第三，通过跆拳道基本技术与战术学习，实战、条件实战的练习，提升学生技能水平及学以致用的能力。即通过不断练习提升学生技战术水平，通过教学比赛，使学生将组合腿法能够运用于实战中，提高学生学以致用的能力；同时，在规定的时间与场地间完成比赛，能够提升学生的应变能力与灵活性，并培养学生吃苦耐劳、坚强不屈的精神。

第四，通过身体素质练习，塑造学生坚持不懈、不怕吃苦等精神品质。即通过身体素质练习环节，向学生传授练习的基本方法；采用循序渐进的原则，多样化、趣味化的方式，使学生在练习中不断克服困难，以提升自身各项身体素质。

第五，通过课堂练习中的小组合作，培养学生的团队合作意识。即为更好地完成腿法的练习与考核，搭档通过沟通、协调与配合，在磨合与相互适应中逐渐形成默契，从而达到培养学生合作精神、提升协调与沟通能力的目的。

第六，通过学习跆拳道竞赛规则，培养学生的规则意识与公平、公正原则。即以跆拳道比赛视频为切入点，向学生讲解跆拳道的比赛规则，包括得分规则、犯规说明、获胜方式等，以培养学生的规则意识，树立公平、公正的处事原则。

二、跆拳道教学大纲

【教学大纲】

教学思考

(1) 简述跆拳道的起源与发展。

(2) 简述跆拳道的内涵及锻炼价值。

(3) 跆拳道比赛中，有哪些判罚比赛胜负的方式？其英文缩写分别是什么？

(4) 跆拳道学习中，你最大的收获是什么？

第三节 定向运动

教学目标

(1) 知识目标:学生将全面掌握定向运动国际制图标准规定的地图符号,确保学生能够准确识别并深入理解各类地图符号代表的含义,从而为其在定向运动中的实践应用奠定坚实基础。

(2) 能力目标:学生将具备扎实的定向运动技能,包括熟练掌握利用地图和指北针进行导航的方法,具备制订并实施有效的赛事策略的能力,并能在不同的地形条件下迅速适应并做出相应调整。通过实践,学生应能够成功完成校园定向赛和公园定向赛等赛事活动,以检验其技能掌握程度。

(3) 素质目标:通过参与定向运动的学习和实践活动,学生将有效提升自身的有氧耐力水平,促进全身协调性和灵活性的发展。同时,定向运动所强调的团队协作精神将有助于学生提升团队协作能力,培养沟通与合作的技能,为其全面素质的提升奠定坚实基础。

教学内容

一、 认识定向运动

【视频讲解】

(一) 定向运动概念

定向运动源自瑞典语 Orientering 一词,其原意是:借助地图和指北针,穿越未知地带。国际定向运动联合会(International Orienteering Federation,IOF)于 2004 年明确定义定向运动(Orienteering)为一项运动,参赛者通过使用地图和指北针,在尽可能短的时间内到达若干个在地图上和实地中标记的检查点。定向运动的参赛者既可以是个人,也可以是由两个或更多人组成的队。

(二) 定向运动的起源和发展历史

定向运动起源于 20 世纪初期的瑞典,最初作为军事训练的一部分。在此阶段,定向运动被用于培养士兵的导航技能和地形识别能力,以便他们在野外战斗中更好地迅速移动和找到目标。

随着时间的推移,定向运动逐渐从军事背景中脱离,成为一项广受欢迎的公众运动。人们开始将定向运动作为一种娱乐活动和户外健身运动,逐渐形成了现代定向运动的雏形。

【在线习题】

在 20 世纪中叶,定向运动开始向国际范围内发展。1961 年,成立了国际定向运动联合会,这一组织致力于推动定向运动的发展和规范。随着 IOF 的成立,定向运动在全球范围内开始得到统一规则和组织。

定向运动的发展得益于技术的进步。地图制作、导航工具和定向运动器材的改进使比赛更具挑战性和公平性。不同的比赛形式也得到了发展，如夜间定向、城市定向和山地定向等。定向运动逐渐在世界各地普及开来，通过学校、社区和运动俱乐部的推广活动，定向运动逐渐吸引了更多的参与者。

当今，定向运动已成为一项全球性的竞技运动。国际定向联合会每年举办世界定向锦标赛等国际性比赛，吸引来自各国的优秀选手参与竞争。各国选手的竞技水平不断提高，使定向运动成为备受关注的户外运动之一。

（三）我国定向运动的发展历程

20 世纪 80 年代末，我国首次接触到定向运动，主要是由一些从国外学习归来的专家和爱好户外运动人士的推广。这些专家和爱好户外运动人士开始在北京、广州等城市举办小规模的定向比赛和活动，引起了一定的关注。1992 年，随着越来越多的人参与，中国定向运动协会开始筹备成立，这标志着中国定向运动从非正式的活动转向了更为系统和组织化的发展。1995 年，在北京体育大学成功举办了第一届全国定向运动锦标赛，吸引了多个省市的团队参赛，参赛人数超过 200 人。这次比赛大幅提升了定向运动在国内的知名度和影响力。随后的几年中，中国定向运动协会正式成立，并逐步加入了国际定向运动联盟，使中国能够在国际舞台上展示其竞技水平。21 世纪初，随着国内多地相继开展定向运动，该运动在全国范围内迅速普及，成为一项深受各年龄段欢迎的户外运动。

（四）定向运动的特点与价值

定向运动不仅展现出其体能与智力并重的特点，还体现出其深厚的教育和社会价值。首先，这项运动显著提升参与者的地图阅读能力、空间定位感和决策能力。通过在不熟悉的地形中寻找控制点，运动员必须快速分析最佳路线并作出决策，这对提升日常生活和工作中的问题解决能力有着积极影响。其次，定向运动还强调环境意识和自然保护的重要性。运动员在自然环境中进行比赛，需要对周围环境保持敏感和尊重，这种亲近自然的体验有助于提高人们对环境保护的认识和责任感。

（五）定向运动的重要赛事

定向运动也拥有一系列重要的国际赛事，这些比赛对推动定向运动的普及和提升竞技水平都起到了关键作用。以下是一些主要的国际定向运动赛事：

世界定向锦标赛（World Orienteering Championships，WOC）：这是定向运动最重要的国际赛事之一，自 1966 年开始，每年或两年举办一次。比赛包括了长距离、中距离、短距离（冲刺）和接力赛等多个项目。

世界杯定向赛（Orienteering World Cup）：这是一系列的高水平比赛，通常每年举行，包括多个站点的比赛，选手根据各站比赛的成绩累积积分。

青年世界定向锦标赛（Junior World Orienteering Championships，JWOC）：针对年轻选手的国际赛事，为青少年提供了展示其技能的平台。

欧洲定向锦标赛（European Orienteering Championships）：主要针对欧洲国家的选手，但也对其他国家开放，是一个水平较高的地区性比赛。

世界大学定向锦标赛（World University Orienteering Championships，WUOC）：专为在校大学生设置的国际赛事，每两年举办一次。

世界军人定向锦标赛(CISM World Military Orienteering Championships):军人定向赛事,为军队成员提供了竞技和交流的平台。

二、 学会定向运动

【视频讲解】

(一) 基本技能

1. 地图阅读与理解

(1) 地图在定向运动中的重要性

导航基础:地图是参赛者在定向运动中的主要导航工具,显示了比赛区域的地形特征、控制点位置和赛道路径等信息。

关键信息:地图上标注了地形、道路、沟壑、植被等重要特征,选手需要准确理解地图信息以制定最佳路线。

(2) 地图阅读与理解训练

地图符号学习:参赛者需要学习和熟悉地图上使用的符号,包括地形、植被、水源等特征的符号,以便快速识别和理解。

地形分析:训练中需掌握对地形特征的分析,如山丘、溪流、沼泽、森林等地形对比赛路线的影响。

方向感培养:强化方向感训练,包括使用指北针或利用自然标志(如太阳、星星)判断方向,以准确导航。

控制点解读:训练中练习识别和解读地图上标注的控制点位置,理解控制点之间的相对位置和最佳路线规划。

实地模拟训练:利用模拟赛事或训练活动,在实际场地上结合地图和地形特征进行练习和训练。

(3) 模拟比赛和策略讨论

实战模拟:定向运动训练常包括模拟比赛,选手根据提供的地图信息和控制点位置进行实战训练。

策略制定:选手在训练中讨论不同的路线选择、优化控制点顺序等策略,以在比赛中提高效率和速度。

错误分析:分析训练过程中的错误和偏差,找出导航错误或不良决策的原因并加以纠正。

团队合作训练:双人或团队定向运动中,团队成员间的沟通和配合训练也非常关键。

持续训练与反馈:地图阅读和理解需要持续的练习和反馈机制,通过不断练习和调整,不断提高导航能力。

定向运动中地图阅读和理解的训练是选手在比赛中取得优势的关键。这项训练需要综合运用地图技巧、方向感和地形识别能力,不断练习和训练以提高在未知环境下的导航能力。

2. 方向感和导航技巧

(1) 发展方向感

指北针使用:学习和熟悉指北针的使用,了解指针指向北方的原理,并在训练中学习使用技巧。

地标识别：训练识别周围的地标，如山脉、河流、道路等，以便在没有导航工具的情况下确认方向。

太阳和星星：利用太阳的位置和星星的方向来判断方向，特别是在没有指北针或需要确认北方位置时。

地形分析：学习分析地图上的地形特征，包括山丘、溪流、森林等地形对导航的影响，帮助确认方向。

(2) 导航技巧的训练

地图阅读与理解：学习阅读地图上的地形和控制点信息，练习在地图上标注和理解各种地图符号。

路线规划：训练制定最佳路线，结合地图特征和控制点分布确定最有效率的导航路线。

地形跟踪：在实地训练中结合地图信息，通过地形特征跟踪确定的路线，以加强地图和实际环境的结合。

控制点导航：训练找到并精确导航至控制点，通过定向训练在地图和实际场地上锻炼导航技巧。

速度与准确性平衡：在训练中追求速度和准确性的平衡，尽量在保证准确性的前提下提高导航速度。

(3) 训练方法与实践

模拟比赛：定向运动训练中进行模拟比赛，在模拟比赛中锻炼方向感和导航技巧。

实地训练：在不同地形和环境下进行实地训练，综合运用方向感和导航技巧。

持续练习与反馈：不断练习和训练方向感与导航技巧，及时获得教练或队友的反馈，不断改进。

团队合作：若是团队定向运动，团队成员间的配合和沟通也是提高导航技巧的重要一环。

赛前准备：在比赛前进行充分的实地考察和准备工作，熟悉赛道和控制点布置。

通过系统性地训练和实践，运动员能够提高自己的方向感和导航技巧。这需要持续努力和反复练习，同时在不同环境中的训练也能够更好地锻炼和提高这些技能。

3. 控制速度和姿势

(1) 控制速度的重要性

比赛中的平衡：控制速度是定向运动中的关键，需要在追求速度的同时保持准确性和导航能力。

适应环境：针对不同地形和控制点分布，控制速度，有时需要快速奔跑，有时则需放慢脚步。

(2) 训练中的速度控制

区分不同环节速度：在训练中区分出适合高速奔跑和需要缓慢行走、精确导航的部分。

模拟赛事：模拟比赛场景，在比赛模式下练习控制速度，提高在不同场景下的应对能力。

持续调整和优化：不断调整和优化速度控制策略，根据比赛要求和地形特点调整速度和姿势。

(3) 姿势对速度和导航的影响

跑步姿势优化：训练中培养正确的跑步姿势，提高舒适度和效率，减少疲劳。

提高效率：合理的姿势能够减少能量消耗，增加持久力和持续性，有助于提高效率。

适应地形：根据地形特点和导航需求及时调整姿势，避免地形变化导致速度下降或方向偏离。

（4）训练方法与实践

增加耐力：长时间的持续跑步训练能够增强跑步的持久性和耐力，提高长距离导航的能力。

控制节奏：训练中逐渐提高速度控制的节奏，包括快速冲刺和细致导航的相互衔接。

团队协作：若是团队定向运动，则团队成员之间的配合和协作，也有助于控制速度和姿势。

赛前准备：在比赛前进行充分的预热和热身训练，保持最佳身体状态，有利于控制速度和姿势。

通过不断地训练和实践，定向运动员可以更好地控制自己的速度和姿势，以达到在比赛中平衡速度和准确性的目标。这需要其持续的练习和努力，适应不同场景下的速度和姿势调整，以提高其定向运动的综合水平。

（二）装备与器材

1. 地图和导航工具

（1）地图精确标注控制点和地形特征

定向地图详细标注了比赛区域的控制点位置、地形特征、地貌、植被等，提供选手导航所需的关键信息（图 9.3.1）。

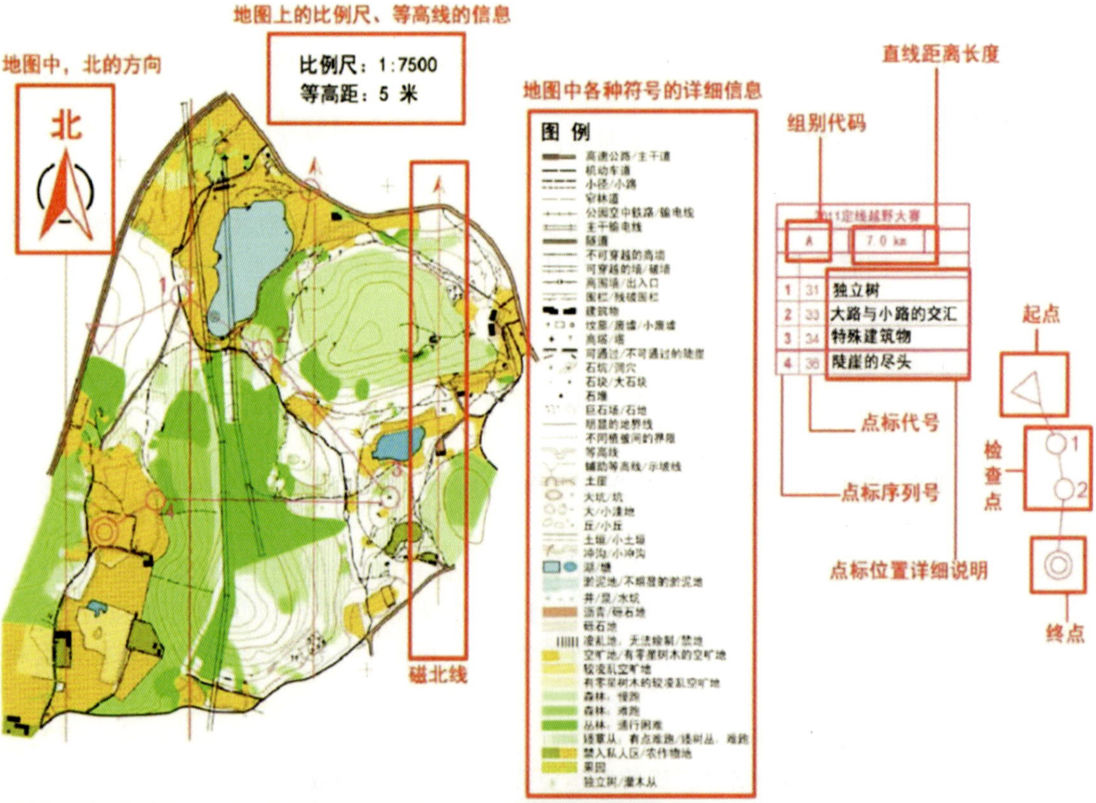

图 9.3.1　定向地图信息说明

专用地图符号和比例尺：使用特殊的地图符号和比例尺，使选手能够准确理解地形特征，并根据比例尺了解真实距离。

多层次细节信息：地图包含多层次的细节信息，如小径、树林、沟壑等，有助于选手作出更精准的导航决策。

（2）定向地图的使用方法

地图阅读与分析：选手需要仔细阅读和分析地图，了解控制点位置、地形特征和路线选择。熟悉地图符号对于正确理解地形至关重要。

路线规划：根据地图上的地形信息和控制点位置，选手规划出最佳路线，以最快、最有效率的方式到达各个控制点。

控制点识别：在比赛中，选手需要根据地图上的控制点信息，快速而准确地识别控制点，确认自己的位置。

调整和修正：如果在比赛中遇到未预料到的地形或控制点位置存在偏差，选手需要及时调整并修正自己的导航方向。

（3）训练中的地图使用

模拟比赛环境：在训练中使用定向地图模拟比赛场景，帮助选手适应真实比赛的地形和控制点分布。

导航练习：进行导航练习，让选手在不同地形下快速而准确地使用地图进行导航，找到控制点。

训练地图阅读技巧：针对不同地图符号和地形特征，进行地图阅读技巧的训练，提高地图识别能力。

（4）地图的实用技巧

持续训练和实践：不断使用地图进行阅读和导航练习，积累经验并熟悉地图的使用。

个性化标记和备份：一些选手可能习惯在地图上做个性化标记，标注出自己的路线选择和注意事项。此外，备份地图也是一个明智之举。定向地图作为定向运动中必备的工具，需要选手持续练习和实践，逐步提高地图阅读能力和在比赛中的应用水平。正确地使用定向地图是选手在定向运动中取得成功的重要因素之一。

2. 指北针和其他导航工具的使用

（1）指北针（图 9.3.2）的使用

方向判断：指北针是定向运动中常用的导航工具，用于判断方向。选手可以通过指北针确定自己的行进方向，有助于在地图上确定正确的导航路线。

校准方向：在使用指北针前，通常需要校准方向以确保准确显示北方，可以通过转动指北针外圈使指针指向地图上的地磁北方来完成方向校准。

图 9.3.2　标准指北针

指北针的功能及使用方法：指北针在地图导航中起到关键作用，用于标定地图，确保地图上的方向与实际场地的方向相一致。这是正确测量磁方位角的前提。在标定地图时，须将指北针的长尺边或底盘上的任意一条标尺线与地图上的任一磁北方向线相切。如果使用复印地图，可以选择指北针上的任意一条标尺线与地图上的任一坐标纵线相切；同时，确保地图上的前进方向箭头与实际地理北方一致。选手转动地图或调整身体的方向，使指北针的北端（通常为红色涂层的一端）指向中心指示线。这时，地图的方向与实际场地方向相符，表示地图已经成功标定。

注意偏差：需要留意磁场干扰和金属物体，它们可能影响指北针的准确度，导致偏差。

（2）其他导航工具的使用

GPS设备：GPS设备提供了更精确的位置信息，选手可以利用GPS追踪自己的位置，辅助导航并精确找到控制点。

电子指北针：有些定向运动员可能使用电子指北针，它们使用磁场传感器确定方向，能更精确地指示北方。

激光测距仪：有些运动员可能使用激光测距仪来准确测量距离和地形特征，这有助于更精确地规划路线。

（3）导航工具的使用技巧

多种工具结合使用：组合使用多种导航工具有助于提高准确性。例如，结合指北针和地图进行导航，可以更精准地确认方向。

熟悉操作：在比赛前确保熟悉导航工具的操作，这样可以更快速、更准确地使用这些工具。

备用计划：始终有备用计划，即使使用导航工具，也要有备用方案，以应对可能发生的设备故障或误差。

持续练习：持续训练使用导航工具，特别是在不同环境和地形下，以提高实际运用的熟练度。

（4）选择适合的导航工具

个人偏好和环境：不同选手可能有不同的偏好，选择最适合自己和比赛环境的导航工具。

实际应用：在训练中实际使用这些工具，了解它们的优势和局限性，以便在比赛中做出更明智的选择。

团队交流：如果是团队比赛，团队成员之间交流和分享导航工具的使用经验也非常重要。

以上导航工具在定向运动中发挥着重要作用，选手需要根据自己的需求和比赛场景，合理选择和熟练使用这些工具，以提高导航的准确性和效率。

3. 定向运动服装特点与要求

（1）舒适性和透气性

吸湿排汗：定向运动服应具有良好的吸湿排汗功能，能够迅速排出汗液，保持选手干燥舒适。

透气性：透气材料有助于空气流通，防止过度出汗和过热，使选手在长时间活动中保持凉爽。

（2）耐磨性和轻便性

耐磨材料：定向运动服装通常采用耐磨、耐用的面料，能够抵抗丛林、山地等复杂地形对服装的磨损。

轻便设计：轻巧的设计可以减少负担，增加舒适度和运动的灵活性，使选手更加专注于比赛。

(3) 弹性和适应性

弹性布料:具有一定弹性的面料可以提供更大的活动空间和舒适度,适应不同的运动姿势。

易于活动的设计:设计上应考虑到选手在定向运动中的不同动作要求,如蹲下、跳跃等,保证衣物不会限制运动。

(4) 易识别和可见性

鲜明颜色:选手穿着的服装应当有鲜明的颜色,有助于在森林、山地等复杂环境中更容易被其他选手或观众发现。

反光元素:服装上的反光设计有助于提高选手在光线暗淡的情况下的可见性,增加安全性。

(5) 多功能性和兼容性

多口袋设计:多口袋设计可以帮助选手方便携带地图、导航工具等必需装备。

兼容性:服装的设计要兼容背包、腰包等配备,确保选手能够方便携带装备并自如进行比赛。

(6) 安全性考虑

防护性能:针对不同环境,服装可能具有一定的防水、防风或防刺穿功能,确保选手在恶劣环境下的安全。

紧身度设计:适当的服装紧身度可以避免植被缠绕、挂钩等情况,减少运动中的意外。

定向运动服装在设计上要兼顾舒适性、耐用性和适应性,并符合比赛中的安全要求。

三、练会定向运动

(一) 地形分析训练

地形分析在定向运动中是至关重要的,因为选手需要快速、准确地识别和适应不同地形,并基于地形特征做出合适的导航决策。以下是训练地形分析的方法和步骤。

学习地形符号和图例:了解和熟悉地图上使用的符号,如山地、森林、河流、岩石等地形符号的含义和标志。

1. 实地考察和训练

实地探索:在不同类型的地形中进行实地训练,包括山地、森林、沙漠、湿地等,熟悉不同地形的特点。

地形识别:练习通过地图和实地结合识别和理解各种地形特征,如坡度、地势高低、植被覆盖等。

不同环境训练:在不同的天气条件和光线下进行训练,了解不同环境对地形分析的影响。

2. 地形导航训练

控制点分析:根据地图上标记的控制点,练习在不同地形中找到最佳的路线和路径。

高低差适应:训练应对高低起伏地形的技能,包括上下坡的处理和影响速度的高低差。

适应复杂地形:针对复杂地形(如岩石、河流等)进行训练,学会在这些地形中进行快速而准确地导航。

3. 团队训练和实战模拟

团队合作：若是团队定向运动，进行团队训练，通过团队协作适应不同地形的特点。

模拟赛事：进行模拟比赛或实战模拟，考验选手在不同地形下的分析和应对能力。

4. 持续改进和反馈

观察和总结：在训练中观察和总结，不断改进自己的地形分析能力，并且借助教练或队友的反馈做出改进。

地形分析训练需要综合运用地图技能、导航能力和环境适应能力，通过不断地实地训练和团队合作，运动员可以提高对于各种地形的分析能力，并能更好地应对比赛中的复杂地形环境。

（二）地图模拟训练

地图模拟训练是定向运动中一种重要的训练方法，它允许运动员在模拟比赛环境下练习地图阅读、路线规划和控制点导航。

1. 地图模拟赛事

模拟比赛环境：设计模拟比赛赛道，设置控制点和起终点，并在模拟赛事中模仿真实比赛的场景。

使用真实地图：使用真实赛事场地的地图进行模拟训练，保证训练的真实性和准确性。

2. 训练内容和目标

地图阅读：提供地图给选手，让他们根据地图信息规划最佳路线、辨别地形特征和控制点位置。

实战导航：选手在模拟比赛环境下进行实战导航，寻找并精确到达设置的控制点。

3. 训练流程和实施方式

规定时间：设置规定的时间让选手在模拟赛事中完成任务，鼓励他们在有限时间内高效率地完成导航。

反馈和评估：比赛结束后，提供反馈和评估，包括时间、导航精确度、路线选择等方面的评价，帮助选手了解自己的表现。

4. 不同模拟训练方式

个人训练：单独进行地图模拟训练，以提高个人的地图阅读和导航能力。

团队比赛：将多人分组进行地图模拟训练，增强团队协作和沟通能力，在比赛中协作完成任务。

5. 模拟训练的优势

准确性和实践性：模拟比赛提供了接近真实比赛环境的实践机会，有助于提高选手在真实比赛中的应对能力。

反复训练：可以通过多次模拟训练，反复强化选手的地图阅读、导航和快速决策能力。

风险控制：相较于真实比赛，模拟训练可以更好地控制风险，使选手在更安全的环境下进行训练。

地图模拟训练是定向运动中一种非常有效的训练方法，可以帮助选手在模拟比赛中提高地图阅读和导航技能，为真实比赛做好充分的准备。

（三）比赛模拟训练和策略讨论

比赛模拟训练和策略讨论是定向运动中重要的训练方式之一，能够帮助选手熟悉比赛情境并制定最佳策略以应对不同的挑战。

1. 比赛模拟训练

模拟比赛环境：选择比赛场地或类似地形进行训练，设置起点、控制点和终点，模拟真实比赛环境。

设定时间限制：根据比赛规则设定限定时间，使选手在规定时间内完成任务。

实地导航：选手根据地图信息在模拟比赛中进行实地导航，在规定时间内找到并到达控制点。

2. 策略讨论与改进

路线规划：分析地图和地形，讨论最佳路线，结合控制点位置制定最有效率的导航策略。

团队协作：若是团队定向运动，进行团队策略讨论，探讨最佳的团队合作方式和分工策略。

反馈和调整：比赛模拟结束后进行讨论，总结经验教训，发现问题并提出改进方案。

3. 训练的优势和目标

模拟比赛情境：帮助选手适应比赛压力和环境，提前感受比赛紧张氛围，增强应对压力的能力。

策略优化：通过模拟比赛讨论和反馈，不断优化比赛策略和导航方案，提高选手的比赛表现。

集体讨论：提供团队集体讨论的机会，促进选手之间的交流和思想碰撞，有利于团队整体水平的提高。

4. 不同类型训练和实践

个人比赛模拟：个人选手进行模拟比赛训练，提高个人的比赛应变能力和导航技巧。

团队协作训练：针对团队定向运动，进行团队比赛模拟，培养团队的协作和配合能力。

反复练习：反复进行模拟训练，增加比赛模拟的次数，使选手更加熟悉比赛场景和策略应对。

比赛模拟训练和策略讨论为选手提供了实战经验和团队交流的机会，有助于提高选手的比赛表现和团队整体实力。这种训练方式能够更好地为比赛做准备，使选手在真实比赛中更从容、更自信地应对挑战。

（四）技术指导与个体训练

技术指导与个体训练在定向运动中是非常重要的，它涉及个人技术的提升和针对性训练。

1. 技术指导和评估

个人评估：对选手的技术水平进行全面评估，包括地图阅读、导航能力、速度控制和姿势等方面。

技术指导：为个人提供专业的技术指导，针对评估结果制订个性化的训练计划。

2. 个体训练计划

个性化训练：根据选手的水平和目标制订个性化的训练计划，包括提高地图阅读、导航技巧和速度控制等方面。

强化技术：集中针对选手在技术上的薄弱点进行有针对性的训练，帮助其提高相关技能。

3. 技术训练内容

地图阅读和分析：针对地图符号和控制点进行细致训练，提高选手的地图识别和理解能力。

导航技巧练习：练习在不同地形下的导航技巧，包括快速路线规划、控制点识别和高效率地导航。

速度控制和姿势优化：个人训练中注重速度控制和姿势优化，提高选手在不同地形下的灵活性和适应性。

4. 持续反馈和调整

持续跟踪和评估：对个人训练成果进行持续跟踪和评估，及时发现问题并进行调整。

技术细节训练：不断针对技术细节进行训练，强化个人技能，包括地图细节、控制点识别等。

四、 定向运动竞赛规则

【竞赛规则】

教学相长

一、 课程思政元素

定向运动不仅是一项体育活动，更蕴含着丰富的思政教育元素。通过定向运动的教学与实践，可以培养学生的集体荣誉感和团队协作精神，让学生在跨越自然障碍的过程中学会互助合作。同时，定向运动要求选手在不确定环境中快速做出决策，这培养了学生的独立思考和应急处理能力。在寻找正确路线的过程中，学生应学会如何面对困难和挑战，不断优化自己的策略，这是对学生毅力和解决问题能力的锻炼。定向运动还涉及环境保护的教育，选手在赛事中须注意保护自然环境，培养环保意识。此外，定向运动强调诚信竞赛，不迷失方向的同时，也引导学生在生活中树立正确的价值观和道德观。

二、 定向运动教学大纲

【教学大纲】

教学思考

(1) 定向运动如何培养学生的团队合作精神和集体荣誉感？

(2) 在定向运动中，学生需要做出哪些快速决策？这对他们未来的独立思考能力有何影响？

(3) 学生在定向运动中如何面对挑战和困难？这对他们问题解决的能力和培养毅力方面有何促进作用？

(4) 通过定向运动，学生如何学习到环境保护和诚信竞赛的重要性？这些教育如何转化为学生的日常行为准则？

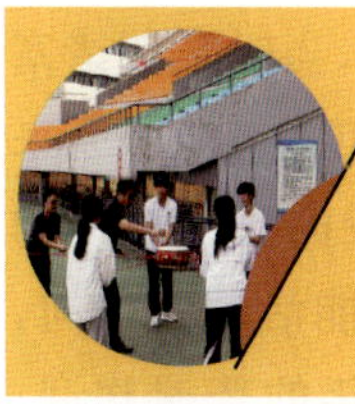

第四节 户外拓展训练

教学目标

（1）价值塑造：户外拓展训练通过崇山峻岭、瀚海大川等自然环境让学生体验大自然的美好，加深对人与自然和谐共生理念的理解。同时，在户外拓展训练中塑造学生的世界观、人生观、价值观。深刻体会团队协作的重要性，培养集体荣誉感和团队合作意识，提高实践和创新能力；提高学生的人际交往能力，增进学生之间的相互了解和信任，培养拼搏奋斗精神，最终提高学生的综合素质。

（2）能力培养：户外拓展训练需要学生具备综合的身体素质，通过专业的训练，学生的力量、耐力、灵活性、身体协调能力、柔韧性得以提高。培养学生在复杂多变的环境下，学会冷静、独立思考、快速决策，对学生在未来的工作和生活中将产生积极的影响。

（3）知识传授：介绍户外拓展训练的基本理论知识，帮助学生了解学习拓展训练的目的及意义。身临其境学习到生态系统、地理及气候知识，掌握生存技能、烹饪技能、露营技能、徒步技能、安全急救技能，学会户外装备的使用和保养方法，确保学生能够在户外活动中正确使用装备。

教学内容

【在线习题】

一、认识户外拓展训练

（一）户外拓展训练概念

户外拓展训练又称“外展训练”，是以自然环境为依托，采取专门设计的具有挑战性的训练项目，让学生通过这些训练项目经历心理挑战的磨炼，树立战胜困难的信心；同时给学生搭建一个认识的平台，在这个平台上大家充分体验个人与团体之间的关系，通过团队学习感受团队文化给自己带来的价值，建立团队成员之间的开放心态和相互信任。

（二）户外拓展训练起源与发展

户外拓展训练，起源于第二次世界大战。英国的海上商船被德国潜艇不断攻击，多数船只被击沉后大批船员葬身大海，仅有少数船员经历磨难漂到孤岛后得以营救。后经调查采访发现往往是那些心理素质较好，具有强烈团队合作精神的船员成为幸存者。人们对这一现象进行了分析和研究，得出当灾难来临时往往依靠的不只是体能，更重要的是坚强的心理素质这一结论。德国学者库尔特・汉恩（Kurt Hahn）根据这一研究结论提出了“户外拓展训练”的理念，并在1941年创办了第一所对海员进行专业训练的学校，后来训练对象由海员扩大到军人、学生、工商业人员等群体。训练目标也由单纯体能、生存技能训练，扩展到心理训练、人格训练等。

1962 年，乔什・曼纳(Josh L.Miner)将户外拓展训练引入美国。1971 年，当时马萨诸塞州的密尔顿韦恩哈姆高中的校长皮赫(Jerry Pieh)将户外拓展训练与学校制度结合，把原来仅能在户外实施的冒险性活动(如攀岩、登山、露营等活动)，简化、改良成在校内也可进行的活动课程，只需简单的教具，或甚至不用教具都可操作；并且由原来只强调体能活动的取向，转为培养个人成长与团队动力、团队效能的学习与探讨取向，受到了广大青年的普遍欢迎。"全美教育普及网络(NDN)"将该学校的课程大纲评选为优秀教育大纲。

1995 年，户外拓展训练引进中国，逐渐成了学校素质训练的重要内容。1999 年，经历 4 年的发展和提高后，清华大学、北京大学将户外拓展训练纳入 EMBA 课程体系，让学生到拓展培训公司参加拓展活动。随后，中山大学岭南学院、浙江大学、暨南大学等学校在 MBA/EMBA 课程中也纷纷把户外拓展训练作为指定课程内容。

二、 学会户外拓展训练

【视频讲解】

(一) 户外拓展训练的装备

1. 导航与定位装备

(1) 指北针

指北针通常由磁针和磁性指北针构成，其制造材料多为高品质的钢材，确保稳定性和准确性。指北针主要包括经典的磁性指北针和液体指北针。在拓展训练中，指北针主要用于定位和导航。参与者利用指北针确认方向、规划路线，并在户外环境中定位。此外，在参与者迷失方向或无法确定位置时，指北针能提供可靠的定向指引。指北针以其简单可靠的特性著称，在户外环境中展现出卓越的准确性和稳定性，为参与者提供了重要的方向指引和定位支持。其作为导航工具在拓展训练中发挥关键作用，培养参与者的定向能力和团队合作，帮助他们适应不同环境并成功完成任务。

(2) 地图

地图是对地理区域的图形化描述，通常包含地形、道路、水源和其他地理特征。在拓展训练中，地图扮演着导航和规划路线的关键角色。参与者学习如何解读地图，确定位置并制订行动计划。利用地图，训练人员可快速了解地理环境，预测地形和地势，有助于做出明智的路线选择。在户外探险中，地图是指引探险者前进方向、确认位置和寻找资源的关键。

2. 安全与应急装备

(1) 求生哨

求生哨的高音频哨声能够在野外环境中传播很远，用于发出紧急信号或吸引救援人员，为参与者在意外情况下提供急救信号并维持安全。求生哨是一种设计紧凑、轻便的应急工具，通常由耐用的塑料或金属制成，具备防水设计以应对恶劣天气。

(2) 电筒

户外拓展训练中常用的电筒通常采用轻量化且耐用的材质，如航空铝合金或高强度塑料。其设计注重便携性和耐用性，外壳常具有防水、防震和防摔的特性，以适应各种恶劣环境。电筒的尺寸和重量因不同型号和用途而异，通常为手持大小，方便携带并轻松存放于口袋或背包中。在户外拓展训练中，电筒是多功能的工具。首先，它能提供强而明亮的照明，确保在夜间或光线不足的环境中能够清晰观察周围情况。其次，作为安全工具，电筒可用于检查地形、寻找路标或避开障碍物，有助于减少意外发生。

(3) 求生刀具

求生刀具是户外探险和拓展训练中至关重要的工具，通常由高品质不锈钢或碳素钢制成，因其耐腐蚀和耐用性而备受青睐。求生刀具在拓展训练中有多种用途，它可用于制作庇护所、处理木材、食物加工，甚至紧急情况下的自卫或意外处理。刀刃的精准性也使其可用于简单修理，如清理鱼类、制作急救用品或进行简单的修理。

(4) 绳索

绳索在户外拓展训练中是至关重要的工具，常采用尼龙、聚酯纤维等耐用材料制成，以确保其强度和稳定性。绳索根据不同用途和环境需要，有不同直径和强度等级的选择。绳索在训练中具有多重用途，它可用于攀登和索道等团队建设活动。例如，用绳索搭建桥梁模拟团队合作，也可以作为安全装备，绳索用于绑扎、固定或拉拽，在野外救援或搭建帐篷时发挥重要作用。另外，绳索也可用于制作简易吊床或担架，提供急救支持。

3. 基本生存工具及装备

(1) 蒸馏器皿

蒸馏器皿常采用耐热玻璃或不锈钢等高品质材料制成，以确保其耐用性和高温适用性。首先，蒸馏器皿的主要用途之一是净化和消毒水资源。在户外环境中，蒸馏器皿通过蒸发和冷凝过程，有效去除水中的杂质、微生物和有害物质，提供安全可饮用的水源。其次，蒸馏器皿也可用于制取纯净水，供给基本生活需求，如烹饪或饮用。在户外拓展训练中，蒸馏器皿是保障水资源安全和健康的关键工具，为户外拓展训练参与者提供了安全的水源，以支持其在野外环境中的活动和生存需求。

(2) 生火工具

户外拓展训练中的生火工具涵盖多种设备，主要包括打火石、火柴、火钳和火棉等。这些工具常用材质包括镁合金、硬木、金属和聚乙烯等，以确保其耐用性和易点燃性。这些工具的关键用途之一是提供可靠的火源。无论是应对急需照明的情况，还是在户外环境下保持温暖和烹饪食物，这些生火工具都能提供可靠的火源。另一个重要用途是作为信号工具，向搜救队或队友发出紧急信号。在户外拓展训练中，参与者能够应对不同环境的湿度和温度，确保安全、温暖和获得必要的照明。

(3) 登山鞋

登山鞋在户外拓展训练中是不可或缺的装备，这些鞋常采用高品质的防水皮革、尼龙和橡胶等材料制成，以确保其防水、耐磨和抓地能力。登山鞋在户外拓展训练中的主要用途之一是提供稳定和支撑，尤其在崎岖不平的地形和多变天气下。其专业设计和防滑鞋底为参与者提供了良好的抓地力和稳定性，帮助其应对各种地形和环境挑战。登山鞋作为户外探险必备装备，为探险者提供了稳定性和舒适性。

(4) 背囊

背囊通常采用高强度尼龙、聚酯纤维及耐磨材料打造，以确保舒适性和耐用性。背囊的主要用途之一是提供有效的储物和携带功能。其设计合理的多功能隔间、侧袋和挂绳系统，能有效分隔存放装备，提供快速获取所需物品的便利性。另外，背囊也扮演着负重分散和舒适支撑的重要角色，调节系统和背部支撑设计有助于减轻背部压力，确保长途跋涉中的舒适性和稳定性。

(5) 帐篷

帐篷作为户外拓展训练中的核心装备之一，为探险者提供了重要的遮风挡雨、休息和团队互动的关键支持。户外拓展训练中常见的帐篷包括穿梭帐篷、圆顶帐篷和隧道帐篷等型号。这些帐篷通常采用高强度聚酯纤维、尼龙和涤纶等耐用材料制成，具备防水、抗风和耐用的特性。帐篷的主要用途之一是提供临时避难和睡眠场所，为参与者提供安全的休息和避雨场所。

(6) 睡袋

睡袋作为户外拓展训练中的关键装备之一，为探险者提供了重要的保暖和舒适感，帮助他们在野外环境中度过夜晚并保持身体健康。在户外拓展训练中，睡袋涵盖多种型号，包括矩形睡袋、巢状睡袋和婴儿睡袋等。这些睡袋通常采用高科技聚酯纤维、羽绒或合成绒等材料制成，具备保暖、防水和轻便的特性。不同型号和材质的睡袋适应了不同的环境和季节需求，有效保温和便携性使其成为户外探险中重要的生存装备。

(7) 炊具

在户外拓展训练中，炊具主要包括炉头、锅具和餐具。常见的炊具材质包括铝合金、不锈钢和钛合金，其便携性和耐用性确保了在野外环境中的长期使用。炊具的重要用途之一是提供户外食物烹饪和加热水源，它们可用于烹饪各类食物，从简单的速食到热饭菜，也能够煮沸水用于饮用或食品准备。另外，炊具在户外环境中促进了团队合作和食物分享，增强了团队的凝聚力和互助精神。

(8) 水壶

户外拓展训练中的水壶多种多样，常见型号包括便携式不锈钢水壶、轻量铝合金水壶及高级钛合金水壶等。不同型号和材质的水壶满足了不同环境下的需求，它们的主要材质确保了耐用性和轻便性，帮助他们在野外环境中安全度过探险旅程。

(二) 户外拓展训练基本技术

1. 导向与定位技术

户外拓展训练中的导向与定位技术是参与者在野外环境中的重要技能之一，这项技术需要参与者适应自然环境，使用一系列装备和技术手段来确认方向、识别位置并导航。基本的装备通常包括指北针、地图及电子定位设备。

导向与定位技术要点主要围绕着熟悉导航工具的使用和地形地貌的识别。参与者需要掌握如何使用指北针准确确定方向，并结合地图进行定位。此外，还需要学会观察周围环境，识别地标、地形特征和自然迹象，以便更精准地确认位置。导向与定位技术的精髓在于将工具与环境特征相结合，进行准确导向和定位。通过这项技术，参与者不仅能够在野外环境中准确定位自己的位置，还能够规划最佳路径、避开障碍，甚至在迷失方向时找回正确的路线。

2. 露营技术

熟练运用露营装备是户外活动中必备的关键技能，确保参与者能够有效而安全地应对野外环境。户外拓展训练中的露营技术是参与者在户外生存和舒适过夜的关键技能。这项技术需要参与者适应野外环境,依赖于一系列装备和学习关键的露营技术要点。露营装备通常包括帐篷、睡袋、防潮垫、炊具、野餐用具等。参与者需要掌握帐篷搭建技巧,选择合适的露营地点并搭建坚固的帐篷。同时,参与者也需要了解睡袋的保暖性和舒适性,以及正确使用防潮垫,保护身体免受潮湿和寒冷。

露营技术要点主要包含两个:露营地点的选择和帐篷搭建。了解地形地貌、避开可能的危险区域、选择平整干燥的地面是确保露营地安全和舒适的关键。此外,正确搭建帐篷和设置防潮垫有助于保持温暖和舒适。在团队配合过程中,参与者需要彼此合作共同完成露营的准备工作。团队成员可以分工合作,一组负责帐篷搭建,另一组负责准备炊具和食物。通过团队配合,能够高效完成露营所需的各项准备工作,确保全体成员在野外环境中安全、舒适地度过夜晚。

3. 徒步行进技术

户外拓展训练徒步行进中,正确的呼吸方式对于保持体力和精神状态至关重要。深呼吸、均匀地呼吸有助于提供足够的氧气,缓解疲劳,维持合理的身体节奏,有助于提高行走效率。

呼吸要点:

(1) 深呼吸与步伐配合:通过深呼吸补充足够的氧气,缓解疲劳。在每次踏步时,参与者应深吸气,让呼吸与步伐保持协调,避免过浅或过快的呼吸。

(2) 鼻腔呼吸:鼻腔呼吸有助于过滤空气,增加氧气吸收。建议参与者采用鼻子进行深呼吸,尤其是在高原等特殊环境中,能更好地适应氧气稀薄的情况。

(3) 循序渐进的呼吸节奏:根据行进速度和身体状态,参与者需要调整呼吸节奏。在上坡或加速行走时,加大深呼吸频率,确保肺部充分供氧;在平地或下坡时,适当减缓呼吸节奏,保持节奏稳定。

(4) 定期的深呼吸暂停:每隔一段时间,特别是在连续行进后,建议参与者暂停一小段时间进行深呼吸。这有助于恢复体力和提高注意力,避免疲劳累积。

4. 安全技术

户外拓展训练中的安全技术涵盖了绳结技术和保护组技术。在户外生存拓展中,绳结的打结类型和使用方法是确保团队安全的基本手段。绳结的作用主要是固定、连接和支撑,确保装备和行动稳固可靠,而保护组技术则是通过团队协作实现的保护措施。

绳结的打结类型和使用方法:

(1) 蝴蝶结:用于绳索中间的连接,适合制作中绳结。

(2) 八字结:用于绳索结尾的固定,是常用的安全结。

(3) 倍身八字结:用于承受更大力量的固定结。

(4) 半滑索结:用于攀爬时的自保结,可随时调整绳索位置。

户外拓展的保护组技术通常包括以下角色:

(1) 安全员:负责整个活动场地的安全检查,确保活动区域没有潜在危险。他们负责检查绳索、工具和装备是否完好,场地是否安全,为整个团队提供安全保障。

(2) 主保护:是攀登者的主要保护者。负责控制绳索,确保攀登者的安全。他们负责控制攀登者的上升和下降速度,同时在发生意外情况时提供紧急保护。

(3) 副保护:通常在团队攀登时担任辅助保护角色。他们在主保护者之下,作为备份保护,确保攀登者的双重安全。

(4) 收绳员:负责收取主保护者的绳索。在攀爬者到达目的地后,收绳员协助将绳索收回,确保绳索整洁,以便下一次使用。

每个角色都在团队中发挥重要作用,紧密协作以确保整个团队的安全。这些角色配合默契,负责不同的任务,共同确保户外活动的顺利进行,并在可能发生的意外情况下提供及时的支持和保护。

5. 户外饮食

户外拓展训练中的户外饮食是确保参与者在野外活动期间获得足够营养和能量的关键。户外饮食的工具通常包括便携式炊具、燃料、餐具和食品储备。炊具应当轻便耐用,燃料可靠易携带,食品应轻便易储存。

饮食安全方面的注意事项包括:

(1) 食品储存和处理:参与者需要保持食品干燥、防潮和避免受到污染,避免不当的储存或处理而导致食品变质。

(2) 饮水安全:参与者需知晓野外水源的净化方式,或携带足够的饮用水。避免饮用未经过滤或消毒的野外水源,以预防水源污染引发的健康问题。

在团队配合过程中,参与者需要合理分工协作。一部分团队成员负责炊具的携带和燃料的管理,另外一部分负责食品的储备和食物的准备,团队协作能确保户外饮食的顺利进行。

户外饮食的重要性在于对食品选择、储存和处理的技能,以及团队协作的能力。参与者需要在户外环境中正确选择和储备食品,合理安排饮食计划,确保团队成员在野外活动期间获得足够的能量和营养。学习这项基本技能,不仅提高了参与者的生存自给能力,也加强了团队协作和责任分工的意识,为参与者的户外体验提供了基本保障。

6. 户外伤病与急救

户外拓展训练中的一些项目具有高度危险性,外界环境变化无常,各种意外会不期而至,因此完善的应急救援体系是教学活动得以顺利进行的保障。户外伤病与急救需要参与者了解急救装备的使用和基本急救程序,应对意外伤害和疾病的紧急情况。

急救装备通常包括急救包、绷带、消毒剂、止血带、创可贴、冷敷包等,这些装备能够应对常见的轻伤、割伤、擦伤和扭伤等。

当涉及户外伤病与急救时,步骤和注意事项非常重要。以下是急救顺序的详细步骤:

(1) 评估现场:确保自己和伤者的安全,评估可能的危险情况;检查伤者意识和呼吸状态;查看身体是否有明显外伤或异常。

(2) 求救和报警:如伤者状况严重,立即报警求救,提供准确的位置和伤者状况描述。

(3) 提供基础急救:控制出血,使用止血带或直接压迫止血点;呼吸道处理,确保呼吸通畅,如有需要,进行人工呼吸;恢复呼吸或心跳,进行心肺复苏术。

(4) 处理伤口:清洁伤口,用消毒剂清洁伤口,防止感染;包扎,使用绷带或创可贴包扎伤口,保护伤口不受污染。

(5) 保持伤者状态稳定:将伤者置于舒适位置,保持体温,避免伤势恶化;继续观察伤者状况,提供心理支持。

(6) 等待医疗救援:如伤势严重,应等待医疗救援的到来。

在团队配合中,应遵循以下注意事项:确保团队成员了解基本急救程序,能够有效应对紧急情况;分工协作,有人负责报警求救,有人负责进行急救处理,保持沟通和协作,提高救援效率;要定期复习急救知识,不断强化团队成员的急救意识和能力。

三、练会户外拓展训练

(一) 团队合作训练

户外拓展训练尤其强调团队精神,通过训练能够培养团队成员间的责任感与参与意识,树立相互配合,相互支持的团队精神。

1. 团队合作竞赛小游戏

游戏规则:两人一组,每人脚下放一个呼啦圈,学生需绕呼啦圈半周将手中的网球递给对面成员,双方左右手交替对接。学生不可踩到呼啦圈,在最短时间内对接次数满十次者获胜。这个游戏不仅能初步筛查学生体能状况,还能增进成员间的相互了解,体验换位思考、相互配合,培养学生相互包容、相互信任、相互尊重的优良品质。

2. 信任背摔

项目简介:每位队员轮流站在 1.7 米左右高的背摔台上,背对着大家。小组其他成员在其身后用双手保护,接住倒下的学员。接人者右弓步,双手伸出,手掌掌心向上交叠放在对方锁骨上(要注意五指并拢、拇指不能向上),一组的两个人要将脚和膝盖贴紧,腰挺直,抬头斜向上 45°看背摔者。背摔者手部的准备动作为前伸、内翻、相扣、翻转抵住下颚。绑带后,背摔者站在站台上脚跟并拢、膝盖绷直、腰挺直、含胸、低头、手抵住下颚,准备背摔。有利于建立团队内部的信任感,理解信任和承诺的重要性和力量;学习换位思考,更好地理解他人;学习如何排除杂念,保持良好的学习状态。

(二) 户外拓展基本技能训练

1. 常用绳结系法练习

(1) 八字结:把绳子对折成两条等长的部分,将其中一端固定在固定点上;将另一端穿过固定点,向上拉出一个 U 形;将 U 形部分绳子向下翻转并再次穿过 U 形中间;将两端分别拉紧即可完成八字结。

(2) 布林结:在绳索的中间打一个绳环,将绳头穿过绳环的中间,绕过主绳,再次穿过绳环,将打结处拉紧便可完成。

2. 常用绷带包扎方法

(1) 绷带“8”字形包扎法:伤口用无菌或干净的敷料覆盖,固定敷料;包扎时从腕部开始,先环形缠绕两圈;手腕呈“8”字形缠绕;最后将绷带尾端在腕部固定。

(2) 环形包扎法:选择合适的绑带宽度;将初始位置的绷带一角漏出,先缠绕 1 圈后露出部分内折,再环扎 2～4 圈;用胶布固定或将绷带留出适当长度,对半剪开末端反折,打结固定。

教学相长

一、 课程思政元素

本课程的思政融入点通过讲解1954年长江流域发生大洪水，武汉人民齐心协力，日夜奋战，最终战胜了洪水的侵袭。通过讲述武汉人民团结一心战胜洪灾的历史背景，结合如高空断桥、孤岛求生等户外拓展项目，使学生通过了解中国近代历史发展，引导学生理解“乘风破浪”意味着面对困难时要勇敢前行，不畏艰难。阐述“不畏艰险”是面对挑战时要保持坚韧不拔的精神。解释“勇往直前”是追求目标时要持之以恒，不懈努力。在实践中检验理论，从危机下磨砺意志，磨炼学生勇于面对挑战，冷静面对困境，迎难而上、不畏挑战的精神品质。培养学生立鸿鹄志、做奋斗者的精神，做到理想坚定、信念执着、不怕困难、团结合作、勇于开拓、顽强拼搏、永不气馁。用一颗勇于拼搏、勇敢担当的心投入户外拓展训练中，不断突破自我，激发学生强国兴国的志向，达到塑身强心、立德树人的教学目的，全面提高学生综合素质能力，使学生在潜移默化之中接受思政教育。

二、 户外拓展训练教学大纲

【教学大纲】

教学思考

（1）户外拓展训练的目标是什么？它如何帮助个人和团队成长？

（2）在未来的学习和工作中，你将如何运用你在户外拓展训练课上所学到的知识和技能？

（3）通过户外拓展训练，你认为哪些因素对团队的成功至关重要？例如，领导力、沟通、协作、创新思维等。

第五节 自卫防身术

教学目标

（1）价值塑造：通过学习自卫防身术，增强学生的自卫防身意识、预防能力，增强学生自信心。

（2）能力培养：全方位提高学生身体素质、临场应变能力和自我保护的能力，培养学生在面对危险时沉着冷静、机智勇敢的意志品质。

（3）知识传授：从零运动基础开始，循序渐进，激发本能的反应，以柔克刚，变弱为强。

教学内容

【在线习题】

一、 认识自卫防身术

自卫防身术，是中国武术当中应用于个人自我防卫的一种技术，自卫防身术不是一种运动，它是武术中的一项实战，是在我们受到不法侵害时或者即将要受到不法侵害时，为摆脱或反击歹徒而进行防身自卫的一种防卫能力。

自卫防身术，是结合武术、拳击、摔跤、柔道、跆拳道、空手道、擒拿格斗等武术技击方法，以制服对方、保护自己为目的的专门技术。自卫防身术中的奇妙招法，实质上是中华武术的精华"集锦"。它把武术中各种适合实践应用的招法分离出来，经过摘编、加工、提炼、创造、完善，使其成为一种散招，并具备简单、实用、易记、易学的特点。

目前，自卫防身术还未开展任何等级的比赛，国家只针对武术散打、拳击、跆拳道、柔道、摔跤等项目有专业性赛事。

二、 学会自卫防身术

【视频讲解】

（一）站姿及基本拳法

1. 站姿

格斗式站姿(图 9.5.1)：两脚前后开立，重心在两腿之间，含胸收腹，右手贴于耳边，左手肘关节夹角为 90°，拳与鼻同高，目视前方。

动作要点：动作规范，两手紧护躯体，保护好身体最薄弱部位。

2. 基本拳法

(1) 直拳(图 9.5.2)：直拳由脚蹬地发力，转腰送肩同时拳内旋 90°直线向前冲出，力达拳面。

图 9.5.1　站姿

(a)　(b)

图 9.5.2　直拳

(a)左直拳；(b)右直拳

动作要点：后脚蹬地发力同时转腰借力，将力传到肩膀，再到手肘，力达拳面，快速冲出，最后恢复格斗式站姿。

(2) 摆拳(图 9.5.3):上体微转,同时拳向内成平面弧形横击,力达拳面。

动作要点:以腰发力,力达拳面或偏于拳眼侧面。

易犯错误及其纠正方法:摆拳幅度过大。纠正时,面对镜子或有同伴帮助,消除只想用力的心理,严格体会摆拳的运行路线,待动作基本定型后再加大动作力量。

(3) 勾拳(图 9.5.4):上体微转,重心略下沉,发力于腰,拳由下向前上方勾击,力达拳面。

图 9.5.3　左摆拳

(a)　(b)

图 9.5.4　勾拳

(a)上勾拳;(b)下勾拳

动作要点:勾拳需要蹬地、转腰发力,发力由下向上勾击,劲力顺达。

易犯错误及其纠正方法:勾拳向外绕行。面对镜子,不追求用力,重点体会拳的运行路线。

(二) 基本腿法

(1) 鞭腿(图 9.5.5):以右腿为例,身体左转 90°,同时右腿以大腿带动小腿前摆,扣膝绷脚,随即向前挺膝鞭甩小腿,力达脚背至对方小腿下端。

动作要点:力从腰发,以腰带动大腿到小腿,力达脚背。

易犯错误及其纠正方法:脚背放松,膝盖内扣,力点不准,容易受损伤。纠正时,按动作要领多做绷脚背练习,鞭腿击打脚靶等物,体会击打时脚背的肌肉感觉和力点。

(2) 正蹬腿(图 9.5.6):以右腿为例,身体重心前移至左腿,右脚屈膝前抬勾脚向前蹬出,髋微前送,力达脚掌。

图 9.5.5　鞭腿

图 9.5.6　正蹬腿

动作要点：屈膝过腰，爆发有力，力达脚掌。

易犯错误及其纠正方法：提膝不过腰，髋、踝关节放松，力不顺达。纠正时，上体直立，多做提膝靠胸练习和左右转换的蹬脚练习，注意挺髋并稍前送。

(3) 弹腿(含勾脚)(图 9.5.7)：以右腿为例，身体重心前移至左腿，右脚屈膝向上用力弹出，左脚既可绷直也可勾脚，力达脚背或脚尖。

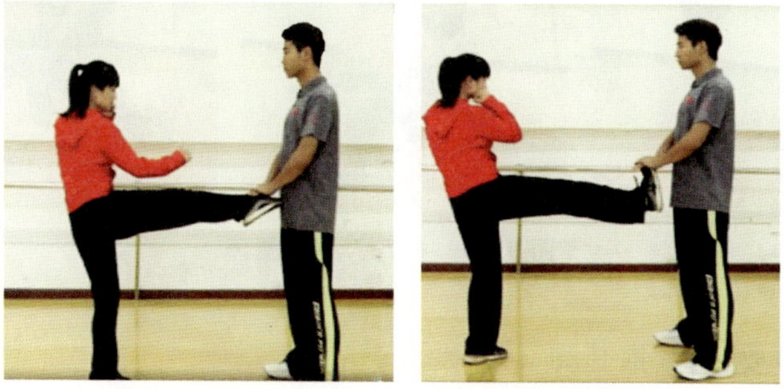

(a)　　　　(b)

图 9.5.7　弹腿(含勾脚)

(a)弹腿(绷脚尖)；(b)弹腿(勾脚尖)

动作要点：此腿法攻击对方下身，要屈膝蓄力，弹出时快速有力，击中点准确。

易犯错误及其纠正方法：未蓄力，力不顺达。纠正时，按动作要领多练习两种弹腿方式，弹腿击打脚靶等物，加强力量与速度练习。

(三) 摔法技术

(1) 接(抱)腿摔(图 9.5.8)：当对方用右腿进攻肋部时，立即双手接腿，接腿同时迅速上右脚贴近其左脚，再将左脚撤至后方，弯腰翘臀，致使对方倒地。

图 9.5.8　接(抱)腿

动作要点：抱紧其腿，上步撤步弯腰翘臀一气呵成，迅速有力。

易犯错误及其纠正方法：①抱腿不紧。纠正时，要求接抱腿时抄抱对方腿的膝关节以上部位，并贴近自己的肋部，使其不能逃脱。②摔不倒对方。纠正时，强调步法和腰腹力量要加强，这样有利于弯腰翘臀发力。

（2）接（抱）腿旋腿摔（图 9.5.9）：当对方正面蹬踹时，迅速抱其脚，向内，自下向上划弧发力致其向后摔倒。

图 9.5.9　接（抱）腿旋腿摔

动作要点：反应要快，紧抱其脚，快速发力。

易犯错误及其纠正方法：未抱紧脚，致使其逃脱，发力速度不足。纠正时，和同学搭档时多练习，应强调提拉、旋转与转腰配合一致。

（四）挣脱法技术

1. 被人单手抓住单手

将手掌打开，以拇指为引领，将拇指旋转至对方虎口方向，快速发力从对方虎口处出来（图 9.5.10、图 9.5.11）。

图 9.5.10　拇指张开旋腕

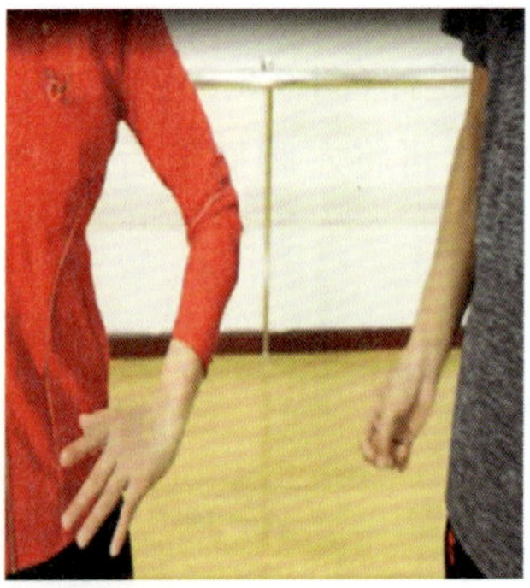

图 9.5.11　虎口脱险

动作要点：切勿握拳，握拳旋转空间小，发力从虎口出来的同时，肘关节迅速弯曲，可顶至其手臂，确保手能挣脱。

易犯错误及其纠正方法：手掌未能旋转至虎口，发力速度不足，挣脱失败。纠正时，与同学互相搭档，重点强调手掌发力时，肘关节迅速顶至其手臂。

2. 被人双手抓住单手

如果是被人正面双手抓住单手且没有下一步动作的情况下，可上前一步将另一只手和被抓的手握在一起，以肘关节为引领，向其身体内侧下压，致其双手上翻至极限自动松开（图 9.5.12、图 9.5.13）。

图 9.5.12　双手紧握

图 9.5.13　前肘下压

动作要点：两手紧握，肘关节发力快速有力，下压时用腰带动肘发力。

易犯错误及其纠正方法：双手未紧握，肘关节向下发力不足。纠正时，可个人练习，应强调重点体会肘关节下压时腰部发力。

（五）遇险破解技术

1. 被人双手抓住后进行拖拽

在自己与对方力量悬殊的情况下，可将重心放低坐在地上，双脚同时迅速有力地踹向其腿部，致其由于疼痛松开双手（图 9.5.14、图 9.5.15）。

动作要点：重心一定要在后面，这样才能坐在地上，双脚迅速发力，切勿踹空。

易犯错误及其纠正方法：双脚力量不足，蹬不倒对方。纠正时，侧坐地面双脚踹出，反复练习。

2. 被人正面双手抓住头发向墙上撞击

在对方抓住头发往回拉时，迅速抱紧对方，提膝快速有力顶其肚子或者要害部位，致其松手（图 9.5.16、图 9.5.17）。

图 9.5.14　降低重心

图 9.5.15　双脚蹬踹

图 9.5.16　等待时机

图 9.5.17　紧抱顶膝

动作要点：抱紧对方后迅速提膝，不给对方任何反应时间。

易犯错误及其纠正方法：未能抱紧对方，提膝速度过慢。纠正时，和同学两人一组互相练习，抱紧对方，提膝速度练习。

3. 被人"壁咚"式威胁

女生力量相对较小，因此在遇到威胁时，可将双手重叠快速用力上推对方下颌，致使对方后退，威胁解除迅速逃离(图 9.5.18)。

动作要点：趁其不备，双手需快速用力，让对方措手不及。

易犯错误及其纠正方法：双手未重叠，单手力量不足。纠正时，两手重叠练习加强用力。

4. 被人正面双手抓衣领无法逃脱

双手握拳，双手砸击其手臂，双手重叠用力推其下颌(图 9.5.19、图 9.5.20)。

图 9.5.18　双手推下颌

图 9.5.19　砸击手臂

图 9.5.20　双手推下颌

动作要点：砸其手臂是指砸其手肘内侧位置，用力砸可使其手臂弯曲松开，迅速双手重叠推其下颌。

易犯错误及其纠正方法：双拳力量不足，无法使其手臂松开。纠正时，加强手腕力量，和同伴模拟练习。

5. 被人压倒在地并骑坐在身上

(1) 用臀桥，迅速破坏其重心(图 9.5.21)。

(2) 寻找身边是否有可利用的工具(手机、钥匙或是其他)戳其肋骨(图 9.5.22)，如果没有工具，可以将手指并拢，手掌呈弧状，用手指尖发力戳击其肋骨，同时做一个臀桥。

图 9.5.21　臀桥(抬臀)

图 9.5.22　硬物戳肋骨

动作要点：臀桥速度要快，戳击肋骨时手指力度要足，速度要快。

易犯错误及其纠正方法：腰背肌力量差，臀桥不能迅速使用。纠正时，强化腰背肌训练，尤其是负重练习，增加腰背肌力量。

6. 被人抓住头发

可用手直接抓住对方的胸小肌，用力向前击，迅速逃脱。

动作要点：切记要攻击对方胸小肌而非腋下，要快、准、狠。

易犯错误及其纠正方法：手抓不准位置。纠正时，可以在个人的玩偶或者枕头上练习抓握的动作。

7. 被人从背后抱住

(1) 双手未被抱住：找出对方小拇指或者大拇指，抓住外掰，转身用另一只手对其进行肘击（图 9.5.23、图 9.5.24）。

动作要点：找准其手指，一定要向外掰，直到其松手为止，肘击要迅速有力。

(2) 双手被抱住：迅速降低重心成马步，用力踩其脚，转身提膝或弹腿攻击对方要害部位（图 9.5.25 至图 9.5.27）。

图 9.5.23　外掰拇指

图 9.5.24　转身肘击

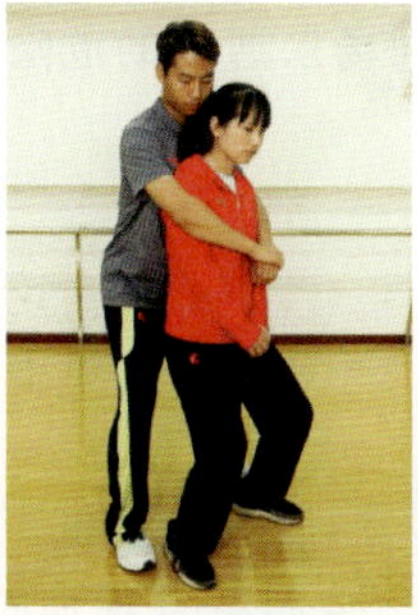
图 9.5.25　降低重心

图 9.5.26　踩其脚

图 9.5.27　转身肘击

动作要点：被抱住后迅速将重心降低，防止被抱起来，提膝攻击其头部，弹腿攻击其裆部。

易犯错误及其纠正方法：反应速度慢，无法使用任何招式。纠正时，与同伴多模拟练习。

8. 被人从正面蹬踹

当对方正面蹬踹时，迅速抱其脚，向内自下向上划弧发力致其向后摔倒（图 9.5.28 至图 9.5.30）。

图 9.5.28　接（抱）腿

图 9.5.29　内旋腿

图 9.5.30　旋摔

动作要点：反应要快，紧抱其脚，快速发力。

易犯错误及其纠正方法：未抱紧脚，致使其逃脱，发力速度不足。纠正时，和同学搭档时多练习，应强调提拉、旋转与转腰配合一致。

三、练会自卫防身术

（一）课堂教学组织

（1）教师带领学生先进行个人练习。

（2）示范动作（正面、背面、侧面）及口令法练习。

（3）分组练习。教师示范动作并及时纠错。

（4）情景法训练。模拟现实环境，让学生体验真实感，从而将反应能力提高，当真遇到威胁时能将所学动作发挥极致。

（二）学生练习方法

（1）个人练习、双人练习、分组练习、集体练习。

（2）针对课程所教内容，模拟不同场景遇到的危险进行实战练习。

教学相长

一、课程思政元素

自卫防身术属于中国武术的一部分，应当让学生了解武术是我们国家宝贵的文化遗产，是具有民族风格的传统体育项目；让学生们更直观地感受、传承和弘扬中华优秀传统文化，培育新时代青年爱国情怀。我国优秀的传统文化和体育项目，是体育强国、文化强国和健康中国建设的重要组成部分，在体育强国建设、实施全民健身国家战略中发挥着重要作用，同时给学生们树立强烈的民族自豪感和民族认同感。

学生通过学习自卫防身术，不仅可以提高个人身体素质，还可以培养学生吃苦耐劳、坚韧不拔和勤奋果敢的精神，实现培养社会主义建设者和合格接班人的育人目标。让学生认识和体验自我运动与健康能力提升的快乐。用中华传统文化与武技作为导引，培育刚健有为、自强不息的进取精神，内外兼修、知行合一的实践精神；厚德载物，和谐共生的合作精神，实现道德内化与技能外化间的统一。

二、自卫防身术教学大纲

【教学大纲】

教学思考

（1）通过学习自卫防身术，在你个人身上有哪些方面的提高？

（2）如果遇到危险时，结合你自身情况，你觉得应该如何让自己脱离危险？

（3）你是否有自己喜欢的动作电影明星？他（她）给了你哪方面的启发？

（4）你是否会将自卫防身术的训练变为终身运动？

第六节 极限飞盘

教学目标

（1）价值塑造：飞盘精神提倡的公平、公正、自由、开放、诚信、合作等意识，与新时代中国特色社会主义核心价值观相契合，蕴含着丰富的育人思政元素。通过参与极限飞盘运动，在运动中潜移默化地理解和学习这些优良品德，并在生活与学习中体现，有助于参与者心理的健康，特别有助于青少年塑造良好品德以及在成年后树立公民道德意识。同时，极限飞盘比赛中“盘不落地，永不放弃”的飞盘拼搏精神，也深深鼓舞着参赛者。

（2）能力培养：通过学习极限飞盘的基本技术和战术，使学生掌握利用极限飞盘运动进行自我锻炼的方法，提升自我运动的能力。在极限飞盘比赛中，赛前人员的安排、策略战术、场上的执行及赛后的总结，都需要参与者充分发挥领导能力、决策能力、观察能力、大局观、共情能力等。

（3）知识传授：通过理论学习，学生可了解极限飞盘运动基础知识，掌握极限飞盘运动竞赛规则。极限飞盘需要运用跑、跳、投、接等基本的身体动作，能锻炼力量、耐力、速度等基本身体素质，还可以发展灵敏、弹跳、反应等专项身体素质。同时，无氧运动与有氧运动的结合，使运动员既可以锻炼心肺功能，又能增强肌肉力量、塑造体形。

教学内容

【在线习题】

一、认识极限飞盘

极限飞盘是集足球、篮球和美式橄榄球的优点于一身的运动项目，基本技术易于掌握，对场地要求不高，便于开展，强调团队配合，有利于个人发展，是一项“阳光体育”运动项目。经常进行极限飞盘运动，能促进身心健康，提高速度、耐力、灵敏和弹跳等身体素质，是推动素质教育、“阳光体育”及实现学生全面发展的重要途径。

（一）极限飞盘的起源与发展

19 世纪，美国面包师 William Russell Frisbie 创办了 Frisbie Pie 公司。有些学生玩耍时会将 Frisbie Pie 的碟状金属包装盒抛向空中，并使其旋转，这样它就可以在空中平稳飞行。1948 年，美国人弗瑞德·莫瑞森制作出了世界上第一个塑料飞盘。随后，这种塑料飞盘在欧美国家和地区开始流行。

极限飞盘英文名为 Ultimate Frisbee，简称“Ultimate”，是众多飞盘竞赛项目中的一种，也是目前飞盘运动广受欢迎四项目中的一种。1968 年，新泽西州的哥伦比亚高中制定了飞盘橄榄球的规则，并成立飞盘队进行比赛，这一新颖有趣的运动很快传播到其他中学乃至大学。飞盘运动本身的新奇、活泼、具有挑战性、男女差异小、没有场地限制等诸多特点，20 世纪五六十年代，飞盘运动在美国吸引了男女老少等各类爱好者的广泛关注，尤其是学生群体。据统计，极限飞盘参与者约占整个飞盘运动参与者的80%。

（二）我国极限飞盘开展情况

20世纪七八十年代，极限飞盘传入中国。我国出现得最早的极限飞盘赛事是2000年的上海公开赛。随后，北京、天津、深圳、香港等城市迅速出现了飞盘俱乐部，也陆续举办了中国大学生极限飞盘联赛和地区公开赛。据保守估计，目前我国飞盘运动的参与者大约有5万人，经常性参与者约为1.5万人，总体上属于小众运动。随着国内体育运动项目的协会化发展，国内最先注册成立的两个市级飞盘运动协会分别是深圳市飞盘运动协会和长沙市飞盘运动协会。2019年，又注册成立两个省级飞盘运动协会，分别是海南省飞盘运动协会和山东省飞盘运动协会。此后，还有些区县级协会陆续成立。不同地区飞盘运动协会的相继成立，无疑对推动地区飞盘运动的有序发展起着积极作用。

21世纪初，极限飞盘就在中国的大学校园内自发传播，飞盘社团相继成立。截至2018年底，国内近100所高校创建了学生极限飞盘社团，组织校内外飞盘活动，并自发在高校传播飞盘，组队参加各省、市举办的飞盘公开赛或邀请赛，极大地丰富了校园体育文化。飞盘社团成立较早的高校有大连理工大学、中国地质大学、宁波诺丁汉大学、复旦大学、湖南大学、中南大学等。2018年9月，全国高校飞盘发展联盟（Chinese University Flying-Dise Developing Alliance，CUDA）在长沙成立。该联盟由长沙市飞盘运动协会发起，联合湖南大学、西安交通大学、中南大学20余所高校飞盘运动教师，召开了首届全国高校飞盘运动发展高峰论坛，提出了“让体育教师成为高校飞盘的主导者，让大学生成为飞盘运动的主体”的口号，对引领我国高校飞盘运动的发展有着里程碑式的意义。

（三）极限飞盘的重要赛事

世界飞盘联合会（WFDF）每四年会举办一次世界飞盘锦标赛及世界俱乐部飞盘锦标赛，每两年举办一次世界青年飞盘锦标赛、飞盘全能赛等赛事。2019年起，国家体育总局社会体育指导中心将飞盘赛事列入每年的办赛计划，包括全国飞盘锦标赛、全国青少年飞盘锦标赛、城市飞盘锦标赛等。各地方俱乐部、协会也会不定期举办俱乐部之间的交流赛。

二、学会极限飞盘

【视频讲解】

极限飞盘是一项通过传接配合、推进得分的运动，比赛场地及空间相对宽阔，飞盘的飞行轨迹和投掷方式变化多样。从极限飞盘比赛实际情况来看，飞盘技术是决定比赛结果的关键因素，学会和掌握飞盘技术非常重要。

（一）基本技术

极限飞盘运动对飞盘器械的形状、大小、重量、密度和材质都有特定的要求，成人赛制的飞盘规格为：质量175克（±3克），直径272毫米（±3毫米），高度32毫米（±2毫米）。

1. 手法

（1）反手强力型握盘法

大拇指按压在盘顶面，手掌紧贴飞盘外沿3点钟位置，其余四指自然弯曲并紧扣飞盘内沿（或食指伸直贴于盘外沿），如图9.6.1所示。反手强力型握盘法适用于中远距离掷盘，如比赛中的长传及比赛开始时的大力发盘。

图 9.6.1　反手强力型握盘

（2）反手温柔型握盘法

大拇指按在防滑线上，在食指根部到小鱼际之间，用手掌紧贴盘外沿，其余四指自然弯曲如扇形，指向盘心并撑住盘底面，如图 9.6.2 所示。反手温柔型握盘法适用于中近距离传盘。

图 9.6.2　反手温柔型握盘

（3）正手“持枪”握盘法

手指手掌呈持枪状，夹紧盘外沿 9 点钟处，盘顶面朝上，大拇指按压在盘顶面，中指与食指并拢，中指指腹压紧盘内沿沟处，无名指与小指并拢顶住盘外沿，四指平行排列，依托中指与无名指夹紧飞盘内外沿以维持飞盘稳定，如图 9.6.3 所示。

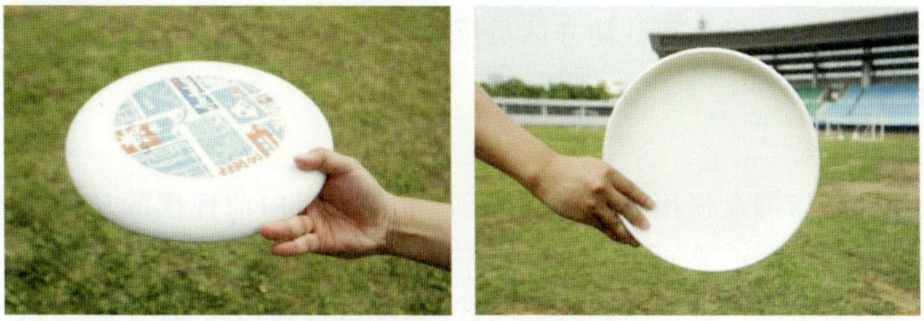

图 9.6.3　正手“持枪”握盘

2. 接盘

（1）上下式双手夹接法

当来盘高度在腰颈之间时，接盘人两只手掌上下张开，似鳄鱼嘴状，垂直夹住来盘，形如三明治，又名“三明治”法。此法优点是接盘稳定，不易掉盘；其缺点是接盘后掷盘时，需转换手形，影响出盘时机。

（2）左右式双手夹接法

来盘高度在腰膝之间时，两手虎口自然张开，同时夹住来盘的左右两边沿。采用此法接盘后，可以直接以正手或反手快速出盘，不需要再转换成持盘手法，有利于争取进攻时间；缺点是虎口张开空间窄，导致接盘准确性较低。

(3) 上手势双手、单手钳接法

当来盘高于肩膀高度时,通常采用上手势单手或双手钳接法接盘。要求大拇指和四指张开,四指平行在上,大拇指在下,利用虎口及手指夹住来盘。此法适于高接盘或高跃后单手接盘,缺点是虎口空隙狭窄,容易错过飞盘导致接不准。当双手高位接盘时,宜双手平行放置,虎口张开对准来盘。

(4) 下手式双手、单手钳接法

当来盘低于膝关节高度时,采用下手式单手或双手钳接法接盘。具体做法是将大拇指和四指张开,四指平行在下,大拇指在上,利用虎口和手指夹住来盘。此法适宜于接低盘。如果采用双手低位接盘,应注意双手平行放置,两手虎口同时张开对准来盘。

3. 常见跑位

(1) 下底跑位

下底跑位的目的是得分。其技术动作:跑位前不要看盘,全力跑动拉开防守距离,然后看盘的位置。注意:不要一边扭头转肩一边跑位,这样会严重影响到跑速。

(2) 回传跑位

回传跑位主要用于保持盘权;同时,能转移盘的位置,以便于后面的进攻。其技术动作:跑位者甩开防守人后跑到后场空位并接住传盘人的短盘。

(3) 无盘跑动

极限飞盘比赛中,除持盘运动员不能走动外,其他队员均是无盘队员,按照规则都可以跑动。无盘跑动是所有队员必备的重要技术之一,容易被忽视。无盘跑动包括跑位失败后的及时清场、提前为队友跑位清场、应对协防及换防、跟上进攻节奏等方面。

(4) 人盯人跑位

人盯人跑位技术指跑位者在合适时机摆脱防守并冲刺到空位。面对人盯人防守时,利用假动作来完成进攻,是场上飞盘选手必须掌握的一种重要技巧。一般采用 Z 字形跑位,一系列可以随时变向加速的动作可让防守队员反应不及,从而被甩开。

4. 掷盘技术

(1) 反手掷盘技术

反手掷盘技术是指掷盘惯用手的手背朝前、手臂由后向前挥摆的动作技术。以右手掷盘为例,两脚前后站立,重心在两腿之间,膝关节微屈,以左腿为轴心,转体、转肩对准目标区,眼视飞行前方,右手水平握盘于胸腹之间并向后引,右腕稍屈,左手辅助扶盘或自然下垂于体侧。准备姿势做好后,转体转肩挥臂抖腕出盘。对于新手,可按照"平""稳""准"三要素来评价反手掷盘技术的质量:"平"指飞盘呈现水平直线飞行;"稳"指飞盘在飞行中维持快速自转,主要依靠快速甩腕来实现;"准"是指飞盘能飞向指定目标,主要依赖手臂手腕指向目标时的及时制动来实现。

(2) 正手掷盘技术

投掷惯用手的手心朝前,手臂由后往前挥摆,称为"正手投掷"。掌握正手掷盘技术,在比赛中能获得更多传盘空间和机会,并能有效利用正、反转换等假动作来干扰防守者,为己方创造更多传盘和得分机会。以右手掷盘为例,两脚分开左右站立,躯干与地面基本垂直,重心在右腿上,右膝微屈成弓步,以左腿为轴心脚,躯体右转,右手握盘转肩向后引臂,右腕稍伸,右肩对准接盘人,目视目标前方。

（二）进攻战术

1. 竖排进攻战术

竖排进攻战术是指在极限飞盘比赛中，通过不同的竖形列队，切盘手从竖排中不断跑出和跑回，创造向前推进的机会，一步步靠近得分线，最终实现得分的进攻战术。常见的竖排进攻战术有接力战术、间隔跑位战术等。

2. 横排进攻战术

横排进攻战术是指控盘手与切盘手各形成一横排，且与得分线平行站立，切盘手相互配合呈菱形跑位接盘，控盘手传盘后协助推进，最终实现得分的进攻战术。横排与竖排进攻战术没有明显高低级别之分，需根据实际情况加以灵活运用。

3. 防守战术

（1）人盯人防守战术

人盯人防守战术是指防守方每位队员负责防守对方一位运动员的战术。按照被防守对象来分，防守战术可以分为防掷盘人战术和防切盘人战术。

（2）防竖排战术

竖排的防守，是以逼向为主的防守策略。在比赛中，防守队员会着重防守控盘手的反手方向，逼迫其传正手盘。如果防守队员防第一控盘手的反手侧，其他队员防跑位者的正手位跑位路线，理论上是封堵住了所有的传盘路线。

（3）防横排战术

横排的防守，以区域防守为主要策略。通常由三人组成“杯子”防守阵形，来干扰或阻断控盘手的纵向传盘，要求“杯子”整体横向移动能力强，协同防守控盘人纵向传盘线路；由两名运动员防守中锋的跑位区域，其余两人防守前锋的下底。

极限飞盘比赛中常见的进攻配合形式有传切技术，由传盘、接盘和跑位技术组成，需要两人及两人以上配合完成。以传盘者为例，按照传盘方向分为三大类：横传类、纵传类、斜传类。其中，横传类可细分为横传斜切、横传横切、横传纵切；纵传类可分为纵传斜切、纵传横切、纵传纵切；斜传类可分为斜传纵切、斜传横切、斜传斜切。另外，根据队友配合情况可以分二对一进攻战术、二对二进攻战术、三对三进攻战术，以及横排进攻战术、竖排进攻战术。

三、 练会极限飞盘

（一）课堂教学组织原则

1. 注意力集中原则

在技术练习初期，应将注意力集中在握盘方法、维持准备姿势、步法及动作要领上，围绕“平”“稳”“准”三要素来进行判断、反馈和调整，不断提升技术质量，形成正确的技术动作。

2. 重心原则

重心是人体各部位受重力作用的集合点，人体不同姿势和位置的变化都会对重心位置产生影响。在运动过程中合理控制和利用重心，有利于调整好准备姿势，形成正确发力模式，提升技术训练效果。

3. 沟通原则

在飞盘技术训练中，沟通交流有利于相互鼓励、相互反馈，有利于及时修正、调整技术动作和避免错误动作，从而提升技术训练效果。进行队列练习时，相互沟通与交流，可以提高相互配合程度，增加传接盘的稳定性，减少掉盘次数，从而增强整体协作能力。进行比赛时，相互沟通是战术得以执行的重要前提。

4. 效率原则

在运动技术训练时，为提高训练效率，与目标无关的动作、语言、指示以及其他耗费能量的事情都应当避免。比如，练习正手传盘技术时，前臂内旋会导致盘飞不平，有多余动作可能会导致盘晃动或飞行不准的现象，就会延误出手时机及影响技术的掌握，从而影响技术训练的效率与效果。

（二）学生练习方法

1. 单人练习方法

认识飞盘的“两面三沿”结构，感受飞盘的重量、形状，练习正确的握盘法。

(1) 熟悉盘性。

(2) 反手温柔型握盘及自抛自接技术采用反手温柔型握盘法，保持盘顶面朝上，肩带动上臂自下向上运动，在最高点抖腕释放飞盘，原地作自抛自接技术练习；根据盘的高度，体会双手上下式夹接、左右式夹接法，上手式单、双手钳式接法和下手式单、双手钳式接法。每组练习 20～30 次，间歇 2 分钟，重复 3 组。要求：根据每次自抛自接情况，不断反馈、调整和总结，力求盘平稳、接盘准。

(3) 反手强力型握盘及自抛自接技术参照反手强力型握盘法，将盘以约 60°仰角向前上方掷出，力求盘飞出后能回收接住；反手强力掷出后，体会双手夹式、钳式接法及单手钳式接法。每组练习 20～30 次，间歇 2 分钟，重复 3 组。要求：根据每次自抛自接效果，不断总结、调整，力求飞盘平稳转起来，准确读盘后单手或双手接稳盘。

(4) 正手握盘及自抛自接技术参照正手握盘方法，将飞盘以约 60°的仰角向前上方掷出后，体会双手上下、左右式夹式及钳式接盘方法与单手钳式接盘方法。每组练习 20～30 次，间歇 2 分钟，重复 3 组。要求：根据每次自抛自接效果不断总结、调整，力求飞盘平稳转起来，准确读盘后单手或双手接稳盘。

2. 双人练习方法

(1) 两人原地近距离(5 米内)反手温柔型传接盘 20 个，速度适中，以接盘舒适为宜，高度可以自行设计，以锻炼接不同高度来盘的能力。要求：盘不落地，相互反馈传接盘情况。

(2) 两人原地中远距离(10～15 米)反手强力型传接盘 20 个，速度适中，以接盘舒适为宜，高度可以自行设计，以锻炼接不同高度来盘的能力。

(3) 两人原地近距离正手传接盘 20 个，速度适中，以接盘舒适为宜，高度可以自行设计，以锻炼接不同高度来盘的能力。要求：盘不落地，相互反馈传接盘情况。同上，两人中远距离正手传接盘 20 个。

(4) 两人原地近距离或中远距离正、反手假动作传接盘 20 个，速度适中，以接盘舒适为宜，高度可自行设计，以锻炼接不同高度来盘的能力。要求：盘不落地，相互反馈传接盘情况。

3. 三人练习方法

(1) 三人三角形站位(每两人距离 6～8 米)，传一个盘。按顺时针方向反手传盘 20 个，再按逆时针方向正手传盘 20 个。传盘力量适中，以接盘舒适为宜，尽量让盘不落地。

(2) 三人三角形站位(每两人距离 6～8 米)，同时传两个盘。按顺时针方向反手传盘 20 个，再按逆时针方向正手传盘 20 个。传盘力量适当，以接盘舒适为宜，尽量让盘不落地。

(3) 三人三角形站位(每两人距离 6～8 米)，同时传三个盘，按顺、逆时针方向反、正手传盘各 20 个。传盘力量适当，以接盘舒适为宜，尽量让盘不落地，要求同时传盘、紧密协作。

4. 四人练习方法

四人正方形站立，相邻两人相距 6～8 米，只用一个盘，原地按顺时针方向反手传盘 20 个，再按逆时针方向正手传盘 20 个。

5. 队列练习方法

先摆放 2 个脚标，相距 15 米左右，作为确定队伍站位标志；在队列右侧斜 60°方向各放置 1 个脚标，作为折返标志；两列队伍相对站立，持盘人反手传盘后，沿右侧折返标志跑位接对面来的反手盘并持盘跑到对面队列末尾依次等候；如此循环，以连续完成一定数量为一个目标。比如，设置连续完成 30 个为目标，中途如有掉盘，则清零重新计数，直到完成目标。教学时，可作为课堂教学分组竞赛内容，以最先达到数量目标的队列为胜；平日练习时，可作为传接盘训练方法之一。

四、极限飞盘竞赛规则

【竞赛规则】

教学相长

一、课程思政元素

根据教育部“三全育人”总方针，本课程秉持“为党育人，为国育才”的宗旨，并以课堂教学为主战场，以理论与实践相融合的形式，在浸润式的学习氛围中使学生建立“使命在肩，强国有我”的意识，并以极限飞盘运动精神、体育明星、比赛案例、团队合作、体育游戏等为切入点，在提高学生极限飞盘技术能力的同时，突出爱国主义教育，并培养学生顽强拼搏的体育精神。具体课程思政元素的融入包括以下三个技术层面：

(1) 通过讲解极限飞盘的材质、形状、重量等，是经过无数次飞行道测试才确定的，培养学生敢于实践的创新精神。

(2) 通过讲解极限飞盘盘面相关知识，学生可了解盘正面外周“防滑线”对飞盘飞行空气动力学的影响，从而树立其现代辩证唯物主义运动观点。

(3) 通过讲解反手握盘手形、手与盘接触位置与程度、握盘力度等知识，培养学生友善的道德品质，理解“度”的哲学内涵。

二、极限飞盘教学大纲

【教学大纲】

教学思考

(1) 论飞盘精神在校园体育教学中的育人价值。

(2) 简述我国大学极限飞盘赛事的种类与特点。

第七节 普　拉　提

教学目标

（1）价值塑造：通过普拉提课程教学，培养学生坚韧不拔的优良品质；通过练习普拉提感知运动体验，调节情绪，培养大学生终身体育的理想信念，培养为中华民族伟大复兴而奋斗的使命感，激发大学生的社会责任感和职业道德情感。

（2）能力培养：通过普拉提课程教学，提高学生的核心控制能力和本体感觉，增强肌肉力量和身体柔韧性，增强学生体质，提高健康水平；培养学生合作学习能力，形成健康的生活方式和积极乐观的人生态度。

（3）知识传授：学习普拉提课程，可提高学生身体素养；让学生掌握普拉提课程基础知识、健身价值和文化特征，有针对性地进行普拉提动作编排，针对学生的不同身体状况制订科学合理的运动计划，养成自觉锻炼习惯，为终身体育打下良好基础。

教学内容

【在线习题】

一、认识普拉提

（一）普拉提的含义

普拉提是“一种加强肌肉力量、提高身体柔韧性和协调能力、改善身体姿态、促进身体健康的锻炼体系”。它主要锻炼人体深层小肌肉群，维持正常活动姿势，改善身体平衡，拓展肢体活动能力。普拉提注重动作细节，强调核心控制、正确肌肉募集和骨骼排列，通过有意识的身体控制和针对性的呼吸模式，增强人脑对肢体、骨骼、肌肉组织的神经感应支配。

普拉提练习形式可分为垫上课程和器械系统课程，在高校大都开设垫上课程，包括辅助小附件垫上练习，如球、圈等器械。

（二）普拉提发展历史和现状

普拉提由德国著名运动康复专家约瑟夫·普拉提（1880—1967）创立，他设计了 500 多个动作，并通过这些动作练习摆脱了困扰他身体的健康问题。普拉提先生用这些动作练习帮助病人做康复训练，提高病人肌肉力量和心肺功能。在这样的背景下，普拉提器械诞生了，如秋千床、万得椅、脊柱矫正器、梯桶等器械。

最早的普拉提不在健身房，而是在“一战”的康复训练室。基于解剖学和物理治疗的原理，同时融入东方瑜伽的特点，被称为“控制术”的普拉提在芭蕾舞领域有较大影响。普拉提的训练目的主要是增强核心力量、美化肌肉线条，使肌肉健美但不会过于大块；能够间接提升芭蕾舞者的舞蹈表现力，并使受伤后接受普拉提康复训练的舞蹈演员快速重返舞台。许多著名舞蹈团队把普拉提作为舞蹈补充训练来防治损伤和提高身体表现力，国际舞蹈界非常认同普拉提训练体系。

在近百年的时间里，普拉提训练体系不断被完善，发展为一套成熟的训练体系，至今有经典普拉提、健身普拉提、康复普拉提等多种流派，也诞生了如 Club Pilates、Studio Pilates 等连锁工作室。直到 2004 年，普拉提的继承者 Derrick Cope 首次将这项运动引入中国，并创办了中国第一家专业普拉提馆。普拉提已经被广泛应用于健身中心、私人工作室、康复中心、医院、舞蹈和竞技体育领域，并在各个领域不断发展，它不仅提高了人们的健康水平，在运动康复方面也卓有成效。

（三）练习普拉提的益处

（1）提高身体柔韧性，塑造优美身材。普拉提的练习动作精准、缓慢，主动伸展，能缓解过度紧张的肌肉，增强肌肉力量，收紧松弛的肌肉，可以使身体更轻松、更敏捷，塑造优美的身材。

（2）增强核心力量，提高运动表现。普拉提以其对核心力量的强化而闻名，可以训练深层腹部和骨盆底肌的向心收缩和离心收缩，可以提高核心肌群的力量和功能，有效增强全身肌肉群的耐力，保护和稳定脊柱。

（3）改善身体姿势，增强自信心。普拉提强调人体的对称、关节的活动度以及肌肉力量的平衡和正确的骨骼肌肉排列，改善不良的身体姿势导致的肌张力不平衡，加强弱势肌肉感知，改善体态，增强自信心。

（4）提高平衡能力，预防运动损伤。普拉提注重多肌肉及关节配合，能更好地支撑和稳定关节，专注身体在运动中的动态平衡，锻炼核心控制能力及协调能力，改善重心不稳，纠正骨盆不正，提高平衡能力，预防运动损伤。

（5）缓解身心压力，愉悦放松心情。普拉提是全身性的有氧运动，运动时，将注意力集中在呼吸和动作上，强调身体协调吸气和呼气，通过呼吸和动作的配合，达到身心和谐，缓解焦虑、放松身心的目的。

二、学会普拉提

【视频讲解】

（一）普拉提的基本动作

1. 呼吸练习

呼吸练习可采用坐姿（图 9.7.1）、站姿（图 9.7.2）、仰卧位（图 9.7.3）等体位。

图 9.7.1　坐姿

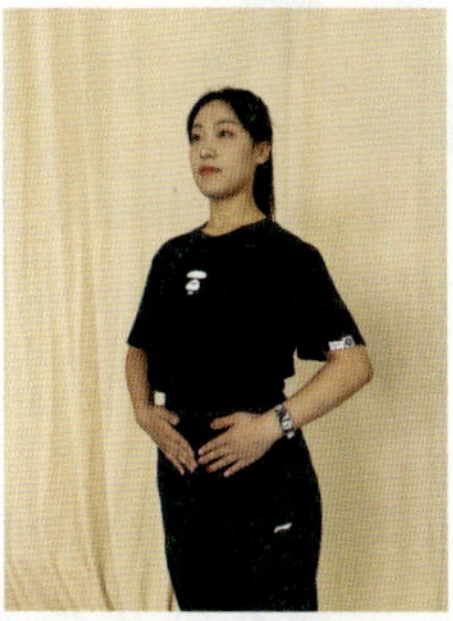

图 9.7.2　站姿

图 9.7.3　仰卧位

(1) 腹式呼吸

把手放在腹部，吸气时整个腹腔扩张，胸廓保持稳定，感到腹部缓缓往上升起；呼气时腹部慢慢往下陷(图 9.7.4)。

(2) 胸式呼吸

双手放在胸腔两侧的肋骨旁。吸气时，胸腔扩张，肋骨向两侧横向打开，腹部不要向外侧鼓起，肩部保持下沉；呼气时，肋骨放松还原靠拢。或一手放在胸腔上方，另一手放在腹部，吸气时肋骨张开，感觉胸廓的扩张；呼气时两侧肋骨放松，感觉肋骨向中间收拢下滑，下侧手去感受腹部，微微向内收缩(图 9.7.5)。

2. 站姿

双腿并拢，收紧臀肌、腹肌，保持脊柱自然屈曲度，收腹挺胸，颈部挺直，双肩向后下沉。双臂自然下沉，眼睛平视前方，下颌与地面平行(图 9.7.6)。

图 9.7.4 腹式呼吸

图 9.7.5 胸式呼吸

图 9.7.6 站姿

(二) 仰卧类

1. 仰卧抬腿

如图 9.7.7 所示，仰卧中立位，弯曲双膝，双腿分开与髋同宽，脚尖向前，双手放在身体两侧，手心向下，指尖延伸。吸气，右腿抬起至垂直地面，大小腿保持 90°，小腿平行地面。呼气时右腿放下。吸气，左腿抬起，屈膝，大小腿折叠 90°，小腿平行地面。呼气，左腿放下。

图 9.7.7 仰卧抬腿

2. 屈膝下放

如图 9.7.8 所示，仰卧中立位，弯曲双膝，双腿并拢，脚尖向前，双手放在身体两侧，手心向下，指尖延伸。吸气，保持脊柱与骨盆稳定，左腿不动，右侧向右侧打开，右脚外侧缘支撑地面。呼气，收回。吸气，保持脊柱与骨盆稳定，右腿不动，换左腿打开。呼气，收回。

图 9.7.8　屈膝下放

3. 伸膝滑行

如图 9.7.9 所示，仰卧中立位，弯曲双膝，两腿分开与髋同宽，脚尖向前，双手放在身体两侧，手心向下。吸气，保持躯干、左腿不动，右腿沿着地面向下伸直，髋外旋。呼气，保持趾屈，脚外缘沿出去路线收回至起始位。吸气，保持骨盆和左腿稳定，换右腿练习。呼气，收回。

图 9.7.9　伸膝滑行

4. 手臂画圈

如图 9.7.10 所示，仰卧中立位，弯曲双膝，双腿分开与髋同宽，脚尖向前，双手放在身体两侧，手心向下。吸气，双手伸直抬向天花板，保持胸廓贴在垫子上。呼气，保持沉肩，双手继续向上举到头顶方向并延伸。吸气，保持手臂不动。呼气，双手沿着地面向下画圈回到起始位。

图 9.7.10　手臂画圈

5. 骨盆卷动

如图 9.7.11 所示，仰卧中立位，弯曲双膝，双腿分开与髋同宽，脚尖向前，双手放在身体两侧，手心向下。吸气，脊柱延伸。呼气，骨盆后倾带动腰椎、胸椎逐节向上卷起至肩胛冈支撑地面，使肩、髋、膝关节保持在一条直线上，脊柱延伸。吸气，保持身体不动。呼气，膝关节继续延展，胸椎、腰椎按顺序逐节向下落回到起始位。

图 9.7.11　骨盆卷动

6. 百次拍击

如图 9.7.12 所示，仰卧，弯曲双膝，双腿分开与髋同宽，脚尖向前，双手指交叉于枕后，眼睛余光可以看到两边的肘关节，下颌内收。吸气，脊柱延伸准备。呼气，头、颈、胸椎逐节卷起，离开垫子卷到肩胛下角，肩膀放松。吸气，保持脊柱骨盆中立位，双手伸直与地面平行。呼气，两手随呼吸上下按拍 15～20 次。

图 9.7.12　百次拍击

（三）俯卧类

1. 天鹅预备

如图 9.7.13 所示，俯卧，双手上下重叠放于地面，额头放在手背上，鼻尖悬浮于地面，双腿自然分开或并拢，脚尖延伸。吸气，脊柱延长，头颈伸展，胸椎上提伸展，保持肋骨的下部贴在地面上。呼气，缓慢回落。

图 9.7.13　天鹅预备

2. 胸部抬起

如图 9.7.14 所示，俯卧，两腿伸直并拢，面向垫子，双手放在身体两侧，手心向上，指尖延伸。吸气，脊柱延伸，头、颈、胸椎逐节向上伸展，腹部发力，胸部离开地面，双手向后延展、内收，保持腹部收紧，臀、腿部放松，脚尖延展。呼吸，保持头、颈、胸椎逐节向上延展，并逐渐落回起始位。

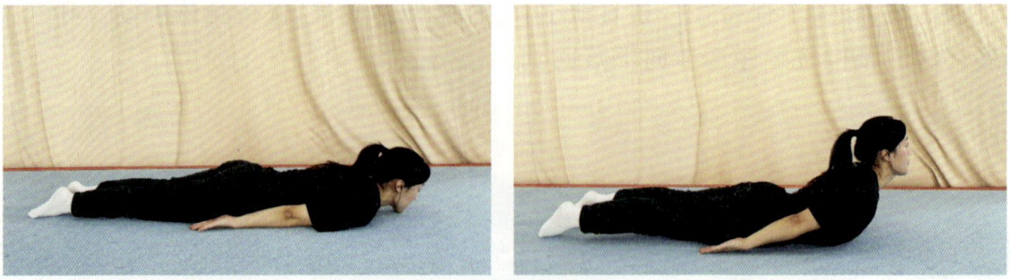

图 9.7.14　胸部抬起

3. 单腿后踢

如图 9.7.15 所示，俯卧，两腿平行，脚尖绷直，两手肘放在肩膀的正下方，手肘成一条直线。吸气，脊柱延展，手臂、髋部压实地面，维持身体的稳定。呼气，抬起一侧腿，用足跟踢向臀部，动作要轻快，连踢两次，将腿伸直。

图 9.7.15　单腿后踢

4. 单腿前拉

如图 9.7.16 所示，俯卧支撑姿势，手臂伸直，两手腕置于肩的正下方，两腿伸直，保持并拢收紧，脚尖着地。吸气，躯干拉长并伸直手臂，下推脚跟用力，以髋部为中心，保持髋部固定。同时抬高一侧腿至髋部高度的位置，保持腿部伸直。呼气，还原。吸气，抬高另一条腿。

图 9.7.16　单腿前拉

（四）支撑类

1. 斜板支撑

如图 9.7.17 所示，四足支撑，双手在肩的正下方，双膝在髋的正下方，保持脊柱中立位。双腿依次向后蹬直，两脚并拢，眼睛目视斜前方，身体成斜板，后脑勺、躯干、臀和腿在一条斜直线上，保持 30 秒。

图 9.7.17　斜板支撑

图 9.7.18　猫伸展

2. 猫伸展

如图 9.7.18 所示，四足支撑，双手在肩的正下方，双膝在髋的正下方，保持脊柱中立位。吸气，脊柱延伸。呼气，从尾骨、骨盆向后转动开始，带动整条脊柱卷成 C 形，保持颈椎屈曲，双膝向下向后推，双手向上向前推。吸气，保持身体不动。呼气，保持颈椎屈曲，从前倾骨盆开始，带动整条脊柱逐节伸展，直到颈椎伸展。

3. 侧斜板支撑

如图 9.7.19 所示，侧卧位，肘关节支撑地面，大臂与地面垂直，双腿伸直并拢，脚外侧、小腿大腿外侧依次支撑地面，身体成一直线。吸气，准备。呼气，脚外侧和手肘支撑，身体一侧离开地面，手臂外展上举，手指延展。呼气，保持 3～5 秒。

图 9.7.19　侧斜板支撑

4. 四足游泳

如图 9.7.20 所示，四足支撑，双手在肩的正下方，双膝在髋的正下方，保持脊柱中立位。吸气，左手与右腿同时延伸并抬起与地面平行，保持躯干稳定。呼气，呼气慢慢收回。吸气，换对侧肢体延伸。呼气，收回到起始位置。

图 9.7.20　四足游泳

（五）坐姿类

1. 坐姿脊柱扭转

如图 9.7.21 所示，坐姿中立位，双腿伸直分开，足背屈，双手体侧打开，手心向下。吸气，左侧骨盆及腿部向下用力，脊柱向右侧扭转。呼气，脊柱回正，保持下颌对齐锁骨窝，肩膀放松。吸气，反方向练习，保持脊柱骨盆中立位，双手伸直与地面平行。呼气，身体回正。

图 9.7.21 坐姿脊柱扭转

2. 脊柱前伸

如图 9.7.22 所示，坐姿，肩颈放松，两腿分开向前伸直，两手放在身体前方，手轻触垫子。吸气，不动。呼气，卷曲身体向前，手臂伸出，手掌沿着垫子向前方慢慢移动，保持骨盆不动，由腰椎、胸椎、颈椎向下逐节屈曲，使脊柱呈 C 形。吸气，身体沿原路线返回起始位。

图 9.7.22 脊柱前伸

3. 侧伸展

如图 9.7.23 所示，双腿交叉坐在垫上，双手打开放在身体两侧。吸气，保持坐姿，脊柱向上伸展。呼气，左侧手臂侧举，身体向右侧伸展，上臂在耳朵外侧，保持身体重心在中间，伸展躯干侧面和背阔肌、腰方肌。吸气回到中间。呼气，交换伸展右侧，每个方向保持 20～30 秒。

图 9.7.23 侧伸展

图 9.7.24 背部放松

4. 背部放松

如图 9.7.24 所示，坐姿，两膝弯曲，脊柱逐节放低弯曲，背部、头部低垂，将头埋在两膝盖之间，尽可能地放松背部、脸部和肩膀，保持 20～30 秒。

（六）站姿类

1. 向下卷动

如图 9.7.25 所示，站立中立位，两脚分开，与髋同宽，脚尖向前，重心在两脚中间，双手自然放在身体两侧，手心相对，脊柱延伸。吸气，脊柱延伸准备。呼气，下肢不动，头、颈屈带动脊柱逐节向下转动，核心肌群收紧骨盆继续向前转动，双手自然垂落，肩膀放松。吸气，保持身体不动。呼气，保持下肢不动，核心肌群收紧，从骨盆后倾缓慢抬起身体至骨盆中立位，再由下向上带动腰椎、胸椎逐节向上转动回到起始位。

2. 背壁站立

如图 9.7.26 所示，背部靠墙站立，身体贴近墙面，双肩水平。双脚向前迈出一步，膝关节微曲，双脚平行对称，膝关节对准脚尖，但不超过脚尖，身体从上而下，后脑、上背部、骶骨触及墙面，颈部后侧肌肉沿墙壁向上延展，肩放松下沉，提臀收腹。

图 9.7.25 向下卷动

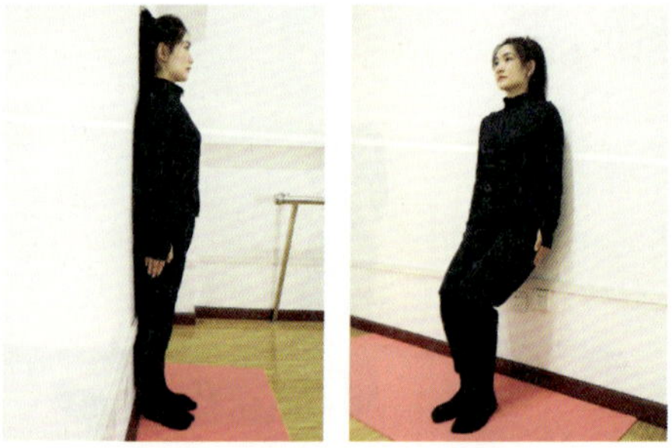

图 9.7.26 背壁站立

3. 单腿平衡

如图 9.7.27 所示，站立，直背挺直，双手向两侧自然展开，一侧脚稍稍向后，弯曲膝盖，脚抬离地面，支撑腿稍微弯曲。屈髋放低身体，平行向身体一侧转动，保持平衡，慢慢平行滑动回到中间，然后向另一侧转动，保持 10 秒；慢慢回到中间，保持身体不要抬起，最后停留 10 秒。

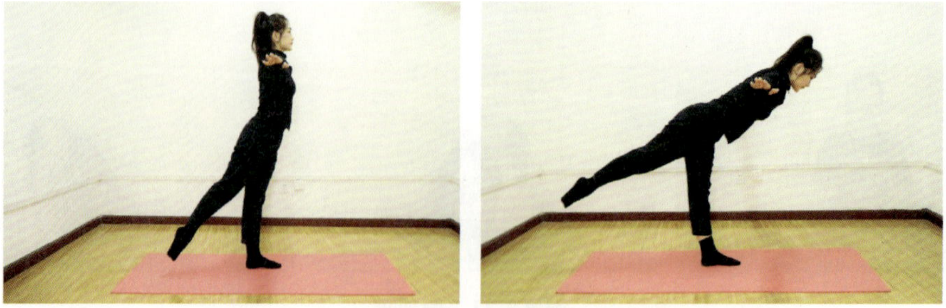

图 9.7.27 单腿平衡

三、练会普拉提

（一）普拉提运动技巧

普拉提运动是一种向心运动、离心运动和静力性运动，须充分掌握如下普拉提运动技巧：

（1）呼吸。普拉提运动中运用的呼吸方法主要有腹式呼吸和胸式呼吸。维持身体稳定，核心向内收缩，需呼气；躯干、四肢及脊柱的伸展，需吸气。

（2）中立位。中立位是指在普拉提运动中身体骨骼肌均衡收缩，以维持脊柱及骨盆周围压力最为均衡的自然位置。普拉提的中立位主要是强调脊柱和骨盆的位置关系。

（3）核心。“核心”是人体中间部位的骨骼、关节、肌肉及韧带等关节结缔组织联合体。特指以髋关节—骨盆—脊柱为轴线的人体中间部位。它是整体的框架，称为“身体的能量库”，帮助稳定躯干及有效传递力量。

（4）把肚脐拉向脊柱。把肚脐拉向脊柱是指肚脐向内收缩，腹部肌群向内收缩并上提，腰腹部收缩稳定腰椎；要达到核心稳定的效果，在收缩小腹和肚脐之前，先收缩骨盆底肌，以启动深层的腹横肌，带动胸腰筋膜、多裂肌和腹横肌同时向内收缩。

（5）中轴/四肢的延伸。人体的中轴就是脊柱，练习时主动延伸脊柱，脊椎与脊椎之间的空间和活动范围变大；四肢的延伸会增加骨盆和胸腔之间的距离，减少四肢与躯干连接的关节的压力，伸展椎间盘、关节囊之间的空间，利于核心的收紧。

（6）沉肩。沉肩是指包围肩带周围的各组织肌肉协同收缩，肩胛骨内收，肩下沉并放松，增强肩部的稳定性，缓解肩颈部位过度紧张，增强肩关节灵活性。

（二）课堂教学组织方法

（1）讲解示范法：教师根据动作选择不同示范面和示范位置，示范讲解动作要领。

（2）语言法：学生在教师的口令引领下集体练习。

（3）指导法：整个教学过程采用集体或个别纠正错误。

（三）学生练习方法

（1）集体练习，培养团队协作精神。

（2）分组练习，培养学生交流学习能力。

（3）个人展示，培养自信、积极参与的精神。

四、普拉提竞赛规则

【竞赛规则】

教学相长

一、课程思政元素

普拉提运动是一种静态的肌肉强化运动，是身体控制的艺术，是可以强化身体力量、平衡、协调、柔韧性，能够舒缓全身肌肉且提高躯体控制能力的运动。从以下几方面挖掘其中蕴含的丰富思政元素，全面落实三全育人目标：

（1）19 世纪，自幼体弱多病的普拉提先生，通过力量、拳击、滑雪、体操等多种锻炼方法来锻炼身体，引领学生培养坚韧不拔和顽强拼搏的意志品质，激发学习锻炼热情，培养体育锻炼意识，养成终身体育的习惯。

（2）第一次世界大战期间，普拉提先生发明了普拉提垫上运动，并带领他的伙伴练习普拉提；后来在做实习医生时，他又发明了普拉提器械，增强学生对“健康中国”文化内涵的认知，充分理解求实创新及拼搏精神的意义。

（3）针对当前影响大学生身体姿态的长期久坐，以及看手机、电脑等不良习惯造成身体姿势失衡的圆肩、驼背等问题进行交流，让学生认识到不良生活习惯与学习习惯带来的身体危害，让学生深刻感悟体育锻炼的重要性，强化大学生家国情怀、社会责任担当，激发学生爱国热情。

（4）普拉提动作看似简单又充满挑战，是一种自我提高、自我升华的运动过程。通过健美身形、优雅气质展示的教学模式感染大学生，注重动作细节的雕琢，塑造完美的身形，让大学生掌握核心控制对身体姿态的意义及形象气质培养过程，进而对学生进行美育教育，激发新时代大学生活力。

二、普拉提教学大纲

【教学大纲】

教学思考

（1）简述普拉提的历史渊源。

（2）简述普拉提练习的益处。

（3）尝试自己创编普拉提练习组合套路。

（4）谈谈自己学习普拉提的心得。

第三篇

健身实践篇

新时代大学体育不仅要传授健身知识和健身技能，更应该引领学生全方位认识和了解学校体育工作内容，通过学生自主健身实践来强化课外锻炼，延伸课堂教学，凸显教学成效。本篇以传授操作性知识为重点，全面介绍了体质健康与身体素质练习、运动处方的制定与实施、运动损伤、体育锻炼与心理调适、课外体育活动的组织与管理、校园体育竞赛的组织与开展、大学体育文化及高校体育数字化建设等内容，突出体现新时代大学体育“重视体育为健康护航，形成课内课外结合，强调普及与提高并重，推动开放与交融并进”四位一体的工作内容体系。通过教材引导，让学生树立“健康第一”的指导思想，提高体育认知水平，培养终身体育意识，养成终身锻炼习惯，实现“体育为基、健康护航”的以体育人目标。

10

第十章 ▸▸▸

体质健康与身体素质练习

教学目标

（1）价值塑造：培养学生树立为国家奉献的责任担当，激发学生提升全民族身体素质的责任感。培养学生坚韧不拔的品质，让学生形成终身体育的意识，努力成为国家和社会的有用之才。

（2）能力培养：增强学生各项身体素质，塑造强健的身体体魄，提高健身意识，树立终身体育锻炼的理念。学生能够根据自身身体状况制订可行的个人锻炼计划。

（3）知识传授：了解《国家学生体质健康标准》的相关政策和测试要求，掌握与身体素质相关的概念，掌握提高身体素质的基本方法。

第一节 国家学生体质健康标准

2007年，教育部、国家体育总局正式颁布实施了《国家学生体质健康标准》，该标准的实施贯彻落实了《中华人民共和国体育法》与“健康第一”的指导思想和全国学校体育工作会议的精神。该标准于2014年进行了修订，修订后的标准不但满足了社会发展对人体健康的需要，而且发展和完善了学生体质健康评价体系。

一、我国学生体质健康评价制度的演变和发展

中华人民共和国成立以来，为了鼓励和推动学生积极参加体育锻炼、增强学生体质，我国在不同时期先后制定了多项体质健康锻炼的制度。

（一）“劳卫制”

1950年8月，中国体育访问团赴苏联，全面考察和学习了苏联体育（包括学校体育）的经验，引进了“劳卫制”，从1951年开始在部分地区试行。1954年，在借鉴苏联经验的基础上，根据在部分地区试行的情况，政务院批准并发布了《准备劳动与卫国体育制度暂行条例》，经过试行和反复修改，1958年国务院正式公布实施《劳动卫国体育制度条例》及相关项目标准和测验规则。《劳动卫国体育制度条例》的实施对促进包括学生在内的群众体育运动的开展起到了积极的作用。1964年，《劳动卫国体育制度条例》改名为《青少年体育锻炼标准》。

（二）《国家体育锻炼标准》

1975年5月，经国务院批准，国家体委公布了《国家体育锻炼标准》，要求在学校广泛实施。此后，在1982年、1990年、2003年、2013年又进行了修订，一直沿用至今。1995年开始施行的《中华人民共和国体育法》规定：学校必须实施国家体育锻炼标准，对学生在校期间每天用于体育活动的时间给予保证。

（三）《学生体质健康标准（试行方案）》

21世纪以来，我国的综合国力有了显著提高，人民的生活水平发生了翻天覆地的变化。现代文明在带给人们充分的物质享受的同时，也给人类的健康带来了新的问题。为了解决这些矛盾和问题，适应社会发展及人们对健康的迫切需要和对生活质量的不断追求，2002年7月教育部、国家体育总局联合下发了《学生体质健康标准（试行方案）》。该试行方案对引导学生正确认识和了解自己的健康状况，有针对性地进行身体锻炼起到了非常积极的作用。2007年，教育部和国家体育总局在认真总结试行工作的基础上，对《学生体质健康标准（试行方案）》进行了修订和完善，并发布了《国家学生体质健康标准》。

二、《国家学生体质健康标准》相关规定

【体质健康标准】

（1）《国家学生体质健康标准》的学年总分由标准分与附加分之和构成，满分为120分。标准分由各单项指标得分与权重乘积之和组成，满分为100分。附加分根据实测成绩确定，即对成绩超过100分的加分指标进行加分，满分为20分。大学的加分指标为男生引体向上和1000米跑，女生1分钟仰卧起坐和800米跑，各指标加分幅度均为10分。

（2）根据学生学年总分评定等级：90.0分及以上为优秀，80.0～89.9分为良好，60.0～79.9分为及格，59.9分及以下为不及格。

（3）每个学生每学年评定一次，学生毕业时的成绩和等级，按毕业当年学年总分的50％与其他学年总分平均得分的50％之和进行评定。

（4）学生测试成绩评定达到良好及以上者，方可参加评优与评奖；成绩达到优秀者，方可获体育奖学分。测试成绩评定不及格者，在本学年度准予补测一次，补测仍不及格，则学年成绩评定为不及格。普通高等学校学生毕业时，《国家学生体质健康标准》测试的成绩达不到50分者，按结业或肄业处理。

（5）学生因病或残疾可向学校提交暂缓或免予执行《国家学生体质健康标准》的申请，

经医疗单位证明，体育教学部门核准，可暂缓或免予执行《国家学生体质健康标准》，并填写“免予执行《国家学生体质健康标准》申请表”，存入学生档案。确实丧失运动能力、被免予执行《国家学生体质健康标准》的残疾学生，仍可参加评优与评奖，毕业时，《国家学生体质健康标准》成绩需注明免测。

第二节 身体素质练习

身体素质是指机体在活动时表现出来的各种基本运动能力，通常包括力量、耐力、速度、柔韧和灵敏等。合理的身体素质练习可以改善身体形态，提高身体机能水平，增进身体健康，预防伤病；也是掌握运动技能，提高运动成绩的基础。国家学生体质健康测试中的各测试项目也分别反映了不同身体素质的发展情况。

一、 力量素质及练习方式

（一）概念

力量素质是指人体神经肌肉系统在工作时克服或对抗阻力的能力。力量素质按肌肉工作方式可分为静力性力量和动力性力量。静力性力量是指肌肉作等长收缩时产生的力量，肢体不产生明显位移，又称“等长收缩”。动力性力量是指肌肉作等张收缩时产生的力量，肢体产生明显位移，又称“等张收缩”。按力量与人体重量的关系，可分为绝对力量与相对力量。绝对力量是不与体重相关表现出的力量，相对力量是指每千克体重表现出的力量。按力量的表现形式，可分为速度力量和力量耐力。速度力量是指快速用力的能力，力量耐力是指长时间用力的能力。

（二）发展力量素质的基本方法

1. 发展力量素质的基本要素

（1）力量锻炼必须遵守三个原则，即超负荷原则、针对性原则、结合动作实际原则。进行力量锻炼时，在一定的生理范围内，不断加大负荷，才能发展力量；在发展某肌群的力量时，必须针对性地使用阻抗施加于该肌群；进行力量锻炼时，必须与动作结构和技术的用力方式极其相似。

（2）严格控制运动负荷。运动负荷是指运动者在运动中所承受的生理负荷，包括负荷强度和量两个方面。根据超量恢复原理，在生理范围内负荷越大，力量增长效果越好，但必须依据运动者的力量发展目的来控制负荷大小。当力量练习在最大负重量的80%～95%时，动作速度慢，重复次数少，此时主要发展肌肉力量。当力量练习在最大负重的50%～80%时，即为中等负重，动作的速度较快，重复次数较多，此时主要发展肌肉体积。当力量练习在最大负重的20%～50%时，即为小负重锻炼，动作速度快，重复次数多，此时主要发展肌肉耐力。

(3) 处理好强度与量的关系。负荷强度的主要因素有练习密度、动作速度、负重量等，负荷量的主要因素有练习次数、组数、时间、距离和负重量等。综合来看，强度越大，量越小；力量锻炼负重越大，动作重复次数就越少。一般来讲，负重达到 95%，动作重复 1 次，然后负重每下降 5%时，动作重复次数增加 1 次，依此类推，可以有效地发展锻炼者所需要的力量。

(4) 合理安排力量锻炼的时间间隔。这里包括日锻炼时间间隔和每次锻炼过程中组之间的间歇。

① 初始锻炼者以隔日锻炼为好，随着锻炼水平的提高，可以每日锻炼。

② 大运动负荷的力量锻炼，可以隔两日或三日锻炼一次。

③ 力量增长到一定水平之后，为了保持增长的水平，可以每周锻炼一次。

④ 大负重力量锻炼，两组之间的间歇一般为 2～3 分钟，中小负重可间歇 1.5～2 分钟。

(5) 力量锻炼要考虑全面发展。力量锻炼时，大肌肉群、主要肌肉群要与薄弱的小肌肉群协调发展；大力量与小力量锻炼、缓慢与快速力量锻炼、局部与整体力量锻炼，必须交替综合起来锻炼。任何单一的力量发展，都离不开全面的力量发展。

(6) 力量锻炼姿势要正确，动作要规范。力量锻炼要根据人体肌肉分布特点和个人所需要力量的类型，合理设计锻炼动作方法。锻炼时要做到准确、到位、规范化。

(7) 力量锻炼要注意呼吸调节、机体放松与恢复。在进行极限和次极限负重练习前后，要多做深呼吸，结合动作特点，做好憋气和呼气的配合动作，但尽量不要憋气时间过长。每组练习完后，应立即做放松练习，以便恢复能量、提高肌肉的弹性、防止肌肉僵硬。每次力量锻炼完后要注意身体保暖，采用按摩、热水浴等手段帮助恢复，加强营养补充特别是蛋白质的补充。

2. 力量素质锻炼的方法

(1) 俯卧撑。俯卧撑主要锻炼肱三头肌、胸大肌等上肢肌肉。在进行俯卧撑练习时，要求身体成一条直线，不塌腰，不翘臀，向下屈肘，上臂与地面平行后，收紧核心，胸肘发力向上推起。针对力量水平较弱的学生，可以采用扶墙俯卧撑或者跪姿俯卧撑来降低训练强度；随着力量的提高，可逐步提高难度，采用击掌俯卧撑、钻石俯卧撑、抬高脚部反斜面俯卧撑等锻炼方式。

(2) 引体向上。引体向上主要锻炼肱二头肌、胸大肌、背阔肌等上肢肌肉。进行引体向上练习时，正手宽掌距握杠可更多地锻炼到胸背肌肉，反手窄掌距握杠则更多地锻炼到手臂肌肉。在屈肘引体向上时，应注意收紧核心肌肉，避免身体大幅度晃动。针对力量水平较弱的学生，可以利用弹力带或者同伴提供辅助力量，以此降低难度完成练习。

(3) 屈臂撑。屈臂撑主要锻炼肱三头肌、胸大肌等上肢肌肉。进行屈臂撑时，双手握双杠，屈肘向下折叠大小臂，随后发力将身体向上撑起，成直臂。

(4) 卧推。卧推主要锻炼胸大肌、肱三头肌等上肢肌肉。卧推时，背部和臀部紧贴凳面，躯干呈"桥形"，双脚踏实，双手握杠将横杠下放至乳头上方 1 厘米左右，然后发力，将横杠推起。根据身体姿态的不同，卧推又分为平卧卧推、上斜卧推和下斜卧推，三种卧推方式分别锻炼胸大肌中部、胸大肌上部和胸大肌下部。根据握距的不同，可分为窄握距、中握距和宽握距。三种握距分别主要发展肱三头肌、胸大肌外侧中部和胸大肌上部及三角肌前束。在进行大重量练习时，应有同伴相互保护和帮助。

(5) 俯卧划船。俯卧划船主要锻炼三角肌后束、背阔肌等肩背部肌肉。俯卧划船时，微屈膝，上身前倾，收腹挺腰，双手直臂持杠铃于腹前，肩背肌肉收紧，将杠铃提拉到腹部，肩关节背伸收紧，重复进行。俯卧划船也可用哑铃代替杠铃，也可以单边交替进行。

(6) 挺举。挺举主要锻炼肱三头肌、胸大肌等肌肉，可作为全面发展上肢肌肉的锻炼方式。挺举时，将杠铃停靠在肩膀上，随后抬高下颌，用上肢力量将杠铃向上推举；当杠铃推至过头后，持续向上推至手臂伸直，不要把杠铃向头后推。重复进行。

(7) 平板支撑。平板支撑主要以静力性的方式锻炼腰腹部核心肌肉群。在做平板支撑时，腰背挺直，核心收紧，肩、髋、踝在一条直线上，不塌腰，不翘臀。平板支撑也有很多变换方式，如侧身支撑做“侧桥”，仰卧支撑做“背桥”等。无论用哪种变换方式，都应保持标准身体姿态。

(8) 仰卧举腿。仰卧举腿可以锻炼腹部肌肉，特别对下腹部肌肉锻炼效果更好。仰卧举腿时，仰卧于垫上，腿自然伸直，将双腿抬起至与地面垂直，臀部离开地面，然后缓慢放下，始终保持双腿伸直。针对腹部力量较好的队员，可悬挂在单杠上做举腿练习，采用悬垂举腿的方式提高锻炼强度。

(9) 仰卧起坐。仰卧起坐可以锻炼腹部肌肉，是一种常见的锻炼方式。仰卧起坐时，屈膝仰卧于垫上，双手触放在耳边，腹肌发力带动上身靠近大腿，两肘触及或超过膝关节后回到仰卧状态，重复进行。仰卧起坐时，不宜用手抱后脑，这样不利于颈椎健康，也容易降低练习强度。力量较好的队员在做仰卧起坐时，可以将上半身尽力去靠近下腹部，将腹肌像纸张一样卷起，做这样的“卷腹”动作锻炼腹肌上半部分。

(10) 仰卧两头起。仰卧两头起属于仰卧起坐的变换形式，主要锻炼腹肌中部的力量。仰卧在垫上，双手举过头顶，腹肌发力，双手和双脚同时上举，使身体呈 V 字形，随后双手双脚同时还原，成仰卧姿势，重复进行。

(11) 俯卧背伸。俯卧背伸可以锻炼腰部肌肉。俯卧背伸时，俯卧在垫上，双手轻放于耳朵，同伴按压住脚踝，腰部发力，身体背伸，将上半身抬离地面，随后还原，重复进行。若没有同伴，也可以将双手向上伸直俯卧垫上，双手和双脚同时向上抬离地面，做背伸动作，以此达到锻炼腰肌的目的。

(12) 深蹲。深蹲主要锻炼臀大肌和股四头肌。深蹲练习强度大，参与动作肌肉多，是下肢力量练习的常用训练方式。深蹲练习时，臀部应后坐，核心肌肉收紧，膝关节尽量不要超过脚尖。当进行大重量深蹲时，应有同伴进行保护和帮助。

(13) 硬拉。硬拉主要发展腰肌、臀大肌等肌肉群。硬拉时，参与肌肉较多，练习强度较大，属于全身性力量练习。练习时，屈膝，双手握杠，核心肌肉收紧，上身上抬，大腿、臀部、腰部依次用力，将杠铃提离地面，身体呈直立状态。重复进行。硬拉也可以采用直腿方式硬拉，此时更偏重臀大肌的锻炼。在进行硬拉练习时，强调对腰部的保护，拉起时不应出现弓腰的动作。

(14) 提踵。提踵主要锻炼小腿三头肌，是小腿肌肉的主要练习方式。将杠铃置于肩上，收紧核心肌肉，双脚与肩同宽，小腿三头肌收缩发力，做踮脚尖的动作，将身体向上顶起，随后还原，重复进行。

(15) 跳跃性练习。跳跃性练习可以全面锻炼下肢肌肉群。跳跃性练习包括多种克服自重的连续蛙跳、原地纵跳、收腹跳、单腿跳等形式。这些练习触地时间短，脚落地立即开始下一次练习，对锻炼下肢肌肉群的力量十分有效。

二、速度素质及练习方式

（一）概念

速度素质是指人体快速运动的能力，包括人体快速完成动作的能力、对外界信号刺激快速反应的能力，以及快速位移的能力。

速度素质包括反应速度、动作速度和位移速度。其中，反应速度是指人体对各种信号刺激快速应答的能力；动作速度是指人体或人体某一部分快速完成某一动作的能力；位移速度是指人体在特定方向上位移的速度。

（二）发展速度素质的基本方法

1. 发展速度素质的基本要素

(1) 发展速度素质必须掌握熟练的技术动作。只有技术动作熟练，条件反射巩固，才能以快速的速度去完成动作练习，发展有效速度。

(2) 在发展速度素质的同时应发展其他相关的素质。力量素质是基础，灵敏与耐力素质与速度相关，在锻炼过程中必须考虑发展这些相关素质。

(3) 发展速度素质时，要严格控制练习时间和时间间歇。一般快速练习持续时间不得超过 30 秒钟。

(4) 在一次锻炼中，速度锻炼一定要在力量或耐力锻炼之前进行。一方面可以锻炼效果，另一方面以免出现伤害事故。

2. 速度素质锻炼的锻炼方法

(1) 反应速度的锻炼方法和手段

① 根据各种声音信号进行起跑、游戏或其他相应的动作练习。经常参加这种练习可以提高对声音和动作的反应速度。

② 参加篮球、排球、足球、羽毛球、乒乓球等球类锻炼活动。

(2) 动作速度的锻炼方法与手段。

① 采用牵引跑、顺风跑等方法提高短跑的动作速度，即借助力提高动作速度。

② 通过加大动作难度提高动作速度。例如，捆沙袋或穿沙衣跑和跳。跑步之前，先做深蹲或半蹲杠铃练习等。

(3) 位移速度（速度和速度耐力）的锻炼方法与手段

① 发展无氧代谢能力，采用短距离的重复跑。例如，60～80 米重复跑，第一次跑后，心率恢复到不低于 120～140 次/分后，再进行下一次跑的练习，可以有效地提高无氧代谢能力。

② 经常采用超主项的加速跑、冲刺跑、间歇时间更短的重复跑等来发展速度和速度耐力，如主项为 100 米，可以经常跑 110 米、120 米等。

③ 注意发展肌肉的弹性、伸展性和关节的灵活性，如各种柔韧性练习、摆腿和踢腿练习等。

④ 用中小负重半蹲或全蹲来发展腿部和腰部等部位的肌肉力量。在负重快速练习的基础上发展爆发力，以达到发展身体位移速度的目的。

三、耐力素质及练习方式

（一）概念

耐力素质是指有机体坚持长时间运动的能力。良好的耐力素质训练既可以提高心血管、呼吸系统的能力，还可以减脂塑形、改善身体形态等。按照人体的生理素质，可将耐力素质分为肌肉耐力和心血管耐力。心血管耐力又可分为有氧耐力和无氧耐力。

（二）发展耐力素质的基本方法

1. 发展耐力素质的基本要素

(1) 发展耐力素质应该在发展有氧耐力的基础上发展无氧耐力。

(2) 发展耐力素质要施加适量的运动负荷与间歇。发展心血管的机能是提高耐力素质的物质基础。两次负荷之间的间歇，一般来说，脉率恢复到120～130次/分再进行下次负荷练习，时间3～4分钟，锻炼效果最好。

(3) 动作速度为中等的练习对耐力素质的提高最为有效。

(4) 要重视耐力锻炼中的呼吸与动作的配合。

(5) 耐力锻炼必须持之以恒，要有顽强的意志。

(6) 耐力锻炼后，应加强营养补充，消除疲劳。

2. 耐力素质锻炼的方法和手段

(1) 有氧耐力锻炼的方法和手段。发展有氧耐力，一般采用持续性练习和间断性练习两种方法。这两种方法主要是通过严格控制心率负荷来进行的。心率一般控制在140～170次/分，约为锻炼者最大心率负荷的75%～85%。

① 跑步锻炼法。根据个人身体情况，可进行中等距离慢速间歇跑、中长距离匀速和慢速跑、定时跑等。

中等距离慢速间歇跑。例如，400米、800米、1000米、1200米、1500米等。速度控制在每分钟170～220米。随着有氧耐力的提高，逐渐加长距离和加快速度。

中长距离匀速和慢速跑。例如，2000米、3000米、4000米、5000米、8000米、10000米，速度可根据距离长短与体力情况进行调节，心率控制在140～170次/分。

定时跑。例如，5分钟、8分钟、10分钟、12分钟、15分钟、20分钟定时跑等，心率控制在140～170次/分为宜。

② 跳绳锻炼法。根据个人身体情况和需要，可进行单脚跳、双脚跳、跑步跳等。

计数间歇跳。例如，规定跳100次、200次、300次、400次、500次、600次等；速度控制在70～100次/分、间隔时间在3～5分钟，次数与组数成反比。

计时间歇跳。例如，规定跳1分钟、2分钟、3分钟、4分钟、5分钟等，心率控制在140～170次/分，时间与组数成反比。

③ 登山、跑楼梯和骑自行车锻炼法。根据个人不同的条件，可以在控制心率负荷的情况下，通过登山、跑楼梯和骑自行车来发展有氧耐力。

(2) 无氧耐力锻炼的方法和手段。提高无氧耐力素质，间歇锻炼是通常采用的方法。非乳酸性耐力锻炼的方法与手段：

① 采用95%左右的强度、心率控制在180次/分以上，负荷持续时间3～8秒的大强度锻炼，可以有效地发展非乳酸性耐力。例如，采用20～70米的加速跑、8～20米快速游泳等练习，3～5次为1组，练习5～8组。

②采用85%～95%的强度，心率控制在160～180次/分，负荷持续时间多于35秒。例如，采用400米重复跑，3～4次为1组，练习2～3组，两次之间间隔15～20分钟。或者采用变速跑练习。例如，100米慢跑与100米快跑、200米慢跑与200米快跑，2～4次为1组，练习3～4组，两次之间间歇6～7分钟，组与组间歇15～20分钟。

(3) 局部肌肉耐力锻炼的方法和手段。主要采用抗阻性练习方法，负荷强度为中等。

① 克服身体自身阻力耐力锻炼。例如，引体向上等。

② 克服外界阻力的耐力锻炼。例如，采用深蹲等。

四、 柔韧素质及练习方式

（一）概念

柔韧素质是指人体关节在不同方向上的运动能力及肌肉、韧带等软组织的伸展能力。柔韧素质通过关节运动的幅度表现出来，也就是按一定的运动轴产生转动的活动范围表现出来。

（二）发展柔韧素质的基本方法

1. 发展柔韧素质的基本要素

(1) 进行柔韧锻炼时要循序渐进，不能一开始就用力过猛和速度过快。

(2) 在柔韧锻炼时不得动作幅度过大，不能超过正常的生理范围。练习时以感觉到酸、胀、痛为限。

(3) 柔韧素质锻炼必须与速度和放松练习相结合。这样可以保持发展肌肉、关节、肌腱和韧带的弹性，利于恢复体力。

(4) 发展柔韧素质时，要将动力性和静力性练习相结合。

(5) 每次进行柔韧素质练习的时间不宜过长。注意，柔韧素质练习必须在其他锻炼之前进行。

2. 柔韧素质锻炼的方法和手段

(1) 主动练习法。主动练习法是指不依靠外力而通过肌肉的主动收缩来增加关节灵活性的锻炼方法，可以分为主动动力性练习和主动静止性练习。主动动力性练习特点有动作次数的重复，有负重或不负重的。例如，各种踢腿、摆腿、肢体绕环、甩腰、涮腰、扩胸等。主动静力性练习是一种依靠自身肌肉的力量，使动作达到最大幅度并保持静止姿势的练习。例如，双杠直角支撑、体前屈、左右分腿、前后分腿、劈叉等。

(2) 被动练习法。被动练习法是指依靠外力的作用，提高关节灵活性的一种方法，可以分为被动动力性和被动静力性两种方法。被动动力性方法是依靠他人的助力来拉长肌肉和韧带的练习。例如，后举腿练习时，借助力抬高后举的幅度；坐立向前屈体时，用人在背部向前推压等。被动静力性练习是借助外力保持固定的姿势。例如，借助力保持体前屈、借助力向前、后、侧抬腿等。

五、灵敏素质及练习方法

（一）概念

灵敏素质是指在各种突然变换的条件下，队员能够迅速、准确、协调地改变身体运动的空间位置和运动方向，以适应外环境变化的能力。衡量高灵敏素质的标志是队员在各种复杂变换的条件下能够迅速、准确、协调地做出应答动作。通常，灵敏素质可以分为一般灵敏素质和专门灵敏素质两类。

（二）发展灵敏素质的基本方法

1. 发展灵敏素质的基本要素

（1）在运动技能形成的基础上发展灵敏素质。运动技能形成的数量越多、越熟练、越巩固，灵敏素质就越高。

（2）力量素质发展得越好，越要加强灵敏素质锻炼。力量素质发展了，肌肉的生理横断面就会增大，体重也随之增加。若不加强灵敏素质锻炼，身体就会显得很笨重，不灵活。

（3）灵敏素质锻炼必须在力量、速度和耐力锻炼之前进行。身体产生疲劳后不宜进行灵敏素质锻炼：一方面无效果，另一方面以免受伤。

2. 灵敏素质锻炼的方法和手段

（1）参加各种球类项目锻炼。例如，篮球、排球、足球、乒乓球、羽毛球和网球等，都是发展灵敏素质的运动。

（2）参加各种游戏活动。运动性游戏是发展灵敏素质的良好手段。例如，两人相互“追影子”“贴膏药”等。

（3）进行调整体位的锻炼。经常练习倒立、摆荡、摆越、滚翻、侧手翻和各种平衡能力等。

（4）参加各种舞蹈、健身操、韵律操和武术等项目锻炼。这类项目可以发展身体的协调性和灵活性。

六、体质健康测试项目练习方法

（一）立定跳远的练习方法

立定跳远主要测试学生的下肢力量素质。练习立定跳远，一方面需要掌握立定跳远的基本技术，另一方面需要进行下肢力量的锻炼。

1. 立定跳远的技术要领

立定跳远主要分为预摆、起跳、腾空和落地四个环节。

预摆：双脚左右开立，与肩同宽，伸膝提踵的同时手臂上摆，屈膝半蹲的同时手臂后摆，预摆 1～2 次。

起跳：屈膝半蹲双臂后摆时，两脚快速用力蹬地，同时双臂快速由下向前摆动，带动身体朝上、朝前起跳。

腾空：腿和摆臂协调伸展，在空中充分展腹，随后快速收腹，双腿尽量向前伸。

落地：落地前含胸收腹，小腿尽可能向前伸，脚跟着地后身体向前移动。

2. 立定跳远的锻炼方法

(1) 原地蹬摆练习:两脚与肩同宽自然开立,双手直臂向前上摆起,同时身体提踵;随后双臂向后摆动,同时屈膝呈半蹲姿势,脚跟离地,身体略微前倾,重复进行。此练习主要解决起跳摆臂不协调的问题。

(2) 原地纵跳:两脚与肩同宽自然开立,屈膝呈半蹲姿势,脚跟离地,身体略微前倾,双手后伸置于身体后部。双臂向前向上摆动,同时依次大腿和脚踝发力,身体向上纵跳,双臂挥过头顶,随后还原呈起始动作。此练习主要解决起跳摆臂和蹬地不协调的问题,也可发展下肢力量。

(3) 原地展腹跳:两脚与肩同宽自然开立,屈膝呈半蹲姿势,脚跟离地,身体略微前倾,双手后伸置于身体后部。双臂向前向上摆动,同时依次大腿和脚踝发力,身体向上纵跳,在空中腰部发力,将身体充分展开,呈反弓形,随后还原起始动作。此练习主要解决空中展腹不充分的问题,也可发展身体核心力量。

(4) 原地收腹跳:两脚与肩同宽自然开立,屈膝呈半蹲姿势,脚跟离地,身体略微前倾,双手后伸置于身体后部。双臂向前向上摆动,同时依次大腿和脚踝发力,身体向上纵跳,在空中顺势腹肌发力,将大腿靠近胸部,随后还原呈起始动作。此练习主要解决空中收腹举腿不及时的问题,也可发展身体核心力量。

(5) 跪姿收腹跳:身体跪于地面,双脚脚尖着地,上身直立,双臂向上挥动,身体协调发力,将身体向上带动,呈半蹲姿势。此练习主要解决空中收腹举腿不及时的问题,也可发展身体核心力量。

(6) 其他下肢力量及核心力量的练习方法,可参考力量素质练习方法。

(二) 仰卧起坐的练习方法

仰卧起坐主要测试大家腹部肌肉力量和耐力素质。坚持进行仰卧起坐练习,可以增强腹部肌肉的力量,也可以增加腹部肌肉的弹性,还可以改善体态。

1. 仰卧起坐的技术结构

在仰卧起坐练习中,仰卧起坐阶段,我们主要依靠腹直肌、腹内斜肌、腹外斜肌完成动作。身体直立后靠近双膝过程中,主要依靠髂腰肌和股直肌完成动作。在向下还原阶段,上述肌肉依然参与完成动作,但是肌肉工作性质和条件会有不同。

2. 仰卧起坐的锻炼方式

仰卧起坐的锻炼方式主要是一些腰腹肌肉的练习方式,包括仰卧起坐、平板支撑和俯卧背伸等动作,具体内容可参考力量素质练习方法。

(三) 引体向上的练习方法

引体向上主要测试上身力量素质。引体向上练习可以提高手臂、胸和背部力量,同时对塑造上身体形有良好效果。

1. 动作要领

起始姿势两手正握单杠,掌距略宽于肩,两脚离地,两臂自然下垂伸直。用胸背的力量将身体向上拉起,肘部内收,腹部和臀部肌肉收紧,双腿保持下垂,使身体尽可能平稳地上升。不一定要慢,但一定要稳。当下颌超过单杠时稍作停顿,逐步放松,让身体还原到悬垂状态。下降速度不要过快，尤其是力竭的时候，过快的下降速度会导致肩部肌肉或软组织拉伤。

2. 引体向上的练习方式

(1) 手指抓握力量训练：在做引体向上时，因为全身的重量都依靠手臂的抓握力固定在横杆上，所以手臂的抓握力的大小能够间接地影响到做引体向上的能力。手臂的抓握力量可以通过握力器和指卧撑的方式进行练习。

(2) 上肢和背部力量练习：在做引体向上的过程中，因为主要参与运动做功的是上肢和背部的骨骼肌，所以发展上肢和背部的骨骼肌肌力和肌耐力是十分重要的。可以参考力量练习方法。

(3) 腰腹力量练习：在做引体向上的过程中，身体处于悬空状态，因此保持身体的稳定就显得尤为重要。可以参考仰卧起坐练习方式进行练习。

(4) 弹力带辅助引体：选择一根弹力绳，一端系在单杠上，一端圈住脚掌或者膝盖进行引体向上练习。

(5) 跳跃引体向上：踩在箱子上，双手握住横杆，轻轻跳起来，利用向上跳跃的冲力，顺势完成一次引体向上，专注于背肌拉动，再返回地面重新进行。

(四) 50 米跑的训练方法

50 米跑主要测试速度素质。在学生体质健康测试中，50 米跑成绩占总成绩的比重大，在练习中需要投入更多精力。

1. 50 米跑的技术结构

50 米跑分为起跑、加速、途中跑和冲刺跑三个部分。

起跑阶段：应将注意力一半分配到听发令声，另一半分配到肌肉快速收缩。听到发铃声后，腿部爆发用力，手臂加速摆动带动身体向前，采用小步伐快频率的方式。

加速跑阶段：注意眼睛看向地面，压低身体，迫使脚与地面快速接触，加快步频，两脚从远离身体中轴线逐渐靠近中轴线，身体重心逐渐抬起，在 20 米左右进入途中跑，避免抬头太早。

途中跑阶段：途中跑时通过核心肌肉控制身体保持稳定状态，手臂和腿部保持稳定的频率，高重心大步幅，加大摆臂幅度，大腿向前向高抬出并积极下压，尽可能保持住最高速。

冲刺阶段：离终点 1 米左右，降低重心，用单肩或者双肩的方式压肩，高速通过终点不要减速。冲刺时不可跨步或跳跃。

2. 50 米跑的练习方式

(1) 跑的摆臂练习：眼睛平视前方，躯干与地面保持垂直或略前倾。以肩关节为轴肩膀放松虚握拳，以肘关节为质点向后向外摆臂，手臂自然回弹，形成一个向前向外的三角形。前摆不超过鼻尖，横摆不超过躯干中轴线。前摆小于 90°，后摆大于 90°。

(2) 跑的专门性练习：跑的专门性练习包含内容较多，如后踢腿跑、高抬腿跑、直膝跑、垫步单侧提拉腿练习、后蹬跑、车轮跑、小马跳、马克操、变节奏的高抬腿(交换腿)、高抬腿向后跑、直膝向后跑。

(3) 下肢力量、腰腹力量：参考力量素质练习方法。

(4) 柔韧性练习：参考柔韧性素质练习方法。50 米跑特别注重髋关节的柔韧性练习。

（五）1000/800 米的训练方法

1000/800 米主要测试耐力素质。经常参加中长跑锻炼，能提高呼吸系统和心血管系统的功能，发展耐力素质，培养坚毅、顽强的意志和克服困难的精神。1000/800 米测试在体质健康测试中所占比重大，同时该项测试会给平时运动较少的学生带来身体上的不适，因此应更加注重平时的训练。

1. 1000/800 米跑的技术要领

学生在起跑前应保持身体稳定，集中注意力听枪声。当听到枪声后，后腿立即蹬地并迅速前摆，两臂配合腿部动作做快速而有力地摆动，使身体迅速向前冲出。

加速跑时，上体前倾幅度稍大，两腿交换频率较快，摆臂、摆腿和后蹬都应迅速而积极。进入途中跑后，上体接近垂直或做 5°左右的前倾，胸部正对前方并微向前挺，整个躯干自然不僵硬。上体适当地前倾，能改善后蹬的条件，加强身体的向前运动。当跑一段时间后，我们会不同程度地出现呼吸困难、胸部发闷、四肢无力、跑速下降，产生难以继续跑下去的感觉。这就是通常所说的“极点”。当“极点”产生后，只要坚持继续跑下去，经过一段时间，这种感觉就会减轻，身体机能会得到明显好转。

在距离终点 200 米左右进入终点跑。终点跑的特点是要求加快跑速。应以顽强的意志，动员全身力量，加强摆臂、摆腿与后蹬，以接近短跑技术的要求，一鼓作气地向终点冲刺。

2. 1000/800 米跑的练习方式

1000/800 米跑的练习方式比较单一，通常需要有足够的跑动量才能产生效果。具体的练习方式可以参考耐力部分的练习方式。

（六）坐位体前屈的训练方法

坐位体前屈主要测试柔韧素质。身体良好的柔韧性有助于完成复杂技巧，使技术动作显得轻巧灵活，更加协调和准确。柔韧性得到改善，身体各个部分活动的幅度会加大，能产生更大的力量和速度，使训练者更好地控制身体的运动。运动前的牵拉训练还可以提高体能和速度缩短肌肉恢复时间，运动后的牵拉能减轻肌肉酸痛和痉挛。

1. 坐位体前屈的技术要领

进行坐位体前屈时，应进行短时间的慢跑，充分做好准备活动，提高牵拉肌肉群的血流量。如果牵拉练习之前准备活动不充分，再加上气温低及不恰当的拉伸方法，就会容易造成损伤。测试前做 2～3 次深度拉伸。

2. 坐位体前屈的练习方法

坐位体前屈练习方法参考柔韧素质的训练方法。可每天进行坐位体前屈的训练，每次可针对目标肌肉和韧带进行 2～3 组，共 10～15 分钟的拉伸。拉伸过程注意动态拉伸和静态拉伸练习相结合。

教学思考

【在线习题】

（1）浅谈身体素质的重要性。

（2）谈一谈你对国家体质健康测试重要性的认识。

（3）总结一下自身体质的优势和不足，针对自身不足，写一份锻炼计划。

11

第十一章
运动处方的制定与实施

教学目标

（1）价值塑造：把立德树人贯穿于各个教学环节。以运动处方的理论和实践应用为媒介，将思政目标和知识目标、能力目标细化渗透到教学全过程中。在政治思想、价值塑造、人格养成、能力培养和知识探究等多个维度上，对学生进行培养。

（2）能力培养：通过课程学习，学生将正确掌握科学健身的理论与技术；通过学习运动强度、运动类型、运动频度、运动时间等维度，掌握运动处方的制定原则和实施方法；能够结合自身的实际条件，制定适合自身的运动方案；增强身体活力，增进健康，实现《全国普通高校体育与健康课程教学指导纲要》规定的基本目标，为终身体育打下良好基础。

（3）知识传授：重点讲授运动处方的主要维度，包括运动目的、运动强度、运动类型、运动频度、运动时间和运动进度等内容。讲授运动处方的实施原则和注意事项。

第一节 运动处方的概念、特点

一、运动处方的概念

运动处方（exercise prescription，EP）是指针对个体的身体状况而制定的一种科学的、定量化的、周期性的锻炼方案，是指导人们有目的、有计划和科学锻炼的一种方法。具体来讲，指根据体育锻炼者或患者的身体检查资料（包括运动试验和体力测验），按其健康状况、体适能水平及运动目的，用处方的形式制定运动种类、运动强度、运动时间及运动频度，提出运动中的注意事项。运动处方与药物处方的不同在于：①目的不同，运动处方是用来提高体适能、促进健康或防治疾病，药物处方是为了治疗疾病；②使用终点不同，药物处方在患者痊愈后即停止使用，而运动处方在人的一生都可以发挥重要作用；③执行方法不同，药物处方以服用或被动接受药物为主，个体不用付出努力，而运动处方必须依赖个体主动参与完成，效果取决于个体的努力程度。运动处方和药物处方内容的区别见表 11.1.1。

表 11.1.1 运动处方和药物处方内容的区别

药物处方	运动处方	药物处方	运动处方
药品名称	运动类型	用药方法和疗程	持续时间和频度
药品剂量	运动强度	服用或被动接受	主动参与

二、 运动处方的基本要素

运动处方的种类繁多，但基本要素都包括运动目的、运动种类、运动强度、运动时间、运动频率及注意事项等。其中，运动种类、运动强度、运动时间、运动频率为运动处方的四大要素。

（一）运动目的

运动目的建立在需求的基础上。依据年龄、性别、职业、爱好、健康状况不同，运动目的各有侧重。运动目的主要有以下几个方面：

（1）促进生长发育，增进健康。

（2）疾病的预防，治疗和康复。

（3）增强体适能，激发活力，提高生活质量。

（4）丰富文化娱乐生活，愉悦身心，满足社交需求。

（5）健美减肥，塑造形体美。

（6）学习掌握运动技能和方法，提高竞技水平。

（二）运动种类

运动种类指运动中采用的形式，或选择的运动项目等。按照肌肉活动特点，可将运动分为动力性运动与静力性运动。动力性运动时，身体多个环节均有位移，如走、跑、跳。静力性运动时，身体多个环节在一定时间内维持相对固定姿势，如十字悬垂、蹲马步。按运动供能的特点，可将运动分为无氧供能（或无氧供能为主）运动和有氧供能（或有氧供能为主）运动两大类。无氧供能为主的运动包括最大强度及次最大强度的运动，如 50 米冲刺。有氧供能为主的运动包括高强度运动、中等强度运动和低强度运动，如竞走、超长跑、长距离游泳、健美操、球类运动等。

选择运动种类时要考虑几方面的条件：①依据个人运动目的；②是否获得医学检查的许可；③锻炼者个人的运动经历、兴趣爱好及特长；④运动的环境、条件，是否有同伴和指导等。其中，运动目的和医学检查的许可是必须满足的两个条件。健康体适能包括心肺耐力素质、肌肉力量和耐力素质、柔韧性素质、身体成分。相应地，运动处方的运动种类可分为以下三类：耐力性、力量性、柔韧性。为达到全面身体锻炼的效果，完整的运动处方要求包括三种运动种类：有氧运动（耐力性运动）、抗阻性运动（力量性运动）、柔韧性运动。

(1) 有氧运动:为中等强度、持续时间较长的运动。这类运动有:步行(散步、快走、竞走)、慢跑(或健身跑)、走跑交替、游泳、自行车、功率自行车、跳绳、划船、滑水、滑雪、非竞赛性球类运动、健身操、太极拳、养生气功等。耐力性运动是保持全面身心健康、保持理想体重的有效运动方式。在治疗性运动处方和预防性运动处方中,主要用于心血管、呼吸、内分泌等系统的慢性疾病的治疗、康复和预防,以改善和提高心血管、呼吸、内分泌等系统的功能。

(2) 抗阻性运动:指以增强力量、健美形体为主的运动,如利用哑铃、杠铃、弹力带等进行的力量练习。大量研究表明,适宜的力量刺激对延缓骨质疏松的发生具有十分重要的作用。成年人或中老年人随年龄增加,肌肉力量会不断减弱。抗阻性运动必须成为成人运动计划的一个组成部分。

(3) 柔韧性运动:指以调整呼吸节律,拉伸肌肉筋膜、加大关节活动度为主的运动。主要作用有放松精神、消除疲劳、改善体形、预防高血压和神经衰弱等疾病。这类运动主要有:拉伸关节和舒展躯干的运动、太极拳、瑜伽、五禽戏、八段锦、易筋经、保健气功、广播体操、医疗体操、矫正体操等。

(三) 运动强度

运动强度指单位时间内移动的距离或速度,或肌肉在单位时间内所做的功,是运动处方中决定运动量的核心问题,也是取得锻炼效果与安全性的关键。

在制定运动强度时要考虑几个方面的内容:运动目的、医学检查结果、个体体适能水平、锻炼内容、年龄、性别、运动经历等。在有氧运动中,运动强度取决于走或跑的速度、蹬车的功率、爬山时的坡度等。在力量和柔韧性练习中,运动强度取决于给予助力或阻力的负荷重量。应按照个人特点,规定锻炼时应达到的有效强度和安全界限。评估运动强度的方法有:最大摄氧量百分数(% $V_{O_2 max}$)、最大心率百分数(% HR_{max})、代谢当量(MET)、主观运动强度等级(RPE)等。因为最大摄氧量的测定需要专业的仪器设备,测定方法较为复杂,所以实际采用不多。在大众健身中,常用的确定运动强度的方法有以下几种:

(1) 最大心率百分数(% HR_{max}):以期望强度设定的心率,称为“靶心率”或称为“运动中的适宜心率”。常用测算方法有两种。

① 年龄减算法:

运动适宜心率=180(或 170)－年龄

此法适用于健康人群,60 岁以上或体质较差者宜用 170 减去年龄。

② 靶心率:

靶心率=最大心率×期望强度

取最大心率的 60%～80%为运动适宜心率(靶心率)。

最大心率=220－年龄

靶心率=(220－年龄)×(60%～80%)

例如,某 40 岁男子,适宜的靶心率=(220－40)×(60%～80%),即 108～144 次/分。计算结果显示,该男子运动时的心率若低于 108 次/分,则锻炼效果就欠佳;若高于 144 次/分,则运动太剧烈且不安全。

(2) 主观运动强度等级(RPE):在运动过程中,根据个体运动时主观感受劳累的程度来判断运动强度大小。此方法简便,特别适用于家庭和社区康复训练,见表 11.1.2。

表 11.1.2　主观运动强度等级(RPE)测定表

RPE	主观运动强度	相对强度/%	相应心率/(次/分)
6	安静	0.0	静息心率
7	非常轻松	7.1	70
8		14.3	
9	很轻松	21.4	90
10		28.6	
11	轻松	35.7	110
12		42.9	
13	稍费力	50.0	130
14		57.2	
15	费力	64.3	150
16		71.5	
17	很费力	78.6	170
18		85.8	
19	非常费力	>90.0	200
20	竭尽全力	100.0	

在表 11.1.2 的 RPE 栏内，6～20 的 15 个点上每一个单数各有不同的运动感觉特征，这 9 个感觉特征都具有相应的分值。如果各点乘以 10 倍以后，常与达到该点的心率大体上一致，即为此劳累级别的心率(次/分)。对于习惯运动的人来说，可靠性相当高。运动者的主观感觉得分在 12～15 级，说明运动强度是合理的，而中老年人应达到 11～13 级为宜。

(3) 代谢当量(MET)：指运动时代谢率对安静时代谢率的倍数。低强度体力活动低于 3 MET，中等强度体力活动为 3～6 MET，较大强度以上体力活动不低于 6 MET。

(四) 运动时间

运动时间指一段时间内进行体力活动的总时间(即每次、每天或每周训练课的时间)。运动时间长短应与运动强度相互调节。在耐力性运动处方中，对大多数成年人推荐的运动时间为每天累计进行至少 30～60 分钟(每周至少 150 分钟)的中等强度运动，或每天至少 20～60 分钟(每周至少 75 分钟)的较大强度运动，或中等和较大强度相结合的运动。心脏病患者在病情稳定后，每次运动时间可为 30～60 分钟，包括 10～15 分钟热身活动，15～30 分钟正式运动和 5～10 分钟整理运动，并且要随时监测心率。

力量性运动处方和柔韧性运动处方中，应规定每个练习需重复的次数(次/组)、一共完成几组，以及次与次、组与组间隔的时间。

（五）运动频率

运动频率指每周锻炼的次数。研究发现，一周运动 1 次时，运动效果不蓄积，运动后每次都产生肌肉痛和疲劳，且易发生运动伤害。一周运动 2 次，疼痛和疲劳减轻，效果有蓄积，但不显著。一周运动 3 次，不仅效果可充分蓄积，也不易产生疲劳。如果增加频率为每周 4 次或 5 次，效果也相应提高。但是，锻炼次数达 5 次以上时，最大摄氧量（$V_{O_2\,max}$）的提高与每周锻炼 3 次没有明显差别。所以，在以提高心肺耐力为主要目标时，推荐给大多数成年人的运动频率是每周 3～5 天的有氧运动，或隔日 1 次。

运动频率还取决于运动强度和每次运动持续的时间。如果采用小运动量或次日无疲劳感，可以每天运动。针对一般健身保健或处于退休和疗养状态者，坚持每天锻炼 1 次更好，关键是养成运动习惯或运动生活化。

（六）运动处方的注意事项

制定运动处方时，应遵循运动处方的科学原理，按照一定的步骤进行。应注意以下情况：①指出禁忌的运动项目和某些易发生危险的动作；②提出运动中自我观察指标及出现指标异常时停止运动的标准；③每次锻炼前后都要做好充分的准备活动和整理活动。针对慢性疾病患者，制定运动处方时，应该考虑患者的各种情况。例如，高血压患者有氧运动须在 50％的心脏储备以下进行；注意降压药的用药情况；运动前后要测量血压，观察血压变化。糖尿病患者需注意运动中发生低血糖，避免在药效高峰期进行运动。心血管病患者运动更应小心。

对于大多数成年人来说，一份有规律的锻炼计划应该包含除日常体力活动以外的多种运动。对于有些人来说，即使坚持了规律性的运动，但平时仍处于静坐少动的状态（如伏案工作），健康的效益也会降低。建议运动处方还应该包含减少静坐少动的计划。

此外，运动类型的多样化可能会降低肌肉骨骼劳损的发生率。运动过程应包括热身、整理活动、拉伸活动，以及循序渐进地增加运动量和强度。

第二节　运动处方的生理机制及实施原则

一、体力活动、运动/锻炼、体适能的定义及关系

体力活动（physical activity，PA）指任何可以引起骨骼肌收缩并在静息能量消耗基础上引起能量消耗增加的身体的活动，可以分为职业性体力活动、交通性体力活动、家务劳动及休闲性体力活动。

运动/锻炼（exercise）指有计划、有组织、可重复的体力活动，是一种旨在促进或维持一个或多种体适能的体力活动。

体力活动与运动的概念往往交替使用，但这两个术语并不是同义词。体力活动更倾向于指那些需要付出体力，能量消耗高于安静时水平的身体活动。比如，轻型园艺、家务劳动、爬楼梯等日常活动都是基本的体力活动。运动偏重于指人们为增进身体健康，按照结构化流程而进行的一种专门的、有计划的体力活动。比如，为提高自身有氧能力而进行的健步走运动，为提高肌力与肌耐力而进行的力量训练都属于运动的范畴。概括来说，体力活动是一个广义的、宽泛的术语，而运动/锻炼是体力活动的一种。不管是体力活动还是运动，都对我们的健康有着不可缺少的价值，运动或锻炼会为我们的身体健康带来更大的好处。

体适能(physical fitness, FT)是指身体有足够的活力和精力进行日常事务，而不会感到过度疲劳，并且还有足够的精力享受休闲活动和应对突发事件的能力。根据不同人群的情况，体适能又分为“运动体适能”和“健康体适能”。运动体适能是运动员在竞赛中为了夺取最佳成绩所需要的体适能，主要包括速度、反应、爆发力、协调性和灵敏性等素质。健康体适能则是一般人为了促进健康、预防疾病，提高日常生活、工作和学习效率所追求的体适能。

二、 运动处方的生理学机制

体力活动不足或静态生活方式是心血管疾病、代谢性疾病、骨骼肌肉异常、某些肿瘤等慢性非传染性疾病发生发展的共同危险因素。美国有氧运动中心纵向调查数据表明，与其他危险因子相比，缺乏规律性运动导致冠心病发生的风险更高。研究证实，闲暇时无体力活动和低体适能水平与冠心病、高血压、心力衰竭、2 型糖尿病、骨关节疾病、癌症等慢性疾病的发生风险及早亡率增加有关。对 123 万中国人进行的一项长达 9 年的纵向研究结果表明，体力活动不足已成为导致中国人群死亡和多种慢性疾病发生、发展的重要危险因素之一，给社会带来沉重的经济负担，使医疗支出增加。

体适能的提高有赖于运动或锻炼，体力活动及体适能水平对机体产生健康效应。美国一项持续 5 年的追踪研究结果显示，拥有“普通”体适能水平的人，一旦抛弃久坐的生活方式，可以明显降低 44%的死亡率。其中，一开始就拥有良好的体适能，并持续维持良好体适能的人的死亡率最低。一开始没有良好体适能，而且一直没有改善体适能的人的死亡率最高。对于所有年龄段的人群来说，为了改善健康，进行运动是最重要的行为习惯之一。一周中哪怕仅坚持 60 分钟的体育活动，也会对身体健康产生很大的益处。经常锻炼的儿童会更好地保持理想的体重，在学校的表现更优异，并且具有较高的自尊心。经常锻炼的成年人能更好地应对压力，避免抑郁，并保持理想的体重，罹患多种疾病的风险也会降低。体育锻炼对老年人也非常重要，有规律地运动有助于老年人提高生活质量和自理能力，提高免疫力，减少骨质流失，降低疾病的发病风险。

定期进行运动的益处涉及我们生活的方方面面。除了生理上的改善，运动还可以改善心理健康，减轻抑郁和焦虑，提高人们的生活质量和幸福感。总之，无论儿童、青少年、成年人、老年人或特殊人群(孕妇、残疾人、某些慢性非传染性疾患者等)，具有适宜的体适能水平并有规律地进行体力活动者，发生残疾和慢性疾病的风险降低，整体生活质量提高。定期进行运动对健康产生的效益见表 11.2.1。

表 11.2.1 定期进行运动对健康产生的效益

儿童与青少年(6～17 岁)	
证据充分	提高心肺适能和肌肉适能;促进骨骼健康;提高心血管功能,改善代谢性生物指标;改善身体成分
成年人及老年人(18 岁及其以上)	
证据中等	减轻抑郁症状
证据充分	降低早逝风险;降低冠心病风险;降低脑卒中风险;降低高血压风险;降低血脂异常风险;降低 2 型糖尿病风险;降低代谢综合征风险;降低结肠癌风险;降低乳腺癌风险;有效控制体重;在合理控制热量摄入的情况下,有效帮助减少体重;有效提高心肺适能和肌肉适能;预防跌倒;减轻抑郁症状;增强老年人的认知功能
证据中等到充分	改善老年人功能性活动;减少腹型肥胖
证据中等	降低髋部骨折的风险;降低肺癌风险;降低子宫内膜癌风险;减重后防止反弹;增加骨密度;提高睡眠质量

体力活动的健康效应依赖于体力活动量,两者间存在量效关系。而运动不足或过多均对健康产生不利影响。体力活动与健康效益的量效关系大致可归纳为以下三种(图 11.2.1):

A:中小运动量即可使运动不足者的某些健康指标明显改善。B:运动量与肥胖控制、某些疾病死亡率和发病率存在线性关系。C:运动量达到一定水平时才使某些健康指标的改善获得效果。

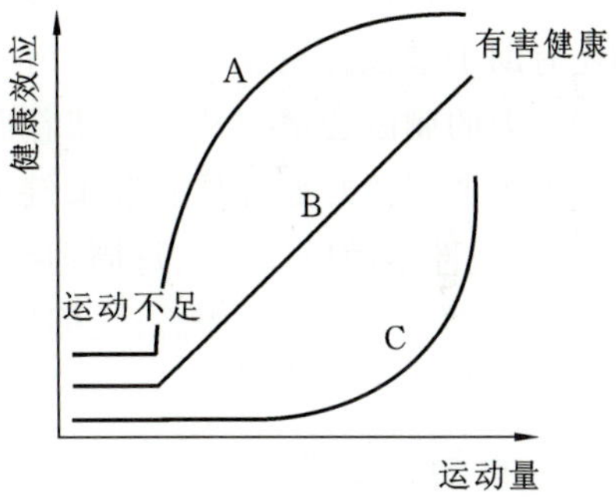

图 11.2.1 运动量效关系模型

所以,在进行体力活动时应同时注意运动量、健康效应与运动损害的平衡点。

三、 运动处方实施原则

运动处方是针对个体的身体状况而制订的一种科学的、定量化的、周期性的锻炼方案,具有个体化的特点。因此,制定运动处方时,首先应按照一定的程序对个体进行较系统的身体检查,并对其健康状况和身体机能状况进行评定。制定健身运动处方尤其要对个体的心血管机能进行评定,以发现其是否有潜在的心血管疾病,确定是否可以进行运动锻炼,以及运动锻炼时安全的心率界限是多少。其次进行体质测试,以评定个体的身体素质和体力等级,确定其进行运动时的负荷范围。通过以上程序,获得为制定运动处方所必需的全面资料和信息,为运动处方的科学性提供依据。制定运动处方时,应该遵守以下两个基本原则:

（一）FITT-VP原则

制定运动处方时，需明确提出运动频率（frequency）、运动强度（intensity）、持续时间或总时间（time）、运动模式或类型（type）、运动总量（volume）及进度（progression），即FITT-VP原则。针对有临床症状和有特殊健康状况的人，制定运动处方时，应对这些基本原则进行相应的调整。

（二）全面整体原则

对于大多数成年人来说，如果运动目的是提高体适能，一份完整的运动处方必须包括以下几部分：有氧运动、抗阻性运动、柔韧性运动和神经运动训练。

1. 有氧运动

有氧运动包括步行、慢跑、快跑、骑行、游泳、跳舞、远足及网球、篮球等运动。定期进行有氧运动有助于降低心血管健康问题，包括心脏病、高血压及高胆固醇水平异常的风险。有氧运动还能够降低2型糖尿病的风险。通过减重和增加体力活动，糖尿病前期（血糖水平升高，糖尿病风险增加）发展到糖尿病的进程可以被有效延迟，甚至预防糖尿病。

2. 抗阻性运动

抗阻性运动有助于提高肌肉适能，从而使我们能够更轻松地完成日常生活中的各项活动。当然，更好的肌肉适能可以使休闲活动和各种运动比赛更精彩。对于成年人来说，抗阻性运动有助于提高生活质量，减少随年龄增加而常常出现的肌肉量减少的情况。抗阻性运动还有助于增强骨骼强度。当肌肉收缩时，连接肌肉和骨骼的肌腱会对骨骼施加应力，骨骼受到应力的刺激会增加骨量。随着训练的推进，骨骼会变得更强壮。此外，抗阻性运动的另一个不可忽视的好处就是能带来健美的形体，结实强健的肌肉能让人更加自信。基于这些原因，抗阻性运动应该成为每周训练计划的重要部分。抗阻性运动有很多方式可供选择，包括器械、弹力带等，还有俯卧撑、仰卧两头起等自体重量训练，要找到自己喜欢且简单易行的运动方式。

3. 柔韧性运动

具备良好的柔韧性非常重要。关节受伤或老化导致的柔韧性下降均会限制我们进行日常活动。柔韧性可以通过全面的拉伸训练而保持，甚至改善。柔韧性练习以静力性拉伸练习为主，还可通过瑜伽、太极拳等运动来提高柔韧性。在有助手帮助的情况下，可以选用加助力的练习和本体感觉神经肌肉促进练习（PNF）。PNF指在进行等长收缩之后，再对同一肌肉/肌腱群进行静力性拉伸，即收缩——放松。练习过程中，应针对主要的肌肉肌腱单元，包括肩带、胸部、颈部、躯干、腰部、臀部、大腿前后和脚踝。

4. 神经运动训练

神经运动训练又称“功能性体适能训练”，包含提高平衡性、协调性、步态、灵活性、空间感（也就是本体感受）的训练。很多运动项目包含了功能性训练、抗阻性训练、柔韧性训练等，如瑜伽、太极、气功等。对于老年人来说，功能性训练有助于提高老年人平衡性、灵活性及肌肉力量，从而极大地降低老年人跌倒的风险。功能性训练对年轻人的益处也不可忽视。无论什么年龄，提高身体的平衡性、协调性和灵活性都是非常有必要的。

第三节 运动处方的制定方法

活跃的生活方式比静坐少动的生活方式会带来更大的运动风险。实践证明，50%～70%的运动是有危险的。一般来说，心血管系统正常的健康个体进行运动时不会发生心血管意外。然而，对具有已诊断或潜在心血管疾病的个体，在运动中发生心血管意外的风险最高，其在进行较大强度体力活动时，发生心脏猝死或心肌梗死的风险在短时间内急剧上升。为了避免在运动中引起损伤甚至是死亡，在计划运动锻炼前应该进行针对性的健康筛查，甚至需要医学检查和运动负荷试验。

一、运动前健康筛查

（一）运动前健康筛查的目的

(1) 检查个体的医学禁忌证，排除有禁忌证人群。待这些情况减少或得到控制后才可以开始运动计划。

(2) 甄别患有临床疾病的个体。确定个体在开始运动计划前是否需要及在多大程度上需要专业人士的管理和监督。

(3) 确定个体在开始运动计划前或准备增加运动频率和强度时，需要完成哪些医学评价，是否需要进行运动测试。

（二）运动前健康筛查

运动前的健康筛查，重点是筛查那些确诊了疾病的人，因为他们发生运动相关心血管事件的风险最高。健康筛查包括以下过程：

1. 自我筛查

准备参加运动的所有个体都应该采用自我筛查方法进行运动前健康筛查，可以通过填写“运动前健康筛查问卷”进行自我筛查。运动前自我筛查的结果决定了个体在开始执行运动计划前，是否需要及在多大程度上需要专业人士的管理和监督。

【健康筛查】

2.动脉粥样硬化性心血管疾病(CVD)危险因素评估和分级

(1) CVD 危险因素评估

对“运动前健康筛查问卷”进行评价，来确定个体是否有 CVD 危险因素。CVD 危险因素评估对确定健康水平、是否需要进行运动测试，以及运动测试时医务监督水平起着重要作用。在制定运动处方时，需特别注意评估各种心血管、肺部、肾脏疾病和代谢性疾病等危险因素，或其他状况，如怀孕、外伤等。

【CVD 危险因素评估】

针对不能确定的 CVD 危险因素，应将其记为危险因素（糖尿病前期除外）。如果糖尿病缺失或不知道前期的诊断标准，那么对满足以下条件的人应将糖尿病前期记为危险因素：①年龄不低于 45 岁，体重指数(BMI)≥25 kg/m^2；②年龄低于 45 岁，BMI≥25 kg/m^2，并且有其他糖尿病前期人群 CVD 危险因素(如有糖尿病家族史)。计入正性危险因素的数量。

因为高密度脂蛋白(HDL)对心脏具有保护作用,所以通常认为高密度脂蛋白(HDL)是 CVD 的负性危险因素。若 HDL≥60 mg/dL(1.55 mmol/L),则可以从正性危险因素总数中减去 1。

建议有多个 CVD 危险因素的个体,在开始较高强度运动计划前咨询医生,并在今后的训练中需要逐渐增加运动强度。

(2) 心血管疾病患者的危险分层

需要对心血管疾病患者进行危险分层。其主要目的是:①甄别锻炼者是否有参加运动负荷试验或健身活动的禁忌证;②甄别在运动负荷试验或健身活动中,年龄及其他可能增加疾病危险性的因素;③甄别患有临床疾病、应在医务监督下进行健身锻炼的个体;④发现有特殊需要的个体。

危险分层的主要依据是心血管疾病的危险因素,心血管、肺部和代谢性疾病的主要症状、体征,以及已经明确诊断的心血管、肺部和代谢性疾病。危险分层流程见图 11.3.1。

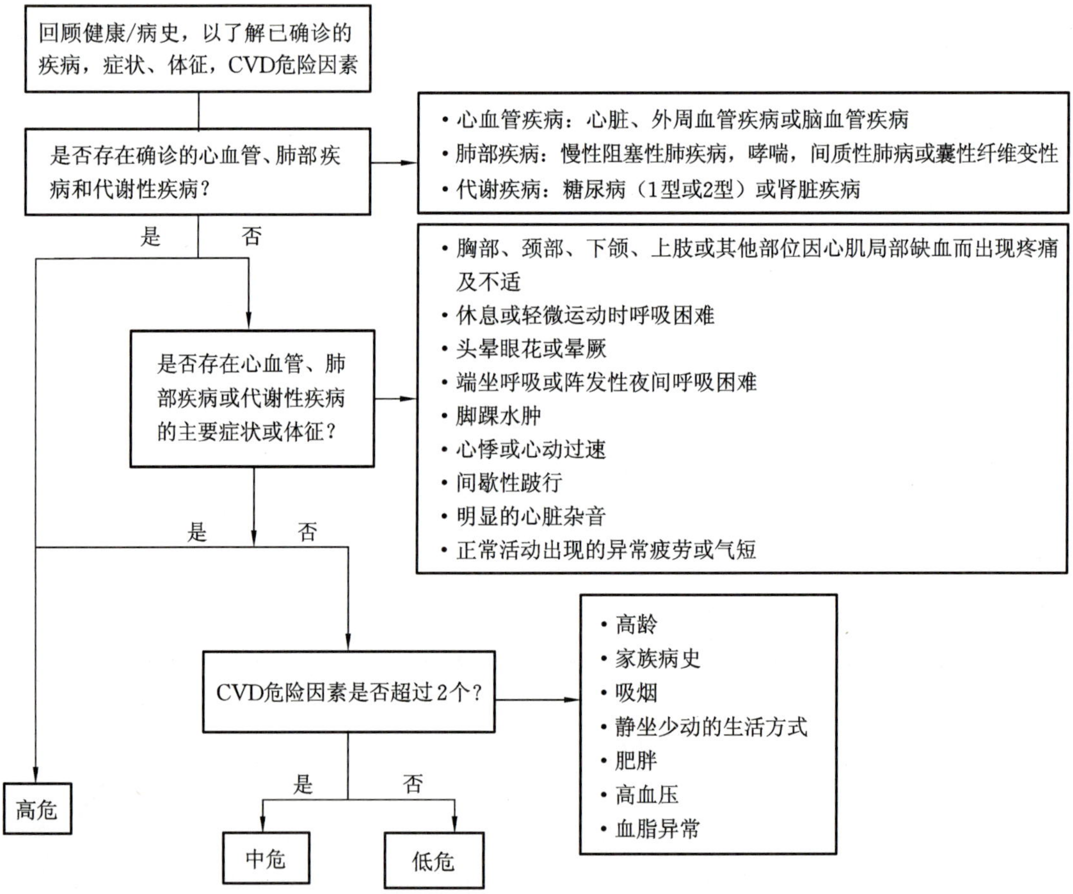

图 11.3.1　危险分层的流程图

3. 医学评价

医学评价主要包括体格检查和运动负荷测试两部分。运动前健康筛查的过程中是否需要医疗评价,取决于危险评估的分层和体力活动计划中的运动强度。针对低危人群,如男性，45 岁以下，无明显症状；或者女性，55 岁以下，有两种以下的冠心病危险因素，在开始较高强度的运动项目之前不需要进行医学检查。中危人群进行低强度到中等强度的运动（如步行）时，通常不推荐进行包含运动测试的运动前评价。高危人群进行中等强度运动之前，推荐将医学检查和运动测试作为运动前评价的一部分，并且应该在医务监督下进行次高强度的运动负荷试验，这样就有效地规避了高危人群在健身活动中的风险。

（1）开始体力活动前医学检查的推荐：推荐有两个或更多心血管疾病危险因素的中危人群在进行较高强度运动前需要进行医学评估，但进行低强度到中等强度的运动，如步行，可以不用咨询医生。有症状或诊断为某些疾病的高危人群，应在运动前进行医学检查。

（2）开始体力活动前的运动测试推荐：除了高危人群，一般不推荐在参加体力活动前进行运动测试。对于中低危人群来说，如果运动测试的目的是制定有效的运动处方，则推荐中低危人群进行运动测试。

（3）运动测试的医务监督推荐：通常那些没有运动习惯的中危到高危人群进行最高强度运动测试时，医务监督可作为运动前健康筛查的一部分，因为两个因素都可能增加心血管事件的风险。此外，测试时如果没有内科医生或专业人士监督，一旦发生并发症，工作人员则负有一定的法律责任。

至于内科医生是否必须在场，主要看当地的政策和情况、患者的健康状况，以及实验室人员的训练水平和经验等。如果专业人士接受过运动医学的专业训练，并且在有需要时内科医生可以马上赶到，那么，高危人群的运动测试可以在内科医生以外的健康管理专业人士的监督下进行。如果专业人士接受过运动医学的专业训练，那么中危人群的运动测试也可以在健康管理专业人士的监督下进行。

进行运动测试时，测试人员应掌握基本的心肺复苏术。无论有没有内科医生的监督，所有运动测试都应准备应急方案。

图 11.3.2 列出了何时进行适当的医学检查和运动测试，以及在运动测试时何时需要医务监督的推荐。

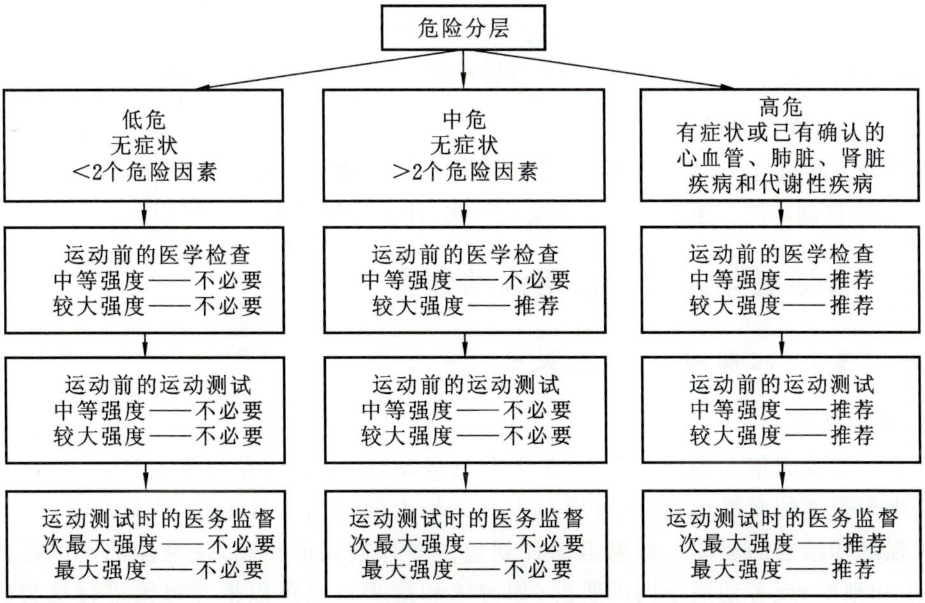

图 11.3.2　基于危险分层的医学检查、运动测试和医务监督的建议

二、制定运动处方的基本步骤

1. 一般情况

①了解运动目的及对运动的期望;②了解既往病史,询问是否有心脏病、原发性高血压病、肾炎、风湿病等,是否有昏厥史和过敏反应病史等;③了解家族病史,询问直系亲属中是否有心脏病、高血压、脑卒中,糖尿病等患者;④了解生活史,询问年龄、职业、工作劳动条件、生活方式、营养条件,是否有饮酒、吸烟、偏食等不良习惯;⑤了解运动史,询问目前的运动情况,是否经常参加运动,包括运动爱好、运动项目、运动量、运动频度,以及有无运动损伤等;⑥了解社会环境条件,如生活环境、经济、营养等条件,以及周围能够利用的运动设施和有无指导等。

2. 临床检查

包括医学检查、人体测量和体脂百分比测定。检查目的是:①对目前的健康状况进行评价;②判断能否进行运动;③检查是否有潜在性疾病或危险因素,以预防意外。

3. 运动负荷试验和体适能测试

其目的在于评定受试者的心血管机能,发现潜在的心血管疾病,评定体力水平,为制定运动处方提供定量依据。

4. 制定运动处方

【运动处方】

根据以上检查结果,结合个人的健康状况、体力水平及运动能力的限度等具体情况制定运动处方。运动处方中应确定一次运动训练的内容及一周的运动频率,并指出注意事项。

一次运动训练的内容包括以下几个部分:

(1) 热身——由5～10分钟小到中等强度的有氧和肌肉耐力运动组成。

(2) 拉伸——在热身活动之后进行。热身和整理活动不能代替拉伸活动。

(3) 正式训练——包括有氧运动、抗阻性运动、柔韧性运动。

(4) 整理活动——包括至少5～10分钟小到中等强度的有氧和肌肉耐力运动。

5. 定期反馈和调整

运动处方在执行3～6个月后,应定期进行反馈和调整。可要求锻炼者记录锻炼日记。每隔1～2周咨询一次。至少1年全面复查一次,评价运动效果。

三、普通成年人健身常用运动处方

(一) 有氧(心肺耐力)运动处方

1. 运动频率

推荐大多数成年人每周进行3～5天有氧运动,频率随运动强度而变。例如,每周至少5天中等强度的有氧运动,或每周至少3天较大强度的有氧运动,或每周3～5天中等和较大强度相结合的运动。如果运动计划包含多种模式的运动,使身体的不同部位受力(如跑步和划船)或者动用不同的肌群(如游泳和跑步),则可以推荐每天进行这类较大强度的活动。

2. 运动强度

对于大多数成年人来说，推荐中等强度到较大强度。建议健康状况不佳的人进行小强度到中等强度的有氧运动。运动强度的评估方法见第一节内容。

3. 持续时间

每天应累计进行至少30～60分钟(每周不少于150分钟)的中等强度运动，或每天至少20～60分钟(每周不少于75分钟)的较大强度运动，或中等和较大强度相结合的运动。如果是控制体重，防止反弹，则需要更长的时间(每天至少60～90分钟)。完成这一推荐量可以是连续的，也可以是一天中以每次至少10分钟的多次活动累计完成。

4. 运动量(总量)

推荐大多数成年人合理运动量是每周至少150分钟中等强度的运动，或每天步行至少6000步。

5. 运动方式

建议所有成年人都进行有节律的、大肌肉群参与的、所需技巧较低的，至少是中等强度的有氧运动。

(1) 对大多数成年人，推荐步行、休闲自行车、水中有氧运动、慢舞等中低强度耐力活动。

(2) 对有规律锻炼的成年人和至少中等体适能水平者，推荐慢跑、跑步、划船、有氧健身操、动感单车、椭圆机锻炼、爬台阶、快舞等较大强度耐力运动。

(3) 对有一定技能和至少中等体适能水平者，推荐网羽运动、篮球、英式足球、高山速降滑雪、徒步旅行、游泳、越野滑雪、滑冰等运动。

6. 进度

对大多数成年人来说，在计划开始的4～6周中，每1～2周将每次训练课的时间延长5～10分钟。当个体进行规律锻炼1个月之后，逐渐增加运动的频率、强度和时间，直到达到推荐的数量和质量。

(二) 肌肉力量(肌肉适能)运动处方

1. 抗阻性运动频率

每周对每一个大肌群(即胸部、肩部、上背部、下背部、腹部、臀部和下肢)训练2～3天，并且同一肌群的练习时间应至少间隔48小时。根据运动日程安排，可以在一次训练课中练习所有大肌群，也可以在每次训练课时，仅对部分肌群进行练习。例如，在周一和周四锻炼下半身肌群，周二和周五锻炼上半身肌群，保证每周对每个肌群训练2～3天。

2. 抗阻性运动方式

很多抗阻性练习器材都可有效地提高肌肉适能，包括自由负重、外加负重或空气阻力式的器材，以及弹力带、拉力绳。推荐所有成年人都要进行多关节练习，即能调动多个肌群参与的运动，如卧推、深蹲、推举、下拉、臂屈伸、仰卧起坐、蹬腿等。还应包括单关节练习，如肱二头肌弯举、肱三头肌伸展、股四头肌伸展、小腿背弯举、提踵等。为了避免肌力失衡，应同时发展主动肌和拮抗肌。例如，采用腰部后弯类练习和仰卧起坐来分别锻炼腰部和腹部肌肉，用蹬腿和小腿背弯举来分别锻炼股四头肌和腘绳肌。

3. 抗阻性运动量(组数和重复次数)

抗阻性练习时,每一个肌群都应练习 2～4 组。运动者可以用同一个动作来完成,也可以用动员同一肌群的不同动作共同完成。例如,在锻炼胸肌时,可以进行 4 组卧推,也可以进行 2 组卧推加上 2 组臂屈伸。

每组动作的重复次数和抗阻性练习的强度呈负相关。也就是说,抗阻性练习的阻力越大,重复次数越少。如果抗阻性练习的目的是提高肌肉的力量和体积,那么,强度以 1 RM 的 60%～80%为准,8～12 次/组,2～4 组,组间休息 2～3 分钟。如果抗阻性练习的主要目的是提高肌肉耐力而不是力量和体积,则强度不超过 50%1 RM,15～25 次/组,1～2 组,组间休息较短。

注:RM 是英文"repetition maximum"的缩写,指在一定负荷下,能重复完成动作的最大次数。1 RM 代表完成某一负荷/重量时,只能恰好完成 1 次,这个负荷就是 1 RM。10 RM 代表完成某一个负荷/重量时只能重复做到 10 次,第 11 下就无法完成,这个负荷/重量就是 10 RM。一般来说,1 RM 是最大肌力,6 RM 是最大肌力的 85%,10 RM 是最大肌力的 75%。

对于老年和体适能极低的人来说,开始阶段的推荐运动量是 10～15 次/组,强度以 1 RM 的 60%～70%为准。经过一段时间的抗阻性练习,肌肉适能增强以后,可以选择按照年轻人的推荐计划进行锻炼。

4. 提高或保持

每周复查 10 RM 1 次,一般增加到 12 RM 时就要增加抗阻重量。如果运动目的是维持肌肉适能,则不需要额外增加练习的阻力、组数或每周练习次数。只要以原有的练习强度或阻力,每周练习 1 天即可。

5. 力量训练的注意事项

所有练习均应从大肌群开始,然后练习小肌群,避免两个相继的练习中均使用和训练同一组肌群。任何抗阻性练习都应以正确的姿势和技术来进行,包括缓慢且有控制的重复动作,在全关节活动范围内活动肢体。采用适当的呼吸方法(即向心阶段呼气、离心阶段吸气),避免练习过程中深吸气后屏气,再用力做呼气动作,以防对心血管造成额外负荷。有高血压、冠心病或其他心血管疾病者应禁忌过分用力的等长练习,运动时注意避免憋气动作,即使在肌力测试时也应注意。

(三) 柔韧性(拉伸)运动处方

1. 练习方式

以静力性拉伸练习为主。还可通过瑜伽、太极拳等运动来提高柔韧性。在有助手帮助的情况下,可以选用加助力的练习和本体感觉神经肌肉促进练习(PNF)。PNF 指在进行等长收缩之后,再对同一肌肉/肌腱群进行静力性拉伸,即收缩——放松。练习过程中,应针对主要的肌肉肌腱单元,包括肩带、胸部、颈部、躯干、腰部、臀部、大腿前后和脚踝。

2. 运动负荷

以锻炼者的自我感觉为主。如果没有牵拉的感觉，达不到锻炼效果。但不能使负荷强度大到引起疼痛的程度。练习者感到局部受到牵拉时的负荷，即为适合的负荷强度。

3. 持续时间

当练习者感到肌肉轻微紧张后，保持这一姿势 10～30 秒即可达到提高柔韧性的目的。老年人将拉伸时间延长到 30～60 秒可以获得更大的柔韧性。如果想使柔韧性达到很高的水平，一次训练课的时间可能长达 1～3 小时。

4. 重复次数及间隔时间

每个柔韧性练习动作都应重复 2～4 次，每次拉伸后，待牵拉感觉缓解后，即开始下一次练习，累计达到 60 秒。

5. 运动频率

最好每天 1 次，至少要隔天 1 次。

教学思考

(1) 什么是运动处方？运动处方包含哪些基本要素？

(2) 运动处方中确定运动强度的方法有哪些？

(3) FITT-VP 原则是什么？

(4) 运动前的健康筛查有哪些过程？

(5) 一次运动训练的内容包括哪几个部分？

【在线习题】

第十二章 运动损伤

教学目标

（1）价值塑造：坚持立德树人，强化学生回馈社会的意识与能力，通过学习“运动损伤”的预防措施与其他特殊急救知识，从思想层面培养学生对他人施救的主动意识与责任担当，将学生的价值提升与人格塑造贯穿于整个教学过程的各个环节，为国家输送更多德、智、体、美、劳全面发展且主动服务于社会的优秀大学生。

（2）能力培养：通过本课程的学习，学生将了解运动损伤治疗的基本步骤，系统掌握不同运动损伤的发生机理、表现症状与康复方法；通过基础理论与实操技术的融合学习，大力提升学生知识素养和能力素养，全面贯彻落实《全国普通高校体育与健康课程教学指导纲要》基本目标。

（3）知识传授：通过本课程的学习，学生将正确掌握运动损伤的基础概念，了解运动损伤的分类依据与具体内容，全面认识运动损伤的危害性，以及预防运动损伤的重要性，为采取科学、安全、系统的方式进行体育锻炼，不断增进大学生身体健康与心理健康发展夯实基础。

第一节 运动损伤概述

研究认为，运动损伤是指在体育运动过程中所发生的各种损伤。现如今，运动损伤可被定义为任何形式的由体育运动、身体锻炼或身体活动所造成的损伤、疼痛或者身体伤害。运动损伤的处理结果不仅会影响伤者的恢复过程，使其不能正常地参与训练和比赛，阻碍运动成绩的提高，而且会对伤者的心理产生不良的影响，缩短运动生涯。更为严重的是，还可能使伤者残疾，甚至危及生命导致死亡。因此，学习和掌握运动损伤的预防与治疗知识尤为必要。

运动损伤主要由直接因素和潜在因素造成。前者包括训练负荷不当、对运动损伤预防缺乏正确的认识、训练水平不足、教学训练及比赛安排不合理、运动参与者自身状况不佳、缺乏医务监督、场地器材与服装不符合运动要求、训练中缺乏保护与帮助。后者包括运动项目的特色技术要求和运动员身体某部位存在的解剖生理弱点。由此可见，加强运动损伤预防的宣教工作，注意全面身体训练，提高机体对运动的适应能力、科学合理地安排教学、训练和比赛，加强医务监督与保护帮助等都是预防运动损伤的重要原则。

第二节　运动损伤分类

运动损伤种类繁多，可依照不同的标准进行划分。

按照损伤产生的时间长度可分为急性损伤和慢性损伤两类。急性损伤是指运动损伤发生在一瞬间，包括韧带的扭伤与挫伤、肌肉与肌腱的拉伤、骨折等。慢性损伤是指运动损伤是由长期积累而形成的，包括应力性骨折、肌腱炎、滑囊炎等。

按照损伤后皮肤或黏膜的完整性可分为开放性损伤与闭合性损伤。开放性损伤是指受伤部位的皮肤或黏膜破裂，创口与外界相通，组织液渗出或血液自创口流出，如擦伤、刺伤等。闭合性损伤是指受伤部位的皮肤或黏膜完整，无创口与外界相通，损伤后的出血积聚在组织内，如关节韧带扭伤、肌肉拉伤等。

按照损伤与运动技术的关系可分为运动技术损伤与非运动技术损伤。前者的发生与运动项目、运动技术密切相关，既包括跟腱断裂、肱骨骨折等急性伤，也包括网球肘、足球踝等因慢性微细损伤逐渐积累而造成的过劳伤。

按照运动能力的严重程度可分为轻度损伤、中度损伤、重度损伤。轻度损伤通常仅造成较轻的疼痛和肿胀，不影响伤者的运动表现，其受伤部位未发生变形，仍可按照计划接受训练。中度损伤则会造成一定的疼痛和肿胀，且对伤者的运动表现产生一定的不良影响，其受伤部位可能出现皮肤颜色的改变。重度损伤是指造成严重的肿胀和疼痛，伤者的运动表现和日常生活受到影响，其受伤部位变形和皮肤颜色改变。

按照损伤的组织结构类型又可分为如肌肉肌腱的拉伤及断裂、关节韧带的扭伤及断裂、骨折、挫伤、关节脱位、内脏损伤、脑震荡、神经损伤等。在运动损伤中发生率最高的是软组织损伤，包括肌肉、肌腱、韧带、筋膜、滑膜、关节囊等组织以及周围神经、血管的损伤。其中，肌腱、韧带和肌肉的损伤又分为 3 级，即Ⅰ级、Ⅱ级、Ⅲ级，级别越高表明受伤程度越大。

第三节　运动损伤治疗的基本步骤

在运动损伤发生后可依照 STOP、RICE、康复、调整四个基本步骤展开治疗。

第一，在运动损伤发生后 3 分钟需要进行 STOP 处理。S 代表 stop，是指让伤者停止活动；T代表talk，是指询问伤者一些问题，如发生什么、如何发生、感觉如何等；O代表observe，是指观察伤者受伤部位是否出现肿胀、变形及触痛等情况；P代表prevent，是指避免伤者的损伤程度进一步加重。

第二，在运动损伤初期应采取RICE原则立刻进行有效的治疗。此步骤有助于减轻和缓解出血、肿胀以及疼痛，降低对组织的伤害，缩短康复时长。R代表rest，是指伤者应停止一切活动，在确保不发生进一步损伤的条件下，可以先将损伤部位归位到起始状态，并且在48小时以内不允许抵抗外力，以限制瘢痕组织的增生。I代表ice，是指将冰敷在患者受伤部位，通过局部血管收缩和血液循环减慢，减少微循环与周围组织的渗出和减轻肿胀，降低组织新陈代谢率及对疼痛的敏感性，抑制炎性反应。C代表compression，是指选用宽度适宜、牢固且具有弹性的绷带或纱布，对患者受伤部位实施准确的、严密的、牢靠的加压包扎，进而起到一定的止血和消肿以及支撑作用。E代表elevation，是指尽可能将运动损伤处抬高，使之保持在心脏水平的位置之上，以此促进血液回流，加速止血和消肿。

第三，在运动损伤康复期应通过去瘢痕组织和主动恢复来促进治疗。研究发现，肌肉与韧带的撕裂或者损伤是由瘢痕组织修复的，即一种脆弱、僵硬的纤维状组织可将受损的软组织联结起来。采用超声或者皮下神经电刺激法、热疗法及深层组织的运动按摩均是去除多余瘢痕组织的重要治疗手段。主动恢复需要伤者进行适量的运动，在实现关节最大运动幅度的恢复、加强柔韧和力量及平衡和本体感觉训练的基础上，增添动力性和爆发性相结合的训练，且过渡到与运动专项相关的训练。以此，有计划地、循序渐进地使受损部位的健康要素得到恢复。

第四，在完成以上全部康复训练后，伤者还需要参与进一步的强化训练，以巩固前期的治疗效果，并防止损伤复发。这个阶段，要着重从导致运动损伤的潜在原因入手，避免意外事故、运动负荷过量及生物力学错误，应采取专门针对性的训练方法来纠正可能出现的相关问题。

第四节 常见运动损伤与处理

一、踝关节扭伤

1. 损伤机理

踝关节扭伤是日常生活中最常见的一种损伤，此类损伤可以发生在支持踝关节结构的任何一条或所有韧带上。当足部受到强力扭转或内翻、外翻时，一旦韧带被拉伸超出正常的范围，即可发生部分纤维撕裂。踝关节扭伤主要分为内翻扭伤和外翻扭伤两类，以前者多见。这是因为踝关节外侧韧带长度较长且较薄，不如内侧的三角韧带坚韧。稳定踝关节的力量较弱，距骨的鞍形关节面前宽后窄，因此当踝关节跖屈时，较窄部进入踝穴，内翻应力或内旋应力易导致外侧韧带损伤，尤其是距腓前韧带损伤。

2. 损伤症状

Ⅰ级扭伤：轻微或无肿胀，略感疼痛，关节僵硬。

Ⅱ级扭伤：中等肿胀和疼痛，负重困难，关节僵硬、不稳，运动时疼痛增加。

Ⅲ级扭伤：剧烈肿胀和疼痛，可出现皮下瘀斑，不能负重，关节不稳，丧失功能。

3. 康复治疗

急性期：根据 RICE 原则处理。

康复期：强化踝关节周围肌群力量、足底肌肉力量，柔韧，平衡训练。

二、股四头肌拉伤

1. 损伤机理

股四头肌由股外侧肌、股内侧肌、股中肌和股直肌四块肌肉组成。股四头肌通过维持髋关节和膝关节的结构来支撑体重。在短跑、跳跃、重量训练等运动过程中，当出现强力收缩或受到异常应力时，股四头肌易出现拉伤，其中股直肌最容易拉伤，最易拉伤的部位在膝部上方的肌肉与肌腱结合处。股四头肌损伤后往往十分痛苦，且难以恢复。

2. 症状

Ⅰ级拉伤：轻微压痛、刺痛、紧缩感、不适感，轻微或无肿胀，拉伸处附近肌肉可能出现痉挛，可发挥最大力量。

Ⅱ级拉伤：中等至剧烈的压痛和疼痛，中度肿胀或伴随血肿，力量明显下降，行走时有疼痛感，无法继续运动或训练。

Ⅲ级拉伤：极度剧烈的疼痛感，可能出现肉眼可见的肌肉变形和瘀青，运动能力下降，肌肉伸展和收缩严重丧失，无法行走。

3. 康复方法

急性期：根据 RICE 原则处理，加快愈合速度。

康复期：运动按摩；炎症反应消退后，活动髋关节和膝关节，并逐渐加大骨盆、髋关节、膝关节及踝关节肌肉的拉伸幅度，加强股四头肌、臀大肌、腘绳肌和腹肌的力量训练。

三、网球肘

1. 损伤机理

网球肘指的是附着于肱骨外侧髁的腕伸肌腱发炎疼痛。一般认为，长时间过度使用手臂，容易诱发伸肌肌腱微损伤。外上髁的直接外伤和桡神经压迫也可能造成网球肘。尽管该病以网球肘命名，但实际上它几乎可以发生于所有运动中。

网球肘也称“肱骨外上髁炎”，是成人过度使用肘部而造成的最常见的损伤，可导致肘关节外部的疼痛，且反复发作。这种损伤通常与附着在肘部骨伤的肌肉过度使用有关，少部分是由肘部的直接创伤造成的。若附着于肘部骨上的肌腱受到约束而紧张，可引起明显疼痛或不适。外上髁是位于前臂上部、靠近肘关节的骨性突起。许多肌肉均附着于外上髁上，包括使前臂回旋的肌肉，其参与将前臂旋转至手掌向上的位置。拉紧或过度使用肌肉(牵拉腕部向前臂后面靠拢)，也可导致网球肘。

2. 损伤症状

外上髁区域有疼痛感，伸腕、抓推时常会产生疼痛感。

3. 康复治疗

急性期：根据 RICE 原则处理，加快愈合速度。

康复期：加热治疗；运动按摩；在没有疼痛感的前提下，逐渐增加腕关节及肘关节活动范围，并拉伸所有颈部、肩部、背部及躯干部位的肌肉，加强颈部、肩部及背部的肌肉力量训练。

四、 腘绳肌肌腱病

1. 损伤机理

冲刺时经常发生此类损伤，因为脚跟落地前腘绳肌已处于完全拉伸状态。强有力的重复动作，如踢、跳跃或加速等也会发生此类损伤。有一种理论认为，当腹横肌力量较弱时，为了稳定骶髂关节，股二头肌负担才加重。另一种理论认为，当臀大肌力量较弱或过度舒张时，为了稳定髋关节，腘绳肌负担才加重。

2. 损伤症状

（1）坐骨结节附近有疼痛感、持续隐痛及僵硬感。

（2）活动时有疼痛感，活动后疼痛感更强。

（3）患者可能感到外侧腿比较虚弱，跑步时更是如此。

（4）拉伸或收缩腘绳肌时有疼痛感。

3. 康复方法

急性期：根据 RICE 原则处理，加快愈合速度。

康复期：运动按摩；炎症反应消退后，在没有疼痛感的情况下，平缓地活动髋关节和膝关节，活动并拉伸所有骨盆、髋关节、膝关节及踝关节的肌肉，并加强臀大肌、腘绳肌和腹肌的力量训练。

五、 腹股沟拉伤

1. 损伤机理

在跑步或踢腿过程中，反复拉伸、收缩肌肉过程中产生的肌肉微损伤；在快速变向过程中，反复加速、减速过程中产生的肌肉微损伤；缺少有效的热身动作；冲击动作中无法维持骨盆稳定（核心稳定性差）；内收肌紧张或力量不足。

2. 损伤症状

Ⅰ级拉伤：行走时可能有一定程度的不适感；有时还可继续活动；活动后，不适感更加强烈伴随肌紧张；可能会存在轻微肿胀。

Ⅱ级拉伤：中等至剧烈疼痛感；变向时有疼痛感；肌肉紧张；步态会受到影响，可能出现跛行，可能出现明显肿胀及瘀青。

Ⅲ级拉伤：在冲刺或变向过程中，立即出现剧烈疼痛感；肌肉痉挛；严重肿胀及瘀青（通常 24 小时后出现）；步态受到严重影响。

3. 康复方法

急性期：根据 RICE 原则处理，加快愈合速度。

康复期：运动按摩；提高患者下肢及腰-骨盆区域肌肉的稳定性；炎症反应消退后，在没有疼痛感的情况下平缓地活动髋关节和膝关节，逐渐活动并拉伸所有骨盆、髋关节、膝关节及踝关节的肌肉，加强臀大肌、臀中肌、臀小肌、股四头肌、腘绳肌、腹肌、腰方肌及背阔肌的力量训练。

六、肩部撞击综合征

1. 损伤机理

夹在喙肩穹与肱骨之间的肩袖肌腱遭受磨损和撞击，持续的撞击导致肩袖肌腱敏感并出现炎症反应，即为肩部撞击综合征。如果不及时治疗，可能发展为肩袖肌腱拉伤。此损伤常见于棒球、板球、排球、网球及游泳等运动。因为在这些运动中，运动员的手臂常处于过顶姿势。

2. 损伤症状

伤侧手臂有疼痛感、虚弱无力，失去活动能力；举手过肩的动作通常会加重症状；肩关节的活动范围可能受限。

3. 康复方法

急性期：根据 RICE 原则处理，加快愈合速度。

康复期：运动按摩；用绷带包扎；在没有疼痛感的情况下，逐渐增加肩部的活动范围，提高上半身肌肉的平衡性，提高患者下肢及腰骨盆区域肌肉的稳定性；炎症反应消退后，在没有疼痛感的条件下，逐渐增加肩关节活动范围，逐渐活动并拉伸所有颈部、肩部、背部及躯干部位的肌肉，加强菱形肌、斜方肌（中束）、小圆肌、冈下肌、颈长肌和头长肌的力量训练。

七、 腰椎损伤

1. 损伤机理

椎间关节属于滑膜关节，帮助维持脊柱的稳定性，同时可以在椎间盘和椎体之间起缓冲、减震作用。椎间关节或神经受压迫都可以产生椎间关节疼痛。包含大量腰部拉伸动作的运动中容易发生椎间关节痛。

2. 损伤症状

（1）受损关节部位持续性疼痛。

（2）受损区域肌肉痉挛。

（3）拉伤腰部时症状加重。

（4）疼痛偶尔会波及臀部及腘绳肌上部。

3. 康复方法

急性期：根据 RICE 原则处理，加快愈合速度。

康复期：运动按摩；神经肌肉治疗；提高下肢及腰—骨盆区域肌肉的稳定性；在没有疼痛感的情况下，逐渐活动并拉伸所有骨盆、髋关节、膝关节及踝关节的肌肉，并加强腹横肌、臀大肌、腘绳肌及下腹肌的力量训练。

第五节 运动损伤的防预措施

有研究指出，约 6％的体育运动参与者在从事喜爱的运动时会发生不同程度的运动损伤，其中多达 50％的运动损伤是可以通过有效措施加以避免的。综合来看，明确预防运动损伤的重要性，参与一般性热身运动、拉伸与整理活动，采取适宜的 FITT，提升体质健康与运动技能，做好设施和运动装备防护，严禁带伤参加训练或比赛，均有助于防止运动损伤。下文会介绍一些有效的运动损伤预防方法。

一、 肌肉牵拉

肌肉牵拉的目的是恢复或改善关节活动范围，降低运动损伤风险。大学生应当在运动前、后针对各大主要肌群展开 5～10 分钟完整的牵拉，以增加肌肉的柔韧性，提高运动表现能力，缓解肌肉疲劳与不适，预防运动损伤。根据动作的特征，肌肉牵拉技术可分为静态牵拉、动态牵拉、本体感觉神经肌肉促进技术、振荡牵拉等。

二、 运动护具

运动护具是保护个体在运动中免受伤害的穿戴装备。在运动的过程中，相应的关节、肌肉、韧带反复且频繁的延展与挤压容易发生损伤。此外，运动时瞬间的挥击、拉伸运动也会使强度不足的肌腱等软组织发生拉伤或扭伤的情况。运动护具可以通过限制某一关节的活动度、协助相应的肌肉收缩并吸收冲击力量、避免过度牵拉，使个体免受伤害，起到有效的防护作用。运动护具一般可分为护头、护肩、护手、护肘、护腕、护腰、护腿、护膝、护髌骨、护踝、组合运动护具、其他运动护具等。

三、 运动贴扎

运动贴扎是一种在运动过程中将胶布贴于体育锻炼者或运动员皮肤，以达到保护肌肉骨骼系统的受伤部位或免于损伤的非侵入性方法。其主要作用是限制过度或异常动作，以支撑和保护肌肉、肌腱等软组织，提升肢体或关节的本体感觉反馈，帮助使用者下意识地提早收缩肌肉、增强肌肉力量而保护不稳定的关节，减少损伤的概率，增进淋巴和血液循环，帮助软组织修复。运动贴扎主要分为有弹性和无弹性两种，前者已被临床广泛使用，此类胶布不会限制关节活动，具有较高的延展性、透气性、舒适性，不但相当防水，而且抗敏感。

第六节 其他特殊急救措施

一、 心脏骤停

心脏骤停(cardiac arrest)是指心脏射血功能的突然终止，大动脉搏动与心音消失，重要器官(如脑)严重缺血、缺氧，若不及时抢救可导致生命终止。这种意外状况，医学上又称“猝死”。运动时，自身身体素质和各种不利因素的综合作用都可能导致意外。运动参与者都应该正确掌握心脏骤停的急救方法，为挽救患者的生命争取宝贵的时间。

一旦发生心脏骤停，如得不到及时的抢救复苏，4～6 分钟后就会对患者脑部和其他人体重要器官组织造成不可逆的损害。心脏骤停后的心肺复苏(cardio pulmonary resuscitation，CPR)必须在现场立即进行。标准的 CPR 过程为：C(circulation，胸外心脏按压)—

A(airway,开放气道)—B(breathing,人工呼吸)。

判断患者神志是否清楚,有无自主呼吸,检查有无颈动脉搏动。

使患者处于去枕仰卧位,放在质地较硬的平台、地面或床上。

检查呼吸道是否通畅,如不通畅应迅速清理分泌物或口腔异物。

对无反应的患者和呼吸异常的患者都应当立即进行胸外心脏按压。最先开始胸外心脏按压会促进氧气更快地输送到大脑和心脏。

(1) 意识的判断:用双手轻拍病人双肩,问:“喂!你怎么了?”告知无反应。

(2) 检查呼吸:观察患者胸部起伏 5～10 秒(数 1001,1002,1003,1004,1005…)。

(3) 呼救:寻求帮助或拨打 120。

(4) 判断是否有颈动脉搏动:用右手的中指和食指从气管正中环状软骨划向近侧颈动脉搏动处,告知无搏动(数 1001,1002,1003,1004,1005…,判断时间 5 秒以上、10 秒以下)。

(5) 松解衣领及裤带。

(6) 胸外心脏按压:两乳头连线中点(胸骨中下 1/3 处),用左手掌跟紧贴按压处,右手重叠在左手手背上,双臂伸直,肩、臂、手垂直向下按压,用上身力量用力按压 30 次(按压频率为 100～120 次/分,按压深度为 5～6 厘米)。

(7) 打开气道:采用仰头抬颌法,解除患者舌后坠问题,并确保口腔无异物、无假牙。

(8) 人工呼吸:在保持患者仰头抬颏前提下,施救者用一手捏闭患者鼻孔,深吸一大口气,迅速用力向患者口内吹气,然后放松鼻孔,连吹两口气,每次吹气量为 800～1000 毫升,每次吹气时间为 1～1.5 秒。

(9) 持续 2 分钟的高效率 CPR:按 30∶2 的比例进行胸外心脏按压与人工呼吸,即持续按压 30 次后进行 2 次人工呼吸,即为 1 组操作,应连续进行 5 组操作。

(10) 判断复苏是否有效:颈动脉有搏动,面、口唇、皮肤等色泽转红,呼吸改善或自主呼吸,扩大的瞳孔缩小。患者心肺复苏。

(11) 整理病人,进一步生命支持。可以看到照此每 5 秒钟反复一次,直到恢复自主呼吸。

注意,当出现下列情况时可考虑终止复苏:

(1) 复苏有效,患者恢复自主呼吸和心跳。

(2) 心肺复苏持续 30 分钟以上,患者并没有出现任何生命迹象,无心跳、无自主呼吸。

(3) 临床明确判断已经脑死亡。

二、 运动性腹痛

运动性腹痛是指体育运动而引起或诱发的腹部疼痛,它常常在中长跑和剧烈运动时发生。此种腹痛主要是运动前准备活动不充分、活动强度增加过快、身体状况不佳、运动前吃太饱或者饮水过多、腹部受凉,导致脏腑功能失调引起的。也有可能是呼吸节奏紊乱,引起膈肌运动异常、肝脾积气瘀血,导致两肋部胀痛。

如果没有器质性疾病,一般采用减慢运动速度,加深呼吸,用手按压疼痛部位或弯腰慢跑一段距离,短时间内疼痛可缓解。数分钟后,如果疼痛仍不减轻,甚至加重,就应停止运动。如仍不见效,送医院诊治,以排除腹腔内或腹腔外疾病。运动前避免饮食或饮水过多,饭后休息 1.5～2 小时后进行剧烈运动,应做好准备活动,坚持循序渐进地增加运动强度和运动量,注意呼吸节奏等有助于预防运动性腹痛。

三、运动性休克

运动性休克是指人体在特定的运动环境中，因受到各种不利因素的影响而迅速出现循环系统及其他系统功能急剧下降的一种病理状态。人体在剧烈运动时，毛细血管网开放量较安静时增加 3 倍。在运动过程中，下肢部位的静脉扩张，静脉管容量也明显增加。下肢静脉远离心脏，其血液回心的力量主要靠肌肉收缩时对血管壁的挤压作用和吸气时胸腔产生的负压作用。在剧烈运动后，如果立即站立不动，就会使下肢的毛细血管和静脉失去肌肉收缩时产生的挤压作用，血液因重力作用而淤积于下肢扩张的静脉和毛细血管。同时，运动时呼吸急、浅，减少了胸内负压，阻碍了静脉回流，导致回心血量大幅度下降。加之运动时心率加快，心脏每搏输出量减少。此时，全身血容量虽无改变，但有效血循环量急剧减少，心脏回血量及输出量骤减，导致人体各重要脏器血流灌注量不足，组织缺血、缺氧。因无氧代谢增加，机体发生了严重的代谢紊乱，瞳孔缩小，对光反射正常或迟钝。重度时，患者意识模糊，知觉丧失，面色苍白，四肢厥冷，周身大汗或无汗，呼吸浅表，心率慢并伴有节律不齐，脉细弱或摸不到，血压下降甚至测不出，瞳孔缩小或扩大，对光反射迟钝或消失，也可出现抽搐、大小便失禁等症状。

当患者出现休克早期症状时，应立即搀扶，尽可能让其继续行走，使下肢肌肉收缩，促使血液回流，将症状减轻。如果出现中度休克，患者无能力行走或已经昏倒，应将患者平卧，头部放低，双下肢抬高，或由同伴二人抬其双下肢，由小腿向大腿按摩或揉搓，使血液尽早回流入心。在患者知觉恢复以前，不可给任何饮料或服药；如有呕吐，应将其头偏向一侧；必要时可使用血管收缩药，如麻黄素或肾上腺素皮下注射。若呼吸停止，应做人工呼吸或皮下注射呼吸中枢兴奋剂，也可做 50％葡萄糖静脉注射等抗休克处理。病情较重者，经现场急救后，立即送往医院抢救。

运动性休克的诱因包括赛前没有做充分的热身运动，精神过于紧张、激动，患有基础疾病等。预防运动性休克应加强学生的身体素质和心理素质，通过日常体育锻炼，提升心肺适能，同时在运动前做好充分的准备活动，在运动结束后应采取继续慢跑的方式，做好整理活动。为防止发生运动性休克，在比赛现场应有医务人员做好救护准备。

四、脱水

运动后易出现脱水的症状，在早期时患者可能会出现口渴、尿少及尿比重高等情况，如果不及时补充水分，还可能会出现极度口渴、身体乏力、头晕、肌肉痉挛、恶心呕吐、尿少、精神不振及心悸等症状，甚至可能会导致皮肤失去弹性，并且伴有眼窝凹陷或烦躁不安的症状。当身体内严重缺乏水分时，可能会出现无尿等情况，严重时可能会引起昏迷，需要引起重视。

当机体大量出汗而未能及时补充水分时，体液总量减少，可能导致血浆总量降低，并可能对机体内的各种体液储备产生影响。脱水导致的血容量减少会降低心脏每搏输入量，并且难以通过增加搏动频率加以补偿，从而可导致运动时的最大心输出量降低。

当水分摄入量小于消耗量时，人体过度缺水，即为脱水。在热环境中运动时出汗量增加，如果补充水分不够，容易造成纯体液丢失和过度缺水。脱水常常伴有破坏电解质平衡的情况。电解质通过汗液和尿液大量流失，不仅影响细胞和系统的功能，还会降低人体的运动能力。即使是少量的脱水(1%体重),也会增加心血管系统压力,使心率的变化与运动强度不协调,并且限制人体从收缩肌肉传送热量到体表散热的能力,致使体温升高,进而导致运动能力下降,发生热损伤的可能性也相应增加。

失水量达到体重的2%可认为是轻度脱水,而机体极小比例水分的丢失都会影响运动员的耐力,并增加中暑的可能性。在运动过程中,采取适宜的补液措施,可以帮助运动员消除或减轻水、电解质平衡紊乱对机体生理功能和运动能力的影响。

在参加任何体力活动之前必须确认身体有足够的水分。在准备活动前20~30分钟,每千克体重补充7~8毫升的液体就能达到这个目的。在运动过程中,建议每隔15分钟补充少量液体。在运动后需要适当补充身体所需要的水分,能够维持身体内电解质的平衡,避免对身体造成不良的影响。

五、 中暑

中暑是指在高温和热辐射的长时间作用下,机体体温调节障碍、水电解质紊乱、神经系统功能损害等症状的总称。运动性中暑是指在高温和通风条件差的环境或烈日下进行体育运动时引发的中暑现象。

在高温环境中运动时,皮肤血流量和出汗量增加以利于机体向周围环境散热。但是这会给体温调节增加生理压力,可能会导致长时间运动时的脱水。当体温过高时,热应激可单独损害有氧运动能力。因此,在高温环境中运动时,从事耐力性项目的运动员易发生中暑。当人体因体温过高出现生理及神经症状时,可能有生命危险。在阳光直射且温度、湿度都很大的情况下进行高强度的体力活动,运动员有可能会中暑。

运动性中暑主要表现为体温升高、出汗较少、皮肤又红又烫或干燥发红、脉搏变快、呼吸困难、行为异常、定向障碍等,其并发症为意识丧失、窦性心动过速、心排血量下降、舒张压降低、脉压增大、过度通气征象,导致呼吸性碱中毒和肌肉抽搐,严重时可出现急性肺水肿、急性肾衰等。合理地安排训练、正确地补充水分、重视环境与气候习惯、做好个人防护与医务监督是预防运动性中暑的有效途径。

教学思考

(1) 如何理解体育锻炼的运动损伤?
(2) 运动损伤主要包括哪些类型?
(3) 如何预防运动损伤?
(4) 踝关节运动损伤的发生机理、症状表现是什么,如何康复治疗?
(5) 心肺复苏的操作步骤包括哪些?

【在线习题】

13

第十三章 体育锻炼与心理调适

教学目标

（1）价值塑造：坚定学生的政治信念和思想道德，培养终身锻炼的习惯，促进身心健康。通过体育锻炼促进学生心理健康发展，锻炼广阔的胸襟和坚韧的意志力；乐于合作和奉献、勇于承担责任；拥有责任意识和家国情怀，树立体育强国梦；认同社会主义核心价值观并自觉将其纳入自身个性化价值体系中；使学生成长成才、担当责任，有家国情怀。

（2）能力培养：培养学生在体育锻炼中的创新创造能力和自主学习能力。学生在学习后能够运用体育心理学知识，通过心理技能训练进行自我调适，提升心理调节能力、压力应对能力，增强自我认识，悦纳自己，提高自我效能感。

（3）知识传授：使学生掌握博雅的通识知识和体育锻炼与心理调适的健康促进知识。使学生认识到身体健康和心理健康的重要性及二者相互依赖、相互影响的关系，以及体育锻炼对心理健康的促进作用；明晰体育锻炼能够改善情绪、增加积极体验、提高主观幸福感、改善认知功能、减少手机和网络依赖，形成健康生活方式。

第一节 体育锻炼与心理健康

一、 体育锻炼与身心健康

人类的身体健康和心理健康是相互依赖、相互影响的；运动有益于身体和心理健康，这在诸多理论和实证研究中得以证实。长期以来，社会上一直有运动者“四肢发达、头脑简单”的说法，出现这种观点的根本原因在于对“身心二元论”的错误认识，认为身心二分，体育纯粹是身体教育。然而,“身心一元论”逐渐成为身心观的主流观点,主张人是一个有机统一体,身心不可分,人们逐渐认识到体育锻炼不仅强健肌肉和增强心肺功能,也有助于改善大脑功能。

随着社会和经济的发展,体育活动成为很多人生活中的一个重要组成部分和一种健康的生活方式,经常运动的人也从中享受到了运动带来的对身体和心理的益处。体育运动在提高身体素质的同时,还能促进心理健康发展,对个体的认知功能、情绪、人格、社会适应等均有促进作用。体育锻炼的心理效益是指体育锻炼对个体心理过程和个性特征施加的积极影响。体育锻炼的心理效益主要体现在对认知功能、心理健康、心理社会性等方面的改善和促进作用。

二、 体育锻炼促进心理健康

情绪是心理健康的核心维度。在体育锻炼与心理健康的关系上,情绪改善是体育锻炼所能体现的最直观的心理效益,因此情绪状态是用来检查体育锻炼对心理健康影响的主要的指标之一。应激体验和消极情绪会增加各种疾病出现的风险,而积极的情绪则可起到延长生命、提高生活质量的作用。

长期体育锻炼和短期体育锻炼都可产生良好的情绪效应。体育锻炼的短期情绪效应主要表现在心境状态改变、焦虑水平下降、应激水平降低等方面。一次体育锻炼(如 30 分钟的跑步)能使紧张、困惑、疲劳、焦虑、抑郁和愤怒等不良情绪状态显著改善,精力和愉快程度显著提高;有规律的锻炼者比不锻炼者在较长时间内更少出现焦虑和抑郁。体育锻炼对情绪产生积极的影响可能与喜欢某一活动、摆脱日常生活的烦恼、有能力感、掌握运动技能及社会交往等因素有关。

(一) 体育锻炼与积极体验

积极体验又称“积极情绪体验”,是人们对外界作出的一种心理反应,常常以情绪的方式表现出来。所有能激发个体产生接近积极行为或具备积极行为倾向的情绪体验都称为“积极情绪体验”。积极体验不仅是一种主观的心理体验,也是个体对客观事物的反应,来自客观世界的刺激越丰富,引起的情绪体验越复杂。体育锻炼本身蕴藏着很多对人的各种刺激,如克服困难、竞争、冒险、把握机会、追求成功等。掌握恰当的体育锻炼方法、参加适宜的体育活动,将有助于获得积极的情绪体验,减少负面情绪。

心境状态是情绪或情感的唤醒状态,是具有感染力的持久的情绪状态,也是一种复杂的个体主观体验,不同的心境状态对个体的态度和行为具有不同的影响。保持良好的主导心境是心理健康的重要标志之一。体育锻炼对锻炼前后心境状态具有积极影响,如持续 4～10 分钟的散步可以增加个体的能量感、降低紧张感。在进行中小强度的身体活动后,个体的积极情感与锻炼前相比呈上升趋势。体育锻炼对心境状态的改善,不仅表现在锻炼前后的短时情绪效应,长期而有规律的体育锻炼,还可以产生心境状态的长期效应。

(二) 体育锻炼与主观幸福感

主观幸福感是衡量个体生活质量的综合性心理指标,是自身设定的对生活质量的整体性评价,包括生活满意度、积极情感和消极情感三个部分。体育锻炼对主观幸福感的积极影响被学者认同。一般来说,有规律参加体育锻炼者比不参加体育锻炼者的自我感受和评价更加积极，感到更加幸福，这可能与锻炼引起神经系统的变化、自我效能的提高及社会支持的改善有关。改善大学生体育锻炼的现状可以提升主观幸福感，而且，体育锻炼中同伴的支持与协同作用，能够使个体在获得已有积极心理效应的基础上，进一步提升主观幸福感。幸福感的增加，实质上与消极情绪的减少密切相关，紧张、焦虑、抑郁、困惑、疲劳、气愤等消极情绪的减少和精力的增加，本身也意味着幸福感的增强。

（三）体育锻炼与焦虑和抑郁

现代社会中，生活节奏快、社会关系复杂、就业压力大、环境污染等因素，导致人类心理疾病的发生率呈逐年上升的趋势，焦虑和抑郁已成为21世纪非常严重的心理健康问题。焦虑是一种常见的情绪状态，生活中充满着很多可能产生焦虑的情境，如临近考试会因为没复习好而感到紧张不安，这就是焦虑。通常，适当的焦虑在一定程度上能激发人的潜力，激发生活动力，但过度的焦虑则会使个体担心忧虑，降低学习和工作效率及生活质量。当焦虑程度加深、持续时间延长、出现频率增多时，焦虑就可能演变成病理性焦虑，临床称为“焦虑症”，是一种严重损害人们生活质量的心理疾病。体育锻炼具有良好的改善焦虑的效果。与其他传统的治疗手段相比，体育锻炼不仅可以起到预防和缓解焦虑的作用，而且改善效果的持续时间更为长久。通过锻炼，可以将各种生活应激引起的烦恼、焦虑、不安等情绪发泄出去，增进心理健康。长期保持规律的体育锻炼可有效降低特质焦虑和状态焦虑，一次性锻炼对缓解状态焦虑的效果更好，在30分钟以内的锻炼效果最好。体育锻炼也能有效地改善焦虑症患者的不良情绪状态。虽然有氧锻炼和无氧锻炼都能降低焦虑，但多数研究仍然将重点集中在有氧锻炼上。

抑郁也是一种常见的情绪状态，是由多种原因引起的复杂的情绪体验。它不仅导致人类产生明显的外部情绪和躯体的负性变化，还可能导致人体内部出现某些微妙的消极变化。抑郁分为抑郁情绪、抑郁综合征和抑郁症三个方面。抑郁情绪单指心境低落、闷闷不乐、不开心。抑郁综合征是指个体在出现抑郁情绪的基础上，同时伴有生理、行为、认知等方面的异常表现，如说话迟缓、缺乏兴趣、反应迟钝、食欲下降等。抑郁症属于精神障碍的一种，表现为丧失兴趣和快乐、疲乏无力、避免社交、思维模式消极等，必须接受相应治疗。体育锻炼具有预防抑郁的效果，积极参加体育锻炼的人群极少出现抑郁症状，而且患抑郁症的人在一定程度上也得到缓解；锻炼会产生频繁的神经刺激，导致腺体分泌的增加，从而产生幸福的心境。

体育锻炼有助于抑郁情绪向积极方面转化，但不同锻炼项目和锻炼的强度对抑郁的改善效果不一样，中等强度锻炼有益于抑郁状态的改变。有氧运动可以使个体的不良情绪得到合理的发泄，可以很好地缓解和改善抑郁情绪。有研究显示，无氧运动（如举重）在减轻抑郁程度方面的作用与有氧运动一样有效。体育锻炼是治疗抑郁症的有效辅助手段，体育锻炼与个体心理疗法或与药物治疗相结合能产生最佳的治疗效果。体育锻炼的抗抑郁作用可能是因为运动可以调节全身神经功能，如运动会增加神经递质的活跃度，促进多巴胺分泌，更容易感到快乐；运动使动物中枢神经协调而活跃，促使身体新细胞的更迭，这都利于抑郁症的改善；影响神经化学物质，运动会直接提高大脑中几种神经化学物质的水平，包括多巴胺、5-羟色胺和去甲肾上腺素等抗抑郁的物质，这些化学物质有助于调节情绪和回报感，使人在运动后产生兴奋感和愉悦感。

（四）体育锻炼与压力管理

大学生相对于同龄的其他群体，有着特殊的生活环境和生活方式，他们面临的学习和就业等竞争日益激烈，人际关系也更复杂，精神压力随之增加。大学生的压力源主要是日常生活事件，其中学习、就业、考研、人际关系、恋爱、前途、经济等问题是出现频率比较高的事件。大学生主要有以下几种压力源：

（1）重大或突发事件：一些突发性的或对大学生具有重要意义的事件带来的压力。

（2）经济：由经济困难带来的心理压力，如家庭经济问题。

（3）前程：对前途的担忧而产生的压力，包括就业的压力、适应社会发展的压力等。

（4）学习：和学习有关的压力，包括重大考试、日常课程的学习、奖学金、考研等。

（5）社交和人际关系：一般人际交往或社交场合的压力，如同学间的竞争、和同学相处等。

（6）异性关系：与异性交往产生的压力，如恋爱的压力、情感方面的压力等。

（7）自主与独立：和父母间观点不一致而产生的压力，如家庭的期望、对学校和社会环境不适应等。

对于大学生来说，压力既有积极作用，又有消极作用，如可以磨炼意志，提高解决问题能力和社会适应能力，但过大的压力也会降低学习效率、思维能力，导致性格改变和行为偏差等，从而影响身心健康。国内外很多研究发现，压力事件促成了心理健康问题的产生。对于大学生而言，社会适应不良、不良家庭关系、专业不理想等压力事件都与其心理健康水平低下相关。大学生需要采取正向积极的应对方式和压力管理，如寻求他人帮助、进行体育锻炼等。体育锻炼能够缓解压力，降低焦虑，能够给人带来身体上的舒适与心理上的愉悦，使精力和愉快程度显著提高。体育运动能够促使抗压性格的养成，能够培育人应对压力的能力，这种能力或性格特征是与体育锻炼相关的，这包括自我效能、自我动力和自我图式。在诸多缓解压力的方法中，体育锻炼是一种良好的方式，尤其是主动的锻炼更能有效缓解心理压力。例如，积极的课外体育锻炼能够有效缓解过度用脑导致的疲劳感，促进大脑的有益变化，提升学习的自我效能感，激发学习中专注于思考的积极感受，有助于降低学习过程中产生的内部压力。体育运动作为一种社会活动，确实能够在不同层次上、不同范围内对社会压力和紧张产生缓解、释放的效果，这种效果不仅体现在个体身上，也体现在社会关系中。

（五）体育锻炼与网络成瘾和手机依赖

随着科技发展，各种电子产品盛行于人们的学习、工作和生活中，使年轻人在屏幕前的时间越来越长。互联网的发展渐渐改变了人们的生活方式，青少年也逐渐成为互联网的最大受众。大学阶段是社会交往、社会生活等迅速扩大的一个重要阶段，网络上丰富的信息环境，极大地满足了大学生学习、生活、交往等各方面的需求。大学生群体进入大学后，各种约束减少，极易出现网络偏差行为（如网络成瘾等）和手机依赖，尤其是自制力较差的部分大学生，是当前网络成瘾最大的潜在人群。大学生过度使用手机、网络而久坐不动，导致身体活动不良，影响身心健康。

参与体育活动越多的大学生，其网络成瘾的可能性越小，手机依赖程度越低；加强体育和健康教育对预防和戒除大学生网络成瘾具有有效性和持续性的影响。体育运动干预对不同程度的大学生网络成瘾者都具有一定的疗效，网络成瘾程度越轻治疗效果越好。体育锻炼可以有效减轻大学生手机依赖程度，且中等运动量的体育活动能够显著改善大学生手机依赖现象，说明大学生可通过体育锻炼转移注意力、满足心理需要进而降低手机成瘾的概率。团体性的体育活动可以满足大学生社交、娱乐等方面的心理需求，降低焦虑、抑郁等方面的心理困扰。网络使用和满足理论指出，个体使用网络可满足其心理需求，促使其对网络产生积极态度，长此以往会引发网络或手机成瘾问题。在大学生学习生活过程中，应鼓励他们积极参加体育锻炼，缓解他们远离网络、手机时产生的不适感以及压力、抑郁与焦虑等心理困扰，进而预防或干预大学生网络成瘾和手机依赖行为。

网络和运动均能为参与者带来互动体验，两者不同之处在于，网络使人置身于虚拟世界，而体育运动则让其体验现实世界，并将引导与构建参与者的身心健康。运动干预治疗的理论基础之一是体育活动的参与可占据网络使用的接触时间，与此同时，在潜移默化中影响着参与者的生理、心理，使其朝积极方向变化。参与体育活动不仅可以有效降低个体网络成瘾和手机依赖程度，改善成瘾者的身体状况，同时有利于促进其心理健康、锻炼意志。

第二节 体育锻炼与认知功能

体育锻炼与认知功能之间存在正相关关系，运动能够提高认知功能。如参与体育活动有利于青少年、大学生等人群的注意力、记忆力和执行功能等的发展。众多脑科学研究证据表明，体育运动可提高个体（尤其是儿童青少年）的脑细胞活性、改变大脑结构，从而提高注意力、改善认知功能、缓解压力等。这一结果在运动员中得到了印证：多年的运动技能训练使运动员的大脑结构更为复杂，其双侧丘脑和左侧运动前区的灰质密度明显高于普通人。灰质密度指的是神经元的密集程度，灰质密度较高者，在神经传导、信息传递等方面更具有优势。运动训练不仅改变了肌肉和动作，还改变了大脑结构。

一、体育锻炼有助于提升记忆能力

体育活动，尤其是有氧运动能够提高短时记忆能力，长期的体育锻炼对长时记忆有积极影响。经常参加有氧运动，对短时记忆和长时记忆均有作用，而对瞬时记忆无明显作用。从神经科学层面也获得了体育锻炼促进记忆力发展的结果：通过功能磁共振技术扫描完成认知控制任务时青少年的脑区激活情况，发现有氧体适能高的青少年具有较高的记忆力和较高水平的前额叶和顶叶脑区激活，印证了体育锻炼可以改变青少年的脑功能这一结论。不同身体活动水平对大学生工作记忆的影响不同，高身体活动水平个体对生物运动素材的工作记忆编码阶段反应时更短，准确率更高，能调用更多的认知资源。无论是长期的高身体活动水平还是急性有氧运动，均可提高个体记忆能力，但具有不同的针对性。

二、体育锻炼有助于促进注意力发展

体育锻炼能够促进个体注意能力的提高，持续进行体育锻炼可有效改善学生的注意力，具体表现在注意分配、注意稳定、注意广度上，以及信息加工速度和抑制转换能力上。长时间中高强度身体活动与注意能力任务成绩呈正相关关系。经常参加体育活动的个体其注意广度、注意分配和注意转移上要优于不参加体育活动的个体。

三、体育锻炼有助于提高执行功能

执行功能是指在完成复杂的认知任务时，对其他认知过程进行控制和调节的高级认知过程，其根本作用是产生协调有序、具有目的性的行为。体育活动作为人类有目的、有意识的活动，对人脑执行功能能够产生积极影响。高强度、中等强度和小强度的有氧体育活动对大学生抑制、刷新和转换功能都能产生积极性的影响，有氧体育活动对刷新功能的作用优于抑制功能，对抑制功能的作用优于转换功能。在运动方式上，有氧体育活动对大学生的执行功能具有积极作用，短期和长期的有氧运动均有助于提升执行功能。大学生有氧体育活动的强度、频率和时间的最佳剂量存在性别差异。对于男大学生来讲，中等强度、每周锻炼 3 次、持续锻炼 12 周对执行功能的改善最为有效；对于女大学生来讲，低强度、每周锻炼 5 次、持续锻炼 12 周则最为有效。这种剂量效应可能与大脑脑源性神经营养因子（BDNF）有关。短期和长期的有氧运动均有助于提升大学生的执行功能。不过，不同形式的有氧运动锻炼对大学生执行功能的积极效益并不是相等的。

随着体育科学和脑科学交叉发展，体育运动与认知功能的关系探究已不再局限于有氧运动，揭示不同运动项目对各级认知功能的促进作用是全面了解体育运动、提升学习效益的重要途径。与有氧运动相比，其他运动项目在对抗性或规则等方面存在特殊性，具有其特殊的认知规律并调用不同的认知功能。了解不同运动项目对各类认知功能的影响，为进一步了解体育运动提升认知功能提供了具体化的依据。

虽然大部分研究都认为，适量的体育锻炼能够改善青少年的认知能力，但目前还不能很好地揭示运动促进认知能力的机制。目前几种可能的机制有：①运动可以改善乙酰胆碱、多巴胺等神经递质的合成和分泌，激活传导通路，提高突触传递效能，从而促进学习记忆功能的发展；②运动能够增加胰岛素样生长因子-1（IGF-1）、脑源性神经营养因子（BDNF）等神经生长因子的释放，从而促进学习记忆功能的发展；③体育锻炼还可能通过影响糖皮质激素的释放来提升学习记忆表现；④体育锻炼可以通过增强与学习记忆相关脑区的基因表达、神经生长、相关脑区血管生长来提升认知能力；⑤体育锻炼可能通过改善脑组织抗氧化能力，保持和提高认知能力。总而言之，体育锻炼对认知能力相关的大脑区域的神经递质、激素、神经生长因子、神经发生和氧化还原状态的影响均可能参与体育锻炼提升认知能力的机制中，具体的生物学机制仍有待深入研究。

另外，体育活动影响个体行为表现的路径比较复杂，体育活动可以直接影响认知能力和行为表现，也可以通过体质因素、健康因素、心理社会因素等中介变量施加影响。同时，性别、年龄、家庭社会经济地位等因素还可以作为调节变量影响两者的关系。

第三节 体育锻炼与心理社会性

体育锻炼能够促进心理社会性的发展，心理社会性发展涉及自尊心、情绪情感、自我意识、人际关系、社会适应等。体育锻炼有助于大学生的社会性发展，具体表现为促进大学生的团队合作、人际关系、社会技能、社会适应、社会责任感等方面进步；有助于提升大学生的自尊、自我效能感和处理问题能力，促使其形成果断、坚持不懈、勇往直前、不畏艰难的品质，培养其敢于超越自我、拼搏进取的坚韧精神和协作意识。经常参加体育活动，有助于促进大学生的人际关系，参与体育活动的大学生相比参与其他类型活动的大学生表现出更高的主动性、情绪控制能力与团队合作精神。

一、 体育锻炼与自尊、身体自尊

自尊是个体在社会比较过程中获得的有关自我价值的积极的评价与体验，不仅是个体自我意识的重要组成部分，还是评定个体心理健康的重要指标之一。体育活动对自尊具有促进作用。锻炼心理学领域不断有研究成果显示，锻炼对参与者的潜在影响可以从其自尊水平的变化表现出来。锻炼与自尊模型从生理、心理和社会三个方面对锻炼影响身体自尊进而影响整体自尊的内在机制进行了阐述，认为运动和锻炼的经历能够影响个体具体的自我效能，具体自我效能对身体能力的四个子领域(即身体力量、身体状况、运动能力和身体吸引力)也会产生一定影响，进而提高身体能力和身体自我价值。当个体进行锻炼时，不同的反馈系统通过不同水平、不同方式对个体整体自尊产生影响。身体活动对不同年龄段人群心理健康带来诸多益处，可以提高大学生的自我效能感和自尊，减少抑郁、焦虑。中等及以上的体育活动量有助于促进大学生人际交往能力，大量体育活动能够提升大学生身体自尊和整体自尊。体育活动不仅可以直接影响大学生人际交往能力，还可以通过促进身体自尊、整体自尊，进一步改善人际交往能力。

二、 体育锻炼与身体意象

身体意象是个体对自己身体的一种主观认知和评价。体育锻炼能够改善不同人群的身体意象。体育参与程度与身体意象呈正相关，持续规律从事运动的个体有较佳的自我意象。同时，身体意象对大学生运动参与程度也具有正向的影响，当一个人有良好的身体知觉和运动知觉，就可以使大学生充分展现自我，享受运动带来的喜悦，从而更加坚持运动。身体意象的认知和态度会影响运动参与程度。个体对于身体意象的评价亦可形成一种动机形态或者驱动力，引发个体从事各式改变身体意象的行为，而从事运动就是一种常见的行为结果。运动参与程度受身体意象的影响，大部分人参与运动是为了保持体形、改变身材及增加魅力，最后才是为了健康。锻炼改善身体意象的机制，一是体育锻炼有助于提高体适能，引起个体身体意象的积极变化；二是体育锻炼有助于增强对身体能力的积极感知，锻炼可通过增强人们对身体能力的积极感知来改善身体意象，同时降低人们对其体形改善的要求；三是体育锻炼有助于增强自我效能，当锻炼者感知自己身体能力有所增强时，其身体的自我效能感也会得到增强，引起锻炼者对自己身体的积极评价和感知，进而身体意象也得到改善。

三、体育锻炼与社会适应

社会适应是心理健康的重要维度，也是大学生素质教育的重要内容。大学生社会适应涉及两个阶段：一是大学生在校期间的学习生活、人际适应能力等；二是大学生步入社会后，通过社会互动，寻求与社会和谐融洽的角色转换过程。良好的人际适应能力既是大学生心理健康的重要体现，也是大学生社会化的重要内容。人际交往能力对个体的心理健康、自我意识发展、焦虑抑郁缓解、社会适应能力、社会责任感的形成，以及学业适应、学业成就等都有重要影响。大学生正处于渴求交往、渴求理解的心理发展时期，良好的人际关系是他们心理上正常发展，个性保持健康和具有安全感、归属感、幸福感的重要条件。社会人际关系作为大学生重要的社会问题之一，在体育锻炼中主要体现在锻炼实践的同伴关系上，体育锻炼对同伴关系具有促进作用。

体育锻炼是促进大学生人际交往、人际适应的一种有效方式。大学生体育运动的参与程度对人际适应能力有着显著的影响：参与体育运动的大学生的人际适应能力明显强于不参加体育运动的大学生；参与集体项目运动为主的大学生人际适应能力明显强于独自运动为主的大学生；参与体育运动次数和时间越多，人际适应能力越强。大学生体育参与影响其社会适应能力，不同强度的体育参与和社会适应之间存在不同程度的关联性，高强度、中强度身体活动对大学生社会适应能力具有非常显著的积极影响。敦促和鼓励大学生积极从事体育锻炼活动可有效提升其社交、处世等社会适应能力。大学生在参与体育运动的过程中，尤其是在集体项目的运动中能够获得交往机会。一方面促进相互间的沟通与交流，增进彼此之间的友谊，从而大大提高了大学生的人际交往和人际适应能力；另一方面，体育运动参与程度是大学生参加体育运动持续性、充分性的具体体现，大学生的人际适应能力也在体育运动中自然地显露出来并得以发展。

体育锻炼对认知功能、心理健康、社会适应等具有积极促进作用，其机制在运动生物化学、脑神经科学、心理学等学科进行探讨，但学界尚未达成共识。现多数研究过于依赖通过脑神经科学为锻炼心理学的心理活动提供因果解释，认为必须有神经科学的数据支持才能更为可靠，这仅代表其生理方面的机制，不能将“身-心二元论关系”本末倒置。生理的活动与心理的活动或许是同时进行的，但心理活动起主导作用，绝不可能先有不同的生理活动，再有不同的心理操作。

教学相长

(1) 培养爱国情怀：通过体育锻炼和心理健康教育，使学生坚定理想信念，厚植爱国主义情怀，加强品德修养，增长知识见识，培养奋斗精神。培养学生奋勇拼搏、积极进取的精神，激发学生拼搏进取的欲望。引导学生树立爱国主义意识，通过讲解和展示我国体育事业发展的历史和成就，激发学生为国争光的热情，激发学生对祖国的热爱与自豪感，培养学生对国家的认同感和忠诚感。

（2）培养集体观念：在各种体育活动中培养学生的集体观念和团队精神，让学生学会与他人协作，培养他们的集体责任感。强调团结协作的重要性，培养学生团队合作的能力，增强集体主义感和团队精神。

（3）培养健康生活观念：教育学生养成良好的运动习惯和健康的生活方式，倡导积极参与体育锻炼，提高身体素质，并培养学生自律和健康意识，使学生能够增强体质、享受运动、健全人格、锤炼意志。培养学生的身心健康意识，通过科学的运动方式和健康的生活习惯教育，使学生了解体育锻炼对身心健康的重要性。强调积极向上的心态、良好的心理素质与意志品质和心理调节能力的培养，形成正确的生命观、健康观、健身观、审美观、竞赛观与价值观。

（4）培养竞争和规则意识：在体育锻炼过程中培养学生的竞争意识和困难克服能力，让学生学会面对挑战和压力，培养他们的胜利欲望和勇气。在体育教学中加强公平竞争教育，让学生明白公平竞争的重要性，并培养学生遵守规则、尊重对手的意识。

教学思考

【在线习题】

（1）如何理解体育锻炼的心理效益？

（2）体育锻炼对认知发展的作用表现在哪些方面？运动促进认知能力的机制有哪些？

（3）体育锻炼对心理健康的作用表现在哪些方面？

（4）体育锻炼是如何促进心理社会性的发展的？

（5）体育锻炼是如何影响个体的认知能力和行为表现的？

14

第十四章 ▸▸▸ 课外体育活动的组织与管理

教学目标

（1）价值塑造：坚持立德树人，引导学生学会健身锻炼方法，培养学生终身锻炼意识，形成健康生活习惯，为国家输送更多德、智、体、美、劳全面发展的优秀大学生。

（2）能力培养：通过本章内容的学习，使学生了解课外体育活动的组织原则、组织形式与方法及学校课外活动现状，积极参与学校课外体育活动，大力提升自身知识素养和能力素养，全面贯彻落实《全国普通高校体育与健康课程教学指导纲要》基本目标。

（3）知识传授：通过本章内容的学习，学生应掌握我国关于课外体育活动的文件精神及发展沿革，认识课外体育活动的组织原则、组织形式与方法，并了解课外体育活动的指导意义和学校课外活动发展现状；积极主动地参与课外体育锻炼中，不断提升自身身体健康与心理健康水平。

第一节 课外体育活动的政策导向与现实意义

一、开展课外活动的政策导向

我国政府一直重视课外体育活动。1951 年 7 月，政务院《关于改善各级学校学生健康状况的决定》中规定："学生每日体育、娱乐活动或生产劳动时间，除体育课及晨操或课间活动外，以 1 小时至 1 小时半为原则。"1954 年颁布实施的《准备劳动与卫国体育制度》进一步促进了课外体育活动的开展。1964 年 8 月，国务院批转了教育部、国家体委、卫生部《关于中小学生的健康状况和改进学校体育、卫生工作的报告》，报告中要求学校体育面向广大学生，先上好每周两节体育课，同时坚持做早操和课间操，安排好每周两次班级课外体育活动。在广泛开展群众性体育活动的基础上，适当组织学生参加运动竞赛，有条件的学校开始试行《青少年体育锻炼标准》。1979 年 10 月，教育部和国家体委联合颁发了《中小学体育工作暂行规定(试行草案)》，在总则中把指导学生锻炼身体、增强体质、学会科学锻炼身体的方法、养成经常锻炼身体的习惯作为学校体育的任务，并把学校体育活动开展的状况，通过《国家体育锻炼标准》的人数、学生的健康状况等作为评定学校体育工作的标准。另外，还对课外体育活动作了具体规定。1982 年，教育部又发出了《关于保证中小学生每天有 1 小时体育活动的通知》。1992 年 2 月，国家教委颁布实施了《学校体育工作条例》。

2005 年《教育部关于进一步加强高等学校体育工作的意见》中明确指出高校要广泛开展学生课外体育活动，学校要把开展丰富多彩、形式多样的学生课外体育活动作为学校日常教育工作的有机组成部分，并要求每个学生每周至少要参加 2 次课外体育活动。2007 年，《教育部 国家体育总局 共青团中央关于全面启动全国亿万学生阳光体育运动的通知》及《中共中央 国务院关于加强青少年体育增强青少年体质的意见》等文件，从政策及具体措施方面规范了学生进行体育锻炼的要求，明确指出开展多种形式的课外体育锻炼活动等形式加强青少年体育，增强青少年体质。根据《关于开展全国亿万学生阳光体育运动的决定》等文件精神，坚持以人为本，丰富校园生活，促进学生全面发展，全面推进素质教育，树立健康第一的理念，培养学生坚持“每天锻炼一小时，健康学习工作五十年，幸福生活一辈子”的理念；同时尊重学生的运动选择，激发学生运动兴趣，培养学生的锻炼习惯，锻炼学生勇敢顽强、坚韧不拔的意志品格，促进学生在身体、心理和社会适应能力等方面健康和谐发展。

2014 年，教育部发布的《高等学校体育工作基本标准》指出，将课外体育活动纳入学校教学计划，面向全体学生设置多样化、可选择、有实效的锻炼项目，组织学生每周至少参加三次课外体育锻炼，学校每年组织春、秋季综合性学生运动会(或体育文化节)，经常组织校内体育比赛，支持院系、专业或班级学生开展体育竞赛和交流等活动。

2020 年发布的《关于深化体教融合促进青少年健康发展的意见》对加强学校体育工作、完善青少年体育赛事体系做出明确要求：开展丰富多彩的课余训练、竞赛活动，扩大校内校际体育比赛覆盖面和参与度，广泛开展校内竞赛活动的基础上建设学校代表队，参加区域内乃至全国比赛。

从国家开展课外体育活动的文件要求看，课外体育活动是学校教育体系的组成部分，是学校体育教育的重要内容，是学生学校课余生活的重要内容，是学校课堂教学的延伸性活动，更是进一步深化教育教学改革，全面实施推进素质教育的一个重要体现。对于高校体育教育来说，课外体育活动是大学体育课程的延续和补充，是大学生除体育课外强身健体的主要手段，通过有组织的课外体育活动，推动课堂教学与课外活动良性互补，形成课内、课外有机联系的课程结构，是体育课程的重要组成部分。自 2007 年以来，有关学校课外活动文件精神对课外活动开展要求与目标逐渐提高，由最初的学生参与阳光体育到积极参与校内、校际、区域、全国性比赛。

二、 开展课外体育活动的现实意义

课外体育活动是学生学校课余生活的重要内容。课外体育活动的意义主要体现在以下几个方面：

（1）满足学生身体活动的需要，促进身体生长发育，增强体质。有利于培养学生的意志品质，增长学生的知识，开阔其视野，陶冶其情操，培养学生独立生活的能力，更有利于培养师生和谐的人际关系。学生在良好的氛围里才有兴趣去活动、去学习。同时，尊重学生的运动选择，激发学生运动兴趣，培养学生的锻炼习惯，锻炼学生勇敢顽强、坚韧不拔的意志品格，促进学生在身体、心理和社会适应能力等方面健康和谐发展。

（2）有利于培养学生对体育的兴趣和爱好，给学生日常学习生活增添了乐趣。它对巩固和提高体育课传授的体育知识和技能，提高学生的运动能力和对体育知识的运用能力，提高学生学习和生活的质量，培养学生自觉锻炼身体的意识等都有着重要的意义。课外活动是学生自愿参加的，他们没有多少心理负担，有的只是探索的愉悦。此外，相对于课内学习，课外活动内容比较新颖，容易给人以新鲜刺激，使人身心得到享受。课外活动也能帮助学生学会利用闲暇，培养健康的兴趣爱好，丰富其精神生活。

（3）促进学生全面发展，促进学生社会化。课外活动强调学生自主参与、自愿组合，在活动过程中，学生的主体作用得到了充分发挥，才能得到了施展，学生的独立性、责任心、参与意识等也进一步发展。校内外活动为学生提供了一个理想的环境，学生渐渐习得一些成人社会的行为。同时，学生还要解决一些与同伴相处的问题，这些都有助于他们从幼稚向成熟转化，从学生身份向社会身份转变；有利于培养学生的群体意识、人际交往能力，养成文明礼貌的行为习惯。

（4）促使学生在社会化过程中个性化。没有个性化，所谓个性的社会化就失去了现实意义。社会发展需要各种各样的人才，在这一点上，个体的社会化与个性化是一致的，课外活动恰好能够在促进个体社会化的过程最大限度地满足个体在个性化方面的需要。通过课外活动锻炼培养学生的自主性和独立性，促进学生个性的全面发展，有利于学生身心的全面发展。课外活动在发挥学生特长方面也有重要作用。从普及到提高层次的课外活动中，通过有计划的丰富多彩的活动，每个学生都能找到发展自己特长的领域。国内外许多著名的科学家、学者都有这样的经历：学校教育虽然给他们的发展奠定了坚实的基础，而专业方面的成就，往往与他们在青少年时代的课外兴趣和活动有关联。

第二节　课外体育活动组织原则与注意事项

课外体育活动的基本组织形式包括早操、课间操、班级、学院体育锻炼、野外活动、学校运动竞赛和课余运动训练等。作为学校体育的组织形式之一，课外体育活动有着自身的特点，更带有鲜明的校园特色烙印，是学校体育文化建设的重要呈现。

一、课外体育活动组织原则

1. 全面性与灵活性原则

课外群体活动计划及安排应尽可能考虑到学生全员参与，群体性和调节性的活动安排是课外体育活动的主旋律，学校大型课外活动的内容主体建议选择以身体活动为主，并能使较多人参加的活动项目，学生可在日常学习生活外通过参与课外体育活动获得及时的调整和放松。除学校规划组织的大型体育活动外，课外体育活动的组织形式没有严格规定，可以是正式组织的，也可以是非正式组织的；可以是全校的、年级的，也可以是班级的、小组的、个人的。课外活动的组织地点同样具备灵活性，可以在校园内，又可以在校园外；既可以在室外，也可以在室内；可以在公共体育场所，也可以在大自然中。这种空间领域的广阔性，更利于为学生提供多样的教育环境和丰富的教育资源。

2. 多样性与趣味性原则

课外体育活动的内容没有硬性规定，且不受教学大纲的限制，远远超出了体育教学大纲规定的范围。活动内容形式多样，从学生自发组织的游戏、郊游，到正式运动项目及其比赛，凡是能用于身心锻炼与娱乐的体育手段，都可以作为课外体育活动的内容。这些与学生兴趣相符且有助于学生身心发展的项目，能使学生积极主动地参与到课外活动当中。

3. 安全性原则

课外活动安排及组织应充分考虑到安全问题，活动安全原则是一切校园活动开展的首要原则。学校课外体育活动根据不同的活动规模、项目特点、竞技性程度等会面临各种安全问题，如群体性安全、食品性安全、运动健康安全、交通及人身财产安全、宣传舆情安全等。学校应制定和通过各项管理制度和规定来强化全体师生的安全意识与安全管理工作，建立完善的安全体系，确保校园活动的安全性，并根据具体的课外活动内容及特点建立针对性活动安全预案，尽可能杜绝安全事故。

4. 因地制宜原则，规定参与活动和自愿参与活动相结合

课外活动的开展应根据学校实际情况，与学校体育教学内容和学校传统体育竞赛项目及学校特色体育项目紧密结合，使校园体育教学和课外活动能相互促进，并使课外活动和运动训练、竞赛紧密结合。田径、游泳和篮球、排球、足球、乒乓球、羽毛球、网球等运动项目，既是当前学校体育教学的主要内容，又是经常开展且学生参与度高、兴趣高的体育竞赛项目，大多数学校将这些项目作为课外体育活动的主要选择内容。但学校除学生自愿选择内容外，还应规定部分内容学生必须参加，如早操、晨练、课间操、乐跑和学院班级组织的集体锻炼等。规定练习内容因受学校各种因素影响，各学校要求不一，2000 年以前多数高校沿用初高中学校模式普遍进行的早操、课间操练习，这是时代的永久回忆。随着高校扩招政策影响，学校生源人数增加，受场地时间等影响，高校全体集中性课外活动的锻炼组织形式已经无法适应时代需求。随着社会发展在现代化多媒体设备的技术支持下，课外活动规定练习内容（如跑步、锻炼等）通过手机 APP 打卡记录学生参与课外锻炼的方式应用越来越广泛（如北京大学的 PKU Runner、乐动力；武汉理工大学的乐跑；浙大体艺 APP 等）。除规定练习内容（如长跑，游泳等）外，其他课外体育锻炼内容由学生自行决定。自愿选择参加课外体育锻炼内容是高校学生课外体育活动内容的主要部分，也是当前高校课外体育活动的主要组织形式，更是现代学校体育教育发展和学生自我个性发展的必然需求。学校在组织课外体育活动时，既要有一些规定性的要求，又要给学生自由参与留有余地，通过规定要求与自愿参与相结合的方式来具化学校课外活动工作布局的同时，充分调动学生的主观能动性。

5. 校园体育竞赛规范化原则，以竞赛促进课外活动质量

体育竞赛是课外体育活动的一种重要形式。通过竞赛，学生的锻炼效果和运动才能得以充分表现和发挥。为了有效地促使课外体育活动的广泛开展，不断提高课外活动质量，在组织体育竞赛时应注意：

(1) 竞赛活动制度化、多样化。把各项体育竞赛活动合理分配在全年的各个时期，定期举行竞赛活动，并要求学生每年每人必须最少参加两个项目的比赛，以保证参与活动人员的普遍性。

(2) 竞赛过程规范化。课外体育竞赛，不仅是一个促进学生参与锻炼的过程，也是一个组织竞赛的示范教学过程。要使竞赛过程规范化、科学化，让学生在参加活动的同时学到竞赛的组织方法。

(3) 以竞赛促提高。在课外体育竞赛中，学生需要了解和学习更多的有关竞赛组织与运动技、战术等运动常识，对此采用专题讲座和专项辅导的形式，教师在赛前对比赛项目的技、战术及有关知识进行专题讲解和辅导，并在竞赛过程中设立“体育运动知识咨询”机构，由教师来解答有关问题，有效地普及体育知识，以促进学生课外体育活动水平的提高。

二、 开展课外体育活动的注意事项

参与课外体育活动是追求健康、增强体质、放松心情的重要途径。然而，在享受运动带来的乐趣的同时，也不能忽视运动过程中的安全问题。为了确保在参与课外体育活动时既能感受到运动的魅力，又能保护好自己的身体安全，我们需要关注并遵循一些额外的注意事项。

(1) 热身运动和拉伸练习是运动前和运动后必不可少的环节。在开始任何一项运动之前，我们应该进行充分的热身活动，如慢跑、拉伸等，以提高身体的柔韧性和灵活性，降低运动损伤的风险。热身活动可以使身体逐渐适应运动的节奏和强度，为接下来的运动做好充分的准备。同时，在运动结束后进行拉伸练习，有助于消除肌肉疲劳，促进身体恢复。通过拉伸，可以缓解肌肉紧张，防止肌肉疼痛或僵硬，提高运动后的舒适度。

(2) 在选择课外体育活动时，需要根据自己的身体状况和运动能力进行合理选择。每个人的身体状况和运动能力都有所不同，在选择运动项目时，我们要结合自己的实际情况，选择适合自己的运动项目。对于身体较为虚弱或存在某些慢性疾病的人，可以选择一些低强度、低风险的运动项目，如散步、瑜伽等；而对于身体较为健康、运动能力较强的人，则可以选择一些更具挑战性的运动项目，如篮球、足球等。切勿盲目跟风，参与不适合自己的高强度运动，以免对身体造成损害。

(3) 运动过程中保持适当的运动量也是至关重要的。过量运动不仅会导致身体疲劳，还可能引发运动损伤。因此，在参与课外体育活动时，我们要合理安排运动时间和强度，遵循循序渐进的原则，逐步提高运动水平。在刚开始运动时，可以从较低强度的运动开始，逐渐增加运动量和运动时间，让身体逐渐适应运动的节奏和强度。同时，在运动过程中要密切关注自己的身体反应，如出现不适或疼痛等症状，应及时停止运动并寻求医生的帮助。

(4) 运动场所和器材的安全性是需要关注的重要方面。在运动前,要仔细检查运动场地是否平整、无障碍物,器材是否完好、无损坏。对存在安全隐患的场地或器材,我们应及时报告相关管理人员或自行进行修复。同时,在运动过程中,我们要遵守场地使用规则,避免与其他运动者发生碰撞或冲突。在参与团队运动时,要加强团队协作和沟通,确保每个人的运动安全。如遇恶劣天气或场地条件不佳时,应及时调整运动计划,避免在不利条件下进行运动。

第三节 课外活动的组织形式与管理手段

课外活动的目标:旨在进一步提高学生的体育素养,培养学生的个性特长,全面提高学生的身体素质,让学生树立“健康第一,终身体育”的思想意识;同时,进一步帮助学生形成良好的锻炼身体的习惯和终身体育意识,增强学生参与未来社会竞争的能力,体验和享受运动过程中的快乐,营造“阳光体育、健康快乐”的校园体育文化。

一、课外活动的组织形式

1. 课间活动

课间活动一般包括在两节课之间利用 10 分钟进行的学生自由活动,以及在上午第二、第三节课之间利用 15～30 分钟开展的课间操活动。根据不同学校特点,大多以课间操、眼保健操、特色舞蹈、武术等形式进行。课间活动可以使学生在紧张的坐姿学习后,身体各部分得到舒展和活动,以达到调节身体姿势、消除局部疲劳、促进血液循环、活跃精神,提高学习效率的目的。

2. 体育俱乐部或体育协会

校内的体育俱乐部或体育协会是近年来出现的课外体育活动组织形式,分单项俱乐部(协会)和综合性俱乐部(协会)两类。学生根据各自的兴趣爱好、需求等自愿加入俱乐部(协会),参加符合自己特长和需求的体育锻炼活动。其中,有一部分是以休闲娱乐为目的,还有一部分是为了提高技术水平。俱乐部(协会)根据自身特色有组织、有管理、有专人指导、有经费支持,具有一定导向性。

3. 学校运动会

运动会是学校内部自行组织的,以年级、班级、学院等为单位进行的竞赛活动。其竞赛形式一般由多个运动项目组成,并在同一时段进行。目前,最常见的形式是田径运动会、趣味运动会,或由篮球、排球、足球及田径等项目组成的综合运动会。

4. 运动训练

运动训练是指在学校体育教学和课外体育活动的基础上,为提高学校运动技术水平,推动学校体育的发展,在课余时间里对具有一定体育特长的学生进行的训练过程。当前高校运动队训练主要表现为高水平运动队训练和阳光组代表队训练，以及有组织的学院代表队训练。

5. 学校基层赛或院系班级体育联赛

院系、年级、班级体育比赛是一种有效促进学校体育发展的手段。学校依据校园特色和学生兴趣，选择运动基础好的运动项目形成传统的校园联赛。它不仅能提高学生参与锻炼的积极性，对体育教学和课外活动是一种很好的促进和检验，同时能加强学生凝聚力，培养学生集体主义精神和团队荣誉感。

二、 课外活动的管理手段

1. 建立课外体育活动管理网络，提高管理效能

课外体育活动参与的人员多、工作量大，需要建立一个有校领导及有关部门人员共同参与管理的课外活动管理网络，以加强课外活动的管理效能。目前，大多数高校体育活动管理多根据学校的情况，由负责体育工作或学生管理工作的副校长主管，由学工、团委、宣传、保卫、学院等相关部门组成的体育运动委员会负责，由体育学院或部门具体组织实施开展工作的课外体育活动管理体系。

2. 确立课外活动管理制度

根据课外活动的目的任务和管理评价的需要，建立一系列课外活动管理制度，如“课外体育活动辅导制度”“国家体质健康标准测试实施制度”“运动竞赛制度”等。通过这些制度的贯彻实施去激发学生积极参加课外锻炼。

3. 实施课外体育活动质量评价

根据课外活动的管理目标，依据课外活动管理制度规定对活动的过程和结果进行检查和考评，如通过对参加课外活动的人数、活动情况、活动取得成绩、运动技能水平、效果进行记录统计反馈评价，借以对活动进行调控。同时，在活动过程中加强对活动的宣传工作，力争优质高效地开展课外活动的同时加大课外活动的影响力度。

4. 发挥体育工作表彰的激励效应

每年根据综合性评价的结果，进行全校阳光体育工作优秀评选，并给予表彰、奖励以强化学生积极参加锻炼的激励效应。如对在“国家体质健康标准测试”活动中表现优异者，或在体育比赛中取得好成绩的个人进行表彰、奖励；把学生的体育课成绩及参加各项体育活动总体情况与评比“三好学生”、优秀干部，评定奖学金及毕业分配等挂钩；评选“活动组织优秀奖”，对组织活动有新意、效果好的组织给予奖励。

5. 改善活动条件，促进活动开展

在开展课外体育活动中，器材的不足和场地条件的限制是阻碍课外体育活动广泛开展的一个主要因素。日本的一个学者做过一个实验，他仅增加了跳远沙坑的数量，而没有增加课时数或进行另外的辅导，一段时间以后，学生的跳远成绩却提高了。这是改善活动条件以后，满足了更多学生参加活动的需求所产生的积极效应。

教学相长

着眼全局，统筹安排，突出特色：校园课外活动的开展计划及活动内容和组织形式是课外活动的具体呈现，是校园体育文化的主要载体。学校体育组织者或学校体育的最高管理者应做好统筹安排，全盘考虑体育教学、体育竞赛、群体活动、体育评价等相关因素，结合学校特色特长活动赛事、当前师生关注体育活动热点等内容制定契合学校实际的校园体育文化内容，以及以提升学生兴趣、紧扣时代热潮、沿袭体育传承、打造特色校园体育氛围为主线的校园课外体育活动计划，进而全面推进校园体育文化发展。

教学思考

【在线习题】

(1) 如何理解开展课外活动的意义？

(2) 结合学校课外活动现状，思考如何加强课外活动的组织管理评价方法。

(3) 结合学校课外活动发展现状及自身参与学校课外活动情况，制订一份自身参与课外活动发展计划。

(4) 结合当前时代背景，分析当前国家关于开展课外活动的相关指导文件的主要目的及社会原因，自身如何践行文件精神？

15

第十五章

校园体育竞赛的组织与开展

教学目标

（1）价值塑造：以体育人是校园体育竞赛的宗旨，通过本课程“校园体育竞赛的组织与开展”的理论学习，结合具体实践，唤醒大学生主动承载和发扬积极的校园体育特色文化精神，用身体力行的实践体验达成立德树人的育人成效，在不断的继承中创新发展校园体育竞赛活动，为塑造新时代人才的创造性品格提供独特的教育环境。

（2）能力培养：通过本课程的学习，学生将了解组织和开展校园体育竞赛的基本步骤，激发学生参加校园体育竞赛的兴趣和信心；同时，结合参与不同运动项目和不同层次的校园体育竞赛活动的实践，大力提升学生的活动组织能力、运动参与意识、身心健康素质和社会适应能力。

（3）知识传授：通过本课程的学习，学生将深刻领会开展校园体育竞赛的意义，全面认识校园体育竞赛在目标、形式与动力等方面的独特性，系统了解组织开展校园体育竞赛的具体流程与注意事项，进而为弘扬积极的校园体育精神、创建优质的校园体育文化提供思想引导和方法支持，夯实大学生组织和开展校园体育竞赛的认知基础。

第一节 开展校园体育竞赛的意义

2022 年 10 月 16 日，习近平总书记在《高举中国特色社会主义伟大旗帜 为全面建设社会主义现代化国家而团结奋斗——在中国共产党第二十次全国代表大会上的报告》中，对 2035 年我国发展的总体目标的论述中指出，“建成教育强国、科技强国、人才强国、文化强国、体育强国、健康中国，国家文化软实力显著增强”，同时将“人民精神文化生活更加丰富，中华民族凝聚力和中华文化影响力不断增强”列入在未来5年的主要目标任务。在“实施科教兴国战略，强化现代化建设人才支撑”的论述中，进一步指出“全面贯彻党的教育方针，落实立德树人根本任务，培养德智体美劳全面发展的社会主义建设者和接班人”。在“推进文化自信自强，铸就社会主义文化新辉煌”的论述中指出，“广泛开展全民健身活动，加强青少年体育工作，促进群众体育和竞技体育全面发展，加快建设体育强国”。

“建设教育强国，龙头是高等教育”，高校作为高等教育的主体，在“强国战略”的实施中具有重要的地位，承载着以立德树人为根本任务，以为党育人、为国育才为根本目标，服务中华民族伟大复兴的重要使命。体育不仅能增强体质、增进健康、丰富大学生精神文化生活，更能为大学生的全面发展注入强大动能，以体育之光塑造体魄强壮、自信开放、品格完善、信念坚定的强国一代。校园体育竞赛作为大学校园体育的重要抓手，是大学校园体育育人成果的核心展示平台，更是展现大学办学理念和办学成果的关键窗口，体育精神承载着一所大学的历史和文化积淀。在新的时代背景下，开展校园体育竞赛具有承载文化、立德树人和驱动创新的积极意义。

一、 承载文化是开展校园体育竞赛的重要功能

校园体育竞赛活动既是大学校园文化的重要载体，又是大学校园文化的重要传播渠道，丰富多样的校园体育竞赛活动能有效推动校园体育文化的蓬勃发展。一场体育赛事的筹备、宣传与举办，不仅是一次赛事活动的组织过程，更是一个营造体育氛围、传递体育精神的重要载体。在此过程中，举办单位精心策划，通过各种形式宣传比赛项目，让师生深入了解体育赛事的魅力和意义，从而树立起正确的体育价值观念，增强其在体育运动上的自觉性和主动性。体育竞赛充满了激烈的竞争氛围，尤其是以班级为单位开展的校园体育竞赛，能够充分唤起班级之间的竞争意识和学生的集体荣誉感。在比赛中，班级内的同学们团结一心，在集体荣誉感的推动下为共同的目标而努力拼搏，使团队中的个人更加相信团队的力量，而体育竞赛的激烈对抗性也锻炼着每一位参与者的拼搏精神和抗压能力。

体育竞赛在高校校园文化建设中扮演着重要角色，具有承载校园文化的重要功能，可以从校园文化的物质、精神以及制度三个层面来理解。从校园文化的物质层面来看，为了确保竞赛活动的顺利进行，学校需要加强对体育场馆和器材的建设与更新，为学生提供更全面的运动设施，能够提高学生参与体育赛事的积极性。竞赛活动也促进了体育文化的传播，通过宣传栏、报刊等载体宣传，增强了学生对体育赛事的了解和兴趣。从校园文化的精神层面来看，体育竞赛所蕴含的体育观念和导向机制，潜移默化地影响着学生的行为习惯和思想品质，追求卓越、永不言弃的体育精神也能够借此深入人心。学生通过观看和参与体育竞赛，不仅会体验到胜利的喜悦和失利的不甘，更能感受到体育赛事的竞争性和观赏性，从而激发参与体育运动的热情。在参与赛事的过程中，为取得更佳的运动成绩，需要集体的共同参与和协作，也有助于培养团队精神和归属感。从制度层面来看，学校的各种体育活动是在规章制度下运转的，在实践中也约束着学生和教师的行为。通过举办校园体育竞赛活动，学校能够发现自身在相关制度上存在的不足，并据此进行改进和完善，有助于学校积累举办大型竞赛活动的经验和提高校园体育管理水平。由此可见，校园体育竞赛以其充分的感召力和强烈的感染力，赋予了校园文化鲜明的个性，承载了传播校园文化的功能。

二、 立德树人是开展校园体育竞赛的核心目标

培养什么人是教育的首要问题。党的十八大首次在中央重要文件中把“立德树人”明确为我国教育根本任务。党的十九大也要求落实“立德树人”根本任务，培养德智体美劳全面发展的社会主义建设者和接班人。2018 年，习近平总书记在全国教育大会上再次强调：把“立德树人”融入思想道德教育、文化知识教育、社会实践教育各环节。学校体育作为我国教育体系的重要组成部分，在落实“立德树人”根本任务上具有不可替代的作用。开展校园体育竞赛是学校体育在“立德树人”根本任务中发挥重要作用的主要手段之一，体育竞赛能营造出真实的德育情境，学生在体育竞赛的实践经历中深化认知、规范行为、增进健康和健全人格。校园体育竞赛也需要以“立德树人”为核心，才能有效消解竞赛中的异化现象，保障校园体育竞赛的健康发展。以“立德树人”为核心的校园体育竞赛，需构建一套与社会主义核心价值观相契合的运动规范体系，营造激烈竞争与和谐包容相统一的互鉴共荣的竞技环境，弘扬相互尊重、诚信友善、自信自强、团结协作、顽强拼搏、共同进步等竞技体育精神，拓展校园体育竞赛在促进德育与体育并举、育体与育人协同方面的独特育人渠道，丰富高校教育文化内涵。

三、 驱动创新是开展校园体育竞赛的价值追求

校园体育竞赛以广大学生为服务对象，旨在促进大学生全面发展。为此，竞赛活动须不断适应时代发展、勇于创新，以保持其吸引力，扩大关注度和参与度。对于校园体育竞赛而言，创新不仅能够提升竞赛的吸引力和影响力，更有利于校园文化的繁荣和学生综合素质的全面提升。传统的校园体育竞赛往往局限于固定的项目和模式，缺乏新意和变化，随着时代发展和学生兴趣的多样化，单一的竞赛形式已经难以满足所有学生的需求。因此，通过竞赛内容、组织、规则等方面的创新，可以引入更多如趣味运动会等新颖有趣的竞赛项目，激发学生的参与热情；还可以在竞赛中融入文化教育元素，如举办主题体育节、体育知识竞赛等，让学生在参与竞赛活动的过程中，不仅能够享受竞赛本身乐趣，还能增长知识、开阔视野。创新驱动校园体育竞赛的开展，还有助于提升竞赛的管理水平和观赏性。创新意味着不断地探索和尝试，通过引入先进的竞赛技术和管理经验，提升竞赛的组织管理水平。在创新驱动的价值追求下，利用现代科技手段，如高清摄像、网络直播、智慧平台等，提高竞赛的观赏性和覆盖面，让更多的师生能够欣赏校园比赛的魅力，也便于竞赛活动的统筹管理，提升校园体育竞赛的知名度和影响力。创新驱动的价值追求还可以体现在校园体育竞赛的理念更新上。传统体育竞赛强调竞技性和比赛成绩，在校园环境中，“锦标主义”的思想往往导致学生因为担心失败而不敢参与，从而制约了校园体育竞赛的发展。在创新理念的驱动下，竞赛活动的组织单位重新审视校园体育竞赛的目的和价值，将竞赛目标从强调竞技成绩转变为促进身心健康、培养团队精神、提升综合素质，在吸引更多学生积极参与的同时，使校园体育竞赛更加符合素质教育的本质要求。

第二节 校园体育竞赛的特点与发展趋势

一、 校园体育竞赛的特点

（一）校园体育竞赛的目标

目标是对活动预期结果的主观设想，是在头脑中形成的一种主观意识形态，也是活动的预期目的，为活动指明方向，具有维系组织各个方面关系构成系统组织方向核心的作用。目标的作用具体表现在以下四个方面：指明方向、激励作用、凝聚作用、决策标准和考核依据。明确的校园体育竞赛目标对开展校园体育竞赛活动的规划、完善校园体育竞赛活动的组织、健全校园体育竞赛活动的制度、倡导积极的校园体育竞赛文化等都具有积极意义，同时能有效抵制和消解体育竞赛中的“锦标主义”、过度竞争等异化现象。因此，在校园体育竞赛工作中，首先要在“享受乐趣、增强体质、健全人格、锤炼意志”的方针指导下，确定总体目标。其次根据校园体育不同层面的要求，确定各层面的分目标，构建完整的校园体育竞赛工作目标体系，以利于推动具体工作的实施。最后要根据校园体育竞赛的发展趋势和实际情况，制定阶段性发展目标，以推动校园体育竞赛工作的有序开展和长远发展。

（二）校园体育竞赛的形式

根据组织部门、参赛主体和竞赛目的的不同，校园体育竞赛通常分为院系代表队、个人赛、选拔赛和交流赛四种形式。大学生校园体育竞赛中，一般学校官方年度群体竞赛计划中设置的竞赛项目，都是由学校体育部门主导，以院系代表队为参赛主体，以丰富校园文化、彰显教育理念、赋能竞技育人为目的，具有参与面广、规范性强、竞技水平较高、竞争激烈、影响力大等特点，是最能发挥参赛主体凝聚力和荣誉感的竞赛形式，因而备受各方重视和学生广泛关注，有助于激发院系基层组织的主动性，带动基层开展业余体育活动，发挥群体活动的龙头作用。然而，院系代表队对参赛人员竞技水平要求较高，大部分普通学生难以入围。为扩大校园体育竞赛参与面，个人赛形式应运而生。个人赛项目设置灵活多样，参与面最广，具有独特个性和创造性。在校园体育竞赛的实践中，个人赛往往由学校体育部门倡导，由学工部门、体育部门、学生社团等组织参与主办或承办，结合体育教学项目、体质健康标准测试项目、职业体能创新项目、体育社团推广项目等，以学生个体（含个体组合）为单位参赛，旨在检验学生日常体育锻炼效果，促进学生养成坚持锻炼的习惯，引导学生树立终身体育意识。随着校园体育竞赛的蓬勃发展，选拔赛为具有一定体育特长的普通大学生或运动爱好者提供了参与更高水平运动赛事的平台。选拔赛就是学校各项目运动代表队或者校内各院系组织代表队为选拔合适人员举办的竞赛性活动。因校园的特殊环境和运动员的学生身份，代表队学生运动员要兼顾学习和训练的双重任务。强烈的荣誉感是普通组运动员参加训练的核心动机，以赛代练、以学促训，发挥大学生的认知优势是选拔性竞赛的重要特征。此外，校园体育竞赛参与主体的多元化反映了校园体育竞赛功能的多样化，除了竞技功能、教育功能外，社交功能也不容忽视。师生之间、年级之间、班级之间、宿舍之间、团队之间等不同群体往往通过组织多种形式的交流赛活动，以运动为桥梁，建立联系、交流情感、巩固友谊、凝聚团队。当前，各种研究团队之间交流性竞赛的活跃开展，更是一个侧面体现了大学学科融合的交流意识和交叉创新的旺盛活力。

（三）校园体育竞赛的动力

校园体育竞赛以育人为核心，其参与者身份主要为校内教师和学生，其中大部分对象是针对学生参与者。大学生参与校园体育竞赛活动的动力分为外显动力和内隐动力两种：外显动力主要是兴趣爱好驱动，内隐动力则需要通过有效教育过程进行转化才能发挥其重要作用。外显动力通过育人与成才的放大效应，拉动内隐动力的转化；内隐动力通过加快教育转化过程，夯实外显动力。两者相互支撑和积极互促就能形成发展校园体育竞赛的强劲动力循环，推动校园体育竞赛良性发展。

1. 外显动力

兴趣爱好是驱动个体参与运动的情感基石和原始动力，为产生参赛意愿和满足竞赛体验需求奠定基础。兴趣爱好的产生源于过往的运动经历和成长需求。一般来说，中国大学校园的体育爱好者有以下几种情况：

第一种情况是，在入学前已经接触过的一些大众类的项目，如篮球、排球、足球、羽毛球、乒乓球、游泳、田径等。这些项目在基础教育阶段普及率较高，社会性体育培训推广面较大，学生在这些项目中拥有一定的学习经历并具有一定的水平，产生了参与竞技的需求，渴望有一个平台能够展示并进一步提升自身运动技能。

第二种情况是，通过各种媒体渠道了解或观赏的体育项目，虽未曾进行过实际体验，但已激发起浓厚的兴趣，希望有机会接受指导，尝试学习，并掌握技术，以便有机会成为竞赛的参与者。一般这些项目在基础教育阶段接触较少，但也出现在大学体育教材体系之中，如网球、飞盘、体育舞蹈、瑜伽、太极、手球、棒垒球、橄榄球等。

第三种情况是，涉及的项目比较小众或者开展的成本高，有些属于极限运动范畴，如帆船、高尔夫、马术、射箭、击剑、滑板等。这类项目的爱好者往往零基础、零接触情况比较多，得益于其时尚性、新颖性、独特性等特点，容易对学生产生吸引力，激发兴趣。满足学生兴趣爱好的竞赛需求，是推动校园体育竞赛活动发展的直接动力。基层的各种班级赛、年级赛、体育社团会员杯等交流赛活动，可以提升小众项目的参与度，扩大普及项目的影响力，提高时尚项目的关注度，进而促进竞技水平的提升，为更大规模的校园竞赛蓄力。

2. 内隐动力

体育教育应致力于提供给运动学习者积极、正向的学习体验，满足其多元化的发展需求。通过培养学习者正确的运动观，建立积极的运动认知，从而激活学习者内隐的运动需求，转变为积极的运动行动者。大学校园内积极的运动爱好者往往会投入较多的课余时间和精力，参与体育训练和竞赛活动，并取得一定的运动成就。但大多数的学生以健康为目的，有限度地参与健身运动，对于较高竞技水平的校园运动竞赛参与机会极少，而极低的运动竞赛参与意愿也可能影响参与日常健身活动的持久度。因而，创办以增进健康、增强体质、愉悦身心、锤炼意志为目标的校园体育竞赛活动，将更为广大的普通学生纳入进来，通过办赛强化运动技能学习、完善运动健康认知、促进运动健康习惯养成、增进运动健康的情感体验。以武汉理工大学为例，针对普通学生的全校规模运动健康达人赛、体育类舞蹈大赛、太极拳比赛、校园健身跑比赛等，以及基层班级或社团举办的运动技能技巧大赛，结合学生日常健身活动和体质健康锻炼的需求，多层次、全方位地面向每一名普通学生，提供适宜的运动竞赛的参与机会，将内隐的参赛动力转换成为外显动力。因此，从校园运动竞赛的顶层设计开始，需建立能够充分激发校园运动竞赛内隐动力的转换机制，才能充分释放校园运动竞赛的文化活力和精神魅力。

3. 外显动力与内隐动力的互动

外显动力与内隐动力是校园运动竞赛动力机制的一体两面，体育教学与社团体育是校园体育动力机制的一体两翼。体育教学通过完善的课程设置从基础和提升两个方面，对学生从健全体格、提高体能、学习技能、完善认知、理解文化等环节，全面开展体育素养教育，并通过课堂教学和课外延伸的过程性评价方式达成教学目标。不仅能加强以兴趣爱好为特征的外显动力的带动效益，更能有效提升以参与意愿为特征的内隐动力的动机水平，加快内隐动力的转换与融合效率。社团体育则是在更为广阔的时间和空间范围内，用更为多样化的体育项目和丰富多彩的社团体育活动，延续体育教学的效果，使外显动力作用和内隐动力的转换更持久。总之，高质量的体育教学和社团体育共同推动着外显动力的驱动效应和内隐动力的转化效应，持续地为校园运动竞赛提供的动力源泉，确保校园运动竞赛高质量地向前发展。

二、 校园体育竞赛的发展趋势

随着“五育并举、健康第一”理念的深入贯彻和“阳光体育”活动的持续推进，校园体育竞赛从规模上和质量上又有了长足的发展。在数字化赋能高等院校高质量发展的背景下，校园体育竞赛的发展趋势表现在以下几个方面：一是以数字化体育平台为枢纽，全面呈现校园体育竞赛开展进程与成果；二是以校园体育重大文化活动为主线，多参赛主体并举，打造学生群体竞赛体系，以及体育生活化的教职工群体活动体系；三是创造性地开展主题鲜明的校园体育竞赛品牌活动，形成了良好的校园体育文化和健身氛围；四是校高水平运动队和阳光组代表队受到学校领导同等重视，同步推进，参加全国和省级规模校级比赛，在运动赛场展现了校园学子的青春风貌。

第三节 校园体育竞赛的组织

一、 校园体育竞赛的组织机构

校园体育竞赛的形式多样、主体多元，已经成为校园文化的重要组成部分，发挥重大的校园文化影响力。因此，必须将它纳入制度化的体系进行规划。大学体育运动委员会或体育竞赛委员会是大学校园体育的组织管理机构，对所有校级规模的年度赛事进行规划，并制定校园体育竞赛活动管理办法，对校园体育竞赛的责权利进行规范，指导校园体育竞赛高效、健康地运行。为充分调动各院系的积极性，所有校级体育竞赛的赛事都将以积分的方式计入群体活动综合积分，纳入院系年度工作绩效评价。这一机制为校园体育竞赛的推动奠定了制度基础。

二、校园体育竞赛的组织程序

体育项目比赛要依据一定的程序来执行和落实。具体的组织程序为：成立组委会—建立组织机构—制定竞赛规程—召开报名会—编排秩序册—准备场地器材—裁判员报到—运动员报到—召开组委会（领队）会议和裁判长与教练员联系会议—裁判员培训与实习—运动员适应比赛场地—开幕式—按日程进行比赛—比赛结束后举行闭幕式—离会。

三、校园体育竞赛的竞赛规程

每一项赛事要设立该项目的竞赛组织委员会（简称“组委会”），由组委会制定竞赛规程。体育竞赛规程是为组织和参与运动竞赛者制定的各种政策条文的总称，是所有组织者和参加者必须共同遵守的制度和章程，是组织运动竞赛的依据，具有高度的权威性和指导性。体育竞赛规程是运动竞赛得以顺利进行的重要保证，是竞赛的组织者、裁判员、工作人员和运动员必须共同遵守的准则，是由组委会根据竞赛计划制定的具体实施某一项（届）赛会的政策与规定。具体来说，就是竞赛的方案或策划书。竞赛规程必须以文字形式定稿成文，并且要求内容翔实、文字确切、条款清楚、措辞严谨。

竞赛规程的内容主要包括：竞赛的名称、目的、任务、时间、地点、举办单位或承办单位、协办单位、竞赛的项目、组别、参加方法、竞赛办法、竞赛规则、录取名次与奖励、报名和报到、食宿安排、消防与安全知识及逃生路线示意图、裁判员与仲裁委员会、注意事项或未尽事宜，以及本规程解释权、修改权的归属单位等。常用的比赛相关的内容详细说明如下：

1. 竞赛名称

根据总任务确定比赛名称。名称要显示是什么性质的比赛，哪一年（或第几届）的比赛。运动会的名称一般用全称。例如，第一届全国学生（青年）运动会、武汉理工大学第二十届运动会、武汉理工大学 2023 年“理工杯”篮球比赛等。在赛会期间的文件、会标、宣传材料等方面，名称要统一。

2. 目的任务

根据举行本次竞赛活动的总要求，简要说明此次竞赛的目的和任务。例如，进一步贯彻落实全民健身计划，增强学生整体素质；普及体育运动，增强人民体质；提高某项运动水平；选拔组织某项运动代表队，准备参加高一级的比赛；总结交流教学训练工作经验，增进团结和友谊等。

3. 竞赛时间、地点和举办单位

竞赛时间应写清预赛、决赛开始和结束的年、月、日，举行比赛的地点和举办竞赛的单位（包括主办和承办单位以及协办单位）。

4. 竞赛项目和组别

说明举办比赛所设置的竞赛项目及组别（一般指综合性运动会和田径运动会），单项比赛的规程写明各组别的各个竞赛小项目。

5. 参加单位和各单位参加的人数

按有关规定的顺序写明参加比赛的每个单位，以及各单位男女运动员参加人数，领队、教练员和其他工作人员人数，每名运动员可参加的项目数，每项限报人数，参赛的其他有关规定。

6. 运动员资格

运动员资格是指参赛运动员的条件标准，包括运动员年龄、健康状况、代表资格、运动等级、运动成绩、达标规定等。

7. 竞赛办法

（1）确定比赛所采取的竞赛方法，如淘汰法、循环法、混合法及其他特殊的方法。比赛是否分阶段进行，各阶段采用的竞赛方法是否相同，各阶段比赛的成绩如何计算和衔接等。

（2）具体的编排原则和方法。

（3）确定名次及计分办法。

（4）对运动员（队）违反规定的处罚方法。

（5）规定比赛使用的器材（如比赛用球的品牌等），运动员比赛服装、号码等。

8. 竞赛规则

提出竞赛采用的规则。

9. 录取名次与奖励

（1）规定竞赛录取的名次，奖励优胜者的名次及办法。例如，对优胜者（队）分别给予奖杯、奖旗、奖状、奖章及奖金等。

（2）设置体育道德风尚奖或破纪录奖的奖励办法等。

（3）设置技术奖时，规定技术奖励的内容和评选方法等。

10. 报名办法

规定各单位运动员（队）报名的人数、时间和截止报名的日期，书面报名的格式和投寄的地点，并应注明以寄出或寄到的邮戳日期为准，以及违反报名规定的处理办法。

11. 抽签日期和地点

凡属需要抽签进行定位和分组的竞赛项目，应在规程中规定抽签的日期、地点和办法。

12. 其他事项

（1）有关未尽事宜的补充，如经费、交通、住宿条件等。

（2）注明规程解释权归属单位。一般应归属主办单位的有关部门。

四、 校园体育竞赛秩序册的编排

在发放竞赛规程和竞赛通知后的一定时间内，回收比赛报名表，集中相关比赛材料编排秩序册。不同项目的编排有不同的特点和具体要求，但基本包括以下工作内容：

1. 审查报名表

按照竞赛规程规定的参加办法，对各单位的报名表进行审查。如发现超人、超项等问题，应立即与当事单位联系，及时解决。

2. 编排运动员姓名、号码对照表

号码顺序既可以按照各队报名先后的顺序排定，也可以按组委会规定的顺序排定。

3. 统计各项目参赛人数

为了掌握情况，为分组和编排工作做好准备，需要统计各项目参加比赛的人数，然后填入“各项参加比赛人数统计表”及运动员兼项统计表。

4. 编排竞赛日程

不同项目在竞赛日程的编排上有不同的要求。例如，田径、游泳等比赛要估算各项比赛所需要的时间、各赛次之间最短休息时间、兼项的规律、项目之间相互影响的因素等；此外还需要编排分组表；球类比赛需要根据赛制，确定比赛轮次和场数；武术、体操等表现类项目要确定运动员出场顺序。

5. 编印秩序册

田径运动会的秩序册一般包括下列内容：开幕式、闭幕式程序，大会主席团、筹备委员会、工作人员、仲裁委员会、裁判员、各代表队名单，各代表队运动员、工作人员人数统计表，田径运动最高纪录，竞赛场地平面图等。

五、 校园体育竞赛的注意事项

（一）赛场文化建设

校园体育竞赛因其特殊的校园环境属性，参赛队伍的表现具有强烈的代表性和象征意义。一方面，参赛者具有强烈的归属感和荣誉感，无论胜败都能获得所属集体的强烈支持和关爱。但另一方面，无论是参赛者还是观赛者，因其共同的归属感，在赛场产生荣辱与共的感情，在激情状态下，也容易产生一些不文明和破坏性行为，这些行为一旦没有及时遏制和纠正，往往会持续扩散和传递，伤害校园体育竞赛的育人功能。因此，加强积极向上、文明互动的赛场文化建设也是校园体育竞赛育人环境建设的重要内容。赛场上，除了强调积极拼搏、勇敢顽强的精神，更要弘扬尊重裁判、尊重对手的竞技精神，要学会从竞技过程的体验中，审视自身能力，发现自身的不足，通过竞技体验来不断追求自我完善，确立胜不骄败不馁的胜负观。而要做到这一点，全面的赛场文化建设需要注重建立领队制度、推动创建文明啦啦队、展示赛场文明加油观赛宣传语、布设校园文化标识和校训文字的赛场展示板、表彰赛场文明团队和个人、通过趣味赛场知识互动普及规则知识、规范参赛行为并做好球队服务、增设赛场志愿服务岗位、合理布局赛场观赛环境等，采取有效措施，发动竞赛各参与主体齐心协力，用丰富的赛场文化手段建设文明赛场。

（二）安全保障措施

要在竞赛通知、竞赛规程、竞赛联席会、竞赛过程各环节的各个要素上，强调竞赛中的一些安全要求和提醒。例如，一些身体接触激烈的比赛项目需要穿着规则要求的运动服装和

运动鞋，不得佩戴危险饰物。各院系在组队参赛时，要进行安全教育，制订安全措施，赛前做好准备活动。组委会要制定医疗保障措施，并落实岗位和人员，必要时院系要组织医疗小组，制定救治措施并准备适量外用药品。各院系代表队选拔时，要确定队员的健康状况，了解队员平时的生活习惯。凡有较严重病史、参赛前一周内患病或通宵熬夜的学生都不宜参加较剧烈的运动和比赛。在赛前训练中，合理评估参赛队员的能力，排除不合理的参赛行为和潜在安全风险等。

教学相长

（1）传承文化，以体育人：课程承载价值，校园体育竞赛以传承文化为己任，以全面育人为目标。教师对体育项目及其文化内涵的讲授，要做到激励学生对文化传承和体育的兴趣，引导帮助学生深入了解文化。学生通过积极主动参与体育竞赛活动，体验体育文化的内涵和价值，培养团结合作、勇于挑战、尊重规则、自立自强的体育精神。师生在传承文化、以体育人的过程中发挥积极作用，促进学生的全面发展和文化传承。

（2）团结务实，统筹兼顾：校园体育竞赛的组织和开展，是大学校园中最为广泛的实践性活动，应学会运用案例分析、实践演练、合作学习等新颖学习方式。在这一过程中，教师指导学生搭建组织团队、凝聚力量、全面考量、整体优化，在团结务实的氛围中携手共进，有条不紊地完成竞赛组织任务。

（3）实干创新，精益求精：校园体育竞赛常办常新，创新求精是不断发展和完善校园体育竞赛的动力。教师在多年办赛的过程中积累了丰富的办赛经验，学生在参赛和观赛的体验中不断产生新的想法和需求。师生在课程学习中相互结合、取长补短，丰富办赛实践中的创新要素，有利于学生将课程学习获得的能力与具体实践有效地结合起来，培养学生实干创新、精益求精的实践品格。

教学思考

【在线习题】

（1）开展校园体育竞赛的意义有哪些？

（2）校园体育竞赛有哪些特点？

（3）如何理解赛场文化？你对赛场文化的建设有何建议？

第十六章 ▸▸▸ 大学体育文化

16

教学目标

（1）价值塑造：通过对体育文化属性与含义的学习，学生应理解体育文化的含义与基本特征，学会从文化的角度看体育，认识体育文化对人的塑造意义；通过对体育文化发展历程的学习，学生应掌握传统体育文化发展的历程及现状，了解奥林匹克体育文化与传播、我国民族体育的世界走向，拓展学生素质教育途径，提升学生综合素质。

（2）能力培养：通过对大学体育文化知识的学习，学生应了解大学体育文化的表达方式及传承特征，这是大学素质教育的重要符号，有助于提高学校体育的价值，同时提高学生体育文化的素养，丰富学校文化的氛围，凝聚学校力量，为学生实现终身体育目标奠定基础。

（3）知识传授：通过本课程的学习，学生应掌握大学体育文化的起源、发展及蕴藏的文化内涵，学校体育文化建设的系统结构，我国大学体育文化的核心理念，大学运动会、单项体育协会、体育文化节、体育文化品牌等组织形式。

第一节 大学体育文化的溯源

一、 文化的含义

《辞海》对“文化”的解释分为广义和狭义。广义的文化是指人类社会实践过程中所获得的物质、精神的生产能力和创造的物质、精神财富的总和。狭义的文化指精神生产能力和精神产品，包括一切社会意识形态：自然科学、技术科学、社会意识形态。有时又专指教育、科学、文学、艺术、卫生、体育等方面的知识与设施。文化具有传承性、多样性、综合性、动态性、独创性的基本特征。在文化大繁荣、大发展的今天,社会各个领域都在探讨和寻求自身文化建设。从民族文化到企业文化,从传统文化到与世界接轨的交融文化,从国家文化的塑造到个人自身文化修养的提高,文化建设已经成为每个人无时无刻关注的焦点。

二、 体育文化的含义

体育是人类社会发展中,根据生产和生活的需要,遵循人体身心的发展规律,以身体练习为基本手段,为增强体质、提高运动技术水平、进行思想品德教育、丰富社会文化生活而进行的有目的、有意识、有组织的社会活动,是伴随人类社会的发展而逐步建立和发展起来的一个专门的科学领域。

学者们认为,体育文化是有关体育运动的物质文明和精神文明的总和,即一定社会中的人们通过长期的体育实践所创造物质财富和精神财富的总和,又可指体育运动某一方面的文明因素。体育文化的主体是人类,是人类特有的社会文化现象和文明的成果,泛指人类在体育历史发展过程中所创造的物质和精神财富的总和。体育文化是在增进健康、提高人们生活质量的过程中创造和形成的一切物质和精神的财富,包括与之相适应的社会组织及规范体育活动的各种思想、制度、伦理道德、审美观念,还包括为达成目标的各种改革举措及相应的成果。

1. 广义的体育文化

体育文化的主体是人类,是人类特有的社会文化现象和文明的成果,泛指人类在体育历史发展过程中所创造的物质和精神财富的总和。《体育名词术语》中给体育文化下的定义是:体育文化是广义文化的一个组成部分,它是各种利用身体练习(活动)来提高人的生物学和精神潜力的范畴、规律、制度和物质设施的总和。

2. 狭义的体育文化

把体育文化限定在体育精神现象或与体育活动相关的社会意识形态,以及与之相应的制度和组织机构等范畴之内,也称"狭义体育文化"。狭义体育文化概念把体育文化领域外延限定在精神领域,认为体育文化就是在以身体活动为基本形式,以身体竞争为特殊手段,在以身体完善为主要目标的体育活动过程中有关人的精神生活的若干方面。

3. 体育文化的起源

有关体育文化的产生和发展有很多说法,但比较集中的有劳动起源论、军事起源论、游戏起源论、宗教起源论、教育起源论等学说。

(1) 劳动起源论——从总体上说,人类的文化是通过人类自己的双手和大脑的思维创造出来的。早期人类在求生存中学会了奔跑、跳跃等技能,并在追捕猎物等活动中,发展了速度、耐力、力量、灵敏等各种身体素质。这个时候的体育鲜明地体现在以生存为直接目的,进行着各种能力的训练。

(2) 军事起源论——这是个人之间为争夺狩猎得来的猎物而产生的冲突,到后来发展到部落之间的武装冲突。各部落为了提高自己的力量而进行了有组织的身体训练。其中还包括摔跤、飞镖、棍棒等技能学习。

(3) 游戏起源论——这是当原始人在获得丰富猎物后，特别是丰收之后，聚集在一起以游戏欢舞的方式庆贺，也表明了体育是在跑、跳、投等劳动形态中演化出来，并以欢唱和舞蹈表达内心喜悦情感的活动。

(4) 宗教起源论——原始社会后期，生产力水平低下，又受到四季和环境的困扰，原始人为求助自然恩施，祭祀天地而形成的原始宗教活动，并以体育形式进行求助祭拜。

(5) 教育起源论——生产劳动的发展以及在军事、游戏中演变出来的运动技能、技巧，以劳动教育的方式传授给后代，既发展了上述各种技能和身体素质，又逐步脱离了动物野性，向人性方向进化，形成了具有文化内涵的体育生活。

总之，体育文化是人类在改造自身的过程中，由动物本能改变成自觉行为人性时，是原始的野性、进攻性通过劳动和游戏、教育及合理的竞争方式，逐步形成了人类社会特有的文化现象。

4. 中国传统体育文化

我国古代体育活动同样是以生存为目的和祭祀娱乐为主要的起源形式，并逐渐形成了传承式的体育形态和文化，如石球、弓箭、走、跑、跳、投掷、攀登、爬越、游泳等大众喜闻乐见的体育活动。汉唐时期，我国古代体育活动达到鼎盛，人们参加体育活动的机会较多，有些体育运动花样多且具有娱乐性，至今仍受到我国大众的喜爱，如舞蹈、养生、棋类、剑术、蹴鞠、导引、百戏、武艺、秋千、投壶、舞龙、高跷、登高、赛马等。在唐代，女子体育活动的大量出现也丰富了我国传统体育文化。我国传统体育活动呈现出传统体育与传统伦理观念的互相结合和渗透的特征，表达了我国传统体育文化的最高标准和要求，并与东方哲理和伦理观完美结合。到了明清时期，体育活动形成以修身养性、健体悟道为代表的武术运动，并逐渐成为民族文化的重要表现形式之一。

鸦片战争之后，西方文化的强行输入使中国传统文化形式受到强烈冲击，体育观念发生巨大变化。西方体育思想在中国得到初步传播，体育作为一种强身和救亡手段开始受到社会各界的重视。体操、田径、游泳、足球、篮球、排球、乒乓球、网球等运动项目的相继传入，逐渐形成了现代体育运动的雏形。与此同时，以静为主、动静结合，以养为主、修身养性，以礼为主、道德先行，重内在修养、轻外部表现，追求健身实效、以健康长寿为主，重个人修养，对场地器械要求不高等传统体育观念受到前所未有的强烈冲击。经过不断努力，目前我国除了参加奥运会与亚运会外，还积极参加国际奥委会承认的各项体育赛事，包括世界大学生运动会、世界中学生运动会、伤残人奥运会及各单项运动赛事等，并且举办了夏季奥运会、冬季奥运会、亚运会、世界大学生运动会、世界军人运动会等世界一流赛事，为促进国际奥林匹克运动的发展作出了积极的贡献。

5. 大学体育文化

我国现代大学体育教育诞生于 19 世纪末，是伴随着西方侵略逐渐引入的。国外传教士建立教会、兴办学堂，在校园里积极开展各种体育活动而逐渐形成的体育形式。从严复倡导“德、智、体”三育思想开始，现代体育活动逐渐列入学校教育中。五四运动后，教育家张伯苓先生积极推动奥林匹克运动进入学校教育，我国学校体育文化逐渐剔除了兵操内容，将体操课改为体育课，并引进西方体育文化教育形式。随着时代的进步，中西文化的融合，体育文化建设逐渐成为学校文化建设的一部分。中华人民共和国成立后，学校体育受到了前所未有的重视，学校体育文化确立了以“发展体育运动，增强人民体质”为目标的理念，并为学校体育发展开辟了广阔前景。当代大学体育文化不仅是大学文化的重要组成部分，还是素质教育和思政教育推广的重要方式，它不仅传承着学校传统优秀文化的精髓，更是引领和创新现代体育文化的基地。大学体育文化是大学文化最直接的表达形式，也是创新、塑造和传承大学文化的有力载体。

大学体育文化是学校文化的重要组成部分，从《全民健身计划纲要》到《关于开展全国亿万学生阳光体育运动的通知》及《学校体育工作条例》的实施，给大学体育文化的开展带来深刻的影响，同时提出了更高的要求和标准。大学体育文化是以学生为主体，以体育文化活动为主要内容，以校园为主要空间，以大学文化精神为特征的一种群体文化。大学体育文化作为一种社会文化形式，在一定社会政治、经济、文化、教育等条件下，由学校广大师生在实践过程中共同创造的体育物质财富和体育精神财富的总和。

当代大学体育文化坚持中国特色的社会主义教育方向，既要发展中华民族传统的体育文化，也要融合国际体育文化。学校体育教育是面向生理、心理和社会适应全面发展的有力途径，也是学生心理健康教育、社会责任感培养、坚韧不拔、艰苦奋斗等意志品质培养的重要方式，更是发展学生个性，提高人文素养，培养健康人格，协调人际关系的重要途径。

第二节 大学体育文化的系统结构

一、大学体育文化的结构

体育学领域认为，体育文化是关于人类体育运动的物质、制度及精神文化的总和，主要包括体育行为、体育认识、体育价值、体育道德、体育理想、体育情感和体育制度等方面的内容。根据《学校体育工作条例》等文件的要求，大学体育文化是以校园为空间，以学生、教师为参与主体，以身体练习为手段，在体育教学、竞赛、娱乐过程中共同创造的精神财富和物质财富的总和。大学体育文化的系统结构如图 16.2.1 所示。

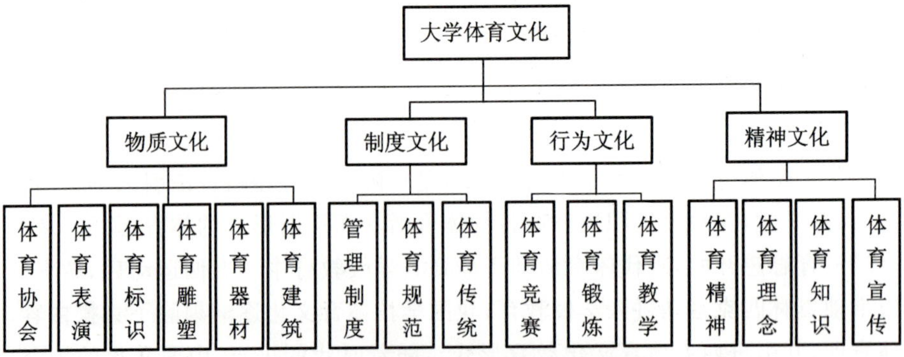

图 16.2.1　大学体育文化的系统结构

大学体育文化以独特、生动、规范、积极、活跃的形式，提高学生对学校的认同感和自豪感，推动学校文化的对外交流，是学校文化形式的重要内容和推广动力。总体来说，大学体育文化的内涵包括学校体育资源、学校体育制度、学校体育核心价值观等因素。

二、大学体育文化的内容

1. 大学体育精神文化的内容

大学体育精神文化是大学生在从事大学体育文化活动时体现出来的思维活动和共同的心理状态，是大学生在一定历史条件下，为谋求生存和发展，达到既定的教育目标而在长期的教与学、训练与竞赛、工作与生活等多方面实践中逐步形成和发展起来的，并为广大大学生所认同的一种群体意识。它包含体育精神、体育理念、体育知识、体育宣传等方面，一经形成，便成为大学内部的强大向心力，影响和规范着学生的思想与行为，塑造着他们的价值取向。作为大学文化的核心，体育精神文化不仅体现了大学教育的成果，更以其无形的精神氛围，对学生的成长产生潜在的、持久的影响，成为推动学生向上的精神动力。

2. 大学体育制度文化的内容

大学体育制度文化是学校各项体育规章制度组合而成的有机整体，是一种限制性的文化，以此来保证体育教学活动中的“教”和“学”可以做到有据可依。它包含体育制度、体育规范、体育传统等方面。大学体育制度，包括体育教学、课余体育活动、运动训练与竞赛、体育科研、体育社团、体育交流、体育师资等全方位制度、方法的确立。体育规范是处理人们在体育活动中各种社会关系的基本准则，它以特定的体育组织为载体，指导人们的体育行为。体育传统是学校在体育方面逐渐形成并带有普遍性、重复出现、相对稳定的蕴含学校文化精神、独具特色的体育文化形态，它具有教育、导向、规范和激励的作用。各个学校的类型、规模、办学条件、师生结构、地理环境等的差异决定了体育传统的创新和个性特征。建立健全的体育制度文化对于规范学生行为、塑造学生品质、保障体育活动的健康发展至关重要。

3. 大学体育行为文化的内容

建设大学体育行为文化，旨在为学生提供深入的体育实践体验，以彰显大学体育理念、体育精神和体育价值追求在体育教学、体育锻炼和体育竞赛中的动态展现。体育教学是教师有目的、有计划、有组织地引导学生积极自觉地学习体育知识、技术和技能，增强体质，增进健康，培养品德，塑造人格，发展能力，以促进学生全面发展的教育过程，深刻地影响着学生的心理和行为，是建设良好学风、教风的重要因素。体育竞赛为师生提供了展示自我、彰显个性、表演运动技能的舞台，成为大学校园内最活跃、最富活力的部分。通过竞赛，不仅能够有效挖掘和发挥学生在体力、智力和心理等方面的潜能，还能弘扬友爱、平等、尊重、包容、团结、拼搏和奉献等精神，体现对生活准则和道德规范的追求，升华为一种生活哲学。体育锻炼具有自发性和自觉性，能够有效培养大学生的体育健身意识，有助于他们养成良好的体育健身习惯。健康积极的大学体育行为文化有助于营造浓厚的体育文化氛围，对身处其中的学生产生迅速、有效且深刻的影响，在潜移默化中塑造学生的身心素质。

4. 大学体育物质文化的内容

大学体育物质文化建设作为开展体育活动及培育体育精神的基石，在校园内扮演着举足轻重的角色。诸如体育协会、体育表演、体育标识、体育雕塑、体育器材及体育建筑等，不仅是大学体育精神文化的具象展现，更是学生进行体育锻炼不可或缺的物质支撑和校园文化建设的先决条件。它们不仅具有实用价值，更承载着深厚的文化内涵，从原本没有生命和情感的客观存在转变为传递教育意义的隐形“教育者”。注重“硬件”与“软件”的融合，通过增添人文元素，丰富文化内涵，传承并创新体育文化，进而提升大学体育文化的品位与格调，实现以物育人的教育目标。以清华大学为例，校园内矗立的马约翰雕像，折射了清华大学育人的体育理念；北京大学第二体育馆和奥运体育馆的设计建设与校园整体建筑风格相得益彰，展现了北京大学独特的文化气息。这些物质设施与环境，既是大学内在精神的物化体现，也承载了学校丰富的文化内涵。

第三节 大学体育文化的特征与功能

一、大学体育文化的特征

1. 品牌性

大学体育文化品牌具有精神和物质的双重属性，它是精神文化与物质载体的融合产物，具有特色鲜明、高品质文化传承的大学体育文化品牌。美国著名的教育家科南特说过：“大学的荣誉，不在它的校舍和人数，而在于它一代又一代人的质量。”一支强大的队伍、一个名人、一种具有实力且影响深远的体育文化，对于一所学校而言就是一个醒目的品牌符号，它大大地提升了学校的竞争力。这也正是世界一流学府傲视群雄、流芳百世的原因之一。举例来说，美国全国大学体育协会（NCAA）历史上，加州大学洛杉矶分校（UCLA）因其在篮球领域的卓越表现而被誉为最成功的学校之一，11 次获得全美冠军，并孕育了多位篮球巨星，如贾巴尔、比尔沃顿等；杜克大学也通过其在篮球领域的出色表现，多次打入四强并夺冠，培养了众多 NBA 球星，从而大幅提升了其知名度。同样，中国的学校体育文化品牌也遵循这一规律，即没有强大的实力、杰出的战绩和独特的文化特色，就难以吸引外界关注，更难以建立起有影响力的品牌。近年来，华侨大学、北京理工大学等学校就凭借其卓越的体育文化成就，成功提升了学校的整体知名度。

2. 开放性

体育文化的发展得益于社会文明的进步，并反过来推动了社会文明的进一步演化。特别是在大学环境中，体育文化构成了一个开放且独特的系统，其承载的功能远非一般体育俱乐部或协会等组织所能比拟。该系统以体育运动为核心，通过系部、院校、学校与社会的多维互动，乃至校际国际交流，极大地拓宽了大学生的知识视野，并提升了学校的社会影响力。

同时，这一过程也加深了学生对社会的深入理解。借助网络媒体等多元化传播渠道，大学体育文化对群众体育、家庭体育乃至社会体育的内容、形式和氛围产生了直接或间接的影响，从而对提升全社会的文明素养起到了积极作用。此外，校际或国际的体育竞赛不仅锤炼了运动员的技术与运动能力，展现了他们的体育道德与风尚，更成为展示学校办学理念、综合实力以及精神文明建设成果的重要平台，对提升学校的社会形象和地位具有显著影响。大学体育文化无疑成为学校对外开放与展示的重要窗口。

3. 导向性

高等教育旨在全面培育学生的德、智、体各方面素养，致力于塑造有理想、有道德、有文化、守纪律，适应社会发展的高层次人才，这就决定了大学体育文化活动必须服从和服务于这个目标。基于这一目标，大学体育文化建设需紧密结合高等教育的育人要求，积极倡导科学、健康、文明且具有高品质的体育文化活动。引导学生从自身的特点出发，大胆地开展大学体育文化活动。同时，激励大学生在体育文化活动中不断提高人文素质修养，科学地进行体育健身，树立正确的人生观、道德观、体育观，弘扬爱国主义精神，使大学体育文化朝着健康、文明、正确的轨道发展。

4. 动态性

大学生是大学体育文化的主要参与者。他们生性活泼，难以长时间保持静态。校园的课堂教学多以静态形式进行，长时间固定的学习模式可能会让许多活跃的学生感到单调乏味。因此，体育文化活动往往成为大学生在学业之余的优选娱乐方式，这种方式不仅可以为学习生活增添色彩，还能帮助他们获取丰富的体育知识，提升综合素养。在繁重的学习之余，或是紧张的备考间隙，组织如小型足球赛、网球赛等活动，不仅可以调整学习节奏、平衡心态、培养情操，还能为大学生提供一个积极放松的途径。

5.娱乐性

娱乐性是大学体育文化的一个基本特征，主要源于大学体育有助于满足人们身心需求和情感需求。与那些需要高超技艺、深奥的体育理论和深厚的体育文化素养的体育活动不同，大学体育更倾向于提供一种普及的、自我娱乐的、休闲消遣并带有游戏性质的活动形式，涵盖了竞技、表演、休闲等多种类型，活动的参与者数量、场地大小、时间长短及规则的严格程度都可以灵活调整。其精神文化的核心魅力，源自它能带给人们独特的情感体验和精神上的触动，体育运动总是处于一种未定结果，这种不可预测性带来了无限的刺激，吸引了大量的大学生参与。游戏性增加、娱乐性增强，容易达到娱乐身心、消除疲劳、扩大交往、促进友谊的目的，可以满足青年大学生的休闲娱乐需求并使身心得到健康发展。正是这种娱乐性特征，使大学体育文化具有强大的吸引力，无论在空间的广阔性还是在时间的持久性上，都赋予了体育文化一些其他校园文化难以比拟的价值。

二、 大学体育文化的功能

1. 健身功能

大学体育作为校园的一种文化贯穿于学生的课余生活方式之中。体育特有的健身功能是其他文化活动所不能代替的，从根本上看，大学体育文化的健身功能是其价值内核。大学体育文化通过多种方式得以展现，其中体育活动是最为主要的表现形式，对提升师生员工的身心健康具有显著影响。具体而言，体育活动能改善和提高中枢神经系统的功能，使人保持头脑清晰、思维敏捷。此外，体育活动还能促进内脏器官的发育，帮助塑造健美的体形，进而提升人的劳动效率和运动能力。更为重要的是，参与体育活动能使人展现出蓬勃的朝气与活力，使生活更为愉快，精神更为健康。它能有效消除消沉的意志和沮丧的情绪，塑造出更为豁达的性格，进而提高适应自然环境和社会环境的能力，提高对疾病的抵抗能力，良好的大学体育文化对师生的身心健康具有积极的促进作用。

2. 教育功能

大学体育文化的教育功能主要表现在它的潜移默化、耳濡目染，具有暗示性和渗透性。与传统的以教师为主导者、学生为接受者的课堂教学方式不同，大学体育文化是在具体可感的体育活动中，通过统一的规则、规范的行为、严密的组织和一些约定俗成的规定，参与者和观赏者自觉或不自觉地接受大学体育文化的教育，并逐步内化为行为、习惯、意识的教育过程。大学体育文化还能有效消解由直接教育引发的抵触心理，实现一些正面教育难以达到的效果。总的来说，大学体育文化所带来的综合效应，能促使学校成员更加自觉地与学校形成命运共同体，培育出深厚的责任感和使命感，并激发出催人奋进、积极向上的教育动力。

3. 社会功能

随着我国市场经济的发展，高校学生面临的将是一个竞争日益激烈的社会环境，个体在求学、深造的过程中，除了获取各种社会知识和专业知识外，还必须不断提高心理健康水平。当然，要达到这一目的，需要依靠学校各课程教学与学校、社会、家庭其他教育形式的相互配合，但毋庸置疑，大学体育文化对个体社会化形成的影响是巨大的。开展大学体育文化中遵循的优胜劣汰的原则，以公平竞争的意识，顽强拼搏的精神，创造与开拓的能力为规范的风貌，都使生活在大学体育文化中的个体有意无意地实现精神、心灵、性格的塑造，使个体与社会环境、社会要求之间实现了某种平衡和协调，达到了社会化的目的。

4. 生成功能

大学是一个特定的文化建构，是继承文化、传递文化和创造文化的特殊社会组织。大学常被视为文化的发源地和创新中心，众多先进的文化思潮都在这里萌芽。大学体育文化的生成功能是指大学体育文化所具有的创造新型体育价值观、体育精神、体育活动方式、锻炼方法，以及新兴体育项目、竞赛系统和规则的功能。这一功能的形成经历了一个从自然生成到自觉发展的转变过程。大学所承载的文化功能与使命，构成了推动文化创新的内在引擎。同时，多元体育文化的影响，则为体育文化的创新提供了外部的催化作用。此外，大学体育的深入发展、全民健身运动的广泛普及，以及竞技体育与教育的结合转移，共同构成了推动大学体育文化创新的必要条件；而大学师生对体育文化的自觉意识则成为激发这种创新的重要潜在动力。

5. 整合功能

文化的力量在于其包容与整合。大学体育文化正是这一力量的生动体现，其整合功能使不同类型的体育文化因素和体育文化内容在大学体育文化体系的传承、传播、融合的过程中相互吸收、融化和调和，并使之趋于一体化，实现文化的整合。这种整合功能为大学文化的持续更新与发展注入了动力，确保了其长久的生机与活力，更展现了大学在体育文化领域的蓬勃创造力。

教学相长

体育的历史与人类历史一样悠久，在人类文明的历史长河中，体育文化是一个逐渐发展的过程，是人类整个文化的重要组成内容。然而，人类在与自然的斗争中，在很长一段时间里对体育文化的认识还处在懵懂之中。体育文化是人类本身需求的特殊反映。它是人类在体育生活和体育实践中创造出来的，并通过有形的身体形态、动作技能、运动器材、物质以及无形的与社会属性相关的意志、观念、时代精神反映出来，显现了各具特色的存在方式。

现代体育教育和世界教育发展潮流是一致的。一百多年来，它不但极大地丰富了体育文化，提高了体育在社会中的地位和价值，而且在促进人的“全面发展”“协调发展”“完善发展”中起到了重要作用。人们对体育活动的参与不断地影响人的自我发展，塑造人的自身，发挥着教育和培养人的作用。体育教育直接有效地培育人的体质、心理、社会适应，体育文化潜移默化地影响着人的性格形成。从最初的坐、爬、站立，到后来的走、跑、跳、投、攀登等，从人体肢体活动的技能、技巧，到参加游戏或体育竞赛，都与体育文化的教育密不可分。

体育文化的聚合、凝结作用是其他文化难以比拟的，它对人类精神情感的凝结是最深、最强的，也是比较稳定的。体育文化的聚合、凝结功能具有多层次性，相同的体育文化习惯，相同的体育运动项目的选择，使不同阶层、不同年龄、不同文化程度的人们聚合在一起，实现现代社会文化的交流，也对人们在道德和法律范围之外的社会生活、行为起到重要的调节、控制和引导作用；使不同价值观、道德观的人，甚至是不同意识形态的人，汇聚到共同的体育理想和共同的体育价值观下，实现社会矛盾的缓和协调。

现代体育的发展以传统文化传承和科技引领为主。体育运动精神中所提炼出的“更快、更高、更强”“参与比取胜更重要”“人生能有几回搏”及“公平竞争”等观念，都会潜移默化地渗透至人们的精神领域，不断地丰富着他们的文化内涵，使其保持锐意进取的精神砥砺前行。

教学思考

(1) 体育文化的起源有多种理论，包括劳动起源论、军事起源论等。请选择一个你感兴趣的起源论，并结合具体的历史事件或案例，说明其如何影响现代大学体育文化的形成与发展。

【在线习题】

(2) 请结合大学体育文化的教育功能和社会功能，讨论在现代高等教育中如何更好地发挥大学体育文化的作用，促进学生全面发展和社会适应能力的提升。

(3) 讨论大学体育文化品牌的重要性，并举例说明一个你认为成功塑造体育文化品牌的大学案例，分析这个案例是如何通过体育文化品牌提升学校整体形象的。

(4) 分析大学体育文化的动态性和娱乐性特征，并探讨如何有效结合这些特征，设计更具吸引力和影响力的大学体育文化活动。

第十七章 ▸▸▸
高校体育数字化建设

教学目标

（1）价值塑造：高校体育数字化建设高度重视培养学生的健康意识与社会责任感。通过广泛宣传体育精神、弘扬健康文化，引导学生树立正确的价值观与健康观。此外，数字化平台还能够结合社会热点与实际问题，开展形式多样的体育公益活动与社会实践，从而培养学生的社会责任感和公民意识，为他们的全面发展注入正能量。

（2）能力培养：数字化建设致力于培养学生的实践操作能力与创新精神。通过模拟训练、在线竞技等创新形式，学生能够在实践中不断磨砺技能，提升体育实践能力。同时，数字化平台也为学生提供了展示自我、交流学习的广阔舞台，有助于培养他们的团队协作能力与创新思维。

（3）知识传授：数字化建设赋予了高校体育教育全新的生命力，为广大学生带来了前所未有的丰富资源与多元化手段。依托数字化平台，学生们得以触及更为广泛且深入的体育知识体系，涵盖运动生理学、运动训练学、运动心理学等诸多领域。这种系统而全面的知识传授，不仅有助于提升学生的体育素养，更为他们未来的职业发展奠定了坚实的身心基础。

第一节 高校体育数字化建设的政策导向与时代诉求

一、高校体育数字化建设的政策导向

近年来，随着科技的迅猛发展与互联网的广泛普及，教育信息化已成为引领教育现代化进程的核心驱动力。特别是在人工智能技术的引领下，智慧教育逐渐成为教育领域的新焦

点。从国家层面的政策导向到社会各界的积极参与,智慧教育的发展展现出蓬勃生机与旺盛活力。

2018 年 4 月,教育部正式颁布《高等学校人工智能创新行动计划》与《教育信息化 2.0 行动计划》,为我国智慧教育的发展提供了明确的战略方向和指引。在行动计划中,教育部明确提出要大力推进基于互联网的教育服务新模式发展,并将“智慧教育创新发展”作为一项至关重要的实施行动,这标志着我国教育领域正式迈入了智慧教育的新纪元。为了进一步推动智慧教育的深入发展,2019 年 2 月,中共中央、国务院联合印发《中国教育现代化 2035》。该纲领性文件着重指出,应加快信息化时代的教育变革步伐,构建智能化校园体系,并创新教育服务业态。这些举措的实施,不仅为新时代智慧教育服务发展指明了清晰的方向,也为我国教育现代化进程注入了新的活力。习近平总书记在主持中央政治局第五次集体学习时指出:“教育数字化是我国开辟教育发展新赛道和塑造教育发展新优势的重要突破口。”这一重要论述深刻揭示了教育数字化的关键作用,为建设教育强国指明了方向和路径。

随着全球范围内教育数字化转型的加速推进,国际组织也开始积极关注并推动这一进程。2020 年 9 月,联合国教科文组织、国际电信联盟及联合国儿童基金会联合发布《教育数字化转型:学校联通 学生赋能》。该报告强调了全球范围内教育的数字化联通,并明确指出教育数字化转型已成为刻不容缓的必然趋势。在全球范围内,高等教育数字化发展的趋势日益显著。2022 年 12 月,世界慕课与在线教育联盟秘书处发布《无限的可能:世界高等教育数字化发展报告》。该报告明确指出世界高等教育数字化发展的三大趋势:一是数字革命将加速推动高等教育系统性变革,二是新冠肺炎疫情将对高等教育防范和抵御冲击的整体能力提出严峻挑战,三是可持续发展将重塑高等教育的理念、模式与实践。这些趋势的呈现,为我们深入理解和准确把握全球高等教育数字化发展的规律提供了重要参考。

二、高校体育数字化建设的时代诉求

高校体育数字化的时代背景是一个快速变化和发展的环境,其形成与多个因素息息相关。在这个充满变革与机遇的时代,高校体育数字化不仅顺应了时代的潮流,也适应了社会对高等教育的新要求。主要由以下几个因素构成:

1. 科技革命和产业转型

新一轮科技革命和产业转型正在深刻改变着社会生活的方方面面,数字化转型已经成为不可逆转的趋势,为高校体育数字化提供了强大的动力。在这一背景下,教育作为知识传播和人才培养的重要阵地,必须紧跟时代步伐,加快数字化转型步伐。高校体育作为教育体系的重要组成部分,也需要积极拥抱数字化,利用先进技术提升教育质量和教学效果。

2. 全球挑战

2020 年初暴发的新冠肺炎疫情给全球教育事业带来了前所未有的冲击和挑战,但也推动了教育数字化转型,加速了高校体育数字化进程。大规模线上教学的需求达到了前所未有的高度,这也为高校体育数字化提供了广阔的发展空间和机遇。高校体育可以利用线上平台开展远程教学、在线辅导等活动,为学生提供更加便捷、高效的学习体验。

3. 人才需求变化

随着产业数字化和数字产业化的不断发展,社会对人才的需求也在发生深刻变化,高等教育和职业教育体系需要培养能够满足数字经济发展需求的复合型人才。高校体育作为培养学生身体素质和综合素质的重要途径，也需要适应这种变化，加强数字化教学和训练，提升学生的数字技能和综合素质。

4. 技术创新

人工智能、大数据、云计算等先进技术为高校体育数字化提供了强大的技术支持，为高校体育教学和训练提供了更加精准、高效的方法和手段。通过技术创新，高校体育可以实现个性化教学、智能化管理等功能，提高教学效果和质量。

5. 教育要素变革

教育者、受教育者和教育内容都在发生深刻变革。教育者的范围不断扩大，受教育者的学习习惯和思维方式也在发生变化。同时，教育内容的更新速度也在不断加快，教育手段也在向在线教育和智慧校园等多样化方向发展。这些变革给高校体育数字化带来了新的挑战和发展机遇，为高校体育数字化提供了更多的可能性和发展空间。

6. 国际合作与承诺

联合国教育变革峰会等国际会议将高质量数字学习列为重点行动领域之一，各国纷纷出台数字化发展战略，将教育作为其中的重要组成部分。这些国际合作和承诺为高校体育数字化提供了重要的政策支持和资金保障，促进了高校体育数字化的快速发展。

第二节 高校体育数字化建设的整体思路与具体实践

一、 高校体育数字化建设的整体思路

随着信息技术的飞速发展，数字化建设已成为各行各业发展的重要趋势。在这一背景下，高校体育数字化建设显得尤为重要。其建设思路应始终坚守“五育并举、健康第一”的理念，以信息化建设为引擎，以学生体育需求痛点为出发点，面对数字技术的持续发展和迭代演进，要立足“体育为基、健康护航”的建设理念，要以数字化为引擎，加快构建体育新生态，要启动“数字赋能体育，智慧引领健康” 行动，积极推动高校体育的深刻变革和战略转型。

（一）坚持“五育并举、健康第一”的理念

在坚持“五育并举、健康第一”的核心理念下，高校体育数字化建设应致力于科技与教育的深度交融，以塑造更开放、更智能、更泛化的体育学习空间、体育思考空间和体育成长空间。

（1）高校体育数字化建设应充分利用现代信息技术工具，构建一套全面覆盖、操作便捷的体育信息管理平台。该平台能实时采集并深入剖析学生的体质健康数据，从而为制定个性化的教学方案提供坚实的数据支撑。同时，借助数据可视化技术，教师能够更直观地掌握学生的学习进度及体育能力，进而灵活调整教学策略，优化教学效果。

（2）高校体育数字化建设应高度关注学生的运动兴趣及需求，通过引入多元化的运动项目和丰富的教学资源，有效激发学生的学习热情与积极性。例如，利用虚拟现实技术模拟真实的运动场景，使学生在沉浸式体验中深刻感受运动的魅力；借助在线平台组织体育竞赛

与互动交流，让学生在竞争中发展运动技能，在合作中培育团队精神。

（3）高校体育数字化建设还应重视培养学生的自主学习能力与创新精神。通过搭建在线学习平台及教学资源库，为学生提供丰富的学习资源及自主学习空间。同时，鼓励学生积极参与体育科技创新项目，发挥他们的想象力与创造力，推动体育科技的持续进步。

高校体育数字化建设在坚守"五育并举、健康第一"的核心理念下，应以提升学生的体质健康水平为核心目标，促进科技与体育教育的深度融合，打造智能化、个性化及高效化的体育教学新范式，从而为培养德智体美劳全面发展的社会主义建设者和接班人贡献重要力量。

（二）打造"四位一体"智慧体育平台

（1）智慧教学：通过人脸识别、指纹识别等技术手段打造智慧教学系统，实现对学生上课、训练等活动的自动考勤，全面监控教学训练现状。这不仅减轻了教师的工作负担，还提高了考勤的准确性和效率。同时，系统还能对考勤数据进行统计和分析，为教师提供学生的出勤情况和运动习惯等信息，有助于教师更好地了解学生的身体状况和运动需求。

（2）智慧锻炼：通过引入智能芯片和定位技术打造智慧锻炼系统，实现对学生运动数据的实时监测和记录。学生可以通过手机等终端设备，随时查看自己的跑步轨迹、速度、距离等信息，从而调整自己的运动状态。同时，系统还能根据学生的体能状况，为其推荐合适的运动计划和建议，帮助学生在锻炼中取得更好的效果。

（3）智慧体测：通过引入先进的测试设备和算法优化智慧体测系统，实现对学生体质健康状况的全面评估。系统能够对学生的身体成分、心肺功能、肌肉力量等多个方面进行测试，并根据测试结果为学生制定个性化的运动处方。这不仅有助于学生了解自己的身体状况，还能为其制订科学的锻炼计划提供有力支持。

（4）智慧训练：通过引入虚拟现实、增强现实等技术手段打造智慧训练系统，为学生提供更加丰富多样的训练方式和体验。学生可以在虚拟环境中进行各种运动项目的模拟训练，提高运动技能和竞技水平。同时，系统还能根据学生的训练情况，为其提供实时的反馈和指导，帮助学生更好地掌握运动技巧和提升运动能力。

（三）构建内容多元的交互网络

构建内容多元的交互网络是当前高校智慧体育平台发展的重要方向。在这一过程中，高校不仅注重将各类体育数据进行整合，形成全面反映学生体育状况和需求的"一张表"，还依托这一平台，构建"教、学、研、管、用、服"一体化的新时代高校体育生态。

具体来说，高校通过将体测成绩、体育成绩、社团活动、课外打卡、竞赛成绩等信息进行整合，形成一张综合性的"学生体育数据表"。这张表能够实时更新，动态呈现学生的体质健康状况和教学训练现状，为教师和学校管理层提供全面、准确的数据支持。通过实时监控和分析学生运动的数据，学校可以更加精准地了解师生的运动需求和健康状况，为制订更加科学的体育工作方案提供依据。

在体测成绩方面，智慧体育平台可以实时记录学生的各项体测数据，包括身高、体重、肺活量、跑步成绩等。通过分析这些数据，学校可以了解学生在不同方面的体育素质和表现，从而为他们提供更加个性化的运动指导。同时，这些数据还可以为学校制订更加科学的体育课程和训练计划提供参考。

在体育成绩方面，智慧体育平台可以实时记录学生的课程成绩、参与社团活动的情况，以及课外打卡的次数等信息。通过分析这些数据，教师可以更加全面地了解学生的学习情况和兴趣偏好，从而为他们提供更加有针对性的教学指导。同时，这些数据还可以为学校评估体育教学效果提供依据。

除了整合和分析数据，高校还依托智慧体育平台构建“教、学、研、管、用、服”一体化的新时代高校体育生态。通过整合各类资源和技术手段，实现体育教学、训练、科研、管理、应用和服务等各个环节的有机衔接和高效协同。例如，在体育教学方面，教师可以利用智慧体育平台开展线上教学，为学生提供更加丰富多样的教学资源和多样化的学习方式；在科研方面，平台可以为教师提供数据支持和实验条件，促进体育科研的发展和创新；在管理方面，平台可以实现对学生体育活动的全面监控和管理，提高管理效率和质量；在应用和服务方面，平台可以为学生提供更加便捷的运动打卡、场地预约等服务，提升用户体验和满意度。通过整合各类资源和技术手段，实现各个环节的有机衔接和高效协同，可以为学生提供更加全面、个性化的运动体验和服务，推动高校体育工作的不断创新和发展。

二、 高校体育数字化建设的具体实践——以武汉理工大学为例

【智慧体育平台】

（一）基本概况

武汉理工大学以门户网站“智慧理工大”为载体，集中存储并整合各子系统的数据，为学生、教师和管理人员提供了一个全面、便捷的体育信息服务平台——智慧体育平台。该平台旨在通过运用现代信息技术手段，推动学校体育教育的创新发展，进一步提高学生体质健康水平。该平台涵盖了首页、数据中心、学生一张表、体育成绩、体测数据、体育社团、运动俱乐部、竞赛管理、考勤管理、课程管理、场馆管理等 14 个板块（图 17.2.1），以及 25 个二级栏目。这些板块和栏目共同构成了一个丰富多样的体育信息管理网络，覆盖了学校体育工作的方方面面。

图 17.2.1　智慧体育平台板块

在首页看板上，用户可以直观地了解到全体学生的考勤信息、运动打卡情况、个人体测排名等情况。数据中心则提供了丰富的体育数据资源，包括学生的体质测试数据、体育运动成绩、参与体育活动、体育社团等情况，为教学管理提供了有力的数据支持。而学生一张表则整合了学生个人信息、体育成绩、体测数据、运动处方、社团活动、考勤信息等关键信息，方便学生随时查看自己的体育档案，了解自己的体质状况和运动表现。同时，体育社团和运动俱乐部板块为学生提供了参与体育活动的平台，促进了学生之间的交流与互动。此外，竞赛管理、考勤管理、课程管理和场馆管理等板块则涵盖了学校体育教学的各个环节，确保了教学工作的顺利进行。利用这些板块，教师可以方便地安排教学计划、管理学生考勤，学生则可以了解课程信息、预约场馆等。该平台还运用智能终端和人工智能大数据算法，实现了个人和集体体育数据的采集、建档、分类、分析、管理、反馈等功能。通过管理学生体育档案数据，平台能够精准地掌握学生的体质状况和运动习惯，为体育教学过程的数据量化提供了有力支持。在此基础上，该平台还建立了以促进学生体质健康提升为目标的管理体系。通过深入挖掘和分析数据，平台能够为教师提供个性化的教学建议，帮助学生制订科学的锻炼计划，进一步提升学生的体质健康水平。

据统计，截至 2024 年 5 月，该平台建立半年来，已覆盖学生 36854 人，监测参与运动学生超过 120 万人次。平台全天候数据智能展示功能，使管理人员能够随时掌握学校体育工作的动态和趋势，为体育教学决策提供了科学依据。

（二）板块介绍

学校党委要求保证学生体质四年不下降，以高质量体育工作守护学生身心健康。体育学院为了加强课外锻炼，强化运动干预，提升体质健康，打造了集智慧教学、智慧锻炼、智慧体测、智慧训练四位一体的典型应用场景。

1. 智慧教学：构建体育教学新模式

高校体育工作始终以教学为中心。在智慧校园建设中，智慧教学板块一直是重要的环节之一。学校通过引入智慧体育平台（图 17.2.2），实现了对学生出勤情况的实时监控和数据分析，为教学管理提供了有力的数据支持。采用多元数据接入和交互方式构建，能够实时收集学生的考勤数据，并通过 AI 智能看板进行展示和分析。该系统能够综合统计各项数据，包括出勤率、迟到早退情况、请假次数等，为教学管理决策提供了有力的数据支撑。此外，智慧教学还将提供丰富的在线教学资源，学生可以随时学习体育相关知识，提高学生的自主学习意识，进而有助于终身体育健身意识和健身习惯的养成。

2. 智慧锻炼：引领健康运动新风尚

智慧锻炼板块是高校智慧体育领域的又一创新举措。该系统采用了先进的 AI 人脸认证技术，实现手环的自动取还与信息绑定，极大地提升了学生运动的便捷性和安全性。学生在归还手环后，系统会自动重置数据，确保每次运动数据的准确性。同时，系统能够实时监测学生的运动生理数据，包括卡路里消耗、步数、血压、心率和体温等，并将这些数据自动上传至 AI 互动大屏。学生可以在跑步过程中实时查看自己的运动数据，了解自己的运动状态，从而调整运动强度和节奏。此外，智慧锻炼板块还记录了学生的锻炼轨迹，加强对学生体育锻炼的过程性评价，为学生提供了个性化运动建议和健康指导，帮助学生制订适合自己的运动计划。这一功能不仅有助于提升学生的运动效果，还有助于培养学生的锻炼意识和运动习惯。

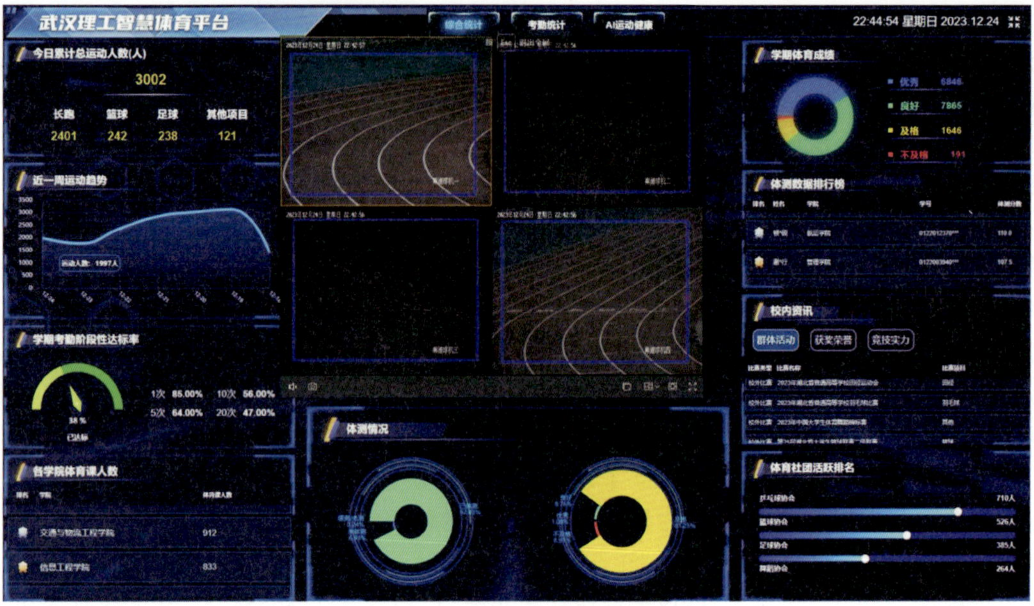

图 17.2.2　武汉理工智慧体育平台

3. 智慧体测:开启体质健康新篇章

加强学生体质健康是学校体育的中心工作,如何保证学生体质健康四年不下降也成为了高校体育的重点。为此,学校通过采用“网上预约、随时可测、实时显示、立马可查”的“以测促练”方式建立了全天候、常态化的智慧体测中心(图 17.2.3)。这一举措不仅为学生提供了更为便捷、高效的预约测试服务,还极大地提升了体测工作的效率;同时通过精准监测和定期预警的方式,督促学生加强体育锻炼,不断提升体质健康水平。

图 17.2.3　智慧体测中心

4. 智慧训练：助力竞技训练新效能

提高学生运动技术水平，为国家培养体育后备人才是学校体育工作的又一基本任务。在竞技体育领域，学校注重科技的应用和创新。智慧训练系统通过实时监控与反馈机制，为教练员提供了科技辅助的定制化训练方案。该系统能够实时收集运动员的训练数据，包括动作轨迹、速度、力量等，并通过可视化、图表化的数据呈现方式，为教练员提供更为直观、深入的训练分析。教练员可以根据这些数据为运动员制订更为精准的训练计划，提升训练效果。同时，智慧训练系统还支持远程监控和协作功能，教练员可以随时随地查看运动员的训练情况，并进行远程指导和调整。这一功能不仅提高了教练员的工作效率，还有助于解决科学化训练问题，推动高水平竞技水平的提升。

第三节　高校体育数字化建设的发展思考与未来方向

一、高校体育数字化建设的发展思考

（一）全球教育数字化发展的宏观思考

全球高等教育数字化的发展路径可以概括为信息化、数字化、智能化和智慧化四个阶段。

信息化作为数字化的基础，为高等教育数字化发展奠定了基础。在这一阶段，高校开始建立信息化基础设施，如校园网、数字图书馆等，为后续的数字化进程提供了有力保障。

数字化作为智能化的前提，进一步推动了教育教学的现代化。数字化技术的应用使教学资源的获取、存储和传播更加便捷高效，为教育教学提供了更加丰富的手段。同时，数字化技术也促进了教育教学方式的创新，如慕课、微课等新型教学模式为高等教育注入了新的活力。

智能化是整个发展路径的终极目标。通过应用人工智能、大数据等先进技术，高等教育将实现更加精准的教学管理、个性化的学习体验和高效的资源利用。智能化的高等教育将能够更好地满足学生的需求，提升教育教学的质量和效果。

全球高等教育数字化的发展历程可谓波澜壮阔，正经历转化、转型与智慧三大阶段的蜕变。在转化阶段，数字技术如同涓涓细流，逐渐融入高等教育体系的每个角落，推动了初步的数字化进程。这一阶段，数字化技术的应用尚显稚嫩，但已经为高等教育的发展注入了新的活力。随着技术的深入应用，高等教育迈入了转型阶段。在这一阶段，高等教育实现了自我转型与提升及内部业务流程的再造。数字技术的应用使教育教学的效率与质量得到了显著提升，推动了教育教学的现代化进程。例如，通过在线课程、远程教育等方式，高等教育突破了地域限制，使更多学生能够接收到优质的教育资源。最终，高等教育将迈向智慧化阶段。在这一阶段，数字技术将实现更深层次的再造，打破高等教育与社会之间的界限，形成更为开放、共享、智能的教育生态。智慧阶段的到来将使得高等教育更加符合时代发展的需求，为培养具有创新精神和实践能力的人才提供有力支持。

（二）全国高校数字化发展的中观思考

全国高校数字化发展已成为教育领域的重要议题，数字化不仅改变了高校的教学模式，还深刻影响着科研、管理等多个方面。因此，对全国高校数字化发展进行思考，具有重要的现实意义和深远影响。

(1) 认识到数字化发展在高校教育中的重要作用。通过数字化技术，高校可以打破时空限制，实现优质教育资源的共享。这不仅可以提高教育质量，还可以促进教育公平。同时，数字化技术还可以丰富教学手段，激发学生的学习兴趣和积极性，提升学习效果。

(2) 数字化发展对于高校科研能力的提升具有重要作用。利用数字化技术，高校可以更加便捷地获取科研资料和信息，提高科研效率。同时，数字化技术还可以促进跨学科、跨领域的合作与交流，推动科研创新。

(3) 数字化发展在高校管理方面具有重要意义。利用数字化技术，高校可以实现精细化、智能化的管理，提高管理效率和质量。例如，利用大数据技术对学生的学习情况进行分析和预测，可以为教学管理提供有力支持；利用智能化系统对校园安全进行监控和管理，可以保障师生的安全。

(4) 全国高校数字化发展面临着的挑战。例如，数字化技术的应用需要大量的资金投入和技术支持；如何保障数字化发展的可持续性和安全性也是一个重要的问题。全国高校数字化发展是教育领域的重要议题，需要我们从多个角度进行深入思考和研究。通过加强数字化技术的应用和创新、优化教育资源配置、提升人才培养质量等措施的落实与推进，我们有理由相信全国高校数字化发展将迎来更加广阔的发展空间。

（三）学校体育数字化发展的微观思考

在学校体育实践中，数字体育与智慧体育之间也存在密切的关系。数字体育作为智慧体育的基础，注重技术的开发与设计，通过数字化手段对体育教学活动进行记录、分析和优化。而智慧体育则作为数字体育的延伸，强调数智系统的生态化整合，实现动态感知和动态管理，为体育教学提供更加智能、高效的解决方案。

需要明确的是，“体育数字化”并非“体育信息化”的简单升级，而是体育信息化发展的更高阶段。体育数字化旨在通过数字技术提升体育教育教学的质量和水平，推动体育教育的现代化和信息化进程。这一过程不仅涉及技术层面的创新和应用，更需要在教育理念、教学方法等方面进行深入变革。

智慧体育的发展对于高校体育教育水平的提升具有重要意义。通过赋能体育教学、体质测试、课外锻炼和运动训练等方面，智慧体育能够有效提高学生的身体素质和运动水平。例如，通过应用智能穿戴设备、运动数据分析等技术手段，教师可以更加精准地掌握学生的运动状况和身体状态，为个性化教学提供有力支持。同时，人工智能在青少年体质健康方面的应用也展现出巨大潜力，为青少年体质健康的提升提供了有力支持。

数字赋能学校体育转型发展的本质是数字化升级学校体育场景。这既涉及对传统体育教育和管理模式的深度变革和创新，也旨在提高教育教学质量和管理效率，推动体育教育和管理的现代化和信息化进程。在打造智慧化体育场景的过程中，需要注重融合发展、打破部门壁垒，强调应用的重要性，实现量化操作。同时，数字赋能还应在教学理念、体制机制、治理生态和治理效能等方面落地生根，以实现生态闭环和流程再造。

二、 高校体育数字化建设的未来方向

高校体育数字化建设的未来方向，无疑是朝着更加智慧化、个性化、精细化和均等化的方向发展。

1. 智慧化是未来高校体育数字化建设的核心方向

随着人工智能、大数据、云计算等前沿技术的飞速发展，高校体育教学、训练和竞赛的各个环节将越来越依赖于智能化的决策支持和数据分析。例如，借助先进的智能化设备，可以实时收集学生的运动数据，包括运动轨迹、速度、心率等，通过深入的数据分析，我们能够准确掌握学生的运动习惯和体能状况。基于这些数据，我们可以为每位学生量身定制个性化的训练计划，从而精准提升他们的运动技能和体能水平，极大地提高学生的运动效果和兴趣。智能化的场馆管理系统也将在高校体育数字化建设中发挥重要作用。通过智能设备对场馆的使用情况进行实时监控和数据分析，可以实现对场馆资源的优化配置和高效利用。根据不同时间段和课程需求，智能系统可以自动调整场馆的灯光、温度等环境参数，为师生提供更为舒适的运动环境。此外，系统还可以根据预约情况和使用频率，为场馆管理人员提供科学的决策依据，提高场馆的使用效率和管理水平。

2. 个性化是高校体育数字化建设的重要趋势

每个学生都是独一无二的个体，他们的身体状况、兴趣爱好和运动需求各不相同。因此，为他们提供个性化的体育教学和训练服务显得尤为重要。高校可以利用数字化技术，构建学生个人运动档案，记录他们的运动轨迹、成绩和反馈等信息。通过深入分析这些数据，可以更准确地了解每位学生的运动特点和需求，为他们提供更为精准的指导和建议。此外，高校还可以开发多样化的体育课程和活动，以满足不同学生的兴趣和需求。例如，针对喜欢挑战的学生，可以设置攀岩、定向越野等户外拓展课程；针对喜欢团队运动的学生，可以组织篮球、足球等团体比赛活动。这些多样化的课程和活动不仅可以增强学生的体育参与感和获得感，还有助于培养他们的团队协作精神和领导能力。

3. 精细化是未来高校体育数字化建设的重要方向

精细化管理要求我们对高校体育教学的各个环节进行细致入微的管理和优化，以提高教学质量和效率。例如，利用数字化技术，可以实现对体育教学过程的实时监控和评估。系统可以自动记录教师的教学行为和学生的学习情况，为教师提供客观的教学反馈和改进建议。同时，数字化技术还可以为高校体育教学提供更为丰富的教学资源和手段。例如，借助虚拟现实、增强现实等技术，我们可以为学生打造更为逼真的运动场景，让他们在虚拟环境中进行学习和训练，从而提高教学效果和趣味性。

4. 均等化也是高校体育数字化建设的目标

通过应用和推广数字化技术，可以打破地域、资源等方面的限制，为更多学生提供优质的体育教学和训练服务。例如，利用在线教学平台，高校可以将优质的体育课程资源进行共享和传播，让更多学生受益。此外，数字化技术还可以促进高校之间的合作与交流，共同推动高校体育事业的发展。通过搭建跨区域、跨学校的体育教学合作平台，我们可以实现资源共享、经验互鉴和成果共享，推动高校体育事业迈向新的高度。

综上所述，在高校体育数字化建设中，学生体育需求痛点出发的“智慧回应”成为新时代

高校体育数字化建设的必由之路。人工智能成为推动智慧教育纵深推进的引擎,成为撬动新时代高校"德智体美劳"全面发展高水平人才培养的有力杠杆,激发高校体育服务冲破传统思维定式枷锁,成就更开放、更智能、更泛化的体育学习空间、体育思考空间和体育成长空间。面对数字技术的持续发展和迭代演进,学校体育要立足"体育为基、健康护航"的理念,要以数字化为引擎,加快构建体育新生态,要启动"数字赋能体育,智慧引领健康"行动,积极推动高校体育的深刻变革和战略转型。

教学相长

(1) 改变传统教学模式,提升师生教学体验:随着科技的飞速发展,从体育理论知识的数字化呈现,到运动技能的数字化模拟训练,再到体育竞赛的数字化管理,高校体育数字化建设正在逐步改变着传统的教学方式,为师生们带来了前所未有的便利与体验。

(2) 打破单一教学路径,增强师生交流互动:通过在线学习平台、社交媒体等渠道,师生们可以随时随地分享学习心得、交流运动经验,形成良好的学习氛围和互动机制。这种互动不仅有助于提升学生的学习效果,还能增强师生之间的情感联系,进一步推动教学相长的实现。

(3) 赋能教学方式内容,提高学生学习效率:通过多媒体教学资源,学生们可以随时随地获取丰富的体育信息,深入了解各类运动项目的规则、技巧及历史背景。同时,数字化模拟训练系统还能让学生们在实际操作前,通过虚拟场景进行反复练习,从而提高技能水平,减少运动损伤的风险。

教学思考

【在线习题】

(1) 高校体育数字化建设的意义有哪些?

(2) 高校体育数字化建设的目标是什么?

(3) 如何理解高校体育数字化建设?

主要参考文献 MAIN REFERENCES

［1］季浏. 体育与健康［M］. 上海：华东师范大学出版社，2000.

［2］BULL F C，Al-ANSARI S S，BIDDLE S，et al. World Health Organization 2020 guidelines on physical activity and sedentary behaviour［J］. British Journal of Sports Medicine,2020,54(24)：1451-1462.

［3］HERRMANN S D，WILLIS E A，AINSWORTH B E，et al. 2024 adult compendium of physical activities：A third update of the energy costs of human activities［J］. Journal of Sport and Health Science，2024,13(1)：6-12.

［4］张开金,夏俊杰. 健康管理理论与实践［M］. 2 版. 南京：东南大学出版社，2013.

［5］American College of Sports Medicine. ACSM's Guidelines for Exercise Testing and Prescription［M］. Philadelphia，PA：Lippincott Williams & Wilkins，2014.

［6］KATZMARZYK P T，JAKICIC J M. Physical activity for health-Every minute counts［J］. JAMA，2023，330(3)：213-214.

［7］KENNEY W L，WILMORE J H，COSTIL D L. Physiology of sport and exercise［M］. 5th ed. Champaign，IL：Human Kinetics，2011.

［8］文超. 中国田径运动百年［M］. 北京：人民体育出版社，2006.

［9］李老民. 田径运动教程［M］. 北京：北京体育大学出版社，2008.

［10］孙南，熊西北，张英波. 现代田径训练高级教程［M］. 北京：北京体育大学出版社，2011.

［11］文超. 田径运动高级教程［M］. 3 版. 北京：人民体育出版社，2013.

［12］刘建国，范秦海，李建英. 田径［M］. 3 版. 北京：高等教育出版社，2014.

［13］中国游泳协会. 游泳竞赛规则 2010—2014［M］. 北京：人民体育出版社，2010.

［14］孙民治. 篮球运动教程［M］. 北京：人民体育出版社，2007.

［15］王家宏. 球类运动——篮球［M］. 3 版. 北京：高等教育出版社，2015.

［16］中国足球协会. 足球竞赛规则 2017/2018［M］. 北京：人民体育出版社，2018.

［17］麻雪田，王崇喜. 现代足球运动高级教程［M］. 北京：高等教育出版社，2002.

［18］王崇喜. 球类运动——足球［M］. 北京：高等教育出版社，2001.

［19］赵子建. 排球［M］. 重庆：重庆大学出版社，2017.

［20］苗俊，赵迎辉. 大学生体育与健康［M］. 重庆：西南师范大学出版社，2017.

［21］张建. 气排球运动基础教程［M］. 沈阳：东北大学出版社，2021.

［22］唐建军. 乒乓球技巧图解［M］. 北京：北京体育大学出版社，2001.

[23] 张博. 乒乓球步法的技巧[M]. 北京:人民体育出版社,2002.
[24] 彭美丽,候正庆. 羽毛球[M]. 北京:北京体育大学出版社,1998.
[25] 夏云建. 羽毛球基础技术教程[M]. 武汉:华中科技大学出版社,2019.
[26] 郭立亚,李桂林. 网球[M]. 重庆:西南大学出版社,2013.
[27] 杨桦. 网球运动教程[M]. 北京:北京体育大学出版社,2014.
[28] 龙明,王会娟. 毽球运动 [M]. 2 版. 北京:高等教育出版社,2020.
[29] 刘波. 现代大学体育[M]. 北京:北京体育大学出版社,2023.
[30] 孟繁威,严尚滨. 大学公共体育与健康[M]. 长春:东北师范大学出版社,2021.
[31] 王晓. 大学生体育与健康教程[M]. 北京:人民邮电出版社,2022.
[32] 崔东霞,李红,司红玉. 大学体育(微课版)[M]. 北京:人民邮电出版社,2020.
[33] 黄昆仑,赖启忠. 匹克球教学与训练[M]. 北京:人民体育出版社,2021.
[34] 卢三妹,张晓萍,吕立. 匹克球运动教程[M]. 广州:广东高等教育出版社,2022.
[35] 易鹏. 太极拳文化与功法习练[M]. 北京:高等教育出版社,2017.
[36] 唐豪,顾留馨. 太极拳研究[M]. 北京:人民体育出版社,1996.
[37] 王飞,徐睿卿,王先亮. 散打[M]. 2 版. 北京:高等教育出版社,2014.
[38] 徐开才. 射艺[M]. 桂林:广西师范大学出版社,2015.
[39] 张波. 中华射艺[M]. 上海:华东师范大学出版社,2021.
[40] 肖光来. 健美操[M]. 北京:人民体育出版社,2008.
[41]《健美操运动教程》编写组. 健美操运动教程 [M]. 北京:北京体育大学出版社, 2013.
[42] 孟宪君. 大众流行健身项目理论与实践 [M]. 北京:高等教育出版社, 2003.
[43] 黄宽柔. 健美操[M]. 北京:高等教育出版社,2023.
[44] 吴东方. 体育舞蹈[M]. 北京:高等教育出版社,2016.
[45]《艺术体操运动教程》编写组. 艺术体操运动教程[M]. 北京:北京体育大学出版社,2014.
[46] 高扬,高原. 艺术体操基础训练[M]. 北京:北京体育大学出版社,2016.
[47] 缑小燕. 艺术体操运动教程[M]. 北京:北京体育大学出版社,2007.
[48] 王雷. 现代艺术体操与形体美的科学训练研究[M]. 北京:中国水利水电出版社,2019.
[49] 全国体育学院教材委员会. 大众艺术体操[M]. 北京:人民体育出版社,2000.
[50] 全国体育学院教材委员会. 健美运动[M]. 北京:人民体育出版社,1991.
[51] 曹兵. 健美技巧图解[M]. 北京:北京体育大学出版社,2002.
[52] 索西・李. 健身手册[M]. 徐晴颐,译. 北京:人民邮电出版社,2019.
[53] 胡伟,张玉萍,武巍峰. 高校芭蕾形体美育教程[M]. 上海:上海音乐出版社, 2013.
[54] 张玉萍. 古典芭蕾基础教学法[M]. 上海:上海音乐出版社,2014.
[55] 黄娟,杨晓云. 古典芭蕾基础教程及教学[M]. 上海:上海音乐出版社, 2013.
[56] 于力,金暄. 古典芭蕾基础训练教程[M]. 武汉:武汉大学出版社, 2021.
[57] 徐梦婕. 芭蕾舞教学方法与实践[M]. 北京:北京师范大学出版社, 2022.
[58] 李彤. 瑜伽实用教程[M]. 北京:清华大学出版社,2020.
[59] 杜七一. 跆拳道实用教程[M]. 武汉:湖北科学技术出版社,2016.

[60] 厉丽玉. 户外运动与拓展训练[M]. 杭州:浙江大学出版社,2012.

[61] 胡启林. 大学体育与健康[M]. 武汉:武汉理工大学出版社,2021.

[62] 瑞尔・艾萨考维兹. 普拉提训练全书[M]. 张展鹏,徐婧,吕同梅,译. 北京:人民邮电出版社,2018.

[63] 尹军,袁守龙. 身体运动功能训练[M]. 北京:人民体育出版社,2017.

[64] 刘金凤. 田径教学与训练[M]. 成都:西南交通大学出版社,2014.

[65]《国家学生体质健康标准解读》编委会. 国家学生体质健康标准解读[M]. 北京:人民教育出版社,2007.

[66] 美国运动医学学会. ACSM 运动测试与运动处方指南[M]. 王正珍,译. 10 版. 北京:北京体育大学出版社,2019.

[67] 约翰・C. 格里芬. 运动处方指南[M]. 王雄,张冰,译. 3 版. 北京:人民邮电出版社,2020.

[68] 陈世益. 临床实用运动处方[M]. 上海:复旦大学出版社,2023.

[69] 王瑞元,孙彪. 运动生理学[M]. 北京:北京体育大学出版社,2022.

[70] 王正珍,徐峻华. 运动处方[M]. 3 版. 北京:高等教育出版社,2021.

[71] 卡罗琳・基斯纳,林恩・艾伦・科尔比. 运动疗法临床手册[M]. 张鑫,译. 北京:北京科学技术出版社,2021.

[72] 布拉德・沃克. 运动损伤解剖学[M]. 罗冬梅,刘晔,译. 北京:北京体育大学出版社,2018.

[73] 王国祥,王琳. 运动损伤与康复[M]. 北京:高等教育出版社,2019.

[74] 高欣. 运动损伤与急救[M]. 北京:北京体育大学出版社,2020.

[75] 何海燕. 运动损伤评估与防治[M]. 北京:北京体育大学出版社,2020.

[76] 黎鹰. 运动损伤与预防[M]. 杭州:浙江大学出版社,2019.

[77] 韩慧,王鸽,盛朝辉. 运动损伤与运动康复[M]. 北京:人民体育出版社,2019.

[78] 杨剑. 锻炼心理学[M]. 上海:华东师范大学出版社,2016.

[79] 李艳翎,郭恒涛. 体育竞赛的组织与管理[M]. 长沙:湖南师范大学出版社,2013.

[80] 陆宇榕,王印,陈永浩. 体育文化与健康教育探究[M]. 北京:新华出版社,2018.

[81] 樊晓东,杨明,苏红鹏. 学校体育文化建设[M]. 武汉:武汉大学出版社,2016.

[82] 李燕燕. 现代化背景下高校智慧体育服务创新研究[M]. 吉林:吉林出版集团股份有限公司,2022.